四川省2016年度重点图书出版规划项目

新农村建设视域下
“三农”法律制度创新探究

Research on the Innovation of Legal System of Agriculture,
Rural Areas and Farmers from the
Perspective of New Rural Construction

丁国峰 等著

西南财经大学出版社

作者简介

丁国峰，1980 年 4 月生，湖北英山人，经济法博士研究生学历，获法学博士学位，副教授，兼职律师。现为昆明理工大学法学院经济法学研究中心主任，硕士生导师，兼任云南省地方立法研究院经济立法研究所所长。先后在《法学》《经济法论丛》《学术界》等 CSSCI 核心期刊上以独著或合著方式发表学术论文 90 余篇，其中两篇被人大复印资料全文转载。撰写独著 3 部，合著 1 部，参编教材 1 部。主持 2013 年度国家社科基金青年项目 1 项、2013 年度云南省哲学社会科学规划青年项目 1 项、2012 年度云南省教育厅社科重点项目 1 项、2012 年度昆明理工大学人培基金项目（校级）1 项，参加国家社科基金课题 2 项、教育部重大攻关课题 1 项、省部级课题 2 项。在省部级征文大赛中荣获一等奖 1 次、二等奖 2 次、三等奖 6 次、厅级优秀奖 1 次，其中 2016 年 5 月获云南省哲学社会科学优秀成果专著二等奖。

前 言

中国“三农”问题是关系中国经济社会是否可持续发展的基础性问题，是中共中央全面统筹推进“五位一体”总体布局、协调推进“四个全面”战略布局、全力推进全面建成小康社会进程中的根本性重大问题。解决好“三农”问题是有力推进新型城镇化建设和农业现代化建设的重要条件，是实现城乡统筹发展、新农村建设以及小康社会的重要内容。如何推进“三农”问题有效、有力、有为地解决，需要从法律视角对“三农”理论和实践问题进行全方位的建设，建立健全“三农”法律制度的创新机制，全面推进“三农”法律制度的创新和发展，通过法律手段保障国家对“三农”问题的调整和解决，真正实现农业的发展、农民的富裕和农村的繁荣。

自从党的十六大以来，我国“三农”问题不断得到关注和妥善解决，农村面貌不断变新，农业发展形势不断好转，农民实惠不断增多。新农村现代化建设得以持续推进，现代农业进展取得新突破，农民生活质量得以显著改善，统筹城乡经济社会发展迈出实质性步伐。“三农”发展不断推陈出新，成绩喜人，主要表现在以下几个方面：第一，强农富农惠农的政策不断创新发展并持续增强，对农业的各项补贴制度逐步建立起来，种粮农民的合法权益得到全面维护。第二，农民收入不断增长，收入增长具有持续性，收入渠道不断拓宽且多元化，外出打工成为农民收入增长的重要来源，农村市场逐步走向繁荣，农民消费需求不断提升，农民生活水平不断提高。第三，农业产业发展不断增强，农业综合生产能力显著提升，农业产业化经营不断向前推进，农产品市场不断繁荣，农业生态环境逐步改善。第四，农村社会不断发展，农村事业不断加快发展，并不断完善。农村水电路气网等基础设施建设取得显著进步；农村义务教育“两免一补”政策全面推行，并取得突破性进展；农村新型合作医疗制度、农村最低生活保障制度、新型农村养老保险制度不断向前推进，农村精准扶贫工作得以顺利展开。第五，农村的改革、创新力度不断强化，并取得新的重要进展。农村彻底结束了“皇粮国税”的征缴，农业税和其他费用被取消，极大地解放了农村生产力，稳步推进乡镇机构、县乡财政管理体制等配套改革，逐步完成了乡村债务化解、教育负债化解等工作；全面放开粮食购销市场和价格；集体林权制度、农村土地制度改革不断深化；农村金融改革坚定为农服务的方向，并取得了许多新的成果。第六，农民工合法权益不断得到维护并取得新进展，基本形成了农民工问题解决的政策法规保障体系，农民工的工资拖欠问题、劳动管理、技能培训、就业指导和社会保障以及子女教育等方面的问题不断得到解决，创新机制不断得到深化。上述“三农”问题所取得的成绩，与“三农”法律制度和相关政策的创新及与时俱进是分不开的。

自改革开放以来，党中央高度重视“三农”问题，始终把“三农”问题放在党工作的核心位置和国家经济社会发展的战略高度。党中央把解决好农业、农村和农民问题作为全党工作的重中之重，明确认识统筹城乡发展方略的重要性，制定多予、少取、放活和“工业反哺农业、城市支持农村”的基本方针，力推“以工促农、以城带乡”发展战略的落实，将建设社会主义新农村作为战略任务，把走中国特色农业现代化道路作为基本方向，把加快形成城乡经济社会发展一体化格局作为根本要求。这些重大的理论创新为“三农”实践创新和政策创新提供了强有力的支撑，为“三农”法律制度创新奠定了理论基础。

然而，社会实践中“三农”问题的解决仍非常艰巨，农业、农村和农民仍面临许多问题。城乡分隔的二元结构体制尚未从根本上改变，城乡差距过分悬殊。现行的城乡二元结构体制，不仅会对扩大内需、繁荣市场、实现国民经济健康发展形成制约，而且将对社会的稳定和国家的长治久安带来负面影响。制约农业、农村发展和农民致富的体制性和结构性矛盾没有从根本上得到改变；工业与农业、城市与农村的协调发展仍需要花大力气来解决。当前城乡规划、产业布局、基础设施、公共服务、劳动就业和社会管理一体化等方面仍需改进；“工业反哺农业、城市支持农村”的基本方针尚未根本落实；城乡贫富差距悬殊、城乡和地区差距扩大。这些将会导致社会矛盾加重，社会不稳定或倒退。因此，加快社会主义新农村建设，探索中国特色农业化发展道路，实现农民物质富裕和精神愉悦，都需要创新和完善“三农”法律制度体系，通过法律保障创新，通过创新释放活力，激发动力，使得“三农”问题尽快尽早彻底解决。

本专著分为三编。第一编为新农村建设视域下农业产业促进法律制度创新探究。该编主要探讨农业产业化促进法律制度创新，农业耕地法律制度创新，种植业法律制度创新，养殖业法律制度创新，农业补贴法律制度创新，农产品加工、流通和质量安全法律制度创新六方面的内容。现行法律制度创造不足，要通过新体制和新机制使各项农业法律制度不断得到创新和完善。第二编为新农村建设视域下农村社会治理法律制度创新探究。该编主要探讨农村社会治理法律制度创新、农村土地承包经营法律制度创新、农村集体建设用地流转法律制度创新、农村城镇化法律制度创新、农村金融体制改革法律制度创新、农村社会保障法律制度创新和农村环境保护法律制度创新七个方面的内容。本编通过对现行农村社会问题的剖析，寻求创新农村社会问题解决机制的法律制度。第三编为新农村建设视域下农民权益保护法律制度创新探究。该编主要探讨农民户籍改革法律制度创新、新生代农民工权益保障法律制度创新、农民政治权益法律制度创新、农民经济权益法律制度创新、农民生育权和健康权保障制度创新、农民文化权益法律制度创新和农村其他少数群体权益保护法律制度创新七个方面的内容。本编通过对农民各项权益的分析，发现现行农民权益保护的不足，应通过寻求法律制度的创新对农民权益进行救济和保障。第一编和第二编的全部内容，以及第三编中的前四章内容，由昆明理工大学法学院的丁国峰副教授撰写完成，共计61.8万字。第三编中的后三章即农民生育权和健康权保障制度创新、农民文化权益法律制度创新和农村其他少数群体权益保护法律制度创新，由昆明理工大学外国语言文化学院的翟学凤副教授撰写完成，共计10.2万字。

本专著可以为“三农”问题的持续科学研究工作提供新的学术资料，可以作为研究者、教师、学生和“三农”问题实践者的教辅资料，为“三农”法律制度体系的持续创新和发展做了宽泛的梳理、总结、归纳和延伸研究工作。本专著在具体的农业、农村和农民领域中发掘新的法律问题，并进行深入分析，从新农村建设的视角，对“三农”法律制度的创新路径和具体内容进行了系统化的详细设计，希望能对“三农”实践工作者和理论研究者提供一定的智力支持。由于时间和精力的问题，本书难免有疏漏和错误，或者存在引用、借鉴不当的地方，请各位专家、学者和实践者不吝赐教和批评指正。

丁国峰

2016年12月10日

目　录

第一编　新农村建设视域下农业产业促进法律制度创新探究

第一章　农业产业化促进法律制度创新

一、农业产业化促进法律制度创新的依据及进路

（一）农业产业化及农业产业化促进法律制度创新的理论分析

我国农业的健康、稳定和可持续性发展需要法律制度予以保障和促进。农业产业化问题本身就是中国特色农业法律制度创新的重要内容，而农业产业化促进需要依赖法律运行机制予以规范和推进。积极促进农业的产业化和规模化发展，是农业经营战略化调整的途径，是增加农民收入的有效举措，是具有中国特色的农业形式，是农业和农村社会主义经济改革探索的新形式。①

1. 农业产业化的产生及含义

国外关于“农业产业化”的概念，最早是20世纪50年代后期由美国哈佛大学商学院的高德博格首先提出的。它是指从农资供应，到农产品、食品加工和食品供应等一系列农业生产者、食品加工企业和专业协会（社会团体）所组成的一种农业发展的产业链条环节和过程，是实现农业现代化和科技化的必由之路。我国是1993年山东省潍坊市在总结农业和农村发展经验时，最早提出“农业产业化”这个概念的。其是作为一种继家庭联产承包责任制之后的新型农业生产方式和新的农业发展战略而提出来的，是指“确立主导产业，实行区域布局，依靠龙头带动，发展规模经营”。之后，农业产业化发展的概念引起了理论界的关注和讨论。现在农业产业化发展已作为我国农业发展面向现代化的重要战略和改革方向。1996年，农业产业化第一次写进正式文件即全国人大八届四次会议批准的中国跨世纪发展纲要中，表明农业产业化在农业长期发展中的重要地位。中共中央十五届三中全会通过的《中共中央关于农业和农村工作若干重大问题的决定》充分肯定了农业产业化经营，并把它作为我国农业逐步走向现代化的途径之一。2000年10月，中共中央关于“十五”计划的建议中，提出“要把农业产业化经营作为推进农业现代化的重要途径，鼓励、支持农产品加工和销售等企业带动农户进入市场，形成利益共享、风险共担的组织形式和经营机制”。按照一般的理解，农业产业化经营的实质在于以家庭经营为基础，以市场为导向，以企业为龙头，实行生产、加工、销售一体化，使企业与农户形成利益均沾、风险共担的利益共同体。② 这种共同体能突破所有制、行政区域、行业隶属关系的界限，通过“农户+农户”“公司+农户”“合作社+农户”等不同方式，把经营规模小的千家万户组织起来从事经营活动，以实现生产要素的优化组合和产业结构的合理调整，确立适应社会主义市场经济体制的新型农业发展机制，进而使我国农业逐步成为具有竞争力和充满生机的基础产业。

2. 农业产业化促进的必要性和重要性

第一，农业产业化促进有利于解决农村现实问题，实现农村繁荣。实行农业产业化促进的政策，就是要对我国农业传统的生产模式进行创新和完善，使农业能发展形成适应现代市场经济要求的完整的产业体系。农业产业化发展是被实践证明行之有效的、与农业发展新阶段农业结构调整相适应的新的农业经营方式和运作机制，能够有效地解决农业新阶段面临的一系列问题。①农业产业化经营有利于解决现阶段面临的农业资源短缺和农产品市场需求旺盛的矛盾。市场对农产品多样化、优质化的需求日益旺盛，也成为促进农业发展的动力。实践表明，发展农业产业化，有利于在更大范围内促进生产要素的优化组合，促进城乡一体化发展，使有限的农业资源为市场提供尽可能丰富的农产品。②农业产业化经营有利于解决农业科技进步不适应现阶段农业和农村

① 吕军书．刍议农业产业化经营中的法律保障［J］．农业经济，2009（5）：18-20．

② 李昌麒．中国农村法治发展研究［M］．北京：人民出版社，2006：151．

经济发展需要的问题。在农业产业化经营中，通过科技实力雄厚的龙头企业的带动，科技在农业生产经营中发挥的作用将日益明显。③农业产业化发展有利于应对现阶段的国际市场的严峻挑战。在经济全球化、市场一体化的大趋势下，农产品国内市场与国际市场的相互影响、相互渗透日益加深。目前发达国家农业在国际市场上的竞争，更多的已不再是单个生产单位、某个生产环节、具体产品或品种的“个体”的竞争，而是表现为整个产业链条、整个生产体系的综合性、整体性竞争。发展农业产业化经营，延长产业链条是取得竞争优势的关键。④发展农业产业化有利于解决现阶段农民增收困难的问题，实现农业发展、农民增收和农村繁荣。

第二，农业产业化发展有利于实现农业现代化。自20世纪90年代中期起，我国农业进入转型与发展两项任务并重的阶段，农业生产力的发展，要求进一步突破旧体制的束缚，实现农业现代化。农业现代化是农业生产力现代化和农业生产关系现代化的统一。农业生产力现代化，要求农业实现机械化和科技化；农业生产关系的现代化，则要求实现农业组织体系的创新。显然，农业产业化经营是农业组织体系创新的基本途径。农业产业化经营要求农民进入市场的方式更加多样、活动的领域更加宽泛；农业提供给社会的，也将不再是单纯的原材料性质的初级产品，而是经过加工增值的“食物—纤维”体系。这无疑有利于实现农业的市场化、社会化、集约化，是从传统农业走向现代农业的过程，是我国农村经济现代化的必由之路。现阶段，党中央非常重视农业产业化发展的农业战略，认为它是我国农业逐步走向现代化的必然途径。

3. 发展农业产业化的机理分析

农业产业化经营是建立在市场机制作用基础上的市场社会分工的产物，也是协调社会分工的基本方式之一。而且，经济组织内部分工的协调，是以市场体系的正常运行为基础条件的。市场机制的发展和完善是深化农业产业化发展的必不可少的前提条件。其一，市场是资源配置方式或经济运行机制。按照一般的理解，市场是一种交易场所，此为市场最原始的含义。市场被理解为“各种交换关系的总和”。霍奇逊还认为，“我们把市场定义为一套社会制度，其中大量的特种商品的交换有规律地发生，并在某种程度上受到那些制度的促成和构造……交换包括契约性的协议和产权的让渡。市场部分地包括构造、组织交换活动并使其合法化的机制。简而言之，市场就是组织化、制度化的交换。”① 这是对现代意义上市场的较为准确的诠释。市场是一种资源配置方式或经济运行机制。各种资源的稀缺程度通过价格形式得到反映，交易参与者根据价格及其变化来做出反应，即价格是市场配置资源的最主要形式。由于价格信号在市场机制中所起的重要作用，故市场机制又被称为价格机制。哈耶克认为，价格是一种使用知识的机制。他从“如何有效率地使用知识”的角度指出，由于市场信息的分散分布，只有个体最清楚什么对他才是最优的，而其他人很难代其做出决策，故资源配置最有效的方式只能是分散决策，而对于分散决策也只有价格机制才是最合适的。② 市场机制包含四个要素：第一，生产者对生产不同产品的收益差别有权做出独立选择和决策；第二，消费者的购买行为完全受自己货币收入、信用状况和消费偏好的制约；第三，各种产品分别占用多大比例的要素资源，唯一听命于社会有购买力的需求结构的要求；第四，供求的矛盾由价格变化来反映，并通过影响生产者和消费者的经济行为来调节。③ 市场机制要发挥作用，需要具备一定的条件：第一，明确而分立的产权。只有在有明确的产权保护的情况下，交换才能顺利进行，价格机制才能发挥作用。至于产权的“分立”，则意味着竞争，而只有在竞争的市场，价格信号才会真实地反映资源的稀缺程度，经济主体才能够根据真实的价格信号对其自身掌握的资源进行决策，资源配置才可能有效率。竞争是市场的本义之一。竞争是人的行为的“自利原则”的直接延伸和结果。在资源配置层次上，使用市场机制或其他任何机制的根本目的就在于资源的最优配置，而竞争恰是达到资源最优化配置的基本途径。第二，合乎要求的经济组织。“合乎要求”主要是指经济组织的成本内部化。这在很大程度上与产权明确是等价的。因为只有在产权明确的前提下，经济组织才会有充足的激励将成本内部化。在《企业的性

① G M 霍奇逊. 现代制度主义经济学宣言［M］. 向以斌，译. 北京：北京大学出版社，1993：206-213.
② 弗里德里希·哈耶克. 价格制度是一种使用知识的机制［J］. 经济社会体制比较，1989（5）：58-64.
③ 弗·布鲁斯. 社会主义经济的运行问题［M］. 周亮勋，等译. 北京：中国社会科学出版社，1984：78.

质》中，科斯指出，市场运行是要花费成本的，而市场与企业是两种可以相互替代的资源配置的手段。但当我们只能依靠市场配置资源时，我们要付出过多的交易费用，从而资源配置也是低效率的。从合约不完备的角度看，在我们不可能签订完备的合约时，我们只能将部分事项留在以后解决，组成企业（组织）就成了必需。因此，市场机制不仅包括价格机制，还必须要有合乎要求的企业组织。其二，市场是人类合作的扩展秩序。只要有良好的法律和制度保证，“经济人”追求个人利益最大化的自由行为才会无意识地、卓有成效地增进社会的公共利益。哈耶克称市场为“人类合作的扩展秩序”，只能以市场为基础和核心，而且这套制度的形成并非理性设计的产物，而是自发的社会秩序，“价格制度正是那些人在偶然发现、而并未理解它之后学会使用的东西之一（虽然他远未学会最好地使用它）”。其三，市场是一种信念体系。市场的基本精神是自由、平等。任何商品经济发达的民族都不仅以完善的经济法、民商法作为其全部经济活动的基础，而且绝大多数人在此基础上还被严格训练成自觉遵守契约原则行事，并形成与此相适应的社会伦理规范。这些保证了市场机制以较低的成本运行。与市场这种交易方式相配套的还有一系列的正式和非正式制度，而在这些制度背后还有一套理念。其四，市场是一种与劳动分工同步演进的动态体系。对财产权利的有效保护是市场方式在社会资源配置中地位的最终确定的前提。劳动分工的巨大利益是市场方式确立的现实基础，而某种与市场方式相协调的信念的出现及系统化则加速了这一过程。市场制度是资源配置的基本方式。这是一种静态的理解，更重要的是市场与劳动分工条件相一致，劳动分工与市场同步演进，即市场体系内的任何制度、制度安排都与劳动分工有关。劳动分工不仅是“经济组织的基本原则”①，还是社会运行的基本原则。

发展农业产业化与市场劳动分工密切相关。② 市场制度与劳动分工有着密切的关联，在市场制度下，劳动分工才有可能有效地演进。按照科斯定理，劳动分工的程度取决于市场的范围，而市场范围的大小又主要取决于交易费用的高低，交易费用系数越低，市场范围一般就会越大，因而交易费用对分工演进的程度有着重要影响，交易费用系数越低，分工水平就越高。而市场制度恰好是能够持续地自动节约交易费用的机制。市场交易费用包括搜寻信息成本、谈判和签约成本、监督和执行合约的成本。还有一种划分对我们的分析具有价值，即内生交易费用和外生交易费用。在新制度经济学家看来，造成国家间贫富差别的主要根源就是是否有一套好的制度有效地减少内生交易费用。农业产业化发展是一个动态概念，纵向上农业产业化发展是以产品加工链为脉络向第二、三产业延伸，形成农业生产的产前、产中、产后的产业关联群，进而在农业内部，以生产过程专业化为基础，农业生产进一步细分化形成不同产业，同时农业内部形成的各产业之间又紧密联系；横向上以品种为基础，形成农业生产的区域专业化和经营专业化。此外，劳动分工包括社会分工和企业内部分工。在我国，最初以家庭为基础的产权改革激发了农民的生产热情，但也使后来的农业发展缺乏组织资源，产生过高的市场交易费用，而这在农产品流通领域中表现得尤为突出。从这个角度讲，我国的农业产业化发展虽然实质上是农业的分工发展，但直接表现为对农业中的组织资源的要求，其首先是希望通过“农业产业化发展”的方式来降低过高的市场交易费用。农业经济组织是对农业及相关市场分工不完备的一类重要补充形式。由于农业的特性，劳动分工在农业领域更多地表现为企业内部分工，因而农业较其他产业要求更多的组织资源。“在发达国家中，农业与其他经济部门间的经济与社会结合过程已经完成，农业就是一种企业，农民相当于企业家。农民既是商品生产者，又具有广博的技术知识。农民拥有一系列为他们服务的财政、销售、咨询机构及研究机构。这些机构既有公共的，也有私人的。”③ 农业经济组织的产生适应了分工的发展，而农业经济组织的发育又进一步促进了农业及其相关活动的分工的深化。具体而言：第一，农业生产工具和中间投入物的制造从农民家庭中分离出来，不仅是分工的结果，也是分工的进一步深化。一方面，这种分工的加深改造了农业生产的自然状态；另一方

---

① G J 斯蒂格勒. 产业组织和政府管制 [M]. 潘振民，译. 上海：上海三联书店，1996：36.

② 李昌麒. 中国农村法治发展研究 [M]. 北京：人民出版社，2006：150-174.

③ 苏布拉塔·加塔克，肯·英格森特. 农业与经济发展 [M]. 吴伟东，韩俊，李发荣，译. 北京：华夏出版社，1987：110-111.

面，其促进了农业生产和制造业专业水平的提高与效率的改善。第二，分工的不断加深推动了生产与运销活动的分离，而农产品收购和运销组织成为农业产后服务的重要力量。第三，农业经济组织在一定程度上推动了农业生产的分工细化，其所提供的产中服务加速了农业生产的工业化进程。第四，农产品加工组织通过收购和加工组织成员的农产品，不仅提高了产品的质量与市场竞争力，而且也分享了部分利润。第五，金融互助或信贷合作组织的发展，表明分工的深化进入了更高的层次。① 总之，农业经济组织对市场分工不完备性的补充，在相当程度上与市场状态有关。

4. 农业产业化发展法律制度创新的紧迫性

我国还未从战略上明确农业产业化促进发展的重要意义。当前，作为第一产业的农业，应当改变其存在和发展的方式。简而言之，农业应与其他产业有机地结合，谋求共同发展。在美国，农业人口只占总人口的2%，一个农业人口可供养100~120人。农业能有如此高的效率，是第二、三产业为其提供机械、技术、资金支持以及供销、储存、加工、运输、信息、咨询等一系列服务的结果，是第一、二、三产业相结合的成果。在我国，发展农业产业化经营，正是要实现第一、二、三产业的有机结合，提升农业的生产经营水平，发挥系统性的优势。我国发展农业产业化，必须要真正认识农业产业化发展的意义，要实现第一、二、三产业的有机结合，提升农业的生产经营水平，发挥系统性的优势。因此，政府必须从战略和国民经济整体的高度对农业进行定位，使农业和其他产业的发展联系起来。

由于环境污染日益严重，人们和其他市场主体的观念正逐步发生变化。绿色无污染食品已成为迫切需求，优质农产品是人们物质生活不可缺少的一部分。充分利用先进的农业科学技术与研究成果，提高农业与农村经济发展的质量和效益，走可持续发展的农业产业化道路，既能满足国内的粮食需要，也是增强农业国际竞争力的迫切需要。建立和健全与农业产业化发展相关的或者促进其健康发展的法律制度，尤为必要。制度是一个社会的博弈规则；或者更规范地说，制度是一些人为设计的、形塑人们互动关系的约束。② 人类从最原始的社会形态演变到最发达的社会形态，都对自己施加了一些制约，以便给定一个与他人发生关系的结构。人们正是根据这些规则来明确可以做什么，不可以做什么，从而形成采取怎样的行动更为合算的合理预期。一方面，制度是多个遵循同一规则的交易的集合；另一方面，制度是经过交易多次重复形成的。因此，制度是在多人、多次重复的情境中人与人之间的行为规范。③ 制度能够影响人的预期，并进而引导甚至左右人的行为。无论是发展理论的创新，还是农业科学技术的研发与运用，都不可能通过市场机制自发地实现，在追求农业产业化发展目标的过程中，制度的激励、规范、约束以及引导功能就显得特别重要；只有建立并逐步健全相关制度，才能为社会成员提供稳定的预期，促进和保障农业产业化发展目标的实现。④

（二）我国农业产业化发展现状及其法律制度创新的不足

1. 我国农业产业化发展的现状及问题

我国农业经济发展并非一直呈直线型的平稳、持续之势，农业发展的历程是坎坷和曲折的，尤其我国农业产业化的推进并非一帆风顺，存在相对滞后和不足的问题。20 世纪 80 年代初期，随着家庭联产承包责任制的逐步推行、完善和普及，农产品价格开始出现大幅度提升和增长，我国农村生产力得以较快发展，农民收入大幅度增长，农业由此得以长足发展。然而，自 20 世纪 90 年代以来，农民收入增长趋缓，农业发展停滞不前，缺乏相关的政策支撑和法律保障。造成

① 罗必良，等. 农业产业化组织：演进、比较与创新［M］. 北京：中国经济出版社，2002：188-192.

② 诺斯. 制度、制度变迁与经济绩效［M］. 杭行，译. 上海：格致出版社，2008：3. DOUGLASS C NORTH. Institutions，Institutional Change and Economic Performance［M］. Cambridge：Cambridge University Press，1990：3.

③ 钱弘道. 法律经济学的理论基础［J］. 法学研究，2002（4）：3-17.

④ 卢代富，邵海. 产业化背景下我国农业可持续发展的困境与法律对策［J］. 法律科学，2013（3）：103-111.

这种情况的原因是多方面的，但最为根本的原因在于农业在发展中遇到了前所未有的新矛盾：一是农户的分散决策导致农产品在市场上买难和卖难交替出现，农户在此波动中蒙受损失；二是农产品的总量供给由以往的绝对短缺变为相对过剩；三是提高农业比较利益的外部动力，包括提高农产品收购价格、降低农业生产资料价格、向非农部门转移劳动力对农村经济的推动作用，已经显得十分有限，甚至处于耗尽状态。显然，在现有的制度框架内，要消除上述矛盾是很困难的。① 农业需要在生产组织上的创新，农业产业化经营就是在这种背景下应运而生的。与此同时，"经济全球化趋势日益明显，积极参与国际合作与交流，是我国农业产业化发展的必然选择"②。

我国的农业产业化由于起步较晚，发展速度又相对过快，再加上我国特有的市场环境条件的制约，许多关键环节相对薄弱。其主要表现为：第一，龙头企业规模小，带动力差。经过近几年的发展，我国农业龙头企业数量在增加，规模在提升，但与其他行业相比还相对落后，与经济协调发展的要求还不相符。其受自然资源和生产规模的影响，"小而散""档次低"的问题突出，上规模上档次的农业企业少，带动力不强。农业企业的产品基本上停留在粗加工上，深加工产品、二次增值产品少，高科技产品、名牌产品更少。企业的市场开拓能力、科技进步与经营管理机制创新不够，市场竞争力不强。第二，农业企业人才匮乏，管理方式粗放，质量体系建设和产品认证意识淡薄。人才是我国农业产业化发展的根本问题。首先是工作在第一线的农业技术推广人员严重短缺。20 世纪 90 年代以前，大中专毕业生不愿到基层工作。自 20 世纪 90 年代以来，随着就业难度加大，许多大学生开始选择到基层去工作。但这时，乡镇基层政府又迫于财政切块，分灶吃饭的压力加大，造成一线农技推广人员青黄不接。在农业企业，具有正规学历与管理经验的工作人员更是少之又少，势必造成生产与管理水平落后，科技创新意识不强。据报道，全国有 70%以上的农业企业目前还没有质量体系认证，有 52%的农业龙头企业没有无公害、绿色、有机食品认证。③ 第三，农业利益联结机制松散，农业产业化发展缺乏法律政策予以保障。

2. 我国农业产业化促进法律制度创新之不足

第一，农业产业化促进法律制度创新面临传统思维和现实制度的诸多挑战。农业产业化经营虽然是农业发展与农业现代化的必由之路，并且其产生的效应主要是积极的，但也会给经济社会的发展带来一些消极影响，尤其是会在一定程度上使农业产业化发展目标的实现面临诸多困境。①农业产业化经营过程中的环境污染问题日益严重。生产集中以及对利益最大化的追求，往往会导致严重的环境问题，如生态环境被破坏、能耗高等。这些均需得到有效控制。④ 另外，农业产业化经营对生物多样性的破坏也较突出。在农业产业化经营过程中，由于生产更为集中、生产规模更为庞大，必然更为集中地耗费大量化石燃料、水以及表层土壤等。这种情况必然导致农业生产的环境质量明显下降，例如，空气和水的污染、水土流失、生物多样性锐减等。长期大规模地、集中地滥用化肥、农药（更不用说对其他有毒有害添加剂的青睐了），不仅污染土壤、水域，导致生态环境破坏，还会影响消费者对食品安全的信心，不利于农业产业化发展的质量目标和农业发展的可持续性。随着农村经济社会的快速发展，农业产业化、城乡一体化进程的不断加快，农村和农业污染物排放量大，农村环境形势严峻。2011 年，环保部组织对全国 364 个村庄开展了农村监测试点工作。结果表明，环境空气质量达标的村庄占 81.9%；农村地表水为轻度污染；农村土壤样品超标率为 21.5%，垃圾场周边、农田、菜地和企业周边土壤污染较重。⑤ ②农业产业

---

① 李昌麒. 中国农村法治发展研究［M］. 北京：人民出版社，2006：150-174.

② 高虎城. 抓住入世新机遇 推进我国农业产业化［J］. 农村合作经济经营管理，2000（12）.

③ 李纲，王守波，郭征华. 当前农业产业化的薄弱环节及对策建议［J］. 山东省农业管理干部学院学报，2007（3）：49-50.

④ ARND BAUERKAMPER. The Industrialization of Agriculture and its Consequences for the Natural Environment：An Inter-German Comparative Perspective［J］. Historical Social Research，2004，29（4）：124-149.

⑤ 佚名. 2011 中国环境状况公报［OL］.［2016-06-06］. http：//instrument. com. cn/news/20120605/078852. shtml.

化经营不能有效分配风险与收益。农业产业化经营可能非常诱人，能够较为有效地规避市场风险与自然风险。但在农民弱势地位未得到根本改变的情况下，风险与收益的分配机制不健全，往往导致短期行为的存在和泛滥，严重损害农业产业化发展目标的实现。不健全的利益分享机制无法实现产业化经营中的利益平衡。“单个分散的农民在市场经济的汪洋大海中无力维护自己的权益，在利益冲突中永远处于弱势地位”①。农业产业化经营中的风险分担机制不健全，导制在大多数农业产业化组织模式中的风险往往都由农户来承担。龙头企业与农户之间容易出现相互机会主义现象。由于缺乏有力的制度约束机制，加上龙头企业的优势地位，往往是农户利益受损，农户与龙头企业之间的信任程度因此越来越低，农业产业化经营面临考验。③农业产业化经营的社会成本高昂。在经济学中，社会成本（social cost）一般与私人成本（private cost）相对应。根据经济学的理论，个人决定是在对成本与收益进行权衡后做出的；理性选择理论（rational choice theory）假定，个人在做出决定时，只会考虑由自己承担的成本，而不会考虑由他人承担的成本。在负外部性（negative externalities）存在时，社会成本往往高于私人成本。由于存在社会成本、外部性以及市场失灵，政府规制遂成为必然。自农业产业化经营模式开始产生及发展以来，市场竞争关系变得更加复杂而多样；如果缺乏有效的法律规制和必要保障，垄断行为与不正当竞争行为将大量存在，因此农业产业化经营中的垄断问题必须得到规制和接受相应制裁。农业产业化经营主体在获得丰厚利益的时候，可能不会对这些社会成本加以考虑。与农业产业化经营相伴而生的这些社会成本不仅高昂，而且不容易内部化，势必从根本上影响农业产业化的发展后劲，甚至可能危及国家安全和社会稳定。②

第二，我国农业产业化发展缺乏完善的制度供给。农业产业化发展对制度供给的依赖性大，需要法律和相关政策予以保障和促进。现代市场经济的发展与制度的关联日益密切，制度已日渐被视为经济活动的“内生因素”。③ 从法律制度的产生来看，“法律本身是在经济发展过程当中出现的，市场是合作生产与交换的结果，法律也是人们彼此间合作及交换社会化的产物”。④ 随着社会的发展与进步，也存在着法律的供给和需求问题。根据立法供给理论，立法产品的供给应该能够满足社会对立法产品的需求，既不存在立法产品过剩，也不存在立法产品短缺，即应达到立法产品的供求均衡。然而，在现实立法实践中，总是存在一种非均衡状态，即人们对现存的立法不满意或不满足，欲加以改变而又尚未改变。“法律市场”的这种非均衡状态是法律不断发展的不竭动力，立法也是一个由供求不均衡到均衡再到不均衡的循环过程。⑤ 农业产业化的发展与下列因素相关：第一，土地在农业产业化中具有关键性地位；第二，农业是一国之内受规制程度最高的产业；第三，农业的结构受到一系列的直接规制，而其受宏观调控的力度相对较弱。对农业产业化发展的理论分析与实践考察结果表明，由于受到利益最大化动机的驱动，农业产业化发展是需要在市场激励的基础之上自发地实现的过程。其实现需要农民获得丰厚的经济收益，其不得与环境和社会密切相关的政策激励相冲突。因此，我国农业产业化发展法律制度的创新应该包括法律激励（incentives）与法律规制（restrictions）两个方面。

首先，当前我国发展农业产业化的法律、法规和相关政策不健全。农民分散、细小的生产经营方式限制了自己产品的交易方式，使其多呈现无组织分散状态进入市场，从而他们在市场上总是处于被动地位，缺乏市场竞争力和自我保护力，难以抗衡社会上各利益集团对农民权益的侵蚀和不正当竞争。其在宏观上缺乏代表其利益参与市场竞争和自我保护的市场主体，与市场经济体制不相匹配，无法适应市场经济的发展和开放的国际市场。再加上市场建设和市场运行中的部门

---

① 江平，李国光. 物权法核心法条分类适用研究［M］. 北京：人民法院出版社，2007：220.

② 卢代富，邵海. 产业化背景下我国农业可持续发展的困境与法律对策［J］. 法律科学，2013，31（3）：103-111.

③ 张守文. 经济法理论与重构［M］. 北京：人民出版社，2004：412.

④ 冯玉军. 法律经济学论略［J］. 西北师大学报（社科版），1999（4）：88-92.

⑤ 卢代富，邵海. 产业化背景下我国农业可持续发展的困境与法律对策［J］. 法律科学，2013，31（3）：103-111.

分割、地区封锁、行业垄断等情况比较严重，市场秩序尚不规范，掺杂使假、欺行霸市、虚假广告时有发生，严重扰乱了市场的公平竞争。在实施农业产业化的过程中，调节龙头企业、农业产业化中介组织、农民等关系的法律、法规还不健全。市场法规尚不完备，还未形成体系；市场监督管理政出多门，缺乏应有的权威性和统一性。所以，这些严重制约了农业产业化的发展。其次，农业产业化组织与农户的利益关系不规范。农业产业化经营过程中，利益分配机制是决定产业化经营能否长期坚持下去的瓶颈因素。现阶段农业产业化组织与农户的利益关系存在着不规范的现象，有的企业在产品难以销售时拒收农产品或压价收购农产品，忽视农民利益；有的农户在农产品俏销时不按合同约定卖给企业等。据调查，近年各地违约事件中商家约占七成，农户约占三成。由于企业、市场等“龙头”或中介组织通常比较关注短期收益，并在利益分配过程中处于相对主动的地位，因此在一些非合作制的产业化经营组织中，农户利益很容易受到损害。目前在企业与农户的购销关系中，很多都是口头约定或君子协议，真正签订协议的订单只有43%，而且违约现象时有发生。这就在很大程度上制约了农业产业化的进一步发展。再次，农业产业化过程中尚未建立起市场运营机制。近些年来的政府机构改革，使政府职能发生了很大变化，但许多地方政府没有完全摆脱计划经济的惯性，造成政府与企业、市场分工不清，职能错位。例如，在推进农业产业化经营中征用土地，忽视农民利益；为解决农民收入问题向企业施加压力，忽视企业权益，导致企业亏损；为扶持企业，在能源、原材料等方面给予优惠，违背 WTO 规则；等等。农业产业化、规模化发展是农业市场的必然。这要求必须按照市场经济的运作规律来建立农业产业化的运作体系和方式。按照市场规律的一般运作方式，企业不是生产什么就卖什么，而是市场需要什么就生产什么。再者，一些地方的政府部门急于求成，为加快本地的农业产业化进程，不顾当地的资源情况和市场情况，急于确立农业产业化的发展目标，缺乏科学的论证和忽视市场经济规律。这也成为制约农业产业化发展的重要因素。最后，我国土地流转制度与规模经营之间的矛盾没有得到有效解决。家庭联产承包责任制是我们党在农村长期不变的基本政策，并已在《中华人民共和国宪法》中以法律的形式加以体现。加上改革开放以来较长时期的运作和对其效果的验证，我国农民已经认可和习惯于这种“小生产”式的组织方式。所以，土地经营规模狭小，地块零散，调整频繁，土地使用权流转机制还没有形成，极大地阻滞了生产要素的合理配置。这种分散经营的结果直接导致土地利用效率低，同时也无法满足“大农业”所要求实行的机械化、规模化生产的条件。目前，我国土地经营大都停留在联产承包责任制基础上的“分包”这一层次上。这种分散种植的格局和分散的农户利益，与产业化经营的规模经济方式之间存在着比较严重的冲突，很不适应我国市场经济的发展，更难适应农产品市场开放的要求，使分散的小农户无法和发达国家现代化、企业化和一体化组织的农业展开有效的竞争，严重制约了发展农业产业化经营所需要的土地规模经营。①

（三）国外农业产业化促进法律制度创新之经验

西方发达国家积极发展农业产业化经营，对其制定法律制度给以积极保障和必要规制，确保其农业产业化发展的科学性和可持续性。

1. 美国农业产业化发展的立法演进及制度创新

（1）美国促进农业产业化发展的原因、内容和效果。第一，美国政府促进农业产业化发展的主要原因。美国政府推动农业产业化经营进程的主要原因在于：①国家职能的基本要求。美国奉行自由市场经济，但并非对社会经济实行绝对放任的政策。对农业产业化经营进程进行推动，正是美国国家干预社会经济生活的重要内容。②农业特点的使然。农业受气候因素的影响明显，因而在市场竞争中处于劣势地位，农业也由此被视为弱质产业。美国历届政府都认识到，如果国家在实现工业化后不给农业以一定的帮助和扶持，农业就难以为继。而通过政府的作用推动农业产业化经营的进程，正是对农业进行帮助和扶持的体现。③应对农产品过剩的抉择。与世界上其他诸多国家不同，美国作为一个农业大国，特别是一个农业资源丰富且以生产高效率而著称的农业

① 吕军书. 刍议农业产业化经营中的法律保障［J］. 农业经济，2009（5）：18-20.

强国，农产品过剩是其经常出现的问题。为了在出现农产品过剩时不至于打击农业生产者的积极性，切实维护农业生产者的利益，美国政府便积极介入农业领域：一方面建立诸如休耕等保护农业发展和农业生产者利益的制度；另一方面则推动农业产业化经营的进程，实现农产品的价值。

在分析美国推动农业产业化经营进程时，除应注意到以上基本原因外，还有必要关注美国近年来的一些新举措。20世纪中后期以来，美国政府干预农业主要聚焦于国际农产品市场。出现这一状况的原因主要在于：美国国内的农业自然资源变化不会太大，国内市场需求的弹性也很小，所以美国农业的发展，关键在于开拓国际农产品市场。作为一个农产品生产大国，美国农产品出口面临新的契机，即世界农产品市场需求增长。从总体上看，世界农产品市场仍将逐步扩大。因为全球人口的增长速度，特别是发展中国家人口增长速度仍然相当快，因而其对基本食品的需求也将相应增加。其中，东亚国家人口密度大，人均农业资源少，且这一地区经济发展迅速，对农业基本食品和工业原料的需求量超过本地区的生产潜力，因而需从其他地区增加农产品的进口。发达国家需要提高生活质量，东亚地区随着经济的发展也需要提高生活水平，会相应对农产品的数量和质量提出更高的要求。但美国在开拓国际农产品市场方面也面临一些挑战。从世界农产品的生产和供给来看，除北美、澳洲和南美部分国家具有较大潜力外，俄罗斯和东欧国家也具有较大的生产潜力。事实上，农产品国际市场上的竞争也日趋激烈。这不仅有农产品出口国之间的竞争，而且有农产品进口国保护国内市场的问题。《关贸总协定》关于农产品贸易问题的谈判虽已达成折中协议，但在实施过程中仍将会出现各种冲突和矛盾。在上述开拓国际农产品市场机遇与挑战并存的现实情况下，美国便自然选择推动农业产业化经营的政策，以便在国际农产品市场上获取竞争的制高点，进而增加农产品的出口，发展本国农业。

第二，美国政府推动农业产业化发展进程的重要内容和环节。美国政府推动农业产业化经营进程的环节主要包括：一是，农产品生产和供给干预。这主要通过农产品计划、销售协议和规程、作物保险计划等来控制产量增长过快，并通过各种农产品储备计划来调节市场供应量，从而保持农业生产和价格的稳定。二是，农业生产要素干预。美国政府所干预的农业生产要素，主要包括农业自然资源、农业教育和科技进步及农业财政信贷资金等。三是，农产品销售干预。美国得天独厚的农业自然资源和高度发达的农业生产力，使农产品供应常呈现过剩的状态。为了解决这一问题，美国政府通过积极的干预措施，对国内和国外农产品市场进行调节，以扩大销售、实现农产品的价值，进而维护农业生产者的利益。在农产品销售干预上，农产品出口促销计划占有十分重要的地位。该计划主要包括市场准入计划、外国市场发展计划、新兴市场计划、质量样品计划、对特殊作物的技术援助计划等。它们由美国农业部的外国农业局（FAS）主管。此外，干预手段还包括向“友好国家”提供长期优惠贷款。根据第480号公法及其修正案的有关规定，受援国可用当地不可兑换的货币购买美国剩余农产品，货款存在美国的外币账户上。受援国可以从这种账上获得促进该国经济发展、为期3~10年的贷款，还可获得购买剩余农产品的长期美元贷款，为期20~40年。贷款按美国财政部的借款利率计算利息，贷款国家要用美元或其他可兑换的贷款还本付息。①

第三，美国促进农业产业化发展的效果。从总体上看，美国推动农业产业化经营进程，其效果是明显的。这里仅就农业产后的效果进行分析。农业产后包括农产品的储存、运输、销售等环节，但归根结底是农产品及其加工制品的销售问题。在这方面，美国政府推动农业产业化经营进程的政策措施的效果比较明显：一是扩大了农产品的国内销路。在农产品供应过剩的美国，国内农产品市场，特别是基本食品的销售市场弹性不大。而国家各种储存、分配等方面的计划，确实有利于农场主为其产品找销路。各种食品分配计划的实施，虽然不能完全消除社会上存在的一些饥饿现象，但也为部分贫困者提供了一定的帮助。这显然在一定程度上有利于缓和社会矛盾。二是通过了各种销售规程法，既有利于维护市场秩序，保证生产者之间的公平竞争，也有利于确保和提高产品的质量，保障广大消费者的利益。三是扩大了剩余农产品的国外市场。联邦政府通过

---

① 陈华山. 当代美国农业经济研究［M］. 武汉：武汉大学出版社，1996：408-440.

提供出口补贴和各种对外援助等政策措施，扩大了农产品的出口。有关资料表明，美国在政府各项出口促销计划的支持帮助下，其农产品出口实现了骄人的成绩。目前，美国农产品的25%用于出口，2001年美国的农产品出口额高达535亿美元。从世界市场的份额来看，美国农产品占有很高的比例：小麦出口占世界市场的45%，大豆出口占34%，玉米出口占21%以上。如果没有美国政府的支持，农产品能取得这样的出口业绩是不可想象的。①

（2）美国促进农业产业化发展法律制度创新的特征及表现。美国农业产业化经过数十年的发展，已经形成了一整套完整的体系。从20世纪30年代开始，美国农业政策转向以提高农民收入为主。其通过法律调整稳定农产品价格，扩大财政对农业的支持，增加对农民的补贴等多方面的措施，在有效促进美国农业生产长期稳定增长和增强美国农业竞争力的同时，也使农民收入保持了稳定增长。法律调整美国农业产业化涉及的范围较为广泛。其具体包括：第一，市场交易的法律保障。为保证市场交易有序进行，使农场主不成为垄断行为、不公平竞争行为和其他商业欺诈行为的牺牲品，美国国会先后通过若干法律，对垄断行为做出了明确规定，并将非股份制、非营利性的合作社从反托拉斯法中豁免出来，为农产品运销加工企业确立一个公正合理的市场交易环境，为入市交易的经营者规定了经营行为标准，进而保证农产品运销加工活动的有序进行，避免农产品价格的大幅度波动。这对于在市场交易中保护农业主体的权益、促进农业产业化具有重要的支持作用。美国联邦政府对多数农产品生产都给予支持，具体支持方式和程度随产品不同而有所差异。法律规定了享受政府直接生产补贴和价格支持的农产品，对有些农产品虽没有补贴规定，但其如果出现灾害或其他特别情况，也常常会得到政府的支持。第二，对外贸易的法律保障。由于美国农产品30%以上都依赖于出口，所以美国农产品出口一开始便着眼于全球市场。2002年农业法曾要求农业部制定一项农业外贸长期战略规划，明确美国农产品出口增长的机会，确保不同部门的资源、项目和政策相互协调，通过大量的相关立法加以保障。我国应当以入世为契机，合理利用补贴的法律空间，促进农业产业化进程。第三，农业保险的法律保障支持。美国普遍实行国家对农业保险提供保费补贴的农业保险支持政策。美国是世界农产品第一大出口国，其农业保险制度也相当发达。美国的农业保险是以农作物保险为主。这对于在我国建立农业保险法律制度具有非常重要的借鉴作用。②

2. 日本农业产业化发展的立法演进及制度创新

日本实现农业现代化的重要举措之一就是推行农业产业化政策。其农业产业化政策具体体现在以下几点：③

（1）调整和创新农业结构政策。第一，农业土地政策的调整与创新。二战以后，日本通过土地制度改革，逐步建立起以农户家庭经营为主的土地制度。随着经济的发展，规模狭小的农地家庭经营模式越来越不适用农业发展的需要。为此，日本对农地政策进行调整。日本农地政策的基本趋向是促进农村土地流转与集中，以此扩大农户经营规模。日本1961年出台的《农业基本法》就明确地把以调整土地经营规模为中心的“结构政策”摆在农业政策的首位，其后又通过一系列的法律来促进农户经营规模的扩大。1962年、1970年和1982年日本分别对《农地法》进行了修改；1980年颁布了《农地利用增进法》；1995年出台了《经营基础强化法》。这些法律有一个共同特点，就是促进农地向有能力的经营者手中集中，扩大经营规模，实现农地资源的有效配置。这些法律采取的具体措施有以下几点：一是发展共同经营和委托经营，开辟农业规模经营的新途径。日本的作业委托，通常是拥有一定土地规模、具有较强的生产能力和经营能力的上层农户，从机械作业受托开始，发展经营，积累资金，积累经营管理经验，再发展成为以大规模租地方式扩大经营规模，增加雇佣劳动力，从事农产品生产的企业型经营。二是大力培育农业规模经营主体。日本新《农业基本法》规定了有选择性地扶持农民的政策，即将原来对所有农民补贴的普惠制转变成对专业农户和农业大户的重点支持，培养有发展潜力的农业规模经营主体。此类规模经

① 李昌麒. 中国农村法治发展研究［M］. 北京：人民出版社，2006：150-174.

② 吕军书. 刍议农业产业化经营中的法律保障［J］. 农业经济，2009（5）：18-20.

③ 吴长波，徐鑫. 日本农业产业化法律政策及启示［J］. 广东农业科学，2012（2）：214-218.

营主体主要包括自立经营农户、农业法人和认定农业者三类。自立经营农户，即具有正常家庭结构的农业就业者，指在发挥正常能力并基本达到充分就业的状态下，能达到与其他产业就业者相均衡的收入和享受同等生活质量的家庭农业经营体。农业法人，即公司形式的农业组织。农业法人是以公司方式组建的，其拥有一定规模的固定资产，在各种生产要素的利用和配置上是资本主义化的，而且其经营呈规模化和多样化。认定农业者不但包括了业已存在的自立经营农户和农业法人，而且包括新兴的具有一定生产规模的农户。第二，农业合作组织政策的创新和调整。就农业合作组织的构建和发展而言，日本较为重视农业协同组织的发展。目前，在日本有四大全国性的协同组织：农业协同组织、渔业协同组织、生活协同组织和中小企业协同组织。其中，农业协同组织（简称农协）是日本农业组织的典型代表。日本农协不以营利为目的，其主要目的是提高农业生产力和农民的社会经济地位，促进国民经济的发展。农协一般设有共同销售部门、共同采购部门、信贷和保险部门三大经营部门；在农村主要开展指导业务、经济业务、信用业务和厚生共济业务四类业务；提供全面营农和生活指导、无条件委托销售、代理生产资料和生活资料的购买、资金融通事业、生命保险和损害保险、社会化服务事业等服务。实践证明，日本农协作为农民的合作组织，在组织农民从事农产品生产、加工、销售，向农民提供生产资料购买、金融、共济、技术经营指导等产前、产中、产后服务，① 促进农业产业化过程中发挥了积极作用。除此之外，日本还重视发展其他农业合作组织。一是农业生产合作组织。这类组织是在 20 世纪 60 年代后半期，在日本政府的支持下逐步发展起来的。按形式、活动特点和内部经济关系，农业生产合作组织可以区分为共同利用组织、集团栽培组织、受托组织、协业经营组织和畜生产组织等类型。二是地域农业组织。地域农业组织起源于 1975 年前后日本全国各地出现的以发展农业生产、改善农民生活并建立新型农村为目的的试点。其出发点是以地区为范围解决农业发展中所出现的系列问题。地域农业是在国家和市镇村的支持下，由地区内农户和农业共同组织联合起来共同组成的，组成地域农业的是各个农业经营单位，其中包括个体经营和农户的共同组织。② 地域农业组织既可以以乡或村为单位，也可以以市镇村或农协为单位。第三，农业技术推广政策。日本在全国建立了科研、教育、推广三位一体的国家农业科技创新体系。该体系以国家农林研究中心为龙头，以国家中心、区域中心、道府县中心 3 级网络为依托，机构和专业设置齐全，设备和研究手段先进，经费充足。从中央到地方的完整科研、教育、推广和生产相互结合的农业科技创新与推广体系，有效地提高了农业技术在促进农业发展中的作用。一是农业技术推广体系。日本在 1948 年就依据《农业改良助长法》建立了农业技术推广体系，2005 年又正式颁布实施了新的《农业改良助长法》。经过多年完善，日本形成了以政府组织为主导的政府和农协双轨制的农业技术推广体制。同时，日本政府建立了一套健全的从国家到地方的技术普及与推广组织系统。二是大力发展和创新科研教育工作。一方面，日本在全国建有由国立和公立科研机构、大学、民间企业三大系统组成的农业科研体系，并建立由三级组成的全国农业科研试验网。另一方面，政府通过正规教育与社会教育并举的办法，大力发展各种层次的农业教育，采用灵活多样的方式进行农业人才培养。此外，日本中央和地方都设有各种各样的农业技术人员和农民进修培训机构，每年举办农业技术培训班。日本政府还重视对现有科技人员的培养，通过各种专业进修、出国留学等途径，提高科技人员的业务水平。③

（2）财政金融扶持政策的创新和调整。日本政府在财政金融方面予以农业特殊的扶持和保护，保障了农业现代化的资金需求。日本政府对农业发展的扶持主要体现在国家财政对农业的重视和保护。日本农业属于小农经营，因此巨额投资不可能由农户自己来积累，而在很大程度上靠政府的补助金和长期低利贷款供给，即依靠国家的财政投资和金融政策。④ 二战后日本农业预算一直在增加，其在政府财政预算中也一直维持较高的比例。近几年，财政与金融相关的扶持政策

① 焦必方. 战后日本农村经济发展研究［M］. 上海：上海财经大学出版社，1999：201.

② 祁春节. 国际农业产业化的理论与实践［M］. 北京：科学出版社，2008：156.

③ 吴长波，徐鑫. 日本农业产业化法律政策及启示［J］. 广东农业科学，2012（2）：214-218.

④ 杨生胜，王晓峰. 日本对农业的扶持政策［J］. 农业经济，1997（3）：48.

更为明显，主要表现为农业补贴政策和农产品价格支持政策。据世界贸易组织公布的调查报告，日本对农业的补贴已经超过了农业收入。目前，除了农地整治补贴、基础设施补贴、灾害补贴等补贴，日本的农业补贴政策还体现在政策性农业保险、收入补贴、农业贷款补贴、机械设备补贴等几个方面，1994 年，日本颁布了《新粮食法》，标志着日本农产品价格政策的再次调整。日本的农产品价格政策主要包括最低价格保证制度、安定价格带制度、价格稳定基金制度、目标稳定价格制度、管理价格制度、价格差额补贴制度、国际贸易保护政策等几个方面的内容。日本一方面实行农产品贸易国家垄断，对大米禁止进口，对小麦低价进口、高价在国内销售；另一方面实行农产品进口配额和高关税制度。

（3）农村建设政策的调整和创新。第一，农村城镇化政策的创新和调整。为提高农业产业化经营水平，二战后日本积极推进农村城镇化建设。在推动农村城镇化的进程中，日本于 1953 年出台了《町村合并法》，使町周围的村进町。其进一步以一个城镇为中心，周围有 3~4 个村；十几个自然村，在合并后成立市，并在城市化过程中成为真正的城市。① 日本还于 1970 年、1980 年先后通过了两个“过疏法”，又于 1989 年出台了“丘陵与山区对策”，加强对条件不利地区的建设，以推进农村城镇化的发展和创新。第二，环保型农业政策的推进和创新。当前日本农业产业化发展的趋势是从系统工程的战略高度出发建立和推进环境保全型农业，追求经济效益、生态环境效益和社会效益等综合效益的最大化。日本于 2005 年颁布了新的《食物、农业、农村基本计划》和《农业环境规范》，提出了全面实施环境保全型农业的政策，并将此作为享受政府补贴、政策性贷款等各项支持措施的必要条件，其重视农业的多功能性和物质循环功能的维持与促进。② 第三，农业区域化生产和集约化经营政策的调整和创新。该宗旨是从实际出发，充分利用各村的资源优势，打造具有地区特色的标志性产品，将其做大做强，成为全国乃至全世界都有竞争力的知名产品，占领消费市场，达到带动地方经济发展的目的。③

（四）创新和完善我国农业产业化促进法律制度的具体进路

1. 确立我国农业产业化促进法律制度创新的新思路

第一，把农业产业化经营作为系统工程去抓。农业产业化经营包含生产专业化、布局区域化、经营一体化、服务社会化、管理企业化等要求。这就要求政府以大农业、大经济、大系统的观念去指导农业产业化经营的发展。如社会服务，要做到产前、产中、产后一体化；在经营过程中要做到种养、加工、贸易一条龙。与此同时，还应注重科技、教育、生产的结合。政府既要从整体上、宏观上认识、规划、处理农业产业化经营发展中出现的方方面面的问题；同时，要善于从实际出发，看准本地区的农业产业化经营的发展水平，抓准薄弱环节，以带动农业产业化经营的全面发展。第二，建立农业产业化经营发展的利益协调机制。这种利益协调机制的基本目的，就是要使参与农业产业化经营的各个主体形成一个利益共享、风险共担的利益共同体。这是农业产业化经营的生命力之所在。现在我们倡导的“企业+基地+农户”“专业市场（或专业协会）+基地+农户+科研”等，都应当以经济利益为纽带而实现其联合。既然农业产业化经营涉及的是经济利益关系问题，那么就必然涉及产权问题。政府必须推动农业产业化经营各主体的产权改革，通过改革明晰产权关系，在此基础上建立利益协调机制。第三，引导农业产业化经营发展走可持续发展的道路。与工业等其他行业相比，农业的专业化生产存在着一些特点。工业等其他行业的专业化生产，关键在于组织管理结构、生产工艺、生产技术、生产者素质等方面的专业化；而农业的专业化除了致力于抓以上关键性环节外，还必然在更大程度上影响生态环境和自然资源。因此更应关注发展农业专业化经营给生态环境和自然资源所带来的不良后果，不能因为发展农业专业化经营而对资源过度使用，由此使生态环境和自然资源遭到严重破坏。④

---

① 焦必方. 战后日本农村经济发展研究［M］. 上海：上海财经大学出版社，1999：156.

② 张术环. 日本实施环保型农业政策的绿色营销背景及启示［J］. 前沿，2010（9）：81.

③ 吴长波，徐鑫. 日本农业产业化法律政策及启示［J］. 广东农业科学，2012（2）：214-218.

④ 李昌麒. 中国农村法治发展研究［M］. 北京：人民出版社，2006：150-174.

2. 建立健全农业产业化促进的法律法规制度体系

我国应该借鉴日本农业产业化的经验，把反哺农业的政策措施法律化，并使法律支持体系成为反哺农业的重要保障机制，以法保农、以法促农。一方面，必须认真贯彻执行《中华人民共和国农业法》《中华人民共和国农村土地承包法》等法律法规；同时，将党和国家做出的农业发展决策以法规的形式加以规范，并进行法制化管理。这样就使决策具有了权威性，决策的实施也具有了强制性，保证农业决策的顺利开展和实施。另一方面，加快有利于反哺农业的法律法规的立法与制定工作。目前，我国关于支持农业发展的法律尚少。为此，我们首先要加快农业资金投入方面的立法，保障农业发展所急需资金的充足供应。其次，要加快农业科技与教育立法，提高农业的科技含量和农民的职业素质。再次，要加快农民权益保护方面的立法，如《农民权益保护法》等，为农民自身权益的保护提供法律依据。①

应特别加强农业产业化发展的经济立法，建立健全促进农业产业化经营的法律保障体系。一是，在加快新农村建设过程中尽快制定和出台土地流转法规或法律。这种法规和法律的制定要认真考虑农民的出路和对农民增收的保证，应考虑在受让土地方的经营效益中，给出让土地的农民切割部分股份和利益，使其能同受让土地的企业紧密联系在一起，使农民随龙头企业的发展而发展，并随企业的收益增加而致富。实行农业产业化经营，势必涉及生产、流通、消费、金融、保险、外贸和科技推广等各个领域。因此，必须用法律法规的形式确立各类贸工农一体化经营组织的地位，规范各方的经济行为，并制定相应的优惠政策，要为贸工农一体化组织开展经营活动提供相应的法律保障。二是，在制定全国统一的法律、法规的条件尚不成熟的情况下，国家有关部门和一些经济组织借助该管理系统，也可以进行决策，制定农业科技革命的政策，对农业资源进行管理，对科技成果的推广进行指导等。各地应尽快制定有关的政策制度，以保证农业产业化能健康有序地推进。② 另外，还应制定“农业保险法”等社会保障法律制度。农业保险，是以生长期、可收获期的农作物和养殖动物为保险标的，在保险标的遭受自然灾害或意外事故发生经济损失时，由保险人承担赔偿责任的保险。鉴于我国目前实行的农业联产承包责任制，农户单产作业的居多，可以考虑设立类似日本的《农业经营基础强化促进法》以及某些国家实行的《农业保险法》的法律。应当明确农业保险为政策性保险，把开展农业保险作为政府保护农业的政策手段；政府给予资金补贴、政策扶持和立法保护。建立符合市场经济要求的政策性农业保险体制。另外，在农业产业化过程中，对农业受灾区的救济补贴、务农人员的保险等方面的社会保障也需要法律的支持。③

3. 明确政府对农业产业化促进的干预程度和具体的职责权限

关于政府的干预权限和程度，应按照农业产业化经营发展的内在要求进行定位。这就要求政府：第一，应尽量减少行政干预，降低管制风险。行政干预不仅会约束农民的生产经营自主权，而且会影响农业产业组织的发育，妨碍农民组织的进入空间，提高农民组织的进入成本，以致多数农民自发形成的经济组织往往成为行政的附属。因此，政府有关部门应从直接介入微观经济活动中解脱出来，让出组织空间以扩展农民经济组织的选择机会，并为农民的组织建设与组织参与提供制度与政策服务。第二，政府应为农民提供信息服务，减少和防范市场风险。及时、准确的信息是农业产业化经营发展的重要保障，而市场经济体制下政府的基本作用在于为经营者提供信息。目前，在产业化经营发展过程中，有关部门无论在提供信息的数量上，还是在所提供信息的准确性与时效性上，都与农民的需求相去甚远，以致农民在市场进入上面临高昂的风险成本。信息传递不足或信息失真，时常导致农产品供求失衡。农民经济组织的发育受环境信息的影响极大，而适当的信息环境很容易使农民以行之有效的方式组织起来。政府有责任为农民提供信息服务。第三，改善公共设施，降低搜寻成本。目前我国农产品贸易体系建设严重滞后，即使初级农贸市场也难以满足现实的需要。公共交易设施的不足，使农民面临高昂的搜寻成本。在交通不

① 吴长波，徐鑫. 日本农业产业化法律政策及启示［J］. 广东农业科学，2012（2）：214-218.

② 陈志兴，王培华. 农业产业化面临的困境及其破解对策［J］. 安徽农学通报，2009（2）：5-6.

③ 李卓，马勇涛. 论农业产业化的法律支持［J］. 辽宁农业科学，2005（6）：32-33.

便、运输工具落后的情况下，远离集市的农户产品出售更困难，交易成本极高；加之仓储设施的不足，加工手段的落后，使农产品变得只能就地销售，以致农民常常处于不利地位。因此，政府应提供适当的公共物品服务，尤其要为农民提供较为便利的集中成交场所，从而使农户降低信息搜寻成本。第四，实行倾斜政策，尤其是金融财税政策的倾斜，提高预期收益。由于农民经济组织往往带有互助性质，因此需要政府在一定程度上实行倾斜政策，从而降低农民组织参与的进入成本，改善预期收益。事实上，日本、美国、加拿大、德国、意大利、韩国以及我国台湾地区等众多国家和地区，都为农民经济组织提供了多方面的优惠与倾斜。因此，政府应多借鉴国际的经验，为农民经济组织提供政策优惠，包括低税或免税政策、低息贷款和无偿补贴、通过补贴以低价供应生产资料。第五，加强法制建设，减少契约实施成本。目前，我国农民经济组织不仅缺乏专门的法律、法规来进行规范和保障，而且出现了有法不依的现象。据一些农民反映，其进入流通遇到的最大难题，一是关卡太多、滥收费现象严重，二是社会治安不好，缺乏安全感。因此，农民经济组织的法治建设的重点应包含两个方面：一是订立专门的农民经济组织法，在内容上对农民经济组织的宗旨、性质、法律地位、组织成员的资格与责权利、经营范围、组织机构与管理原则、财务管理制度、分配制度等方面做出明确规定。二是完善合同制度，要严格和规范合同签订，明确契约各方的权利和义务，并经公证部门公证，使产、供、加、销各个环节的经济行为受到法律的约束与规范。①

4. 创新和构建多产业融合的农业产业化合作方式

农业产业化发展应着眼于整体、系统的模式创新，构建多产业融合的合作方式。日本农协之前过于重视市町村级的基层农协，造成农协相对分散、经济能力受限、规模效应不够。在未来的发展中，日本农协着眼于整体，将各个部门与市场有机地协调起来以发挥农协的整体效能。所以，我国要吸取日本的教训，在发展基层农村合作社的同时，把握全局，自上而下把合作经济各部门有机地整合起来，实现多产业融合。这样才能更好地适应市场经济，实现农业产业部门的腾飞。②

加大改革力度，以创新和完善产业化系统内部的联结机制。要把新农村建设与经济体制改革试验区工作与基地建设相结合，探索基地农村经济体制改革的路子。要尽快出台限制性政策，以防止抢占农村的发展机会，避免滥用权力、助长腐败的发生。要采取各种有效形式健全利益机制，通过实行农产品收购保护价、承贷转贷、系列化服务、建立风险基金制度等多种联系形式，使企业和农民成为利益共同体；要推行合同化管理。凡是通过农民建立基地的企业，都必须与农民签订购销合同。同时要完善合同内容，以避免由于合同内容漏洞造成的当产品市场好时，农民违约卖高价，当市场价格低时企业拒收拒购、抢收抢购、压级压价、拖欠贷款等现象的发生。要建立和完善监督约束机制。有的地方鼓励干部带头反租农民土地，干部可以把退耕还林的地拿到自己手中发展果木，可以反租农民的土地发展支柱产业，可以优先贷款占取农民贷款份额。有必要尽快出台限制性政策，以行政、法律手段为内容的监督约束机制；要加强组织制度建设。股份合作制既能发挥股份产权明晰的优点，又能保留合作制劳动联合的特点，使企业与农户的积极性都能得到发挥，真正形成互利互惠、兴衰与共的一体化经济实体，是从根本上强化“龙头企业”与农户间利益联结机制的措施。在指导农业产业化工作时应按此方向积极加以引导。③ 对粮棉等基本农产品按照产业化的思路组织生产。根据本地资源特点、优势和市场容量，本着发挥优势、突出特色、相对集中、高产高效的原则，统一规划，合理布局，围绕主导产业，实行集约化经营，逐步形成区域农产品生产发展格局；要加强基地科技教育等基础设施建设，与农业重大科技推广计划相衔接，以充分发挥科技进步的作用。

---

① 李昌麒. 中国农村法治发展研究［M］. 北京：人民出版社，2006：150-174.

② 王志刚，孙瑞瑞，包书政. 日本农协发展的新战略及其对中国农业产业化发展的启示［J］. 农学学报，2012（3）：74-78.

③ 陈志兴，王培华. 农业产业化面临的困境及其破解对策［J］. 安徽农学通报，2009（2）：5-6.

5. 创新和完善农业产业化经营中的风险防范与利益分配制度

农业产业化经营把农业与其关联产业经营主体的利益密切联系在一起，实行风险共担、利益共享、共生共长这一风险与利益一体化机制，把大量的市场交易整合到一个一体化组织中，推动农业与其关联产业在更高层次上的分工协作和共同发展。① 这样一来，家庭农业抵御市场风险与自然风险的能力都将得到极大的提高。与此同时，由于农民参与了更多环节的利益分配，农业生产的收益也得以明显提高。为了避免农业产业化经营者在农村社区进行掠夺性质的经营活动，必须通过相应的制度建设，有效分配农业生产的风险与利益。一些地方政府为了吸引产业化经营者，片面追求地方经济的发展，往往会提供诸多优惠政策。即使这些地方政策未与国家的大政方针相违背，也会在产业化经营者与从事传统耕种的农户之间人为形成不公平的制度环境。为了在新的经济社会条件下实现我国农业可持续发展，必须从如下两个方面进行相应的制度建设工作，力求实现风险与利益分配的公平：第一，农业产业化经营者内部的风险与利益分配。“中国是一个缺乏超越性信仰的国家，讲求现实利益”②，因此，农业产业化经营过程中，利益分配机制是决定产业化经营能否长期坚持下去的瓶颈因素。③ 建立和维持比较稳定的利益关系，是龙头企业和农民共同的需要，也是农业产业化组织得以健康运行的根本保证。科学、合理的利益分配机制是农业产业化经营主体在各个经营环节上实现利益平衡的手段和工具。要本着“主体独立，自愿合作，利益联动，共同发展”的原则，正确协调好经营中各利益主体之间的关系。④ 只有在龙头企业与农户之间建立起紧密的、稳定的利益与风险分担机制，才能让农民与企业结成利益共享、风险共担的利益共同体。⑤

第二，农业产业化经营者与非产业化经营者之间的风险防范与利益分配。在现有制度框架内，未参与产业化经营的农户无法分享产业化经营所带来的利益，却要承担产业化经营所导致的“负外部性”成本，如环境污染、生态破坏以及对能源的大量消耗等。为了实现农业可持续发展目标，政府的价格支持、税收优惠、信贷优惠等，应该首先实现公平供给。也即是说，非产业化经营者也应该从其生产效率的提高中获得应有的回报。因为制度的存在，应该鼓励农业生产的多样化、非集中化。并且，不使用化肥、农药的有机农产品，更应该在市场管制方面获得优先照顾，由政府支持的农业生产技术改进项目，不能仅以产业化农业为服务对象，相反，传统农业生产的需要，也应该得到满足。⑥

6. 创新我国农业产业化发展的法律模式

第一，创新组织模式。⑦ 我国农产品在国际市场上的份额相当小，甚至某些农产品根本没能跻身于国际农产品市场。一个重要的原因，就是我国没有建立起纵向一体化的农业组织体系，由此使农户的联合和组织程度十分低下。可以说，这是我国农业参与竞争的一大劣势。依据农民与市场之联结要素的不同，农业产业化经营的组织模式可归纳为三种：①企业模式。按照这种模式，农民以资本入股的方式设立企业。根据《中华人民共和国公司法》等企业法律、法规，在作为投资者的农民中建立“风险共担、利润共享”的机制。②合作社模式。合作社以信息共享与生产互助为纽带，主要致力于提供生产性服务，在合作经济法或合作社法的规范下，实现“防范风险、利益均沾”。③合同模式。这种模式以买卖合同为纽带，在《中华人民共和国合同法》的规范下，实现“通畅销路、紧跟市场”。这种模式，使农民间接地进入了市场，既避免了农民直接

---

① 阮文彪. 走向均衡下的繁荣：中国三农问题探索［M］. 合肥：合肥工业大学出版社，2006：167.

② 贺雪峰. 乡村的前途：新农村建设与中国道路［M］. 济南：山东人民出版社，2007：133.

③ 吕军书. 刍议农业产业化经营中的法律保障［J］. 农业经济，2009（5）：18-20.

④ 龙方. 中国“三农”问题研究的新思维［M］. 北京：中国农业出版社，2005：82.

⑤ 卢代富，邵海. 产业化背景下我国农业可持续发展的困境与法律对策［J］. 法律科学，2013，31（3）：103-111.

⑥ 卢代富，邵海. 产业化背景下我国农业可持续发展的困境与法律对策［J］. 法律科学，2013，31（3）：103-111.

⑦ 李昌麒. 中国农村法治发展研究［M］. 北京：人民出版社，2006：150-174.

参与市场竞争面临的巨大风险，又发挥了农民家庭经营的灵活性。根据我国的实际情况，合作模式应是我国农业产业化的首选模式。其理由在于：其一，它是一种更稳定的利益联结形式。它能解决最为急迫的问题——对参与农业产业化经营的企业的监督和约束。其二，它是农民和公司之间的中介，更是农民自己的组织，因此能够保护农民的利益。其三，它能化解农民在分割利润中的交易成本，使利润的分配接近帕累托效率，进而不断改善社会福利的分配和整个资源配置。① 合作组织有三种类型：①社区合作组织。它是按乡、村行政区域建立的合作组织。其主要特征是社会性，财产归社员集体所有。这一类型的组织已在各地区普遍建立。它行使生产服务、管理协调、资产积累、资源开发等职能。②专业合作经济组织。它是农户之间按某种专业需要自愿组织的联合体。这种类型合作组织的建立可以视各地农村的具体资源、环境情况而定。③科农工贸一体化合作组织。这是在农业科技推广服务中，创办经济实体，形成横向联合的龙头，带动乡村科技服务站和科技示范户，集科研、试验、示范、推广、加工、经营为一体，实现科技推广和生产经营双赢的合作组织。②

第二，创新土地使用模式。③ 农村土地按用途可分为两大类——农业用地和建设用地。相应地，农村土地使用权也有"农地使用权"和"基地使用权"之分。农地使用权是对集体所有的农用土地直接占有、使用、收益的权利。农地使用权的标的物范围相当于目前土地承包经营权标的物的范围，在性质上属于用益物权。土地使用模式在法律上的焦点应集中在"联结纽带"上。进一步说，应关注农地经营者的使用权受让人与作为农地占有者的使用权出让人之间的法律关系。有三种土地使用模式：一是自耕，即农地使用权不发生转移；二是租赁，即农户仅就农地使用权的定期经营与承租方发生租赁意义上的部分权利转移；三是股份合作，即农地使用权是资本，各方的法律关系是合伙法或公司法意义上确定的股东间的法律关系。后两种模式是土地使用权的流转的结果。目前，我国的农业产业化经营在农地使用权方面呈现出多种模式并行不悖、各种模式优势互补的局面。西部地区的自耕仍是成本最低的主要经营方式，沿海地区则侧重于股份合作模式，而我国大部分地区应采用租赁模式较好。其理由有三：①租赁模式有法律基础。如《中华人民共和国宪法》《中华人民共和国土地管理法》均明文赋予集体经济组织成员享有使用权出租的权利。②各方当事人都能在租赁法规中找到维护自己合法权益的保障。当然可采取多种形式，双方协议的可依据《中华人民共和国合同法》，竞争招标的可依据《中华人民共和国招标投标法》等。③当事各方法律地位明确。出租方与承租方的权利义务比较明晰，双方之间的法律关系相对来说也比较单纯。农户可依据自己的意愿和周边环境，决定是否承租土地、规模和期限，以及承租期满后是续租还是终止合同。④ 应该按照依法、有偿、自愿的原则，通过转包、转让、互换、出租等形式，促进农村土地经营权流转的规范化、制度化，加快土地向农业园区集中，向龙头企业集中，向种植大户（能手）集中，鼓励土地适度规模经营。

第三，创新合同保障模式。⑤ 农业产业化经营法制化是农业产业化经营实践的内在客观要求，而合同保障则是农业产业化经营法制化的基本环节。目前，我国农业产业化经营的主要合同类型有：①"农业订单"式的松散买卖合同型。②农业产业化经营紧密合同型。其一般在"公司+农户"模式、"公司+基地+农户"模式中被采用。它比松散的买卖合同型联结的紧密度更强。龙头企业与农民之间通过订立紧密合同，明确双方的权利和义务。合同使企业和农户联结在一起，其内容包括为农民提供技术服务，给农民提供种苗并承诺包销产品，也有的约定价格条款，包括最高限价和最低保护价等。③"农户+专业合作组织+市场"的合同模式。这又可分为三种：第一种是买卖合同型。合作社销售产品的主要对象是加工企业。第二种是委托代理合同型。合作社统一代理销售社员的产品。第三种是保管、加工合同型。即合作社将社员的农产品集中起来利

① 冯开文. 合作制度变迁与创新研究［M］. 北京：中国农业出版社，2003：285.

② 雷俊忠. 中国农业产业化经营的理论与实践［M］. 成都：西南财经大学出版社，2004：106-107.

③ 李昌麒. 中国农村法治发展研究［M］. 北京：人民出版社，2006：150-174.

④ 赵德余，温思美. 我国农业产业化组织形式的动因与线索［J］. 农村经济，2004（4）.

⑤ 彭春凝. 论农业产业化的法律促进机制［J］. 天中学刊，2005（6）：47-49.

用加以储存、加工，以寻找合适的市场销售机会，由合作社代社员销售，销售后，合作社提取代存、代加工费用，其余的利润全部返还给社员。农业产业化经营合同有其独特性：一是其当事人之间关系特殊，是一种合作关系而不是传统意义上的合资关系、联营关系或合伙关系；二是其主体一方为独立生产的农户，相对方为龙头组织；三是合同必须以保障农户的预期收入为前提，以实现农业产业化经营经济目的为基本目标；四是农业产业化经营合同多数是附合合同；五是农业产业化经营合同具有利益联结机制的特殊性。这一特殊经济目的性是农业产业化经营契约的新颖独特性中最为重要的。鉴于农业产业化经营合同的特殊性，在确立这种合同的调整规范时应确立以下制度：一是情势变更制度。按照该制度，由于国家经济政策、社会经济形势等客观情势发生巨大变化，致使援引农业产业化经营合同将对一方当事人没有意义或者造成重大损害，而这种变化是当事人在订立合同时不能预见并且不能克服的，该当事人可以要求对方就合同的内容重新协商；协商不成的，可以请求人民法院或仲裁机构变更或解除合同。二是农业产业化经营合同动态保底制度，即对农户参加农业产业化经营能获得的预期收入用合同法律制度加以保障。① 至于农业产业化经营龙头组织的利益，可从产业化经营的其他链条环节中获得，如建立风险基金来防范，从国家的优惠税收、信贷、融资等政策中来弥补等。

第四，创新政府农业管理模式。② 当前，政府在推进农业产业化过程中存在“务虚”的不良倾向。一是政府在维护市场秩序，提供公共物品、基础设施和服务等方面的工作不到位；二是政府过度推动，虚报农业产业化经营的规模，或者强行要求企业对农户实行帮扶；三是原有的行政惯性依然在起作用，如违法滥征土地、忽视农民合法权益等。参照市场经济发达的国家的政府职能，可以考虑从以下三个方面改善我国政府农业管理模式：首先，在政策制定上，政府不仅应在宏观层面上进行必要的政策指导，还应在微观层面也加强具体政策措施。进一步讲，在宏观上，政府不仅要制定财政支农的一些政策措施，还要跟踪国外农业发展的最新情况，尤其要借鉴发达国家农产品的质量管理经验。政府应根据我国农产品质量安全的现状及差距，制定相关的农产品质量方面的法律，健全安全标准、检测检验、质量认证三个体系，全面提高农业产业化经营水平。在微观上，要注重农业产业化经营的微观组织构建。20 世纪末，涉农供应链的研究及发展受到欧美等西方国家的政府、协会、学术界及有关国际组织的极大重视。③ 相比之下，我国政府侧重于农业产业化研究的宏观和抽象层面，而对农业产业化的微观管理创新和发展相对忽略。故地方政府应当围绕保护农民利益、突出市场主导行为等制定相关的财政、税收政策；制定有助于产业化发展的地方规章并使其逐步法律化，特别是要优化信贷政策。其次，在管理上，应该在《中华人民共和国农业法》中规定农业综合行政管理部门的相关问题。这些问题包括农业综合行政管理部门的设立条件、程序及其管理职权，要重点强化管理的职责，将职权的行使限定在服务性的层面上，营造农业发展的良好外部环境。一方面，要协调政府、科研院所、农户间的关系，促进农业科研、教育、推广单位三者的结合。要加强县以下农技推广体系的建设，形成多功能、全方位服务的农业科技推广体系，鼓励科技人才奔赴农业第一线。另一方面，赋予农业综合行政管理部门依法管理涉农合同的职责。政府应对发生履行困难的合同进行备案，及时协助处于弱势地位的农民走出困境。最后，在服务上，应建立各部门的协调机制。农业产业化经营涉及多个部门，但我国存在的部门壁垒在一定程度上阻碍了农业产业化经营的进程。政府各部门应密切配合，协调解决项目审批、工商登记、征用土地、交通运输等问题，明示行政审批程序。应加强农业信息网络基础设施建设，构建适合国情的农业产业化信息服务体系。政府还应加强对农村软环境建设的服务工作，如科教的普及以及提高农民素质等。④

7. 创新农业产业化经营中的特殊保护与支持制度

在产业化经营的背景下，农业可以获得更多的发展机会，但其弱势地位并不因此而得到根本

① 孙顺强. 农业产业化经营契约的法制研究［D］. 重庆：西南农业大学，2003：45-46.

② 彭春凝. 论农业产业化的法律促进机制［J］. 天中学刊，2005（6）：47-49.

③ 张晟义. 农业产业化重点企业涉农供应链的实践与启示［J］. 广东行政学院学报，2004（2）：34-37.

④ 李昌麒. 中国农村法治发展研究［M］. 北京：人民出版社，2006：150-174.

性的改变。同时，农业产业化经营的社会成本也需要得到合理分配，并被充分内部化。为了实现农业可持续发展，我们还需要以可持续发展的理念为指导，反思和创新现有农业特殊保护与支持制度。反垄断法会对农业实施特殊保护。这具体放在后面第三节中加以论述。特别是我国农业产业化发展应该适用反垄断法的豁免制度。在利益平衡的基础上，明确农业豁免制度的边界，确保公平竞争，保护消费者的权益，维护我国的经济安全、粮食安全以及食品安全。① 另外，关于农业产业化的科研、教育方面的保护与支持，农业补贴制度的完善，农村社区的发展和健全，都应该给予特别的扶持和推进。

二、高原农业产业化发展的法律制度创新

高原农业产业化的发展，有利于推进高原农业的现代化、农业企业的技术升级，有利于提高高原农业综合生产能力、农产品市场竞争力，有利于促进高原农业提高效益、农民增收、农村富裕，更能全面提升高原农业经济，使其在农业结构调整、农业产业集聚、农业产业升级等方面发挥重要作用。通过法律政策的调整与保障，高原农业产业化的发展才具有稳定性、可持续性，高原农业产业化的目标才能得以顺利实现。

（一）高原农业产业化的现状特征

1. 农业产业化

有人认为，农业产业化是指以国内外市场为导向，以提高经济效益为中心，对当地农业的支柱产业和主导产品实行区域化布局，专业化生产，一体化经营，社会化服务，企业化管理，把产供销、贸工农、经科教紧密结合起来，形成“一条龙”的经营体制。② 高原农业产业化可解释为，以高原农业增效发展为目标，以开拓市场为导向，以优化配置高原农业资源为条件，选定、做优做强高原农业主导产品和支柱产品，对主导和支柱产品实行专业化生产、区域化布局、社会化服务，形成高原农业产供销一条龙、农工商一体化的经营模式。

高原农业产业化的发展将面临新的生产环境，即由传统封闭的农业向市场开放的农业转变，由传统粗放型农业向集约型农业生产方式转变，由传统不稳定的农业向现代化、可持续性的农业转变。③ 农业产业化的基本内容是以市场为导向，以资源为基础，以农产品为龙头，以不同形式的企业组织为依托，以“公司+基地+农户”为主要形式，实现农业生产规模化、农工商一体化、产供销一条龙的经营模式。高原农业产业化的发展可使高原农业生产社会化、区域化和集约化，有利于高原地区农业结构的合理调整，切实增加高原高寒地区农民收入，促进高原农村经济的跨越式发展，加快高原农业现代化发展的步伐。

在现有高原农业资源条件下，探索实现高原农业产业化的发展道路，除了应具有高原特色农业资源、农业生产高效、农业生态环境保护、农产品安全等影响农业可持续发展的重要因素，还应具备关键性核心要素即高原农业产业化的法律政策支持。

2. 高原农业产业化的特征

高原农业产业化是农业产业化在高原地区的具体化，其具有农业产业化的一般特征。它们都是新型工业化发展战略在农业领域的集中体现，是农业迈向专业化、社会化和现代化的必由之路。高原农业产业化的发展因在特殊性的高原领域进行，其产业化的具体内容更具自身特色，与中原或平原农业产业化具有一定的差异性，且其发展的难度更大。高原农业产业化的发展离不开国家倾斜性政策的支持。国家更需从法律制度上对其加以保障，维系高原农业产业化发展的可持

① 卢代富，邵海. 产业化背景下我国农业可持续发展的困境与法律对策 [J]. 法律科学，2013，31（3）：103-111.

② 宋瑞敏，刘文谦，汪彬雯. 河南省农业产业化中的融资问题及其对策 [J]. 安徽农业科学，2012（5）：3155-3160.

③ 张晓莉. 试论西藏农业资源状况与种植制度发展 [J]. 中国农学通报，2007（5）：23-28.

续性。在法律政策的制定方面应综合并充分考虑高原农业自身发展的地域性、规律性和季节性，确保高原农业产业化发展的法制能落到实处。例如，云贵川高原地区降水资源整体呈减少趋势。近年来的干旱频发，季节性干旱明显频繁，以及节水、抗旱减灾的法律政策极不完善，都将直接影响高原农业产业化的发展进程。高原隆起，干旱缺水是不争的历史事实，且高原地区蒸发能力远大于降水能力，天然植被一旦被破坏则会导致森林锐减，降水量小将无法满足农作物的基本生长需求。因此，应制定相应法律政策推广高原旱作节水技术，增强高原农业抗灾防旱的综合能力。

高原农业产业化的发展水平并不高，农业生产效益偏低，农民增收困难。高原地区在具体实施农业产业化过程中，未遵循农业产业化的一般规律，又未从高原地区实情出发；在农业生产的各个环节均未贯彻农业产业化的终极目标，即未把有利于农林生产、提升农业效率及增加农民收入作为其根本行为准则。特别是在高原地区实施农业产业化的过程中，高原地区缺乏对本地情况的深入调查和问题探究，照抄照搬外地农业产业化发展形式或模式，一味强调农业经营的规模化和培育“龙头企业”，偏离了高原农业经济发展的特殊规律。另外，高原农业产业化的发展还未形成支柱产业，特别是种植业、林业、畜牧业等小农业的比例失调和对高原农业特色范围缺乏科学界定。在高原地域，与农业产业化相关的各种资源条件是一定的，只有选择既定的资源条件、特色产业才能达到农业产品的优化配置。因此，在选择或确定高原农业产业的比例和特色支柱农产品时，必须以资源配置优化和生态环境良性为条件。

高原农业产业化的重要特征之一是建立完善的社会化服务体系，促进高原农业高效稳步发展。现代农业生产的全过程都需要获得必要的资金支撑。高原农业经济薄弱，需要国家大力扶持。国家应通过制定法律政策对其给予政策倾斜，确保农业产业化的进程不受外部阻力。另外，农工商、产供销一体化经营需要大力培育一批龙头企业。国家应制定相应的法律政策，确保通过一定的组织方式和合理的利益分配机制使高原农业的主导产品和支柱产品不断向外延伸。通过法律政策手段，尽早改革、改造和改组高原农业企业，使其尽快做到高起点、新技术以及深加工、精加工，增强高原农业企业的竞争力。①

高原农业产业化能否顺利实现直接关系着高原农业的现代化进程。高原地区多以粗放型的畜牧业为主，种植业居于次要地位，且林业、果木业以及代表现代农业发展方向的集约型农业方式所占比重非常小。高原地区农业发展及产业结构调整，过分关注本农业内部的产量而忽视了农产品质量、深层次的农产品加工以及产品形式。高原农业经济发展不畅和后劲不足将直接影响其产业化的进程。西部大开发为高原农业产业化发展提供了历史机遇，通过国家法律政策的支持，为高原农业的结构调整和产业化路径提供强力保障。但高原地区又是我国农业生态的脆弱区②。高寒、多风和干旱等原始性的生产环境，使其受外力侵蚀强烈，难以抗拒较大的自然灾害，生物资源匮乏，直接影响高原农业生产的可持续性。国家应制定相应的法律制度和经济政策，维护高原农业发展的可持续性和稳定性。高原农业政策性保险制度将不失为其较好的选择。

3. 高原农业产业化发展的现状

高原农业发展具有典型的传统农业发展方式，其受到经济背景、技术条件和水资源的制约。高原农业产业化的发展水平相对不足，农业现代化的滞后现状难以根本改变，将影响农业产业化目标的实现。长期以来，高原农业产业结构以传统种植业为主，对自然资源环境的依赖程度大，使生态环境压力日益增大。而且，大农业内部农、林、牧业等比例结构极不合理，种植业所占比例过大，投入极低，广种薄收，农业生产方式比较落后。特殊的自然地理环境的限制，形成了高原地区系统层次结构简单、自我调节能力较差、脆弱性极大的生态环境系统。高原农村人口增长、农业劳动力的转移不足以及过度种植，使农业生态环境日益恶化的趋势仍未得以有效遏制。

20 世纪 50 年代至 70 年代，我国农业政策过分偏重执行“以粮为纲”的指导路线。受到

---

① 吴栋仁. 青海农业产业化发展问题研究［J］. 课题研究，2008（5）：18.

② 师守祥. 民族区域非传统的现代化之路［M］. 北京：经济管理出版社，2006：157.

“粮下滩，草上山”指导思想的影响①，高原农业种植业迅速扩大，并拥挤到河谷侧、山顶下，且产量低、质量差，还导致了水土流失，使农业种植业的生态系统遭到了破坏。可见，高原农业政策的失误和相应法律政策的缺失不仅导致高原农业生态环境遭受破坏，而且使得高原农业产业化发展欠缺法律保障机制。高原地区喀斯特地貌较多。发展农业需大规模开垦高坡度的耕地。表土裸露、植被稀疏会增加水土流失，不利于高原农业发展的可持续性。水资源的不足是高原地区农业发展的主要限制因素之一，也是生态农业的关键性限制因素之一。高原地区干旱缺水，地表河网稀疏；季节性小河虽多，但因多为源近流短，不能为农业灌溉提供持久支撑。地下水开采技术和成本成为制约高原农业可持续发展的潜在因素。因此，合理开发水资源、节约水资源的法律政策的制定成为发展高原农业的重要目标。

影响高原农业产业化进程的重要因素之一是水土流失严重。因高原地域广阔，陡坡地、荒地、沟壑等纵横分布，土地贫瘠且土表不深，加之土地利用不合理、农业经营单一，存在广种薄收、农产品产量极低的现状，甚至出现为增加粮食产量而在陡坡上开垦耕地的情况，从而毁林毁草，严重破坏了高原农业发展的可持续性。特别是国家对高原农业缺乏合理的法律政策支持，农业低产和水土流失现象较严重，极易形成“越广种，越薄收，流失越严重；流失越严重，越薄收，越广种”的农业生态环境恶化的不良循环路径，难以实现高原人口、社会、经济、资源的协调发展。因此，需要奠定较深厚的农业发展经济基础。高原地域呈现多山，淡水资源匮乏，缺少平缓、肥沃的农业生产优势之地，其不发达的农业经济条件直接影响着农业产业化的现实。高原农业总体经济发展水平偏低，其可持续性发展能力脆弱，需要国家通过经济政策手段和法律方式向高原农业进行倾斜性保护，增强基础农业投入，使其与中部、东部农业发展的差距逐渐减少，努力提升经济基础，尽量克服农业产业化的先天不足。尤其应通过法律政策的调整方式来加强对高原特色农业发展资金的投入，同时还应重视高原农业生态环境的建设目标，大力发展生态农业、绿色农业和休闲观光农业，通过相应法律政策引导高原农业走向特色的产业化道路。

（二）高原农业产业化法律制度创新之不足

1. 高原农业产业化的法律政策不系统

目前，高原地区尚未形成系统的、明确的农业产业化法律政策，对农业产业化法律政策极不完善，甚至某些重要的农业产业化政策处于缺位状态。高原农业合作组织的构建与发展具有重要作用，其为农业产业化的发展发挥着积极作用。然而，当前我国高原农业合作组织不发达，主要是由于缺乏相应的农业合作组织政策的支持。高原农业结构政策不具有合理性，不能为农业产业化经营提供新途径，农户自行经营居多，委托经营和共同经营较少，难以发展成为公司型的规模经营。缺乏培育农业规模经营主体的法律政策，无选择性的、扶持性的农业产业化政策，不能形成对农业大户、专业农户的重点扶持，对农业产业化主体的认定也不明确。在全国范围内尚未形成以法保农、促农的法律政策体系；现行《中华人民共和国农业法》《中华人民共和国农民专业合作社法》等农业法律政策执行不健全；支持农业产业化的法律政策不多，特别是农业产业化资金投入的有关法律政策不足，无法保障农业发展所需的充足资金供应；促进农业产业化的科技与教育法律政策也有些滞后。高原农民权益保护的相关立法有待加强，为农民主体在农业产业化过程中实现其权益提供法律依据；然而高原农村社会化服务体系不完善，服务质量与办事效率都相对较低，缺乏相应的法律政策措施以强化对其实施监管；无论政府监管还是社会监管都不够完善。

2. 高原农业“脆弱性”的补救政策不明晰

高原农业因为其特殊的地域环境和气候条件，具有较大的风险性和不稳定性；加之高原地区先天处于经济落后地区，高原农业生产可谓处于非常“脆弱”的境况。然而，国家对高原农业的支持力度还不够，特别是保障高原农业发展的法律政策还处于空白或有待建立阶段。脆弱性的高原农业生态环境需要政府通过法律政策手段予以调整，对其施以补救性的倾斜政策扶持，确保高

---

① 孟树标. 冀北高原农业生态环境问题与综合整治策略［J］. 贵州农业科学，2010（1）：47.

原农业发展的延续性。缺乏在高原地区建立教育、科研和推广三位一体的农业创新政策支持；无技术创新政策的支持就无农业科技创新推广体系的完善；高原农业技术推广体制不足。

3. 高原农业产业化财政金融政策相对滞后

当前高原农业产业化的财政金融政策明显不足，特别表现为农业补贴政策和农产品价格支持政策都相对滞后，不能满足高原农业产业化发展的需要。高原地区农户直接收入的补贴缺乏相应政策支持，政策性农业保险法律制度未能确立。高原地区目前仍处于“法律政策的真空”中。农业贷款补贴政策的不足以及其实施的不力，不能缓解高原农业产业化的高额资金需求。农业用大型机器设备补贴政策尚未在高原地区构建起来，产业化进程难以预期达到。缺乏相应的农产品价格法律政策，农产品的最高价格和最低价格制度都不健全；缺失价格稳定基金制度，农产品价格难以长久稳定；价格差额补贴政策、国际贸易保护政策等或者不充分或者难以落实与保障。现有金融机构的信贷法律政策不适合高原农业产业化过程中的龙头企业、主导企业的融资活动，将直接导致高原农业企业的投资收益不确定，经营风险增加。① 另外，缺乏行之有效的信用评价体系方面的法律政策；信用担保法律政策体系不完善、不健全；在农业产业化发展过程中存在融资难、融资成本高的难题。

4. 高原农业产业化的运行机制不科学

高原农业产业化发展缺乏科学合理的运行机制，无法保障高原农业产业化发展的效率。缺乏相应的运行机制主要表现在：尚未建立高原农业主体之间的利益协调机制，未建立规范性的行为约束机制，未建立对高原农业产业化的宏观调控机制，未建立高原农业的风险保障机制。无科学的产业化运行机制，则无高效的高原农业产业化发展，特别是其发展的可持续性难以获得全面保障。缺乏相应的财政金融法律政策的良性运行机制，尚未构建金融支持高原农业产业化的保险机制，以及尚未健全其他法律政策支持机制。

（三）我国高原农业产业化法律制度创新之路径

加快制定高原农业产业化的法律政策，改善高原农业生态环境，促进高原农业产业结构调整，提升高原农业经济发展水平，对实现高原农业持续协调发展具有重要的现实意义。

1. 健全高原农业产业化法律政策体系

高原农业产业化目标的实现需要健全农业法律政策体系。应构建合理的高原农业结构法律政策，不断开拓农业规模经营的新途径，发展委托经营、共同经营等新方式，通过法律政策培育农业规模经营主体，有选择性地扶持发展潜力大的农业经营主体，特别应制定扶持专业农户、规模农户的法律政策，明确规定农业经营主体的范围和内容。应构建和发展农业合作组织政策，以促进高原农业产业化的发展水平。发展高原地域农业组织可以村或乡为单位，也可以农协或县镇村为单位，以着力解决高原农业产业化中的各种问题。高原农民或农户金融支持政策的难以获得将成为制约农业产业化发展的“瓶颈”②，因此应尽快制定有效资本支持的财政金融政策。除上述法律政策之外，还应构建高原地区的宏观经济政策、生态环境保护政策、农业结构调整政策以及高原农业区域化生产政策与集约化经营政策，特别应创新农业产业化运行机制，构建多元化的农业技术推广法律政策体系。③

2. 采取倾斜性政策措施

应制定和完善高原农业气候法律政策，为农业产业化提供外部气候支撑。高原农业气候变化和发展规律存在多种不合理、不确定的因素。特别是针对高原农业生产的不稳定性增大、产量波动加大等特征，应制定法律政策，增强高原农业防灾减灾能力，提升农业生产的综合能力，适当

---

① 宋瑞敏，刘文谦，汪彬雯. 河南省农业产业化中的融资问题及其对策［J］. 安徽农业科学，2012（5）：3156.

② 刘玉顺，曲玮. 金融支持农业产业化发展的问题及原因探析［J］. 开发研究，2012（1）：123.

③ 李维生，郭庆法，等. 创新机制，加强我国多元化农业技术推广体系建设——日本农业技术推广的经验和启示［J］. 山东农业科学，2010（9）：114.

调整农业种植的品种及轮作制度。通过法律政策，加大对高原农业倾斜扶持力度并使其具有长期稳定性。通过制定高原农业气候变化影响评估、预测等方面的法律政策，减缓因气候资源变化所带来的不利影响，逐步改善高原农业对气候变化的适应能力和对气象灾害的防御应变能力。应高度重视高原农业的气候资源变化，通过法律政策规范其对高原农业生产提供科学合理的农事安排，使高原农业利用气候资源以趋利避害得以常规化，确保高原农业发展的可持续性。对于高原农业生态环境的脆弱性，还应采取补救性的措施，如制定生态补偿的标准，确保高原农业生产经营者的正当利益。高原生态环境的脆弱性需要国家法律政策给予倾斜性保护，通过相应政策实施造林工程，扩大林草植被面积，改善高原农业生态环境。在具体法律政策制定方面，应明确规定高原地域各级政府在农业产业化过程中相应的职责权限，强化监督管理，努力促进高原区域持久高效的农业生态环境体系。同时，应大力推行农、林、畜牧等复合经营，促进农、林、畜、牧之间的协调发展。

3. 完善高原农业产业化的财政金融政策

若要加快高原农业产业化的进程，做大做强高原区域的优势产业和主导产业，需要不断完善和充实财政金融制度。“日本农业属于小农经营，因此巨额投资不可能由农户自己来积累，而在很大程度上靠政府的补助金和长期低利贷款供给，即依靠国家的财政投资和金融政策。”① 应加快制定对高原农业产业化支持的财政金融政策，加大财政金融政策的支持力度，为高原地区农业产业化的龙头企业和主导企业以及“基地+农户”办理扶贫贴息贷款，还应加大对农户小额信贷的发放力度。② 农业产业化法律政策的完善着重于构建财政金融补贴制度，特别应尽快建立符合“绿箱政策”的直接补贴制度，还应设立农业保险制度，分散农业产业化过程中的风险。进而构建高原农业产业化的投融资法律政策体系，健全政策性农业保险制度，以及高原地区农村社会保障法律制度，改变不平等的城乡二元经济结构。“在落户投资的大型企业进行结构调整、技术创新时，政府要提供金融支持和信贷投入，优先发放绿色通行证，给予其税收、检疫、通关方面的优惠和便利，吸纳本地剩余劳动力。”③ 鼓励高原本地企业通过多种经营方式，通过农业产业化企业的融资政策支持，培育高原农业产业化发展中具有核心竞争力的龙头企业和主导企业。高原地区政府应强化财政金融政策对本地龙头企业的扶持，构建贴息资金、担保资金、支农风险基金等法律政策的协作辅助机制，发挥财政金融政策的信用杠杆作用。

4. 构建高原农业产业化的法律运行机制

首先，应建立高原农业主体的利益调节机制。高原农业主体之间应本着共担风险、共享利益的原则去处理主体之间的矛盾，公正合理地分配农工商之间的经营利润，通过法律政策支撑高原农业初级产品生产基地建设、高原农产品深加工基础设施建设。其次，应建立规范的行为约束机制。应充分利用具有法律效率的契约或合同来规范高原农业各利益主体的经营行为。对于已签订的农业产品购销合同，应自觉执行；同时，国家行政机构应加大对高原农业产业化经营契约的监督力度，及时、公正地处理各种农产品交易纠纷，维护高原农业主体的合法权益。再次，应建立对高原农业产业化的宏观调控机制。高原地区各级政府及农业行政主管部门应根据农业产业化发展的需要，加强对宏观层面农业产业化政策的引导和调控，充分发挥指导、协调和服务的功能。还应按照高原农业产业化经营的基本特点，建立和创新管理体制，运用有效政策手段引导高原农业市场主体不断根据市场状况调整农业产业方向、农产品结构以及各方的利益，调动各市场主体发展产业化经营的积极性。最后，应建立风险保障机制。在高原农产品交易环节中，应按照经营金额的一定比例提取风险基金，用于调节初级农产品生产者之间收入的过大差异，同时用于抵御高原农产品交易的市场风险，甚至可用于弥补加工、销售环节的损失。通过法律政策设置农业政策性保险，合理分流自然灾害所致的高原农业损失，有利于高原农业生产者迅速恢复生产经营。

---

① 吴长波，徐鑫. 日本农业产业化法律政策及启示［J］. 广东农业科学，2012（2）：216.

② 张双英. 河北省农业产业化发展的金融思考［J］. 金融教学与研究，2007（6）：22.

③ 刘凯，李松柏. 城市化背景下农业产业化经营的现状、原因及对策——以杨凌示范区为例［J］. 特区经济，2012（3）：183.

农业产业化法律政策的运用应保障：在特色农业产业化的形成阶段，应强化农业生产基地建设，大力开发绿色农产品；利用无污染环境优势发展系列绿色保健的农产品加工业，确立其在农业产业中的优势地位；在特色农业产业化的扩张阶段，应保持原有特色产业的发展，同时，构建农民专业合作经济组织，扶持龙头企业；在特色农业产业化的发展阶段，特色农业应成为促进高原农业经济发展的支柱。合理的农业结构将在此阶段形成。农业经济由粗放型向集约型转变，使特色农业产业发展成为其主导产业、重要产业。

三、农业反垄断法豁免法律制度创新

反垄断法农业豁免制度指的是在农业领域，反垄断法对于其某些垄断的状态和行为予以豁免的法律制度。《中华人民共和国反垄断法》第五十六条，对农业垄断的豁免制度进行了相应的规定。但是我国农业反垄断豁免法律制度创新仍存在着一些深层次的问题。通过对国外适用该制度的介绍，我们提出我国农业反垄断豁免法律制度创新的几点具体对策。

（一）农业反垄断法豁免的基本理论

1. 反垄断法农业豁免制度的概念

法律意义上的垄断是指经营者违反法律的强制性规定，在特定市场内滥用市场支配地位或者与其他经营者合谋，排除或限制竞争，损害消费者权益，违反公共利益的行为。其具有两个显著特征：违法性和危害性。①

但垄断行为也有一定的积极影响：第一，有利于实现规模经济，降低生产成本，实现资源优化配置；第二，有利于实现生产、销售、运输一体化，降低交易成本；第三，垄断者为了维持自身的垄断地位，会更加注重技术创新，客观上带动了整个科学技术的进步。所以豁免一些利大于弊的垄断行为是有必要的。

反垄断法豁免制度是针对某些特殊行业、特定行为或特定时期的特定情况，反垄断法规定对某些垄断行为或限制竞争行为排除适用反垄断法的基本规定。也就是说，对在形式上符合反垄断法禁止规定的行为，引起符合免除责任的规定而从反垄断法规定的适用中排除出去。②

反垄断法农业豁免制度是根据农业产业政策和农业生产的特性及各国的国情，对于符合农业豁免条件的农业垄断行为，对其行为进行豁免，不适用于反垄断法的基本规定。

2. 农业反垄断法豁免的必要性

（1）从农业本身的特点来看。首先，农业是一个国家国民经济的基础，农业生产关系整个国家国民的基本生活。农业是国民经济中的一个最基本的行业，农业的发展与社会公众的基本生活以及一个国家的经济安全密切相关。农业不同于工业和服务行业，仅仅投入劳力、资本等生产要素是不够的，还需要光照、水、地形等自然资源。自然条件是发展农业必不可少的条件。因此，农业往往是一个非常脆弱的行业。③

其次，农产品供需弹性小，可替代性差，不利于长期保存和运输，使得广大的个体农业生产者面对中间商即批发商和收购商的压榨，无力反抗。另外，农产品的生产周期较一般的工业品更长，还要受到降水、光照、汽灯等不确定因素的影响，抗风险能力极差，导致农业经营者很难通过价格机制实现供求平衡。

最后，由于农业生产地域性的特点，大多农业生产者只专注于自己的生产，同业生产者之间，生产者与消费者之间缺乏必要的交流和沟通，导致其很难了解完整、有效、及时的市场供求信息。农业生产者在制定农业生产决策时，没有能力进行市场预测，合理安排这个周期或下个周

---

① 黄勇，董灵. 反垄断法经典判例解析［M］. 北京：人民法院出版社，2000：2.

② 吕明瑜. 竞争法［M］. 北京：法律出版社，2004：19.

③ 李亮国，王艳林. 农业在反垄断法中的适用除外研究（上）——中国反垄断法第五十六条之解释［J］. 河南省政法管理干部学院学报，2008（4）：84-90.

期的农业生产，造成供求不平衡。

基于上述农业本身的特点，有必要联合各农业生产者进行合作，建立有效的农村合作经济组织。通过这些组织进行市场调查，与消费者进行沟通，多途径、全方位收集市场信息。并以此为基础，科学安排，实现农业生产、加工、运输和销售的一体化，降低成本，实现农业资源的优化配置，提高其收益，从而增强自身在经济活动中的实力。

（2）从反垄断法的原则分析。第一，公平效率原则。对农业生产者的联合或者协同行为的豁免，可以提高农业生产效率，促使生产、运输、分配的农业过程更趋合理；可以给农业生产者提供关于市场趋势、消费者偏爱以及农业生产技术的最新信息；也可以帮助提升农业生产者的经营实力，从而使其同中间商即批发商和收购商站在平等的平台上进行市场交易，得到较为合理的市场交易谈判结果。

第二，国家的适度干预原则。由于人们认识能力和掌握市场信息的能力有限，政府就必须发挥积极的作用，制定和执行一系列法规，采取积极有效的措施实施干预，实现对众多分散农业生产者的联合和协同，实现实质的公平正义。①

（二）欧美国家农业反垄断豁免法律制度的创新经验

1. 欧盟农业反垄断豁免制度的立法和目标

（1）欧盟反垄断农业豁免具体立法。第一，由《罗马条约》第 81 条第 1 款通过协议来限制竞争和经营行为能够了解到欧盟对农业领域的垄断行为并不是绝对地豁免。而且，其在农业方面的政策上也采取了给予农业补贴的政策，引来了许多的争议。所以，欧盟对企业内在的垄断行为施行的是自由竞争政策，在对外的方面，则使用了部分措施来保护其对外的竞争力。第二，《欧盟条约》第 3 条（e）款规定了农业的共同政策。第三，《欧盟条约》第 3 条（g）款对竞争原则不能被扭曲做出了明确的规定。第四，《欧盟条约》第 32 条（1）款规定中的农产品，是指从土壤里生长出来的以及牧场产品、渔场产品和相关产品的初次加工品。第 32 条（3）款和第 32 条至第 38 条中所指的产品的定义已经在欧盟条约第 81、82 条中说明。第五，《欧盟条约》第 33 条中给出了欧盟的明确目标：（a）生产效率的提高；（b）保证社区生活能够达到公平的标准；（c）保证供应稳定；（d）保证市场的稳定；（e）保证消费者能够以合理的价格购买到农产品。第六，《欧盟条约》第 36 条规定："本章规定的条款和涉及竞争的规制仅仅适用于农产品的生产和贸易，根据委员会在第 37 条第（2）款、第（3）款框架下所做出的决定，并且与其确立的程序一致，而不排除在外的项目则在第 33 条中陈述。"

（2）欧盟反垄断农业豁免制度的目的。欧盟豁免的目的是保证共同体的公共政策以及部门成员国国内政策能够在农业部门良好运作。重点在于优先保护农业生产者的经济利益，保证食品在国内稳定安全供应。总的来说，欧盟对农业部门主要是起援助作用，但同时使其保持适当必要的竞争。农业生产者的豁免也必须处于委员会和国内法院的潜在监督之下，防止不正当竞争。

2. 美国农业反垄断豁免制度的具体立法和目的

（1）美国反垄断法农业豁免具体立法。第一，《谢尔曼法》作为美国第一部正式的反托拉斯法，并没有在其内容当中体现有关农业豁免的条款，只是确立了禁止任何形式的垄断行为的原则。尤其是第 1 条规定："任何限制州际或者与外国之间的贸易或商业的契约，以托拉斯形式或其他形式的联合或共谋，都是非法的。任何人签订上述契约或从事上述联合或共谋，将构成重罪。"

第二，《克莱顿法》第 6 条规定："人的劳动不是商品。反托拉斯法不限制那些为了互助、没有资本、不盈利的劳动组织、农业组织、园艺组织的存在和活动，也不限制或禁止其成员合法地实现该组织的合法目的。依据反托拉斯法，这些组织或成员，不是限制贸易的非法贸易联合或合谋。"该条首次在美国的反垄断法律制度中对农业领域的农业合作社等组织予以豁免。

第三，《凯普-伏尔斯蒂德法》第 1 条规定："在洲际和对外贸易中可以共同加工、运营、销

① 陈敏，官兵. 我国保险业反垄断法豁免制度建设研究［J］. 保险研究，2012（1）：116-120.

售参加协会的人员的产品。以牧场主、种植园主、坚果或水果种植者，或者乳品场主的身份参与农产品生产领域的协会、公司以及其他形式的联合行为，协会可以组织共同的销售代理，并且为此行为和目的签订必要的合同以及协议。协会也要有相关的权利义务，比如没有任何成员允许投一票以上的票数，每年给成员的分红不能超过八个百分点，协会在经营非成员农产品的时候其价值量不能大于成员农产品的价值量。”

（2）美国反垄断农业豁免制度的目标。美国反垄断农业豁免制度的制定，是为了实现这一目标：规范存在于农业领域中的扭曲的竞争并且促使农业生产者能够有足够的市场力量，来同卖方垄断或卖方垄断相抗衡。基于这样的目标，美国的反垄断豁免法律制度仅认可在农业生产者之间形成的农业合作社，并不愿意将豁免的范围扩展到对农产品进行收购或者进行包装的市场主体，即美国反垄断豁免法律制度倾向于让农业产品的收购商或包装商自己承担进行市场活动所不可避免的风险和责任。同时，美国反垄断豁免法律制度仅仅是对农业合作社的各种合法行为进行豁免。这些行为包括联合加工、处理和销售等。除此之外，农业合作社合法行为必须为其成员的共同利益服务，定期将红利分发给成员。更值得我们注意的是，农业合作社从事一系列的排除或限制竞争行为也同样要纳入行政或司法的监管之下，例如滥用市场地位、企业合并等行为。①

（三）我国农业反垄断豁免法律制度创新的现状及问题

1. 我国农业反垄断豁免法律制度的创新现状

我国于 2007 年出台并于 2008 年实施的《中华人民共和国反垄断法》第五十六条明确规定：“农业生产者即农村经济组织在农产品生产、加工、销售、运输、储存等经营活动中实施的联合或者协同行为，不适用本法”。该条文有三层次的含义：首先，不适用《中华人民共和国反垄断法》的限定在于具体的联合或者协同行为。应该注意到，不是农业作为一个行业整体都不适用该法，而只是特定的行为不适用。这与欧盟和美国的规定都是一致的。其次，该行为的实施主体限定于农业生产者及农村经济组织。最后，行为的实施范围只能是农产品生产、加工、销售、运输、储存等经营活动过程中。从其字面含义理解，只要从事其中任何一种或多种经营活动，农业生产者和农村经济组织进行具体的联合或协同行为都不需要使用该法。

我国规定农业生产者和农村经济组织在特殊经营、联合或者协同行为中不适用《中华人民共和国反垄断法》。其立法目的是使农业生产者和农村经济组织通过联合或者协同行为避免处于劣势地位，提升在市场中的竞争力；缩小城乡差距，发展我国农业经济，并进一步发挥农业在提高人民生活水平等方面的作用。

2. 我国农业反垄断豁免法律制度的创新实践难题

（1）“农产品”概念模糊。实施联合和协同行为的农业生产者个体要获得豁免，就应该准确定义“农产品”，明确“农产品”的内涵和外延。

世界农业贸易协议一般将农产品分为广义和狭义两类。其中，广义农产品包括农作物（粮食和经济作物）、水产品、畜产品、林产品；狭义农产品则主要指粮食、水产品、畜产品，以及经济作物中的橡胶、纤维等。② 世界贸易组织把来自于农业中的加工过的和没有加工过的产品全部以农产品的形式命名，然后以这种形式进行与贸易商的谈判。如《中国和美国关于中国加入世界贸易组织的协议》中的农产品包括谷物及其谷物产品、棉花等纤维类农产品、奶及奶制品、动物及其动物产品、油腻产品、鱼类产品以及林业产品等。

但是我国国内对“农产品”的概念范围的界定和国际贸易中所指“农产品”并不一样。《中华人民共和国农产品质量安全法》第二条规定：“本法所指的农产品，是指来源于农业的初级产品，即在农业活动中获得的植物、动物、微生物及其初级产品。”由此可见，我国的农产品定义范围小于世界贸易组织中的农产品定义范围。

---

① 陈兵. 我国农业利益的竞争法保护路径探析——兼谈反垄断法农业适用除外制度之改进［J］. 学术论坛，2013（6）：100-106.

② 王先林. 借鉴国外有益经验 制定符合我国需要的反垄断法［J］. 中国软科学，2000（1）：83-87.

（2）没有对“农村经济组织”进行明确定义。从农业反垄断豁免法律制度的实施状况来看，农村经济组织主要是以农民专业合作社为主，但是不仅仅局限于农民专业合作社。《中华人民共和国农民专业合作社法》规定，农民专业合作社是指，在农村家庭承包经营基础上，同类农产品的生产经营者或者同类农业生产经营服务的提供者、利用者，自愿联合、民主管理的互助性经济组织。但是其没有对“农村经济组织”进行明确定义。

（3）对农业反垄断豁免法律制度的限制性规定较少。欧盟和美国基本上为了本国农业能够持续、健康发展，都对农业反垄断豁免进行了一定的限制规定，规范农业生产者和相关组织的权利，保证竞争管理机构和法院对其进行监督。如果联合和协同行为扰乱了正常的市场竞争秩序，对其撤销个别豁免。

但是对于销售组织是否适用反垄断豁免法律制度，现在国际上存在不同的观点，存在一些争议。根据我们对法条的理解，我国允许农业生产者、农村经济组织在农产品的生产、加工、销售、运输过程中进行联合，但是不能认定为豁免的主体包括农产品的销售组织、加工组织。即使是农业生产者，也只有在特定的情形下才能适用豁免，同时还得保证不滥用市场权力。但在客观上我国对此已经予以豁免。在我们现在的法条中，没有具体的实施细则来预防豁免的滥用。

从反垄断法的立法目标来看，我国也有必要制定出限制农业豁免的实施细则，才能实现豁免的立法目的。这些条件应该确保合作社等农业经济组织不滥用市场权力，例如豁免要限制合作社能取得的最大市场份额，只有这样才会使中小型合作组织或农业生产者从豁免中获利。

（4）农业反垄断豁免法律制度相关程度不完善。目前，我国的农业反垄断豁免法律制度仅有《中华人民共和国反垄断法》第五十六条这一孤立的法律法条，且《中华人民共和国反垄断法》第五十六条中没有关于程序的内容规定。法律不仅仅规定实体权利，而且要规定实现权利方法的程序内容。

（四）创新我国农业反垄断豁免法律制度的具体建议

1. 明确适用的法律原则

通过对《中华人民共和国反垄断法》第五十六条的分析，我们可以清楚地得知，农业生产者及农村经济组织在涉及农产品的生产、加工、销售、运输、储存等经营活动所实施的联合或者协同行为，应属豁免范围。但是，该规定并不意味着农业合作社所实施的滥用市场支配地位、经营者集中也同样能得到豁免。因为这两者行为从根本上讲，并非是农业生产者或者农村经济组织实施农业相关活动所必须凭借的手段。从某种意义上讲，这两种行为的实施反而侵犯了其他农业生产者或者农业合作社的合法利益，并对农产品市场的竞争秩序造成了严重的侵害。此处，我国反垄断法并没有将这种行为纳入豁免范围。也可以从反面得出，农业生产者或农业合作社实施的这两种行为并不受豁免制度的保护。我们可以根据我国反垄断法的其他具体规则对其予以规制。

但是，在农业领域中的经营者集中行为如果发生在两个或多个较小主体之间，而且其目的仅是对抗农业市场上某个力量比较强大的主体，在客观上使得市场竞争更加平衡有效，并且增进了消费者利益和社会公共利益时，该集中行为便具有明显的合理性，理应获得反垄断法的豁免。此时，该行为的实施者不能根据第五十六条的规定得到有效的救济，使其自身免于反垄断调查，却只能从反垄断法的其他条文中寻求依据。同样发生在农业领域的应受豁免的行为无法被第五十六条所包容。这很显然是不合理的。究其原因，主要是该条的规定显得过于僵硬，缺乏灵活性，无法应对复杂多变的市场行为。

因此，我国可以借鉴欧盟和美国的立法经验，对反垄断豁免法律制度的标准设置一些诸如“合法实现合法目的”等具有丰富价值判断意味、也同时能保证一定灵活性的语词，也即在法律中明确体现我国在农业反垄断豁免制度中采用了合理原则，使得农业反垄断豁免制度的规定更趋完善、严谨。①

① 张瑞萍. 我国农业产业安全的反垄断法保障机制与规则分析［J］. 当代法学，2011（1）：100-106.

2. 科学界定“农产品”的概念

就农产品范围而言，我国所指“农产品”与国际贸易中所指“农产品”的概念并不相同。国际贸易中的农产品的含义在前文中已经有所论述，在此便不再做过多的解释。反观我国的农产品的含义，主要是指来自于各种农业活动中的各种动物、植物、微生物以及它们的初级产品，主要包括种植业、养殖业、林业、牧业以及水产业等领域的产品。由此可见，世界范围内的农产品的范围较我国规定的范围要宽泛许多，不仅包括各种动物及其初级产品，而且包括以农产品作为原料的各种加工品，例如白糖、奶粉、啤酒和葡萄酒等。

结合前面我们对欧美国家农产品的概念的分析，可以看出，我国农产品的范围要小于其农产品范围，只是其农产品范围的一部分。从我国反垄断豁免法律制度的立法目标来看，维护农业生产者利益是首选目标，由此，采用较为狭窄的农产品定义更为妥当。当然，如果立法机关认为有必要灵活处理，可在具体实施细则中设计一个补充条款说明“本细则规定的其他产品”。①

美国《凯普-伏尔斯蒂法》第 2 条授予农业部部长对于“不合理太高价格”行为的初步的排他性管辖权。然而，“事实上，农业部部长从来没有运用它”。但是，美国农业部部长从来没有运用这个权利不代表农业部门在农业反垄断豁免问题上不能有所作为。相反，美国的做法给我们提供了一种思路，给了我们启发。

众所周知，我国的农业在我国的经济中属于脆弱而且需要扶持的部门，甚至在政府部门中农业部门也属于相对弱势的部门。所以，我们不但需要在法律上赋予农业合作组织合法豁免权利，也需要授权农业部门在该法律领域有所作为，毕竟农业部门对农业产品和农业经济更加熟悉。我国的法律可以参照国外的相关规定，将以下的一些权利授予农业部门。首先，对于市场化程度比较低的产品，农业部部长可以得到法律的授权，定期向全国人民代表大会提出一份农产品目录，并在这个程序之下由全国人大常委会批准该目录，使其产生如下的法律效果：只要是同目录上面相一致的农产品的相关生产、经营行为，便可以直接按照法律的规定，对反垄断法的规定适用豁免制度，而不管根据合理原则分析其是否违反了反垄断法的其他规定。同时，因为随着市场经济的不断发展，这个标准及农产品市场是不断变化的，因此，有必要对该目录的提出和批准设定一个周期。在此方面，同样可以借鉴国外的做法，保持隔三年修改一次，并经过全国人大常委会审议。其次，考虑到我国的地区差异很大，地区的经济发展不平衡，建议我国各省区可以根据自身的实际情况，对于本省内符合农业反垄断豁免条件但是并没有在上述农产品目录之中有明确规定的农产品，提出将该农产品列入豁免农产品目录的建议，报省级人大常委会进行审查并决定。这既能有效地健全我国目前不完善的农业豁免制度，又可以有效解决我国农产品同国外相比存在的农产品范围过小的问题，从而实现法律规制同市场经济发展的同步性。②

3. 增加对农业反垄断豁免法律制度的限制性规定

从美国和欧盟的实践看，它们对农业豁免都采取了一定的限制性手段。我国也应该更好地借鉴欧美国家在这个方面经过长时间司法实践形成的成果，适当在我国农业反垄断豁免法律制度中增加限制性规定。具体来说有以下几个步骤：

（1）申请。农业主体在订立限制竞争协议和实施企业合并的时候，有必要将有关的材料和文件提交到主管机关，以方便相关机构对限制竞争行为进行监督和控制。

（2）审查和批准。农业反垄断豁免法律制度只有符合合法程序和内容才能发挥其在农业领域应有的优势。其制定和实施必须有完善的审查程序作为基础。农业主管部门在审查过程中必须结合国家当前的经济政策，结合部门农业的农业发展状况对该农业主体行为的目的、后果、性质做出明确评估。具体的审查程序可以借鉴《中华人民共和国反垄断法》第四章的规定，通过审查机关、审查范围、审查标准来对集中经营者进行审查。经过审查程序后，对符合适用农业豁免制度的申请，农业主管部门应该批准。这样保证了市场经济的有效运行，同时也促进了农业的发展，

① 丁志春. 以美国为鉴，论我国农业豁免制度中的农村经济组织［J］. 江苏农业科学，2012（3）：406-410.

② 孙晋. 反垄断法适用除外制度构建与政策性垄断的合理界定［J］. 法学评论，2003（3）：43-56.

达到各个农业主体和主管部门之间的共赢。①

（3）农业反垄断豁免的监督、改变和撤销。要想使农业豁免制度更好地为农业主体服务，就应该对赋予农业豁免制度的农业主体进行必要的监督，在其出现违法行为的时候对该行为进行撤销，防止农业主体对农业豁免制度的滥用。我们国家可以学习德国的经验，设立一种制度，通过企业定期向执法机构报告和提供一些有用的信息，帮助执法机构及时地对一些竞争行为和市场状况进行了解。根据现实情况对发展滞后的农业豁免制度，进行撤销和改变，对维护农业市场的秩序和促进农业市场健康发展有重要意义。

4. 创新农业反垄断豁免法律制度的相关程序

《中华人民共和国反垄断法》第六十五条中没有关于程序的内容。法律不仅仅规定实体权利，而且应该规定实现权利方法的程序内容。

（1）提高致他人损害的赔偿标准。《中华人民共和国反垄断法》第四十九条规定："经营者实施垄断行为，给他人造成损失的，依法承担民事责任。"法律的有效实施离不开对违法者和违法行为的有效制裁。这需要一个制度架构来保证相关部门能够以合理的成本相当准确而迅速地认定违法。一个救济体系的基本目标是威慑人们不敢违反法律；另一个目标是对违法行为的受害者进行补偿，但这是一个次要的目标。因此，一个规划合理的威慑体系将把违法行为发生的概率降低到一个非常低的水平。② 由此可见，赔偿标准太低，不利于鼓励受害者进行反垄断法诉讼，也不利于不符合农业豁免的行为的受害者进行反垄断法诉讼。我们不但要明确规范农业豁免的范围，对农业豁免的权利进行保障，也需要对不符合豁免的非法行为进行惩罚。这是一个问题的两个方面，其相辅相成。③

（2）运用抽象原则加具体规则的规范模式。美国和欧盟的立法和司法实践一般都是通过一系列案例形成的比较抽象的法律原则及规定，然后再辅之以具体的细节规章制度，对各种排除限制竞争的行为综合考虑多种因素后进行甄别，继而做出其是否违反反垄断法相关制度的决定。④

我国可以在反垄断法的基础上，进一步完善我国农业的反垄断豁免法律制度，以《中华人民共和国反垄断法》第五十六条为核心，逐步确定我国在农业反垄断豁免法律制度创新方面的基本原则；同时根据我国显示的农业发展状况以及农产品市场对现有规章的需要程度，陆续地出台一些具体的规章，更加详细地对该问题做出明确规定。要改变目前仅有一个孤立的法律条款对如此重大的关系国民经济全局和社会公共利益的问题进行规制的尴尬现状。

---

① 时建中，钟刚. 试析反垄断法农业豁免制度——兼论我国《反垄断法》第五十六条［J］. 财贸研究，2008（2）：141-146.

② 郑鹏程. 美国反垄断法适用除外制度发展趋势探析［J］. 现代法学，2004（1）：117-120.

③ 齐虹丽."不景气卡特尔适用除外制度"的性质与作用［J］. 法学评论，2012（1）：45-52.

④ 唐要家. 反垄断法豁免制度的比较分析［J］. 中南财经政法大学学报，2006（1）：23-27.

第二章　我国耕地保护法律制度创新

中国作为一个发展中的农业大国，耕地资源丰富，但耕地资源浪费情况也非常严重，保护耕地法律制度创新不足，导致我国耕地资源大量流失，耕地质量大幅度下降。因此，我国的耕地保护法律制度的创新已经迫在眉睫，而且在当今时代的大潮流下，我国耕地保护法律制度的创新也势在必行。

一、耕地保护法律制度创新的背景及依据

（一）从经济角度分析

（1）耕地是一种稀缺的自然资源，是生产粮食、解决吃饭问题的基础，是人类赖以生存和发展的物质基础。我国是一个发展中的大国，人口数量排在世界第一位，而庞大的人口数量带来的是对粮食巨大的需求，而耕地便是粮食的来源。因此，耕地是我们人类不可或缺的资源。耕地保护法律制度的创新可以为我们国家日益减少的耕地资源带来更好的、强有力的保护，进而更好的耕地保护制度必然带来的是对耕地资源更好的利用、产生更好的农业效益。马克思指出，“土地是一切生产和一切存在的源泉”“土地是人类不能出让的生存条件和再生产条件”。① 他高度概括了土地对经济社会发展的基础作用，即它是人类生存、繁衍和发展的基本条件。耕地作为土地的精华，是粮食生产的重要依托，是农业基础的基础。

（2）耕地保护对确保我国粮食安全、生态安全、社会稳定及维护广大农民的合法权益意义重大。随着我国市场经济体制的建立和完善，市场机制在资源配置中发挥着越来越重要的作用。但我国现行的耕地保护制度因其带有浓厚的计划经济体制色彩，与市场经济体制存在诸多矛盾。而想要解决这些矛盾，耕地法律制度的创新便是不可避免的。据权威资料统计，截至 2007 年 10 月份我国耕地总面积为 18 亿亩（1 亩≈666.67 平方米），排世界第四，仅次于美国、俄罗斯和印度。但由于人口众多，我国的人均耕地面积仅为 1.4 亩，不到世界人均耕地面积的一半，而我们的邻国印度人均耕地面积是我们的 20 倍。我国人均土地面积在世界上 190 多个国家中排在 110 位以后，耕地面积排在 126 位以后。我国已有 664 个市县的人均耕地面积在联合国确定的人均耕地 0.8 亩的警戒线以下。

（3）随着中国市场经济体制的不断完善，市场机制在要素配置中正发挥着基础性的作用，以比较优势为基础的区域产业布局日趋合理。各地区的工业化、城市化不同步以及区域经济的非均衡发展，对中国现有的以县级以上地方政府为耕地保护目标责任单位的耕地“占补”平衡制度提出了挑战。显然，政府不能在全国用整齐划一的办法来解决耕地保护问题。因此，有必要通过构建区域利益互动机制对现有耕地保护制度进行创新。

（二）从国家层面分析

1. 聚焦“三农”

（1）“三农”问题是指农业、农村、农民这三个问题。实际上，这是一个从事行业、居住地域和主体身份三位一体的问题。但三者侧重点不一，必须一体化地考虑以上三个问题。“三农”问题是农业文明向工业文明过渡的必然产物。中共十六大后，一系列高层会议和政策举措已勾勒出中央新领导集体施政思路的概貌。土地承包问题是“三农”问题的核心内容。从农村人口变化

① 董藩. 土地经济学［M］. 北京：北京师范大学出版社，2010：5.

来看，三十年来，中国农村人口无论是在家庭数量还是在人口总量上都已发生了巨大变化。现行土地承包政策的指导思想是保证土地承包制度的长期稳定不变和稳定人地关系。2003 年施行的《中华人民共和国农村土地承包法》为了稳定人地关系，在条文中贯彻了“增人不增地，减人不减地”的思想。在当今农村社会保障体系还不健全的前提下，土地既是农民的重要生产生活资料，同时也是农民最后的保障。在土地集体所有的前提下，土地承包政策的长期不变和稳定人地关系的思想，造成了对新增人口应有权益的剥夺，不利于农村和谐稳定与改革发展。

（2）“重农固本，是安民之基。”“农村改革是全面深化改革的重要组成部分，做好‘三农’工作，关键在于向改革要活力。”“农村要发展，根本要依靠亿万农民。”在 2015 年 12 月召开的中央农村会议的重要指示中，习近平总书记再次强调了“三农”工作的重要性。他指出，要“牢固树立和切实贯彻创新、协调、绿色、开放、共享的发展理念，加大强农惠农富农力度，深入推进农村各项改革。”当前，我国农业仍是“四化同步”的短腿，农村还是全面建成小康社会的短板。在经济发展新常态下，农业农村发展正面临一系列新挑战。当前部分地区对耕地的保护意识较差，盲目进行非农业的开发与利用。有的地区为了招商引资、实现短期经济效益，对土地进行大量的圈占，严重违背耕地保护的土地管理政策，严重威胁到我国耕地资源的可持续发展。因此，建立健全耕地保护的土地管理新机制和新制度是非常有必要的，也是刻不容缓的。① 耕地被占用，补充耕地质量远低于被占用耕地，造成耕地总体质量下降。专家分析，补充耕地与被占耕地的粮食生产能力每亩至少相差 200 千克以上。仍有一些城市，一方面盲目扩大城市外延，另一方面大量闲置存量土地，导致城市用地浪费严重。特别是中小城市、小城镇及新区和开发区，土地粗放利用的问题十分突出。

（3）近年来，在我国粮食产量连续高位增长的情况下，粮食进口数量也不断攀升，粮食的库存量也达到近年高点，出现“三量齐增”现象，引起公众困惑。从 2003 年起，我国粮食产量连续 12 年增产，至 2015 年达 62 144 万吨。“三量齐增”反映出我国农业国际竞争力弱。要转变农业发展方式，推动农业供给侧结构性改革。“三量齐增”现象是新常态下出现的新情况，有些国内短缺品种确需进口，但根本原因还是国际竞争越来越激烈、我国农业竞争力不强。违规占用耕地现象依然存在，耕地“占优补劣”问题突出。如违反法定程序修改和调整基本农田保护规划，改变基本农田性质，将基本农田变更为一般耕地再转为建设用地。又如采取“以租代征”的办法，变相改变耕地用途，用于非农建设。

2. 城镇化对耕地保护的影响

（1）城镇化是人口向城镇集聚、生产力不断发展和劳动分工逐渐加深的必然结果。土地作为城镇发展的物质基础和承载空间，与城镇化之间存在着密切的关系。城镇化过程是和工业社会的经济发展同步的一个客观存在的历史过程。因城市土地利用受利益分配机制不合理、政策引导不到位等因素的影响，土地资源粗放浪费的现象很突出：一些地方片面追求经济增长指标，为了在短期内提高政绩，不惜以牺牲耕地资源为代价，盲目招商引资投入项目、扩大城市规模，违规设立各类开发区、经济园区和大学城；大量的无序占地造成大量的耕地闲置浪费。

（2）我国土地管理法规定，国家为公共利益可以将农民集体所有的土地依法征为国有。然而，公共利益的界定过于宽泛，导致大量的耕地被占用。另外，对于农民是否拥有土地的归属权、继承权、支配权等问题，国家仍没有给出明确的解释和说明。并且有些地区种粮的经济效益偏低，农民淡化对土地的依赖。当政府要将耕地作为城市扩展的建设用地，且答应给予他们相当的补偿和“农转非”等待遇的条件时，耕地被征收所带来的暂时好处被扩大化。

我国政府历来十分重视农业和耕地保护工作，也实施了一系列保护耕地措施。那些耕地保护的法律法规和政策的实施，也确实对我国耕地保护起到了极大的积极作用。但问题和不足依然存在，有待进一步加强和完善。我国已进入城市化快速发展的时期。城市外延的扩大，直接导致了耕地大面积被占用，耕地质量也迅速下降。对我国这样一个有着众多人口但耕地后备资源不足的

① 武丽娜. 论耕地保护的土地管理的新机制［J］. 环球人文地理，2015（12）：23-30.

大国来说，这显然不利于社会的可持续发展。

（三）我国耕地保护中存在的严重问题

第一，相关法律规定过于简单、笼统，法律对相关行为的处罚力度过轻，亟须进行修改，并且缺乏一部系统的法律规范。关于耕地保护问题，在我国相关法律、法规中都有规定，其主要集中在《中华人民共和国土地管理法》《中华人民共和国土地管理法实施条例》《中华人民共和国农村土地承包法》中。首先，《中华人民共和国土地管理法》第三十六条第二款明确规定："禁止占用耕地建窑、建坟或者擅自在耕地上建房、挖沙、采石、采矿、取土等。"通过对该条的梳理，我们似乎可以进行这样的理解，严禁一切在耕地上进行建窑、建坟的行为，无论该土地所有者或使用者是否同意；而对在耕地上进行建房、挖沙、采石、采矿、取土的行为，只要土地的所有者或使用者同意即可进行。因此，这款规定似乎就成了某些人随意破坏耕地、取土买卖等违法行为的"避风港"，导致了农村有大量的耕地被浪费与破坏。其次，该法第七十四条是对违反上述法律规定的处罚。这些行政处罚措施主要包括责令限期改正与治理、罚款。通过对该法条的理解，我们知道法律对该违法行为的处罚过于简单，处罚力度不够。该条并没有规定相关的处罚额度，过于笼统。对于资金力量比较雄厚的一些大企业而言，这一处罚发挥不出相关的震慑作用。这也使一些企业可以不顾一切地"顶风作案"，在受到行政机关处罚后继续生产。再次，由于该法最近的一次修订是在 2004 年，法律的规定与当时的相关政策相适应，也与当时的社会经济发展要求相一致，对促进我国经济社会的发展起到了一定的作用。但是随着社会的发展，生态文明理念不断深入人心，这一法律规定已经渐渐不适应社会的发展，甚至对我国的发展起到了一定的阻碍作用，因此，对该法的修订也亟待进行。最后，通过对国外相关法律的整理，我们发现许多国家已经制定了一部比较系统的耕地保护法律规范。如美国 1980 年颁布了《耕地保护政策新法》。①

第二，监督机制不健全，相关执法部门监督力度不够，对破坏耕地进行违法建设的行为缺乏相应的监督。《中华人民共和国土地管理法》第三十一条第二款明确规定，国家实行占用耕地补偿制度，按照"占多少，开多少"的原则由占用耕地的单位负责开垦相同数量与质量的耕地；没有条件开垦或开垦不符合规定的，有关单位应当按照省、自治区、直辖市的规定缴纳一定数量的耕地开垦费。这一制度为我国耕地保护提供了相关的法律依据。但是我国幅员辽阔，各个地区自然资源状况与经济发展水平存在一定差异，导致该制度在执行中困难重重；此外，相关机关执法人员的不足以及其职业素质低下也是导致国家对土地尤其是耕地的监督不足的重要原因之一。②

第三，在耕地保护过程中，缺乏公众的参与和决策，特别是广大农民群众缺少参与的热情。大量的优质耕地被破坏。有些农民表示气愤，敢怒而不敢言；而有些农民则成为这些违法行为间接的"幕后推手"。依据《中华人民共和国物权法》的相关规定，我国土地所有制主要分为国家所有制与集体所有制。该法第四十七条、第五十八条分别规定了属于国家所有的客体与属于集体所有的客体："集体所有的动产与不动产包括（一）法律规定属于集体所有的土地和森林、山岭、草原、荒地、滩涂……（四）集体所有的其他动产与不动产。"《中华人民共和国物权法》第四十二条还规定了集体土地的征收补偿制度。该条规定，为了公共利益的需要，依照法律规定的权限与程序可以征收集体所有的土地和单位、个人的房屋及其他不动产，并应给予适当补偿。但法律并没有对公共利益做出具体详细的解释。实际中，有关农村耕地的使用与转让大部分是由村集体的"一把手"负责。他们可以假借公共利益的名义转卖、倒卖农村耕地。广大农民对此却浑然不知，等到他们恍然大悟时为时已晚。因此，在整个决策过程中，农民难以有效地参与，缺少了对村集体领导人权力的监督与制约。

第四，在资源利用的同时，人们缺乏保护意识，仍然热衷于传统的经济增长模式，不能正确认识资源保护与经济发展之间的关系。无论是介绍土地买卖的"中间人"还是取土烧砖的单位、个人，在处理耕地保护与经济发展的关系之间，都只看到了经济利益，忽视了生态利益，只看到

① 张效军，欧名豪，李景刚. 我国耕地保护制度变迁及其绩效分析［J］. 社会科学，2007（8）：13-20.

② 李玉梅. 三化协调发展中河南耕地保护问题研究——以中鹤集团为例［J］. 河南农业，2016（1）：13-15.

了眼前的利益，忽视了长远的利益。经济的发展与资源保护并不总是冲突的，那种经济发展必须要以牺牲环境资源为代价的观点已经受到广泛的批评。

二、耕地保护法律制度创新的主要障碍

（一）制度障碍

在中国，制度障碍是最大的障碍，由制度障碍导致的机制缺陷是社会的根本缺陷。其表现在对社会资源配置是靠计划还是靠市场，是靠权力、长官意志还是靠市场的需要、价值规律和供求规律；同时还表现在市场准入、财税体制、金融支持、公共服务、政府监管、舆论氛围等方面。这种障碍是造成许多地方经济长期得不到发展的根本原因。现实中，政府对微观经济管理过多、过滥的职能错位、越位，是束缚生产力发展最大的体制性障碍。

政府的土地管理部门同时承担国有土地的所有者代表职能，负责经营土地。而经营土地的收入，又成为地方建设的主要资金来源。为了保证地方建设资金最大化，需要压低征收农民土地的价格，扩大征地的范围，即不允许集体建设用地进入市场。反之，如果彻底改革征地制度，大幅度提高征地补偿费用，政府的收入将会减少；如果允许集体建设用地进入市场，政府可卖的土地将更少甚至无地可卖。在现行财税体制下，地方的建设与发展可能就没法搞。问题越积越多，改革难下决心，根子就在这里。创新是建立新的更加有用的制度，而创新便要割除旧的以及跟不上时代潮流的东西。创新不是对所有人都是有利的。耕地法律保护制度的创新必然会损害到一些或者少部分人的利益。①

制度性障碍可以说是耕地法律保护制度创新过程中的最主要的障碍。耕地法律保护制度创新想要克服其所面临的制度障碍不是短时间内能办到的，而且制度障碍本身也是耕地法律保护制度的一种不足。

对现有耕地保护制度的简单修补无助于解决当前经济发展与耕地紧缺的矛盾，也难以达到区域经济协调发展与国家耕地保护相统一的目标。其根源在于，现有的耕地保护制度变革思维并没有真正摆脱原有行政区划观念的束缚，只是单纯地强调耕地保护问题，一味地追求通过保护耕地数量、质量的硬性指标来安排耕地保护制度。这是传统的固守耕地的做法，必将造成耕地保护制度改革方案的片面性与冲突，从而难以满足市场经济条件下的耕地保护诉求，也有悖于我们当前所倡导的科学发展观和构建和谐社会的初衷。因此，要统筹兼顾耕地保护目标、区域经济协调和市场化改革的价值取向，对中国耕地保护制度进行创新。

（二）思想理论的认识障碍

（1）村民自治与集体所有是我国农村土地制度的基本原则，也是保护农民权益的有效路径。集体财产分配权是我国村民委员会自治法赋予村委会、村民小组的自治权。但是现行法律没有对集体经济组织成员资格予以界定。随着我国经济体制改革的逐步深入，城市规模急剧扩大，大量的城市周边土地被征用，土地房屋升值空间巨大。上述群体在房屋分配、土地征用补偿款、集体成员福利等一系列因农村集体经济组织成员权而享有的权益受到侵害，社会矛盾纠纷多发。村民自治规则使这些当事人难以寻求行政和司法保护，影响了农村的稳定和发展。

（2）缺乏在发展中辩证地看问题；耕地保护制度创新的权益保障意识不足。第一，经济发展需求与土地资源保护之间的矛盾是用途管制制度产生的主要原因。即便是土地私有的国家，解决这一矛盾同样需要建立严格的土地用途管制制度。第二，现行的中国农村土地制度，对农村经济社会发展，乃至中华民族的伟大复兴发挥了重大作用，应该在“长期坚持”的基础上继续完善，而不是推倒重来。从土地承包制最早雏形“包产到户”开始，农村土地管理制度改革就被推到了“风口浪尖”上。1982—1986 年，我国农村改革史上第一轮的五个“中央一号文件”出台并实

① 张宇，刘涛. 中国耕地保护制度研究综述［J］. 内蒙古大学学报（哲学社会科学版），2010（4）：33-39.

施，新型农村土地制度框架逐步构建。随后，农村承包土地管理制度改革一直循着“明确所有权、稳定承包权、放活使用权、保障收益权、尊重处分权”的路径展开。①

我国是一个发展中的大国。自1979年改革开放以来，我国一直以经济建设为中心，包括政治文化等在内的一切要素都是为经济而服务的。而就我国现在的发展势头来看，改革开放的策略是完全正确的。然而在三十多年的经济高速奔跑中，我国的农村土地尤其是耕地面积大幅减少。我国现在仍然是一个发展中国家，工业化、城市化仍然在进行，耕地还在被地方政府进行非农业化转变。耕地法律保护制度创新必然会给当地经济带来巨大影响，因此，对于经济的影响以及耕地保护法律制度创新的不确定性是进行耕地法律保护制度创新的一项严重阻碍。因此，耕地保护法律制度的创新必须符合最广大人民群众的利益，切实保障耕地农民的合法权益，维护好农业的基础地位。

旧有的耕地保护法律制度并非没有生机，只是存在了诸多弊端。然而在短期内原有的耕地保护法律制度可能还没有伤及农民的根本利益。在中国，农民的意识还局限于自己的“一亩三分地”上，无法看到耕地保护法律制度创新所带来的长远利益的延续，不支持甚至是反对耕地保护法律制度的创新。

（三）其他因素的阻碍

（1）地方政府为经济利益扭曲基本农田的确定标准。众所周知，政府对于基本农田确定的通行做法是上级政府分层下达耕地的保护数量指标，最后由乡级政府完成具体区划工作并将指标落实。地方政府出于经济利益上的考虑，很难接受上级政府给予的行政任务。其仅从眼前利益出发，把交通沿线、城市附近质量较好、区位优势明显的耕地作为建设用地的储备排除在基本农田的范围之外，而将区位较差、远离建设需求的耕地划入基本农田保护区。这使得优质农田大量流失，变成了毫无生态价值的建设用地，也影响到该地区农业环境保护事业的发展。

（2）在耕地占补平衡制度中存在执行不力的情况。根据《基本农田保护条例》的规定，对国务院批准占用的基本农田，当地政府应当按照国务院的批准文件修改土地利用总体规划，并补充划入数量和质量相当的基本农田。但当前地方政府对于这一政策的执行存在侧重面积指标、忽略质量保护指标的问题。一些经济发展较快的东部地区，建设占用的多为优质的高产耕地，而补充的耕地主要分布在区位、地形和水热条件相对较差的地方。结果造成基本农田数量虽然没有减少，但整体的生产能力严重下降。现在政府任期制和向上负责制还存在一些问题，导致在地方政府眼中短期经济利益和政绩远远胜过地区发展的长期利益，使得某些优质耕地的数量急剧下降，其生态价值也逐渐减少。

（3）对于基本农田保护的权利和义务严重失衡。从法理学的角度出发，一项权利的享有必然伴随着相应义务的承担。这是法律中公平正义原则对于权利义务的对等要求。而在我国的基本农田保护制度中，国家享受着强制保护基本农田所带来的利益——维持耕地的数量和生产能力，保持了持续的农产品供应能力。但在限制“农转非”的同时，也限制了基本农田所有者和使用者的发展权——他们只能从事经济利益少、附加值低的农业劳动。而国家并没有因此给予他们足够的经济或其他方面的补偿，使其生活水平的发展空间受到严重限制。换句话说，由于基本农田的所有者、使用者承担了全部的农田保护成本，而使全社会无偿享受到了基本农田保护的外部利益。这种社会不公平在客观上会直接影响基本农田保护工作的进行。

三、耕地保护法律制度创新的路径、内容及措施

（一）耕地保护法律制度创新的路径

1. 立法创新

对于耕地的保护，立法是一种有效途径。目前我国基本农田保护制度主要依据《基本农田保

① 陆文彬，吴群，郭贯成，等. 我国耕地变化及其成因的研究［J］. 国土资源科技管理，2007（2）：7-11.

护条例》和《中华人民共和国土地管理法》，并没有一部专门的基本农田保护法。但我国基本农田面积广大、相关“农转非”的利益链条错综复杂使得基本农田的保护工作涉及层面广泛、难度较大，现有的法律、法规已经不能满足耕地保护的需要。因此，当务之急就是加强土地保护的法制建设，提议全国人大常委会根据国务院现行的相关行政法规再结合当今耕地保护现状制定出具有前瞻性的土地保护基本法律，然后由国务院以基本法律为基础制定出更为细致和更具操作性的行政法规，形成严密的土地保护法律制度，以满足现有的土地保护工作的需要。其立法的重点应当是规范基本农田保护的责、权、利；以法律的形式保护基本农田保护区内土地所有者、使用者的经济利益；协调基本农田保护规划与其他规划的关系。

首先，应当在法律中完善耕地保护制度中国家或社会对基本农田所有人和使用人的补偿制度，由直接获利的群体对直接负担保护成本的法律主体给予经济补偿。其次，在法律中落实基本农田保护的公示制度，建立、健全社会监督体系。各地方政府要在基本农田保护区显要位置将基本农田保护区范围图、保护制度、责任单位和生态目标等内容予以公告，接受社会监督。此外，还要广泛建立社会舆论监督渠道，将基本农田保护置于社会监督之下。最后，在法律中严格落实占用基本农田的审批制度，并完善地方各级政府主要领导任期基本农田保护目标责任制，完善地方政府政绩考核制度。建立、健全省、地、市、县各级政府主要领导任期基本农田保护责任目标责任制，实行重大基本农田保护失职的引咎辞职制度。

我国实行世界上最严格的耕地保护制度，以保护我们有限的耕地资源。自 20 世纪 70 年代末开始，我国制定并颁布了一系列保护耕地资源的政策、法律，开始对耕地资源进行保护。在不断实践和发展过程中形成了以耕地总量平衡制度、基本农田保护制度、耕地用途管理制度以及耕地开发、整理与复垦制度为核心的耕地保护法律制度。可以说，这些制度的实施在一定程度上起到保护耕地的作用。但随着我国经济社会快速发展，这些制度已不能适应当前情况，需要进行修改和完善。

2. 政府方面

政府是耕地保护的主体。目前，国家、集体和农民群众都是耕地的受益者。按照“谁受益，谁保护”的原则，国家、集体和农民群众都具有保护耕地的责任。但人民政府是耕地保护的主体，应在保护耕地中承担主要责任。这是由政府在占用耕地过程中处于绝对主导地位的状况所决定的。这种主导地位体现在三个方面。一是政府是国家意志的工具，是政治秩序和社会秩序的维持者，是社会发展的决策者和公共政策的制定者。目前，我国的土地法律、法规虽然是人大立法，但法律的调研和起草工作绝大部分是由政府部门主导的。因此，有关的法律、法规体现了政府在耕地管理中的调节和干预作用。政府在土地法律、法规和政策的解释方面具有很大的主动性。这也导致农民在保护耕地方面往往底气不足。二是国家对耕地的保护通过各级政府的相关部门，最终是基层政府部门执行法律、法规来得到体现。部门在执行相关法律和政策时，无论是保护抑或非法占用耕地，均体现了政府的意志。当耕地保护和当地的经济建设发生抵触时，基层政府往往会“出让”耕地，并由相关部门背书（办理手续使其合法化），导致国家政策失效。三是虽然国家对绝大部分农村土地没有所有权，农村土地所有权在农村集体。但实际运行的效果表明，村民委员会很大程度上仍然是乡镇政权在农村的延伸。农村土地虽然是集体的，而掌握实际土地所有权的却是包括村民委员会在内的乡（镇）、县（区）的有关官员。在政府因各种原因需要占用土地时，村民委员会往往不能及时向人民政府反映村民的意见、要求和提出建议；甚至被某些利益集团所利用，在土地发包、延包、利用经营、流转和征用过程中，侵占农民利益。

因此，在耕地法律保护制度创新的过程中，政府既是立法的主体也是执法的主体。解决耕地保护难的问题，光靠舆论的呼吁与农民上访，实际效果是非常有限的，没有政府的力量很难推动。政府的态度与执政能力在很大程度上决定着耕地保护的实际效能。因此，控制耕地流失，必需依靠政府和相关部门，树立科学发展观，强化政府的宏观管理职能，层层落实耕地保护责任制，严格执行法律和国家政策，建立土地征管与保护的长效机制。只有这样，才能确保耕地得到长期、高效地利用，保证国民经济健康稳定地发展。

目前，许多群众为了实现自己的权利、保障自己的利益，对非法占用耕地不断地进行上访和要求司法审核。政府有责任保护农民的这种保护耕地的热情，最大限度地维护农民的合法权益。要疏通保护耕地的司法审判渠道，土地管理部门应及时为群众打官司提供必要的信息；政府司法部门要提供司法帮助，通过公平、公正、公开的司法审判，让农民合理的、有益的诉求逐渐得到满足，合法的权益得到保障。这既是缓解当前农村社会矛盾的迫切需要，又是实现农村社会进步的重要举措。

3. 农民权益维护创新

耕地法律保护制度切实保障的是广大农民群体的利益。农民在耕地法律保护制度的创新中是第一受益者，而庞大的农民群体在耕地法律保护制度的创新中起着至关重要的作用。一部法律是否合理不是由制定法律的人说了算，而是由被法律制约或者规定的人说了算。自中华民族五千年历史以来，农民阶级永远都是数量最为庞大的阶级。在古代，农民被统治者绑架在土地上，一辈子与耕地打交道。可以说几乎每一个农民都算是耕地方面的专家。只有充分保障其利益，才能将其利益维护好。而且自秦始皇以来，几乎每一次农民起义都是因为历朝历代耕地保护法律制度之不足而引发的。所以，耕地保护法律制度的创新必须与农民的利益相契合。

（二）耕地保护法律制度创新的内容

（1）首先，应当在法律中完善耕地保护法律制度中国家或社会对基本农田所有人和使用人的补偿制度，由直接获利的群体对直接负担保护成本的法律主体给予经济补偿。具体做法可以根据基本农田的分布情况，在省、直辖市、自治区范围内由经济发达且对农业依赖较强的地区给予基本农田面积较大、经济发展相对落后地区以经济补偿；也可以在全国范围内进行协调补偿；或者在法律中明确用国家财政建立基本农田补偿基金，由该基金承担基本农田保护和建设所必需的大量资金。其次，在法律中落实基本农田保护的公示制度，建立、健全社会监督体系。各地方政府要在基本农田保护区显要位置将基本农田保护区的范围图、保护制度、责任单位和生态目标等内容予以公告，接受社会监督。此外，还要广泛建立社会舆论监督渠道，将基本农田保护置于社会监督之下。最后，在法律中严格落实占用基本农田的审批制度，并完善地方各级政府主要领导任期基本农田保护目标责任制，完善地方政府政绩考核制度。建立、健全省、地、市、县各级政府主要领导任期基本农田保护责任目标责任制，实行重大基本农田保护失职的引咎辞职制度。

（2）加强新的立法需求研究。如："三集中""三置换""双挂钩"的条件、程序、补偿标准及其与建设用地指标挂钩的办法；村庄改造及户籍改革中，农村集体经济组织成员权的退出与进入城市经济或社区组织的机制；城中村改造中的土地利益问题；等等。建立、健全以下制度：一是耕地专项立法，二是耕地用途管制制度，三是耕地发展权制度，四是社会监督制度。

（3）在新型城镇化背景下，进一步加强中国耕地保护。全面评判耕地资源新价值，形成耕地保护新认知，完善耕地保护制度，创新保护政策与措施。第一，更新现有的立法理念。在立法中引入生态文明的理念，增加耕地质量保护的目的，实践民主立法的原则。第二，完善耕地部门立法。在立足中国国情的同时借鉴国际立法经验，以宪法为基础完善耕地部门立法，修订单行的《耕地质量保护法》，完善其他相关的法律法规，促使法律之间协调一致。第三，完善我国耕地资源保护法律制度。借鉴国外好的耕地资源保护制度，健全以耕地资源总量监控和耕地占补平衡为主要内容的耕地资源总量监控与动态平衡制度、耕地市场与耕地流转制度，建立以耕地保护基金、耕地发展权、耕地非农化成本核算、农业补贴等为主要内容的耕地资源保护经济激励制度，逐步实现耕地资源确权，改进司法救济和行政救济，增强执法力度，强化社会监督、舆论监督、群众参与监督，激活公民的耕地保护行动自觉，从而完善我国耕地法律保护制度，实现对耕地资源的有效保护和可持续利用。①

（4）根据我国现行法律制度，土地征收实质上就是由政府主导的强制性地把集体土地转变为国有土地的过程。在这个过程中，对于是否征收、如何征收、如何补偿等方面，被征地单位和失地农民都缺少相应的知情权和发言权，也没有残余地强制征收请求权、买回权等一系列权利。政

① 刘国凤，王雪燕. 建立健全经济激励机制完善我国耕地保护制度［J］. 长春大学学报，2014（1）：6-7.

府的征收行为仍然存在一些单方面性和强制性，威权过重，征收方式、手段单一，制度运作僵化；被征地单位和失地农民缺少表达意见、提出异议的机会。这充分体现了国家的权威，反映了计划经济体制时期的行政权力支配一切的时代特征，但现在远远不能适应现代多元化法治社会的要求。

（5）①土地用途管制制度。土地用途管制制度是《中华人民共和国土地管理法》中所确立的核心制度。它通过在法律中明确土地使用层级制度和行政审批制度来提高农用地转为非农用地的成本，以此严格规范土地的用途。这一制度包括了三个方面：首先，分类确立土地的用途。现行我国的土地分类将土地分为三大类，即农用地、建设用地和未利用土地。这是土地用途管制制度的基础。其次，根据土地的性质、地理位置等因素按照严格的程序和标准制定土地利用的总体规划。这是土地用途管制制度的依据。最后，在行政审批的过程中，严格限制农用地转为建设用地、集体土地转为国有土地。这是土地用途管制制度的核心。

②基本农田保护制度。基本农田保护制度是指国家通过在法律中明确规定的手段，将部分耕地作为基本农田而给予特殊保护的法律制度。这一制度也在《中华人民共和国土地管理法》中得到确认。它是从《基本农田保护条例》所形成的制度中加以修改和完善转化而来的。它包括以下主要内容：首先，《中华人民共和国土地管理法》规定了五类耕地应当划入基本农田保护区，各省、市、自治区划入基本农田保护区的耕地要占本行政区域内耕地的80%以上；其次，以国家强制力保障的法律约束力来保障基本农田的数量和质量。即未经国务院批准，任何单位和个人不得占用基本农田进行非农建设。另外，即使是国务院批准的占用基本农田的建设项目，省级地方政府也应当补充划入相当数量和质量的农田为基本农田，以保障基本农田的面积不被削减。

③耕地占补平衡制度。《中华人民共和国土地管理法》还规定："非农业建设经批准占用耕地的，按照'占多少，垦多少'的原则，由占用耕地的单位负责开垦与所占用耕地的数量和质量相当的耕地；没有条件开垦或者开垦的耕地不符合要求的，应当按照省、自治区、直辖市的规定缴纳耕地开垦费，专款用于开垦的新耕地。"① 这一规定确立了我国耕地实行"以田补田"的基本农田耕地补偿政策，以保障基本农田总量的平衡。

（6）耕地征用法律制度创新。我国的耕地保护法律方面存在着欠缺和不足。征地补偿权利主体混乱，征地客体及补偿范围有限，征地补偿程序不完备，难以从根本上保障被征地农民的权益，解决征地补偿问题。要明确补偿权利主体的法律制度。应该厘清农村集体经济组织与农民个人的权利义务关系，使农民个人享有各种实体性和程序性权利，切实保护农民个人因丧失土地承包经营权等置换所得的失地补偿权和社会保障权。同时，明确界定村集体经济组织与村民小组的关系，避免村民委员会或者村集体经济组织克扣、截留农民集体所有的土地补偿款。

完善征地客体法律制度。应明确集体土地所有权、土地承包经营权、宅基地使用权、集体建设用地使用权以及自留地、自留山使用权、地役权、担保物权作为独立的征地客体须单独予以征收补偿，充分认可上述权利对农民的社会福利及社会保障功能，并在征地补偿中予以体现，切实保障农民的合法财产权益及长期生存发展权益。

完善补偿安置法律制度。在《中华人民共和国土地管理法》修订案确立补偿原则的基础上，通过《土地管理法实施条例》及《农村集体土地征收补偿条例》，落实"公平合理"的补偿标准：以市场价值补偿为原则确定补偿金额，并根据经济、社会发展情况适时调整补偿标准，切实保障被征地农民获得公平、足额的补偿。

创新并完善土地征收补偿方式，建立实物补偿、社会保障补偿等多元化的补偿机制，探索留地安置补偿、土地入股安置补偿、重新就业安置补偿、异地移民安置补偿等多种补偿安置方式，强化对被征地农民生存权与发展权的长久保障。要改变单一的补偿方式，以金钱补偿为主，多种补偿方式并存。目前我国征地补偿的方式主要为一次性的金钱货币补偿。但是土地是农民的生存之本，失地农民在缺乏其他谋生手段的条件下，仅凭土地补偿费难以维持其长久的生存；加上我

① 孙计川. 天津市耕地占补平衡存在的问题与对策［J］. 中国房地产，2016（4）：55-60.

国农村社会保障制度仍有些不完善，无疑使失地农民的生活陷入绝境。因此我国应该借鉴国外的做法，实现补偿方式多样化。

完善征地补偿程序法律制度。在《农村集体土地征收补偿条例》中，补充规定征地前就补偿安置方案及补偿价格先行协商作为征地的前置程序，尊重被征地农民意愿，确保其参与权、谈判权；在《农村集体土地征收补偿条例》中，规定征收补偿过程中的通知、公告与听证等正当法律程序，保障被征地农民的知情权、听证权。

为了保证以宪法为基础的法制秩序的统一，也为了实现社会的公平正义，保证土地资源的有效配置，我国法律应该取消非公益性用地的审批权，实现非公益性用地市场化。土地权利人和土地使用者就土地价格等问题直接磋商，达成协议后经政府土地管理部门确认后即发生土地使用权转移的法律效力。由于农民在信息方面处于劣势，所以政府应建立土地价格的信息公布机制，克服单纯依靠市场调节所带来的弊端。因此，实现非公益性用地市场化，可以实现法制的统一，有利于土地资源的有效利用，也有利于政府公权力的合法运行。①

（7）农村土地流转制度的创新。

①构建以《中华人民共和国土地管理法》为基础的土地流转法律制度体系。根据我国土地流转的现状，结合现行的相关法律，对《中华人民共和国土地管理法》进行修改，确立土地流转权的行使主体、程序、条件、监管以及责任制度，并通过配套的行政法规、规章，保证土地流转在法律层面的可操作性。

第一，科学合理地制定耕地保护的长远规划。根据国情，科学确立耕地保护的总量和结构目标；结合各地实际，合理制定各省区耕地总量指标指导性的浮动限度；科学设置耕地质量的评价体系，确保耕地质量的改善；完善耕地保护的行政法规，落实耕地占用的执法监督，运用各种激励手段，强化全社会保护耕地的意识。②

第二，加强市场机制在耕地保护中的作用。充分发挥市场机制在耕地保护中的作用，将耕地保护任务和指标市场化；通过引入市场竞争机制和公平交易原则，打破行政区划限制，提高耕地保护效率。

第三，完善耕地保护的管理体制。中央政府要在实施耕地的集中统一管理的基础上，给地方政府合理的自主权，以便其发挥耕地保护的积极性；要对耕地保护的区域合作加强引导，通过设立专门转移账户制度，确保区域之间利益互动关系的顺畅。

②赋予土地股份合作社以独立的经营主体地位。应该明确规定土地股份合作社为股份合作企业，具有企业法人资格，予以工商注册登记。在允许土地股份合作社以法人身份登记注册的同时，应规范土地承包经营权的作价，合理设置股权。对于利润的分配、风险的承担等应允许成员参照《中华人民共和国公司法》制定合作社的章程，以章程的形式进行选择并加以约定，可按照股份行使也可不按照股份行使。明确内部成员间的责、权、利，规范经营期限。规范合作社与村集体经济组织之间的关系。村集体经济组织不是必然的股东。基于对所有权的保护，可以借鉴上市公司的独立董事制度，由村集体经济组织向合作社派独立董事，保护全体股东和整个社会的利益不受侵犯。

对于各地在农村住房改造和城乡统筹改革中采取的集体土地调换、农民宅基地串换、宅基地置换和流转试点等，只有解决好“地从哪里来、房在哪里建、钱从哪里出、人往哪里走”等问题，且农民自愿、不损害农民合法权益，确保农民相应获得住房、社会保险等必要保障的，应当予以确认和支持。对承包人或其他合法权利人以农村集体经营性建设用地使用权、林权、农村住房抵押等新型贷款担保方式贷款的，只要当事人依据相关规定办理了抵押或出质登记的，对抵押

① 马文博，李世平，陈昱. 我国耕地保护制度实施的影响因素分析［J］. 北京理工大学学报（社会科学版），2012（1）：38-43.

② 张效军，欧名豪，高艳梅，等. 我国耕地保护制度的理论命题与机制创新［J］. 农业现代化研究，2008（1）：20-25.

权和质权应当予以确认和保护；依法支持创新贷款担保方式，扩大农村有效担保物范围。①

③出台相应的制度规范流转程序，规定全市统一的农地流转流程，强化评估机构的专业性、评估标准的权威性、流转协议的书面性和完整性，对农村土地流转实行登记备案制度，以便政府有关部门实行有效监管。

可以借鉴英国的土地保有权制度，强化土地使用权人的权利，在土地流转过程中通过向受让方征收一定比例的税收或提取一定比例费用的方式筹集资金设立农村土地承包经营者的养老和医疗保险。这既可以使得农村闲置的土地通过流转方式充分地利用起来，又可以推进农村社会保障制度的建立。在成立土地股份合作社的农村，可将村民所入股份分为个人股和养老股，允许合作社作为企业法人参照职工参保的方式为入股的村民办理基本养老保险和医疗保险；设置专门人员进行养老保障股的经营管理和保障金的发放工作，使得通过养老保障股收益发放的养老金应能基本保障老年人的晚年生活；养老保障金不仅要定期足额发放，而且要随着经济发展水平的提高和经营收益的增加而适当上调。

（三）耕地保护法律制度创新的保障措施

运用法律强制力以强化耕地保护法律实施，全面创新耕地保护法律制度。

（1）加强耕地保护的执法工作。作为一个国家的行政机关，政府对于耕地法律保护制度的创新的支持是十分重要的。政府应强化耕地保护执法监察。加强对违反规划扩大建设用地规模、农村土地流转和农业结构调整中大量损坏基本农田等影响面大的违法违规行为的执法检查。充分利用卫星遥感、动态巡查、网络信息、群众举报等手段，健全“天上看、地上查、网上管、群众报”违法行为发现机制，对耕地进行全天候、全覆盖监测。

第一，严格耕地保护责任追究制度。严格执行《违反土地管理规定行为处分办法》，积极配合监察机关追究地方人民政府负责人的责任。同时，推行责任追究制度，落实监督制度。为进一步完善耕地保护的制度，使其更具有长效性和责任性，还可以出台领导干部耕地保护责任离任审计实施办法。加强廉政风险点防控，监督会议议事规则和决策程序执行，突出抓好易腐多腐领域制度建设，强化效能问责。②

第二，进一步加强耕地保护督察。国家土地督察机构要以耕地保护目标责任落实、规划计划执行、建设用地审批、基本农田划定、耕地占补平衡和农地流转等为重点，加强对省级人民政府耕地保护情况的监督检查，有关工作向国务院报告。政府耕地保护部门应该及时制定年度耕地保护目标，落实监督机制。③ 为了真正实现耕地保护，要根据当地的实际情况分配耕地保护与管理的考核目标，并进行优秀评比。全面开展“创模”活动，围绕创模指标标准体系，扎实开展国土资源节约集约模范县（市）创建活动。推行指标预算、规模预核和“指标跟着项目走”制度机制，实行指标安排与耕地保护、供地率、卫片执法、批而未征调整等相挂钩，与工矿废弃地复垦利用试点相统筹。在确保数量的基础上还要有质量的保证。建立政府耕地保有量考核，对单位GDP 建设用地下降考核进行排名，确保耕地保有量和基本农田保护面积以及新增耕地面积等，实现年度耕地占补平衡。对于闲置土地还要尽快进行处置，加强对低效利用土地、批而未供土地的有效处置。确保将违法占用耕地面积占新增建设用地占用耕地总面积的比例控制在比例范围内，确保市城区非工业类招商项目落地建设，限定城区储备入库规模等。

第三，构建耕地保护共同责任机制。完善省级人民政府耕地保护责任目标考核办法，将永久基本农田划定和保护、高标准基本农田建设、补充耕地质量等纳入考核内容，健全评价标准，实行耕地数量与质量考核并重。积极推动将耕地保护目标纳入地方经济社会发展和领导干部政绩考核评价指标体系，加大指标权重，将考核结果作为对领导班子和领导干部综合考核评价的参考依

① 张吉献，秦明周，张启珍，等. 我国耕地保护制度的经济学分析［J］. 地域研究与开发，2010（2）：99-103.

② 汪冰玉. 建立耕地保护的土地管理新机制之探讨［J］. 安徽农学通报，2013（13）：15-16.

③ 何李萍. 建立耕地保护土地管理新机制的探讨［J］. 现代农业科技，2015（18）：350-352.

据。推动地方政府严格执行领导干部耕地保护离任审计制度，落实地方政府保护耕地的主体责任。建立奖惩机制，将耕地保护责任目标落实情况与用地指标分配、整治项目安排等相挂钩。①

（2）加大对耕地经营者即农民的耕地保护法律制度的宣传。在我国，许多政策无法得到很好的实施主要是因为我国公民整体的法律意识淡薄，许多与他们密切相关的法律法规不为他们所知。政府部门应该进一步规范耕地使用流程，做到公开、公正、公平。② 在耕地使用过程中，应通过正规合理的流程，实现考核、审批、评估、建设、监督等一系列的耕地用途转换工作，避免个别人员由于私人利益导致耕地保护与管理失效。由于地方上报审批地图，上一级部门对其并不了解，因此容易出现审核漏洞，不能真实反映耕地被占用和耕地复垦情况。因此，第一，要以已经建立的国土资源规划管理区的调查资料为底图，深化农村集体土地所有权确权登记工作，完成所有权确权登记权属调查和外业测量，建成覆盖城乡的地籍管理一体化平台，做好年度变更调查、地理国情普查数据工作。每审批一块用地都将其落到工作底图上。根据该区域的卫星影像、土地利用现状图、土地利用规划图做套合比较，认真落实审批监管任务。第二，组建土地出让评估机构库，对宗地进行评估，通过公开抽签等方式确定评估机构，在评估过程中派工作人员同评估机构共同进行现场勘查，了解宗地具体情况，收集与宗地相关的材料，并就评估方法和技术路线及时与评估机构进行沟通和交流。第三，规范测绘市场管理，加强测绘资质管理，强化测绘成果使用保密管理，开展测绘质量监督管理和检查，做好测量标志管理和维护工作。第四，根据市场形势，对耕地进行合理的资源配置。根据市场变化和要求对土地进行定级及确定基准地价，形成地区分类土地级别体系。合理划定范围、级别，对基准地价的级别与价格进行调整，真实反映目前土地市场行情。第五，要对地价实施动态监测工作，通过外业调查、资料收集、内业数据处理等，使相关部门通过提供的数据依据，实行宏观调控。③

（3）创建耕地应急处理制度，健全群众利益保护机制。对于经常出现地质灾害的耕地区，应建立应急处理制度，以便遇到问题后可以迅速解决。对于受汛期影响的地方应做好汛前调查、汛中巡查、汛后核查、防灾方案修编、群测群防网络更新、防灾宣传培训演练、国土气象水利合作、固话反拨系统运用拓展、应急避让转移、隐患点治理等工作。在处理占用耕地农民权益保护的问题时，应该合理制定地上附着物、青苗补偿标准，做好新旧标准衔接工作；建立征收安置工作联席会议、社会稳定风险评估、信息公开、征地反馈、征迁考核制度；规范征地报批、批后实施、拆迁补偿安置程序；对于有不满情绪的群众应做好信访接待工作，定期开展矛盾隐患排查，积极推进历史遗留问题处理。

---

① 何李萍. 建立耕地保护土地管理新机制的探讨［J］. 现代农业科技，2015（18）：350-352.

② 何李萍. 建立耕地保护土地管理新机制的探讨［J］. 现代农业科技，2015（18）：350-352.

③ 车文学. 论建立耕地保护的土地管理新机制［J］. 中国土地科学，2007（12）：21-26.

第三章　种植业法律制度创新

贯彻依法治国，不仅是在政治体制上，更是在社会的方方面面。种植业，作为我国的基础产业，在与其他各项制度同步发展的情况下，也要做到依法治国。就是广大人民群众在党的领导下，依照宪法和法律规定，通过各种途径和形式管理国家种植业事务，管理种植业经济事务，管理社会种植业事务，保证国家各项种植业工作都依法进行，逐步实现社会主义民主的制度化、法律化，使这种制度和法律不因个人意志而改变。在当前种植业的法律保障上，存在诸多不足，需要严格贯彻《中华人民共和国立法法》，在种植业司法领域转变观念。

自古以来，中国就是一个农业大国。农业，关乎人民群众的日常生计，其重要性在基本生活需要中不言而喻。农业，在字面解释方面主要有狭义和广义之分。广义农业包括种植业、林业、畜牧业、渔业、副业五种产业形式；狭义农业是指种植业，包括生产粮食作物、经济作物、饲料作物和绿肥等农作物的生产活动。在五种广义解释的产业形式中，种植业排在首位，占据了重要位置。在夯实发展第二产业即工业，大力发展建设第三产业即服务业的同时，不能忽略加快发展第一产业的重要性。农业，作为第一产业，是发展第二产业和第三产业的基础。它有效地支撑了人们进行基本的生产活动，并在此基础上促使人们有条件和能力去发展其他创造社会财富和个人财富的社会生产活动。而在十三五规划出台的时期，在重振我国农业大国地位的目标方面，应该着重研究农业方面的各种问题已经刻不容缓，特别是阻碍农业发展的法律问题需要及时破解。而在研究农业方面，占据农业重要位置的种植业则自然而然地突显出来。作为一个从事法学研究的学者，其可以先从法律视角来探讨种植业发展的相关法律保障问题。

一、粮食安全生产法律制度创新

随着 2008 年 9 月份全球金融危机的爆发，几乎所有的目光都被人们投向金融领域。在全球各个国家在金融领域内不懈的努力之下，经济形势渐缓。但在急剧变化的恶劣气候环境中，在各种极端天气的冲击下，许多国家和地区在金融业还处于百废待兴之际就遭遇了十年一遇、百年一遇、千年一遇甚至是从未遇到的自然灾害。如庄稼作物少产、减产甚至绝产。越来越多的人开始陷入由饥饿带来的生存危机和由粮食不足带来的社会暴动。粮食问题逐渐浮出水面，给经济基础薄弱的国家造成了不可磨灭的阴影和难以挽回的损失，也给准备较为充分的经济基础较为良好的国家敲响了警钟。中国，虽然在 2008 年粮食总产量达到 52 850 万吨，同比增长 5.4%，连续五年增产，并且在 2010 年超越日本，成为位居美国之后的全球第二大经济体，但是国家面临的粮食问题依然十分严峻。

（一）我国粮食安全生产的现状及其特征

新中国成立以来，党中央、国务院高度重视粮食安全问题，始终把农业放在发展国民经济的首位，千方百计促进粮食生产，较好地解决了人民吃饭问题，取得了举世公认的成就，为世界粮食安全做出了巨大贡献。

1. 我国粮食安全生产的现状

特别是近年来，在工业化和城镇化进程加快、耕地面积逐年减少、居民消费水平日益提高的情况下，我国实现了粮食产量的稳定增长，保证了居民食物消费和经济社会发展对粮食的基本需求。近十年来，我国粮食自给率基本保持在 95%以上。2007 年我国粮食总产量为 5 016 亿千克，人均占有量为 380 千克，人均消费量为 388 千克。居民膳食结构不断改善，食物消费日趋多样，口粮消费逐步减少，肉、禽、蛋、奶、水产品及食用植物油等消费逐步增加，营养水平不断提高。据联合国粮农组织测算，2002 年我国居民人均每日食物热值、蛋白质和脂肪含量已超过世界平均水平。20 世纪 90 年代以来，我国农业生产迈上了新台阶，粮食进入供求基本平衡、丰年有余的新阶段，食物供给水平不断提高。1996 年粮食播种面积达到 16.9 亿亩，产量突破 5 000 亿千克，其中谷物超过 4 500 亿千克。“九五”期间，粮食产量基本保持在 5 000 亿千克水平。1998 年以后，由于连年丰收，库存逐年增加，市场粮价下跌，加之农业生产结构调整，粮食播种面积逐年减少。2003 年粮食播种面积降至 14.9 亿亩，比 1998 年减少 2.16 亿亩；粮食产量由 1998 年的 5 123 亿千克降至 4 307 亿千克，减产 816 亿千克，主要是稻谷、小麦和玉米等谷物减产。2004 年以来，党中央、国务院采取保护耕地、按最低收购价托市收购粮食、减免税收、建立直接补贴制度、加大投入等一系列政策措施，调动了农民种粮积极性，使粮食生产实现恢复性增长。2007 年，粮食播种面积恢复到 15.86 亿亩，比 2003 年增加 0.96 亿亩；产量达到 5 016 亿千克，比 2003 年增产 709 亿千克。其中，谷物面积为 12.9 亿亩，增加 1.36 亿亩；产量为 4 563 亿千克，增产 820 亿千克。

农业生产条件逐步改善，粮食综合生产能力稳步提高。1996—2006 年，全国新增有效灌溉面积近 1 亿亩，新增节水灌溉面积近 1.5 亿亩，全国耕种收综合机械化水平提高 4.6 个百分点，农业科技进步贡献率提高 13 个百分点，良种覆盖率达到 95%以上。粮食单产水平显著提高，2007 年全国粮食平均亩产 316.2 千克，其中谷物亩产 355 千克，创历史最高水平。粮食品质结构不断优化，优质小麦、水稻种植比重分别达到 55%和 69%。

在保证粮食生产稳步发展的基础上，其他食物供给日益丰富。与 1995 年相比，2007 年肉类产品人均占有量为 52 千克，增加 8.5 千克，其中牛羊肉所占比重提高 3 个百分点；禽蛋人均占有量为 19 千克，增加 5.2 千克；牛奶人均占有量为 26.7 千克，增加近 22 千克；水产品人均占有量为 36 千克，增加 16 千克左右。①

2. 我国粮食生产发展的基本特征

（1）耕地面积萎缩剧烈。依照中华人民共和国国土资源部 2008 年公布的全国土地利用变更调查报告，截至 2008 年年底，全国的耕地面积是 18.257 4 亿亩，与上一年度相比较，减少了 29 万亩。这已是自 20 世纪 90 年代中期起耕地面积第十二年的持续下降。中国的耕地面积比起 1996 年的 19.51 亿亩，在这 12 年间已净减少 1.252 6 亿亩。减少的面积相当于一个耕地面积超过 1 亿亩的大省。中国的人口尚未减少，而满足日常生活基本需求的耕地却已少了一个大省。这种危情，实不能忽视。面对这种情况，我们首先要做的就是稳住局面，减缓我国的耕地面积的进一步缩减。一是要加强土地用途变更的行政审批的审理和监督。基于我国是世界人口第一大国的国情，我们不仅要实行“世界上最严格的耕地保护制度”，还要在全国范围内简政放权的基调下反其道而行之，加强土地用途变更行政审批的审理程序与监督程序。在我国，大部分的自耕地属于农村集体所有，进程越来越快的城镇化改革侵蚀了很大一部分的耕地。我们不能在发展的同时，忽略了粮食生产安全方面的问题。只有这样，才能更好地保护农民这个弱势群体的利益，才能更有效地维护原有的耕地这个国之根基的面积。二是要加强对农业环境的保护，促进农业环境保护新技术的使用，加强对农业污染源的监测预警，统筹有关部门采取措施，防治土壤污染和土地沙化、盐渍化、贫瘠化、石漠化、地面沉降，以及防治植被破坏、水土流失、水体富营养化、水源枯竭、种源灭绝等生态失调现象，推广植物病虫害的综合防治。也要相应地提高农村环境保护公共服务水平，推动农村环境综合整治。三是要深化改革土地承包责任制。家庭联产承包责任制的实施不仅赋予农民生产经营自主权和独立决策权，而且形成农户承包的传统。把土地交给会打理的农户，更利于耕地的充分利用和持续发展。要赋予农户长久的承包经营权，使农户在土地所获粮食的价格的形成过程中，占据主导地位，并让农民在耕种劳作后有不低于成本的收获。

（2）鼓励农民在家务农，控制粮食中间成本。近年来，由于我国工业的发展，劳工需求量逐

---

① 佚名. 中国粮食安全现状［OL］.［2015-11-06］. http://www.china.com.cn/aboutchina/zhuanti/zgjj/2009-07/06/content_18078891.htm.

年递增，特别是沿海发达城市。而在乡镇地区，农民收入的提高数量和增长速度过少、过慢。这使我国城乡居民收入水平在原本就差距大的实情上再次扩大差距。有时候，农民在收获作物、扣除种粮成本后，净利润为负值。守在土地上日日夜夜辛苦劳作的农民入不敷出。而乡镇的各样设施、环境、机遇等完全不能与城市的相比较。以上种种，无一不吸引着大量的农村青壮年离开农村，去往城市务工，以谋求一份更高收益的工作和感受城市中更为开放的氛围。据不完全统计，这样的农村务工人员达到了全国总人数的十三分之一。庞大的人口流动首先直接威胁着社会秩序的管理；其次是会减少耕作活动的主力军人数和本就不太充足的粮食产量；最后，留守在农村的只剩下老弱病残这些人群，农村名不副实，大量的矛盾又会引发出来。这给本就处于社会主义初级阶段，必然会出现重重阻碍的中国，带来更多不必要的阻碍。人民是社会主义国家的基石，而在我们国家，农民又是人民群众的重要组成部分。农民主要聚集的农村地区不稳定，国家很难稳定下来，更别提实现复兴的中国梦了。

另外，在我国的农贸市场中，总是会出现进行主要劳作的农民，卖出的作物的价格低得可怜，而零售户对于粮食的卖价却定得很高这种情况。农户与零售户之间，在将田地里的作物送到各位买菜的人的眼前时为止，究竟经过了什么环节和发生了什么事，值得大家对此投入更多的关注和进行更深的思考。

因此，我们要完善农村的各样基本设施建设和基本制度改革，特别是关于养老、基础医疗和九年义务教育方面的，也要为农民耕作提供充足的咨询服务和实际帮助，还要稳定农民的粮食的出售价格，更要在稳定的基础上增长农民收益，使农民的腰包逐渐鼓起来，并越来越鼓。只有在提高农民的社会地位，使社会尊重农民及其成果的基础上，保障农民的收益，才能调动并提高农民的积极性。

（3）发展科技，科学种田。根据最新的国土面积排名，中国的国土面积位居世界第四。这样的国土面积却养育着世界上排名第一的人口大国，即我国以世界上 7%的土地养育着全球 22%的人口，我国的压力可想而知。尽管可以进口粮食来满足我国自身已不能足够满足的粮食需求，但是进口粮食的粮价在一定程度上受到国际金融形势的影响，且国际金融形势并不稳定，因此并不能将粮食进口作为一种维持我国粮食需求平衡稳定的固定方法。而且，现如今复杂的国际形势也深深影响着国际的粮食交易。所以，一方面，在我国耕地减少、务农人员减少的情况下，最可行的是研发新一代的农业种植技术，并派遣相应科技人员将这些技术传授给农民，还要鼓励农民自主创新耕种方法。毕竟，离土地最近的，还是广大农民。另一方面，还要加大对品种创新、粮食加工等方面的科技投入，研制出更能满足人体日常所需元素的优良粮食品种，减少转基因高产量粮食对于人体的负面危害。

（4）严格规范关于转基因农产品的一切活动。作为世界上第一个批准转基因作物商品化的国家，作为世界上种植转基因作物、杂交水稻、玉米面积最大的国家，我国要对关于转基因农作物的食品安全性给予特别的关注。而近几年出版的《粮食危机》一书中，就介绍了大量针对转基因粮食的事实报告。从这些报告无一不是对其安全性提出质疑的行为来看，其所需的重视性可见一斑。因此，我国在转基因农作物的问题上一定要谨慎，特别是在转基因农产品的生产、加工、销售及进口等活动上，一定要严格执行国家出台发布的法律政策，如《中华人民共和国食品安全法》（以下简称《食品安全法》），保证我国民众食用到符合健康安全高标准的粮食。

（5）加强农业补贴，保障农民利益。虽然我国是农业大国，但国家在政策上给予农民的财政补贴仍然比较低。农民仅能在国家的帮助下，获得微薄的补助，并不能得到太多的利益。与欧美国家相比，欧美国家的农业补贴则高得多，保障了市场上粮食价格在走低的时候，农民们不会受到太大的损失，进而影响他们的生产积极性。在现代，随着农业大规模工业化生产的兴起，大公司的规模效应将以家庭或个人为单位的小农，排挤到农业生产核心的外部，不仅造成大量的农民失去自己的土地，涌向城市务工，也造成还拥有自己的土地的小农渐渐与市场脱节，不够了解市场需求的导向，盲目地进行耕作，最终导致损失。所以我们要大力加强在农业上的财政补贴，保障农民的基本利益。还要继续实施各种惠农政策，将解决“三农”问题作为各基层政府的首要任务，积极提出解决方案并切实解决之。

（二）我国现有粮食安全生产的法律政策

1. 家庭联产承包责任制

新中国成立以来，特别是改革开放以来，农业和农村发生了翻天覆地的变化，农业农村发展实现了许多新的历史性跨越。而在新中国成立初期，当时的美国国务卿艾奇逊说，中国人的吃饭问题，始终是中国政府面临的第一个问题，而这个问题，一直没有解决好。的确，粮食问题在中国这样一个人口大国是一个非常重要的问题，要始终把保证粮食等主要农产品供给作为农业农村经济工作的首要任务。粮食生产关系到我们国家的国计民生。所以在粮食安全的发展上，必须在立足于国内基本国情的基础上自给自足，通过多种稳定的途径进行调控。可以通过下列这项法律政策来确保我国的粮食生产安全问题：家庭联产承包经营机制。这项体制是我国农村的基本经营体制。在2008年世界粮食价格大涨、供求关系紧张的情势下，作为世界上人口第一大国的中国在这场冲击当中经受住了考验。这个事实证明了作为我国农村基本经营制度的家庭联产承包责任制是一个较为有效的保障机制，实行以家庭承包经营为基础和统分结合的双层经营体制在今后必须要毫不动摇、继续经营。

2. 科学发展观指引的相关政策

科学发展就是要落实安全发展，深入学习并实践科学发展观，尤其需要运用统筹兼顾这个科学发展的根本方法，正确认识和处理安全与发展、安全与效益、安全与稳定的关系。在新时期，要做好粮食安全生产工作，一是要提高认识，认真贯彻科学发展观。加强安全生产工作的重要意义，要从保增长和科学发展的高度来认识，要把深入学习科学发展观与“安全生产年”这项活动的各项工作有机地结合起来，自觉处理好科学发展与粮食发展的关系，利用各种平台、载体、渠道来宣传落实科学发展观，努力提高安全生产发展水平，实现农业科学发展。二是要建立健全各项规章制度，全面落实安全生产责任，做到分工明确。三是要因地制宜制定各项政策。我国地域辽阔，地理环境多样。自古就有十里不同风、百里不同俗、千里不同情的说法，足以体现环境的多样性。这就要求各地的政府和企业脚踏实地，制定出合乎当地地理环境和气候等自然发展的政策和计划。不能盲目地借鉴其他与本地地理环境不同的政策和计划。其可能带来不必要的损失，劳民伤财不说，更有可能破坏当地的生态环境，给本就严峻的种粮环境雪上加霜。四是要注重教育，深入理解科学发展观的内涵和意义，提高各位相关人员的安全意识。要经常组织开展各类安全生产教育和培训活动，提高安全生产法律观念和安全生产意识；依法建立相关安全生产规章制度，遵守安全生产操作规定及其程序，按规定要求投入足够的基金；满足基本的消防设施、防潮设施等设施的设置；定期开展安全性的生产检查，做好自查自纠工作，确保安全无事故或是把事故损失率降至最低。五是要坚持不懈地依靠科技的力量，贯彻落实科学发展观的地方实践，进一步提高科技对农业发展的支撑作用，让我国的农业发展能走在全球各个国家的前沿。

3. 突出预防为主，做好粮食安全生产事故的防范

粮食生产行业虽然不属于高危行业，但也是关于安全生产的行业中的重点行业。为确保粮食行业又好又快发展，一是要提高认识，强化责任。及时做好相关人员的安全生产方面的知识教育和培训工作，使其提高安全事故防范技能，能够熟练应对安全事故的险情，真正做到在思想上警钟长鸣、工作上力行不怠，以确保安全生产工作万无一失。完善安全生产领导机构的组织，落实安全生产监督管理体系，细化分工，明确责任。修订和完善一系列有关于粮食安全生产的规章制度，建立健全安全生产责任制，强化监督与检查，实行严格的责任追究制度。二是要突出预防，强化管理。对各地的粮站和粮食加工厂的安全生产管理情况进行彻底的全面排查，并根据发现的问题及时做好记录并提出相应的解决方案，然后采取有效的措施，认真进行整改。加大安全生产设施的建设力度，严格执行各个生产安全环节的现场管理制度，认真吸取过去发生的粮食生产安全事故的教训，加强安全检查力度，对检查中发现的安全隐患，及时进行排除。严格落实被监督主体的安全生产责任，实行粮食行业特种作业人员持证上岗制度，规范生产操作，严格按照程序规定组织作业活动，将安全生产落到实处，确保安全生产管理和监督切实有效。加强对粮食收购、加工、储存、销售环节的管理，将储粮化学药剂的管理放在重要的位置，并进行加强；严格

药品库房存放、双人双锁制度，尽量消除由化学药剂使用不当或错误而引起的储藏方面的安全隐患。加强对于收购、加工、储存、销售场所的防火用电设施管理，定期对用电防火等设备进行检查，及时更换存在安全隐患的设备，从源头上消除消防和用电设施隐患问题。三是要加强防范，坚持值班、巡查、检查三步走制度，建立好应急管理工作。针对粮食安全管理系统工作人员少、需管理资产多、位置分散的实际情况，有关监督检查人员及有关领导一定要及时督促资产管理中心和相关科室人员不定时检查。坚持领导班子带班、轮流值班、定期巡视检查和安全检查制度。领导人员要按照库站划分，明确分工，落实专人，定期到各库站进行巡查，每月至少进行一次安全检查；各地区要对辖区内的所有库站、门店、租赁企业进行拉网式检查，如若发现隐患和问题，要及时进行整改，落实各项制定的防范措施，防患于未然。同时应当加强应急管理工作，建立完备的应急管理机制，制定匹配的应急救援预案，经常开展救援应急演练。在对各粮库站的安全管理上，除对粮库站资产管理员加强安全生产教育、明确安全生产责任外，还要在租赁企业的竞选中物色思想素质较高、责任意识较强、有社会责任感的业主，委托其关心和做好粮库站内的安全保卫和巡查监督工作，为粮食安全生产增加一层来自社会上的公众监督。一旦发生异常情况或者突发事件，立即召集相关责任人员及时妥善处置，并及时向粮管所报告，使其尽早进行组织，减轻甚至是消除事故损害，为下一期间的安全生产工作提供有效的借鉴。

（三）我国粮食安全生产法律政策的实施现状及其创新问题

经于 2014 年 8 月 31 日由中华人民共和国第十二届全国人民代表大会通过的《全国人民代表大会常务委员会关于修改〈中华人民共和国安全生产法〉的决定》的修正案修改后的 2014 年《中华人民共和国安全生产法》（以下简称《安全生产法》）修订版是安全生产法的最新版本。经过了五十多项的修改后，其更加强调安全生产监督主体责任、生产经营单位安全生产管理义务以及违法惩处的力度。修订后的安全生产法最新版本共一百一十四条，涵盖了从业人员的安全生产权利义务、生产经营单位的安全生产保障、安全生产的监督管理等内容。《安全生产法》从宏观上为粮食安全生产制定了有效的法律依据。在微观上，有关于粮食安全生产方面我国另行出台了《中央储备粮管理条例》，经 2003 年 8 月 6 日国务院第 17 次常务会议通过，由中华人民共和国国务院于 2003 年 8 月 15 日颁布实施，共计七章六十条。该六章分别是总则、计划、储存、动用、监督检查、法律责任和附则。制定该条例的目的是加强对中央储备粮的管理，保证中央储备粮数量真实、质量良好和储存安全，保护农民利益，维护粮食市场稳定，有效发挥中央储备粮在国家宏观调控中的作用。但仅仅有这些法律条例显然还不够管理像我国这样一个地域辽阔的国家的粮食安全生产活动。制定一部特别针对粮食安全生产活动的粮食法势在必行。在酝酿多年后，我国首部《粮食法（征求意见稿）》于 2012 年 2 月面世并向社会各界征求意见，拟将实行粮食安全考核问责制。为促进粮食生产，维护粮食流通秩序，保障国家粮食安全，国家发展改革委、国家粮食局会同有关部门在调查研究基础上，起草了《粮食法（征求意见稿）》。这是我国首部粮食法。制定粮食法已列入十一届全国人大常委会立法规划。全国人大农委建议，国务院有关部门要按照常委会立法规划要求，抓紧修改草案，2012 年提请全国人大常委会审议。2012 年 2 月 21 日，国务院法制办公布了《粮食法（征求意见稿）》，听取社会各界意见。其明确了我国境内的粮食生产、流通、消费活动适用本法。《粮食法（征求意见稿）》提出了四点较为新颖、可行、实用的法律导向：一是粮食安全考核实行“问责”制度。此次公布的征求意见稿总则中规定，粮食安全实行国家宏观调控下的省级人民政府行政首长负责制。国家实行粮食安全考核问责制度。在粮食安全责任上，要求上级人民政府对下级人民政府对保护耕地和水资源、发展粮食生产、落实粮食储备制度、处置粮食应急状态、保障粮食供应和质量安全、监管粮食市场等方面的情况进行监督，并纳入政府绩效考核体系。这样便能有效地落实粮食安全生产责任，出了意外事故能更快地找到原因，相关责任人员也能更加重视粮食的安全生产。二是转基因技术不能擅用。征求意见稿明确，转基因粮食种子的科研、试验、生产、销售、进出口应当符合国家有关规定。任何单位和个人不得擅自在主要粮食品种上应用转基因技术。这样让民众明确国家对待转基因食品是谨慎、明确、坚决的。三是违规使用添加剂将受罚。从事粮食加工活动的经营者，不得使用发霉变质的原粮进行加工；不得使用农药残留、真菌毒素和重金属等污染物超标的原粮进行加工；不得违反规定使用添加剂；不得从事影响粮食质量的其他行为。此外，从事粮食收购、批发和零售活动的经营者，不得捏造、散布虚假信息，扰乱市场秩序；不得相互串通，操纵市场价格；不得恶意囤积哄抬价格；不得采取抬高等级或者压低等级等手段变相提高或者压低价格，违规将予以处罚。当前我国粮食安全问题在很多方面都发生在违规使用食品添加剂上。近几年，从"瘦肉精""三聚氰胺""染色馒头"到面粉增白剂，很多受到人们高度关注的食品安全问题，都与食品中的添加物和添加剂密切相关。民以食为天，每天都离不开食物，都会摄入大量的食物。查处清理违规食品添加剂的任务时刻不能耽误。因为这些以假乱真的添加剂，不仅背离了食品本质，还成了戕害生命的毒药。2013 年 12 月 12 日，国家食品药品监督管理总局起草的《食品药品安全"黑名单"管理规定（征求意见稿）》中明确规定，食品生产者采购、使用不符合食品安全标准的食品原料、食品添加剂、食品相关产品，或在食品中添加药品，情节严重受到责令停产停业、吊销许可证行政处罚等食品、药品、医疗器械、化妆品生产经营行为，将被纳入"黑名单"范围。安全责任重于泰山，如果要根除这些"添加剂"，就必须加强过程监管，对敢越雷池者严惩不贷，维护安全制度的绝对权威，以保证安全生产不受"添加剂"的玷污。要确保食品的安全性和高品质，需要国家、行业协会和企业三方的共同努力。① 近年来，国家、行业层面正努力建立严密的质量监管体系，企业自身也要严格按照国家和行业标准，正确使用和对待食品添加剂，在产品研发和质量安全检测等方面下足功夫。此外，生产企业还要全面落实《食品安全法》，处理好调味品国家标准、行业标准、安全标准和企业标准的关系。所以，无论是个人，还是食品生产厂家，或是国家的质监部门，都要尽好自己的责任和义务。只有齐心协力、各司其职、共聚一心，才能最终让人们生活在相信每一口进入自己身体的食物都是健康安全的的社会。四是不检验粮食质量可罚 20 万元。征求意见稿规定，国家实行粮食质量检验制度，规范粮食生产、收购、储存、加工、运输、销售、进出口等环节的检验、记录、出证、索证活动，建立健全粮食质量追溯体系。粮食生产者应科学合理使用化肥、农药、农用薄膜，禁止向粮食生产区域排放或者倾倒有毒有害的废水、废气、固体废弃物等。粮食经营者应检验粮食质量并记录存档，违规且情节严重的，处 20 万元以下罚款。我国一直以来对粮食实行以市场调节为主，以政府储备为辅的购销制度。而市场具有极强的投机性，很多不法商家会为了利润和效率，做出一些违反道德甚至是法律的事情。单靠粮食行业组织加强行业自律和服务来维护粮食市场秩序，显然还不足够。而对不检验粮食质量的行为处以高额的罚款，就对相关责任人员产生了高度的警戒作用。这为粮食生产安全提供了坚强的后盾，也在无形中为公众宣扬了安全生产的法治理念，在人民群众中间进行了法制教育。遗憾的是，正式的粮食法至今还未颁布。希望在国家强调粮食安全的背景下，正式的粮食法能够尽快出台。

二、林业体制改革及林业发展法律制度创新

2015 年 2 月 8 日，中共中央、国务院正式印发了《国有林场改革方案》和《国有林区改革指导意见》。2015 年 4 月 1 日起，黑龙江、内蒙古重点国有林区天然林商业性采伐全面停止。这标志着我国重点国有林区从开发利用转入全面保护的发展新阶段。紧接着在 2015 年 3 月 31 日，国家林业的相关领导人员在重点国有林区天然林商业性采伐试点启动会上指出，停止天然林商业性采伐，并在黑龙江重点国有林区率先进行试点。这是党中央、国务院为恢复重点国有林区森林资源、构建完备的森林生态系统、保障国土生态安全而做出的一项重大决策，对于健全国有林区体制机制、创新林业治理体系、推进生态文明和美丽中国建设具有十分重要的战略意义。

正如习总书记所言，林业是事关经济社会可持续发展的根本性问题。要把生态环境保护放在

① 佚名. 食品添加剂违规添加会危害身体健康［OL］.［2016-01-02］. http：//www. chinairn. com/news/20140102/102432513. html.

更加突出的位置，像保护眼睛一样保护生态环境，像对待生命一样对待生态环境，在生态环境保护上一定要算大账、算长远账、算整体账、算综合账，不能因小失大、顾此失彼、寅吃卯粮、急功近利。尽管与种植业相比较，我国的林业并未得到公众相当大的关注。但是，为了实现我国的伟大复兴强国之梦，实现中国梦，建立人与自然和谐相处的社会，林业的改革势在必行。我国的林业改革可以暂分为深化林业改革和创新林业改革两个部分。

（一）深化林业体制改革，创新相关政策和制度

1. 林业体制改革的相关政策依据和背景

2015 年 1 月，国务院总理李克强在国家林业局工作汇报文件中做出重要批示，充分肯定了林业系统积极推进林业改革、各项工作取得新进展。在该文件中，李克强指出，林业是重要的生态资源，也是不可替代的绿色财富。今后要创新开拓、奋发有为，积极推进深化林业体制改革，加快转变林业生产方式，更有效地保护林业资源，更有力地促进农林增收，更好地为全社会提供林业产品和生态产品，为建设生态文明做出新贡献。①

在过去的几年中，我国的林业改革已经进入全面深入阶段。从各地方政府的反响来看，该次改革很好地激发了林业的发展活力。林业行政审批项目在简政放行的大势下，取消和下放了多项林业行政审批项目。推进林业治理体系和治理能力现代化的目标要求已得到初步确定。在这个改革进程中，也提出了多个惠国惠民的方案和意见，如国有林场改革、国有林区改革和深化集体林权制度改革、集体资产股份权能改革试点、国家公园建设试点等。

虽然形势大好，但是其中的缺陷在所难免。一方面，林业是事关经济社会可持续发展的根本性问题，而仅在黑龙江，重点国有林区森林面积就达 1 845 万公顷（1 公顷 = 10 000 平方米）。作为国家主体生态功能区的重要组成部分，其生态区位极其重要。可由于长期的过度开发，森林生态系统受到了严重的破坏，致使林缘不断退缩、土壤侵蚀加剧、湿地功能下降。如果不坚决停伐，森林生态屏障功能将进一步衰退，直接威胁到我国粮食主产区的生产安全和北方地区的生态安全。另一方面，长期以来，重点国有林区森林资源所有权和使用权分离，产权虚置、管用不分、权责利不一致。森工集团既代表国家保护管理森林资源，又是森林资源的实际占有利用者，就好比运动员同时兼任其参加的比赛的裁判，既缺少公开透明，又缺少公平正义。实践证明，这种体制不利于对资源的有效保护。

好在 2015 年 2 月 8 日，中共中央、国务院正式印发了《国有林场改革方案》和《国有林区改革指导意见》。从 2015 年 4 月 1 日起，黑龙江、内蒙古重点国有林区天然林商业性采伐全面停止。这不仅标志着我国重点国有林区从开发利用转入全面保护的发展新阶段，也为今后林业的深入改革指明了道路。

考虑到我国实行土地国有制，我国的林业发展多体现在国有林场上，在这里，我们主要就国有林场的林业体制进行讨论。国有林场森林面积和森林蓄积量分别占全国的 23% 和 17%，占比很大。所以，有关于国有林场的改革的分量不言而喻。因此，将国有林场改革视为我国林业继集体林权制度改革后的又一项重大改革，也就不足为奇了。2015 年出台的国有林场改革政策，即上文所提及的中共中央、国务院印发的《国有林场改革方案》和《国有林区改革指导意见》，还有中共中央、国务院相继发出的通知，都要求各地区各部门结合实际认真贯彻执行。《国有林场改革方案》主要突出了两点任务目标：第一点是要谨记保护森林和生态是建设生态文明的根基；第二点是深化生态文明体制改革，将健全森林与生态保护制度视为首要任务。

2. 林业改革缺失法律创新所导致的后果非常严重

在当今世界，随着人口的日益增多和人类活动范围的日益扩大，任何一个国家都避免不了地要增加对林业资源的开发。砍伐林木、开垦林地、采集薪柴、大规模放牧以及大气污染等各种各样的原因同时造成了地球上森林面积的大幅度缩减。森林减少会带来许多不利的影响和危害。其

---

① 佚名. 李克强：积极推进深化林业体制改革［OL］.［2015-11-28］. http：//news. cnstock. com/news/sns_bwkx/201501/3326546. htm.

主要表现如下：

第一，产生气候异常。没有森林，水从地表的蒸发量将显著增加，从而引起地表热平衡和对流层内热分布的变化，地面附近气温上升，降雨时空分布相应发生变化，由此会产生气候异常，造成局部地区的气候恶化，如降雨减少、风沙增加。

第二，增加二氧化碳的排放量。森林对调节大气中二氧化碳含量有重要作用。科学家认为，世界森林总体上每年净吸收大约 15 亿吨二氧化碳，相当于化石燃料燃烧释放的二氧化碳的 1/4。森林砍伐减少了森林吸收二氧化碳的能力，把原本贮藏在生物体及周围土壤里的碳释放了出来。据联合国粮农组织估计，由于砍伐热带森林，其每年向大气层释放了 15 亿吨以上的二氧化碳。

第三，物种灭绝和生物多样性减少。森林生态系统是物种最为丰富的地区之一。由于世界范围的森林破坏，数千种动植物物种受到灭绝的威胁。热带雨林的动植物物种可能包括了已知物种的一半，但它正在以每年 460 万公顷的速度消失。植物或动物的种类不可再生性地消失或破坏，称为物种灭绝。一株植物枯萎，一只动物死亡，有时并不仅仅意味着单个生命有机体的消失，也许凑巧是整个此类物种的灭绝。在世界范围内，生物物种正以前所未有的速度消失。而其中有一些物种已灭绝。1681 年，渡渡鸟（Dodo）便在地球上消失了。1600—1800 年，地球上的鸟类和兽类物种灭绝了 25 种；1800—1950 年地球上的鸟类和兽类物种灭绝了 78 种。曾经生活在地球上的冰岛大海雀、北美旅鸽、南非斑驴、澳洲袋狼、直隶猕猴、高鼻羚羊、中国台湾云豹、中国犀牛、南极狼等物种已不复存在。白暨、苏门答腊虎、北部白犀牛、奥里诺科鳄鱼、小嘴狐猴等动物也濒临灭绝。

我国是地球上生物多样性最丰富的国家之一，在全世界占有十分独特的地位。1990 年生物多样性专家把我国生物多样性排在 12 个全球最丰富国家的第 8 位。在北半球国家中，我国是生物多样性最为丰富的国家。但是因为森林面积的锐减，许多生物种类大大减少。

第四，加剧水土侵蚀。大规模森林砍伐通常造成严重的水土侵蚀，加剧土地沙化、滑坡和泥石流等自然灾害。据调查，我国水土流失面积达为 367 万平方米，占国土面积的 38.2%，其中水力侵蚀面积为 179 万平方米，风力侵蚀面积为 188 万平方米。水土流失带来了严重后果，如土地退化、耕地面积减少、面积不断扩大、生态环境日益恶化、加剧自然灾害的发生等。为了能有效地控制水土流失，达到理想的水土保持目的，必须积极地开展有关的科学研究和试验，深入探求水土流失的发展规律和各种水土保持措施的机理，以便能为水土保持工作提供理论和实践上的指导，从而能更好地保护和利用土地资源。

第五，减少水源涵养，加剧洪涝灾害。森林破坏还从根本上降低了土壤的保水能力；加之土壤侵蚀造成的河湖淤积，导致大面积的洪水泛滥，加剧了洪涝的影响和危害。这些影响与危害又会继续增大原本就存在的林场锐减的面积。如此长期循环下去，其将会是一个极其恶性的没有终点的循环。国有林场作为我国生态修复和建设的重要力量，是维护国家生态安全最重要的基础设施。我国也在国有林场的大规模造林绿化和森林资源经营管理工作中取得了巨大成就。我国的国有林场为保护国家生态安全、提升人民生态福祉、促进绿色发展、应对气候变化发挥了重要作用。但长期以来，国有林场功能定位不清、管理体制不顺、经营机制不活、支持政策不健全，使林场的可持续发展正面临严峻的挑战。为加快推进国有林场改革，促进国有林场科学发展，充分发挥国有林场在生态建设中的重要作用，我们要依据《国有林场改革方案》一丝不苟地完成定位清国有林场功能、理顺国有林场管理体制、搞活国有林场经营体制、健全有利于深化林业改革的各项支持政策等任务目标，使国有林场能在我国发挥更强的优势力量。要落实国有林场改革的基本方针：坚持以生态导向为主、保护优先；坚持以改善民生为辅、保持稳定；兼顾坚持因地制宜、分类施策；不忘坚持分类指导、省级负责。

3. 深化林业体制改革的目标及其制度创新

深化林业体制改革的总体目标是，截至 2020 年，尽量实现以下目标：

第一，生态功能显著提升。现在最新消息是我国近半国土划入重要生态功能区。在 2015 年 12 月 1 日，新修订的《全国生态功能区划》发布。新版的《全国生态功能区划》确定了 63 个重要生态功能区，覆盖我国陆地面积的 49.4%；同时，明确全国生态保护极重要区面积为 343.6 万平方千米。新版的《全国生态功能区划》指出，由于数千年的开发历史和巨大的人口压力，我国各类生态系统受到不同程度的开发、干扰和破坏。生态系统退化，涵养水源、防风固沙、调蓄洪水、保持土壤、保护生物多样性等生态系统服务功能明显降低，并由此带来一系列生态问题，区域生态安全面临严重威胁。新版《全国生态功能区划》披露的数据显示，我国城镇生态系统面积为25.4万平方千米，占国土面积的2.7%，主要分布在中东部的京津冀、长江三角洲、珠江三角洲、辽东南、胶东半岛、成渝地区、长江中游等地区。新版《全国生态功能区划》明确提出，全国共有重点城镇群生态功能区28个，面积共计11.0万平方千米，占国土面积的1.2%。该类型区的主要生态问题：城镇无序扩张，城镇环境污染严重，环保设施严重滞后，城镇生态功能低下，人居环境恶化。对此，新版《全国生态功能区划》提出，以生态环境承载力为基础，规划城市发展规模、产业方向等。根据新版《全国生态功能区划》的内容设计，全国生态保护极重要区面积为343.6万平方千米，较重要区面积为204.6万平方千米，分别占国土面积的35.8%与21.3%。生态保护极重要区和较重要区总面积为548.2万平方千米，占国土面积的57.1%。这些区域提供了全国水源涵养总量的82.6%，保护生物多样性的自然栖息地总面积的75.9%，土壤保持总量的88.3%，固沙总量的64.3%。对于重要的生态功能区，新版《全国生态功能区划》提出，要加大国家和地方财政投入和转移支付力度，建立并完善生态补偿机制。鼓励以重要生态功能区为依托，实施区域之间的横向生态补偿；在重要生态功能区划定生态保护红线，对生态功能及其保护状况定期组织评估和考核，开展生态资产与生态系统生产总值核算，并定期公布结果。对生态退化严重、人类活动干扰较大的重要生态功能区实施重大生态保护与恢复工程，坚持以自然恢复为主的基本原则，提高生态系统质量，增强生态系统服务功能。新版《全国生态功能区划》提出，在这一区域要持续降低重要生态功能区的人口压力，减少当地居民对自然生态系统的经济依赖。①

第二，生产生活条件明显改善。依托林场生产生活的人们大多远离城镇繁华。此地基本设施落后，生产生活资料短缺，医疗养老保险等机制未完全普及到这些地方，贫困低保户等困难家庭占比也较大。改善这里的生产生活环境不仅可以提高林场人民的生产生活水准，也可以鼓励此地的人民更好地参与到保护和管理林场的行动中来，更可以响应习主席“民生没有终点站只有新起点”的号召。

第三，管理体制全面创新。古人云：“斩伐养长，不失其时，故山林不童，而百姓有余材也。”全面停止重点国有林区天然林商业性采伐的战略决断，预示着我国重点国有林区将从多取少予全面转入休养生息新阶段。这对于维护淡水安全、国土安全、物种安全、气候安全、生存安全，实现中华民族永续发展，具有重大战略意义。国有林场改革的主要内容包括：

一是明确界定国有林场生态责任和保护方式。只有明确责任和保护方式，才能有目标、有计划、有步骤地去履行责任和实行相应的保护方式。无界定便无范围，界定划分好国有林场生态责任和保护方式后，下一步的计划措施就能更有效率地开展下去。以维护和提高森林资源生态功能作为改革的出发点和落脚点，实行最严格的国有林场林地和林木资源管理制度，确保国有森林资源不破坏、国有资产不流失。这样才有利于立足国有林场实际，稳步推进改革，并且切实解决好林场职工最关心、最直接、最现实的利益问题，充分调动林场职工的积极性、主动性和创造性，确保林场稳定。

二是推进国有林场政事分开。改革开放三十多年来，政企分开的改革已取得实质性成就。与企业改革相比，事业单位的改革十分滞后，事业单位管理与运作模式还带有强烈的计划经济时代的特征。在计划经济体制之下，政府大包大揽，不仅要办企业，还要办事业，医疗卫生、文化教育等公共事业都由政府一手操办。这些事业单位隶属于各个政府职能部门，其人、财、物也都由政府部门直接管理。这种旧体制之下形成的“大政府”，已经不能适应市场经济的发展需要。政

① 佚名. 以生态环境承载力为基础规划城市发展我国近半国土划入重要生态功能区［OL］.［2015-12-01］. http：//www. legaldaily. com. cn/bm/content/2015-12/01/content_ 6380720. htm? node=20734.

事分开有利于增强事业单位的生存权，减少其对政府的依赖，增强事业单位的生存权，还能让老百姓享受到更多由林业体制改革深化带来的便利与服务。

尽管我国目前的林业管理多以事业单位为主，但随着市场主体的放宽，企业单位逐渐成为新秀，为林业管理注入了新的活力。所以，让事业单位在职责定位、机构设置、编制管理、运行方式等方面与企业组织区分开来，可以体现其优越的公益属性。再者，事业单位部门除配有行政管理和行政执法人员外，还或多或少地直接管理着一些多营三产等生产性经营企业。这些企业机制不灵活，竞争力低下，收支不均，负债累累。事企分开就是把这些企业和事业单位彻底分开，以根除事企不分带来的诟病。

第四，完善以购买服务为主的公益林管护机制，加强生态林公益管护。要做到公益林管护的加强，需牢记以下三点：一是以封山育林、天然更新为主，采取全封、轮封等形式，采用混交、抚育间伐、人工促进更新等措施，提高林分质量和生物多样性。在江河流域源头、两岸山地以现有植被为依托，重点选择耐瘠薄树种、深根性树种，进行合理改造，最大限度地发挥森林植被涵养水源的效益。二是加强生态公益林的林地管理，防止林地逆转。禁止在生态公益林地开垦、采石、筑坟、挖沙和取土等活动。三是加大管护力度，做好病虫害预测预报和护林防火，提高防灾减灾能力。

第五，健全责任明确、分级管理的森林资源监管体制。明确各级领导人员责任，实行统一领导和分级管理原则。统一领导和分级管理原则是处理上下级之间的关系的一条重要原则。它要求每个职务都要有人负责，每个人都知道他的直接领导是谁，下级是谁。它要求上下级之间组成一条前后相连的明确的等级链，从管理最高层到最基层。这个等级链不能中断，而且无论如何下级都最好只能有一个上级领导。实行多层领导需谨慎。多层领导必然导致下级无所适从；导致在发生由监管不力导致的突发事件或意外事故时，难以找到了解实情的相关责任人员，继而拖延了阻止损失伤害继续扩大的应对计划的实施。

第六，健全职工转移就业机制和社会保障体制。只有充分保障林场职工的转移就业机制和各种社会保障机制，才能吸引更多的人才从事林场工作、研究相关林业体制改革，才能激发林场从业者的职业热情与激情，才能赋予林场的相关改革更多活力，让艰难的体制改革路程得到更多人的支持。

4. 国有林区改革的法律制度创新

《国有林区改革指导意见》中也指出了林业改革中需要特别加以注意的两个方面：一是保护森林和生态是建设生态文明的根基；深化生态文明体制改革，健全森林与生态保护制度是首要任务。为何如此关注生态文明呢？生态文明作为人类文明的一种形态，以尊重和维护自然为前提，以人与人、人与自然、人与社会和谐共生为宗旨，以建立可持续的生产方式和消费方式为内涵，以引导人们走上持续、和谐的发展道路为着眼点。生态文明在刘惊铎的《生态体验论》中被定义为从自然生态、类生态和内生态之三重生态圆融互摄的意义上反思人类的生存发展过程，系统思考和建构人类的生存方式。生态文明强调人的自觉与自律，强调人与自然环境的相互依存、相互促进、共处共融，既追求人与生态的和谐，也追求人与人的和谐，而且人与人的和谐是人与自然和谐的前提。可以说，生态文明是人类对传统文明形态特别是工业文明进行深刻反思的成果，是人类文明形态和文明发展理念、道路和模式的重大进步。而国有林区是我国重要的生态安全屏障和森林资源培育战略基地，是维护国家生态安全最重要的基础设施，在经济社会发展和生态文明建设中发挥着不可替代的重要作用，为国家经济建设做出了重大贡献。但长期以来，国有林区管理体制不完善，责任分工不明确，投入的人力、物力、财力与收益不对等，森林资源被过度开发，民生问题较为突出，严重制约了生态安全保障能力。二是国有林区改革要坚持如下制度内容和相关政策：

第一，生态为本、保护优先。坚持生态为本，不同于传统意义上的污染控制和生态恢复，而是一个克服工业文明弊端，探索资源节约型、环境友好型发展道路的过程。我国因存在巨大的人口基数和经济规模，即使采用各种末端治理措施，也难以避免严重的环境影响。要真正实现人与自然和谐相处，需要大规模开发和使用清洁的可再生能源，实现对自然资源的高效、循环利用。

这对于尚处于工业化时期的我国来说，是巨大的挑战。但作为后发国家，我们又具有积极借鉴和吸收其他国家经验的优势。我们必须抓住历史机遇，采取有力措施，大力推进生态文明建设。在保护上，应实行最严格的环境保护制度。包括建设完善的法律制度，制定严格的环境标准，培养专业的执法队伍，采取行之有效的执法手段等。建立健全与现阶段经济社会发展特点和环境保护管理决策相一致的环境法规、政策、标准和技术体系。凡是污染严重的落后工艺、技术、装备、生产能力和产品一律淘汰，凡是不符合环保要求的建设项目一律不允许新建，凡是超标或超总量控制指标排污的工业企业一律停产治理，凡是未完成主要污染物排放总量控制任务的地区一律实行“区域限批”，凡是破坏环境的违法犯罪行为一律严惩。核心要求是杜绝一切环境违法行为，任何对环境造成危害的个人和单位都要补偿环境损失。

第二，注重民生改善、维护稳定。管理体制是国有林场发展的瓶颈。林场虽然名义上为事业单位，却是企业化管理，但又不能完全按企业化运作。因林场是国家森林公园、自治区自然保护区，加上生态环境的需要，而且木材生产与其他生产经营活动无自主权，其难以承担逐年上涨的工资、养老保险和各项事业费的支出，处境十分困难。①

第三，促进政企政事分开、各负其责。政事分开、政企分开是深化林业体制改革的着力点。加快政府的职能转变，进一步简政放权，让林业协会、商会与行政机关真正脱钩，改变目前林业协会、商会大多仍依附于行政机构的状况，真正树立使市场在资源配置中起决定性作用的理念。建设面向市场、社会、行业与企业的法治型、服务型政府；建立自主独立发展、有强烈的社会责任感的林业相关方面的企业。

第四，强化统一规划、融合发展。分析问题和解决问题时，强化统一规划，更能凝聚集体力量办大事、办好事，也能清晰明确深化林业体制改革的各个阶段的总体任务和主要目标。融合发展作为我国目前产业发展的趋势已经不可改变，唯有随趋势发展，融合发展林业，才能有助于促进传统林业产业的创新，进而推进林业产业结构优化与林业产业发展。林业中的各项产业融合发展与林业产业竞争力的发展过程具有内在的动态一致性。技术融合提供了产业融合的可能性，企业把融合过程融入各个运作层面，从而把产业融合发展的可能性转化为现实。林业中各不同产业内企业间的横向一体化加速了产业融合发展进程，提高了企业的竞争力与产业的竞争力，有助于林业产业竞争力的提高。融合发展还能够提高该林场所在区域之间的贸易效应和竞争效应，加速区域之间资源的流动与重组。林业产业融合发展将打破传统林业企业之间和林业行业之间的界限，特别是各处有林场分布的地区之间的界限。利用信息技术平台实现业务重组，产生贸易效应和竞争效应。林业产业融合将促进林业企业网络的发展，提高各林场区域之间的联系水平。林业产业融合带来的企业网络组织的发展将成为各林场区域联系的主体，有助于打破各林场区域之间的壁垒，增强各林场区域之间的联系。林业产业融合发展扩大了林业区域中心的扩散效应，有助于改善林业区域的空间二元结构。这样不仅有利于该林场的发展，也有助于推动该林场区域经济一体化。有了这一切，那么改善民生等实务也就更有实施的可能性了。

第五，坚持分类指导、分步实施。分类指导就是要针对不同层级、不同领域、不同对象提出不同目标要求。分类指导符合我们国家历来开展思想教育活动的基本工作方法和社会主义科学发展观，体现了实事求是的思想路线，贯彻着具体问题具体分析的辩证法。只有坚持一切从实际出发，分类指导、分步实施，才能确保林业体制改革的深化一针见血，取得实实在在的效果。深化林业体制改革的总体目标是，到 2020 年，基本理顺中央与地方、政府与企业的关系，实现政企、政事、事企、管办分开，森林碳汇和应对气候变化能力有效增强，森林资源质量和生态保障能力全面提升。

（二）创新林业体制，提升林业管理效率

现阶段创新林业体制最主要的是强化科技支撑。“科学技术是第一生产力”，既是现代科学技

---

① 佚名. 国有林场改革：保护生态与改善民生并举［OL］.［2015-10-23］. http：//scitech. people. com. cn/n/2015/0723/c1057-27346332. html.

术发展的重要特点，也是科学技术发展的必然结果。社会生产力是人们改造自然的能力。作为人类认识自然、改造自然能力的自然科学，其必然包括在社会生产力之中。科学技术一旦渗透和作用于生产过程中，便成为现实的、直接的生产力。现代科学技术发展的特点和现状告诉我们，科学技术特别是高技术，正以越来越快的速度向生产力诸要素全面渗透，同它们融合。科学技术作为第一生产力，已成为当代经济发展的决定因素。

创新林业体制离不开现代科学技术的发展。现阶段中国还处于社会主义初级阶段，生产力还比较落后、商品经济还不太发达。这个阶段正是多项转型变化的交叉结合的必经历史阶段：由农业人口占很大比重，转变为非农业人口占多数；由自然经济、半自然经济占很大比重，转变为经济市场化程度较高；由文盲半文盲人口占很大比重，转变为科技教育文化比较发达；由贫困人口占很大比重，转变为全国人民比较富裕；由地区经济文化很不平衡，转变为通过有先有后的发展，逐步缩小差距；通过改革和探索，建立和完善比较成熟的充满活力的社会主义市场经济体制、社会主义民主政治体制和其他方面体制。在这样一个历史阶段下，深化林业体制改革的发展目标正在实现。创新林业体制改革一定要脚踏实地，实事求是，按照我国林业发展的实际情况来，相关的法律也要一步一步地加以完善。没有法律的保障，任何的体制发展都是纸老虎，一捅就破。完善法律的进程已经迫在眉睫。

三、森林保护法律制度创新

（一）我国森林面临的法律制度现状

中国资源匮乏，其中以森林资源最为紧缺。其在新中国成立初期拥有 112 亿立方米，几十年来因为人口膨胀、毁林造田而砍伐了 100 亿立方米，剩余的 12 亿立方米仅够维持 6 年。我国国土面积为 960 万平方千米，约占世界总量的 7%，人口约为 13 亿，约占世界总量的 22%，而森林面积仅占世界的 4.6%。我国森林总面积为 15 894.1 万公顷，林木总蓄积量不足世界总量的 3%，森林蓄积量为 112.7 亿立方米。森林覆盖率为 16.55%，排世界第 142 位。人均森林面积为 0.128 公顷，只有世界平均水平的 1/5，排世界第 120 位。人均森林蓄积量为 9.048 立方米，只有世界平均水平的 1/8，排世界第 121 位。年人均消费木材 0.22 立方米，而世界平均水平是 0.65 立方米，比我国高近 3 倍多，差距十分明显。

全国第六次森林资源清查新闻发布会透露，我国人均森林面积不到世界的 1/4，而且森林总体质量不高，分布不均。全国第六次森林资源清查结果显示：我国森林覆盖率虽然较此前上升了 1.66 个百分点，达到 18.21%，但是仍然仅相当于世界平均水平的 61.52%，居世界第 130 位；人均森林面积为 0.132 公顷，不到世界平均水平的 1/4，居世界第 134 位；我国人工林保存面积达到 7.95 亿亩，居世界首位。另外，我国森林资源分布不均：东部地区森林覆盖率为 34.27%，中部地区为 27.12%，西部地区为 12.54%，而占国土面积 32.19% 的西北 5 省区森林覆盖率只有 5.86%。

一切的一切都表明，中国现有原生性森林已不多，主要集中在东北、西南天然林区。而破坏却正在进行中，不曾停止。森林的破坏不仅来源于人类采伐森林，人类引起森林火灾，人类引进物种等人为因素的破坏，也来源于自然因素，包括森林火灾、昆虫、疾病、天气、物种之间的竞争等。现代社会森林资源锐减的主要原因有以下六类：为了利用木材，大量地砍伐森林；烧毁田地造成原生林消失；为放牧、确保大规模的农地而开拓森林；开发滑雪场等娱乐设施；酸性雨导致树木干枯；全球变暖造成森林干枯。在这六类主要原因中，酸雨出现的比例、产生的降雨量、危及区域的面积以及由此造成的损失逐年以肉眼可见的速度增长，其增长的速度已经不容人们忽视了。从 1970 年开始，酸雨的森林破坏备受瞩目。在中国以外的地区中受害严重的主要地区是欧洲和北美的北方林。许多国家的森林面积在减少，有的国家失去了一半以上的森林。靠近五大湖的美国、加拿大受严重的酸雨影响，到处可以看到树叶掉落、干枯的森林。而在中国的工业城市周边，也出现了针叶树林干枯的现象。树林受酸雨影响的范围以工业城市为圆心向外逐渐扩散。除此之外，受酸雨的影响的水循环体系使各地水源的酸度有不同程度的增加。虽然现在酸度的变化还不明显，但是日积月累之下必然会产生质的变化。森林正在受到破坏，且破坏程度正在加剧。

针对现有的森林问题，民间自发组织了“4R”运动。“4R”运动就是减少浪费的运动，由肯尼亚环境副大臣提倡。“4R”即 Refuse（拒绝）、Reduce（减少）、Reuse（再利用）、Replace（资源的再利用）。拒绝，即拒绝多余的商品包装；减少，即尽量减少垃圾；再利用，即提倡反复地再利用物品，也即东西坏了，最好修理，不要马上更换新东西；资源的再利用，即能源回收利用，也即提倡资源的有效利用，回收后可以再利用的物品，不要跟不能用的垃圾混在一起。

（二）我国森林保护方面的法律现状及其不足

1. 我国森林保护法律制度的现状

我国在森林的法律确立上，基于国家领导人及众多有识之士的重视，倾注了较大的精力。因此，相较于种植业与林业，它不仅有众多的行政法规、地方法规和行政规章，更有由全国人民代表大会常务委员会第七次会议于 1984 年 9 月 20 日通过的、具有较高位阶的《中华人民共和国森林法》（以下简称《森林法》）。我国《森林法》的主要框架为七章，第一章是总则，第二章是森林经营管理，第三章是森林保护，第四章是植树造林，第五章是森林采伐，第六章是法律责任，第七章即最后一章则是附则。该法的主要内容包括：第一，稳定山权、林权，规定森林分属全民所有和集体所有；公社社员在房前屋后和生产队指定的地方种植的林木归个人所有。同时规定任何单位和个人都不得滥用所有权乱砍滥伐。第二，将森林划分成若干类型，要求根据不同性质、用途，提出相应的经营管理办法，并对各类森林规定了严格的保护措施。第三，要求制定林业发展规划和近期的经营方案，为科学经营森林和国家对营林事业进行监督提供依据。第四，鼓励植树造林，扩大森林面积，并从财政上采取保护性措施。第五，根据森林年采伐量不超过年生长量的原则，严格控制森林资源的消耗，保证森林持续利用。第六，加强对木材生产采伐和运输的统一管理，防止乱砍滥伐。第七，对护林防火、防治森林病虫害、保护珍稀动物和植物的规定。第八，对森林采伐和森林更新制定的强制性措施。第九，奖励与惩罚。最近于 2016 年 2 月修改的《中华人民共和国森林法实施条例》（以下简称《森林法实施条例》）进一步突出对《森林法》的细化，并且是对 2000 年、2011 年《森林法实施条例》相关内容的创新和发展。其主要包括总则、森林经营管理、森林保护、森林采伐、法律责任和附则等七章内容，其制度的核心是加大了对森林资源的管理和保护，严格执行森林法律、法规。

2. 我国森林保护法律制度创新之不足

森林资源是人类和其他动植物共同生存的重要基础，森林资源和森林生态环境是人类社会和谐发展的必不可少的要素内容。我国森林保护法律制度的创新主要存在以下几个方面的不足，其会导致森林资源的锐减，以及会造成多样性、丰富性的森林生态系统受到严重破坏，使自然森林覆盖率受到人为破坏而不断下降。

第一，森林生态环境保护理念并没有确立起来，森林生态环境保护法律意识尚未普及，森林生态环境保护理念的制度化和法治化还需要走很长的路。随着全球经济一体化的加快发展，我国现行森林生态环境保护早已不堪重负，人类对森林的过度干预和开采使得森林生态平衡受到了严重的破坏。森林生态系统受到破坏，人类没有科学合理地分配、管理和保护森林资源；从事森林管理工作的人员大部分来自农民阶层，缺乏专业技能和必要的保护意识。

第二，森林保护和森林经营管理的法律制度创新发展滞后。森林保护的方式、方法落后，森林经营管理的经验仍然不足，缺乏科学合理的法律调节机制。森林保护的执法创新机制不足，执法方式粗陋，执法条件艰苦，执法方法简单，执法工具缺乏。发生森林权益保护的纠纷问题时，没有建立起科学合理的纠纷解决机制，当事人之间的和解、协商、行政申诉、诉讼和仲裁等途径还不是非常畅通。

第三，森林保护的相关配套法律制度和措施不到位。森林生态效益补偿是环境公平和环境正义的要求。① 森林生态效益补偿的观念落后，甚至仍停留在无偿使用森林生态效益的观念上。森林生态效益补偿的资金不足，基本现状是经济状况好的省份，其补助的标准就高一点，而经济状况差的省份，补助标准就低一点。但往往是经济状况差的省份的森林更需要保护，更需要大量的资金投入。森林生态效益补偿的法律责任不明确。

森林防火、病虫害防治、自然保护区管理、林区野生动物保护等规定之间，缺少内在的联系，缺少森林生态环境保护制度的引领，不成体系。现行森林保护法律制度只关注地上资源，忽视对林地的保护的确是一个比较大的缺失。②

第四，森林管理和保护的法律责任创新不足。森林资源保护的民事责任仅限于补偿性的民事责任，缺乏惩罚性赔偿责任。这并不能有效威慑森林违法者，森林民事侵权行为的处置将缺乏效率或不畅通。森林保护的行政执法缺乏效率，主要原因在于森林行政执法的机构不足，森林行政执法工作人员的专业技能和业务素质不高，进而影响其效力。现行对故意或过失破坏森林资源的违法行为者的刑事责任的追究过于宽松，森林违法的刑事责任偏轻，不利于对森林犯罪行为者的法律制裁，也不利于形成较好的刑事威慑效果。

（三）创新和完善森林保护法律制度

森林是国家重要的自然资源。它不仅提供木材和各种林产品，而且具有调节气候、涵养水源、保持水土、防风固沙、美化环境、净化空气等多种功能。15—16 世纪期间，欧洲一些国家已开始制定法规，重视林业保护。欧洲最古老的森林立法要算德国巴登州 1448 年发布的《林业条例》和巴伐利亚州 1568 年制定的《森林和林业普通法规》。其后，随着人类的繁衍和对自然资源的索取，森林逐渐被农、牧业所吞噬。18 世纪以来，西方各国工业迅速发展，对木材的需要量急剧增加，森林破坏愈加严重。一些资本主义国家为恢复被破坏的自然生态而付出了巨大代价，从而进一步认识到采取立法手段恢复和扩大森林资源的重要。此后，各国相继开展森林立法。直至 19 世纪 20 年代，一些发达国家相继制定了全国性的森林法规。早期颁布森林法的国家有法国（1827 年）、奥地利（1852 年）、比利时（1854 年）、芬兰（1886 年）、日本（1897 年）、瑞典（1903 年）、苏联（1918 年）、英国（1919 年）和德国（1920 年）。美国在 1836 年制定了第一个有关林业的联邦法令后，又陆续颁布了一系列林业法规。各国森林法最初旨在保护森林资源，重点是限制采伐和保证伐后更新。随着森林的日趋减少和森林的重要作用日益被人们所认识，森林法的内容从单纯的保护和限制消耗，发展到扩大森林资源和集约经营管理等方面。联邦德国 1975 年颁布的《联邦森林法》明确规定了全国森林保护和经营利用的基本原则是，从发挥森林多种效益和发展林业生产力出发，调整社会公众利益与林主利益之间的关系；改变过去单纯追求经济效益的林业经营原则，确立林业为整个国民经济服务的原则。苏联于 1918 年 5 月颁发了《森林基本法》，规定全部森林一律收归国有。苏联成为世界上第一个废除森林私有制的国家。该法确定的发展林业的根本目的和基本方针，是造福于全体人民和有计划地进行森林更新。该法明确规定林业的两大任务，是充分发挥森林的各种社会功能和有计划地生产木材，实行森林再生产。日本是后起的林业发达国家之一，1897 年颁布《森林法》后，曾两度对其进行修改。为适应第二次世界大战后国内经济形势的变化，1951 年日本再次制定了《森林法》。该法改变了过去以监督经营为主的原则，确立了日本森林计划制度，建立了多层次森林计划体系，以促进森林的永续利用，不断提高森林生产力，保护国土，发展国民经济。1964 年日本又颁布了《林业基本法》，并制定了一系列有关法令，如《森林组合法》（1981 年）、《防护林临时措施法》（1954 年）、《林业信用基金法》（1963 年）、《国有林野事业特别会计法》（1947 年）、《国有林野法》（1951 年）等。这些法令形成了一套比较完整的林业法规。当代一些发展中国家，如土耳其、冈比亚、赞比亚、巴西、尼日尔、印度尼西亚、尼泊尔等，也曾先后制定和颁布了林业法规。

我国的《森林法》制定时间晚于很多国家，森林相关制度也不尽完善，但这却可以作为一个

---

① 汪俊蓉，崔竞. 试论建立我国的森林生态效益补偿制度［J］. 重庆工学院学报，2005（7）：59-61.

② 于德仲. 生态文明视角下的森林保护法律制度创新研究［J］. 法制与社会，2014（10）：38-41.

优势为我国所用。我国的森林立法可以比较各国的森林相关立法制度，取其精华弃其糟粕，吸取有关教训，在前国的肩膀上看未来森林法律制度的发展。相比于其他国家的森林立法，我国可做以下几方面的完善：第一，严格监管森林用地的职能转变。基于《中华人民共和国宪法》《中华人民共和国土地管理法》及其实施条例的规定，中华人民共和国实行土地的社会主义公有制，即全民所有制和劳动群众集体所有制。全民所有，即土地所有权由国家代表全体人民行使，具体由国务院代表国家行使，用地单位和个人只有使用权；农民集体所有的土地依法属于村农民集体所有，由村集体经济组织或者村民委员会经营、管理；其中已经分别属于村内两个以上农村集体经济组织的农民集体所有的，由村内各该农村集体经济组织或者村民小组经营、管理；已经属于乡（镇）农民集体所有的，由乡（镇）农村集体经济组织经营、管理。所以，关于森林的所有权这里不必讨论，在我国没有私人拥有林地的所有权，仅需关注的是使用权和经营权。现今的森林林地职能转变中，有不少人借助使用权与经营权的分离，进行偷梁换柱的行为：经营者从使用权人获得林地的使用权时，没有按照规定合理合法使用森林林地，而是进行其他的买卖活动。这样不仅使这些森林林地缺乏应有的管理，也会浪费国家的森林资源。第二，建立健全森林保险制度。森林不仅面临自然的破坏因素，也面临人为的破坏因素，使森林资源的管理者和经营者承受着不同程度的高压和风险。如果将商业保险制度完善地运用到森林保险方面，将会有利于解决这项棘手的问题。第三，根据《中华人民共和国担保法》的相关规定，在宜林的荒山、荒沟、荒丘、荒滩等荒地的土地使用权可以设定抵押权。① 土地抵押权是土地使用权人在法律许可的范围内不转移土地占有而将土地使用权作为债权担保，在债务人不履行债务时，债权人有权对土地使用权及其上建筑物、其他附着物依法进行处分，并以处分所得的价款优先受偿的担保性土地他项权利。这样便使宜林的荒山、荒沟、荒丘、荒滩等荒地的土地使用权上的抵押权具有担保物权的功用和效力，使宜林的荒山、荒沟、荒丘、荒滩等荒地的土地使用人盘活财产，死产变活权，活权生活钱。②

四、农村水利基础设施法律制度创新

我国是一个典型的发展中国家，农业在我国经济发展中扮演着十分重要的角色。然而农村水利建设又是农业建设的重中之重，是现代农业发展的基础和条件。因此，国家调整水利建设方向已迫在眉睫，农村水利法律制度的创新势在必行。农村水利工程在国民经济和农村社会发展中占有极其重要的地位，与其他农村基础设施相比具有本质和内涵上的不同。如何更好地发挥农村水利设施的公共服务效益，是我们当前应该抓住的核心和重点。农村水利设施法律制度问题是农村水利问题的关键，因此需对其进行全方位的思考和制度创新，以保障和促进我国农业生产的稳定和可持续发展。

（一）农村水利法律制度创新的理论基础

1. 农村水利设施与粮食之间的关系

俗话说民以食为天，作为以五谷杂粮为食物的人类，粮食对我们来说是必不可少的。粮食对于生物来说象征着生命，粮食问题的解决是一个社会秩序得以保障的前提和基础。粮食是通过农业活动得来的。农业活动中，水利设施是提高粮食产量的关键之一。我国自古以来都非常重视水利基础设施建设。秦汉以来，李冰建设都江堰造就天府之国，福延千古。

在现代，粮食更是作为衡量一个国家社会安全的指标。我国人口总数量庞大，基数高，每年增长10‰。这种现状短期内不会改变。我国现有人口有13亿多，到2020年将预计达到16亿人口，每年口粮净增50亿千克。由此我国粮食问题越来越影响到我国经济的稳定发展。然而，在

---

① 彭骥．我国森林保护的法律问题研究［D］．昆明：云南大学，2007：18-20.

② 佚名．农地农房抵押试实施什么好处？障碍有哪些？［OL］．［2015-12-31］．http：//www. tuliu. com/read-20481. html.

耕地数量不变的情况下，如何提高粮食的亩产便成为我国农业发展的工作重心。①

2. 农村水利设施与对农民的重要性

水利是国民经济的命脉，农村水利更是农业的命脉。经过多年努力，我国农村水利建设取得了一系列成就，为农村经济的发展提供了有力支撑和保障，发挥了重要作用。由于我国人多地少，降雨量时空分布不均衡，各地农田经常受到水旱灾害的威胁，兴修水利、平整土地、战胜灾害、建设高产稳定田，一直被看作农业发展的命脉。为此，传统意义上的农村水利，更多地与农业生产密切联系。相应地，水利建设主要是以蓄水、引水、提水、灌溉、抗旱排涝设施为主要内容的水库、沟渠、排灌站、水井建设及小流域治理等。从农业生产看，农村水利建设是发展现代农业、保障粮食生产、提高农业综合生产能力的坚实基础。水利是农业的命脉。目前我国灌区已占全国46%的耕地，生产了全国75%的粮食、80%的商品粮、90%以上的经济作物。② 随着人口的增多，粮食增产任务越来越重。近些年江苏、浙江、上海等建设了高标准农田水利的地方，都是粮食生产稳步增长的地方。

农村水利是农民抗御自然灾害，改善农业生产、农民生活、农村生态环境条件的基础设施，是促进农业增产、农民增收的物质保障条件。除农户自用的微型工程外，农村水利与农村道路、农村供电等同属农村公共工程，是农业和农村社会化服务体系的组成部分，具有较强的基础性、公益性。农民是农村水利事业的主体。尊重农民意愿，依靠农民的力量，合作办水利，是发展农村水利事业的基本原则。农村水利的宗旨是服务。以振兴水利事业为主的工程，既要适应市场经济要求，有偿服务，核算成本，降低费用，促使工程良性运行，又要坚持不以营利为目的的宗旨。③

（二）农村水利设施建设法律制度的现状及其创新困境

1. 农村水利设施建设法律制度的现状

农村水利设施是我国基础性公共设施，为农民提供了进行农业活动的水资源保障。鉴于农村水利设施的重要性，我国对农村水利设施建设做出了相应的立法规定，以便更好地发挥农村水利的公共服务效益。在我国，有关农村水利设施建设的法律制度主要规定在法律、行政法规、地方性法规、部门规章和地方政府规章之中。我国现有的涉及农村水利设施的法律主要包括《中华人民共和国水法》《中华人民共和国水污染防治法》《中华人民共和国防洪法》《中华人民共和国水土保持法》等。行政法规主要是从宏观上对农村水利设施建设的总体规划和管理方面提出了原则性的指导意见。④ 我国中西部地区许多地方基础设施建设不完善，其中就包括农村水利基础设施。很多地区仍然还要靠天吃饭，还有许多设施年久失修无法使用。

2. 农村水利设施建设法律制度创新之困境

我国现行农村水利设施建设的法律制度相对滞后；农村水利设施建设的财税法律制度不健全；农村水利设施建设中农民的合法权益得不到切实的保障。

第一，农田水利设施的产权归属界定不够明晰。在我国，虽然农民是灌溉用水者的主体，但是农田水利工程治理的重任大都由政府长期包揽，造成了农民的依赖心理。然而在现实中，小型农田水利设施与大、中型水利工程相比，规模比较小，不能够引起政府的足够重视。如果没有出现严重的灾情，政府的工作重点一般都不会放在农田水利设施方面，或者只是喊喊口号，并没有实际行动。而且由于年代较远，许多农田水利设施失去了有效维护，或是没人维护，没人管理，其效益严重衰减，制约着农业的发展。⑤

① 王朝新. 中国农村水利基础设施建设与制度创新研究——以江西省萍乡市为例［D］. 武汉：武汉大学，2011：46.

② 索小丽. 我国农业水利设施建设的法律制度研究［D］. 重庆：西南政法大学，2012：13.

③ 李雪松. 新农村建设中的水利设施产权制度改革与创新［J］. 中国农村水利水电，2007（3）：122-124.

④ 张兴恩. 农村水利设施法律制度建设初探［J］. 水政水资源，2016（1）：24-26.

⑤ 贤剑铭. 浅谈当前农田水利的现状及其对策——以广西岑溪市为例［J］. 农家之友，2009（10）：12-25.

第二，现有的较大型的农田水利工程大多数始建于20世纪60—70年代，而且普遍都存在着建设标准较低以及工程不配套等问题。这也致使我国大部分地区的水利工程抗御自然灾害能力不强。而至于那些农村较小型的农田水利基础设施则由于使用年限较长，出现了一些损毁、老化等现象，导致了一些地区的农田灌溉得不到有效保障，工程防旱抗洪的效果并不理想。同时一部分地区农田水利设施也不完善，导致这些地区的农作物生产只能是靠天收获，农作物生产的投入与产出不成正比，农民的收入缺乏有效保障。这也在一定程度上影响着国家的粮食安全。①

第三，农村水利设施管理法律制度创新之难题。在农村水利工程管理工作中，管理层人员的管理能力不足，管理机制不健全，管理机构缺乏专业性等问题，导致水利工程建设存在诸多问题。例如，水利工程损坏，维修工作不及时，工程缺乏专业性保养；在工程建设中，相应的工程质量检测工作不到位，检测结果不够准确专业，因此在建设工作中很难有效且及时地处理相关问题。此外，基层水利部门不具有针对农村的水利工程建设管理内容的全面性和系统性。相对而言，其管理范围具有一定的局限性，不仅需要处理行政管理工作，还要解决水利工程建设中的技术性问题；而基层水利部门的管理内容则非常少，因此很难提供相应的技术性的服务。②

目前我国农田水利设施存在着一定的问题，其主要是农田水利市场化和农村税费改革打破了原有的农田水利设施的运行和管理体制。关于农田水利设施的产权制度设计，对于由中央来负责和管理的全国性的工程设施，中央政府可以通过调整国民收入分配结构，从新增财政支农资金和新增固定资产中较大幅度地增加农田水利设施的投入。同时，随着我国依法治国方略的不断完善，涉农政策和法律已形成了较为完备的框架体系。可以加强对农田水利设施的立法，明确对农田水利设施的管理主体，解决管理缺位、职能交叉、部门之间工作不协调等问题。通过立法保证农田水利设施建设的法制化、规范化、制度化，避免因形势变化、政府换届等原因，影响农田水利设施建设的稳定发展，为农田水利建设提供政策和法律支撑。③ 对于有地方各级政府负责管理和运行的较大型水利设施，可以通过完善法律监督体制，促进各部门之间相互协调与配合，保障农民能够从该水利设施中获得充分的利益，防止市场化经济损害农民的合法权益；特别是支持和引导农民建立自主性的农民合作组织，以监督政府对水利设施的管理；还可以通过各级人民代表大会对政府关于设施的管理实施监督和提出改进的建议或意见。对于小型农田水利设施的法律规制，法律法规不应作过多限制；只要不违反法律的强制性规定，便可以依据村民自治原则和当事人意志自治原则，由村民自我约定、自我组织、自我管理。

（三）创新我国农村水利设施法律制度的主要内容

1. 创新和完善我国农村水利设施建设法律制度体系

（1）创新和完善农村水利设施建设财税法律制度

第一，制定《国家投资法》。国家投资又称为财政投资，是为了实现国家政治、经济和文化职能，满足社会公共服务的需要，由国家通过财政拨款的形式，将资金转化为公共服务的行为和过程。④

第二，制定《财政转移支付法》。财政转移支付制度主要是指，上下级预算主体之间依照法定的标准，按照自上而下的纵向转移、横向转移、纵向与横向混合转移三种模式，进行财政资金的相互转移或转让，以便调节各级政府预算主体之间收支规模不均衡的预算调节制度。

（2）创新和完善农村水利设施建设金融法律制度

第一，创新和完善金融机构信贷业务。⑤ 当前，水利设施建设仍然处于薄弱环节；金融机构

① 张兴恩. 农村水利设施法律制度建设初探［J］. 水政水资源，2016（1）：24-26.

② 杨文彬. 瑞安市农田水利建设现状分析及对策研究［D］. 南京：南京农业大学，2012：19.

③ 李代信，陈兴才，等. 加大公共财政投入，促进小型农田水利建设［J］. 经济研究参考，2008（23）：32-37.

④ 谢建华. 当前农村水利设施基础建设现状与建议［J］. 城市建设理论研究，2013（22）：26-31.

⑤ 李东卫. 农村金融加大支持农田水利建设力度正当时［J］. 中国农村金融，2011（8）：81-82.

的信贷业务涉及面窄，尤其是针对农村信贷的金融机构更少。这就要求克服农村水利对农村经济发展的瓶颈限制，完善金融法律制度，加强金融机构的信贷投资业务，合理配置金融资源，全面推行金融机构的信贷服务。通过大型商业银行、政策性金融机构等对农村水利设施建设的金融支持和服务，拓宽融资渠道，为规范金融机构的融资行为、保障金融机构的稳健运行、维护金融秩序和促进社会主义市场经济的发展提供法律武器。

第二，制定公众参与投资的制度。除了国家规定政府投资以外，还应该把投资的责任放在农民身上和社会层面上。因此，需要国家出台相关的优惠贷款政策，针对农民低收入、高风险的投资现状，采取一些积极的措施，扭转农民传统的经济观念，提高农民的贷款意识，以此来带动多样化的农村投资，使得农民有资本去参与投资和管理。

（3）创新和完善农村水利设施建设保险法律制度

在全面推进农村水利设施建设改革发展的热潮中，只有制定农村水利设施建设的强制保险制度，才能保障农村水利设施建设有法可依。农村水利设施作为国家的基础设施建设，以一种公共服务的姿态驾驭着整个农村经济的发展，甚至影响着整个国家的发展前景。因此，国家有必要在这些硬件设施上投入大量的精力。这就要求国家对农村水利设施建设制定保险制度。

（4）创新和完善农村水利设施建设水资源管理制度

农村水利设施建设的核心在于水资源的开发和利用。我国水资源匮乏的现状对农村水利设施建设的法律制度创新提出了更高的要求。只有进一步完善水资源管理保护制度，促进水资源的优化配置，才能消除农村水利设施建设发展的阻碍，促进农村水利建设的跨越式发展。①

（5）创新和完善农村水利设施建设补贴法律制度

第一，加大投资补贴。水利是农村经济发展的命脉，有些水利设施建设却正在荒废，尤其是近几年旱涝灾害频繁、沟渠堵塞严重的现象时有发生。我国的“三农”问题之所以没有得到彻底解决，是因为整个经济的发展并没有给农业、农村和农民带来相对公允的利益。政府应当为农民提供一定的投资补贴。

第二，制定风险补贴。农村水利设施建设是一项高投资、高难度、低收益的大工程，在规划、管理、监测和维修等技术方面也有更高的要求。正是由于农村水利建设庞大复杂的特点，才使得实现农村水利设施建设的改革发展步履维艰。政府应当制定具体的农村水利设施风险补贴法律制度，以弥补农民在农村水利设施建设中所遭受的损失，从而使农村水利设施在维修保养上有了资金保障。

2. 创新和完善我国农村水利设施管理法律制度

第一，创新和保障农田水利设施的产权。例如，根据我国《国务院办公厅转发水利电力部〈关于加强农田水利设施管理工作报告〉的通知》第五条规定：“加强法制，严禁破坏水利工程设施。(一）要通过各种方式，大力宣传保护农田水利设施的重要性，使广大干部、群众自觉维护农田水利设施。(二）司法、公安部门对非法侵占、破坏和盗窃水利设施的要认真查处，情节严重构成犯罪的，应依法惩办……”该条规定虽然明确了要对农田水利设施予以保护，但是保护还不够彻底。例如，根据该规定，应大力宣传保护农田水利设施的重要性，使得广大干部、群众自觉维护农田水利设施。那么由谁来宣传、谁来监督、违反宣传如何承担责任等这些问题都未得到明确规定，以致人们对农田水利设施的重视程度不够；一旦发生冲突、争议，人们解决的途径往往也是通过私下的暴力解决；在农村为水打架的事情时有发生，政府一般也对其视而不见。②可以说，在保障农田水利设施产权这一方面，政府做得不够令人满意。应加强立法对政府的责任明确化，以督促其依法行政、高效行政。

第二，创新管理意识，解放思想。对农村的老百姓进行管理知识的教育，使其具有较强的管

---

① 闫勇洲. 新形势下农田水利基本建设中存在的问题及对策研究——以砀山县水资源治理为例［J］. 科技信息，2010（34）：748.

② 国务院发展研究中心“完善小型农田水利建设和管理机制研究”课题组. 我国小型农田水利建设和管理机制：一个政策框架［J］. 改革，2011（8）：5-9.

理意识，从以前陈旧的思想中解放出来。只有这样才能有力地推动农村水利工程建设和管理的健康发展。政府各部门应该高度重视农民的管理意识的培养工作，组织人员不断地对农民进行水资源保护知识的教育工作，动员全体农民养成节约用水、保护水利设施的好习惯，避免出现水利设施维护不到位或者水利设施被破坏的情况。同时，鼓励农民根据所在地的地势或地形优势，积极地发展农村的旅游业，实现农村水利工程社会效益和市场经济效益的提高，促进当地农民和水利工程职工的收入不断增加，加快农村的发展速度，为我国农村、农业的发展提供有力的支持。

第三，提升农村水利工程管理人员的素质。要提高农村水利工程管理工作的质量和水平就要首先提高水利工程管理人员的素质。只有高素质的农村水利工程管理人员，才能更好地管理农村水利工程，发挥其真正的优势。对于农村水利工程管理人员素质的提高主要应该做到以下几点：首先，加强对管理人员的培训工作。农村水利工程管理部门要定期对管理人员进行培训，加强管理人员的学习工作，以提高管理人员的专业素质。其次，筛选优秀的管理人员对其进行进修和相关培训。进一步地进修教育可以进一步地提高管理人员的专业素质。水利工程管理部门从管理者中筛选优秀的管理者进行进修培训，不仅可以促进管理者学习的积极性，同时也保证了日后的管理工作能够更好的进行。最后，管理人员自身应该积极学习，多掌握一些课外知识。水利工程的管理人员应该充分利用业余时间进行学习，使自己掌握充足的课外知识，从而提高自身的综合能力。

第四，明确政府部门在农村水利设施治理中的责任与义务。政府部门在农村水利设施的治理中处于主导地位，就应该承担相应的责任，为自己的行为负责。鉴于目前我国政府实行的“压力型体制”，建议将农村水利设施的治理效果纳入政府的行政考核评价体系，纠正单纯以经济增长速度评定政绩的偏向；干部主管部门要严格审查考核结果，将其作为地方政府领导干部综合评价考核的重要依据。[①] 例如，重庆市在小型农村水利重点县建设资金的绩效考评量化指标中，对县级财政达到中央和市级投入的10%进行加分。鉴于生态文明和农田水利建设的重要性，甚至可以考虑实行农村水利设施治理不达标的“一票否决”制度。通过严格落实行政首长负责制、健全部门分工协作制度、完善考核评价机制，以及“以奖代补”等方式，让基层政府不抓农田水利有压力，抓好农田水利有奖励、有动力。

第五，建立全面的信息收集机制和数字化评估指标。对于农村水利设施的建设质量和服务水平进行评估，需要大量的数据资料和使用者反馈的信息才能确认。通过为农村水利设施建立“终身”档案，并综合考量经济、生态、民生等因素，尽可能全面记录建设、管理和维护过程中各类有价值的信息，实现对农村水利设施治理效果的科学评价，为奖惩和激励提供事实依据，为进一步建设和管护提供规划与决策参考。

第六，充分利用现代先进的科学技术，不断地引进新的检测设备和检测技术，对水利工程的一些数据进行准确的检测，提高水利工程的检测水平，保证水利工程的正常运行。同时，加强水利工程的信息化建设，不断完善水利工程的信息；通过先进的信息化技术、光电传感技术和通信技术实现水利工程的自动化控制，提高水利工程信息化技术的水平和水利工程的工作效率，促进农村水利工程建设和管理工作快速发展。

第七，农田水利设施的使用权保障。对于大型水利设施的使用权因涉及面大，一般都有相应部门予以规范和管理。对于农田水利设施的使用权的保护主要体现在小型农田水利设施方面；私人独办或合伙联办的水利设施，则在法律法规的规定方面显得较匮乏。因此，应在这方面加强立法。如对破坏私人水利设施的应根据受害人所遭受的损失承担赔偿责任；对合伙联办的水利设施的使用权由当事人约定，没有约定或约定不明的，根据实际情况公平合理使用，以达到双赢为目标。

3. 创新和完善农村水利设施保护法律制度

农田水利工程设施是抵御农业自然灾害，改善农业生产条件和农村生态环境，促进农业增

① 何新容. 论农村基础设施建设绩效审计法律制度的完善［J］. 南京审计学院学报，2011（2）：65-69.

产、农民增收、农村发展的重要基础设施。一切单位和个人都有维护小型农田水利工程设施的义务，并有权制止、检举损害小型农田水利工程的行为。

农田水利工程设施的维护管理根据工程设施的受益和影响范围的大小，按照分级管理原则确定。受益和影响范围在一个村内的小型农田水利设施，由村民委员会、村民小组负责维护管理；受益和影响范围在两个村及以上、一个乡镇内的小型农田水利设施，由乡镇人民政府负责维护管理；受益和影响范围在两个乡镇的小型农田水利设施，由县水利部门负责协调，受益乡镇、村共同维护管理。以承包、租赁等方式进行流转的小型农田水利设施，由经营者负责维护管理，并应当保障其灌溉功能和防洪安全。

4. 创新和完善农村水利设施补偿法律制度

第一，因农田水利设施的修建而使得他人的土地使用权、收益权等权利受到损害或不利影响的，如果该水利设施属于国家或集体所有，则应由国家或集体相应地给予适当补偿，补偿程度以实际受到的直接损失为限。之所以进行这样的规定，是因为一般情况下国家或集体的利益大于个人的利益，在两者相冲突的情况下，应以维护前者的利益为重。

第二，因水利设施管理不善或遭到破坏使其不能发挥应有的功能而给他人造成损害的，如果是因为水利设施的管理不善，怠于行使管理职权而造成损害的，应由水利设施的所有人承担赔偿责任。水利设施属于国家所有的，由国家财政予以赔偿；水利设施属于集体所有的，则由集体所有的财产予以赔偿，集体财产不足以赔偿的，则由地方财政予以补偿；水利设施属于私人所有的，由私人财产予以赔偿。所有人承担责任之后，可向具体的、有过错的管理人追偿相应责任。如果水利设施遭到破坏并能够明确造成破坏的行为人的，则由行为人承担损害赔偿责任；行为人无力承担或不能全部承担的，则应由设施的所有人或管理人承担补充责任。①

第三，因不可抗力的原因导致农田水利设施不能发挥其应有作用而造成损害的（这主要针对的是小型农田水利设施，因为如果是大型水利设施一般造成的损害也大），此时应由国家来实施救济；而对于小型水利设施，如突降暴雨导致该设施承载能力超过极限受到破坏而造成他人财产损害的，由于所有人或管理人无法预见或控制，则可以对其免责。

第四，针对在管理或使用农田水利设施时的侵权行为，如故意限制或阻碍他人的用水权，利用管理之便控制水的流量，或阻拦他人用水、破坏其用水设施、工具等行为，当事人可请求相关部门予以救济，如停止侵害、排除妨害、赔偿损失等，情节严重构成犯罪的，由司法部门追究其刑事责任。

---

① 许三虎. 双重失灵困境下PPP模式供给农村水利设施探析［J］. 河南商业高等专科学校学报，2013（4）：11-13.

第四章　我国养殖业法律制度创新

随着经济社会的发展，世界各国对包括养殖业经济在内的农业经济的重视程度已越来越高。从我国实际情况出发，应大力发展养殖业，逐渐创建适应我国发展趋势的养殖业的法律创新机制。

一、我国养殖业发展现状

渔业包括养殖业、捕捞业、渔业资源的增殖和保护水产品质量安全；渔业养殖证确定的水域滩涂使用权和承包经营权受法律保护，任何单位和个人不得侵犯；因公共利益的需要提前收回已经依法许可单位或者个人使用的国家所有的养殖水域、滩涂的，应当依法对水产养殖单位或者个人予以补偿；因国家建设需要征收集体所有的水域滩涂，依照有关土地管理的法律、法规给予补偿。取得养殖证的，按照养殖证记载的养殖范围、规模方式和期限进行水产养殖；遵守国家有关渔用药品、饲料、饲料添加剂和动物防疫的法律、法规，执行水产养殖技术标准规划控制投饵容量，不得在饮用水水源保护区进行投饵养殖；不得在江河、湖泊使用无机肥、有机肥、生物复合肥等进行水产养殖。

渔业养殖主要分为淡水池塘养殖、淡水大水面养殖、浅海养殖、海洋滩涂养殖、工厂化养殖五种，其中前四种的养殖面积占到我国养殖总面积的 92.7%，产量占到我国养殖产量的 91.1%。淡水大水面养殖包括湖泊、水库和河沟养殖，面积总计为 301 万平方米，占到淡水养殖的 53.2%，产量为 397 万吨，占到淡水养殖的 21%，是传统的淡水养殖方式之一。部分水域集约化养殖密度过大会对水域环境造成不良影响。① 我国是世界上生猪养殖大国，城市生猪产品大多是饲料养殖，其优点有许多，如周期短、易饲养、经济效益较高，但其味道不佳。不仅城市生猪养殖是饲料养殖，如今农村也出现了大量的饲料养殖生猪，出现小规模化的生猪饲养。相比城市规模饲养而言，农村饲养生猪节约成本，其可喂养生猪的粮食种类多而且成本低，可用山上或田野里的植物煮熟喂养，且绿色环保；但其生长周期较长，多数需要十个月才能长大用于生产生猪产品，规模较小，经济利益低下。

渔业养殖证的类型按《水域滩涂养殖发证登记办法》可以分为以下三种类型：其一，使用国家所有的水域滩涂从事养殖生产的；其二，以家庭承包方式使用农民集体所有或者国家所有的依法由农民集体使用的水域滩涂从事养殖生产的；其三，以招标、拍卖、公开协商等方式承包农民集体所有或者国家所有依法由农民集体使用的水域滩涂从事养殖生产的。

另外，在《农业部关于印发完善水域滩涂养殖证制度试行方案的通知》文件中，还有渔业临时养殖证类型。例如，在已领取土地承包权证书的农用土地改为养殖生产的，在保证水库、江河、湖泊主功能正常行使情况下，在其水域进行水产养殖的，可对其发放临时养殖证。但当养殖功能与主功能发生矛盾时，临时养殖证自然失效。关于上述情况，在实际工作中是存在的，是否发证，既要考虑发证有利于管理，也要考虑养殖生产者权益的保护，应在从严把握的原则下积极探索。②

随着社会发展和技术进步，养殖业发展出现了一些新的发展趋势，主要表现为以下几个方面：第一，由于养殖成本及管理技术和出口要求等因素，以散养为主的养殖方式逐渐向规模化养

① 石华忠. 完善我国养殖业污染管理的探讨 [J]. 中国渔业经济，2010 (2)：3.

② 李西云，严奎靖，胡志华. 积极构建好、水域滩涂养殖证制度 [J]. 河南水产，2011 (2)：2.

殖方式转变；第二，由于人们环境意识的提高和养殖业微利时代的到来，经济发达地区和人口密集区的养殖逐渐向城郊和边远地区转移；第三，由于人类的食物结构的变化和生活水平的提高，特种水产养殖和宠物饲养将成为未来养殖业发展的新趋势；第四，为了促进人类健康，培育功能性保健畜禽将成为未来养殖业发展的新趋势，中国将是世界上最大的饲料添加剂消费市场。完善相关饲料添加剂法律、法规，保障实施力度，保证饲料生产商所生产的饲料都是安全无害的，减少畜禽疾病，减少畜禽产品中的兽药饲料添加剂残留，建立健全完备的兽药质量检测技术和监制体系。

总之，养殖业产业发展的重点较突出，其主要体现在生猪养殖、蛋鸡养殖、牛羊养殖、水产养殖及其品牌建设方面；养殖产值与产量均保持较稳定的、持续的增长趋势；养殖业总产量也保持着稳定的增长趋势，产出地位提升日益显著。

二、养殖业执法特征及其制度创新的困境

为了引导和推进我国养殖业的快速、健康发展，创设和完善养殖业法律制度体系是必不可少的。有关养殖业的法律制度也正在逐步制定和完善之中。例如，2001 年 5 月，国家环保总局公布并施行了《畜禽养殖污染防治管理办法》；2004 年 12 月，国家颁布《中华人民共和国固体废物污染环境防治法》并于 2005 年 4 月施行。有关防治养殖污染的法律、法规和规章等制度对规范养殖业的发展起到了一定的作用。于 2013 年 11 月由国务院常务会议通过并予以公布的《畜禽规模养殖污染防治条例》（以下简称《条例》），自 2014 年 1 月 1 日起施行。该《条例》是畜禽养殖业重要的法律制度，其实施必将给畜禽规模养殖产业带来重大促进作用，有利于养殖污染治理有法可依并得以有效控制。这些法律、法规和相关政策措施的出台和施行，为推进养殖业走上健康发展之路和污染治理之路真正提供了有法可依的法制化轨道。

（一）养殖业执法的基本特征

1. 法律、法规多，涉及面广

养殖业行政执法是农业行政执法的重要组成部分。养殖水产行业目前设计的法律、行政法规、部门规章和政府规章有 80 余部。因此，养殖水产行政主管部门的行政监管职能职责十分广泛，主要包括畜、草原、兽医、兽药、饲料、渔业、奶业、畜禽和畜禽水产品质量安全监管、动物卫生监督管理、渔政监督管理等。

2. 执法主体多，人员编制少

根据《中华人民共和国养殖法》《中华人民共和国渔业法》《中华人民共和国动物防疫法》等法律以及其他法规授权的养殖业行政执法主体主要包括三个，即县养殖水产局、县动物卫生监督所、县渔政监督管理站。其一是县养殖水产局。县养殖水产局属县人民政府工作部门，主管权力限于养殖水产工作，是县养殖水产行政主管部门。局机关依法对养殖业的管理增加设立了养殖股、水产股、兽医药政股，定编 4 人。其职能是对养殖业、草原、兽医、兽药、饲料、奶业、渔业、畜禽和畜禽水产品质量安全进行监督管理。其主要职责包括行政审批和监督管理。监督管理的职责主要包括：动物防疫强制免疫接种；养殖档案的建立和登记；兽药、饲料进销货的登记；假劣兽药饲料的查处；畜禽和畜禽水产品质量安全的监督管理等。其按现有人员编制难以完成职责任务。

其二是法律、法规授权的行政执法组织——县动物防疫监督机构。《中华人民共和国动物防疫法》第八条规定："县级以上地方人民政府设立的动物卫生监督机构依照本法规定，负责动物、动物产品的检疫工作和其他有关动物防疫的监督管理执法工作。"县人民政府依法组建的县动物卫生监督所，属副科级全额拨款事业单位，定编 40 人，隶属于县养殖水产局管理。县动物卫生监督所监督执法工作难以全面开展。

其三是法律、法规授权的行政执法组织——县渔政监督管理站。县渔政监督管理站属于股级全额拨款事业单位，定编 3 人，隶属于县养殖水产局管理。其主要任务包括：登记检验渔业船

舶，核发渔船牌照、渔船驾驶执照和捕捞许可证，调查处理渔业船舶之间的交通事故，保护渔业生态环境，依法对渔业水域污染防治实施监督管理。该站开展渔政监督执法，只有一人不能开展渔政执法工作。县养殖水产行政主管部门虽然有三个执法主体单位，但由于人员编制少，加之职责交叉，又“各自为政”，难以形成执法合力和执法的震慑力，执法监管很难到位。

（二）养殖业法律制度创新的困境

1. 现行法律体系不适应养殖业快速发展的需要

为了保障我国养殖产业的快速发展，我国在兽医方面出台了数量众多、内容全面的法律。在动物疾病的防治方面，政府颁布了《重大动物疫情应急条例》《中华人民共和国动物防疫法》（以下简称《动物防疫法》）、《中华人民共和国进出境动物检疫法》等10余种法律、法规；在动物食品安全方面，政府颁布了《乳品质量安全管理条例》《中华人民共和国畜牧法》《饲料药物添加剂使用规范》等20余种法律、法规；关于兽医工作的规范方面，政府颁布了《执业兽医资格考试管理暂行办法》《兽药管理条例》《执业兽医管理办法》等30余种法律、法规。此外，政府在动物疫病防治技术方面作了约计22项规定，包括口蹄疫、禽流感等。但现实生活存在着这些法律、法规的设立与执行具有多头性的问题。在兽医法律、法规的内容设定与执行上，我国的法律、法规被条块分割，不同的部门设置相似之法，导致监管出现多头性与不力性。例如，《动物防疫法》是兽医行政管理部门设立与执行的，《中华人民共和国进出境动植物检疫法》是进出境检疫部门设立与执行的。相似的规章有不同的执行者，便出现了监管责任的共同承担与推诿。此外，这两部法律不仅内容相似，还存在很多条款标准差异和冲突的地方，不利于法律、法规的执行。另外，有关养殖业的法律体系尚不完善，对于规范养殖业持续发展的主要内容，法律、法规在很多方面未能予以明确。这会导致出现许多钻空子的行为，对动物和人类的生命健康造成严重危害。①

关于养殖业造成环境污染的问题，国家早已高度关注并制定法律、法规进行约束和规范。例如，2001年4月8日，国家环保总局公布并施行《畜禽养殖污染防治管理办法》；2004年12月29日，时任国家主席胡锦涛签署第31号“主席令”，公布《中华人民共和国固体废物污染环境防治法》。这些法律、法规对于防治养殖污染发挥了重要作用。2013年11月底有消息发布，《畜禽规模养殖污染防治条例》已由国务院常务会议通过并予以公布，自2014年1月1日起施行。《畜禽规模养殖污染防治条例》是畜禽养殖业重要的法律文件，其颁布和施行，必将给畜禽规模养殖产业带来深远影响。② 但这些法律、法规限于当时的生产规模、科技条件和认识水平，规定得过于原则，针对性和操作性都不是特别强，已经不适应当前养殖业飞速发展和污染日趋严重的现实需要。

2. 养殖业带来的社会环境污染问题较突出

由于人们过去太过重视养殖业的经济效益和养殖畜禽渔产品的总量增长，而疏忽养殖业的标准化、规范化以及生态环境的保护，养殖业生态环境的污染问题日益严重与人们对生活环境的要求日益提高之间形成了较为突出的矛盾。国家立法部门相继颁布和实施了《畜禽养殖污染防治条例》《畜禽养殖污染防治管理办法》《畜禽养殖业污染防治技术规范》《畜禽养殖业污染物排放标准》等一系列的养殖环境保护法律、法规及其他规范性法律文件，但总体的执行难度较大，效果并不理想。畜禽粪便等废弃物的污染已成为当前影响乡村环境的重要因素之一。③ 禽畜渔养殖业的污染治理在艰难中前行，其单一粗犷发展的现状需要得到根本转变，需要走生态环保型、标准化和规范化的发展之路。当前需要加大力气进行整治，以求走出一条环保、生态和绿色的养殖健康之路。另外，养殖龙头企业、养殖专业合作社和家庭农场等在建设发展过程中，疏忽了生态环境保护的问题，甚至还根本未意识到无公害畜禽渔产品认证的重要性、畜禽渔产品商标认证的重

① 黄小娇. 完善兽医法律法规体系 确保养殖业健康发展［J］. 畜牧水产，2016（11）：93.

② 王道坤.《养殖污染防治条例》给养殖业带来的挑战和机遇［J］. 今日畜牧兽医，2015（6）：2-6.

③ 吴衍岭，于涛，仉弦. 发展生态养殖 促进养殖业健康发展［J］. 山东畜牧兽医，2015（11）：68-69.

要性。养殖业生态环境污染问题的严重性会导致动物畜禽渔疫病疫情出现多发性，增加疫情疫病防控的难度，难以保障畜禽渔业持续健康发展。养殖业的政府部门应该增强疫情疫病的防控工作，要精心组织、严格控制和落实各项防控措施，确保重大畜禽渔疫病防控能有效扎实地开展，以保障全国养殖业持续、快速和健康地发展。

近几年，由于禽畜渔养殖业从分散的农户养殖转向集约化、工厂化养殖，禽畜渔粪便污染大幅度增加，成为一个重要面源污染源。据调查，养殖 1 头牛产生并排放的废水超过 22 人生活产生的废水，而养殖 1 头猪产生的污水相当于 7 人生活产生的废水，1 毫升牧场污水中有 83 万个大肠杆菌、69 万个肠球菌，畜禽粪便中氮、磷的流失量分别为施用化肥氮、磷的流失量的 122%和 132 %。据对青岛市城阳区 89 家规模化养殖场的调查数据显示，有近九成养殖场未经环保部门审批，有固废处理设施的养殖场不足 10%，畜禽养殖年产生粪尿量近十万吨，排放的有机物污染相当于全区工农业生产污水和生活废水中所含的有机污染物的 2~3 倍。养殖业污染主要表现为：畜禽粪便或高浓度有机废水进入江河湖海中，造成水质恶化，并可能导致水体富营养化；恶臭气体污染空气；高浓度畜禽养殖污水灌溉农田，影响土壤质量；网箱养殖产生的排泄物对近海和湖泊的水环境造成相当程度的共性影响；使用添加剂、饵料、药物等人工合成化学品，造成食用肉产品、海鲜等药物残留引起的有毒有害物质超标严重。①

《畜禽规模养殖污染防治条例》的出台虽然使得畜禽渔养殖业发展得以规范化、合规化，但是养殖业中的畜禽渔粪便导致的环境污染，已经成为我国农村空气污染、水源污染、土壤污染的根本原因。同时，为了便于运输，许多规模化畜禽养殖场在大中城市近郊选址。在这种情形下，畜禽渔粪便的污染也逐渐波及大中城市，不同程度地影响着城市的居住环境质量。《畜禽规模养殖污染防治条例》对即将加入畜禽养殖业的人来说，更是一个极大的挑战，因为按照该《条例》的要求，无疑会大幅提高养殖业的进入门槛。这虽然对整个产业的持续、健康发展有利，但对目前的一些养殖企业来说，可能会面临许多棘手的问题。养殖业早就进入“微利化”时代，又加上市场起伏不定和周期性变化，“两年赚一年赔”现象时有发生，让养殖户吃尽了苦头；如果没有扶持政策，一旦资金链断裂，很多养殖企业可能会陷入骑虎难下的境地，其扩大规模、发展生产都将面临很大的难题。②

3. 养殖业持续稳定发展的规范性依据不足

现行养殖业存在着产业发展比重不高、区域产业发展不均衡等问题。“从产业比重来看，永州市养殖业总产值要低于农业产值，高于林业产值和服务业产值。2008 年至 2012 年永州市养殖业总产值占农林牧渔业总产值的比例分别为 45.49%、40.55%、37.85%、38.83%、38.81%，永州市养殖业总产值占比呈下降趋势。与农业产值相比，永州市养殖业在 2008 年仍高于农业产值，但由于农业产值的快速增长，从 2009 年开始农业已经取代养殖业成为主力产业。”③ 由于区域的地理、气候和区位等不同，其养殖产业的发展方式、规模和特色各具差异，养殖业发展存在着不平衡的格局。养殖畜禽渔农产品的市场价格波动过大、欠缺稳定性，是养殖业市场健康稳定发展的最主要障碍因素。由于养殖业的产业比重在整个农业产业结构中的比重偏小，其产品产量虽具有一定的市场地位，但养殖业产品的价格受到市场价格的影响和波动极大，难以从根本上保障养殖业市场主体即经营者的基本利润，会降低养殖从业者的意愿，进而冲击养殖市场和养殖产业的健康发展。另外，养殖业的保障条件相对落后。第一，该产业的发展基础较薄弱，基础设施较陈旧和老化，自然灾害、病虫灾害和环境污染等问题较突出，严重制约着养殖业健康发展。第二，养殖业产品的总体数量多，规模大，质量优势不明显，特色和品牌效应不高；养殖业总体庞大；但其龙头企业的数量不多，规模不大，产业深加工不多，产业环节和链条不长，产业化水平较低，质量安全隐患压力大，标准化生产发展较缓。第三，财政性的投入严重不足，显著低于法律

① 徐芹选，王玲玲，曲爱敏. 农业面源污染的防治［C］. 中国环境科学学会学术年会优秀论文集，2007：1127-1128.

② 王道坤.《养殖污染防治条例》给养殖业带来的挑战和机遇［J］. 今日畜牧兽医，2015（6）：2-6.

③ 唐保国. 财政支持永州市养殖业发展研究［D］. 长沙：湖南农业大学，2014：15.

对农业产业的投入要求；养殖的公益性基础设施建设特别滞后，其服务手段、生产方式和供给产品不能完全适应现代农业市场发展的新要求。第四，养殖产品的科技成果转化缓慢，先进技术在养殖业领域的适用推广不足，养殖产业的资源利用率不高。其主要原因为科技对其支撑不强，发展后劲不足。提升养殖产品质量的难度加大。第五，农民组织化程度不高，各类农业专业经济组织数量少、实力弱，农民参与度偏低；龙头企业与农民的利益结合不紧，带动能力不强，多数农民仍处于单家独户闯市场的状态；分散的小农经济制约着规模化生产、集约化经营和产业竞争力的提高。①

近几年动物疫情、疫病以及动物产品食品卫生安全事件逐渐增多，给农民收益以及城市居民人身健康带来很大危害。关于养殖业保险的立法和国家政策层面上的广泛推广迫在眉睫。② 关于养殖业保险中的宠物保险以及特种动物、水产养殖保险问题，我国还处在“破冰”阶段，并没有引起足够重视，在实践中面临很大挑战，在理论方面也面临重大的理论创新问题。瑞典对受保险的鸡、鸭、鹅、猫、狗和马等畜禽按照疾病的发生和年龄段以及不同品种和性别进行研究，认为不同宠物的发病年龄呈现不同的正态分布，建议饲养主在宠物易发病时段购买保险以及聘请专业兽医进行检查，充分保障宠物福利。我国应尽快创建养殖业保险法律制度，规范和化解养殖业经营者的各种风险。

三、构建和完善我国养殖业法律制度创新的路径

（一）完善养殖证的相关法律制度

1. 明确养殖证发放的重要性和规范性

养殖证的功能一方面是保护养殖者的合法权益，另一方面也是养殖业管理的基础制度。养殖证的具体功能主要表现为：其一，它是生产者使用养殖生产活动的合法凭证，使持有者的合法权益受法律保护。其二，它是判断养殖使用功能的基础依据。当受到征用以及受到污染时，其是持有者索要补偿赔偿的依据。其三，它是申请其他养殖证书、开展质量认证以及享受国家扶持政策的条件，有利于加强养殖业的管理和服务。

养殖证的发放应该注意以下几个问题：第一，按照《养殖证登记办法》的规定是可以收取工本费的，当然也仅限于工本费。第二，要注意正确编写证书编号，特别之处，所有证书必须打印，手写无效。第三，严格审查申请表填写的真实性，申请人如实完整地填写之后，可以减少后期的工作量。第四，养殖证要加盖县级以上人民政府的印章。发证的同时，应该制作养殖证登记簿，并连同养殖证申请表一并建立档案。第五，颁发养殖证之后录入养殖证登记系统，旧版证书一律换为新版证书并录入养殖证登记系统。

2. 积极规范地进行养殖证发放登记

第一，应该提高认识。养殖证书是养殖管理的基础制度，是养殖业产品质量安全监管的重要保障。其他畜禽产品证书的取得、生猪项目的争取都与之相关联。它是保护养殖经营者利益的法律依据，也是农业综合性发展的重要内容。执法者和养殖经营者一定要提高认识，认真对待。

第二，进一步强化宣传。应该把养殖业相关法律、法规的精神内核和重要内容对养殖从业者宣传到位，促使他们切实认识到养殖证制度是畜禽和渔产业的基础管理制度，可以有效保护他们的合法权益，并有利于获得政府的扶持和服务方面的支持，提高他们办证的积极性。

第三，切实做好养殖证规划，不应该发证的坚决不为其颁发养殖证，把握住口子，严格按照养殖证发证制度和条件颁发养殖证。

第四，规范发证登记，按照《养殖证登记办法》的相关要求，积极规范地做好发证工作，提高效率，规范运作。申请、发证、登记、变更、收回、注销和续展等各个环节都应该规范运作，

---

① 唐保国. 财政支持永州市养殖业发展研究［D］. 长沙：湖南农业大学，2014：18.

② 温连杰，周全，等. 国内外养殖业保险发展研究现状［J］. 上海畜牧兽医通讯，2011（1）：42-47.

并且应该建立和保管好相应的档案资料。

3. 进一步规范养殖业生产行为

明确从事养殖业的单位和个人应当遵守相应的法律规定：取得养殖证的，应该严格按照养殖证载明的养殖范围、规模、方式和期限进行养殖；遵守国家有关养殖用药和饲料、饲料添加剂和动物防疫的法律、法规，执行水产养殖技术标准和规范；投饵养殖的，按照水产养殖规划控制投饵养殖，按照水产养殖的面积或区域大小控制投饵容量，不得在饮用水源保护区进行投饵养殖；不得在江河、湖泊、水库使用无机肥、有机肥、生物复合肥等进行水产养殖。

同时，还应该明确从事捕捞生产的单位和个人应当遵守相关的规定：按照捕捞许可证核准的作业类型、场所、时限、渔具数量和捕捞限额进行作业；遵守国家和省有关禁渔区、禁渔期等保护渔业资源的规定；随船携带捕捞许可证、渔业船舶船员证书；按照国家的相关规定随船配备救生、消防、航行、信号、污染收集和处理等相关设备。保证渔业船舶符合适航的要求，并对渔业船舶的安全生产进行全面负责；不得在航道、港口、渡口码头和渡运航线设置固定的渔具或养殖场影响正常通航。

（二）养殖业法律制度实施的创新和完善

1. 变多头执法为综合执法

为了进一步搞好养殖业监管执法工作，变过去的多头执法、分散执法为综合执法，应统一整合整个养殖业系统的人力、物力和财力资源，积极组建养殖水产综合执法大队。其为局属管理的二级机构，定编 10 人。其执法人员主要是从动物卫生监督所、渔政监督管理站和局系统内部的优秀年轻骨干中挑选，并通过法律知识的相关培训之后，经过考试或考核合格之后才能调入综合执法大队的。综合执法大队受养殖水产局的委托，具体负责法律、法规赋予的养殖、兽医、饲料、渔业、奶业、畜禽和畜禽水产品质量安全的监管职能，主要行使执法环节中的行政处罚权。养殖业的行政审批、行业管理、检验检测等仍由局机关各职能股室、专业管理机构等承担和实施，实行行政监督与行政管理相分离的原则。

（1）实行联合执法，执法主体不变。根据养殖业分布地域广、涉及范围宽、管理对象众多和执法主体机构多的特点，实行联合执法，分别按行政执法主体机构的名义实施行政处罚。例如，某具有规模经济性的养猪场，不履行法定义务，未建立养殖档案，以县养殖水产局的名义实施行政处罚。某动物（鸡）养殖场不按照《中华人民共和国动物防疫法》的规定，对饲养的动物（鸡）按照动物强制免疫计划进行免疫接种的，以动物卫生监督所的名义给予警告处罚，并责令改正，在 5 日内，做好动物强制免疫工作。某专业捕捞渔民使用电力捕鱼或者使用破坏渔业资源的方法进行捕捞，以渔政监督管理站的名义实施行政处罚。

综合执法大队与动物卫生监督所、渔政监督管理站实行联合执法，分别以各执法主体单位的名义实施行政处罚，既整合了执法力量，共享了执法设备，增大了执法力度，又符合法律、法规规定的行政主体执法的基本原则和主要程序。

加强内部监管，坚持依法办案，严格执法程序，严肃办案纪律，是综合执法大队联合执法办案的原则和灵魂。一是应制定和完善各项执法管理制度。局先后制定和完善了《行政执法程序规定》《行政执法责任追究制度》《法律文书制作和案卷管理办法》和《行政处罚裁量权基准》等 8 项制度。二是严格行政处罚审批程序。县局成立了“行政处罚案件审查委员会”，对适用一般程序的处罚案件，由综合执法大队负责人审核签署意见之后，送养殖所属的局法制办进行审查；局法制办对办案程序合法、事实清楚、证据确凿、适用法律正确、处罚幅度适当的案件签署意见，报分管副局长审批，否则返回执法大队再调查补充证据，或者提出撤销该案件的建议，最终由局长决定。对重大案件（处罚金额为个人 3 000 元以上、单位 2 万元以上的案件）、疑难案件，经局法制办审核后，提交局案件审查委员会集体审议决定，并报县人民政府法制办备案。应该明确要求每宗案件，做到事实清楚，证据确凿，适用法律法规正确，处罚力度适当。三是严肃执法纪律。执法人员不得接受当事人的贿赂，不得违规办案，不得擅自做主或者为当事人开脱责任，擅自降低处罚标准。做到谁办案谁负责，谁审批谁负责，依法办案，秉公办案。

（2）加强执法队伍建设，提高执法整体水平。一是积极举办养殖业的局系统全体干部职工的培训班。学习和讲解常用的养殖业法律、法规知识，动物产地检疫，屠宰检疫操作规程，“瘦肉精”试剂检测操作技术等。要求所有检疫人员在培训期间进行现场实习，熟练掌握产地检疫、屠宰检疫技术和操作规程，提高全局工作人员依法行政的整体水平和服务能力。二是严把执法人员录用关。凡进入综合执法大队的工作人员，先由局党组考察。挑选政治素质高、业务能力强的年轻骨干，组织集中的学习培训，对考试合格的，报请上级发证机关核发行政执法证。三是建立执法人员的学习教育制度。县局对执法人员每年组织学习和培训两次，每次不少于15课时。坚持自学制度。每个执法人员每月坚持自学法律知识不少于10小时。要求执法人员熟练地掌握本部门的常用法律、法规和规章。执法工作者通过培训和学习，不断更新其知识，能又快又好地独立完成各项法律文书的制作，提高办案能力和水平。四是建立案例座谈分析会制度。案例座谈分析会每个季度不少于一次。案例座谈分析会主要由执法人员内部对重大案例、疑难案件进行座谈分析。实践证明，案例座谈分析会是提高执法人员办案能力、执法水平的有效途径。

（3）广泛开展宣传，营造良好执法氛围。为了使管理相对人即养殖业经营者全面了解和认识养殖业法律、法规，做到合法生产经营，依法履行义务，维护企业和其自身的合法权益，县养殖水产局广泛开展法律、法规宣传，多次举办各类法规知识的培训班。

（4）印发法律、法规的宣传资料。对畜禽、水产养殖场（户）、兽药饲料生产经营企业（店）、动物和动物产品贩运商等养殖业管理相对人和广大人民群众印发法律、法规相关的宣传资料1.2万份。告知开办畜禽养殖场、兽药、饲料经营企业应当具备的条件、履行的义务和享有的权利以及从事违法行为所应承担的法律责任。

2. 举办各类养殖业法律知识培训活动

一是举办畜禽和水产品养殖场（户）负责人培训班。县局与阳光工程教育培训部门联合举办全县畜禽规模养殖场和水产品养殖场（户）负责人培训班，主要讲解有关养殖技术和养殖业的法律、法规知识，促使养殖户做好动物免疫接种和畜禽养殖的档案登记，做到畜禽出栏（笼）前应依法申报产地检疫。二是举办兽药饲料经营企业（户）负责人培训班。宣传和贯彻兽药饲料的法律、法规和农业部颁发的《兽药经营质量管理规范》。全面实施兽药GSP制度。三是以镇（乡、街道办事处）为单位，召开屠宰商、生猪贩运商的相关会议。县局派出工作人员进驻各乡镇指导工作，向屠宰商、生猪贩运商宣讲法律、法规知识，告知他们屠宰、运输、加工、销售未经检疫的动物及动物产品是违法行为，需要承担相应的法律责任。同时，应该面对面地听取他们的意见，以便改进工作。四是动员养殖业管理相对人签署承诺书。通过发放宣传资料、举办培训班、召开相关会议学习养殖业的法律、法规之后，动员养殖场（户）、兽药及饲料生产经营企业（户）的负责人、屠宰商、生猪贩运商及畜禽水产品贮藏加工销售商等管理相对人，按照法律、法规规定的义务，自愿签署承诺书，确保养殖农产品的质量安全。养殖业经营者应该向社会承诺：履行法定义务，依法生产经营，如有违法行为，应承担法律责任。通过学法培训，促使管理相对人逐步提高法律意识，自觉遵守法律法规，并履行法定义务。

3. 明确相关主体的法律责任

明确养殖经营者的法律责任，对于未按照养殖证所登记的养殖范围、品种、规模、方式和期限进行养殖生产，不合理投饵施肥，未正确使用药物，擅自新建、改建、扩建海水养殖场而未进行环境影响评价的，根据其具体违法程度给予中止违法行为，暂扣或吊销养殖证；对排放污染物超标的给予超标排放的相应处罚，并且根据其所造成的环境事故进行相应的赔偿等。

4. 提高养殖执法队伍的工作能力

我国法律规定，养殖业由养殖行政管理部门负责。但目前绝大多数管理机构的人员缺乏专业知识。因此，除了明确相关责任人的法律责任外，还应对养殖行政管理队伍进行培训和改进执法设备，提高执法能力。加大执法投入，完善保障机制，配备执法装备。执法能力的建设是养殖水产行政主管部门能力建设的重要内容。为了保障执法工作的顺利开展，县局配备专用执法车辆、渔政专用执法快艇等执法船舶、摄像机、录音笔等执法专用设备。

5. 加强养殖业执法的公众参与

养殖业执法的公众参与，有利于提高政府决策的科学性、透明度；同时，可使公众协助主管部门发现、检举违法行为，提高查处率，增强打击力度。完善公众参与养殖业管理的相关制度，明确规定公众参与养殖业的立法过程和实施程序，保障公众知情权、参与权的规定和要求在养殖业立法和执法中得以实现，保障养殖业的产品质量。在养殖业综合执法过程中，注重群众普遍关心的热点问题——畜禽水产品质量安全问题，狠抓兽药、饲料及畜禽生产的防疫、用药、投料、养殖档案的登记等源头监管执法工作。并且邀请县电视台的记者全程跟踪，对大案要案进行曝光，给群众一个满意的答复。通过电视媒体宣传、曝光，震慑违法行为者。通过披露违法行为以赢得广大人民群众对养殖业执法部门的支持，既营造了良好的执法氛围，又树立了养殖畜禽水产品行政主管部门的良好形象。

（三）建立健全养殖业产品的监督管理制度

从源头开始，应该加强对畜禽渔农产品质量安全的监督检查工作，避免不合格的养殖育苗流入市场；设置育苗质量安全监测机构，凡是达到规定数量的育苗必须经监督部门的检测才能进行出售。按照高产、优质、高效、生态、安全的发展要求，通过政策扶持、宣传培训、技术引导、示范带动，实现畜禽标准化规模生产和产业化经营，提升畜产品的质量安全水平，增强产业竞争力，保障养殖产品的有效供给，促进养殖业的协调和可持续发展。各级养殖业行政主管部门应当在当地政府的积极领导下，积极争取发改、财政、环保、工商和质检等部门的支持，切实抓好示范场地的建设工作。

养殖场地的选址必须符合相关法律、法规的规定，不得选在法律、法规明确禁止的地方进行养殖；养殖场选址布局科学合理，畜禽圈舍、饲养和环境控制等生产设施设备满足标准化生产需要和动物防疫要求。防止国土资源的浪费和流失。

养殖过程中的饲料及各种添加剂的质量需要经过严格的把关入口，防止养殖业产品饲料添加剂不合格而引起养殖畜禽水农产品的质量不合格。建立规范完整的养殖档案，制定并实施科学规范的畜禽饲养管理规程，配备与饲养规模相适应的养殖兽医技术人员，严格遵守饲料、饲料添加剂和兽药使用规定，生产过程实行信息化的动态管理。按照相关规定使用饲料添加剂和兽药；禁止在饲料和动物饮用水中使用违禁药物和非法添加物，以及使用停用、禁用或者淘汰的饲料和饲料添加剂。

许多养殖经营者缺乏对养殖规模、养殖方式、养殖种类等实施有效的控制和管理，在经济利益的驱动下，导致养殖业无序、无度发展。养殖自身产生的营养性废物污染使得水体富营养化。在海水养殖中，随着水域环境污染程度的日益加剧，整体环境质量不断下降，诸如赤潮等环境灾害频繁发生。养殖过程中使用的化学品和治疗剂关系到食品安全和生态环境系统的风险问题。水产养殖区域已经成为污染源头和受污染物影响的重要海洋功能区之一。所以，必须将畜禽粪污处理得当，使设施齐全且运转正常，实现粪污资源化利用或达到相关排放标准，减少环境污染。

养殖业农产品的监督管理制度具体包括以下几个方面：第一，明确规定监督抽查制度。结合《中华人民共和国产品质量法》的有关规定，以科学、公正、合法为原则，组织实施各行政区域内的地方监督和抽查工作。只要是涉及人体健康和人身、财产安全的养殖业农产品，影响国计民生以及消费者、有关组织反映有质量问题的养殖业农产品，均应该对其实施监督，并对其依法进行必要的抽查。企业应当予以配合、协助，不得以任何形式阻碍、拒绝监督抽查工作。抽样人员应当是承担监督抽查的部门或者检验机构的工作人员；抽样人员应当熟悉相关法律、法规、标准和有关规定，并经培训考核合格之后方可从事抽样工作；抽样人员抽样时，应当公平、公正，不徇私情。监督抽查的样品应当由抽样人员在市场上或者企业成品仓库内待销的产品中随机抽取，不得由企业抽样。抽取的样品应当是有产品质量检验合格证明或者以其他形式表明合格的产品。监督抽查的样品由被抽查企业无偿提供。抽取样品应当按相关规定的数量予以抽取，没有具体数量规定的，抽取的样品不得超过检验的合理需要。

第二，厘定样品检验的相关程序和要求。检验机构接收样品时应当检查、记录样品的外观、状态、封条有无破损以及其他可能对检验结果或者综合判定产生影响的情况，并确认样品与抽样文书的记录是否相符，对检验和备用样品分别加贴相应的标识后入库。在不影响样品检验结果的情况下，应当尽可能地将样品进行分装或者重新包装编号，以保证不会发生因其他原因导致不公正的情况发生。

第三，细化复检的相关规定。质量技术监督部门应当依法处理企业提出的异议，也可以委托下一级质量技术监督部门或者指定的检验机构处理企业提出的异议。对需要复检并具备检验条件的，处理企业异议的质量技术监督部门或者指定的检验机构应当按照原监督抽查方案对留存的样品或抽取的备用样品组织复检，并出具检验报告，于检验工作完成后的10日内做出书面答复，复检结论为最终结论。

第四，规定抽查后的相关问题处理。组织监督抽查的部门应当汇总分析监督抽查结果，依法向社会发布监督抽查结果公告，向地方人民政府、上级主管部门和同级有关部门通报监督抽查的相关情况。予以公布监督抽查不合格产品的生产企业应当自收到检验报告之日起停止生产、销售不合格产品，对库存的不合格产品及检验机构按照本办法第三十三条的规定将退回的不合格样品进行全面清理；对已出厂、销售的不合格产品依法进行处理，并向负责处理的部门书面报告有关情况。对因标签、标志或者说明书不符合产品质量安全标准的产品，生产企业在采取补救措施且能保证产品质量安全的情况下，方可继续销售。

监督抽查不合格产品的生产企业有下列逾期不改正的情形的，由省级以上质量技术监督部门向社会公告：其一，监督抽查的产品质量不合格的，无正当理由拒绝整改的；其二，监督抽查的产品质量不合格的，在整改期满之后，未提交复查申请的，也未提出延期复查申请的；其三，企业在规定期限内向负责处理的部门提交了整改报告和复查申请，但并未落实整改措施且产品经复查仍不合格的。

对于部分情节特别严重的养殖经营者，可以实行暂扣或吊销养殖证等处罚措施和制裁制度，情节特别严重的应将其拘留。符合法律规定的公益组织可以提起行政诉讼，针对对环境产生严重影响的经营者，可以提起环境公益诉讼，通过法律公正的判决促使其受到相应的处罚。

对于不执行法院生效的裁判文书的养殖经营者，若其行为构成《中华人民共和国刑法》规定的拒不执行判决裁定文书罪的，根据相关规定予以处理。

（四）严控养殖污染的法律制度创新

1. 减少畜禽粪尿排放量

由于畜禽养殖业实行集约化发展，畜禽粪便和污水产生的量大且集中。然而养殖经营者对畜禽粪便的综合利用处理水平较低，使得畜禽渔养殖业严重污染水质和周边环境，影响甚至阻碍社会生态环境的可持续发展。畜禽渔养殖业在危害外部环境的同时，也对内部畜禽生长环境带来不良影响。环境的恶化也直接影响着畜禽养殖场本身的卫生防疫。一些畜禽养殖场不注意畜禽养殖的防疫卫生，造成畜禽的患病率和死亡率增高，畜禽产品质量下降，企业的经营风险和成本加大，影响了畜禽渔养殖企业其自身的稳定和可持续发展。所以实施畜禽养殖业的清洁生产，应该通过原料选择、生产工艺改革、饲养技术管理、废弃物的资源化综合利用等环节的科学化，使得畜禽渔养殖业生产最终产生的污染物最少、畜禽产品中所含对人体有害物质最少，符合可持续的发展方向。

2. 优化畜禽渔养殖场的选址与布局的设计

畜禽渔养殖场的选址和布局应该充分考虑生态养殖模式的需要，根据养殖场可供消纳畜禽粪便的数量来确定养殖容量。在建场之初就应该做好详细规划，包括畜禽养殖污染物的最终处理，并严格执行《畜禽养殖业污染防治技术规范》，既保障畜禽养殖生产的需要，又要确保符合环境保护的要求，力争在发展过程中不走或少走弯路。划定禁养区。禁养区包括：生活饮用水水源保护区、风景名胜区、自然保护区的核心及缓冲区；城市和城镇居民区，包括文教科研区、医疗区、商业区、工业区、游览区等人口集中地区；国家或地方法律、法规规定需特殊保护的其他区域；各级地方人民政府依法划定的禁养区域。禁养区内严禁新建、扩建各类畜禽养殖场。在禁养区附近建设的，应设在禁养区域常年主导的下风向处，场界与禁养区域边界的最小距离不得小于500米。新建、改建、扩建的畜禽渔养殖场应该位于生产区、生活管理区的常年主导风向的下风向或侧风向处。养殖场的排水系统应实行雨水和污水收集输送系统分离；在场区内外设置的污水收集输送系统，不得采取明沟布设。在禁养区内现有的各类畜禽渔养殖场要逐步落实关停转迁计划，支持和鼓励畜禽养殖场向远离生态敏感区的地区迁移，最大限度地降低畜禽养殖业对生态环境的影响。非禁养区畜禽养殖场必须符合城镇总体规划和环境功能区规划的要求，合理布局，不能够在城镇规划区以及城镇上风向2千米范围内新建、扩建畜禽养殖场，规模化畜禽养殖场场界周围的卫生防护距离应控制在2千米以上。

3. 畜禽养殖业梯度转移，发展异地养殖

随着郊区城市化发展步伐的加快，原先划定的一些适度饲养区，逐渐变成禁养区。市郊畜禽养殖场应加快关闭和转移的步伐。在这方面，杭州灯塔养殖场就是一个先例。同时，也可以适度发展异地养殖，鼓励畜禽养殖经营者去异地投资，树立品牌意识，走规模化、标准化和无公害化发展的养殖道路。

4. 严把审批关，从源头上控制新污染源的产生

新建、改建、扩建畜禽水产养殖场必须按照《中华人民共和国环境影响评价法》的规定，进行环境质量影响评价。畜禽水产养殖场污染防治设施必须实行主体工程同时设计、同时施工、同时使用的“三同时”制度。畜禽废渣综合利用措施必须在畜禽水产养殖场投入运营的同时予以落实。其在投入使用前，应报环保、农业、科技行政主管部门共同对污染防治设施进行预验收。

5. 实施畜禽养殖业排污许可证制度，征收排污费

在依法实施污染物总量控制的区域内，畜禽养殖场应当向所在地的环境保护行政主管部门提出排放污染物的申请，经审核批准，取得“排污许可证”，并按照“排污许可证”核定的排放总量排放污染物。畜禽养殖场排放污染物超过排放标准的，应该按照国家和省的有关规定缴纳排污费；向水体排放污染物，超过规定排放标准的，应该缴纳超标准排污费；对畜禽养殖场污水具有合理排放区域的，可以被农作物消纳的，免收排污费。

6. 严格控制国外畜禽养殖企业在我国盲目发展，防止污染

严格控制国外畜禽养殖企业在我国盲目发展的主要目的是防止污染。进口畜禽养殖业的污染已经引起许多国家的高度重视，有些国家限制本国畜禽养殖的发展，而在我国投资、发展养殖业。这虽对我国一些地方经济发展起到一定的积极作用，但我国应该引起高度重视，加强管理，防止污染转移。

7. 加大畜禽疫病防治力度

建立起与国际接轨、符合国际要求的疾病防治制度和体系，消灭或控制国际贸易中明确加以限制的动物疫病，保证肉类有可靠的卫生质量。要加强动物疫病预防体系、动物保护监督体系、技术支持和物资保障体系、重大动物疫病控制体系四大体系建设。建设好动物疫情测报中心，建立动物疫情信息网，配套完善省、市、县兽医诊断实验室和乡镇养殖兽医站的设施，建立动物产品兽药残留监测中心。重点做好畜禽产地检疫、屠宰检疫以及人畜共患疫病的防治工作，加强兽医卫生监督，规范各种畜禽、兽药、饲料和饲料添加剂生产经营以及质量监督管理工作，打击假冒伪劣行为，维护畜禽养殖业的持续健康发展和保障人体健康。

（五）创新和完善养殖业保险法律制度

养殖业保险的立法创新，首先应当对养殖业保险的定义进行明确规定。只有明确了养殖业保险的相应定义之后，养殖业保险法律制度的适用范围才能得以确定。某个保险的险种能否受到养殖业保险法律制度的调整，需要明确规定其具体适用的范围和保护力度。因此，准确地界定养殖业保险制度的定义对于整个养殖业保险立法均具有重要的理论价值和现实意义。

养殖业保险具有损失补偿、防灾防损、融资三大制度功能。其中损失补偿功能是养殖业保险

的基本功能，防灾防损功能和融资功能是养殖业保险的派生功能。①

（1）损失补偿功能。损失补偿功能是养殖业保险的基本功能。它具体是指被保险人（通常指受益养殖户）在保险合同约定的保险事故发生之后，保险人对其遭受的实际损失应当进行充分的补偿。这种损失补偿包括保险标的因疾病、自然灾害或者意外事故造成的经济损失的补偿。

（2）防灾防损功能。养殖业保险的另一个派生制度功能就是防灾防损功能。防灾防损就是采取合理措施预防和减少灾害事故的发生及其造成的损失。虽然养殖业保险的各种自然灾害、意外事故不可能完全避免，但是我们仍然可以通过自身的行为尽量减少损失的发生。一方面是预防事故的发生，即采取预防措施，避免或减少危险的发生；另一方面是事故处理，即发生事故之后，应该及时采取措施消除灾害的后果。养殖业的防灾防损功能有利于提高保险人的经济效益，更重要的是能够减少社会财富的损失，取得良好的社会效益。

（3）融资功能。融资功能是养殖业保险的另一个派生制度功能。由于保费收入与赔付支出之间存在着程序方面的时间差，收取的保费与赔付支出之间存在着数量差，理论上养殖业保险存在着大量的闲置保险资金。养殖业保险的融资功能就是将上述闲置保险资金重新投入社会再生产过程中，以充分发挥养殖业保险资金的作用。

最后，将世界贸易组织（WTO）中关于畜禽贸易的相关条款转化为适合中国国情和现状的条款予以适用，确保跟上国际大潮流的步伐，迎合和适应真正的经济全球化，建立健全和创新符合国际潮流、具有中国特色且符合中国现状的养殖业法律、法规体系。

① 孙江．农业保险法基础理论及制度构建探讨［OL］．［2010-05-28］．http：//finance. sina. com. cn/review/20080527/11474914803. shtml.

第五章　农业补贴法律制度创新

一、农业补贴法律制度的基本分析

（一）农业补贴的基本情况

农业补贴是一国政府对本国农业支持与保护政策体系中最重要、最常用的政策工具，是政府支持本国农业发展的重要手段。

我国农业补贴始于20世纪50年代末，最早以国营拖拉机站的“机耕定额亏损补贴”形式出现，两年后逐渐扩展到农用生产资料的价格补贴、农业生产用电补贴、贷款贴息补贴等方面，并取得了较好的效果。例如，20世纪80年代财政用于农用塑料薄膜的补贴，对当时农业的增产增收就起到重要的作用。再如，20世纪90年代中后期，我国对粮棉等农产品实行保护价收购政策，使收购价明显高于市场均衡价，出口时整体收购和经营成本也明显高于国际市场价，在一定程度上起到了保护性补贴的作用。自1998年以来，我国又确立了包括粮食的品种品质调整在内的农业结构调整政策，有效地促进了我国农业的可持续发展。为了让农民在优质优价的市场价格约束下改变过去的追求低质量、高产量的生产行为，政府于1999年夏收起决定低质量退出国家定购，以缩小补贴的范围和总量。近几年来，随着我国粮食购销市场化改革步伐的加快，各粮食主产省调整了补贴方式，改原来的按保护价收购农民粮食的间接补贴为对农民的直接补贴，并对良种和农机也进行了相应的补贴。

在计划经济体制下，我国农业政策的基本目标是在确保农业为工业化做出持续贡献的前提下，实现我国主要农产品的基本自给。因此我国所采取的农业补贴政策是在对农业进行“剥夺”的同时仅仅为了维持农业的供给能力而进行必要的补偿。其主要特征是通过扭曲生产者价格的方式来实现消费者价格扭曲，使实际得到补贴的是城市居民。随着我国市场经济体制的逐步建立与完善，农业补贴呈现了诸多问题，且不利于增加农民收入，也与WTO规则相抵触。

作为农村“草根”家庭出生的笔者，更是感同身受。我们选取位于西南边陲云南省的某一城市临沧市为例进行考察和调研。临沧市与缅甸等东南亚小国接壤，市民收入主要依靠农业。2010年11月全市普查实际登记人口中，居住在城镇的人口为725 693人，占总人口的29.87%；居住在乡村的人口为1 703 812人，占总人口的70.13%；农村人口占全市人口的比例较高，在全国也是农业人口比例最高的小城市。[①] 作为以农业人口为主导的小城市，本应是受到农业补贴政策最关注的城市之一，但现在临沧市的农业补贴却达不到广大民众所预期的程度。就一般的三口之家来说，每年可能只会分到两袋肥料的补贴。这就使得大多数的农民都不愿意把时间花在自家的那几亩土地上，转而更愿意去外省打工讨生活，在外面还能享受到较先进、较发达的科技成果带给人们的最好的生活方式。有的甚至在外奋斗几年后就直接不愿意回家乡，留在外省谋求发展了；有的也想着回到家乡花钱发展家乡的经济，但是就凭打工几年的积蓄想来带动农村经济的发展又谈何容易，最终花光积蓄又回到了大城市奋斗，除了破坏了农村的生态环境却什么都没能改变。由此可见，个人不能改变农村经济的现状，政府主导农村经济发展显得至关重要。

农业补贴是带动农村经济的最好的方法，可带动农民的劳作积极性。但是现在中国的农业补贴现状却不容乐观，加快农业补贴政策归入法制化路径显得尤为迫切。

---

① 临沧市统计局. 2010年临沧市第六次全国人口普查主要数据公报［OL］.［2015-11-03］. http://www.lincang.gov.cn/Jrlc/Rdgz/201105/42493.html.

（二）农业补贴立法创新的必要性和可行性

农业补贴立法是国家对农业的重视的重要体现，也是国家对农民切身利益的重视的体现。在历史上，中国一直都是世界上名列前茅的农业大国。从古至今，中国的发展都建立在农业发展的基础上，无论阶级关系如何变化，农民始终是我国的主要生产力。从中国封建社会自给自足的自然经济制度到现代社会先进的社会主义经济制度，国家都是很重视本国的农业的发展的。古代的重农抑商政策，归根到底是由其经济基础决定的。封建国家的经济基础是自给自足的自然经济，这种经济的主要部门是农业。农业是古代决定性的生产部门，提供给人们最基本的生活资料；农业生产的状况直接关系到国家的兴衰存亡。为此，历代统治者都把农业当作根本性的大事来抓，采取一系列督促、鼓励、组织农业生产的措施，在国家经济政策上向有利于农业发展的方向倾斜。通过发展农业，封建国家可以征收稳定的土地税来保证财政收入，还有利于社会稳定，将农民紧紧束缚在土地上。统治者认为，发展工商业不仅不如经营土地那样使生活有保障，还会加剧劳动力从土地上流失，造成种种社会问题。因此，重农抑商、以农立国就成为中国封建社会的传统治国主张。现代的“三农”问题，指的是农业、农村、农民这三个问题。农村问题主要体现在以下几个方面：

1. 农村土地问题

一是农村土地承包问题。土地承包如何合理，承包到户的土地究竟如何处置和使用，土地承包如何与人口等因素的变动相适应等问题仍然没有根本得以解决。

从农村土地承包政策来看，三十多年来，中国农村土地承包政策虽几经变迁，但政策目标始终在于维持集体所有、均地承包和家庭经营，政策的重点在于延长土地承包期，稳定土地承包格局和人地关系。1984 年发布的《中共中央关于农村工作的通知》提出，“土地承包期一般应在 15 年以上，生产周期长的和开发性的项目如林木、果树、荒山、荒地等，承包期应当更长一些”。1993 年，中共中央、国务院发布的《关于当前农业和农村经济发展的若干政策措施》提出，“为了稳定土地承包关系，鼓励农民增加投入，提高土地的生产率，在原定的耕地承包期到期之后，再延长 30 年不变”。1997 年，中共中央办公厅、国务院办公厅出台的《关于进一步稳定和完善农村土地承包关系的通知》明确指出，“家庭承包制是一项长期不变的政策，在第一轮土地承包到期后，土地承包期再延长 30 年”。2008 年，党的十七届三中全会通过的《中共中央关于推进农村改革发展若干重大问题的决定》指出，“现有土地承包关系要保持稳定并长久不变”。

从农村人口变化来看，三十年来，中国农村人口无论是在家庭数量还是在人口总量上都已发生了巨大变化。农村家庭联产承包责任制正式确立于 1982 年。无疑 1982 年就成为农村人口是否获得集体土地经营权的一个分水岭。从已获得集体土地经营权的农村人口看，当前已有相当数量的人群通过各种途径离开原先的农村而到城镇就业或居住。①1964 年（按十八周岁高中毕业算起）到 1982 年出生的农村人口通过高考离开农村；②部分农村青年通过参军、招工等方式离开农村；③部分农民常年在外务工且已有稳定工作而离开农村；④部分农民家庭常年在外经商离开农村；⑤少数富裕农户通过在城镇购房举家离开农村。从未获得集体土地经营权的农村人口看，现行土地承包政策的指导思想是保证土地承包制度的长期稳定不变和稳定人地关系。为了稳定人地关系，2003 年施行的《中华人民共和国农村土地承包法》在条文中贯彻了“增人不增地，减人不减地”的思想。当前在 1983 年以后出生的农村人口中已有部分人成家生子，由于他们自身未获得集体土地经营权，其子女也就没有集体土地经营权。在当今农村社会保障制度仍不健全的前提条件下，土地既是农民的重要生产、生活资料，也是农民最后的根本保障。在土地集体所有的前提下，土地承包政策的长期不变和稳定人地关系的思想，造成了对新增人口应有权益的剥夺，不利于农村社会和谐稳定和改革发展。

二是宅基地问题。宅基地不同于耕地，一直似乎是农民的“私产”，现在似乎不明不白。宅基地究竟属于谁？农民对于宅基地的处置权和使用权究竟与承包地有什么不同？宅基地的管理分配怎样才合理？

三是土地权属问题。在农地转为非农地的过程中，作为土地的占有和使用者，农民的角色和权益应该如何体现，制度安排如何有利于节约土地资源和稳定农村社会秩序等问题才刚刚受到重视。

谈到农民在征地过程中的不合作甚至对抗的时候，一些地方官员常常说，给农民的补偿已经相当高了，甚至失地农民的生活水平比原来已经高出许多，政府的安置也好得多，可是农民还在“闹”，认为这是不应该的。但是，上访农民的理由也是很充分的。他们认为，土地是他们自己的，不论卖多少钱，是他们的事情；政府强行卖他们的地已经侵犯了他们的权利，而通过卖他们的地来赚大钱更加不合情理。

土地具有生产功能、保障功能、资产功能、生态功能和公益功能五大功能。其中，保障功能在中国是独特的，土地对农民起到一定的保障作用。为什么会出现对征用农民土地补偿低的现象？主要原因是政府对土地功能及其与农民的利益关系缺乏正确认识，因而往往是对土地的生产功能给予补偿，而对土地的保障功能、资产功能补偿过低。从利益格局来考察，我国的土地配置总体上是以牺牲农民的利益为代价的，市场机制基本没有发挥作用。因此，土地的五大功能应该成为中国农村土地制度改革或者重新构造利益分配格局的一个出发点和分配基础。

2. 基层政权问题

当前农村基层政权面临许多问题，如执政能力弱化、形式主义泛滥、乡村两级债务沉重、干部作风漂浮、不作为和乱作为并存等。但这些问题都是表面的问题，农村基层政权面临的最严重、最危险的问题是信任危机。

信任危机并不是中国政府特有的，更不是农村基层政府才有的；不管什么样的政府，只要是政府，政府和人民之间就有代理关系；有代理就有怀疑，因为人的绝对信任对象只有他自己。从这个意义上讲，各种政府的信任危机只是轻重程度不同而已。

作为人民政权一部分的农村基层政权正在“失去人民”，绝非信口开河或危言耸听。在农村调查中，我们经常听到农村基层干部抱怨“农民工作不好做”“农民素质差”“农民不配合”等，而农民们对农村基层干部的抱怨则往往是“没有一个好东西”。2007 年，党的权威杂志《求是》副刊《小康》专门做了一个“中国公民对政府信任度”的调查。调查结果是中国公民对政府信任度的总平均分是 60.6 分，刚过及格线；而且这个分数具有“趋高性”，即政府级别越高则分数越高，分数从高到低依次是中央、省、市、县、乡（镇）政府。很显然，农村基层政府的平均分数不及格了。实际上，农村基层政权与农民之间的信任危机不仅长期存在，而且已经让农村基层政权在工作中付出了较大代价，并为农村基层政权建设埋下隐患，给党的执政基础带来风险。这主要表现在：

一是信任危机加大了农村基层政府社会管理和服务的难度。政府的最基本工作就是社会管理和服务，农村基层政府也不例外。由于农村基层政府与农民之间缺乏信任，使得本来简单的工作变得复杂起来，本来容易的工作变得困难起来，本来应该能做成的工作就是做不起来；哪怕农村基层政府和农民们都同时认识到这件工作是应该做的，也往往是这个结果。

二是信任危机增加了农村基层政府与农民的交易成本。农村基层政府与农民打交道是需要交易成本的，而且这种成本负担往往是双向的，不仅是政府的负担，有时也是农民的负担；这些交易成本中有些是合理的、不可避免的，但也有一些是信任危机造成的。比如，备受关注的农民上访就属于这类问题的典型。农民上访的重要原因就是对农村基层政府不信任，他相信“下面”解决不了他的问题，只有“上面”才能解决他的问题；有些农民就是因为这种不信任而不惜倾家荡产进京“告状”，代价是惨重的；同时，农村基层政府也是出于对“刁民”的不信任，而不惜采取暗访、蹲点、跟踪、陪游等措施以“维稳”，代价也是相当大的。战争年代，党和根据地人民鱼水情深、充分信任，当部队或个别干部、战士遇到特殊困难时，只要随便给老乡打个“白纸条”，承诺等革命胜利后予以归还，农民就心甘情愿地献出他们宝贵的粮食。时至今日，农村基层政府与农民之间有时为了一棵树也要三老四少立据为证，甚至做公证、打官司，还美其名曰规范化、法制化。何以如此？因为彼此对对方不敢太信任了！

三是信任危机有可能转化为政治危机。信任危机意味着农村基层政府的公信力趋减，政府的合法性受到质疑，党的执政基础受到挑战。因此，从政治逻辑上来讲，这种信任危机具有转化为政治危机的可能性。如果说过去农民们对政府的信任危机还是潜在的、低层次的，那么今天这种信任危机已经日益表面化、趋高化了。我在农村调查中发现，几年前，绝大多数农民只抱怨村、乡两级干部或组织，而坚信县级以上政府“是好的”，上面的“好经”被村、乡两级念“歪”了；现在，他们已经开始不相信县级政府，甚至怀疑省级政府，认为只有党中央才“是好的”了。

农村信任危机产生的原因在于：

一是弱势干部的信仰衰微。农村基层干部处于现有科层体系的末端，是中国干部队伍中的弱势干部。上面的无论哪一级政府或哪一级部门都可以管他们，他们谁也不敢得罪；上面的无论什么改革都牵涉到他们，甚至拿他们“做实验”；这样“管来管去”“折腾来折腾去”，他们的心寒了。

二是政权组织的内外不分。信任危机的另一个原因源自农村基层政权的组织结构。概括地说，农村基层政权组织结构的特点是把非政府组织“政府化”；共青团、妇联会、村委会等本应该属于非政府组织，但在实践中，都被农村基层党委“一元化”了，与农村基层政府“一体化”了，内外不分。从信任危机的角度看，这样的农村基层政权组织结构有两个弱点。一方面，站在农民的立场来看，他们会觉得，本来应该代表我们农民群众的非政府组织“都是你家的了”，在心理上，农民的不信任就本能地产生了。另一方面，这样的政权组织结构使得党和人民的联系之间失去了缓冲地带，“第三领域”被消解，当农村基层政权与农民产生矛盾时，农村基层党委政府就必须直面人民，毫无回旋余地。许多影响社会稳定的农村群体性事件就是这样酿成的。

三是农村的谎言政治问题。对普通民众而言，农村基层政权搞的是“谎言政治”。如前所言，农村基层政权要做它做不了的事，要负它根本负不了的责；有时候，也不排除农村基层领导者出于个人利益的考虑，或农村基层政府出于发展经济的冲动，做一些超出自己能力的事情，以图政绩。于是“欺上瞒下”就成了农村基层政权的理性选择。统计数据造假，应付检查做假，向上报告掺假，向下动员说假等，不一而足。更可怕的是，这已经“被潜规则”了，大家心知肚明，心照不宣。干部知道这是怎么回事，老百姓也知道这是怎么回事。

四是行政过程的出尔反尔。使得农民对农村基层政权失去信任的原因还有一个，那就是农村基层政府在其行政过程中常常出尔反尔。这一点在前几年表现得尤其明显。在市场化改革的初期，农村基层政府由于缺乏驾驭市场经济的经验，往往干一些“逼民致富”的事情。

现行我国农业问题也比较突出，主要体现在以下几个方面：

1. 粮食安全问题

粮食问题曾是千百年来困扰人类和历朝历代统治者的“天”字号的大问题。它不仅直接关系到国计民生的安危，也影响到世界的和平与安定。“民以食为天”之说大概源自于此。由于农业是为人类提供所需食物的基础产业，所以历朝历代的统治阶级都十分重视农业生产。

改革开放以来，随着家庭联产承包责任制的推行，农民的生产积极性得到了比较好的调动；随着种子革命和化肥革命的深入，加上农业生产技术的改进，生产水平有了大幅度提高，我国的粮食供应由过去长期的短缺转为供过于求，一个千百年来没有解决好的吃饭问题得以解决。我国粮食生产波动很大，人口呈刚性增长。1994 年，有一个叫作莱斯特·布朗的美国学者写了一篇文章《谁来养活中国?》，声称中国必将出现粮食短缺，进而造成世界性的粮食危机。当时这篇文章在国内是被猛烈批判的，被定性为“中国威胁论”。但大家不要忘记我国解决温饱问题也只是近三十年的时间，而且是低水平的温饱，距最近一次的粮食危机距并不遥远，新中国成立后发生在 1959—1961 年的粮食危机给国人带来的伤痛至今还刻骨铭心。所以说粮食安全问题仍然是国民经济中“牵一发而动全身”的头等大事，马虎不得。

我国政府解决粮食安全问题的基本方针是依靠自己的力量实现粮食基本自给。

21 世纪以来，中央连续 8 次下发指导农业发展的中央一号文件，不断加大对农业和粮食生产的扶持力度，有效调动和激发了各级政府及农民粮食生产的积极性，使粮食综合生产能力稳步提高，食物供给日益丰富，供需基本平衡。但随着工业化、城镇化发展，人口增加和人民生活水平提高，粮食消费需求呈刚性增长；耕地减少、水资源短缺、气候变化等因素对粮食生产的约束日益突出；我国粮食供需将长期处于不平衡状态，粮食安全面临严峻挑战。

从供求来看，近些年来我国粮食产量连续8年丰收，2011年我国粮食产量达到57 121万吨，创历史最高纪录。但从需求来看，人口的快速增长使得我国的粮食总供给赶不上总需求的增长，供需出现的缺口需要通过进口来解决。

从价格来看，近些年来，由于农资价格不断上涨，当前国内市场上的主要粮食品种价格都有较大幅度的上涨。2011年我国居民消费价格平均比上年上涨5.4%，其中食品价格上涨11.8%。2016年我国居民消费价格上涨的幅度更是高于2015年，尤其是食品价格。

从粮食区域结构来看，我国粮食生产继续向优势区域集中，区域间的粮食供需差异对粮食流通形成了较大压力。同时我国粮食库存品种结构与消费结构不完全适应，需要进一步改善。

从国际形势来看，受美元贬值、原油价格上涨、大量粮食用于燃料乙醇生产、需求大幅增加、部分主产国粮食因灾减产、一些国家粮食供求紧张等因素影响，当前国际市场上的主要粮食品种价格都有较大幅度的上涨。尤其是我国加入WTO后，国际粮油巨头凭借其资本、技术及经营管理等优势，对我国农业和粮食产业不断渗透，使我国政府对市场调控的难度不断加大，风险不断增加。

2. 农业政策问题

过去农民总结农业的变化有三句话，叫一靠政策，二靠科技，三靠投入。今天和今后仍然如此。新中国成立以来，我国“三农”政策的演变大体可划分为三个时期。

（1）1953年至1978年：计划经济体制下的农业养育工业政策

在工业化浪潮席卷全球的国际经济背景下，新中国成立之初便确立了国家工业化战略，即优先发展重工业的赶超型的社会主义工业化战略，以及采取与之相配套的“高积累、低消费”政策。我国工业化起步之际的经济发展水平与发达国家存在着较大差距。在当时的国际环境下，工业化的积累只能主要依靠国内而难以获得大量国外资本；而农业又是国民经济的主要产业，选择农业养育工业的政策成为历史的必然。

“多取”。在计划经济体制下，向“三农”“多取”，主要是通过两条路径得以实现的：一是在“高积累、低消费”政策主导下，通过低价收购农产品，获取工农产品价格“剪刀差”，为工业提供积累；二是通过财税政策，直接为工业化提供积累。1958年全国人大常委会正式通过《中华人民共和国农业税征收条例》，延续了2 000多年来实行的征收农业税的做法。

“少予”。财政对农业的支出量较小，且资金来源渠道和投向都比较单一。我国以推进工业化为政策目标，在计划经济体制下逐步形成了城乡二元财税体制：城市基础设施和社会事业主要由财政负担，而农村基础设施和社会事业主要由农民负担，包括在乡村公路等公共产品上也采取以农民自力更生为主、以国家支援为辅的政策，从农业上取得的财政收入大于财政对农业的投入。

农业养育工业政策的实施，农业剩余大量向工业转移，快速推进了工业化的发展。到1978年，我国已建设形成了完备的现代工业体系。

（2）1978年至2001年：市场化改革进程中的农业养育工业政策

一方面在改革中对“三农”实行“放活”政策，逐步解构城乡二元结构；另一方面，逐步增加对“三农”“予”的数量。“多取”，即渠道增加。一是直接向农民收取“三农”的各种税费。二是低价向农民征地。三是农民工与城市职工同工不同酬。四是农村资金通过金融存贷大部分流向城市。

改革开放以来至世纪之交，农村改革中实行“放活”政策，解放和发展了生产力，加上逐步加大“予”的力度，从而促进了农业和农村经济的发展。到20世纪90年代末，农业和农村经济进入新的发展阶段，其显著标志是农产品供应从总量不足发展为供需基本平衡，并出现结构性和区域性过剩。尽管如此，由于农业养育工业的政策没有根本改变，城乡二元财税体制依然没有改变，还形成了向“三农”“取”的新渠道；在经过20多年改革与发展之后，城乡差距不但没有缩小，反而不断扩大。

自十一届三中全会开始，逐步扭转国民收入分配中不断强化对农业“少予”的政策。针对“三农”危局，十一届三中全会果断决定加强农业，通过了《中共中央关于加快农业发展若干问题的决定（草案）》这一历史性的重要文件。这次全会从国民收入分配层面对工农关系政策进行了重大调整。第一，调整国民收入初次分配政策，大幅度调整工农业产品比价。其规定：“粮食统购价格从1979年夏粮上市起提高20%，超购部分在这个基础上再加价50%。棉花、油料、糖料、畜产品、水产品、林产品等的收购价格，也要分情况，逐步作相应的提高。农业机械、化肥、农药、农用塑料等农用工业品，在降低成本的基础上降低出厂价格和销售价格，在1979—1980年降低10%~15%，把降低成本的好处基本上给农民。农产品收购价格提高后，粮食销价一律不动；群众生活必需的其他农产品的销价，也要坚决保持稳定；某些必须提价的要给予消费者以适当补贴。今后，我们还要根据国民经济的发展情况和等价交换的原则，对工农业产品的比价，继续进行必要的调整。”第二，调整国民收入二次分配政策，增加财政对农业的投入。其规定：“今后三五年内，国家对农业的投资在整个基本建设投资中所占的比重，要逐步提高到18%左右；农业事业费和支援社队的支出在国家总支出中所占的比重，要逐步提高到8%左右。地方财政收入应主要用于农业和农用工业。”第三，决定减少农产品征购基数，多进口粮棉等农产品，让农民休养生息。其规定：“在今后一个较长的时间内，全国粮食征购指标继续稳定在1971年到1975年‘一定五年’的基础上，并且从1979年起减少统购25亿千克，以利于减轻农民负担，发展生产。”

在20世纪80年代初，对农业增加财政投入的政策没有得到落实，但提高农产品收购价格和减少农产品征购基数的政策得到了很好的落实。1984年全国农产品收购价格总水平比1978年提高53.6%，明显高于同期农村工业品零售价格总水平上升7.8%的幅度。有的学者研究测算：在1979年至1984年的农业增长中，提高粮食收购价格对粮食增产的贡献份额为32.2%。这次全会对国民收入分配政策的大幅调整，扭转了国民收入分配中不断强化对农业“少予”的政策，初步改善了国家与农民的利益关系。

同时，在农村改革中实行家庭承包经营、逐步减少农产品统派购品种和放开农产品市场、发展农村多种经营、允许农民进城务工经商、大力发展乡镇企业等“放活”政策，极大地解放和发展了生产力。农业实现了高速发展，工农业总产值增长速度比由1953年至1978年的4∶1改善为1979年至1984年的1.2∶1；农民收入高速增长，人均纯收入由1978年的133.6元增加到1984年的355.3元，按可比价格计算，年均增长15.6%；城乡居民收入之比由1978年的2.57∶1，缩小到1984年的1.84∶1。

尽管十一届三中全会没有从根本上改变农业养育工业的政策框架，但在国民收入分配上进行的大调整，增加了对“三农”“予”的数量，扭转了长时期对“三农”“少予”政策取向不断固化发展的态势，或者说是对“三农”“予”的政策的拐点。从这种意义分析，十一届三中全会对国民收入分配政策的调整，其实质是对“三农”“取”“予”政策取向的大调整。

“予”呈增加态势。1994年实行的分税制改革为中央财政支农资金的增加奠定了基础。从2000年起构建财政支出改革、税费改革和公共财政框架：在财政支出改革方面，重点是规范预算的编制和支出的管理；在税费方面，主要是启动农村税费改革试点；在公共财政方面，提出了建立公共财政制度框架，并在财政收支上逐步向公共财政的方向调整。

随着经济的发展，政府先后开辟了支持农业的新的财政来源。财政支持农业的来源渠道、总量、范围和方式发生了如下积极的变化：一是开辟支持农业的新的财政来源渠道。二是财政用于农业农村的支出逐步增加。三是初步改善财政支农结构。四是财政支农方式不合理的格局依旧。

（3）21世纪初：农业养育工业政策向工业反哺农业政策转变

21世纪之初，我国人均国内生产总值（GDP）超过1 000美元，开始步入工业化中期阶段。同时，改革以来，特别是1994年以来，国家财政实力不断壮大，初步具备了工业反哺农业的能力。在进入新的经济发展阶段之际，我国农业养育工业的政策开始向工业反哺农业的政策转变。

工业反哺农业政策的启动，其显著标志是中央明确提出“多予少取放活”的方针。从2004年至今，中央连续8个1号文件都是关注“三农”问题，逐步启动“多予少取”政策。“多予”，即公共财政的阳光开始照耀农村，主要表现为：一是着力建立“三农”投入的稳定增长机制；二是财政支持“三农”的资金总量快速增加；三是开始实施公共财政覆盖农村的政策；四是改变财政支持方式。

“少取”主要表现为：一是取消面向“三农”的各种收费，包括取消、免收或降低标准的全国性及中央部门涉农收费项目150多项，取消农村“三提五统”、农村教育集资等收费项目。

二是减免涉及“三农”的税收。除免征农业税外，还对农机、化肥、农药实行免税政策；制定实施了与农产品有关的进口税收优惠政策；并较大幅度地提高了农民从事个体经营活动时按期（次）缴纳增值税、营业税的起征点。

三是全面取消农业税。2005年十届全国人大常委会第十九次会议审议通过废止《中华人民共和国农业税条例》，从2006年1月1日起，征收了2 600多年的农业税从此退出历史舞台。这是具有划时代意义的重大变革，标志着国家与农民之间的传统分配格局发生了根本性变化。

四是实施农业补贴政策。“多予少取”政策取向的确立，只是改变了农业养育工业的政策取向，而工业反哺农业的政策体系尚未完全建立起来。

当前农民问题也比较严重，农民的权益诉求与现实反差过大，主要体现在以下几个方面：

1. 农民素质问题

农民素质是一个含义非常广泛的概念，一般认为包括科技文化素质、思想道德素质、民主法制素质和卫生健康素质。当前，农民科技文化素质较差、道德素质有待提高、法律素质普遍较低、卫生素质不容乐观。

（1）科技文化素质

一是农民受教育程度较低，文化知识水平不高。二是科技素质不高，接受和应用农业新技术、新成果的能力较低。由于种种原因，一部分农民接受新技术的主动性不强，农村科技力量薄弱，农技推广难度较大。科技文化素质呈现多方面不平衡。第一，地区之间不平衡。经济发达地区比欠发达地区的农民素质高。第二，产业之间不平衡，从事非农产业的比第一产业的农民素质高。第三，年龄之间不平衡，年轻的比年纪大的农民素质高。第四，男女之间不平衡。男性农民比女性农民的素质高。

教育方面，国家虽然在农村实行了九年制义务教育，但质量与城市相比存在很大差距。新的“读书无用论”抬头。由于上高中升大学费用高昂，家庭并不富裕的孩子上学困难。不少家庭的孩子成绩并不是很拔尖，上不了重点大学和竞争力强的专业；毕业后很难找到工作，毕业等于失业，想创业又缺乏必要的启动资金；残酷的现实使原本指望读书致富、知识改变命运的美梦破灭，新的“读书无用论”死灰复燃。

（2）卫生健康素质

农民的卫生健康素质普遍较低。农民缺乏基本的卫生生活常识，发病率高，健康状况比较差，农民预期寿命比城镇居民低2年左右。在医疗方面，国家在农村虽然说实行了新型农村合作医疗制度，但标准与城市居民相比存在较大差距。

（3）思想道德素质

一是精神空虚。经过三十多年的改革发展，当前农民的“物质温饱”问题已基本得到解决，但农民的“精神温饱”却未得到解决。农业生产的季节性，加上现代农业科技的快速发展与普及应用，使得农民从繁重的农活中解脱出来，劳动量大幅减少，农民的农闲时间一年可达八九个月之多。除一部分人走向第二、第三产业，另外一些人就待在家中。由于农村文化生活单调落后，民俗文化日渐衰落，过去群众喜闻乐见的民族特色很浓的文娱活动已逐渐消失，以前较受欢迎的农村电影、农村文艺队演出等越来越少。当前的农村文娱活动较普遍的就是看电视，而电视节目的荒诞嬉戏及个别台的前卫乃至强劲的广告，使农民因不对口味难以接受。虽然在新农村建设中政府要求在农村建农家书屋，但许多农家书屋很难满足农民的需求。为了弥补精神空虚，许多年老的农民信迷信，年轻人聚集赌博。农民精神空虚使他们无法得到真、善、美的启迪，更谈不上紧跟时代主旋律，建设精神家园，坚实理想信念。

二是诚信缺失。长期以来农村工作存在着“一手硬，一手软”的现象，致使农村诚信缺失问题严重。在市场经济条件下，诚信是市场的生命。信用是对商业契约的有效履行，信誉是评价诚实道德的重要标准，信义是承担社会道义的集中体现。守信用、讲信誉、重信义是中华民族的传统美德，是经济生活、社会活动应遵循的准则，也是市场主体应遵循的道德准则和行为准则。然而，随着农业产业化的深入发展，许多农民已走向市场。他们无论是务农、做工还是经商，都面临更加复杂的环境。社会经济生活中缺乏诚信的现象，对他们的思想冲击非常大。诚信观念的缺失，不仅会严重影响农村经济的健康发展，阻碍农民的发展步伐，还会导致人情的冷漠，影响农村社会的稳定。

三是道德滑坡。其主要表现形式有：①部分人对婚姻的随意性。法律在农村就是个“累赘”，农民工的长期在外使一切导致婚姻破裂的原因可随时产生。②对腐败的高度崇拜。城里人要么痛恨腐败，要么漠视腐败，不会有多少人崇拜腐败。但在农村却很扭曲，部分农民一方面对身边村镇干部的腐败痛恨透顶，另一方面却又对腐败十分崇拜。因为大多数农民缺乏良好的教育。③传统美德的丧失。

四是农民的小农意识蔓延。家庭联产承包责任制在促进农村经济发展的同时，降低了农业的组织化程度，强化了一家一户的个体思想，弱化了义务观念和国家、集体意识。市场经济的不断发展，其趋利性也使广大农民在公与私、义与利的选择中愈来愈向后者偏移。

五是农民拜金主义严重。现在一些地方出现了“老年人在家种田，年轻人游手好闲”的反常现象。一些小青年说是外出打工，实则是混世人生，赚的钱还不够自己花费！他们表现出贪图钱财，见钱眼开，追求享乐，好逸恶劳，不思进取，唯利是图。

六是部分农民心理失衡。从城乡来看，农村的相对落后性决定了农民对生活优越的城市居民者的恭谦与尊重。这也就是为什么“真诚纯朴”成了农民的代名词。同时在农村，随着贫富差距的拉大，部分富裕起来的农户盲目追求高消费，斗富摆阔，肆意挥霍，红白喜事大操大办，铺张浪费，造成攀比风气蔓延，人情风越刮越大、愈演愈烈，使部分贫困户产生不公平感，并对社会不满，产生“仇富”心理。这种因贫富差距造成的两极分化，引起人的心理失衡，使富的鄙视贫的，贫的仇视富的。甚至有的贫者有偷盗富户的行为。

（4）民主法制素质

一是法律制度不完善。应该看到当前立法工作中存在着一定的缺陷。我国现有的法律体系还不完善，不少的农村、农业问题没有相应的法律、法规来规范和调整，如农民权利缺乏保护，法律难以得到普遍认同，法律、法规呈现明显漏洞等，造成了法律进入农村的困难。农村已有法律规范需要加强，比如在一些地区，和农民的民主权利联系密切的民主管理、民主监督的各项制度不够完善，规范化不到位，以至于农村民主法制建设很难真正落到实处。

二是农民法律意识淡薄，法律素质较低。大多数农民对法律不感兴趣，致使法治观念淡薄，金钱至上、见利忘义、为富不仁思想浮现，一些地方盗窃赌博等违法犯罪活动十分猖獗。绑架杀人、抢劫等恶性刑事案件偶尔也会发生。有的农民甚至有组织、有“领导”地盗窃国家资产，干起路霸的罪恶勾当，使群众没有安全感，对人民的生命安全带来了隐患，破坏了社会的稳定。

2. 农民增收问题

一是持续增收缓慢。①农资及涉农服务价格过高削弱了农民增收效果。农业生产资料价格过快增长抑制了农民收入的增加，在一定程度上削弱了农产品价格提高对农民增收的贡献力度，体现出价格对增收的负向性。生产资料及服务性价格上涨带来的直接结果是：农民要么减少购买量，从而减少生产投资，直接影响生产后劲；要么保证必要的生产投资，从而直接增大生产成本，抵销收入，降低生产效益，甚至可能导致增产不增收的尴尬局面。②农业产业增长乏力，将影响农民持续增收的步伐。③农村劳动力资源素质不高将影响农民持续增收。目前我国农村劳动力总量为4.97亿，占全国劳动力总量的65%。但农村教育资源严重不足，劳动者受教育程度明显偏低，低素质劳动力过剩，高素质人才短缺，人力资本严重匮乏。由于农民文化素质低，又不具备专业技能，农村剩余劳动力就业空间狭小，只能选择从事一些简单的体力劳动，造成这些岗位就业竞争激烈，工资水平低下。在当前就业形势越来越严峻的条件下，农村剩余劳动力文化程度低这一自身特征更加剧了其在寻找工作中的劣势和遭受排挤程度。而作为新农村建设主体留守在农村从事农业生产的人员大多数是缺乏一定的技能而又实在无法外出从业的这一部分群体。他们素质较低，技能单一，经营管理能力较低，难以接受新农业科技知识，从而制约了农业生产率的提高。农村劳动力适应不了当前非农产业的发展要求，多为从事传统的交通运输业、批发零售贸易业以及低层次的服务行业，难以进入较高层次的新兴第三产业，所以也制约了农村非农产业的发展及农民增收进程。

二是城乡差距扩大。1978 年，城镇居民人均可支配收入为 343 元，农民人均收入为 134 元，相对差距为 2.56∶1，绝对额差距为 209 元；2011 年，城镇居民人均可支配收入为 21 810 元，增速为 8.4%，农民人均纯收入为 6 977 元，增速为 11.4%，二者的相对差距为 3.13∶1，绝对额差距为 14 933 元。与改革之初相比，城乡差距呈现出不断扩大的趋势。

在我国，推动现代农业加快取代传统农业步伐，不仅涉及各类农业资源要素的优化配置和结构调整，更在于制度创新。这种制度创新，不仅包括外生的法律、法规建立和政策的创新，也包括内生的规则和习惯习俗的创新；不仅包括对传统农业的要素组合方式进行重新优化配置，也包括对改革开放 30 多年来逐步形成的制度安排的反思和创新。

我国现代农业发展面临的制度障碍决定我国农业补贴是非常必要而迫不及待的。从总体上看，我国现代农业制度建设还在探索中，生产关系不适应生产力发展的现象还十分突出，现代农业制度建设任务十分艰巨。

（1）土地产权制度有待进一步明晰。在目前的农村土地制度框架下，土地归农村集体所有的所有权归属表述是清晰的。但农民拥有的土地承包经营权的产权界定并不清晰，承包与经营其内涵有无区别，承包与经营权是同一概念，抑或是可以区分的两种权利，理论上并无清晰的表达。鉴于此，实践中承包与经营两种权利都缺乏有效的实现形式。一是农民的承包权不充分。农民只能行使有限的占有、使用和收益权能，最重要的出租、入股、抵押等处分权利体现并不充分。二是农民的土地经营权难以在更大范围内流动。土地经营还缺乏有效的交易平台，流转不规范，资源配置效率不高，一些地方频频出现有地无人种、有人无地种、土地粗放经营甚至撂荒现象。三是农民的土地承包经营权不平等。不能与国有土地享有同地同价同权的平等权利，导致农民在土地征占用中权益频频受损。

（2）有效的农业金融供给制度尚未形成。金融是现代经济的核心，农村金融是支持服务“三农”、促进现代农业发展的重要力量。尽管最近两年农村金融改革相对于前些年长期停滞局面有所突破，村镇银行、农村资金互助组织、小额信贷公司以及邮政储蓄银行的出现打破了多年来农村金融机构单一、缺乏竞争、体制机制改革沉闷的局面。但农村金融供给还不能有效满足农业农村经济发展的需要，仍是当前制约农村经济发展的瓶颈之一。

（3）农业生产组织制度还不完善。建立适应现代农业发展、符合我国国情的农业生产组织制度，是现代农业制度建设的重要任务。最近几年来，为了解决小生产与大市场之间的矛盾，广大农民和基层干部探索发展了农业产业化经营、农民专业合作组织、农产品行业协会、集体经济组织等多种形式的联合与合作，有力地推进了农业生产组织制度创新，提高了农民组织化程度。但是，我国农业生产组织制度还不适应现代农业发展的需要，还缺乏专门的扶持政策。一方面，参加各类生产服务组织并没有成为更广大农民群众必要的选择，在很大程度上，农民群众还没有体会到组织起来的好处。另一方面，有意愿参加各种不同生产服务组织的农民，试图解决生产技术指导、产品流通销售、规避市场、自然风险的意愿并不能及时得到有效的响应。农业生产服务组织的缺位成为制约现代农业发展的另一突出问题。一是农业生产组织发展还不规范。我国农业生产组织发展还处于初始阶段，专业化程度不高，经营理念落后，制度建设不规范，各类组织的规模经营、能力提升、资源共享的机制尚不完善，多元化农业生产组织尚未形成。二是农业社会化服务体系建设滞后。在农业服务业内部，科技研发、咨询服务、金融保险等新兴行业发育程度很低，所占比重极小；农资供应、农技推广、农机作业等常规性传统行业的比重虽然较高，但还不能有效覆盖农业产前、产中和产后全过程，不能满足农民对农业生产服务的需求。三是农户与市场的有效连接机制还没有充分建立起来。龙头企业和农民专业合作社带动农户的能力还比较弱；参加农业产业化经营和加入专业合作社的农户，分别仅占 35% 和 13%；农业的组织化程度和集约化水平低，不能满足现代农业发展的需要。

（4）提升农业人力资本的制度不健全。不断提高农民素质，培养大批有文化、懂技术、会经营的新型农民，必须推进农业人力资本培养和提升制度化、规范化。近些年来，为适应现代农业发展和农村劳动力转移就业的需要，农民教育培训工作不断加强，实施了农村劳动力转移就业“阳光工程”和“新型农民科技培训工程”。但是，农业人力资本培育制度还很不健全，适应于现代农业发展的各类具有专门技艺的职业化农民群体尚未出现。一是引导人力资本流向农业的制度没有形成。随着工业化、城镇化进程的不断加快，农业比较效益低的矛盾更加突出，大量高素质青壮年农村劳动力转移就业，在农村从事农业生产的劳动力整体素质呈现结构性下降趋势。老龄化、女性化、文化素质较低成为留乡务农劳动力的主要特征。如何引导高素质劳动力流向农业经营领域成为当前发展现代农业面临的突出问题。二是农民职业化制度没有建立。农民在相当程度上仍然是一种身份的象征，而不是职业概念。农业生产兼业化严重。由于具有优秀素质和专门技艺的职业化农民缺失，一些地方和领域农业生产经营管理粗放，大大降低了稀缺农业资源利用的程度。三是农民教育培训制度有待完善。农村劳动力转移使得农民培训的对象转变为以老年人和妇女为主的留乡务农劳动力。由于年龄结构上升和文化结构下降，他们接受新知识、新技术的能力较弱，加大了农民教育培训的难度，给农民教育培训工作带来了新的要求。目前的农民培训制度从目标、内容、渠道和方式等方面还不适应这种要求，需要进一步完善。

从我国农业发展的具体情况和存在的现实问题，加上有史以来国家对农业发展的重视来看，我国农业补贴立法具有必要性和可行性。

（三）农业补贴法律制度的特征和性质、基本原则

1. 农业补贴法律制度的特征和性质

我国农业长期处于弱质产业地位，导致了农民收入增长乏力、农业振兴基础不稳和农村发展后劲不足的“三农”问题，并且严重制约了中国经济的健康、持续发展。在不断国际化、开放化和现代化的过程中，中国加入 WTO。这使得中国的农业成为开放式的产业，使得中国农业发展也面临更多的机遇和挑战。与此并存，目前中国农业补贴的背景主要包括经济全球化、贸易自由化、农业现代化、社会转型、工业反哺农业五个方面的内容。

生存和发展问题是人类自身最基本的问题。根据国际经验，工业发展到一定程度要对农业进行反哺支持，给予大量国内支持的通行做法是进行大量的农业补贴，从而可以较好地解决农民的生存与发展问题。但是，面对发展中国家与发达国家之间、国内不同利益主体之间不平等的既成现实，要实现生存权与发展权平等，已有的对等性权利义务对于解决不平等事实已无多大裨益，只有探求一整套互补性权利义务和互补性权利义务规则才是根本的解决之道。同时，马克思认为“社会的本质是各种利益关系的总和”。在农业补贴法律制度的研究中，还要从利益与利益机制的视角出发对中国农业补贴制度进行透视，剖析其存在的问题；在农业补贴法律制度的实践中，贯穿利益与利益机制理论，围绕生存权和发展权平等这一中心进行补贴利益合理、倾斜性的分配。我们国家的农业补贴法律制度就是在借鉴国外经验的同时，致力于探索符合中国国情的农业补贴法律制度，构建一套以生存权和发展权平等为中心的农业补贴法律制度体系。①

2. 农业补贴法律制度的基本原则

（1）发展科技农业原则。首先，我国农业生产者普遍受教育水平不高。2006 年农业普查显示，全国农业从业人员有 34 874 万人，按文化程度分，文盲占 9.5%，小学文化程度者占 41.1%，初中文化程度者占 45.1%，高中文化程度者占 4.1%，大专以及上文化程度者占 0.2%。农业生产者文化水平有限，致使我国农业生产一直走在粗犷型经营的道路上，在农业生产转换和升级过程中无所适从。

其次，我国农业生产条件严峻，并且耕地面积逐年减少。我国耕地面积从 1996 年的 19.51 亿亩下降到了 2008 年的 18.26 亿亩，减少了 1.3 亿亩。随着城市化和工业化的进程，加之生态环境保护的加强，我们不可能大面积开垦土地，未来耕地面积下降的趋势是很难避免的。而我国每

---

① 李长健. 中国农业补贴法律制度研究：以生存权与发展权平等为中心［M］. 北京：法律出版社，2009：312.

年增加 1 300 万~1 400 万人口。从我国农业发展的现状来看，提高农产品的单产能力尤为重要。

最后，我国农产品优质产品不足、科技含量低、附加值小的状况，不能满足国内国际市场优质化和多样化的要求。此外，我国农产品生产过于依赖农药和化肥、饲料添加剂及激素等有危害的物质，致使农产品残留中存在有毒有害物质的情况日益严重。而现今欧美国家在国际贸易中都加上了绿色壁垒，致使我国比较有优势的农产品无法扩大国际市场。

我国农产品既要满足国内需求，又要在国际竞争中形成本国的比较优势，发展科技农业是唯一的选择。所以，农业补贴要向农村基础教育倾斜，要向农业高新技术推广倾斜。

（2）保障农民收入原则。农民是农业生产和经营的主体，是重要的人力资源。政府必须稳定农民的收入，调动农民生产和经营农业的积极性。然而，国家统计局公布的数据显示，2008 年中国城镇居民人均可支配收入为 15 781 元，而农村居民人均纯收入为 4 761 元，两者差距首次突破万元，城乡比为 3.36。这说明城乡差距在不断扩大，农民的相对收入水平在逐年降低。农民收入长期上不去，不仅影响农民生活水平提高，还影响粮食生产和农产品供给；不仅制约农村经济发展，还制约整个国民经济的增长；不仅关系到农村社会的进步，还关系着全面建设小康社会目标的实现；不仅是重大的经济问题，还是重大的政治问题。所以，农业补贴必须保障农民收入稳定增长。

（3）直接脱钩补贴原则。首先，我国实施的农业补贴大多数属于间接的补贴。这些补贴主要给了粮食国有企业和生产资料经营企业，在补贴的过程中容易流失，农业生产者只能得到其中的一小部分。对农民而言，黄箱政策补贴效率低下，收益较小。此外，根据《农业协定》规定，政府提供的价格补贴应针对农业生产者，而不是流通部门。因此，间接补贴既不能满足农业生产的需求，也不符合国际农业补贴的规定。我们建议，应该借助粮食流通体制改革的机遇，调整农业补贴方向。除了具有国家储备性质的补贴，其他在粮改后可以不再补贴在流通环节的补贴逐步转到生产环节，对农民和农业生产进行直接补贴。其次，我国先前实行的“四补贴”制度是与耕地面积相挂钩的，属于黄箱范围。随着贸易自由化的进程和农业谈判的深入，黄箱补贴对农业贸易产生了扭曲作用，使其越来越受到农业补贴规则的限制。脱钩补贴既能有效刺激农业生产者，也属于不需要削减的绿箱范围，符合世界农业补贴政策的调整趋势。因此，农业补贴必须倾向直接的脱钩补贴。

二、我国农业补贴法律制度现状及创新面临的难题

（一）农业补贴法律制度的现状

中国在 1993 年 7 月 2 日通过了《中华人民共和国农业法》（以下简称《农业法》），其作为中国农业的基本法律，是其他农业立法的基础，具有指导、约束功能。2002 年 12 月 8 日，全国人大常委会通过了《农业法》的修订稿法案。中国的农业补贴立法主要是围绕该法构建起来的，也包括了其他支农、护农的相关法律政策。《农业法》中支持与保护农业的内容主要包括：国家建立和完善农业支持体系，采取财政投入、税收优惠、金融支持等措施，从资金投入、科研与技术推广、教育培训、农业生产资料供应、市场信息、质量标准、检验检疫、社会化服务以及灾害救助等方面扶持农民和农业生产经营组织，发展农业生产，提高农民的收入水平；国家通过鼓励发展农产品进出口贸易，加强国际市场研究、提供信息和营销服务等措施，促进农产品出口，建立农产品进口预警制度；农民和农业生产经营组织可以依法成立各种农产品行业协会，发挥协调作用，提出农产品贸易救济措施的申请，维护成员和行业的利益。其他农业补贴政策主要体现在这四个文件中：《中共中央国务院关于进一步加强农村工作提高农业综合生产能力若干政策的意见》《中共中央国务院关于促进农民增收的若干意见》《中共中央国务院关于建设社会主义新农

村若干问题的意见》《农业机械购置补贴资金使用管理办法（试行）》。①

（二）农业补贴法律制度存在的问题

1. 缺乏农业基本法对补贴的明确支持

作为规范与农业生产经营相关的社会行为的基本法，《农业法》应该在内容和结构上对国家支持农业发展的产业政策做出全面而具体的制度安排。然而，现行的《农业法》从指导原则、体例结构、具体规范设计上都未能对补贴予以明确支持。其主要表现在：未对农业补贴做出任何规定，缺乏农业支持财政投入的具体规定，对“农业总投入、农业基础设施建设、小型农田水利、农用工业等”法律用语的确切含义未予以明确，对国家引导、支持社会主体投入农业的措施规定不具体，未明确参与农村金融的各类具体的公私法主体，未规定具体的金融类型及其各自的业务运作规则及国家支持、监管的措施，对国家扶持农业保险的操作性制度未予以规定等。

2. 与 WTO 农业补贴规则的衔接不够

与 WTO 规则相比，中国现有的农业补贴政策主要存在两大问题：①“绿箱”补贴中国只实行了 6 项，还有多项未予以具体实施。已实行的 6 项“绿箱”政策中，涉及农业补贴的政策主要有 20 项。一般政府服务主要涉及 9 项；粮食安全公共储备涉及 4 项；国内粮食援助涉及 1 项；自然灾害救济支付涉及 3 项；环境计划下的支付涉及 2 项；地区援助计划下的支付涉及 1 项。未实施的“绿箱”补贴主要涉及公平性的农业补贴政策，如与生产不挂钩的收入补贴、收入保险计划、农业生产者退休或专业补贴、农业资源储备补贴、农业结构调整投资补贴等。②“黄箱”补贴以价格补贴为主，且利用不充分。“黄箱”补贴主要包括两部分：一是价格支持措施，即粮棉定价收购及保护价收购；二是农业生产资料价差补贴。中国“黄箱”补贴还有很大的利用空间。另外，在“黄箱”补贴中，中国农业补贴主要用于降低农用生产资料价格、支农服务的收费标准以及农产品购销环节。这类补贴占财政对农业补贴的比重较大。

3. 缺乏农业补贴具体实施的制度支撑

农业涉及面广，农业补贴需要许多的具体制度支撑，农业补贴法是一个伞形的规则体系。其中，农业补贴财政资金拨付和管理制度的完善与否，对于农业补贴法律制度是否能够取得预期效果意义重大。然而，中国各级政府财政在实施农业补贴时所关注的只是拨付了多少款项用于农业发展，而对补贴资金的具体运行规则和过程却不加过问。财政对农业补贴资金在投放时往往只顾眼前，缺乏促进农村经济持续发展的财政投资规划，对资金整体效应的认识不够。同时，资金管理权与业务管理权界定不清，导致农业补贴资金被挤占、挪用，资金到位率低。通常情况下，财政部门应该是农业补贴资金管理的中心，但中国的现状是资金预算、分配、拨付管理权集中在财政部门，而与项目实施过程相对应的资金使用管理权则分散在农业、林业、水利、农机等业务部门，财政部门难以对资金使用过程进行有效管理。特别是有些地方认为农业补贴是软指标，对于投多少没有硬性约束，于是在财政紧张的情况下，农业补贴往往不能足额到位。据统计，中国政府财政对农业的投资中有将近 30%不能及时到位或根本就不能到位，被短期或长期挪作他用。

4. 农业补贴政策目标短视化

我国农业财政补贴政策一般都是与当时中央和地方制定的农村经济政策相挂钩，成为政策措施的配套。随着中央和地方制定的农村经济政策的不断变化，农业财政补贴政策也随之变化。政策目标的短视化，造成农业支持与生产的不连贯、不统一，影响农村经济稳定、健康地发展。

5. 农业补贴结构不合理

我国大量财政补贴用于弥合购销差价、降低农用生产资料价格以及贴息贷款方面，而对于农业教育、农业技术推广、农业基础建设及调整农业生产结构和组织结构等方面的补贴则很少，导致农业后发优势不足，同时引起贸易扭曲，不符合 WTO 农业规则，不利于农业生产的市场化和国际化。

---

① 曾文革，温融. 中国农业补贴反补贴法律制度的问题、挑战与完善［J］. 重庆大学学报（社会科学版），2010（3）：98-102.

6. 农业补贴机制不健全

农业补贴主要依靠政策调整，缺乏必要的法律规范和依据，随意性和变动性较大，不适应WTO的农业规则。其主要表现在：一是目前我国农业财政支出实行分块管理，有限的资金不能形成合力。农业补贴政策在实施中涉及财政、农业、外经贸、粮食、民政和银行等部门，政出多门，协调困难，交易成本高。二是政府对农业财政支出不合理，如实际用于粮食流通环节和消费环节的补贴太多，用于生产环节的补贴太少。三是监督机制不健全，造成资金流失。这在宏观上表现为国家缺乏对补贴资金到位状况的监督保障。国家财政对农业的补贴和投入往往有30%不能及时到位或根本不能到位，被短期或长期挪作他用。这在微观上表现为财政缺乏对农业补贴立项预算、审核和效益的跟踪管理。

7. 农业补贴特点凸现“三性”

①补贴范围的普遍性。财政对农业生产流通领域的多环节、多类别的补贴，几乎涉及农产品生产流通的全过程。②补贴方式的隐蔽性。政府长期以来多采用“暗补”的方式，不直接采用财政直接划拨而是通过流通渠道间接地给予补贴。③农业补贴的低效性。一方面补贴面广，补贴分散，效果较差；另一方面，方式隐蔽的补贴带有一种补助的性质。这种“补助”并不为大多数生产者所知晓，对生产的直接刺激力度不大且容易流失。最重要的是补贴以价格补贴为主，以贴息贷款为辅，其中大多数补贴主要用于降低农用生产资料价格，支农服务的收费标准以农产品购销环节的补贴为主。这些补贴绝大部分用于城镇居民的消费补贴，农民只是间接地获得补贴利益。

8. 农业补贴总量严重不足

WTO《农业协定》将对农业的支持和补贴措施分为两种类型：一类是不要求各国削减承诺的措施，被称为农业协定的“绿箱（green box）政策”。其主要指广义补贴，即政府对农业部门的所有投资或支持，如对农业科技、农田水利、农业生态环境等方面的投资。WTO不限制“绿箱政策”。另一类是要求各国削减和约束承诺的措施，一般被称为农业协定的“黄箱（yellow box）政策”。其主要指狭义补贴，指政府农产品市场价格支持、直接支付以及其他形式的保护，如对粮食等农产品提供的价格出口或其他形式的补贴。这类补贴通常会对产出结构和农产品市场造成直接明显的扭曲现象。目前我国政府的“黄箱政策”只占农业总产值的3.3%。根据我国与WTO的谈判结果，我国政府对农民的收入补贴可以达到农业总产值的8.5%，也就是说还有5.2%的补贴增长空间。

9. 农业补贴绿箱支持力度不够

目前我国“黄箱政策”向“绿箱政策”的转移支出不够，对于“发展箱”支持的政策还尚未用好、用足。①

10. 农业补贴法制不完善

我国的农业补贴法律制度尚不健全，主要表现为以下几个方面：①补贴制度多是在1995年WTO《农业协定》生效和2001年我国加入WTO之前颁布（或修订）的，与WTO《农业协定》有一定的距离；②农业法律制度规定多集中在《农业法》等国家法律中，导向性、提倡性的语言较多，可操作性相对较差；③体系建构不完善，某些部分领域存在着立法的空白。

三、国外农业补贴法律制度创新的经验和启示

（一）国外农业补贴法律制度创新的经验

美国是最早实施农业补贴政策的国家。1996年前，美国主要是制定目标价格对农产品进行差额补贴，同时实行休耕补贴。1996年美国出台了《农业安全与农村投资法案》，改变了过去对农产品价格补贴的政策，转而对农民收入进行直接补贴。1998年美国政府又推出两项保障农民

① 钱永忠，王芳．我国农产品质量安全存在问题及成因分析［J］．农业经济，2008（2）：78-79.

收入的政策，一项是“作物收入保险计划”；另一项是“市场损失补助”。① 2002 年，美国众议院和参议院都对 1996 年的农业法案进行调整，进一步扩大了直接补贴的范围，将大豆、花生和其他油脂纳入了补贴范围，提高了大宗农产品的补贴率，加大了对农业资源的保护力度，完善了粮食价格差价补贴，巩固并加强了农产品贸易、农村发展计划和农业研究。

欧盟的农业保护政策源于战后十几年农产品供给不足、依靠进口的基本情形。其农业保护政策除了对农业和乡村建设的投入之外，还有对农产品的价格出口补贴。1992 年欧盟调整农业政策，对农业因降价受到的损失进行直接补贴。1999 年欧盟通过了《2000 议程》，决定在 2000—2006 年逐渐削减对农产品的价格支持和出口补贴，更多地采用直接补贴农民和把补贴资金投入农村基础设施建设和农村社会发展上来的方式。2003 年欧盟委员会决定简化成员国对农业的补贴，建立了农业保障基金，由共同体负担农业补贴的全部开支和费用，并实行与土地面积、农产品质量安全、环境保护和善待牲畜等挂钩的直接补贴方式。

作为世界最大的农产品进口国，日本始终采取以国家财政扶持本国农业发展的政策，以支持乡村建设、农业基础设施和维护农业资源环境等。从 1995 年开始，日本实施新的粮食法，逐步开放大米的进口份额；1997 年颁布实施大米流通法；1999 年颁布新的农业基本法及农业改革方案；2000 年，日本在逐步减少对粮食的直接价格补贴的同时，加大对养护农业资源环境、培养农业人才、调整种植结构的财政支持力度。在保持日本农业发展的同时，日本政府还根据“绿箱政策”中的地区援助措施，对比平原地区生产成本高 80%的山区、半山区实行直接支付制度。②

（二）国外农业补贴法律制度创新的启示

国际上诸多国家农业补贴法律制度的创新对我国具有如下启示：

第一，把农业支持纳入法制管理的轨道，从法律上明确对农业投资的数量、范围和方式等。例如，美国把支持农业的资金投入公众化、固定化并写入《农业法》中，从法律、法规上明确对农业投资的数量。

第二，优化农业补贴结构，加快“黄箱政策”支出向“绿箱政策”支出的转化，加大绿箱支持的力度。据 WTO 的相关统计数据，1995 年成员国的“绿箱政策”补贴比 1986—1988 年的基期增加了 54%，尤其是美国、欧盟和日本，其增幅最大。

第三，不断丰富和完善“绿箱政策”补贴措施，增强我国农业的后发优势，形成国际竞争力。

第四，建立农业综合管理体制。我国应该不断强化农业部的职能，建立健全一个集中、高效、协调的农业管理体制，以适应我国加入世贸组织后国际市场的挑战。

第五，把农业保护列入国家的行政职能，有效保障农业补贴的实施。例如，美国农业部和国会在农业补贴中扮演着重要角色。美国农业部内部至少有三个行政局与农业补贴有着直接的关系，而且实施的是一条线垂直领导。此外，美国众、参两院都常设农业委员会。

第六，建立相应的组织结构。例如，为了保障农民的利益，美国从联邦到地方成立了一系列的农民组织，如美国农业部下属的粮谷信用公司。

四、完善我国农业补贴法律制度的建议

（一）充实农业生产经营（服务）主体

加快中国农业产业化，走规模经济道路，是实现农业良性循环和快速增长的手段，也是中国农业生产未来发展的目标。因此，必须充实农业生产经营或服务主体，提高农业组织化和社会化服务水平。要加大对农民专业合作社的扶持力度，支持农业产业化经营和龙头企业发展，密切龙

① 王永春，王秀东. 美国农业生产者补贴及其对我国的启示［J］. 农业经济问题，2008（S1）：200.

② 李长健. 中国农业补贴法律制度的具体设计——以生存权和发展权平等为中心［J］. 河北法学，2009（9）：13-27.

头企业与农民利益联结，提高农民进入市场的组织化程度。进一步健全农业社会化服务体系，广泛开展产前、产中、产后各类服务。① 在农业专门经济组织合作立法中，应明确组织形式、法律地位、议事规则、监督管理制度、分配制度，以及与政府、村民自治组织的关系。而行业协会管理法中则应强调行业协会的法律地位，规范行业协会的组织形式、管理方式和管理职能等内容，解决反补贴中的主体资格问题。② 同时，鼓励家庭农户以多种形式组建农业专业合作组织。

（二）明确农业补贴范围

对于农业补贴的范围，中国对于属于“绿箱政策”的补贴使用了六类，而对剩余的六类没有做出任何规定。应该对农业补贴进行全面的规定，其范围主要包括：①一般服务；②食物安全储备补贴；③国内粮食补贴；④对生产者的直接支付；⑤（与生产）不挂钩的收入补贴；⑥收入保险补贴；⑦自然灾害救济补助；⑧退休与转产补贴；⑨资源停用补贴；⑩农业结构调整补贴；⑪环保补贴；⑫贫困地区补贴。其中第 4、5、6、8、9 和第 10 项均为中国现在尚未实施的农业补贴，属新增范围。就补贴方式而言，应将农产品保护价收购改为直接补贴农民。可以考虑，根据主产粮棉产区农民上年度成本调查结果，加上合理利润的情况确定合理的补贴标准，再按农户耕地面积发放补贴。补贴资金来源，可以利用现有粮食风险基金来源，不足部分主要由中央财政转移支付。

（三）突出农业补贴重点

WTO《农业协定》附件 2 第 2 条明确规定，对于涉及研究、培训服务、推广和咨询服务以及向电力网络、道路和其他运输方式、市场和港口设施、供水设施、堤坝和排水系统以及与环境计划有关的基础设施工程提供的补贴，均属于免除削减承诺的补贴。因此，要进一步加强农业人才资源培养和开发力度，通过建立健全农业人才教育培训立法，明确教育培训的资金来源、组织形式、监督管理等内容，形成与农业农村经济发展相适应的农业人才队伍建设机制；要进一步扶持和推广农业科技，通过修改和完善农业科技投入与推广立法，明确农业科技投入与推广的资金来源、投资方向、投资比例、使用方式、运行管理和效果评价等内容；要进一步加大政府投资力度，夯实基础设施，通过立法的形式来确定财政支出中的支农支出，调整和理顺中央政府和地方政府的财政分配关系，合理地划分在农业基础设施建设过程中中央财政和地方财政的事权及财权，使两者相对称、相统一，形成公平合理的财政供给体制；要进一步加强环境保护，从水土保持、植被恢复、生态林补偿等方面，全面、科学地构建农村环境保护制度体系。

（四）强化农业反补贴

目前，中国法律层次的反补贴立法只有《中华人民共和国对外贸易法》，其中涉及补贴与反补贴的规定只有第四十二条、第四十三条和第三十七条。而新修订《中华人民共和国反补贴条例》只是行政法规，几个具体实施规则为部门规章。显然以反补贴法来规制目前中国的补贴规则，权威性略显不足。应按照 WTO 多边贸易体制的相关要求，制定符合中国实际国情的《中华人民共和国反补贴法》，为中国农业反补贴提供基本的法律制度框架。针对农产品贸易的特殊性，应该以《中华人民共和国反补贴法》为制度框架，采取以国务院颁布的行政法规形式制定《中华人民共和国农产品反补贴条例》。在具体内容上，对于不符合农业协定第 13 条（b）款的规定，不能免于根据 GATT1994 第 16 条和补贴协定第 5 条及第 6 条采取的行动。对于规避出口补贴承诺，属于出口补贴，符合农业协定第 10.1 条规定，违反农业协定第 8 条规定的，不适用农业协定第 13 条（c）款，不得免于根据 GATT1994 第 16 条或补贴协定第 3 条、第 5 条和第 6 条采取的行动。对于提供的直接支付，属于补贴协定第 3.1（a）及 3.2 条规定的出口补贴和进口替代补贴，不能援用“和平条款”来免除依据 GATT1994 第 16 条和补贴协定第 3 条、第 5 条和第 6 条所

---

① 郑文凯，李芹. 建立健全农业社会化服务体系 推动现代农业发展［J］. 农村工作通讯，2007（10）：8-10.

② 曾文革，温融. 中国农业补贴反补贴法律制度的问题、挑战与完善［J］. 重庆大学学报（社会科学版），2010（3）：101.

采取的措施，可以认定为禁止性补贴。

（五）完善相关配套制度

首先，要完善农业信贷制度。从农业信贷组织、农业信贷业务、农业信贷管理以及农业信贷风险控制等方面，对农业信贷组织的设立、运行与关闭，农业信贷机构信贷业务的信贷类型、种类、期限、额度、授信条件、利率，金融合作、资本充足性等做出明确规定。其次，要完善农业风险管理制度。实施风险预防原则，积极调整并划分清楚各类农业资源的产权关系，树立农业自然资源整体化观念，实现农业资源的综合管理，将农业风险控制在未发阶段。在风险保险方面，应明确农业保险的范围，农业保险的投保、理赔条件，农业保险机构的设置与运营规则，以及农业保险的监督与管理等，以规避农业生产经营过程中的自然风险和市场风险，保障农民收入。在救灾救济方面，要确定自然灾害的范围、灾害发生认定、灾害救助的补贴对象、灾害救助的资金来源、灾害救助标准、灾害救助补贴的计算及支付等。对于农业落后地区的援助法，则要明确落后地区的划分标准、援助的资金来源、援助对象、扶贫资金的使用和监督管理等。最后，还要从农业服务市场准入、进口数量限制、知识产权保护、技术标准等方面建立健全农业服务和农产品贸易立法。

（六）理念的革新

我国农业补贴项目也应建立在环境保护的理念之上，不仅要促进农业生产，增加农民收入，还要将生产支持资金导向环境保护项目，将农业补贴和农业环境保护，农村农业可持续发展相挂钩，避免农业环境的恶化和农业自然资源的过度破坏，也应避免采取不符合 WTO 规则要求的补贴招致其他国家的不满。

（七）具体制度的创立和调整

农村环保法律、法规必须与农业生产活动联系，而农业补贴可以成为两者的连接媒介；将农业补贴的申领与农村环境保护义务和责任有效结合；农村环保基础设施大量与农业生产活动相关，可以通过专项环境保护补贴的方式引导农民参与建设；农业补贴能够通过农业生产增加农民的收入，能够增进农民与农村环境的利益相关度，充实农村环保监管的社会力量和群众力量。农业补贴对消除造成我国农村环境问题的主要原因能够产生积极影响，因而在农村环境保护方面大有可为。

实施和加大环境保护农业补贴制度，如土壤保护补贴、地力增进补贴、退耕还林（草）补贴等，借鉴美国等国家的做法，如增加对环境品质激励项目的资助，制定新的自然保育安全项目，通过生产者支付鼓励生产者采用或维持有利于资源保护的生产管理措施；扩大土地休耕退耕项目，尤其重视对湿地的保护；扩大对农地保护的资助；制定新的草地保护项目，帮助土地所有者恢复和保护草地，在保证农民增加收入的同时，有效地保护农业环境，并通过法律规范明确下来，形成一个长效机制，更好地促进农民的积极性。建立农村生态环境补偿制度，在保护环境存量的前提下，鼓励农民自愿参与各种类型针对性强的环境农业补贴或者资助项目，以达到改善水域、森林、草原、湿地生态等农业环境的目的。对于 WTO《农业协定》规定的可合法使用的十一类“绿箱”支持措施，我国应充分利用。农业补贴政策进行相应的调整，由产量和收入补贴型向“绿色补贴”型转变，使农业补贴有利于农业可持续发展。通过设置一些带有强制性的条件，要求受补贴农民必须定期检查自己的环保行为，对接受补贴的农地所属区域的野生资源、森林、植被、水质、土壤等进行相应的调查，来决定是否对其继续给予补贴以及补贴多少。调整农民的耕种方式，避免农业资源因农业生产造成破坏性影响。逐步消减对环境以及农业自然资源不利的农业补贴，如那些对水资源、化肥农药进行的各种价格补贴可以转变为对节水灌溉设施、秸秆还田、生物农药及其相关技术的支持。这样做也能有效规避 WTO 关于限制农产品国内支持体系中价格扭曲政策的制度规定。农业补贴政策逐渐从“黄箱政策”向“绿箱政策”转移。尽量减少对农产品价格和贸易的扭曲作用，同时能够满足 WTO 规则的要求。

（八）加强直接收入补贴

通过直接的收入补贴是保证农民收入稳步提高的最直接的办法。我国建立直接补贴制度可以参照美国的做法，考虑选择一个基期，以该期内农民生产农产品的产量、种粮面积和该农产品的价格计算出补贴的金额。补贴金额一经确定，通过《农业补贴条例》的法律形式加以确定，并在实施期内不得变动。补贴金额一次性核算到农户，通过农村信用合作社或其他农行机构发放到农民的账户。这样方便监督检查，以此减少直接补贴在发放过程中的流失。在法律实施期结束后再结合当时实际情况修订补贴金额。由于国情和财力所限，全面的直接收入补贴目前不具备条件，因此对获得补贴的农民的资格应该进行限制。直接收入补贴对象要兼顾农业生产者和农产品种类。对于农业生产者而言，只有那些收入较少，所处地区农业生产条件差的，才能获得直接收入补贴。对于农产品种类而言，应该对基本的粮食作物，如小麦、玉米、稻米，和基本的油料作物，如大豆、花生、油菜籽进行针对性补贴。

（九）加强直接价格补贴

应继续执行粮食价格支持政策。由于目前的粮食直补政策对农民增收的贡献甚微，所以不能高估粮食直补对农民收入提高的贡献率。粮食直补不能代替价格支持。虽然价格支持政策的效率低，并与 WTO 的平等贸易规则相违背，但西方发达国家的农业补贴除直接补贴之外并没有放弃价格支持和市场稳定政策。根据国际经验，特别是考虑我国小农生产和粮食市场发展缓慢的现实，不能简单地改保护价为直接补贴。实际上，粮食价格仍是决定我国农户种粮收入的主要影响因素，生产资料价格变动对农户种粮收入的影响也很明显。因此，健全粮食流通市场，稳定粮食价格，必要时稳定生产资料价格，或给农民以生产补贴，仍是提高农民收入的最重要的手段。

（十）加强最低收购价格补贴

2005 年国务院提出对三种稻谷实行最低收购价格补贴政策。这对于调动农民的稻谷生产积极性，无疑具有重要的作用。但是，目前的保护价格政策的设计，还有一些需要改进的地方。《粮食流通管理条例》第二十八条规定，当粮食供求关系发生重大变化时，为保障市场供应、保护种粮农民利益，必要时可由国务院决定对短缺的重点粮食品种在粮食主产区实行最低收购价格。

首先，确定目前最低收购价格政策（包括美国的贷款率、目标价格，欧盟的干预收购价格）都是针对过剩条件的。在过剩条件下，政府通过最低收购价格来托市，减少农民的收入损失，保护农民的长期生产积极性和生产能力。而在短缺情况下，市场价格自然较高，是不需要最低收购价格的。短缺情况下如果最低收购价高于市场价，不但不利于农业价格的稳定，更会助长农业价格进一步攀升。而低于市场价格的最低收购价格是毫无意义的，因为没有人会按照这个价格出售粮食。

其次，最低收购价格的有效期限不同，效果不同。最低收购价格的有效期限太短，就不会起到刺激农民增加生产的效果；但如果有效期限较长，当最低收购价启动的前提是短缺得到缓解乃至出现过剩，国家是否一如既往地实行最低价格政策呢？

基于上述矛盾，我们认为，最低价格收购政策应当是以保证农民的长期生产积极性和保证农民稳定收入为目标的。启动最低收购价的条件应该是粮食供应出现过剩。最低收购价格水平一经确定，则应当在长期内保持不变，或者随着通货膨胀加以调整，给农民一个稳定的价格预期，不断地改善生产条件，增强生产能力。在出现了市场价格大幅度下跌的情况下，要坚决落实和兑现最低收购价格。这样才能使最低收购价格发挥积极的作用。此外，要扩大最低收购价格的品种范围，将最低收购价的产品由目前的稻谷扩展到玉米、小麦等对于国家粮食安全具有重要性的产品，建立相对完善的价格支持政策。

（十一）加强农业科技补贴

把补贴用于农业科技，将大大提高农产品质量和国际出口能力。由于国内外农产品市场的变化，中国农业发展的模式必须有重大转变，从“数量型”增长转向“质量型”增长，提高农产品附加值和出口比例。提高农业科学知识和技术能力，提高农民实用技术的能力。国际经验和中国实践表明，其对农业研究与开发具有很强的外部效应，具有相当高的长期投资回报率。由于中国是世界上最大的农产品生产国，任何农业科技创新和技术扩散都有明显的大国规模效应。中国农科院农业经济研究所与国际食物政策研究所等单位的研究表明，我国农业公共投资中，农业科研对增加农业产出的效果最显著，袁隆平院士创造的“杂交水稻”和“超级杂交水稻”就是一个典型的例子。①

① 李哲敏. 中国农产品质量安全发展概况及对策分析［J］. 中国农学通报，2008（12）：572-575.

第六章　农产品加工、流通和质量安全法律制度创新

一、农产品加工、流通的法律制度创新

（一）农产品加工、流通的法理分析

1. 农产品加工、流通的现状

（1）农产品的含义及特征。农产品是农业中生产的物品，如高粱、稻子、花生、玉米、小麦等。国家规定的初级农产品是指农业活动中获得的植物、动物、微生物及其产品，不包括经过加工的各类产品。综合农产品需求和农业生产面临的机遇与挑战，我国农产品供需平衡和农产品价格已进入了一个新的时期。这个时期的主要特征如下：

第一，虽然近期国内生产能够基本满足食物总量需求的增长，但未来食物供需缺口将逐渐增大。现代社会对食品的质量要求越来越高，对农产品加工的精细化要求越来越严格，需要的农产品质量与数量都有着极大的膨胀与需求，农产品特别是生态农产品的需求更加旺盛。

第二，部分农产品结构性短缺已成常态，并将逐渐演变为较大范围农产品的供需短缺。根据相关的预测数据，我国农产品结构性明显短缺产品的范围和程度还将逐渐扩大，除大豆、棉花和食用油，玉米、糖、奶制品和牛羊肉等都将成为短缺农产品。未来的粮食问题实际上可以说是养殖业发展和饲料问题，因为大米和小麦的消费将出现稳定和下降的趋势，国内生产基本能够满足国内需求；但如果要保持畜产品供需的基本平衡，随着畜产品需求的增长，饲料粮玉米和大豆以及牧草进口将显著增长。另外，虽然蔬菜、水果、花卉和水产品等还将在相当长的时期内保持净出口的地位，但劳动力成本的提高也将显著影响这些产品在国际市场的比较优势。

第三，满足对农产品质量和食品安全的需求也将面临日益突出的挑战。未来随着居民收入和生活水平的不断提高以及经济的全球化，提升农产品的质量和食品安全将面临更大的挑战。消费者及出口商对食品质量和食品安全的需求将不断升级，食品质量和食品安全问题将备受关注。但如何在食物生产、流通和加工过程中实现有效的安全控制和品质提升是保障食品质量和食品安全面临的巨大挑战。

第四，农业将面临农产品生产和市场价格波动的更大风险。在全球能源危机的大背景下，世界主要经济体已经把农业生物质能源发展列入 21 世纪发展的主要议程。许多研究表明，生物质液体燃料发展将对全球食物安全产生重要影响，并显著加大农产品的市场价格波动风险。此外，未来气候变化特别是极端气候事件发生频率和强度同样也将加剧农业生产的波动，使农业生产者和消费者面临更大的生产和市场价格风险。

第五，虽然中国进入了农产品供给总量不足和结构明显短缺时期，但这不会威胁到全球的食物安全。目前向中国出口大豆、棉花、玉米和食糖等农产品的国家有很大的生产潜力，其将从中国的进口中得到益处。随着中非农业技术合作的推进，中国将对非洲农业生产发展发挥更大的作用。

在农产品需求持续增长的情况下，如果土地和劳动力供给随之增加，或者农业劳动生产率大幅提高，农产品供给大幅增加，就可以平衡农产品需求压力，缓解食品价格上涨压力。但由于土地资源的制约，我国农产品仍将处于紧平衡状态。其供求的微小波动，就可能引发价格的大幅波动。

农用土地短缺。国土资源部的相关数据表明，我国人均耕地面积由 10 多年前的 1.58 亩减少到 1.38 亩，仅为世界平均水平的 40%。2012 年我国进口粮食为 8 025 万吨，食用植物油为 845 万

吨，大豆为 5 838 万吨，相当于境外“影子”播种面积 7 亿亩以上。这说明，我国农用土地实际上处于一种相当紧张的平衡状态中。

农用土地质量下降。在耕地面积不断减少的同时，耕地质量问题也较突出。被用于工业和房地产开发占用的土地多为城市近郊的熟地、高质量土地，而新开垦的土地多在偏远地区，地力贫瘠。而且，水资源的紧张也对农业生产形成不利影响：我国水资源人均可利用量为 2 156 立方米，只有世界平均水平 8 549 立方米的 1/4。由于水污染严重，全国 1/3 的水体不适合灌溉。另外水资源的时空分布也非常不均衡，北方地区严重缺水，而我国的粮食主产区在北方地区。

农业劳动力短缺。大量农村劳动力流向城镇，农村劳动力不足，特别是青壮年劳动力严重短缺，有文化、懂农业生产技术的劳动力更是极其短缺，严重影响农业生产的持续提高。

因此我国农业种植结构呈现粮食种植面积比重高（2011 年占 68.1%）且较稳定的特点，但其他农作物种植面积较少且受蛛网模型影响，产量波动幅度较大。一旦产量减少，就可能引发价格大幅上涨。

（2）农产品加工的含义。农产品加工业是指，以人工生产的农业物料和野生动植物资源为原料的总和进行工业生产活动。广义的农产品加工业，是指以人工生产的农业物料和野生动植物资源及其加工品为原料所进行的工业生产活动。狭义的农产品加工业，是指以农、林、牧、渔产品及其加工品为原料所进行的工业生产活动。《2013—2017 年中国农业产业化与农产品加工深度调研与投资战略规划分析报告》显示，2006 年以来，国家出台了一系列有关农产品流通体系建设问题的中央 1 号文件。2011 年 4 月 20 日，商务部、财务部联合印发的《关于 2011 年开展农产品现代流通综合试点有关问题的通知》指出，决定在江苏、浙江、安徽、江西、河南、四川和陕西等省开展农产品现代流通综合试点。通知明确工作的市场化运作，鼓励地方在规划、用地、用水、用电、税收、资金等方面出台优惠政策；对纳入试点的项目，中央财政将提供不超过项目总投资额 50%的资金支持。①

（3）农产品流通的含义。农产品流通广义的含义是指，农产品在从供应地向接受地的实体流动中，将农产品生产、收购、运输、储存、加工、包装、配送、分销、信息处理、市场反馈等功能有机结合、优化管理来满足用户需求，并实现农产品价值增值的过程。而狭义的农产品流通是指农产品收购、运输、储存、销售等一系列过程。

在社会主义市场经济运行的当下，流通决定生产，尤其是鲜活农产品的生产；没有好的农产品流通模式与快速的物流道路，将导致农产品流通不畅，从而直接影响农业产业化进程、农民利益增长和新农村建设。

根据相关的统计数据，2012 年，中国农村居民家庭人均纯收入、城镇居民家庭人均可支配收入分别为 5 919 元、19 109 元；2002—2012 年，其复合增速分别为 10.1%、11.8%。2015 年，农村居民人均纯收入增加至 8 310 元，“十二五”期间年均增速在 7%以上。

农产品流通产业已成为农村经济发展中最活跃的产业之一。据统计，2012 年我国生产的农产品商品量约为 16 亿吨（不计木材），较 2007 年增长 29.6%，高出同期总产量增速 12.3 个百分点。而 2012 年我国进入流通领域的实体农产品的价值总额为 2.24 万亿元，占当年社会物流总额的 1.78%。亿元以上的农产品交易市场共有 1 672 个，成交总额为 1.61 万亿元：其中以批发为主的市场有 979 个，成交额为 1.39 万亿元；以零售为主的市场有 693 个，成交额为 0.22 万亿元。同年，我国农贸市场数量稳定在 2.5 万家左右，与农产品零售相关的超市连锁总店（含折扣店、超市、大型超市和仓储会员店）有 568 家，门店数量为 4.011 3 万家，商品销售总额为 5 893.96 亿元。

不过，目前我国农产品市场流通体系还不健全，基础设施总体薄弱、信息不对称、产销组织化偏低的问题仍然突出。特别是近年来随着市场化、国际化程度的稳步提高，农业和宏观经济的互动性增强，农产品市场与国际市场的联动性增强，鲜活农产品市场波动加剧，部分地区出现买

① 佚名. 农产品加工［OL］.［2016-11-10］. http：//baike. so. com/doc/6786191-7002798. html.

难、卖难交替的情况，价格的暴涨暴跌也时有发生。应尽快推进我国农产品流通体系进一步发展。

目前我国的冷岸总容量为1 000多万立方米，但只限于肉类、色类的冷冻贮藏。我国的铁路冷藏运输设施非常陈旧，大多是机械式的速冻车皮，缺乏规范保温式的保鲜冷冻冷藏运输车厢，冷藏食品运量仅占总货物运量的1%。公路运输中，易腐保鲜食品的冷冻冷藏运量只占运输总量的20%，其余80%左右的禽肉、水产品、水果、蔬菜大多是用普通卡车运输的。总体而言，发达国家预冷保鲜率为80%~100%，冷藏运输率80%~90%，冷藏保温汽车占货运汽车的比率为1%~3%，而我国分别为30%、10%~20%、0.3%。我国与发达国家在硬件设施和运输效率方面还存在较大差距。

中国是农业生产和农产品消费大国，目前蔬菜产量约占全球总产量的59%，水果和肉类产量占46%，禽蛋和水产品产量占35%。近年来中国生鲜农产品产量快速增加，每年约有4亿吨生鲜农产品进入流通领域，农产品冷链物流需求规模大。

2. 农产品加工、流通立法创新的必要性与可行性

(1) 我国农产品加工、流通法律创新的必要性。中国农业法律政策中关于农业流通的内容，基本上是对农业流通体制的性质以及有关制度的原则性规定。当前我国面临国际化的农业流通的法律调整，不仅要靠原则性的法律规定予以保障，更要借助具体的法律制度来实现。目前中国关于农产品流通和市场交易的法律、法规有《农副产品购销合同条例》《农产品批发市场管理条例》和《粮食管理法》等，不仅数量少而且效力层次低，其他相关的法律、法规基本上是空白的，严重阻碍了农业流通的发展。另外，遍布农村和城市的农业购销机构在各省市之间条块分割，流通环节繁多，效率低下。因此，应通过农业流通政策的引导，建立高效的流通体制、缩短流程、降低中间费用、强化国际农产品促销活动也是中国农业流通法制建设的重要内容。应将市场经济的运作思维纳入农业流通立法的框架中，以解决农产品流通保护问题和法律创新问题。

(2) 我国农产品加工、流通法律创新的可行性。当前中国几乎没有系统性的农产品物流法律，与农产品物流相关的法律、法规散见于各个部门法中。就法律效力而言，主要包括三个方面的内容：法律、行政法规和国际条约或国际惯例。法律以1993年颁布并于2002年修订的《中华人民共和国农业法》为代表。该法确立了农业在国民经济中的首要地位；在农产品加工和流通方面，对运输、批发、零售等环节以及主管部门的职责等，做出了总体性规定。行政法规有2011年颁布实施的《公路安全保护条例》等，部门规章包括商务部的《外商投资国际货物运输代理企业管理办法》、国家质量监督检验检疫总局的《商品条码管理办法》等。此外，在一些国际惯例、国际条约以及地方性法规中，也有零星的农产品物流法律，主要包括调整物流业参与主体以及市场准入的法律、法规，如《中华人民共和国公司法》中关于开展试点设立外商投资物流企业工作有关问题的通知，中外合资经营企业法等调整物流业经营活动的法律、法规，适用于物流各个环节的一般性法律、法规，如《中华人民共和国民法通则》《中华人民共和国合同法》等。

(二) 农产品加工、流通法律制度创新的现状及问题

1. 农产品加工法律制度创新的现状及问题

对于农产品而言，其安全法律制度的创新涉及种植、加工、运输、销售、消费各个环节。分散的生产经营模式、落后的监管机制以及法律制度保障的缺失或制度创新的匮乏等制约着我国农产品的质量安全。近些年来，我国苏丹红、瘦肉精等事件频发，使社会对食品安全问题更加关注。目前，在我国农产品生产安全的领域主要存在以下几个方面的问题：

(1) 分散的经营管理模式。我国农产品生产经营以分散的管理模式为主，生产规模较小，科技水平较低，对于病虫害等的管理不到位。有些从事农产品经营的主体，法律意识淡薄，在农产品竞争中处于不利的地位；在一定程度上为了获取利润，掺杂掺假，致使农产品安全无法得到保障。小农经营模式自身的缺陷，进一步加大了监管难度，致使农产品质量无法得到安全保证。

(2) 立法与执法体系的缺失。为了加强农产品质量安全的建设，加强立法和执法体系建设有着极为重要的意义。我国农产品质量安全的法律体系基本形成，有《中华人民共和国农产品质量

安全法》《食品安全法》等。但这些立法制度只能从表面加以规范，原则性较强。但从根本来说，其可操作性较差。在执法建设中，执法力度缺失且力度不强，根本无法解决农产品的质量安全问题。①

2. 农产品流通法律制度创新的现状及问题

（1）农产品流通法律制度创新的现状。一是农产品流通管理体制不健全。农产品流通管理体制涉及发改、商务、财政、农业、工商、质检等多个部门。国家层面缺乏相应的综合规划和协商机制，各自为战，没有形成合力。在农产品的地方管理中存在条块分割，区域间、部门间缺乏统筹协作，分散、低效问题严重。

二是农产品流通法制、法规不完善。以法律和制度手段管理繁杂的农产品流通领域各个环节，规范其商业行为，是世界各国尤其是发达国家的通用做法。法国、日本等国家无论农产品生产规模，还是流通半径都要比我们国家小，但其都非常重视法制建设，相继制定了一系列重要法律，对生产标准、产品库存、价格、补贴等提出明确的要求，形成了标准化、规范化、有序化的农产品市场体系。反观我国，近年来虽然不断加大法制建设的力度，但因为起步晚，基础薄弱，法制化建设仍然滞后，还有很长的路要走。

三是农产品流通渠道环节多、成本高。我国农产品流通渠道总体还处于低水平发展阶段。一方面，流通环节多，商品损耗高。目前我国农产品的大宗物流一般经过这样几个主要环节：生产者—产地市场—运销批发商—销地市场—零售商—消费者。由于未经加工的鲜销农产品占绝大部分，经过多环节的流通渠道，并且缺乏必要的冷链物流设备，冷藏运输率仅为20%，农产品损耗巨大。据估算，我国每年粮食流通损耗为2 550万吨，损耗率高达15%，水果蔬菜损耗为1.5亿吨，损耗率高达25%。发达国家这两项损耗率仅为1%~2%。另一方面，渠道不畅，流通成本高。近年来，我国实行农副产品运销“绿色通道”，而跨地区外销仍是障碍重重。流通渠道不畅是制约农产品采购和经营的主要“瓶颈”。另外，农产品流通成本偏高，在粮食成本中流通成本占30%以上，在鲜活产品中甚至达到60%，导致部分产品积压和损失。

四是农产品生产和流通主体规模小，组织化程度低。第一，生产方农户多数属于分散经营，一家一户规模小，组织性不强，在交易谈判和信息获取方面无法获得优势，处于被动局面。第二，流通、批发市场缺乏跨地区甚至跨国经营大企业；流通企业只能担当费用征收者和物业管理者的角色，并没有承担管理者和监督者的职能，也不能通过有效供应引导市场，在流通价格形成机制中还没有发挥应有的作用。第三，国内外游资已经开始涉足我国农产品流通市场。跨国粮食及食品加工企业、国内非农非粮企业逐步进入主要农产品市场，投巨资收购、炒作、囤积农产品，使本来已经混乱的农产品市场变得十分脆弱。

（2）农产品流通法律制度创新存在的问题。第一，主体法律制度不完善。由于缺乏完善的主体法律制度保障，农产品交易的组织化和制度化程度不高，农民进入市场的合约化程度和组织化程度很低。在农产品的收购过程中，农民缺乏组织性的价格协商，处于极为不利的地位。

第二，缺乏系统性、专门性的法律、法规。到目前为止，面对农产品物流业的特殊性，我国在专门调整农产品物流关系、农产品物流市场准入机制、农产品物流企业资质、农产品物流市场竞争规则，以及如何与国际农产品物流市场接轨的法律方面均为空白状态，导致农产品物流企业盲目发展，进而使得农产品的价格波动剧烈，市场混乱不堪。而且现行的物流法律大多数都是面向整个物流行业的，缺乏针对农产品易腐烂、运输难等特点的专业性法律规范。这是因为农产品物流法律的制定常常涉及多个部门，但各部门出于对自身利益的维护，常出现相互抵触的现象。

第三，规范农产品市场交易的法律、法规并不完善。我国农产品市场体系的框架大致由三部分组成，即收购市场、批发市场、零售市场。收购市场是农产品市场中的初级市场，是生产者将产品卖出的市场；批发市场是指供买卖双方进行交易的固定场所；零售市场是生产者和零售商将产品直接分散出售给消费者的场所。这三个场所是农产品流通的主要场所。我国农产品在三大市

---

① 张树方，吴日峰. 浅谈农产品安全存在的问题及对策［J］. 中国动物检疫，2011（9）：23-24.

场流通时呈现出市场秩序混乱、法律法规欠缺、无法可依的特点。由于没有健全的法律法、规规范和保障，农产品市场交易呈现管理混乱的特点，从产品收购到批发，市场垄断、强买强卖、扰乱正常交易秩序、损害农民和消费者利益等非法经营现象仍然非常普遍。

基于以上的原因和现状，农产品加工、流通的立法应该走上正轨。农产品物流制度的法制化是稳定农产品价格的先决条件，否则就谈不上农产品物流的现代化。长期以来，中国水产品、蔬果和肉类的冷链应用率较低，绝大部分易腐农产品都在常温下流通，因腐损导致的经济损失成为最大的隐形成本，由此也推高了农产品价格。中国农产品物流法律制度创新的滞后，已经严重阻碍了现代农产品流通体系的建设，对发展现代农业、稳定农产品市场也产生了不利影响，必须引起高度重视。①

（三）农产品加工、流通法律制度创新的完善建议

1. 完善流转税制度，促进农产品加工业的发展

2006 年 10 月，农业部发布了《农产品加工业“十一五”发展规划》。要实现规划目标，税收是一项不容忽视的经济政策。合理的税收负担，有助于农产品加工企业的发展壮大与技术进步，有利于农产品竞争力的提高。在对相关问题进行定性、定量以及比较分析后，我们发现：我国农产品加工业的流转税制度存在一些问题，一定程度上制约了农产品加工业的发展，因而有必要在增值税方面明确并扩大农产品的范围与标准，调整农产品进项税额的计算方法，统一农产品初加工和深加工企业增值税税率，完善出口退税政策；在消费税方面改革酒类征收消费税的办法；在增值税方面对农产品加工企业贷款的金融机构给予一定的税收优惠。另外，增加城市维护建设税给予出口退免税的规定，以促进我国农产品加工业的发展。②

2. 成立国家农产品加工技术研发中心，完善我国农产品加工技术创新体系

通过制定相关的鼓励性政策措施和法律制度，强化我国农产品加工技术的扶持、创新和推进体系，确保中国农产品加工、流通产业环节的健康、可持续性发展，促进中国农产品的出口贸易和打造国际地位。《农产品加工业“十一五”发展规划》明确指出：“加快农产品加工技术研发中心建设。以中国农业科学院为依托建设国家农产品加工技术研发中心，以中央或地方大专院校、科研单位为依托重点建设 50 个专业性的研发分中心，解决农产品加工业重大技术创新、技术引进和技术推广问题。在 100 家农产品加工骨干企业进行建立技术研发中心的试点。”③《农业科技发展规划 2006—2020》又提出：“创建具有国际竞争力的龙头企业技术研发中心，示范和推广粮棉油、果蔬、茶叶、糖料、畜产品、水产品天然橡胶和特色热作产品等加工关键技术、农产品精深加工技术、传统工艺的现代化技术与装备。”④ 2007 年 9 月在内蒙古召开了“全国农产品加工技术创新大会”，在全国范围内掀起了依靠科技创新推动农产品加工业发展的新高潮。国家农产品加工技术研发中心与专业分中心的建立是由农业部农产品加工局组织的“全国农产品加工技术研发体系建设项目”的核心内容，是农业部落实《农产品加工业“十一五”发展规划》、贯彻“全国农产品加工技术创新大会”指示精神的具体行动。国家农产品加工技术研发中心依托中国农业科学院农产品加工研究所建立，各专业分中心依托企业、科研院所、高等院校建立，经过 3~5 年的建设，逐步形成以企业为主体、以科研单位为技术依托、产学研相结合的农产品加工技术创新体系，形成一支农产品加工科技创新队伍，加速了农产品加工领域科技成果转化，推动了我国农产品加工技术进步和产业升级。国家农产品加工技术研发中心的主要任务是，积极开展农产品加工业宏观发展战略及相关政策研究；加强农产品加工基础与应用基础研究、前沿技术研

---

① 周帮扬，徐韬韡. 借鉴国际经验完善中国农产品物流法律制度［J］. 世界农业，2012（5）：23-26.

② 戴芳，杨婧. 完善流转税制度 促进农产品加工业的发展［J］. 西北工业大学学报（社会科学版），2010（3）：59-63.

③ 梁宝忠. 国家农产品加工技术研发中心揭牌［OL］.［2016-10-09］. http：//www. gxny. gov. cn/news/zhxx/200711/t20071106_ 144752. html.

④ 农业部. 农业科技发展规划（2006—2020 年）［OL］.［2016-09-12］. http：//www. china. com. cn/policy/txt/2007-06/18/content_ 8406009_ 2. htm.

究、重大共性关键技术研究与集成；加快农产品加工科技成果转化、示范与推广，加强人才培训、国际合作与交流，为行业发展提供信息和咨询服务。①

3. 编制农产品加工质量安全标准体系的基本原则及内容

《GB/T 13016-2009 标准体系表编制原则和要求》明确规定了编制标准体系表的基本原则：第一，目标明确。标准体系表的编制，应首先明确建立标准体系的目标。不同的目标，可以编制出不同的标准体系表。第二，全面成套。标准体系表的全面成套应围绕着标准体系的目标展开，体现在体系的系统整体性，即体系及子体系的全面成套和标准明细表所列标准的全面成套。第三，层次适当。列入标准明细表内的每一项标准都应安排在恰当的层次上。从一定范围内的若干标准中，提取共性特征并制定成共性标准；然后将此共性标准安排在标准体系内的被提取出的若干个标准之上。这种被提取出来的共性标准构成标准体系中的一个层次。第四，划分清楚。标准体系表内的子体系或类别的划分，主要应按行业、专业或门类活动等标准化活动性质的同一性，而不宜按行政机构的管辖范围进行划分。

建立农产品加工质量安全标准体系的新思路。以往构建农产品加工标准体系表首先考虑按农产品的品种分类，以每一个种类品种的生产技术、产品质量特性和储藏加工技术等特点来建立标准体系框架。一般在标准体系中第一层次的标准子体系均按产品分类展开。但是农产品加工质量安全标准体系以质量安全为核心，包括在原材料质量控制、生产加工过程各要素的控制、检验检测、包装、运输、储存工作的全过程中所涉及的全部标准综合组成的，涉及农产品加工前、加工中、加工后的各个环节，贯穿于农产品加工的整个过程。而农产品的各类标准，如质量管理标准、检验检测方法标准、卫生安全标准等都会涉及各类农产品的品种。以下是按“过程方法”和“管理的系统方法”理论，探索一条新的标准体系建设的思路：

（1）明确建立标准体系的目标。以质量安全为核心，以加工过程控制为主线，完善各相关环节的标准，健全农产品加工质量安全的标准体系。

（2）根据全面成套及划分清楚的原则，结合农产品加工质量保障的特点，将农产品加工质量安全标准体系划分为八大模块，即通用基础，质量安全管理，产品，工艺技术，检验检测，卫生安全，设备设施，包装、标志、运输、储存等。

（3）建立层次适当的标准体系框架。依据各标准体系模块的作用，将通用的农产品基础标准和术语标准，以及农产品质量安全管理标准作为标准体系的第一层次内容，按生产加工过程控制各要素展开第二层次标准，即将产品标准、工艺技术标准、检验检测标准、卫生安全标准、设备设施标准，以及包装、标志、运输、储存标准等列为标准体系的第二层次内容。而各层次内容又可按各自的特点，分为若干个子体系，如产品标准可按农产品的类别分为植物类农产品标准子体系、畜牧类农产品标准子体系、渔业类农产品标准子体系。以此类推，按照相互依存、相互制约的内在联系，将所有的标准分层次依顺序排列起来就可以形成农产品加工质量安全标准体系表。

（4）编制标准明细表。将现有的农产品加工质量安全的标准按展开的标准子体系以及子体系归类。具体哪项标准应该放在哪个标准子体系中，主要考察其发挥的作用。一般来说，农业类的标准，包括产品标准、检验检测标准、卫生安全标准等比较明确。但可以纳入农产品加工质量安全标准体系的其他领域的标准的划分就要分析其具体作用了。

（5）补充、完善标准体系。标准体系表是标准体系的发展蓝图，是下一步编制、修订标准规划的依据。从标准体系的整体出发，按协调优化的原则，找出标准体系中的薄弱环节，有目的、主动、系统地完善农产品加工质量安全标准体系。②

---

① 毕金峰. 我国农产品加工技术创新体系日臻完善 国家农产品加工技术研发中心成立［J］. 农产品加工，2007（11）：1-5.

② 周到，李军生. 完善农产品加工质量安全标准体系的探索［J］. 农产品加工，2012（7）：58-60.

二、农产品质量安全法律制度创新

随着生活质量和健康意识的提高，消费者对食品安全问题的关注程度日益增强。为了减轻农产品生产中可能遭受到的工业“三废”以及化肥、农药等化学投入品的污染，提高安全农产品的供给水平，中国于20世纪80年代中后期开始，在开展全国农畜产品药物残留调查的基础上，于1990年开始发展绿色食品产业，于2001年启动“无公害食品行动计划”，于2005年4月1日起开始实施有机食品的国家标准，稳步推进无公害、绿色和有机农产品产业发展。截止到2007年年底，中国认证无公害农产品28 600个，认证面积达到2 107万公顷；认证绿色农产品14 339个，认证产地面积达到1 000万公顷；认证有机农产品2 647个，认证面积达到311万公顷。

然而，在国际市场对安全农产品需求日趋增加以及中国安全农产品供给不断增长的背景下，中国安全农产品的市场需求却增长缓慢。目前，中国安全农产品在国内市场上的份额还不足10%，特别是安全级别最高的有机农产品，其在国内全部食品市场上的份额不足1‰。扩大消费者对安全农产品的消费需求，对于促进中国安全农产品产业发展和扩大内需具有重要的现实意义。综合来看，中国安全农产品的需求受到经济、文化、技术和政策等多方面因素的影响。但无论如何，由于消费者在安全农产品需求方面具有最终的决策权，所以，他们在推动安全农产品产业发展上扮演着至关重要的角色。①

（一）农产品质量安全法律制度创新的主要问题

导致农产品质量安全问题的主要因素可以归纳为以下几方面：第一，水、土壤和空气等农业环境资源的污染；第二，种植业和养殖业生产过程中使用化肥、农药、生长激素致使有害化学物质在农畜产品中残留；第三，农产品加工和储藏过程中违规或超量使用食品添加剂（防腐剂）；第四，微生物引起的农产品食源性疾病；第五，新原料、新技术带来的农产品安全性，如转基因农产品的安全性；第六，市场和政府失灵，如假冒伪劣、食品标识滥用、违法生产经营等；第七，科学技术对农产品安全的控制和技术带来新的挑战等。造成我国农产品质量安全问题频繁发生的原因也是多方面的，但主要的直接原因可以归纳为原料不合格、企业缺乏积极性、监管体系存在缺陷等几个方面的内容。

1. 农产品质量安全监管法律制度的创新不足

我国现行农产品全过程质量监控难度大，主要表现在：一是在实际工作中往往产生责、权、利脱节的现象，造成非法生产、使用违禁农药的行为屡禁不止。监管程序不规范，监管力度不够。二是农产品生产经营者对农产品质量安全的认识性不足，法律意识淡薄。其主要表现在生产经营者不按照农产品生产的规定和技术操作规程进行生产；部分农民仍然在施用高毒、高残留农药。生产经营者为了获得更多经济效益，喷施农药安全间隔期没到就采收农产品，并进行市场交易，造成安全事件增多。三是监管人员素质不高，对农产品安全的认识不足。四是执法中没有统一协调，导致执法困难。五是对农产品质量安全的宣传力度不够。

农产品质量安全问题给消费者带来的伤害具有直接性、广泛性和不可逆性，使得各国对农产品质量安全方面的管制都非常系统严格。我国在以市场经济要求转变政府职能的同时，也加强了对农产品质量安全的管制；但其监管体系与保障食品安全的要求还有一定差距，尤其表现在管理体制和运行机制存在缺陷。例如，农产品质量安全管理的权限分属农业、经贸、供销、外贸、卫生、质检、工商、环保等多部门，各部门权责不清、职能交叉与分散、政出多门、很难形成合力；责任大而难办的事情容易相互推诿扯皮，造成监管真空、降低行政效率；重复监管、“权力寻租”导致监管管理成本偏高，而且存在着标准不同甚至有的相互冲突的问题。因此，分段与多头监管的制度缺陷难以适应农产品质量安全全程监管的要求。监管体系存在缺陷的主要客观原因是：目前我国农产品生产经营者或企业还是以小规模分散经营的家庭小作坊为主，从而农产品的

① 乔娟，李秉龙. 中国食品质量安全问题的原因与对策探讨［J］. 中国畜牧杂志，2008（8）：23-26.

小规模、分散经营格局将长期存在。

2. 农产品检测体系还比较薄弱

这突出反映在监测队伍、检测手段比较薄弱，检测人员业务水平还需不断提高。最近几年各市、县陆续成立了农产品检测中心及检测站，但只有部分检测单位开展了农产品检测工作。还有一些县级检测机构还没有开展农产品检测工作。其原因是检测人员文化素质低，检测设施无法满足检测的需要；市一级检测中心的技术人员虽然文化素质较高，但检测设备的投入不足，不能完全满足农产品检测的需要。加之，随着食品安全形势要求及检测标准的不断提高，兽药、饲料检测仪器设备奇缺，蔬菜农残检测设备损坏或老化问题突出，亟须进行设备添置、更新和维护。

3. 农产品质量标准体系不健全

一是标准缺乏，如稻谷、小麦、玉米等大宗粮食作物，只有一些简单的收购标准，仅靠杂质、水分的含量来确认等级，其他的指标，如营养品质、安全性状等都无明确标准；二是标准陈旧，一些20世纪50年代制定的标准，到90年代仍在沿用；三是地方标准数量少，不配套；四是标准的科技含量不高，对国际标准的研究和利用少，制定和实施的标准考虑国内情况多，采用国际标准少。当前我国农业生产经营分散、生产方式落后。

4. 农产品质量安全检测体系不健全

一是质量安全检测机构缺乏。目前除蔬菜检测中心外，市级农产品质量安全检测机构尚未建立；农产品批发市场的检测在个别地方虽已起步，但不能正常开展工作。二是检测技术水平不高，主要体现在以下几个方面：检测方法不够，残留检测方法还较少；快速筛选的检测技术还不够成熟；缺乏超痕量分析等高技术检测手段；样品前期处理技术过于传统，提取检测的效果不尽如人意；农产品检测方面的法规和标准不够完善。

5. 农产品污染问题还没有引起足够重视

农产品生产加工质量安全水平的高低与最终食品质量安全的水平息息相关。虽然农产品的某些品质差异可以在后来的食品加工过程中进行弥补，但绝大多数质量安全方面的品质差异是后来的食品加工根本无法改变的。因此，缺少符合食品质量安全要求的合格农产品原材料，食品加工企业很难生产出优质、安全的食品。造成我国农产品质量安全问题的主要原因是环境污染、违禁药品的使用和饲料添加剂的不安全使用等所导致的有害物质残留等。大气、水和土壤等环境污染，不但影响动植物的正常生长，导致动植物减产或者物理质量下降等，而且由环境污染导致的有害物质、违禁药品和添加剂等一旦进入动植物体内，便成为组成动植物体的一部分，并在动植物体内进一步富集。大量富集了有害物质的动植物初级农产品或农产品原料，可能已经不符合食用或者加工成为食品的基本安全卫生条件和要求。虽然近些年来我国的环境污染问题已经引起社会各界的广泛关注，但并没有实质性地得以改观。同时，在农产品的生产过程中，仍大量存在着过量或者违规使用抗生素、剧毒农兽药、有害添加剂等行为。例如，为了满足人们对畜产农产品日益增长的多方面需求，各种饲料添加剂已经被广泛使用；某些饲料添加剂的不正当使用或者有害添加剂的使用，已经成为导致农产品质量安全问题的重要原因之一。

我国粮食、蔬菜、特产、畜牧、水产等产品，由于生产环境污染，生态恶化，农药、化肥、激素、兽药使用不当等原因，质量安全受到严重威胁。近年来，因蔬菜染毒而造成的食物中毒事件时有发生；动物性农产品中兽药残留的问题仍很严重；饲料生产企业违法使用违禁药品和超量使用药物添加剂、微量元素的现象时有发生。

6. 农产品质量安全法律制度体系尚不完善

我国于2006年出台了《中华人民共和国农产品质量安全法》（以下简称《农产品质量安全法》），但相应的配套法律、法规却不健全。《农产品质量安全法》中大多属于原则性较强的规定，并且缺少明确的实施细则办法以及司法解释等，从而造成大多数农产品生产者与经营者不能明确自己的权利和义务，并且相关执法部门在执法中无法明确其权力执法中的边界及限制，导致其可操作性大为降低。①

相关法规不健全，缺少有效管理机制。我国农产品质量安全法律体系不完善，滞后于农产品质量安全工作的要求，要么无法可依，要么约束力差，存在部分执法人员执法不公、以罚代管或放任不管的问题。由于缺乏监管力量和相关资源的科学整合，没有形成合力，政出多门，职责不明，其不仅增加了农产品质量安全监管执法成本，更易导致执法漏洞，削弱监管的严肃性，使农产品生产源头、加工、流通、消费等主要环节没有得到有效监管。

市场经济条件下，企业经营的最终目标是获取利润，而获取利润最直接和最简单的办法就是提高价格或者压缩成本。但是，我国目前的状况是相对于同类食品而言，生产安全食品的成本不但远远高于不安全或者劣质食品，而且安全食品并不一定能获得相应的高利润。因此，由于缺少必要的正向激励，企业生产优质安全食品的积极性不高。虽然，国家三令五申狠抓食品质量安全问题，但由于处罚力度不够等原因，违法违规生产的现象屡禁不止。面对生产不安全或者劣质产品的高额利润和相对微薄的罚金而言，更多企业选择缴纳罚金之后，开足马力继续生产。反向约束不足，不但没有起到对违规生产企业的制约，反而增长了其嚣张气焰。例如，“金龙鱼”冒用了“国家免检”产品的认证标志。其冒用认证标志的产品达 1 080 吨之多，总值达 1 741 万元。而最终广西壮族自治区质量技术监督局对该企业仅罚款 9 万元，同时责成该企业立即整改，纠正违法行为。然而，被查处后的 3 个多月以来，“金龙鱼”的非“国家免检”产品的食用油仍打着“国家免检”产品的标志在大肆销售。

（二）创新我国农产品质量安全法律制度的具体路径

1. 建立农产品质量安全生产管理体系

（1）建立和保障农产品质量安全的农产品产地管理制度。健全农产品质量安全的农产品产地管理制度主要包括以下内容：第一，建立生产基地安全卫生质量跟踪制度。生产基地在生产活动中，应当建立质量记录规程，记载农药、肥料、兽药、饲料和饲料添加剂使用以及防疫、检疫等具体情形，保证产品的可追溯性。第二，建立生产基地安全卫生质量合格检验证明制度。第三，建立生产者安全卫生质量承诺制度。农产品生产基地在产品投放市场之前，应当就其产品的安全卫生质量状况向有关监督管理部门和经营者做出承诺；其他生产者在产品投放市场之前，应当就其产品的安全卫生质量状况向经营者做出承诺。②

（2）实施生产全过程质量安全管理。农产品生产全过程质量安全管理的内容主要包括：第一，积极选育、引进和推广品种。产前要挑选遗传品质好、遗传性状稳定、适合本地环境的品种进行种植或饲养。第二，注重农产品生产发育期间的营养平衡和调节。第三，依照规定合理使用农业投入品。第四，依照规定建立农产品生产记录。第五，注重采收、收获农产品过程。第六，农产品生产者对其生产的农产品的质量安全状况进行检测。

2. 加大宣传力度，强化各级政府机构和主要负责者的质量安全意识

“民以食为天，食以安为先”，农产品质量安全事关广大人民群众的身体健康和生命安全。各级政府及农业主管部门应该针对宣传中存在的薄弱环节，拓宽宣传渠道，加大对农产品质量安全的舆论监督力度。坚持正面宣传，对严重的违法行为要严肃查处、要曝光，合力营造良好的《农产品质量安全法》宣传氛围。各级政府及其职能部门要把农产品质量安全监管工作纳入各级政府目标管理的考核范畴，量化指标，明确责任，制定事故责任追究制度，并与政绩挂钩。

3. 严把市场准入关，杜绝劣质农产品上市销售

各级政府应当把“市场准入”作为农产品安全监管的关键环节来抓，要管大头、控源头，进一步发挥和提高规模较大的批发市场的功能，扩大其覆盖面，杜绝劣质的农产品上市销售。继续抓好产品的产地认定和认证工作，使通过认定的产地和认证的农产品可以免检进入市场；规范和完善农产品市场准入管理秩序。

---

① 胡定金，王伟. 我国农产品质量安全存在的问题与对策［J］. 湖北农业科学，2006（5）：525-526.

② 张玲妮，于彦辉，王本成. 当前畜产品质量安全问题与对策刍议［J］. 中国动物检疫，2011（1）：16-17.

4. 创新监管模式，探索农产品质量安全监管办法

要从农产品质量安全入手，依法加强对农业投入品监管，加大对农贸市场、地摊市场的监管力度。进一步加强无公害农产品地方标准制定和修订工作，加大对规模经营的政策扶持力度，加大资金的投入力度，促进生产基地标准化、规模化建设，扩大标准化生产的覆盖面；强化质量安全追溯管理，建立健全农产品生产记录制度，加快推行农产品质量安全追溯制度，提高农民的法律意识。

5. 强化执法监督，高度重视解决突出问题

要继续深入开展联合执法行动以及各类专项整治工作，特别是要高度关注对农药、兽药、饲料及饲料添加剂等投入品的管理和畜禽产品违禁药物滥用、水产品药物残留等问题，从严打击违法生产和经营行为。要加强执法队伍能力建设，完善执法手段，规范执法行为，不断提高监管执法水平。要加强部门间配合、协调；各部门要各负其责，各司其职，形成齐抓共管的合力。

6. 有效整合资源，提高质量安全检测水平

要有效整合各部门的检测资源，实现资源共享。充分利用市、县（市）区级检测中心较为先进的检测设备和技术力量资源，强化例行监测制度，完善检测程序和办法，延伸检测区域，扩大监测范围和数量。① 同时要有效整合现有信息资源，建立农产品质量安全的通报制度，探索信息公布的最佳形式，确保消费者的知情权，有效地监督生产者、经营者的行为，促进农产品质量安全水平的提高。

综上所述，信息不对称是造成我国农产品质量安全问题频繁发生的根本原因。因而要解决我国农产品质量安全的问题，首先就应该从尽可能地消除信息不对称的问题入手。但是，由于信息不对称在一定的社会经济条件下是客观存在的。所以，目前和未来一段时间的主要任务应该是尽可能地降低信息不对称的程度，尤其是尽可能地降低生产经营者与消费者之间的信息不对称程度。由于在信息不对称方面的市场机制失灵，要降低或消除生产经营者与消费者之间的信息不对称，必须有介于两者之间的第三方来提供客观公正的信息。通常认为，政府应该也能够成为克服市场参与者之间信息不对称的第三方。一方面，信息不对称导致的食品质量安全问题不仅对广大消费者造成了严重伤害，还极大地制约着社会经济的健康发展和国际社会的贸易往来，而且具有直接性、广泛性和不可逆性。所以，政府有责任通过克服或消除信息不对称来监管农产品质量安全。另一方面，政府具有垄断性的强制力，是超越市场交易主体之上的公共组织；政府具有组织优势，其可以更有效地降低信息成本；政府权威性的存在使其提供的信息具有公信力。所以，政府有能力通过克服信息不对称来监管农产品质量安全。政府监管的主要措施应该是健全和完善适应我国国情的保障农产品安全的法律、法规，并且建立适应法律要求的组织机构来严格执法，其主要工作应该围绕信息的获取和披露来进行。除了法律措施之外，政府还可以采取经济的和行政的措施，但在农产品质量安全方面应该以强制性的法律措施为主。政府作用的重要方面在于可以改进生产经营者与消费者之间的信息不对称性，提高消费者获取信息和发布信息的能力，提高消费者对安全农产品的认知程度和保护自身利益的能力，提升消费者与生产经营者的谈判能力，并通过消费者认知度、成熟度的提升来促进生产经营者提供更多的安全农产品。政府监管是迫使生产经营者实现自觉和理性的强制性手段。但因政府也可能会失灵，仅仅依靠政府还不足以完全解决因信息不对称而导致的农产品质量安全问题。因此，在采取政府强制性监管的同时，根据我国特定的农产品质量安全的环境特征，逐步健全和完善包括政府管制、行业自律、生产者自控和社会监督四者相契合的监管机制。②

① 许红莲，胡愈. 农产品质量安全问题根源及其整治路径探究［J］. 中央财经大学学报，2013（12）：63-69.

② 乔娟，李秉龙. 中国食品质量安全问题的原因与对策探讨［J］. 中国畜牧杂志，2008（8）：23-26.

第二编　新农村建设视域下农村社会治理法律制度创新探究

第七章　农村社会治理法律制度创新

随着农村经济的发展和社会的进步，近年来，农村社会治理问题备受关注。在我国农村社会的发展历史中，乡规民约的构建一直是农村秩序维持的重要元素。随着我国农村经济的不断发展，农村的社会关系不断复杂化。多元化、差异化的利益诉求对农村的社会治理模式和手段提出了新的要求和挑战。

一、农村社会治理的法理现状及基础

（一）农村社会治理的含义

农村社会治理是指各级政府、农村社会自治组织以及其他社会组织为维护农村的社会公正、社会秩序、社会稳定和实现农村可持续发展，依法管理农村社会公共事务、调整农村社会利益关系、化解农村社会矛盾、调节农村收入分配、保障农民合法权益、保护农村生态环境、开展农村教育和公共卫生等方面的综合性管理活动。① 从这个意义上说，农村社会治理就是在社会主义市场经济条件下，各级党委、政府领导的，社会协同协调的，在村民参与基础上以建立“生产发展、生活富裕、村容整洁、乡风文明、管理民主”社会主义新农村为主要目的的，对农村各项社会事务和事业建设的统筹管理和支持培育。

农村社会治安问题研究是当代中国社会发展理论的研究内容之一，是农村社会治理的关键问题，在中国特色社会主义社会发展理论中具有重要的地位。加强农村社会治安问题的研究与探索，完善农村社会治安治理机制，是稳定农村社会、促进农业发展、保障农民安居乐业、破解新形势下“三农”问题的重大举措。农村社会治安问题，关乎建设社会主义和谐社会大局，影响着中国农村的整体发展和未来趋向，是实现建设社会主义新农村战略任务的基础性工作。

（二）国内外农村社会治理创新的研究现状

1. 我国农村治理创新的发展及现状

根据《关于引导农村土地经营权有序流转 发展农业适度规模经营的意见》的相关规定，从农村土地上分离出来的“三权”是指土地所有权、承包权、经营权。农村土地集体所有是多部法律所明确的，农民在集体所有基础上享有土地承包经营权。但是“两权分置”的政策创新，收益随着工业化与城镇化的快速发展，以及大量农村劳动力涌入城市而减少，导致农地闲置现象越来越严重，农地的不规范流转行为屡屡发生。制度的顶层设计者发现了制度环境的变化，从满足人们更多服务需要或从更低交易费用中获得好处的现实考量，再次创新了农地产权制度，允许农民的土地承包经营权一分为二，即农民在享有承包权和经营权的基础上，实现该权利的自由流转。这既是法律对农民流转土地的制度保障和对农地流转风险的规避，同时也是对产权理论的丰富与完善。自 2007 年开始的农地确权登记颁证制度实施以来，在有限期的产权条件下，中国农民就可以在这个期限内享有自由的土地收益权与处分权，从而确保其转移就业和优化配置土地要素等权利。社会管理是政府的一项重要职能。自党的十六届三中全会以来，各级政府成立了社会管理综合治理办公室，开展了大量创新性的社会管理工作。但是，正如温家宝在总理任期中接受媒体采访时说的，“还没能够把人民最关心的医疗、上学、住房、安全等各方面的问题解决得更好”，收入分配不公、贫富分化、社会治安、公共安全、人口与环境等社会问题仍然较为突出。长期以

① 赵丽敏．农村基层组织发展与社会管理创新［J］．人民论坛，2014（20）：60-62.

来，各级地方政府“重管理、轻预防”，重视政府在社会管理中的主体地位，轻视社会力量参与社会管理的有效性。当这种常态管理遇到“个人主义与多元主义泛滥的游客和流浪者存在的社会时是混乱、破碎、易逝的”，社会管理需要理论与实践的创新。十八届三中全会把推进国家治理体系和治理能力现代化作为全面深化改革的总目标，标志着社会管理从理念上向社会治理转变，依法进行系统性、综合性、源头性的社会治理成为当今中国的必然选择。农民的土地权益也随着农地流转制度变迁经历了全部权益的自主处分到集体拥有全部土地权益的阶段，并在集体产权背景下经历了不受法律保护的土地使用权的私下流转到有法律为依据的规范流转。然而，随着地方政府涉农绩效考核指标的变化，农村土地流转越来越成为一种政治任务而被层层分解，农民的土地承包经营权、收益权和处分权等多项土地权益逐渐流失和弱化，导致更多的知识精英介入到农民维权队伍中，使农地问题更加复杂化、政治化。面对这种现象，基层政府的治理手段却相对单一，要么以少数服从多数的原则进行处理，要么对农地问题实施粗暴打压，在农民大量向城市转移就业的背景下，并不会产生较大的治理后果。①

但是，如果再遭遇类似2008年全球金融危机等大事件，在大批农民返乡，以及近年来出台了非常多的有利于农村发展的政策的情况下，传统的基层政府治理就会陷入困境。因此，在农地“三权分离”背景下的农村社会治理模式要不断创新，切实防范农地流转风险，保障农民权益，只有形成“多中心主体”的公共治理格局，才能形成社会管理的“合力”，共同推动“党委主导、政府负责、社会协同、公民参与、法律保障”的农村社会治理新模式的形成。

2. 我国农村社会治理创新的研究现状

关于社会治理与法治的关系，陈珺珺认为，社会治理与法治具有共同的价值理念，两者也可以相互促进。② 社会治理法治落后于社会治理发展的需要，主要表现在立法、执法、司法、公众参与制度、法治文化等方面的滞后。必须通过饱和社会治理的法律规范总量、完善社会治理执法机制、有效发挥司法功能、健全社会治理公众参与、增强法律信仰等路径来推动我国社会治理法治化。韩大元认为，以宪法理念为基础推动社会管理创新要坚持法治发展内在规律，不能以“法治”名义突破法治的界限。社会治理必须在尊重宪法、法律的前提之下进行，不能违反有效的法律规定。严存生认为，法治是社会治理的一种，社会治理是人在认识自然的规律和人的本性的基础上调整人与自然、人与人的关系，并建立和维持秩序的过程。从民主的观点来看，社会治理的最高治权应当归于人民全体。执政者所掌握的只是使用权，因此他们对社会的治理不是一种统治，而是一种管理。好的社会治理称之为善治，而法治就是一种理想的善治。江必新、罗英认为，社会治理法治化意味着用法治精神统帅社会治理全局，用法治眼光审视社会治理现状，用法治思维谋划社会治理战略，用法治手段破解社会治理难题，用法治方法巩固社会治理成果。实现社会治理法治化，应该以形式法治为基础，以实质法治为主导，以行政法治为重点，以程序法治为核心，以民生法治为后盾。詹毅等认为，法治是加强和创新社会治理的基础。社会治理的第一要义是保障公民权益，而公民权益的保障需要法治。刘旺洪提出，法治是社会治理创新的基础，创新社会治理必须按照社会治理法治化的要求，系统梳理已有的法律、法规、规章和规范性文件，加强社会治理立法，及时进行社会治理法律、法规、规章和规范性文件的清理和废、改、立，不断完善中国特色的现代社会治理法律制度体系。而对于农村社会治理的机构和类型，贺雪峰、董磊明、陈柏峰认为，宏观层面的研究主要是理解乡村治理发生的背景、历史条件及其现实处境；中观层面的研究主要是理解自上而下的政策、制度和法律在农村实践的过程、机制及后果，并为理解农村政策的实践提供理论解释；微观层面的研究主要理解乡村社会内在的运作机制及农民的生活逻辑。贺雪峰、董磊明通过对构成乡村治理基本结构三方面的要素，村庄基本秩序状况及其维系机制、村干部的角色与动力机制以及乡村关系状况的考察，区分出四种可能的乡村治理类型：原生秩序型、次生秩序型、乡村合谋型和无序型。张晓山从中国乡村治理结构改革的

① 王芳. 当代中国农村社会治理问题研究［D］. 长春：吉林大学，2012：68.

② 陈珺珺. 社会管理法治化问题探析［J］. 法制与社会，2012（5）：157-159.

背景、形势、改革的走向及制约因素、改革的措施等几个方面进行论述。他认为乡镇与行政村的治理模式要想由统治型转向服务型，由自上而下的行政管理型转为群众参与的自治型，由全能型转向有限功能型，与三个因素密切相关：一是上级布置的任务减少，二是传统的管理模式的改变，三是有其他类型组织来接手乡镇与行政村组织的一些功能。为此要建立乡村公共财政体制，改革与完善乡村治理结构。①

3. 国外农村社会治理创新的研究现状

国外很难找到一个和我国社会管理契合的概念，但其在一些理论阐述中还是有所体现。西方侧重的是社会中介组织的社会管理和服务。第一个时期是 19 世纪中叶，促进社会和谐、社会公平的均衡的社会秩序理论占据了理论阵地。② 这个阶段的社会管理以社会的自我管理为主，主要强调政府管得越少越好。政府主要的社会管理职能是作为守夜人的角色进行社会秩序的维护和管理，同时把济贫扶困作为其职能的一部分。第二个时期是 20 世纪初至 70 年代末，这个阶段占据主要理论和实践阵地的是社会福利理论和福利国家理论。这些理论强调广泛运用社会政策手段来实现社会福利最大化。加强社会福利和社会事务建设，促进政府的社会管理。始终注重完善社会保障制度，刺激消费需求，促进就业，保障社会公平。20 世纪 80 年代以来，西方国家开始反思建设福利国家的理论，更加重视社会管理与社会规制，要求系统化干预国家社会生活、改革政府管理，要实行更加有效的社会管理，加强建设全面性社会管理机制和管理技术以提高经济效益和社会公平最大化。而自 20 世纪 90 年代以来，社会政策产生重视教育、就业培训、科技与知识投入的转变，出现了“第三条道路理论”和“社会投资型国家”理论。西方国家主动利用利益相关方、基本社会组织、非政府组织（NGO）进行社会整合协作治理；重视社会资本、社区建设与发展，进行职业化、竞争化、参与性、公共性、服务导向和公民导向的社会管理，发挥国家、个人、社区等利益相关方在公共福利中的地位和作用。西方农村社会管理方面的研究主要集中于农村公共社会事业的建设和发展，在农村社会管理过程中注重农民自身的参与和农村自治组织管理职能。例如英国、瑞士等国家根据自己的实际国情制定科学完备的法律和制度来治理农村；通过政策引导，实现参与主体多元化，从而实现多元化主体结构治理。在日本新农村建设中，政府起着积极提供公共产品主导作用，引导农村居民积极参与，强调自立自强；发挥农业组织协同协调的作用；重视法律、法规及制度建设。

但是国外农村社会管理是立足于本国实际出发的，而且与中国的农村社会管理的内涵以及理念方面有所不同。因此我们在借鉴先进经验的基础上，更应该发展符合中国国情的农村社会管理理论。国内外系统的研究成果为本书提供了丰富而翔实的素材和参考资料。

（三）我国农村社会治理制度创新的重要性

中国是一个农业大国，农村的经济、社会、文化等随着改革开放以来的经济社会发展而不断地进步，因此，乡村社会治理也应当成为社会治理密切关注的重要内容。我国乡村社会治理法治建设必须同我国农村的政治文明、物质文明、精神文明的发展同步进行，因为乡村社会治理法律体系的好坏直接影响我国走向法治国家的历程。乡村社会治理的法律体系建设是加速农业现代化的重要举措，是农村经济社会发展的关键途径，是尊重农民的生产经营自主权和维护其合法财产权益的基本保障。只有完善的乡村社会治理法律体系才能保持乡村社会的长治久安，才能保证乡村社会治理最终走向善治的局面。当前，我国乡村社会治理的法律体系尚不健全。就目前我国乡村社会治理的现状来看，乡村社会治理法治化的经济基础太薄弱，导致乡村社会治理的法治化存在着很多问题，比如，习惯法与国家法并存，立法及司法的机构设置不尽如人意，执法与司法运行状况不完善等。因此，在深化乡村社会治理的法律制度中，我们必须将完善乡村社会治理的法

---

① 王铁柱. 村民自治视野下的农村社会治理问题及其解决路径思考［J］. 广西青年干部学院学报，2015（2）：68-70.

② 吴新叶. 农村社会管理的动力机制与实现路径［J］. 河南师范大学学报（哲学社会科学版），2010（2）：142-145.

律体系作为重点工作。行政部门、立法部门、司法部门之间通力合作，广泛筹集信息，采纳民意，提交议案，形成科学、合理、公正、有效、可行的法律规范，规范我们基层政府、企业、非政府组织以及其他社会治理力量等多元治理主体开展的乡村社会治理活动。

农村社会治安问题是农村社会治理问题的关键，当今社会最受关注的话题是国家的安全和社会的稳定，社会治安问题是当今人类社会共同面对的最严峻的挑战之一，社会治安的好坏直接关系到经济、政治、文化、社会、生态等秩序的持续稳定和各项社会事业的健康发展。世界范围内广泛存在的社会治安问题，为各国经济社会发展与稳定带来了巨大的隐患。大量社会治安问题的存在，从经济上看，容易造成直接或间接的经济损失，影响社会成员增收，不利于人们生产积极性的发挥，使经济增长受阻的可能性大为增加，同时因治安治理消耗大量人财物，在一定程度上会影响经济和社会的持续、健康、稳定发展；从政治上看，会影响执政党和国家的形象及声誉，会使一国政府的政权稳定存在致命的风险；从社会心理上看，社会治安问题的广泛存在会加重社会成员的心理压力，导致人际关系紧张、信任危机，极易增加社会不稳定因素，污浊社会风气，不利于营造健康、和谐的社会环境。因此，加强社会治安治理，对于促进社会和谐、实现社会稳定繁荣，具有重要意义，已经成为世界各国努力奋斗的共同目标。随着中国现代化进程的不断深入，国家在经济结构、人口构成、社会心理、社会生产方式和社会生活方式等方面均发生了深刻变化。这些变化对社会治安将产生深刻的影响。变动中的中国社会恰似一个“断裂的社会”，而在“断裂的社会”链条中最薄弱的环节就是“三农”问题。在中国，每年的人大、政协会议谈论的主要话题之一就是社会治安问题。一些农民反映：“过去没有政策，不让出门。现在有了政策，却不敢出门。”社会治安情况的恶化与复杂化，使广大农民群众深受其害，严重影响了农村的改革、发展和稳定。由此，农村社会治安问题的重要性日益凸显出来。

中国特色社会主义的发展离不开农村的发展，农村的发展离不开农村的稳定，而农村稳定的重要观测指标之一则是农村社会治安状况。农村稳，则天下安。毋庸置疑，农业经济的持续增长、农村社会的安定有序、农民的安居乐业，都需要有一个稳定的农村社会环境。因此，农村社会治安形势的好坏直接影响农村社会的稳定与否，关系到整个农村社会的发展，关系到整个国家的稳定大局。稳定已成为党和政府压倒一切的工作重点。改革开放以来，农村的社会稳定越来越成为这一新的伟大革命的前提，成为中国特色社会主义建设和国家长治久安的重大保障。近年来，“三农”问题日益成为中国社会经济发展的“软肋”，社会各界对此给予了越来越多的关注。我国正处于社会主义初级阶段的基本国情，决定了中国农村社会治安不可避免地面临异常严峻的现实，影响社会稳定的因素明显增多，各种社会矛盾骤然聚集，出现了不少新情况、新问题，个别农村地区治安形势异常严峻，问题突出。

毛泽东在《关于正确处理人民内部矛盾的问题》一文中指出：“我国有五亿多农业人口，农民的情况如何，对于我国经济的发展和政权的巩固关系极大。”我国农村地域面积大，人口众多，因此，中国的发展取决于农村的发展，而农村的发展取决于农村的稳定。邓小平在《建设有中特色的社会主义》一文中进一步指出：“中国有百分之八十的人口住在农村，中国稳定不稳定首先要看这百分之八十稳定不稳定，城市搞得再漂亮，没有农村这一稳定的基础是不行的。”江泽民也强调：“没有农业的牢固基础，就不可能有我们国家的自立；没有农业的积累和支持，就不可能有我国工业的发展；没有农村的稳定和全面进步，就不可能有整个社会的稳定和全面进步；没有农民的小康，就不可能有全国人民的小康；没有农业的现代化，就不可能有整个国民经济的现代化。”胡锦涛在省部级主要领导干部提高构建社会主义和谐社会能力专题研讨班上的讲话中特别指出：“在我们这样一个农民占多数人口的国家里，农民是否安居乐业，对于社会和谐具有举足轻重的作用。”十七大报告强调指出：“解决好农业、农村、农民问题，事关全面建设小康社会大局，必须始终作为全党工作的重中之重。”这对于我们深刻认识和把握新形势下“三农”问题，实现农业更加发展、农村更加和谐、农民更加富裕的目标，具有十分重大的意义。党的十六届五中全会提出：“要按照生产发展、生活宽裕、乡风文明、村容整洁、管理民主的要求，坚持从各地实际出发，尊重农民意愿，扎实稳步推进新农村建设。”要实现建设社会主义新农村的战略目标，必须有一个安全稳定的社会环境。这就亟须破解当前日益突出的中国农村社会治安问题。①

综上所述，在当前经济迅速发展，城乡差距、贫富差距进一步拉大的情况下，社会矛盾会越来越多样化、复杂化，农村治安压力系数增大，广大农村居民对社会安全感的期望值也就越来越高。因此，在农村新一轮改革与发展的大潮中，迫切需要营造一个和谐稳定的社会环境。农村社会治安问题已经成为新农村建设的重中之重，成为事关中国特色社会主义稳定大局的至关重要的主课题。

二、我国农村社会治理法治化创新面临的难题

（一）现行我国农村治理法治化面临的挑战

随着中国改革开放的进一步深化，加强和创新社会治理已成为党和政府面临的新课题。推进社会治理法治化的基础、工作重点和难点都在基层。在农村人口仍占主体，农村的社会结构、利益格局、组织体系、生活方式、价值观念等各方面发生剧变的新形势下，农村社会治理法治化创新的问题不仅是农村社会稳定的问题，更关乎党在农村执政基础的巩固。在新的形势下，农村社会治理法治化面临以下三大挑战：

1. 治理主体多元化的挑战

创新社会治理体制，推进社会治理法治化，必须“坚持系统治理，加强党委领导，发挥政府主导作用，鼓励和支持社会各方面参与，实现政府治理和社会自我调节、居民自治互动”。具体到农村社会治理而言，其治理主体必然包括基层政府、村民自治组织、农村社会组织和农民等。但长期以来，党的基层组织、行政组织管控着农村的社会治理。② 农村人口众多，人员分散，因此代表农民利益的社会组织一时很难形成起来。特别是随着大规模城市化的出现，中国农村人口净流出加剧，留守农民呈现出“386199”（妇女、儿童、老人）的特点。在一些地方，村民自治出现“没人选”“选人难”的状况，导致农民在社会治理中“缺席”，加剧了治理主体、治理能力的弱化。目前，农村社会治理主体正处于单一化的困境与多元化的尴尬之中。

2. 治理方式民主化的挑战

民主是农村社会治理的基本方式，是推进社会治理法治化的重要前提。在农村社会治理中，各治理主体的参与及职责的履行都必须建立在民主协商的基础之上，从而促进决策的民主化、科学化、法治化。但是，当前农村社会治理方式过于专制简单，“四个民主”很难落实到位，腐败问题禁而不止。比如在民主选举中，村委会成员选举机制不完善，对“拉票贿选”等不合法现象缺乏刚性约束；在民主参与中，决策往往由少数干部说了数，农民利益诉求的表达渠道不畅；在民主管理中，村务公开得不到有效落实，尤其是农村财务管理、征地补偿、低保发放等存在一些漏洞；在民主监督中，村民监督流于形式，问责制度基本处于空白的状态。在一些离城镇较为偏远的乡村，由于人口的空心化与社会监督的弱化，乡村干部腐败问题更是高发、频发。③

3. 治理手段现代化的挑战

实现农村社会治理的现代化，必须坚持综合治理，从过去单一的依靠行政手段，转向依靠行政、法律、经济、教育、道德等多种手段综合治理，并应用现代技术手段来规范农村社会行为。但是，由于基层组织行政管理和农村公共服务滞后，农村基础设施建设不完善，信息传播、诉求

---

① 尤琳，陈世伟. 国家治理能力视角下中国乡村治理结构的历史变迁［J］. 社会主义研究，2014（6）：111-118.

② 蔡斯敏. 乡村治理变迁下的农村社会组织功能研究——基于甘肃省 Z 县 X 村扶贫互助合作组织的个案［J］. 华中农业大学学报（社会科学版），2012（3）：67-73.

③ 陈荣卓，唐鸣. 农村基层治理能力与农村民主管理［J］. 华中师范大学学报（人文社会科学版），2014（2）：11-19.

渠道不畅，诸多现代化治理手段无法实施。特别是在群众诉求日益多元化、复杂化和利益化的今天，农村基层组织缺少与群众的沟通交流，对群众关心不够，发现矛盾、化解矛盾的行动迟缓、手段单一、水平不高，组织力和号召力不强，都大大影响到农村社会治理法治化的整体效果。

（二）我国农村社会治理法律制度创新的现存问题

当前，中国正处于社会转型的关键时期，很容易导致社会失序、心理失衡、道德失范、法治失灵，致使农村各种社会矛盾层出不穷、错综复杂。改革农村社会管理的传统模式，推进农村社会治理法治化，迫在眉睫。其原因主要有以下几点：一是偏重静态刚性管理，忽视动态柔性治理。在当前农村社会治理实践中，不少地方更多的是偏重于静态刚性管理，忽视动态柔性治理，没有做到时变我变、与时俱进。一些基层领导干部喜欢稳定、刚性的运行机制，习惯于在静态的社会固定框架中来调解社会矛盾，化解社会冲突，总希望用行政的手段、陈旧的管理方法，把一切不稳定的因素消灭在萌芽状态。这样就不能及时发现潜在的风险，以至于酝酿更大的危险。当“老办法用不上、硬办法用不得、软办法不顶用”的怪现象出现时，才发现传统管理上的弊端。二是偏重事后“救火”管理，忽视前置预防治理。当前的农村社会治理更多的是偏重于救火式的事后管理，而忽视了前置式的预防管理。一旦风险或矛盾积累并爆发后，在“稳定压倒一切”的情形下，一些基层领导干部往往力求速战速决，“火线”解决问题，采用增人手、“钱开路”、压事、瞒报的方式进行救火式管理。一些地方政府和基层领导干部忽视社会矛盾预警机制和预防系统的建设，认为没有冲突就是社会稳定，没有上访、闹事现象就是工作到位。“无事”不治理，“有事”就“救火”，致使农村社会矛盾和风险越积越多，以至于酿成大的刑事案件甚至是群体性事件，一发不可收拾。三是偏重客体被动管理，忽视主体能动治理。现代社会治理是一种公共治理结构下的公民有序参与以及公民与政府之间的良性互动机制。农民是农村社会治理的主体，而这一主体往往被排除在外，得不到有序参与。基层政府往往把自己和农民简单地放在“管理者”与“被管理者”的位置上，忽视平等的协商对话，甚至搞成“官”民对立，认为农民的诉求就是“闹事”，就是与“党和政府对着干”。[①] 加之没有有序发展多样化的社会、自治组织，相当一部分农民基本上处于无组织状态，难以参与到农村社会治理当中。

党的十八届三中全会通过的《中共中央关于全面深化改革若干重大问题的决定》指出：“坚持系统治理，加强党委领导，发挥政府主导作用，鼓励和支持社会各方面参与，实现政府治理和社会自我调节、居民自治良性互动。”囿于历史传统和现实的境况，发挥村民自治在农村社会治理中的作用仍面临一些主要问题，主要表现在以下几个方面：

1. 农民民主治理理念落后

受传统思想观念的影响，“农民小生产者由于狭隘的小生产经济和与世隔绝的生活方式，往往缺乏对自己力量的依赖，处于近乎麻木不仁的郁闷状态之中，习惯于乞求强权的保护”。传统的“自给自足”思想使他们认为自己只是个“种地人”，没必要或无法参与到民主政治生活中。从现实来看，农民受教育程度不高，缺乏相应政治知识，缺少村务治理的经验，久而久之，便对治理冷漠。具体而言，其主要体现在以下几方面：其一，法律意识不强。农民对《中华人民共和国村民委员会组织法》《中华人民共和国民法通则》《中华人民共和国行政诉讼法》等相关法律缺乏了解，法律意识薄弱，导致农民维权意识淡漠，从而最终影响村民的“依法治理”。其二，重人治轻法治的思想依然存在。农民法律意识淡薄致使农民在利益受损时不是寻求法律的保护，而是寄希望于“青天大老爷”来为自己“做主”；他们“不能以自己的名义来保护自己的阶级的利益；他们不能代表自己，一定要别人来代表他们”。其三，农民的民主参与比较被动、消极。传统意识的影响、农村集体经济的落后等导致村民对村务治理缺乏热情，监督的积极性也不高。“村民真正直接选举村民委员会是启动村民自治的主要标志”。村民选举村民委员会在部分农村

① 卢福营.“协同服务”：农村基层社会管理的创新模式——浙江省舟山市岱西镇调查［J］. 学习与探索，2012（1）：64-68.

往往流于形式，缺乏实质性内容。①

2. 农村女性民主参与治理难度大

历史因素主要表现为，“中国传统的农村社会结构是建立在世袭的土地私有制和父系继承制基础上的，土地私有制经由父系继承使得男性及男性家庭的家长和男系家族的族长成为农村社会政治结构的基本单元；而农村妇女完全依赖于男性及其男性家庭，社会角色只能体现在家庭之内，不能成为农村社会政治结构中与男性相平等的相对独立性的单元”。可见，传统思想观念阻碍了农村妇女的村务治理参与，损害了她们的政治权益，久而久之，她们的治理意识便会淡化甚至消失。现实因素主要表现为：《中华人民共和国村民委员会组织法》规定，年满18周岁、未被剥夺政治权利、在本村常住拥有本村户籍的妇女可以参加选举。但部分农村，往往采用户代表选举办法，即每户出一个代表参加村民委员会选举，而按惯例，户代表选举基本上都是由该户的男子参加选举。这一做法不仅不符合《中华人民共和国宪法》及《中华人民共和国村民委员会组织法》的要求，而且损害了农村妇女的政治权益。

3. “四个民主”不能有效协调统一

村民自治就是村民通过“民主选举、民主决策、民主管理、民主监督”，实现村民的“自我教育、自我服务、自我管理”。目前，“四个民主”在实现农村社会治理过程中仍存在一些问题：①理念落后易导致“半截子民主”。一些村民认为民主就是选出他们的“带头人”，而没有考虑到选出的村民委员会能否真正为本村服务，从而导致村民自治中“半截子民主”的出现。②制度和机制不健全。一是村民自治中的部分制度不健全，如村民会议制度、村民代表会议制度、农村村干部责任制度、村务公开制度等。二是缺乏有效的监督和指导。在实际政务中，村民不能对村民自治进行很好的监督，容易造成农村的“半截子发展”，民主法治也得不到很好的发展。②

4. 乡村关系不能理顺

《中华人民共和国村民委员会组织法》第四条规定：“乡、民族乡、镇的人民政府对村民委员会的工作给予指导、支持和帮助，但是不得干预属于村民自治范围内的事项。村民委员会协助乡、民族乡、镇的人民政府开展工作。”实际上，乡村关系容易出现以下几种情况：一是“行政化趋向”，即村民委员会在某种程度上成了乡镇政府的附属机构或下派机关，成了乡镇政府实现任务的一个“工具”，难以“自治”；二是“独立化趋向”，即村民委员会进行村务治理时，试图在某些方面摆脱乡镇政府的监督、指导，搞“完全独立”；三是乡镇政府与村民委员会权责不明确，即《中华人民共和国村民委员会组织法》第四条只从法律对乡镇政府与村民委员会的职责作了原则性说明，而没有做出具体解释，如没有明确指出乡镇政府对村民委员会进行的指导和监督事项，村民委员会的“自治”范围也没有具体指出。

（三）农村社会治理法治化创新的问题解析

随着农村改革的深化和经济关系的调整，不断涌现的经济利益摩擦和思想观念碰撞使农村社会治安出现了一些新情况和新问题，治安形势不容乐观。社会治安问题，不仅仅是一个重大的社会问题，也是一个重大的政治问题。治安形势恶劣，影响农民安全感的治安问题得不到解决，容易带来民心不稳、乡村动荡，会阻碍新农村与和谐社会建设的进程，影响全国和谐稳定大局。

社会治安问题，大多属于人民内部矛盾，农村社会治安问题也不例外。人民内部矛盾是在人民根本利益一致基础上的矛盾，处理得好，可以化消极因素为积极因素，增强人民的团结，促进我们的事业兴旺发达；处理得不好，使矛盾激化，小事会变成大事，甚至酿成乱子，就会给我们的社会稳定和事业发展带来严重的损害。随着农村经济的发展和农村市场化进程的加快，农村社会治安问题日益突出，呈现出对抗性明显增强、危害性明显增加、群体性事件明显增多的态势。

---

① 许龙飞，郑庆杰．变中有“理”：合作村治与农民理事会——基于“赣南模式”的案例研究［J］．云南农业大学学报，2015（5）：13-18.

② 李莉，卢福营．服务取向的农村基层社会管理创新——以浙江上虞戴家村“四不出村”工作法为例［J］．浙江社会科学，2012（9）：140-143.

如因经济纠纷引发的治安案件频繁发生；因干群关系紧张，诱发矛盾激化，升级为集体上访、围攻乡村干部、打砸乡镇政府的群体性事件时有发生。这些都对地方的治安秩序稳定造成极大的危害。

农村社会治安状况的好坏，不仅直接关系到广大农民群众的安居乐业，影响农村社会大局的安定团结与社会秩序，还关系到农村各项改革是否能够继续深化、农村社会经济能否得到持续发展、农村民主法治进程能否顺利推进、农民收入是否能够得到不断提高、农村社会各方面的利益关系能否得到妥善协调、农村内部矛盾和冲突能否得到正确处理、社会公平和正义能否得到切实维护和实现。进一步讲，农村社会治安状况的好坏实际上还直接关系到党的各项路线、方针、政策在农村能否得到贯彻落实，关系到党在农村的执政地位是否能够得到真正巩固。梁漱溟几十年前做出了关于安定农村重要性的论述，提出“只有乡村安定，乃可以安辑流亡”，至今仍对我们起着重要的警示作用。① 影响农村安定和农民安全的因素大大增加，直接影响着农民正常的生产和生活秩序，给经济和社会发展造成有形的损害。更为重要的是它会败坏社会风气，模糊农民正确的人生观、价值观和对事业成功的正确追求。农村的社会治安治理不好，还会削弱基层组织的权威性和控制力，使党和政府在人民群众中的威信也会受到严重的挑战，在某种程度上会抑制农村政治、经济、文化、社会与生态的良性发展。如何创造一种和谐稳定的局面，使广大农民享受安康和尊严，是一项艰巨的历史使命，同时也是新农村建设中的一项必然要求。

三、完善我国农村社会治理法律制度的建议

农村社会管理体制改革与创新的根本目的是适应社会主义新农村建设和全面建设小康社会的需要，促进农村现代化建设。为此，当前农村社会管理体制改革要从解决当前的农村民生问题入手，建立与完善农村社会管理多元主体的协调运转机制，建立健全统筹城乡发展的社会流动机制，建立健全农村社会矛盾纠纷预警调处机制，不断完善具有中国特色的农村社会保障机制，不断解放和发展农村生产力。

（一）完善农村社会管理体系

1. 建立与完善农村社会管理多元主体的协调运转机制

“善治”就是公共利益最大化的社会管理过程，其本质就是政府通过与公民平等沟通、共同协商、建立伙伴关系、确立共同目标等方式实现对公共事务的管理。一方面，要求政府在有限政府和责任政府理念下重塑政府，增强社会管理能力；另一方面，加强对社会组织的引导和监督，在积极协作和良性互动中实现利益最大化的公共管理。农村社会管理体制创新应树立“善治”理念，建立和完善社会管理多元主体的协调运转机制。②

第一，党组织和政府加强自身建设，加大对农村社会组织的培育、扶持和监督力度。从我国农村社会管理的实际来说，乡镇基层政府无疑是社会管理的主体力量。这就要求基层党组织在加强自身建设的同时，对其他社会组织和自治组织加以培育和引导。乡镇党委按照总揽全局、协调各方的要求，集中精力把方向、谋大事、出思路、管干部，确保党的路线方针政策全面、正确贯彻落实。建立和完善党委定期研究党建工作、理论学习、交流工作等制度。经常开展集中学习、经验交流活动，进一步激发班子成员竞相学习、比学赶超的热情。推行服务群众来访“首问责任制”“责任追究制”等措施。严格执行集体领导和民主集中制，积极开展领导班子的谈心活动，营造互相信任、互相支持的良好氛围，充分发挥领导班子整体功能，建成坚强有力的农村社会管理领导集体。充分发挥农村社会组织在农村社会管理、构建农村和谐中的积极作用，鼓励支持农村自治组织和社会组织参与农村社会管理，特别是参与农村公共产品和公共服务工作。基层政府

---

① 蔡斯敏. 乡村治理变迁下的农村社会组织［J］. 西北农林科技大学学报（社会科学版），2012（5）：115-119.

② 邱梦华. 制约与培育：农村基层社会组织的制度环境［J］. 云南行政学院学报，2013（1）：55-59.

要厘清政府与农村社会组织的关系，坚持“引导不领导，扶持不干预”原则，保持农村社会组织的相对独立性。加大政府对农民社会组织的财政、税收、信贷支持力度。发挥这些组织在维护社会稳定中的积极作用，加强基层对农村组织的引导、组织和监管，逐步把农村社会组织培育成介于农民与政府之间的“第三部门”，发挥农村社会组织在加强社会管理中的桥梁与纽带作用。

第二，发挥社会组织的协同作用。美国学者指出：在社会生活管理领域，政府和社会组织的关系不仅仅是相互补充，更重要的是互助合作，在公共管理和公共服务中两者间的高度协作是非常重要的。也就是说，在农村社会管理的大格局中，既要充分体现党和政府在社会管理中的主体地位，同时也要发挥农村自治组织和社会组织的社会协同作用。通常意义来说，社会组织的协同度是衡量一个国家和社会现代文明程度的重要标识。社会组织发达的地区，社会协同程度也就高，就有发达的公民社会。在全面建设小康社会，加速推进社会主义新农村建设的新的历史时期，更要注重和发挥农村社会组织在社会管理中的桥梁纽带作用，积极反映农民的利益需求，配合支持政府公共管理行为和公共服务。在与基层政府的协作中，一方面，社会组织要通过对政府决策和执行过程的参与，增加政府决策的透明度和对社会的公开程度，可以起到对政府公共事务管理活动的民主监督作用；另一方面，也通过参与政府的决策过程，提供有益的决策信息，不断推进政府决策的科学化，防止盲目决策带来的资源浪费，实现农村公共利益的最大化。

第三，农民通过组织化参与社会管理。组织化程度是社会管理体系的参考指标，组织化程度越高，社会的群体性特征越明显，社会管理的成本和风险就越低。就当前农村基层组织而言，应充分调动农民参与社会管理的积极性和主动性。有效途径之一就是提高农民的组织化程度，按照农村产业、区域布局、经济水平等特点，建立各种农民专业合作社，实现农村与城市、产品与市场、农民与政府的有效沟通，让农民依法、有序、自主地参与农村经济文化和社会管理，更好地实现、保护和促进自身的利益。

2. 建立健全统筹城乡发展的社会流动机制

社会流动，是一个社会学概念，指社会成员从一种社会地位向另一种社会地位，从一种职业向另一种职业的转变。它是社会结构自我调节的机制之一。合理的社会流动能够促进不同社会阶层的交流，激发人的积极性，从而保持社会阶层的合理结构和社会的良性运行。受历史和体制等因素的影响，城乡二元结构在一定程度上造成农村人才、资源、生产要素等的社会流动不畅通，使城乡发展不协调，城乡差距呈扩大趋势。建立健全统筹城乡发展的社会流动机制，是改革和创新农村社会管理机制的重要保障。要树立统筹城乡发展理念，建立城乡社会管理“一盘棋”机制。思想是行动的先导，谋求新发展就必须在观念上率先实现新突破。多年来形成的城乡二元结构，致使城乡发展不平衡，城乡差距越拉越大。城乡统筹发展是科学发展观的本质要求，其立足点在于改变当前的城乡二元结构，加快推进户籍制度改革步伐。改革开放以来，农村经济结构发生重大变化，由原来单一从事农业生产向农林牧副渔现代农业综合发展转变，出现了大量的农村剩余劳动力。据有关部门数据，目前我国农村富余劳动力规模大、增速快、数量大，农村剩余劳动力数量在1.5亿以上，而且，农村剩余劳动力以每年1 000万到1 300万的速度增长。受城乡二元经济结构的影响，农民无法享受社会发展所带来的成果，农村剩余劳动力的大转移给社会管理带来很多问题。政府作为社会管理主体，要加强农村剩余劳动力流动管理，妥善解决富余劳动力的就业、教育、社会保障问题，逐步取消影响和制约统筹城乡发展的体制性障碍，切实保障广大农民群众的切身权益。

3. 建立健全农村社会矛盾纠纷预警调处机制

从一定意义来说，社会管理的过程就是化解社会矛盾、实现社会和谐的过程。因此，正确处理农村社会矛盾，建立健全利益纠纷预警调处机制是创新农村社会管理机制的关键一环。

第一，要建立农村社会矛盾舆情汇集预警机制。社会舆情是社会民情的晴雨表。近年来，随着社会主义市场经济的不断发展，社会矛盾纠纷已经扩展到社会经济生活的各个领域。在农村，土地承包、村务财务管理、土地征用补偿、房屋宅基地使用等矛盾纠纷日益突出。要组织力量负责收集农村社会矛盾舆情，对所收集的社会舆情进行归类整理、分析研究，并作为党和政府制定政策的重要依据，坚持从抓早、抓小、抓苗头入手，切实把预测工作做到防范之前，把预防工作放到调处之前，把调处工作做到激化之前，强化工作的针对性和实效性。充分发挥综治信息平台作用，建立综治信息稳定工作台账，及时掌握舆情信息，找出矛盾纠纷的根源和症结，做到有问题及时报告，及时解决。要畅通农民群众利益表达和利益诉求的渠道和机制。通过座谈、调研、接访等多种形式了解群众最关心的利益问题，形成农村利益表达和利益诉求的长效机制。进一步完善社会矛盾化解机制，深化涉稳突出问题的排查调处，完善"大调解"工作体系，全力维护和谐稳定的社会环境。建立和完善社会决策的科学化机制。发挥农民群众的集体智慧，做到决策群众知情、决策群众评议、决策群众认可的有机统一。①

第二，要完善农民利益表达和利益协商机制。农村公共政策和公共产品的供给应以解决利益矛盾为落脚点，特别要妥善解决农民群众反映最突出的、最直接的利益问题，建立广泛而有效的利益表达和利益协调机制，把群众利益诉求纳入理性化、法制化、制度化的轨道，让广大农民群众共享改革和发展的成果。坚持协同与参与相结合，化解社会矛盾，促进社会公正。通过深入开展"领导干部接待日"等活动，搭建领导与群众的对话平台，密切党和政府同人民群众的联系，有效化解群众的上访问题，推动经济的发展。加强村民自治组织的建设，使自治组织真正代表村民利益、表达村民利益，充分发挥党的政治优势，协调社会关系、规范社会行为。

4. 不断完善具有中国特色的农村社会保障机制

农村社会保障体系是社会保障体系的重要组成部分，也是建设中国特色社会管理体系的重要保障。从一定意义上讲，社会保障是现代社会发展的推动器、安全阀和减震器。就农村社会而言，建立和完善农村社会保障体制是消除城乡二元分割、推动国家经济良性发展的重要举措；也是迫切需要解决的难题。建立健全农村社会保障制度，对落实计划生育政策、解决失地农民的后顾之忧、加强和创新社会管理、维护社会和谐稳定、巩固党执政的群众基础具有重要的现实意义。

第一，健全相应的法律、法规制度，为农村社会保障提供法律依据。随着经济社会的发展，我国现有农村社会保障法律、法规体系不再适应新形势的要求，导致农村社会保障政策呈现随意性和滞后性。纵观一般市场经济国家推行的社会保障，其成功的经验之一就是通过国家立法的形式来强制实施。法律具有的强制性和稳定性，不仅能使法律所规定的社会保障义务和权利得到实现，而且可以规避政策执行的随意性和盲目性。目前中国正处在改革发展的关键时期，一方面是战略机遇期，另一方面，也是矛盾凸显期，城乡发展差距拉大导致的社会矛盾突出。建立健全农村社会保障体系对缩小城乡差距，促进市场经济的健康有序发展，具有十分重要的意义。而当前，随着改革开放三十多年来经济的发展，国家综合经济实力得到提升，从一定程度上，也初步具备了农村社会保障体系建设的物质基础，因此，加快农村社会保障的立法工作，迫在眉睫。一是全国人大及常务委员会要尽快制定《农村社会保障法》，就农村社会保障的法律关系进行规范，特别是对农村社会保障的基本原则、主要内容、资金来源、管理体制、法律责任等方面做出明确的规定。二是要抓好地方性法律规章的建设，各地区应按照法律规定，结合本地经济社会发展实际，提出相应的农村社会保障管理办法，充分发挥社会保障作为最后一道"安全网"应有的作用，真正保障农民群众的基本生存权利。三是要以农村最低生活保障为切入点，不断完善农村新型合作医疗保险制度，努力扩大农村养老保险试点范围，扩大农村养老保险的覆盖面。四是要根据经济社会发展水平，逐步扩大社会保障范围，提高保障水平，增加农民的社会福利。②

第二，建立健全农村社会保障的资金筹措机制。建立健全社会保障资金筹措机制，是进一步完善社会保障体系的基础保证，也是深化社会保障制度改革的关键举措。世界各国和地区发展社会保障制度的经验显示，全世界绝大部分国家城乡养老保险的筹资模式基本上是政府拨款或政府和单位出大头、受保人出小份的模式。加大社会保障投入，是市场经济条件下政府履行社会管理和公共服务职能的重要体现，是构建和谐社会的重要举措，是维护和发展人民群众根本利益的实

① 李增元."社区化治理"：我国农村基层治理的现代转型［J］. 人文杂志，2014（8）：114-121.

② 袁刚，白娟. 村民自治：价值、困境和出路［J］. 社会科学论坛，2015（1）：244-249.

际行动。按照党的十七大提出的多渠道筹措和积累社会保障基金的要求，各级政府和有关部门要认真贯彻中央和省委、省政府的部署，认真研究和采取切实有效的措施，多管齐下健全社会保障资金筹措机制，加快建立比较完善的基本养老、基本医疗、失业和工伤、生育等城镇社会保险体系，努力构筑以最低生活保障、被征地人员基本生活保障、新型农村合作医疗、农村五保对象和城镇“三无”人员集中供养、贫困家庭子女助学等为主要内容的城乡社会救助体系，促使最广大的农民群众共享改革和发展的成果。一是对社会统筹的基本社会保险部分实行强制征缴；二是加大财政对社保的投入比例，改变目前用于社保的财政支出份额偏低的状况；三是构建健全的社会保障管理体制、监督机制、实施机制，规范基金管理，确保基金安全。

第三，正确处理公平与效率的关系。公平是全体社会成员追求的社会发展目标之一，然而，在社会保障水平中的绝对公平是不可能的。这就要求正确处理好公平和效率的关系。一方面，社会保障制度要充分体现公平优先原则，不断发挥农村社会保障在农村社会管理和农村社会稳定中的安全网、减压阀、防震器的作用；另一方面，在农村社会保障体系中要注意效率原则，充分激发农民群众参与社会管理创新的热情，不断促进农村经济社会的发展。因此，我们在建立和完善农村社会保障制度的过程中，既要发挥其对农村经济社会发展的推动作用，也要实现其在农村社会管理体制中的改革和创新保障功能。

（二）创新农村社会治理法律机制

1. 加强道德滋养法治，大力营造法治德治环境

加强法治建设和道德建设，是推进农村社会治理法治化的前提和基础，缺一不可。推进农村社会治理法治化，就是要持之以恒地加强法治建设和道德建设，推进依法治理和以德治理相结合，营造农村良好的法治和德治环境。①

（1）加强法治宣传教育，树立农村法治意识

注重加强和改进新形势下农村法治教育工作，把树立法治意识，增强法治观念，帮助农民知法、守法、用法，作为推进农村社会治理法治化的长效措施来抓。在教育形式上，要抓住国家大型节假日、“12·4”国家宪法日和农村赶集、纪念活动等契机，通过法律咨询、法律讲堂、警示教育、知识竞赛、文艺演出、法治图片展、流动法庭、电影下乡、手机、网络等多种农民群众喜闻乐见的形式和手段，抓住典型案例进行深入讲解，增强宣传的针对性和实效性。在教育内容上，要紧密围绕党和国家有关农村的方针政策和农村改革、发展、稳定的大局，大力开展以宪法为核心的法治宣传教育，进一步增强广大群众的宪法和法律意识，树立和维护宪法的权威、法律的尊严；大力开展以农业生产、生活为重点的法律、法规宣传，进一步维护和健全农村经济社会秩序，积极引导广大农民群众依法办事、依法维权，进一步夯实农村民主法治基础。在教育对象上，要抓住重点对象，有的放矢。

普法教育的重点是村“两委”班子成员、党员、村集体经济组织负责人和青少年。特别要教育村“两委”班子成员牢固树立“依法治村”的观点，让他们懂得只有带头遵守法律、严格依法办事的义务，而没有超越法律之上，当“官”谋私利、不守法的特权。要加强对农村青少年的法治教育，通过农村中小学校配备法治副校长、法治辅导员等有效途径，让法治知识走进校园，走进课堂。对一些恶习较深、游手好闲、喜欢惹是生非的轻微违法人员，要实行重点帮教，惩帮结合，矫正其不良行为。

（2）开展法律咨询服务，维护群众合法权益

根据农村发展和农民群众的实际需要，适时组织和指导农村法律工作者，定期在乡（镇）、村、社区开展现场法律咨询活动，真正送法上门，做到“有问必答、有纠必解、有诉必帮、有难必助”，特别是帮助农民群众同各种坑农害农和践踏损害农民民主权利行为做斗争，维护广大农民群众特别是弱势群体的合法权益。② 有条件的地方，村“两委”班子要聘请法律顾问，及时为

---

① 郎剑飞. 农村社会治安问题及其综合治理研究［D］. 长春：东北师范大学，2009：10-13.

② 肖唐镖. 基层治理亟待走向系统性改革［J］. 国家行政学院学报，2015（4）：32-37.

重大决策、村务活动提供法律咨询和进行援助活动，依法处理本区域经济和社会事务，正确处理新时期农村人民内部矛盾。要重点探索巡回法庭制度建设，找准司法为民的切入点。大胆探索把法庭开到乡村、社区，对一些简单案件就地审理，广泛开展巡回法庭活动，直接面对群众，既节约当事人的时间、精力和诉讼成本，又取得案结事了、定纷止争的良好社会效果。

（3）强化道德教化作用，以道德滋养法治精神

在坚定不移地推进法治建设的同时，强化道德的教化功能，努力保护和挖掘乡村传统自然资源和优秀人文资源，广泛利用丰富多彩的民间道德和地方文化特色，推动民间观念革新，破除迷信，扫除陋习，走出落后。通过广泛宣传，使“富强、民主、文明、和谐；自由、平等、公正、法治；爱国、敬业、诚信、友善”的社会主义核心价值观家喻户晓，深入人心。通过评选“五好家庭”“十星级文明户”等多种形式，把道德建设融于丰富的社会实践之中，使广大群众辨美丑、明是非、知廉耻、晓善恶。要大力弘扬见义勇为精神，建立见义勇为奖励机制，从精神上、物质上大张旗鼓地表彰、宣传见义勇为的先进模范人物，解除见义勇为者的后顾之忧。村“两委”班子成员尤其要注重运用自己的表率作用推动农村道德建设。

2. 加强基层组织建设，不断提高依法办事水平

推进农村社会治理法治化，就是要把加强农村基层组织建设作为着力点，不断增强基层组织的创造力、凝聚力和战斗力，充分发挥党的基层组织和基层干部在推进农村社会治理法治化中的重要作用，不断提高农村干部依法治村的能力和水平。

（1）建立健全基层组织，规范权力运行机制

健全完善以基层党组织为核心，以村民代表大会等群众性自治组织为平台，以农村经合组织和综治维稳组织为骨架，覆盖整个农村和农民的管理服务网络。特别是要建立村民代表会议、民主理财小组、红白理事会等群众自治组织。凡是涉及村民利益的重要事项，如村“一事一议”的范围，村集体经济所提收益的使用，集体土地征收补偿、土地承包、宅基地使用和集体经济项目承包的方案等，都必须提请村民代表会议或者村民会议按多数人的意见决定。要减少和防止公共权力滥用，给村干部的权力装上制度与法治的“铁笼子”，让权力在阳光下规范运行。对村干部的不作为、慢作为和乱作为，以及庸、懒、散的工作作风问题，要建立有效的监督制约机制。①

（2）强化村规民约，倡导规则意识和契约精神

村规民约作为一种以村民自愿合意为基础的民间规范，既发挥着以道德教化为手段提高农村治理水平的作用，又具有化解矛盾、促进和谐、维护农村社会稳定的作用。值得注意的是，社会在不断发展进步，村规民约也需要与时俱进，需要摒弃个别带有糟粕的成分，同时也不能与现行国家法律、法规相悖。要借村规民约修订契机，加大教育力度，做好宣传、督导、推广工作，发动更多群众主动参与、达成共识。尤其是在涉及农民群众自身权益方面，要通过村规民约有效推进办事有据、工作有序、执行有力。②

（3）完善村民自治制度，推进基层民主政治建设

要鼓励探索不同情况和条件下村民自治的有效形式，尊重农民主体地位，将“四民主、两公开”（“民主选举、民主决策、民主管理、民主监督”和“村务公开、财务公开”）切实融入农村民主政治建设工程中。要全面推行村民议事制度，对村里事项共同研究，特别是对于涉农补贴发放、新型合作医疗等“沾钱”的事项和道路建设等重大敏感事项，逐项研究方案细节，集思广益，集中民智，让广大农民群众直接或间接地参与村级事务管理，提高决策的科学性，最大限度地避免失误。要着力推行村务公开，切实把农民群众最关心、与群众利益息息相关的问题作为重点，对公开事项、公开时间、公开地点、受理意见、审核办法等做出具体规定，做到“一事一议”。同时，要进一步健全并落实村务公开、民主管理的实施细则，使群众监督由村务活动结果

---

① 许远旺，卢璐. 末端治理：包容性发展视阈下社会管理创新的路径选择［J］. 湖北社会科学，2014（5）：42-46.

② 钟梦玲. 当前农村社会治理重点与难点问题研究——基于南雄市百顺镇的调研［J］. 江西农业学报，2015（6）：138-141.

延伸至村务决策及整个执行的全过程。

3. 加强治安综合治理，切实维护农村社会稳定

社会治安综合治理，是在农村经济、社会转型过程中，维护社会稳定、保障改革和发展顺利进行的一种重要手段，是解决农村社会治安问题的根本出路。推进农村社会治理法治化，就是要夯实社会治安综合治理工作基础，打防并举，标本兼治，从根本上促进农村社会稳定。

（1）建立基层矛盾纠纷排查化解机制

推进农村社会治理法治化，既要解决群众反映强烈的突出治安问题，又要落实各项治本措施。要善于发现苗头和处理带倾向性的问题。坚持每半年组织开展一次对人民内部矛盾问题及各种不稳定因素的排查，制定工作预案，落实各项防范措施。要积极正确疏导群众情绪，及时调解各种矛盾纠纷。充分发挥基层派出所、司法所、综治办和人民调解组织的作用，进一步建立健全矛盾纠纷排查和调处工作机制，把司法调解和民间调解、行政调解紧密接合起来。要推广和复制“枫桥经验”，重点排查和调处可能引发群体性事件和可能转化成刑事案件的民事纠纷，努力做到“小事不出村、大事不出镇、矛盾不上交”。依靠群众的力量，尽可能把矛盾化解在基层，消灭在萌芽状态。①

（2）加强重点部位和目标的治安防范与控制

对诸如农村财务室、保管库、仓库、小卖部、茶馆、耕牛、变压器等重点目标和边界、山林、水库、交通要道、城乡接合部、渔区、娱乐场所、宗教场所等重点部位，要严格实现定期巡逻和值班制度，加强防范与管理。要加强对流动人口、重点人员的管理。坚持“以户籍管理为基础，以治安管理为中心，以劳务管理为重点，其他管理相配套”的原则，对农村人口实行城市化管理。对流动人口特别是外出打工人员，户籍所在地政府部门要严格登记造册、定期联系；外出打工人员相对集中的地方，还要在打工地建立便于统一管理的组织，指定牵头人。对“两劳”回归人员，要由当地派出所建立跟踪档案，由所在村“两委”班子成员实施重点帮教。

（3）强化依法“严打”治理工作

要毫不动摇地坚持依法“严打”方针，采取更加坚决有力的措施，狠狠打击各种违法犯罪。对治安秩序混乱、群众反映强烈的村落、路段和部位，特别是农村小集镇、渔区、山林、城乡接合部以及县乡边界地区，政法部门要以乡镇为作战区，因地因时制宜，抓住带倾向性的治安问题，组织强有力的工作专班，进行重点整治和专项治理，出重拳打击一批村霸、路霸、渔霸、电霸等犯罪分子和带黑恶性质的犯罪团伙的嚣张气焰，力求“治一点、带一片、稳一方”。②

（三）创新和完善农村社会治安法律制度

农村社会治安治理机制是一项极为复杂而艰巨的社会系统工程，是应对复杂局面、提高化解和处理社会治安能力的有力保障。长期以来，在治理农村各类社会治安问题，尤其是防控违法犯罪活动的过程中，我们已经逐渐形成了包括预警机制、防控机制、调解机制、应急机制以及监督机制等在内的一整套比较完整的工作机制。结合新时期建设社会主义新农村与和谐社会的历史任务，立足于我国当前农村社会治安的新形势与新特点，加强农村社会治安治理，完善和创新农村社会治安治理机制的新途径，形成一个结构合理、层次分明、覆盖面宽、有机衔接、高效运行的农村社会治安治理机制，具有十分重要的意义。

健全农村社会治安治理的信息收集和处理机制。各级农村治安治理机关要通过日常治安管理活动，通过农村治保会、治安信息员等途径，及时掌握农村社会动态，了解民情民意，适时跟踪所有可能会对农村社会治安秩序造成潜在威胁的事件，多方面收集这些事件的信息，包括各种数据和资源，进行分类排查，及时准确地对这些信息进行处理，以便使基层政府与职能部门能够识

① 周鑫泽. 农村社会组织发展与社会管理创新——基于浙江省枫桥镇的实证研究［J］. 中共浙江省委党校学报，2012（1）：12-18.

② 游祥斌. 试论我国农村新型治理结构的重构［J］. 中国行政管理，2012（1）：39-43.

别出治安问题的最初状态，并根据情况的变化随时更新事件的有关信息。[①] 在这些信息处理中，如发现异常的治安情报信息，就要进行科学分析，定位情报信息的危险级别，准确地估计和衡量治安问题发生的可能性和严重程度、进一步恶化的概率以及出现后可能产生多大的副作用等，对以上这些要素做出科学预测。重视对对社会稳定发展威胁最大的一级治安情报信息的整理分析，要果断地进行优先处理，将有可能激化升级的群体性事件处置在萌芽状态。加强对治安情报信息的档案整理工作，为农村社会治安治理提供重要参考和基本依据。

加强信访工作，也是健全农村社会治安治理信息机制的有效办法。在党委和政府的统一领导下，按照“可散不可聚，可顺不可激，可解不可结”的原则，对群众反映非常强烈的焦点与热点问题要深入调查了解，运用正确的策略与工作方法，努力争取把问题解决在基层，把矛盾化解在萌芽状态，有效防止矛盾激化和事态的扩大。

除此以外，农村基层组织和职能部门还要简化上下沟通的层级，建立全方位的信息网络系统，拓宽情报信息工作渠道，扩大信息覆盖面。特别要加大对违法犯罪类情报信息采集和处理的工作力度，在完善已有的信息渠道的同时，要不断延伸信息采集的触角，不断开辟新的治安情报信息渠道，逐步形成纵横交错的情报信息网络系统，以此保障各类社会治安问题能够及时化解，保持农村社会的和谐发展和安定团结局面。

① 王海峰，徐行. 乡土社会变迁与乡村治理——基于城乡一体化的视角［J］. 黑龙江社会科学，2010（1）：134-136.

第八章　农村土地承包经营法律制度创新

一、农村土地承包经营的基本界定

（一）农村土地承包经营的释义

关于农村土地承包经营权的概念界定，我国民法学家的概括总是林林总总的。王利明教授认为："所谓土地承包经营权，就是指权利人对归国家所有由集体使用的土地或者归集体所有的土地，依照法律和合同的规定，享有从事林业、种植业、畜牧业等农业生产的权利。"梁慧星教授认为："农地使用权是指在集体经济组织所有的或者国家所有由集体经济组织的土地上，农业经营者长期使用，进行养殖、畜牧或耕作等农业活动的权利。"其他还有不同的称谓，主要分为债权说、物权说和复合权利说。就物权说来讲，又有所有权说、用益物权说（永佃权说、用益权说、农地使用权说、土地承包经营权说）之分。随着《中华人民共和国物权法》（以下简称《物权法》）的颁布，其法定名称是农村土地承包经营权。名称统一了，内涵也统一了，对此学说上没有再争论的必要，因为我国《物权法》采纳土地承包经营权说，既是对土地承包经营权说的承认，更体现了中国特色，可以说是对我国改革开放以来在农村土地利用制度上所取得成就的确认和巩固。① 根据《物权法》第一百二十五条的规定，所谓土地承包经营权，是指根据法律规定，土地承包经营权人对其承包经营的耕地、林地、草地等土地享有占有、使用、收益的一系列处分行为的权利。

（二）农村土地承包经营的类型

为了进一步解放和发展农业生产力，优化农村土地资源的配置，提高农业生产效率，实现农业规模化生产，必须拓展农村土地承包经营权的流转方式。结合我国的现实立法状况及全国各地的实践经验，农村土地承包经营权流转法律、法规中规定的流转方式主要包括以下几种类型：②

（1）转包、转让。这种流转方式可以使得土地的农业经营用途得以充分发挥。农村劳动力的转移，导致农村土地荒芜的现象。这样有利于农地的规模化经营。这是我国目前农村土地流转的主要形式。转包、转让都发生于同一集体经济组织内部，转包并不改变原承包合同关系，而不同的是转让则必须订立新的承包合同，要改变原来的承包关系主体。

（2）互换。这种方式是在同一集体经济组织内部，各承包方自愿将承包的土地交换，为了方便耕作或者其他各自需要，同时还要交换相应的土地承包经营权。它一般由村干部作为协调人进行协调，方便互换双方的农业生产。

（3）出租。出租是承包方将其土地承包经营权租给同一集体经济组织以外的经济主体发展农业经济，从事农业生产经营。双方自行约定出租的期限或租金支付方式等。这是目前较为普遍的一种流转方式。

（4）入股。入股是指实行家庭承包方式的农户之间为了农业经济的发展，自愿联合入股组成股份农业公司或者农民专业合作社，从事农业生产经营。股权由土地承包经营权构成。按照入股的资产类型可将其分为土地承包经营权折价入股、酬劳折资入股和土地股份合作制三种。据《南方日报》（网络版）报道，土地承包经营权入股在广东省农村土地承包经营权流转中已占最大比

① 李新建. 农村土地承包经营权流转的法律问题研究［D］. 郑州：郑州大学，2009：4.

② 黄建水. 农村土地承包经营权流转制度立法研究［J］. 河南大学学报（社会科学版），2011（1）：50-51.

例，流转面积约为151万亩，占流转总面积的35.9%。① 但是土地承包经营权入股，使得土地与农户失去了直接联系。农民长期享有集体的收益分红是因为其手中的股权证，从而农民享有长期的土地收益权。因此中国经济发达地区的土地承包经营权流转的主要方式将是土地入股。

（5）四荒使用权拍卖（或租赁）。四荒使用权拍卖是指，农村集体组织出租集体所有的荒沟、荒滩、荒山、荒丘是通过公开竞价拍卖的方式。一种特殊的土地产权流转方式是拍卖或出租。它极大地调动了农民开山造林的积极性，因为这种方式责任权利明确，期限长，手续完备，让长期闲置的自然资源转化为生产性资产。目前，山西、陕西、山东、黑龙江、云南、湖南等地已开始推行"四荒地"拍卖制度。

（6）反租倒包。反租倒包这种形式出现于20世纪90年代中后期。它以镇、村集体经济组织为中介，将承包户的承包地、自留地以集体名义反租。这些行为在原有承包权存在的前提下，将反租后的土地全部出租给种田大户或其他经营单位，从而形成规模化经营的局面。这种流转方式既可整合农村耕地，实现规模化、集约化生产，发挥土地的最大效益，也可增加农民的农业经济收入，故而已成为众多地区采用的土地流转方式之一。

（7）抵押。《物权法》第一百三十三条规定："依照本法规定，通过招标、拍卖、公开协商等方式承包荒地等农村土地，依照农村土地承包法等法律和国务院的有关规定，其土地承包经营权可以转让、入股、抵押或者以其他方式流转。"它虽然为"四荒地"的土地承包经营权以抵押的方式进行流转开辟了一条新的法律道路，但中国所有其他法律中目前却禁止农村的耕地、自留地、自留山进行抵押。此种法律规定主要是为了保护农村土地安全，维护社会稳定。但我们不仅要看到此种规定限制了农村土地承包经营权交换价值的实现，并且不利于农民致富和农村的经济发展。

（8）继承。目前，我国多数学者认为农村土地承包经营权的流转方式应该包括继承。他们的理由是物权属于财产权的一种，而土地承包经营权从属于物权，所以可以依法继承。所以，当农村土地承包经营人在承包期死亡后，其继承人可以继承在承包地上的承包经营权。笔者认为，将继承作为农村土地承包经营权流转方式是可取的。但有两点需要明确：其一，土地经营权继承的问题在同一承包经营户是不存在的。这是因为，依我国法律规定，同一农村集体内部是以家庭为单位承包土地的，同一承包经营户中一人的死亡并不影响其他家庭成员对既定土地的承包经营权，故在同一农村土地承包经营户内部不存在继承流转方式。其二，当"四荒地"的承包经营权主体即农村集体组织以外的个人、组织和其他单位终止经营活动或死亡时，依法享有继承权的是其继受单位和亲属，当然继承者也可以根据具体情况选择放弃继承。

（9）土地信托、土地银行。土地信托是指土地承包者委托土地信托服务组织，按照土地使用权市场化要求，在保障土地所有权和承包权不变的情况下，通过运用一定的方法，实施必要的程序，在一定期限内依法将拥有的土地使用权有偿转让给其他单位或个人的行为。土地银行是指：中介机构根据农村土地的肥沃程度、地理位置、升值潜力等，对农户的土地确定一个比较合理的储存价格；依照法律规定，农户自愿地将自己的土地定期"存入"土地银行；土地银行将农户存入的土地进行适当整合、适度改造或者打包，在保证基本农业用途不变的情况下，贷给其他土地需求者（如农业企业、种养殖大户等）；而土地需求者必须向银行支付土地的储存价值、整理的开发价值以及前两者之和的同期"贷款"利息；而银行将储存价值兑现给农户。这种流转方式保证了土地的适当集中和规模化经营，实现了土地开发的效益最大化，又从根本上保护了农民利益，使土地需求者也拥有需求的土地，达到了"三赢"的目的。土地信托和土地银行的流转方式已成为各地探索土地流转的新方式。

（10）公开拍卖。这种公开拍卖的方式依照自愿、公开、有偿、合理的原则，有利于保护农村土地承包经营户的权益，也有利于保护土地需求者的权益，不能不说是我国农村土地流转方式的一种新的探索。

---

① 黄建水. 农村土地承包经营权流转制度立法研究［J］. 河南大学学报（社会科学版），2011（1）：50-51.

（11）其他方式。由于全国各地经济发展状况不同，农村土地承包经营权的流转方式也将呈多样化趋势，所以，我们应鼓励探索科学、合理、可行的其他流转方式，不断改良农村土地承包经营权流转方式。

（三）农村土地承包经营的特征①

特征是对客观事物（对象）的一种描述。研究客观事物特征的目的在于通过寻找存在于事物一般性中的特殊性，以求得对事物外在形式及内在本质的认识。根据《物权法》的相关规定，土地承包经营权属于用益物权。我们可以通过对充分体现农用土地利用方式的用益物权进行一般性的归纳，找出其存在的特殊性，从而找出土地承包经营权的特征。土地承包经营权具有如下一些特点：

第一，与土地承包经营权相对应的自物权为公有权利。《物权法》第一百二十四条规定："农民集体所有和国家所有由农民集体使用的耕地、林地、草地以及其他用于农业的土地，依法实行土地承包经营制度。"由此可见，土地承包经营权作为一种用益物权，集体土地所有权和国有土地所有权是其所对应的自物权。依据物权的传统理论，构建物权的目的在于"明确物的归属、发挥物的效用"，以此来满足市场配置资源的需要。② 市场中自由存在的私权是物权，存在于纯粹的私权领域之中。物权可以在用益物权与所有权两个层面上进行流转主要是为了充分发挥物权的效用。我国土地属于国家和集体所有，物权法所实行的是土地的公有体制，因此，农用土地的国家所有权人和集体所有权人不能在农用土地所有权的基础上设立担保物权和进行流转，只能设定用益物权；物权横向流转只能发生在用益物权基础上，因为土地是属于国家和集体的。这是我国物权法体系与农用土地私有制国家物权法体系相比较所体现的特点。

第二，土地承包经营合同的主要条款多为法定条款。承包人获取土地承包经营权的主要依据是土地承包经营合同。合同为当事人双方意思表示统一的结果，当事人的意思表示是合同的核心理念。所以依据合同精神，合同的主要条款是最能反映出当事人主观意愿的意定条款，而不是法定条款。依据我国《物权法》，为了实行以家庭承包经营为基础、统分结合的双层经营体制，我国设立了土地承包经营权这种物权形式。为了保障这种经营制度的实施，《中华人民共和国农村土地承包法》（以下简称《农村土地承包法》）《中华人民共和国土地管理法》《物权法》等规范农用土地使用的相关法律设立了土地承包经营合同中绝大多数的主要条款。土地承包经营合同中的法定条款主要包括：合同的标的为归农民集体所有和国家所有的土地；合同的发包对象主要为集体经济组织中的农户；三十年是合同规定耕地的承包期；农户可以通过出租、转让、转包等方式进行土地承包权的流转；除荒地外不得抵押；在承包期内发包人不得收回承包地，以及承包人的承包义务、权利等。

第三，土地承包经营权主要是一种社员权，具有身份权的特点。《农村土地承包法》第三条规定："农村土地承包采取农村集体经济组织内部的家庭承包方式，不宜采取家庭承包方式的荒山、荒沟、荒丘、荒滩等农村土地，可以采取招标、拍卖、公开协商等方式承包。"根据这一规定，集体经济组织内部的承包家庭是农村土地承包的主要承包人，只有"四荒地"等不适合家庭承包的土地才可以由集体经济组织以外的法律主体承包。由此可见，在土地承包经营权的发包环节，集体经济组织内部的成员可以承包除了"四荒地"之外的其他土地。但是集体经济组织以外的民事主体在土地承包经营权发生流转时，是否可以成为新的承包人？《农村土地承包法》第三十三条第四、五项规定，受让方须有农业经营能力；但是在同等条件下，本集体经济组织成员享有优先权。我们可以根据这一规定认为，集体经济组织以外的承包主体在土地承包过程中可以承包农用土地；但是根据土地承包经营权社员权的特点，承接土地承包经营权的承包人成为集体组织的一名新成员，是基于对农用土地的承包。

第四，土地承包经营权的有偿流转性及流转的限定性。《农村土地承包法》第三十二条规定：

---

① 王琦. 中国农村土地承包经营权制度的法理学分析［D］. 长春：吉林大学，2011：15-17.

② 王琦. 中国农村土地承包经营权制度的法理学分析［D］. 长春：吉林大学，2011：16.

"通过家庭承包取得的土地承包经营权可以依法采取转包、出租、互换、转让或者其他方式流转。"该法第三十三条第一项规定:"土地承包经营权流转应遵循平等协商、自愿、有偿的原则,任何组织和个人不得强迫或阻碍承包方进行土地承包经营权流转。"依据上述规定可以看出,土地承包经营权可以进行有偿流转。根据相关的法律规定,土地承包经营权流转的限定性主要表现为以下几个方面:其一,流转的期限不得超过承包期的剩余期限;其二,流转不得改变土地的农业用途;其三,经发包方同意才能采取转让方式流转。

(四)农村土地承包经营的基本原则①

中国共产党和政府各项工作的重中之重是"三农"问题,事关农业、农村、农民发展的最为基本的问题是土地问题。对于稳定农村经济社会发展、促进农民持续增收,农村土地承包经营权的有效流转具有极其重要的意义。为了实现农村土地承包经营权的有序、有效流转,必须遵循相应的原则,只有遵循相应的原则才能有效地解决"三农"问题。为此,《中共中央关于推进农村改革发展若干重大问题的决定》要求"土地承包经营权流转,不得改变土地集体所有性质,不得改变土地用途,不得损害农民土地承包权益",从总体上对农村土地承包经营权流转工作提出政策性意见。《农村土地承包法》第三十三条明确规定了土地承包经营权流转应当遵循的五点要求,具体包括:"(一)平等协商、自愿、有偿,在承包方进行土地承包经营权流转的过程中,任何组织和个人不得强迫或者阻碍;(二)不得改变土地的农业用途和所有权性质;(三)流转的期限不得超过承包期的剩余期限;(四)受让方须有农业经营能力;(五)在同等条件下,本集体经济组织成员享有优先权。"依据党的相关政策和法律规定,推进农村土地承包经营权流转,必须坚持以下原则:

1. 坚持农村土地的集体所有原则

我国是具有中国特色的社会主义国家,法律和政策对农村土地的公有性质都有着明确的规定,这是不能突破的原则。《中华人民共和国宪法修正案》第十条规定:"农村和城市郊区的土地,除由法律规定属于国家所有的以外,属于集体所有;宅基地和自留地、自留山,也属于集体所有。"与此同时,《农业法》《中华人民共和国土地管理法》(以下简称《土地管理法》)等法律文件,对此也有相应的规定。

归集体所有的是农村土地,其法律性质为所有权;农民对土地的承包经营权的流转,法律性质为用益物权。两者权属不同,法律性质不同,不能以经营权代替所有权。经营权的改变只是承包主体发生了变化,而所有权仍然属于国家和集体,并不发生任何变化。因此在法律上农村土地承包经营权流转并不改变农村土地集体所有权的性质,农村土地承包经营权流转以不得侵害集体利益为前提,其目的在于通过市场化调配土地资源,实现农村土地的适度规模经营,提高土地利用质量和经营效益,发展农村经济。②

我国农村实行的是以家庭承包经营为基础、统分结合的双层经营制度。在这一制度下,农村土地所有权大多数归农民集体所有。在农村土地承包经营权流转中,发生变化的是农民对于承包地的经营使用权,土地所有权并没有发生变化。法律严格禁止任何土地所有权交易。国家是唯一的流入方,所有权的主体是不会发生变动的,即土地所有权只能属于集体或国家。在维护农村土地集体所有或国有的前提下,农村土地承包经营权流转才能在坚持统分结合双层经营体制和稳定长久的农村土地承包关系的基础上长期运行。

2. 平等协商、自愿、有偿原则

强调平等协商、自愿、有偿原则,既有力维护了农民主体的地位,同时也是土地经营权流转主体地位受到尊重的必然结果。农民的法定权利包含农村土地经营权,不容侵犯。强化农民的主体地位,坚持平等协商、自愿、有偿原则,就是维护农民的切身利益。

既然在承包期内,农民对承包土地享有收益权、流转权、经营自主权等法定权利,那么农民

---

① 卜红双. 中国农村土地承包经营权流转制度研究[D]. 大连:辽宁师范大学,2013:59-64.

② 卜红双. 中国农村土地承包经营权流转制度研究[D]. 大连:辽宁师范大学,2013:59.

就可以依法自行决定对承包地是否流转和流转的形式，农民流转农村土地承包经营权不受任何组织和个人的干涉和威胁等。自愿原则包括农民自愿或者不自愿流转农村土地承包经营权。如果农民不愿意放弃土地承包经营权，任何组织和个人就不能强迫其放弃；反之亦然。强调自愿原则，就是在农村土地承包经营权流转过程中，坚持不能违背农民意愿、保护农民利益的做法。

农村土地承包经营权流转要坚持有偿原则。农民对承包地的收益权，一方面体现为通过自身经营土地，从土地上栽种粮食等获得收益；另一方面体现为土地承包经营权流转产生的收益，包括流转的转让费、转包费、租金等。同时，出让方和受让方平等协商，共同决定流转费用。任何组织和个人不得非法截留流转的收益，从中牟利；而流转的收益归转让方所有。在某些地区，由于土地贫瘠，土地收益严重偏低，因此许多农民放弃经营土地，选择外出打工，导致土地流转价格偏低，甚至是零租金转让经营。对此，不能单单依据市场低迷时期的低价格就否定农村土地承包经营权流转的有偿原则，更不能否定农村土地承包经营权流转的有偿原则背后的法律依据和政治价值。①

3. 保护耕地的原则

根据党的十七届三中全会精神，要严格保护耕地。这是国家粮食安全的需要，粮食都是从土地里种出来的。中共十七届三中全会提出："土地承包经营权流转，不得改变土地集体所有性质，不得改变土地用途。"在流转中，经营主体可以不断地变化，土地的属性和用途则是不能变更的。我国实行的是土地用途管制制度，农村土地只能农用。土地用途管制制度是为了维护国家长远利益，是坚守十八亿亩耕地底线的重要手段。要贯彻党中央坚持立足国内实现粮食基本自给的方针，就必须保证农业规划用地，严格保护基本农田的收益。通过流转，缓解大量分散的粗放型经营模式与农业现代化发展之间的矛盾；通过规模经营、现代化管理，促进农业现代技术的应用，提高土地质量和产出效益。在农村土地承包经营权流转中，必须严格管制农村土地的使用，既不允许农村土地用作建设用地，也不允许占用基本农田，发展林果业和挖塘养鱼等，以防基本农田流失。② 在农村土地承包经营权流转中，受让方有义务按照原土地属性和类型进行经营活动，合理进行分配；有义务保护和改善周边的生态环境，保障土地的可持续利用，为国家做出贡献。为此，中共十八届三中全会再次重申："在坚持和完善最严格的耕地保护制度前提下，赋予农民对承包地占有、使用、收益、流转及承包经营权的抵押、担保权能，允许农民以承包经营权入股发展农业产业化经营。"这也就是要求，在不得改变土地用途的前提下，农民进行所有的经营活动。

我国实行土地用途管制制度。《土地管理法》第四条规定"严格限制农用地转为建设用地，控制建设用地总量，对耕地实行特殊保护"。使用土地的单位和个人必须严格按照土地利用总体规划确定的用途使用土地，对于未作用途约定的，按照通常使用的方式使用。承包方可以从事农业生产活动，但是前提是在不改变土地属性和用途的基础上。国家鼓励农民和农村集体经济组织增加对土地的投入，农民可以适当增强土地肥力，进而提高农业生产水平。承包方可以自己在承包地里耕作，也可以雇工或转包给他人经营。但是，在经营目的上，不得超出农业范围，必须严格遵守农业使用目的。对此，《土地管理法》第三十六条也做出了具体规定。

4. 依法流转原则

农村土地承包经营权的流转方式必须依据法律规定，才能使其有序、规范、合法。依法流转原则是农村土地承包经营权流转的首要原则。

第一，流转必须有法可依。2002 年通过的《农村土地承包法》首次确认了农村土地承包经营权流转的合法地位，并明确规定了农村土地承包经营权流转的主体、流转双方的权利与义务、利益补偿关系的协调、流转的方式、应遵循的原则、流转合同的签订程序应该载明的具体事项、争议的解决与法律责任等。③ 该法的颁布为土地矛盾与纠纷的处理提供了法律依据。2005 年 1 月，农业部制定了《中华人民共和国农村土地承包经营权流转管理办法》（以下简称《农村土地

① 卜红双. 中国农村土地承包经营权流转制度研究［D］. 大连：辽宁师范大学，2013：60.

② 卜红双. 中国农村土地承包经营权流转制度研究［D］. 大连：辽宁师范大学，2013：62.

③ 卜红双. 中国农村土地承包经营权流转制度研究［D］. 大连：辽宁师范大学，2013：63.

承包经营权流转管理办法》）。该办法在坚持《农村土地承包法》基本精神的基础上，又对其作了进一步的细化和解释，同时增加了关于农村土地承包经营权流转管理的内容。直到 2007 年，国家颁布了《物权法》，从用益物权的角度，再次确认了农村土地承包经营权流转的合法地位。这些法律的颁布使得农村土地承包经营权流转有法可依。

第二，农村土地承包经营权流转必须符合相应的法律、法规。在农村，土地承包经营权流转不合法的现象依然存在，如农户之间不订立合同，口头约定流转条件，依赖彼此之间的信任和道德约束完成交易。有的虽然订立合同，但并不向发包方备案，也不进行鉴证，导致发包方无法有效及时地实施监督行为。在发生利益纠纷时，这些不合乎法定程序的私自流转难以得到法律保护。同时，不符合法律规范的农村土地承包经营权流转，也不利于双方当事人正常地享有法定权利和承担应尽的法律义务。为此各级土地监管部门要加强对农村土地承包经营权流转的管理，更要加强《农村土地承包经营权流转管理办法》的宣传教育，使广大农民认识到，只有符合法律规定、按照法定程序完成的农村土地承包经营权流转，才会受到法律保护，才能保护自身利益。

第三，不违反农村土地承包经营权流转的限制性规定。《农村土地承包经营权流转管理办法》第三条从时效的角度规定“流转期限不得超过承包期的剩余期限”；《农村土地承包法》第三十三条又从流转主体的角度规定“受让方须有农业经营能力”。这两条规定既是限制农村土地承包经营权流转主体的自主决策，也是对农村土地承包经营权流转的受让方资格的限制，因为受让方有农业经营能力才可能去耕作。这体现了农村土地承包经营权的用益物权属性和农村土地农用的立法思路。

总之，我国幅员辽阔，地域差异、风俗文化差异以及各地发展程度上的差异都很大，在遵守法律和政策规定的农村土地承包经营权流转原则和法律的基础上，还要根据各地实际情况，因地制宜地推进农村土地承包经营权的流转。

二、农村土地承包经营法律制度创新的现状

（一）农村土地承包经营的现状①

土地承包经营权的流转在农村土地调整中已经是非常普遍的现象。我国法律、法规和政策都大力倡导建立和完善土地承包经营权的市场流转机制，充分发挥农村土地的效用，促进农村的稳定发展。在全国各地区，由于受到地理差异、人文环境、文化程度等因素的影响，各省份的土地承包经营权的流转呈现出了不同特点，在很多方面存在明显差异。但是，总体而言，我国目前的土地承包经营权的流转基本呈现如下几个方面的共同特征：

1. 土地承包经营权的流转形式呈现多样化特点

我国《农村土地承包法》《物权法》对流转方式的体系设计表明，农民对自己所承包的土地可以采取多种流转方式进行流转，其中，法定流转方式主要有转让、转包、出租、互换、入股和抵押。实证调查研究表明，当前，上述法定流转方式均在不同程度上存在于流转实践中，其中，最主要的流转方式，也是农民最期望和最信得过的流转形式就是转包和互换。有学者曾经于 2007 年选择具有代表性的十省就土地承包经营权的流转问题进行了详细调研。调研结果显示，采用转包方式流转的，占 79.60%；采用互换方式流转的，占 46.03%；而采用抵押、入股及其他形式流转的，占 79.6%。就反馈信息来看，农民之所以选择转包和互换来流转自己所承包土地是有理由的。在他们看来，就转包和互换而言，只要经过当事人协商，达成口头协议即可，无须签订书面合同或其他复杂的程序，流转手续非常简便。另外，流转对象多为本集体经济组织成员，熟人社会很少出现纠纷。农民对土地承包经营权的流转方式普遍存有多样化的期望，尤其是对转包和互换更是情有独钟。在江苏省的“您希望承包地通过哪些方式流动”一项调查中发现，转包、互换、入股、抵押分别占 92.22%、55.00%、7.22%、5.00%。可见转包和互换还是农民的最佳选

① 李昱萱. 农村土地承包经营权流转的法律研究［D］. 太原：山西大学，2011：15-19.

择。另外，一些省份的农民对承包地流转方式的期望较当地流转方式的实际运行情况发生了很大变化，如四川、贵州、黑龙江三省的农户对入股表现出了较高的认同度；黑龙江的受访农户中有40.33%的希望能够以抵押方式流转。可见，农村土地承包经营权流转方式的多样化是未来的发展趋势。

2. 农村土地承包经营权流转的法律形式与实践情形存在一定的不协调性

一些新型的土地流转形式在一些省份试点运行，现行法律、法规规定的土地承包经营权流转形式主要有转让、转包、出租、互换、入股和抵押。目前从收集到的关于各地方的农村土地承包经营权流转现状的调查报告来看，近几年来，各省份的流转形式越来越多。除了法定情形之外，还出现了反租倒包、拍卖、托管经营等实践形式，在现行法律规范上并未规定，只是在个别地方试点，并且已经在不少地区推广并取得了良好的效果。反租倒包的流转程序是这样的：农村基层组织在征得农民同意的前提下，把已经承包给农民的土地向享有该土地承包经营权的农户租赁承包，并向农民支付租金；基层组织再将集中后的土地统一发包给其他经营者，如龙头企业、农业公司或种植大户等较强的经济主体，由他们进行规模经营。反租倒包是广东省南海市农民最早探索出来的一种新型流转方式。后来这种流转方式逐渐被其他地区所推广，现在，反租倒包在土地流转普遍的地区较为常见，如江苏省宿迁市沭阳县新河镇周圈村村民就比较欢迎反租倒包这种流转方式。黑龙江省克山县西联乡新西村，在平等、自愿、有偿的原则下，将农民的土地以每亩180元的价格转包给村里，由村里再统一进行规模经营。现在该村300户村民中只有18户还是自己经营，其他都以反租倒包的形式流转了。虽然，我国现行法律规范未对反租倒包这种流转形式予以法定化，但是该流转方式能够实现土地的规模化、集约化经营，增加了农民收入。再以土地托管为例。这也是在农村土地改革进程中应运而生的一种新的土地流转形式。其具体做法如下：部分不愿耕种或无能力耕种者把土地托给土地托管服务组织，并向其缴纳一定的管理及生产费用，接受托管农地的服务组织对委托其代耕的农地进行统一的规划、统一的管理和规模化经营。四川、河北、江苏等地的一些农村，都成立了各自的土地托管服务组织，其以统一经营、服务农户、促进现代农业发展等显著特点而引人注目。土地托管现象是在市场经济条件下，在土地制度改革进程中产生的新成果。尽管我国现行法律规范还没有将其纳入法定流转方式范畴，但是土地托管方式具有明显优势，如通过土地托管，有利于实现农业规模的、科学化的经营，有利于农民增收，促进农村长期稳定发展。因此，该流转方式具有广阔灿烂的前景。除此之外，我国很多地区还探索出其他一些新型的、独具特色的流转形式，在此不再一一赘述。虽然这些流转形式缺乏法律上的依据，但是，我国最近几年来一直强调要实现土地承包经营权的流转形式多样化。因此，可以认为，权利人可以按照自己意愿和实际需要灵活选择各种方式进行流转，不违背法律、法规即可。

3. 从流转规模上来看，土地承包经营权的流转已经初具规模并呈现逐渐扩大的趋势

近年来，随着关于土地承包经营权流转的法律、法规和相关政策的出台，我国土地承包经营权的流转不再是个别地区的小打小闹，均非常普遍地存在于各地区，已经初具规模并且呈现逐步加大的趋势。从2009中国农村法治论坛上获悉，截至目前，全国农村土地承包经营权流转面积已达1.5亿亩，超过全国承包耕地面积的12%。① 这是全国范围内的一组数据，具体到各省份，由于经济发展存在差异，土地流转规模也很悬殊。从2009年召开的广东省农业农村经济形势分析会获悉，广东省农村土地承包经营权流转市场试点建设取得初步成效，目前全省已有农村土地承包经营权流转面积524万亩，占到了农村家庭承包土地面积的18.7%。而从2009年召开的贵州省农村土地承包经营权流转研讨会上获悉，近年来该省土地流转规模迅速加大，2009年达223万亩，占耕地面积8.8%。但是，不管是在经济较发达地区还是在经济欠发达地区，我国目前的土地承包经营权流转都已经初具规模，在未来的农村经济发展中，流转规模将会愈来愈大。

---

① 王芳. 农村土地承包经营权流转面积超过全国承包耕地面积12%［OL］.［2016-10-11］. http://www.legaldaily.com.cn/index_article/content/2009-12/07/content_2000213.htm?node=5955.

4. 从流转速度来看，流转呈现逐渐加快的特点

近几年来，各地方政府和有关部门对农村土地承包经营权的流转问题都给予了高度重视，相继出台的有关政策都大力倡导采取有效措施积极促进土地承包经营权的流转。农民积极响应政府号召，采取各种形式的流转方式迅速展开了土地流转实践活动，因此，流转速度快已经成为我国当前土地承包经营权流转的显著特征之一。

以重庆市开县为例。2008 年，在县委、县政府高度重视下，开县土地流转工作开展得有声有色，并取得了良好的效果，全县土地流转面积达 438 948 亩，比上年 383 479 亩增加 14.47%，流转速度居全市首位。

5. 土地承包经营权的流转以农民自发性流转为主要途径，流转程序不规范

中国是一个熟人社会，尤其是在广大农村，人们彼此比较注重人情世故，法律的功能就会弱化，甚至大多数法律都被束之高阁。土地承包经营权的流转方面亦是如此。虽然我国《农村土地承包法》《农村土地承包经营权流转管理办法》《物权法》等法律、法规等都不同程度地规定了有关土地承包经营权的流转行为、流转程序等具体操作程序。然而，在实际流转活动中，农户大多以自发性流转为主要流转途径，流转多数是在同一集体经济组织成员之间进行的，主要采用口头协议的方式来约定双方的相关权利义务，约定的流转期限较短，基本是一年一议，随时可以终止流转合同，随意性大、约束小是其显著特征。总的来看，农户在土地承包经营权流转中，并没有完全按照法律所预期的规范性的农村土地承包经营权流转行为来操作。浙江省苍南县 2008 年农村土地承包经营权流转调查报告的相关数据显示，由农户自发流转的面积为 7.05 万亩，占流转面积的 82.84%；自发流转的农户数为 3.3 万户，占流转农户总数的 82.29%；全县签订的流转合同数仅为 1.25 万份，已签订流转合同的面积为 1.97 万亩，分别仅占总数的 36.1%和 23.15%，大多数以口头方式进行。[①] 根据一份对福建省永安市曹远镇的几个村庄土地承包经营权流转的调查报告，截至 2008 年，调研所涉及的农村土地承包经营权流转的农户都是通过私下的口头协议流转土地，无人签订过相应的书面合同，土地流转的范围多为本村亲戚、邻居或者要好的本村居民之间，大多以村内流转为主。土地承包经营权的流转主体呈现多元化特点。在土地承包经营权流转实践的初期，流转主体基本限定在农户之间，多为本集体经济组织成员之间进行的流转。但随着农村经济的发展，近几年来，农村土地承包经营权的流转已经不再局限于本集体经济组织农户之间了，而是出现了一些农业产业化龙头企业、工商企业、专业合作组织、专业大户。他们对流转土地的积极参与，不仅促进了广大农村的土地流转，而且有利于实现农业的规模化发展，增加农民收入。以龙头企业带动为例，河南一峰公司在扶沟县韭园镇集中租赁 500 余亩土地，建成无公害蔬菜基地，每亩收益为万元以上。[②] 另外，资料表明，截至 2009 年，全国土地承包经营权流转的受让方为企业等其他主体的已占到 36%。据调查，益阳市土地承包经营权在农户之间流转的占 54.5%，受让方为企业等其他主体的已占到 45.5%。如沅江市耕地流转面积有 11.1 万亩，其中流向专业大户及农户的有 5.1 万多亩，占 46%；流向农民专业合作社的有 1.2 万亩，占 10.80%；流向农业、工商企业的有 2.7 万亩，占 24.3%；流向科技等能人的有 2.1 万亩，占 18.9%。这些龙头企业、工商企业、专业合作组织、专业大户、科技和销售等能人的积极参与，成了推动农村土地流转的重要力量。

（二）农村土地承包经营权流转中出现问题的诱因[③]

1. 法律关系主体单一

从法律关系上讲，土地承包经营权的主体是农村集体的内部成员，所体现的这种权利义务关

---

① 河南省农业厅. 河南省周口市农村土地流转主体日趋多元化［OL］.［2016-10-12］. http://www.agri.com.cn/doc/2009/7/17/248131.htm.

② 丁彩晴. 农村土地承包经营权流转的现状分析与对策建议［OL］.［2016-10-11］. http://www.360doc.com/content/10/0402/14/874072_21303374.shtml.

③ 何仁辉. 试论农村土地承包经营权流转的现状及完善［J］. 湖北农业科学，2013（5）：1238-1240.

系并不具有很大的对应性。它因为内部关系的存在而产生，也不会轻易地影响到此种内部关系之外的其他人的权利与义务。土地承包经营权自身所具有的权利特性决定了其法律关系主体的单一性。这种单一的法律关系的主体模式已经不适应我国经济深入发展和集约化发展的需要，改变这种模式是进一步促进农村经济发展和整个国家经济发展的需要。

2. 农村集体土地所有权的性质和主体模糊

学术界对集体所有权性质的认定存有较大争议，主要有“总有说”“国有说”“公司制改造说”“私有说”等观点。实际工作也受农村集体土地所有权性质的复杂性影响而陷入混乱。这表现在农民集体与农民之间的关系模糊，集体土地所有权不断遭受侵犯。另外，农民集体是农村集体土地所有权的主体，但在法律规定上是冲突的，土地所有权主体不清。《中华人民共和国宪法》和《土地管理法》规定，乡（镇）、村和村民小组三级为农村集体土地所有权主体，《中华人民共和国民法通则》规定乡（镇）、村两级为农村集体土地所有权主体，而《农业法》中又规定村委会或地区性合作组织为农村集体土地所有权主体。在实践中，乡（镇）政府作为国家行政机关不可称为农民集体组织，村民委员会是农村群众性自治组织，而不是农民集体经济组织，村民小组是集体经济组织的成员。其因为没有内部经济核算，缺乏法律上的地位认定，称不上是一级经济组织。所以，农民集体组织事实上不存在，农村集体土地所有权主体是虚位的。集体土地管理由于农村集体土地所有权主体模糊而陷入了混乱，阻碍了土地流转。

3. 中介服务性机构缺乏

进入市场的土地数量随着农村生产力的提高和城乡第二、第三产业的发展将会进一步增加。农村土地的流转速度与成本势必受到土地流转过程中的漫无目的性的影响，从而影响土地资源的合理配置。当前土地流转过程中存在土地供求双方信息辐射面狭小、消息受阻，土地流转范围狭窄、渠道不畅等情况。这是因为缺乏由上到下的网络状的土地中介服务机构。土地承包经营权流转要有序进行、土地交易市场发育离不开完善的土地投资机构、法律咨询机构、资产评估机构、委托代理机构、土地保险机构等的支持。

4. 土地承包经营权流转登记混乱

《物权法》第一百二十七条规定，土地承包经营权合同生效代表着土地承包经营权设立。而其第一百二十九条又规定了土地承包经营权转让、互换过程中，如果交易双方要求进行承包经营权更改登记的，应当向县级以上地方人民政府申请土地承包经营权变更，没有进行登记的双方，没有权利对抗善意第三人。可见，《物权法》是依照债权合意主义设立土地承包经营权的，而承包经营权的流转过程中却采用土地承包经营权变更登记对抗债权合意主义。这肯定会导致矛盾，因为土地流转的前提是承包经营权的取得，而结果是承包经营权的变更。土地承包经营权的设立和流转在立法上遵循不一样的登记规则。这与《物权法》中的物权设立与变更应当保持一致的原则是相互矛盾的。

三、农村土地承包经营法律之不足及其制度创新

（一）农村土地承包经营权流转存在的创新问题①

国家积极鼓励农村土地承包经营权合理有序地流转，还将其纳入《物权法》的规定。但是从目前的情况来看，土地承包经营权的流转还很不顺畅，存在诸多问题。

1. 土地产权不清

现阶段我国法律明确规定农村土地属于集体所有，即农村土地所有权主体是集体。但是，这个“集体”是一个模糊的主体，到底是指哪一级，村级、乡级还是承包者？法律并没有对这个问题做出明确的界定。《中华人民共和国民法通则》将其界定为乡（镇）、村两级，而《土地管理法》将其界定为乡（镇）、村和村民小组三级。这种差距会导致理论和法律上的混乱，使得土地

① 陈寒冰. 论我国农村土地承包经营权流转法律保障机制的完善［J］. 湖北社会科学，2012（7）：166-167.

所有权处在可能的变动之中。同时，法律并没有对乡镇农民集体、村民集体和村民小组之间的所有权边界进行界定，导致集体土地管理上的混乱，也经常出现乡村两级主体有关农村集体土地流转的规定不完善。土地所有权主体不明确，会直接导致相关利益主体在土地承包经营权的流转过程中争当土地产权主体，增加交易成本。这是造成农村土地承包经营权流转困难的主要原因。

2. 土地承包经营权不稳定

《土地承包法》虽然明确规定各种土地的承包期（比如耕地承包期为 30 年，草地承包期为 30~50 年，林地承包期为 30~70 年），强调农村土地承包关系的长期稳定，并禁止承包期内土地的调整和承包地的收回。但是，现实并非如此。农村土地调整频繁，土地调整或是因为人口变化导致人地矛盾突出，或是因为国家征收土地，部分农民失地，或者是自然灾害造成土地流失，或者是个别村干部为了自己的私益将土地变卖后为了安抚失地农民而重新调整土地。其中，人口变化是调整土地的最主要因素。因为人口变化调整土地更为频繁，很容易侵犯农民的土地承包经营权。有些地方的村干部为了防止农民拿着土地承包经营权证书说事，阻碍土地的调整，甚至想尽各种办法将农民手中的证书骗到自己手中。总之，违法调整土地的现象是比较严重的，农民的土地承包经营权仍处于不稳定状态。

3. 土地承包经营权流转程序不规范

目前，土地流转往往处于无序状态，人们不遵守法定程序，也不履行法定手续。主要表现在以下几个方面：

（1）许多地方还没有建立农村土地流转市场，土地承包经营权流转信息不畅。加上相关干部对土地流转不重视，地方政府不能发布有关土地流转的有效信息，比如土地价格、土地生产力、流转对象等。因而政府不能进行有效的引导，使农民不得不自己寻找流转的对象。这就影响了土地的流转速度，甚至影响到土地资源的合理配置。对于流转的另一方主体来说，则很难了解相关土地的信息，找到符合自己要求的土地。

而且，政府也不会对土地流转进行严格监督，为以后纠纷的产生埋下了隐患，事后又不能提供有效的救济。另外，相关费用，如转包费、租赁费的收取不是通过市场机制形成的，没有相关的科学标准，主观随意性很强。

（2）流转合同很少实施且不规范。目前农村土地承包经营权的主要形式是农民之间或者农民与村集体之间的流转。而农民的受教育程度往往偏低，对于法律也是知之甚少，因此双方进行转让往往不采用书面合同的形式，仅凭口头协议，更没有向集体备案的意识。还有的不了解合同的内容就随意签字。有的即使签订了书面合同，但合同内容也极不规范。有的甚至不注意保管合同。这样一旦出现纠纷，农民就很难用法律维护自己的合法权益。

（3）行政干预流转比较严重。原则上说，农村土地承包经营权的流转是在自愿的基础上进行的，转让合同也应该在平等、自愿的基础上签订。但是，目前土地承包经营权流转的行政色彩仍然很浓厚。一些干部为了所谓的政绩，以土地换经济，往往超越自己在流转中的职权，剥夺农民的知情权、谈判权，强制他们以优惠的价格进行土地承包经营权的流转。越权处理合同的现象也时有发生，有的甚至不惜牺牲自然环境以及农村的和谐稳定。

（4）土地用途改变。土地流转以后，有的承包者甚至改变土地的用途，在土地上建设厂房等从事非农经营。土地流转合同到期后，这些土地很难恢复农业生产能力，从而严重损害了农民的长远利益。

4. 农村土地征用补偿制度不完善

依据《土地管理法》的规定，国家为了公共利益，可以征用集体土地，征用土地的应当给予补偿，但是实际上经常会发生土地被征用而补偿却不到位的现象。具体问题如下：一是补偿标准不统一。不同征地部门其补偿标准不一样。不同地区补偿标准也不一样。同一县的不同乡镇之间的具体补偿标准也不一样，甚至同一乡的不同村的补偿数额差距也很大。二是征地补偿费用拖欠问题严重。关于拖欠征地补偿问题有两个方面的表现：一方面是用地单位在征地后想方设法拖欠补偿费用；另一方面是用地单位将征地费用兑现给村委会后，村委会干部出于私利以各种理由拖欠补偿费用。三是安置补偿不到位。很多建设单位在进行征地补偿时，根本不考虑安置补偿，即使考虑了，也往往采取货币的形式进行安置补偿。这样一来，被征用土地的农民的就业问题还是没有得到根本解决，对于没有医疗保障、养老保障，又没有专业技能的农民来说，形势十分严峻。

5. 土地承包经营权流转抵押方式受限

为了保障失地农民的生活来源，防止因允许农民用土地承包经营权抵押，而抵押人无力偿还债务，抵押权人实现抵押权时农民失去土地，现行《物权法》和《中华人民共和国担保法》都对土地承包经营权抵押进行了严格限制，允许荒山、荒沟、荒丘、荒滩等荒地的土地使用权可以抵押，但是明确禁止耕地、宅基地、自留地、自留山土地承包经营权作为抵押财产行使抵押权。

这样，农村土地承包经营权作为财产性收入的资产，根本就无法实现其抵押融资的功能。这样，农民在没有其他融资渠道的情况下，就无法筹措足够的生产资本投入农业生产，不仅是在浪费资源，还会影响农民的增收、农业的可持续发展。

6. 农村社会保障制度不完善

如前所述，随着经济的发展，城镇的第二、第三产业也越来越发达，农村劳动力逐步向第二、第三产业转移。但是，目前中国农村除了新型农村合作医疗（简称“新农合”）和新型农村社会养老保险（简称“新农保”）有一定的社会保障作用之外，农村社会保障体系几乎不存在，土地承担了对农民的保障功能。而且现在的“新农合”“新农保”在很多地方还仅仅停留在纸面上，在实际操作过程中存在很多问题，尤其是“新农保”。农民按照规定年限交足费用，并达到规定年龄时所领取的养老金也不多，和城镇职工的比起来相差甚远，很难维持生活。因此，在这种情况下，进行土地承包经营权的流转，农民还是有很大的顾虑和畏惧的，很难放下心中的包袱，无所顾忌地将土地承包经营权流转出去，甘愿让土地撂荒。这是当前绝大部分农村土地承包经营权流转所面对的现实情况。

（二）创新我国农村土地承包经营权流转法律制度的具体对策①

1. 创新和完善农村集体土地产权制度，明确农村集体土地所有权主体

土地产权关系不明晰，土地主权多元化导致土地流转过程中谈判成本增加、土地流转不畅，为此必须通过制度变迁来改变现有的土地产权制度不明晰的局面。为此需要做到两点：一是要明确土地归属关系，即明确土地归谁所有或谁拥有土地的财产权；二是要明确界定土地所有权主体与使用权主体之间的“权、责、利”。只有清晰的土地产权制度才能有效防止土地所有者与土地经营者之间相互的权益侵蚀和损失，避免土地流转过程中的不必要谈判成本和谈判双方的相互扯皮、相互推诿的现象出现。

（1）确定土地归属关系

目前就中国土地产权制度改革取向上，存在三种观点：一种坚持土地国有制，由国家专项机构来对全国的土地进行统一、集中的管理、监督与控制；一种认为应实施土地集体所有制，将土地所有权按地域分布分配给各地的政府、村委或其他集体组织；还有一种观点认为应该将土地私有化，将土地归私人所有，私人终身享有土地的所有、使用、收益和处置权。

第一，土地国家所有制。这种观点认为土地归国家所有，由国家成立专门的土地管理机构来对土地进行宏观管理、调控与监督。这种制度的优点是便于国家对土地进行宏观调控和管理，防止土地为私人所侵占。但是其缺点也是很明显的：一方面将产生土地流转过程中的高昂交易费用，不利于土地流转市场的构建；另一方面，依靠行政管理职能来控制经济活动，很容易产生行政强制性配置农民的土地经营权利，使农业管理丧失科学性与激励性，挫伤农民的农业生产积极性，甚至导致其放弃农业生产。

第二，土地集体所有。这是目前的主流观点，也是我们现阶段应保持的土地产权制度。但是从长远看，坚持土地集体所有制，不利于国家进行有效的宏观控制、管理和监督，削弱了政府在土地方面的管理职能。同时，土地的集体所有，不利于农民权益的保护。大量的侵害农民权益的

① 刘红威. 论我国农村土地承包经营权流转的法律问题［D］. 合肥：安徽大学，2014：19-28.

事例证明，这种集体所有的制度使农民完全丧失了保护自己权益的动力。通过对调研地一些农户的深入访谈我们发现，所谓“土地集体所有”就是“土地无人所有”或者“土地为少数人所有”。这种虚设的土地所有权制度为部分人随意地征用土地、改变土地用途提供了制度保护伞，于是出现了局部的强制性土地流转，不尊重农户的意愿，蔑视农民在土地流转中的主体地位。从众多的土地矛盾纠纷中可以看出，这种制度不仅不利于土地合理化经营，而且激起了群众的不满，极易引起社会问题。

第三，土地私有制。土地归私人所有显然违背了我国社会主义制度的本质，也不符合我国的国情需要。虽然土地私有制能激起农民的积极性，能在一定程度上推进我国农业的发展；但这种制度不仅动摇了农业经济的公有制基础，也存在农村土地兼并的风险，容易引发政治问题。从以上分析可以看出，不管是过度追求土地公有还是完全的土地私有，都不符合我国的现实国情，不利于农村社会的稳定。理想状态的土地制度应该是在农村土地公有制主体的基础上兼顾多种所有制的形式。

从具体来看，坚持农村土地公有制为主、多种所有制并存的土地产权制度不会动摇农村经济公有制的基础，只要国有土地和集体所有的土地在总土地面积中占有优势和主导地位即可。农地国有可以以国有农场的形式实现。土地集体所有也是目前全国大部分地区所采用的土地产权制度。它不仅捍卫了农业经济集体所有的基础，同时能实现宏观调控和监管，便于土地规模化经营、机械化生产、产业化运作，实现现代化农业产业结构调整。

有条件、有限制地实行部分土地私有化试点，使农民享有完全的土地权利、土地财产更有保障，能够调动农民的生产积极性，使土地产权纠纷更加清晰明了，农户更加珍惜自身拥有的土地财产，能充分发挥土地的生产能力，保护耕地资源，有利于农村社会的发展和稳定。当然，这也只是未来发展方向的一个建议。明确农村土地承包经营权的本质内涵决定土地承包经营权人只能享有用益物权，同时我们也应看到我国农村土地的集体土地所有权的权属属性短期内不会改变。在农村土地承包经营权流转过程中土地承包经营权人只能让渡自己所享有的对土地的占有、使用及收益权能，同时法律也明确规定流转土地不能用于非农业生产，不可改变土地的原有农业用途。无论是农村土地承包经营权或者从该用益物权的农村土地承包经营权中分离出来的部分权能等具体民事权利移转给他人的行为，其实质就是农村土地占有、使用、收益等部分处分权能的流转。党中央几次颁布的土地政策中也都明确指出不得改变农村土地的集体所有性质。第十七届中央委员会第三次全体会议通过的重大问题的决定中，更是反复强调“土地承包经营权流转，不得改变土地集体所有性质”，“因而，在目前的情况下，坚持农村土地集体所有权性质不变，将农村土地集体所有权排除在流转范围外，无疑是最适合我国国情的，是正确的”。土地归集体所有，农户以家庭为单位获得一定承包年限内的土地经营权和收益、处置权。

(2) 清楚界定土地所有权主体与使用权主体之间的“权、责、利”关系

原则上来说，这一点和土地所有权归属问题是属于互为存在和发展的前提和条件的关系。当土地所有权归属问题解决了，这种关系自然也会变得清晰明了。

相反，如果土地所有权归谁所有模糊不清的话，土地经营权所有者的主体也逃避不了同块土地的其他权利所有者的各种形式的盲目干预和乱摊派、乱收费，以及随意分享其土地收益，进而影响土地经营权所有者主体经营土地或者进行土地流转的主动性和积极性。

2. 创新土地承包经营权入股、抵押等新形式

既然《物权法》已经确立了农村土地承包经营权的用益物权属性，即便具有土地自身的特殊性，物权的基本流转方式也应同样适用于农村土地承包经营权的流转。考虑到各地经济发展状况、土地使用与流转的情况不同等现实问题，制定农村土地承包经营权流转基本政策必须从现实出发，遵循自愿原则，以市场机制为依托，放宽对土地承包经营权流转的种种制度限制，采取更加适宜的多种流转方式，保障农民土地承包经营权流转的自主权。

(1) 创新土地入股新形式，鼓励建立土地流转合作社

所谓土地入股，是在新时期充分发挥市场配置的作用，保持农村土地集体所有权性质不变，根据农民的自主意愿，将其从集体组织获得的承包经营土地使用权作价入股，实现由传统的按照

人均平均分配土地的“均田制”让农民拥有土地使用权的方式向农民拥有土地使用权股权的方式转变。土地股份制的运营模式是农民出让土地使用权。集体组织将收集的土地经过公开竞拍或投标，最终由中标者享有土地使用权；集体组织与土地实际使用权人签订土地使用合同，使用权人在使用期限内保证按照约定的方式经营所中标土地，并在合同约定时间到期向集体经济组织入股成员分红，并对入股农户负责，接受其监督；对于不按照约定方式进行经营的使用权人，拥有股权的农户可通过成立股东大会，民主决定土地使用权人的选择确定；还可以同股份制公司一样设立董事会负责代表入股农户处理土地流转相关事宜，决定分红方式与比例，监督土地实际使用权人的运营管理。在这种运作模式下集体组织可以充分尊重农民的自主经营意愿，选择最有利于实现土地利用效率、提升土地经营价值的方式，集中农民手中零散、分散的小块土地，实现规模化经营效益，实现农业产业化的创新发展。

同时，为了充分保障农民权益，土地实际使用权人在利用竞拍土地从事生产经营活动时应充分优先考虑聘用本集体经济组织成员，使农民一方面可以获得股份保障，另一方面在身份上进一步转变为农业工人并获得工资。农民入股后可以从原有的农业生产活动束缚中解脱出来，自由选择从事其他产业或者进入城市务工，实现劳动力的地区转移与优化配置。

目前农业发展大的趋势便是机械化的耕作手段与规模化的经营模式，以土地入股实现规模经营的模式可以多种多样。现在各地不断尝试创新土地流转合作社形式。该组织由农户依法自愿成立，引导农户进行规范有序的土地承包经营权的流转。以三河镇木兰村为例。这里建立了安徽省内第一个土地流转合作社，其于2006年10月8日正式挂牌成立。合作社由刚成立时的483户成员发展到目前的561户，占全村一半以上的农户入社；转包土地面积由原来的1 258亩扩大到2 100多亩，占全村土地的53%；入社的农民由原来的9个村民小组扩大到11个村民小组。木兰村土地流转合作社的“招标承租”是其最大的亮点。成立合作社适度规模经营要依照农户的自由选择，尊重其个人意愿。要探索农民土地承包经营权入股新形式，引导专业合作、股份合作等多种形式的农民合作社规范运行及发展，逐步实现规模经营；并且规模经营的程度应与当地农业经济发展状况、农业技术发展水平相适应并随之不断提升。

在土地入股中，土地实际使用权人取得的权利本质上是通过土地承包经营权流转获得的对土地的使用权，而入股农户通过放弃使用权利获得了对入股土地的收益权利。这种权能的分离是实现土地股份制经营所必备的条件，不再受传统土地承包经营权相关权利无法区分模式的限制。不过值得强调的是，一旦选择了土地入股形式就意味着入股农户的土地承包经营权参与了市场竞争。市场经营存在各种不稳定因素与经济风险。在市场资源配置中土地实际使用权人对股份合作经济组织经营管理不善，造成亏损或者破产，最后将损害入股农户的相关权益。而且这种损害具有高概率发生可能性。一旦入股农户收益权利丧失，其生存保障将受到威胁。因此，土地入股须建立严格的规范制度，明确规定高标准的入股组织设立条件。

（2）创新和放宽农村土地承包经营权抵押范围

从农村经济市场化发展方向来看，新时期进行土地承包经营权的流转，必须进一步放宽农村土地承包经营权抵押的客体范围，不能仅仅局限于以除家庭承包方式之外的其他方式取得农村土地承包经营权。土地尽管在很大程度上仍然发挥着对农民的养老及生活保障功能，但不可否认的是这种功能，也即土地对于农民生存的重要性正在逐步弱化。特别是随着劳动力向经济发达地区的转移及农村人口的城镇化，农村人口的劳动收入有了很大提升，并且经济来源逐渐由从事农业转变为从事非农产业。其对于土地的经济依赖性的降低客观上也降低了土地承包经营权的抵押融资风险，使土地承包经营权的流转有了参与市场资源配置的可能性。土地承包经营权人可以更好地选择利用土地资源的方式，获取更适宜自身经济生产活动所需的资金，充分发挥土地的经济价值。当然，为了保护我国有限的耕地资源，维护农业生产安全，相关法律、法规中也应规定在以耕地的使用权益作为抵押权标的时，应明确我国的基本农田保障政策，在设立抵押权时应以特别规定的方式予以体现。

近几年来，各地开展的土地承包经营权抵押的相关政策改革表明，土地承包经营权抵押范围的扩大成为必然趋势。如《铜陵市农村土地承包经营权抵押融资管理办法》第三条就将抵押主体扩大至“通过家庭承包方式取得农村土地承包经营权”的农户；《昆明市农村土地承包经营权抵押融资管理办法（试行）》第二章“抵押人和抵押权人”第五条将抵押人规定为“通过以农村土地承包经营权入股组成的农村经济合作组织或通过依法流转取得农村土地承包经营权的经营业主”；《海南省农村土地承包经营权抵押融资管理办法》第二章“抵押人和抵押权人”第四条将抵押人规定为“通过专业承包方式取得农村土地承包经营权的农户或通过其他承包方式取得农村土地承包经营权以及通过依法流转方式取得农村土地经营权的规模经营业主及外来承包人”。这些都在实践中突破了法律规定的以招标、拍卖、公开协商等方式获得土地承包经营权的抵押人的范围，将其扩大至家庭承包户，给予了承包人更多的支配经营土地权益的自由，更大限度地发挥了土地资源的优化配置。

（3）创新工商企业流转农用地的风险保障金制度

适度规模经营的发展，仅仅依靠农民自发组织的力量是远远不够的。国家在鼓励工商企业参与农村的生产经营活动的同时，也设立了严格的准入及监管制度。为了对工商企业使用流转取得的农村土地进行管制，应当在土地产权交易合同中列明清晰的责任条款，对承包方进行相应约束。其实，早在2010年浙江海盐县就制定实施了《农村土地流转风险保障金管理办法》。其规定对于集中连片50亩以上，承包流转期限在5年以上的由农户委托村经济合作社流转的土地适用风险保障金制度，且流转合同需经县、镇土地流转服务组织确认。2013年浙江海盐县又出台了《海盐县农村土地流转风险保障金管理办法（试行）》，2011年浙江平湖市试点推行了《平湖市农村土地流转风险保障金管理办法（试行）》，2012年江苏泗洪施行了《土地流转履约保证金办法》。当然，原有的试点制度大多针对本集体经济组织内的承包户，而2014年中央一号文件将其明确到对农村土地进行流转的工商企业。可以预见，未来会有更多的地方会实施该项保障金制度，土地流转保障金制度建立的核心作用在于预防可能出现的风险，维护农户权益。

3. 创新立法与司法程序，提升管理与服务保障水平

2014年的中央一号文件要求，鼓励有条件的农户流转承包土地的经营权，加快健全土地经营权流转市场，完善县乡村三级服务和管理网络。政府及相关部门应充分发挥管理职能，认真指导土地承包经营权流转合同按照规范格式与内容进行订立。政府和民间组织应发挥调解功能，妥善处理各类流转纠纷；调解难以达成的，应本着当事人自愿的原则，保障受损害方能够及时采取司法救济手段，切实维护自身合法权益。

我们在土地经营权流转的司法保护过程中，一是要强化土地承包经营权流转纠纷的司法保护。一方面通过降低诉讼费用成本，加大司法救助力度，缩短案件审结期限等以降低司法成本；另一方面加强司法监督，防止地方政府、司法机构随意限制农民的司法选择权。这也是维护法律的严肃性、坚持法治社会的基本精神。二是要在司法中坚持着重调解和依法调解的有机统一。着重调解是因为此类案件主要是农户之间的小额财产纠纷，并不存在根本的利害冲突，而且发生纠纷的农户多数关系较近。调解不仅有利于矛盾的彻底解决，也有利于农村和谐社会的构建。但是着重调解不代表可随意调解，而是依法调解，即调解要尊重事实，进行事实判断，分析法律关系，领会法律和政策的基本精神，讲究法理，辨别是非。

（1）完善农村土地承包经营权流转相关法律体系

立法上详细规范农村土地承包经营权流转的程序。由于农村土地承包经营权流转的实践性较强，为配合《农村土地承包法》的贯彻实施，应尽快出台更加符合现实需求的相关司法解释。国务院应制定一系列行政法规，如《农村土地承包经营权流转条例》《农村土地承包经营权流转登记条例》以及《农村土地承包经营权流转合同管理条例》。

（2）健全农村土地承包经营权流转的登记制度

作为物权变动的基本原则，农村土地承包经营权流转的登记制度也应当采用登记生效主义，通过确立登记公示制度，明确土地权利的归属。这不仅能够保护土地承包经营权人的利益，也能够保护善意第三人的合法权益，最终保障土地承包经营权流转的安全。

（3）创新农村土地承包经营权流转程序

土地承包经营权流转的改善不仅要注重最终的结果公平正义，更应关注土地承包经营权流转

的过程。通过调研发现，丰乐镇建立了比较完善的土地承包经营权流转模式。现借鉴与总结出如下程序以便建立更加完备的土地承包经营权流转程序：第一，协商。承包方或者发包方受承包方委托与受让方就流转事宜进行具体沟通协商，就流转土地地块情况、用途、流转方式、期限、金额等达成一致意见。第二，土地承包经营权流转中心项目审查。第三，发包方或中介组织与承包方订立合同。第四，合同备案。第五，合同及相关材料归档。

（4）规范农村土地承包经营权流转合同，明确土地承包经营权

土地承包经营权自土地承包经营权合同设立时生效。为减少矛盾和纠纷的发生，合理划分土地承包经营权流转过程中双方的权利义务，必须确定统一的合同样式，引导农户在自愿、平等协商的基础上签订书面合同，使农村集体土地承包经营权流转朝着更加规范化的方向发展。考虑到现实情况，农户在土地承包经营权流转中签订合同与取得使用权证有着时间上的不一致性，实践中很多土地承包经营权人没有在相应期限内获得土地使用权证或者取得的使用权证与合同约定的内容出现偏差，而县级以上地方人民政府向农村土地承包经营权人发放土地承包经营权证是通过登记造册以确认土地承包经营权的，因此必须明确农村土地承包经营权在签订合同并生效时就设立了。

在土地承包经营权流转合同生效时，承包人就获得了相应的土地承包经营权，而后续的发放土地承包经营权证书并登记造册是为了确认取得的土地承包经营权。从维护稳定的农村承包经营关系以及保障农户已经取得的土地承包经营权的角度考虑，这种规定既符合现实的农村土地承包经营的现状，也有利于广大农户维护其自身的合法权益。

（5）建立并完善土地承包经营权流转的市场中介服务体系

目前我国农村土地承包经营权流转市场正逐步发育，迫切要求强化流转市场中介组织的地位和作用。借鉴丰乐镇土地流转中心的运作模式、机构设置、职能等经验，我们认为土地承包经营权流转市场的中介组织的功能应主要包括：第一，定期发布土地承包经营权流转完整信息；第二，评估、拟定并提供土地承包经营权流转参考价格；第三，规范土地承包经营权流转参与价格管理；第四，制定并提供标准化、规范化的土地承包经营权流转合同等材料文本；第五，鉴证并督促履行《土地承包经营权流转合同》；第六，整理、登记造册、分类管理土地流转相关档案文件；第七，组织制定土地承包经营权流转规则，参与流转行为，协助选择流转方式；第八，主动参与土地承包经营权流转纠纷的调解。

土地流转市场中介组织的形式可以多样化，既可以是政府机构下设的土地承包经营权流转中心或者土地评估事务所，也可以是由村民集体组织成立的土地承包经营权流转合作社。但无论是何种形式的中介组织，首先它必须是集体组织或机构，其次必须要形成规范的组织形式，要有明确的组织制度，要充分发挥规范土地承包经营权流转市场的中坚作用，切实保护土地承包经营权流转双方的合法权益。

（6）建立健全农村社会保障体系

一个完善的社会保障体系是正确合理实施土地流转的必要前提。只有逐步弱化土地的福利和社会保险功能，通过健全的社会保障体系彻底释放几千年来农民形成的对土地的依赖性，为土地转出者解决后顾之忧，增加农民的收入，才能有效地促进土地流转，增加有效土地供给。因此我们必须从以下两个方面进行完善：

第一，加大对农村社会保障的投资力度，切实提高农村社会保障能力。一直以来在改革开放政策的指导下，我国政府的政策、资金投入都出现“重城轻乡”的现象，农村为城市建设发展服务，导致出现城乡发展严重失衡的局面。现在该是城市反哺农村的时候了。政府应该重新调整价值取向，削减在城镇的福利开支，一定程度上取消或降低城镇居民的福利补贴，如住房补贴等；同时政策上、资金投入上都应向农村倾斜，加大对农村基础设施、教育建设的投资力度和强度，以加快农村经济的发展，为社会保障体系的建立健全夯实经济基础。

既然制约我国农村社会保障事业发展的瓶颈是资金短缺，要从根本上解决这一问题，首先必须要大力发展农村经济，增加农民收入。农村社会保障能力的强弱和保障资金的多少，决定了农村经济状况能否改善。只有农民收入有了不断增加，农村社保资金中来自农民自身的那部分才会

得到源源不断地可靠的保障，进而推进社会保障体系的建设和完善。其次，要保障国家的投入。政府要改变一直以来在农村投入少的状况，加大资金投入。受目前中央财政承受能力有限情况的制约，政府可以对不同的地区采取不同的策略：对于相对富裕的地区，政府可以相对减少资金投入比例，对贫穷地区应当适当增加资金投入比例。最后，应该丰富农村社会保障资金来源渠道，通过发动当地企业、有钱农户承担社会责任，积极募集资金，投入农村社会保障体系的建设中去。

第二，完善农村社会保障立法体系。2011 年 7 月 1 日起施行的《中华人民共和国社会保险法》在一定程度上完善了我国整体的社会保障法律体系。但是农村的社会保障制度仍需完善的法律政策。要制定具体政策加以指导，以建立完备的农村社会保险制度、农村社会救助制度与农村社会福利制度，以法律的形式使得农民的生活更好地得以保障。

第九章　农村建设用地市场化及违法建筑治理法律制度创新

一、农村集体建设用地市场化法律制度创新

党的十八届三中全会指出："建立城乡统一的建设用地市场。允许农村集体经营性建设用地在符合规划和用途管制前提下，不需要进行征收，直接出让、租赁、入股，实行与国有土地同等入市、同权同价。"这是我国城乡统筹发展和新型城镇化道路的必然要求。土地城市化并不以土地国有化为前提，否则政府对土地一级市场垄断所造成的危害将更大。国有土地排挤集体土地进行现代工商业建设将加速农民贫困、农业萧条和农村衰败，不利于城乡经济社会一体化发展。集体建设用地市场化将是今后土地制度改革的重要方向，对城乡社会发展会产生重大影响。从法律视角对集体建设用地市场化进行理论探讨，有利于破除制度障碍，为集体建设用地市场化提供必要条件。

（一）农村集体建设用地市场化的理论基础及意义

1. 农村集体建设用地市场化的理论基础

农村集体建设用地市场化的界定。《中华人民共和国宪法》（以下简称《宪法》）第十条规定，农村和城市郊区的土地，除由法律规定属于国家所有的以外，属于集体所有。任何组织或者个人不得侵占、买卖或者以其他形式非法转让土地。土地的使用权可以依照法律的规定转让。据此，集体建设用地所有权禁止流转，集体建设用地市场化主要是指建设用地使用权市场化。集体建设用地使用权是指集体建设用地使用权人为建造建筑物、构筑物及其附属设施而对农民集体所有的土地享有的占有、使用和收益的权利。① 广义上的集体建设用地使用权包括农民宅基地使用权、乡镇企业建设用地使用权、乡（镇）村公共设施建设用地使用权以及乡（镇）村公益事业建设用地使用权。然而，《物权法》将农民宅基地使用权作为一个独立的用益物权，与集体建设用地使用权并行，即《物权法》中的集体建设用地使用权把农村宅基地使用权排除在外。我国城市化、工业化的加速发展必然要求集体建设用地的市场化，但这并不必然是土地的城市化或土地的国有化，而是要求集体建设用地使用权能自由入市流转，促进集体建设用地资源配置的市场化。也就是说，某块土地是否可以建设城市发展现代工商业，取决于社会和经济发展是否需要，而不取决于该块土地的所有权属性（即国家所有，还是非国家所有）。新型城镇化的本质是"人的市民化"，即人员、信息、资本的高度聚集，以及单位产值的提升；而集体建设用地市场化的本质是集体建设用地权益的市场化，能促使集体建设用地所有者和使用者获得相应的合法权益。

集体建设用地使用权市场化可以分为直接市场化和间接市场化。集体建设用地直接市场化是指在保留集体建设用地所有权不变的情形下，农民或集体将集体建设用地使用权以一定的方式允许用地单位和个人使用。② 集体建设用地间接市场化是指国家征收或征购集体土地后，土地所有权转为国有，国家将国有建设用地使用权从所有权中分离出来，出让或划拨给用地单位和个人使用。③ 鉴于文章篇幅有限，本书研究的集体建设用地市场化主要指直接市场化，排除国家征收土

---

① 崔欣．关于集体建设用地使用权基本制度的梳理［J］．改革与开放，2011（1）：25.

② 王淑华．城乡建设用地流转法律制度研究——以集体土地权利自由与限制为视角［D］．上海：复旦大学，2011：76.

③ 王淑华．城乡建设用地流转法律制度研究——以集体土地权利自由与限制为视角［D］．上海：复旦大学，2011：76.

地后再投放市场的间接市场化。

2. 农村集体建设用地市场化的特点

（1）所有权与使用权相分离。在我国当前的土地制度中，土地的所有权禁止流转，土地的所有者、使用者仅能转让土地的使用权。这一现状影响我国当前集体建设用地市场化的程度。当前集体建设用地市场化主要是指使用权的市场化。这造成集体建设用地所有权市场化与使用权市场化相分离，使得集体建设用地市场化的权利内容不够全面，市场化的程度不够高。

（2）自由与限制并存。集体建设用地市场化具有明显的自由特征。土地交易市场对所有的主体都是开放的，各主体并不会因为身份而受到限制、禁止。市场主体是平等的，各市场交易主体享有平等法律地位，遵循同样的交易规则，并不因身份而受到歧视、差别待遇。市场化使得市场交易的方式多元化；市场交易主体可以自由选择交易方式，满足自己的交易需求。市场能够有效实现优胜劣汰的，通过竞争，实现个人利益的最大化。市场主体在享有自由的同时也受到法律的制约。法律对交易的规则做出规定，限制交易的主体范围、土地的用途，还对土地收益做出规定。这使得集体建设用地市场化面临诸多限制。总体而言，集体建设用地市场化既享有充分的自由，又面临诸多法律限制。

（3）与国有土地市场相对立。新中国成立初期，由于优先发展工业的需要，实行农村支持城市的政策，在土地方面也人为地设定国有土地与集体土地之分。因此集体土地权利以及集体建设用地权利不是民事法律正常衍生的产物，而是一种政治作用的结果。土地市场发展成为国有土地市场和集体土地市场不得不说是一种政治产物。当前集体建设用地市场与国有土地市场对立存在，也不得不说是中国政治制度使然。

3. 农村集体建设用地使用权分类

依据《土地管理法》的规定，集体建设用地使用权按照其用途的不同，可以分为四类，即住宅类集体建设用地使用权、乡镇企业类集体建设用地使用权、乡镇（村）公共设施类集体建设用地使用权、乡镇（村）公益事业类建设用地使用权。①

住宅类集体建设用地使用权是指将集体建设用地用于建造住宅，供人居住的一种集体建设用地使用权。② 与《物权法》上的住宅建设用地使用权、宅基地使用权不同，《物权法》中的住宅建设用地使用权所涉及的土地为国有土地而非集体土地；而宅基地使用权的权利主体必须为集体成员。乡镇企业类集体建设用地使用权是指将集体建设用地用于开办乡镇企业的一种集体建设用地使用权。③ 乡镇（村）公共设施类集体建设用地使用权，是指将集体建设用地用于乡镇村公共设施建设的一种集体建设用地使用权。乡镇（村）公益事业类建设用地使用权是指将集体建设用地用于乡镇村公益事业建设的一种集体建设用地使用权。④

4. 集体建设用地使用权的基本构成

（1）集体建设用地使用权的主体。集体建设用地使用权的取得方式包括直接从集体土地所有权人处取得和间接从集体土地所有权人处取得。⑤ 鉴于本书仅研究集体建设用地使用权的直接市场化问题，所以本书所指的集体建设用地使用权主体主要是直接从集体土地所有权人处直接取得土地的主体。依据我国法律规定，可以直接从集体土地所有权人处取得集体建设用地使用权的主体包括四种：一是乡镇企业；二是农村集体经济组织使用集体建设用地兴办的企业；三是农村集体经济组织以集体建设用地使用权入股举办的企业；四是乡镇（村）公益事业单位。⑥

（2）集体建设用地使用权的客体。集体建设用地使用权的客体具有特定形体，是一种具有特定形式的物，通常被称为集体建设用地使用权的标的物。依据我国法律规定，集体建设用地使用

① 崔欣. 关于集体建设用地使用权基本制度的梳理［J］. 改革与开放，2011（1）：25.

② 崔欣. 关于集体建设用地使用权基本制度的梳理［J］. 改革与开放，2011（1）：25.

③ 崔欣. 关于集体建设用地使用权基本制度的梳理［J］. 改革与开放，2011（1）：25.

④ 崔欣. 关于集体建设用地使用权基本制度的梳理［J］. 改革与开放，2011（1）：25.

⑤ 崔欣. 关于集体建设用地使用权基本制度的梳理［J］. 改革与开放，2011（1）：25.

⑥ 崔欣. 关于集体建设用地使用权基本制度的梳理［J］. 改革与开放，2011（1）：25.

权的客体就是除宅基地之外的，用于建设用途的其他集体所有土地。①

（3）集体建设用地使用权的效力。集体建设用地使用权的效力是指集体建设用地使用权人对标的物所享有的支配力。② 集体建设用地使用权的效力主要表现为当集体建设用地使用权标的物上存在若干个权利时如何确定其支配顺序。进行集体建设用地使用权效力界定，需要遵循物权效力的一般原则。一般情况下，所有权具有排他性，集体建设用地所有权优先于集体建设用地使用权；当建筑物与集体建设用地使用权一同抵押时，设定在先的抵押权优先于设定在后的抵押权。③

（二）反对农村集体建设用地市场化制度创新的“谬论”

1. 挑战当前社会制度

（1）影响城市建设制度。集体建设用地使用权市场化将使得集体土地使用权人不再安分于土地使用的各种法规，试图寻求与国有土地使用权对等的利益。这进一步加大了非法“小产权房”的数量；针对城市市场的农村“集资建房”将大量出现；此外，还有大量“城中村”“厂中村”混杂在城市中。这些都将影响城市化进程，对现行的城市建设制度提出了严峻挑战。④

（2）影响法律制度。《宪法》规定，城市土地归国家所有。如果集体建设用地市场化，随着城市化进程推进，城市中的集体建设用地不再属于国家所有，《宪法》中的相关规定就必须取消。若《宪法》取消城市土地国家所有，将会带来一系列问题。⑤ 此外，如果集体建设用地市场化，《中华人民共和国土地管理法》必须要修改，以满足现实的需要。为了规范集体建设用地流转，还需要出台《集体建设用地使用权流转管理办法》等行政法规。

（3）影响土地财政制度。目前土地出让所获得的出让收益是地方政府的主要收入来源。据学者调查，“当前征地补偿费占土地供应价格（出让价格）比重的平均水平为22%，政府税费收益占17%，土地增值收益（土地出让金或土地纯收益）占21%，土地开发成本占40%。由此推断，地方政府得到的税费和增值收益合计约占土地出让价格的38%。”⑥ 同时，由于土地出让金始终没纳入财政预算的盘子，许多地方将此收益作为预算外收入的主要来源，有的地方该比例甚至高达60%。⑦ 集体建设用地直接进入市场，不仅会通过市场竞争使土地出让价格降低，而且会直接影响政府土地的出让收入，影响地方发展。

新制度的构建必然会对旧制度形成冲击，必然会影响旧的利益分配格局，必然需要革新旧的法律制度。集体建设用地市场化制度的推进，当然会影响当前的城市建设制度，影响当前政府财政收入形态，冲击法律制度。但是集体建设用地市场化最大限度地保障农民的土地权利，能有效实现在发展城市的过程中兼顾农民的利益，对于城市的发展利大于弊，具有充分的正义性，因此应该努力推行。认为集体建设用地市场化将冲击当前社会制度的说法不可取，没有充分地考虑社会的长远利益，缺乏对农民土地权益的关注。

2. 冲击当前土地市场

（1）冲击国有土地市场。当前，城市土地属于国家所有，土地所有权不进入市场，国家只对国有土地使用权实行有限期的出让和出租。在土地出让市场，即一级土地市场，土地的供给者只有国家，国家对一级土地市场的供给进行垄断。国家土地一级市场从我国经济体制改革以及土地使用制度改革以来就已经形成，沿用多年。土地一级市场国家垄断有利于维护国有土地的权益，有利于城市土地管理和城市建设。⑧ 集体建设用地市场化将对土地一级市场国家垄断观念形成强

① 崔欣. 关于集体建设用地使用权基本制度的梳理［J］. 改革与开放，2011（1）：26.
② 崔欣. 关于集体建设用地使用权基本制度的梳理［J］. 改革与开放，2011（1）：25.
③ 崔欣. 关于集体建设用地使用权基本制度的梳理［J］. 改革与开放，2011（1）：25.
④ 吕萍，支晓娟. 集体建设用地流转影响效益及障碍因素分析［J］. 农业经济问题，2008（2）：13-14.
⑤ 许坚. 集体建设用地直接入市应慎重［J］. 中国国土资源经济，2004（3）：17.
⑥ 吕萍，支晓娟. 集体建设用地流转影响效益及障碍因素分析［J］. 农业经济问题，2008（2）：13-14.
⑦ 吕萍，支晓娟. 集体建设用地流转影响效益及障碍因素分析［J］. 农业经济问题，2008（2）：13-14.
⑧ 许坚. 集体建设用地直接入市应慎重［J］. 中国国土资源经济，2004（3）：17.

烈冲击，影响国有土地市场稳定。

（2）造成建设用地供给大于需求。当前土地的流转模式主要是国家征收农民的土地后再投放市场。该种模式有国家法律保障，土地流转制度井然有序，土地供应市场稳定。由于农村集体建设用地所有权主体虚位，一旦集体建设用地市场化，农民容易受到利益的驱动，竞相将建设用地投放市场，造成土地供应市场失控，导致土地市场混乱。①

土地市场由国家垄断极为不合理，因为垄断体制下不能有效实现资源的优化配置，土地的利用效率低下。当前的土地流转模式极为不合理，是以牺牲农民利益来满足城市的发展的。打破国家垄断土地市场的局面，是实现社会公平、正义的必然要求，是社会文明进步的体现。随着集体建设用地市场化进程的推进，土地流转的程序将进一步明确，将会积极有效地促进集体建设用地流转。市场上的建设用地供应量将会增加，但不会出现严重的供给大于需求的现象。首先，市场规律会自发发生作用，调整土地的供给与需求量。其次，国家亦可以利用宏观调控手段调整土地的供应量。集体建设用地市场化，将进一步优化土地供需关系，促进土地市场科学合理。

3. 保护耕地

一些学者提出了解决土地问题的“转权让利”学说。该理论认为集体土地使用权可以依法转让，但仅限于农用地的范围。集体建设用地使用权仅应该在集体内部调整转让，不宜直接进入土地市场。进入土地市场的土地应该先转变所有权主体，由国家征收之后再投放市场。国家采用这样的限制办法，主要是为了保护耕地。一旦集体建设用地市场化，耕地将受到严重破坏，不用多久将转变成为建设用地，将影响国家的农业生产，威胁粮食安全。②

集体建设用地市场化必然会侵占耕地，迫使更多的耕地转化为建设用地。但是这一趋势可以控制，可以使其处于合理范围内，既保证土地的市场需求，又保障粮食生产。需要国家建立健全土地规划制度，使得土地的用途更加科学合理。需要进一步严格集体建设用地市场化的条件，促进建设用地合理有序流转。需要做好废弃、存量土地的再开发利用工作，保证每一寸土地得到合理有效利用。

4. 埋下腐败祸根

学者提出在目前政治体制下，农民分享不到集体建设用地市场化所产生的利益。集体建设用地市场化实际上是为一些县乡村干部侵犯农民土地权益新开了一个口子。事实证明，部分县乡村干部不顾广大农民的利益，想方设法把集体土地转让出去，获取高额利润，大行腐败之风。“因此，最好的办法就是尽量少给他们一些侵犯农民利益的借口。总之，对农民利益的侵犯属于政治体制上的问题，让集体建设用地直接入市是一个经济体制上的问题。在政治体制改革未跟上的情况下，经济体制改革的结果可能会走样。”③

官员的腐败行为不是阻碍集体建设用地市场化的借口，不是城市、国家继续压榨农民的幌子。腐败是任何社会状态下都存在的问题，集体建设用地市场化不是腐败产生的当然原因。腐败之所以盛行，不是集体建设用地市场化的结果，而是国家反腐机制不健全的结果。“在政治体制改革未跟上的情况下，经济体制改革的结果可能会走样”这一说法同样是借口。政治体制改革的进程取决于经济的发展状况，经济基础决定上层建筑，经济体制的发展障碍促使政治体制做出变更，促进政治体制改革。集体建设用地市场化的发展，将进一步促进政治体制的调整。

（三）农村集体建设用地市场化法律制度创新的价值

1. 终结土地隐形流转现象

现行立法禁止集体建设用地流转。但是由于市场的刺激以及对高额利益的追求，集体建设用地私下交易、隐形流转现象比较普遍。由于缺乏法律的保护、规范，土地隐形流转引发了一系列

---

① 许坚. 集体建设用地直接入市应慎重［J］. 中国国土资源经济，2004（3）：17.

② 许恒周，郭玉燕，宁蕊蕊. 关于农村集体建设用地直接入市流转的探讨［J］. 北京理工大学学报（社会科学版），2010（1）：33.

③ 许坚. 集体建设用地直接入市应慎重［J］. 中国国土资源经济，2004（3）：17.

社会问题，不仅冲击正常土地市场，还使得农民的合法权益面临威胁。集体建设用地使用权的市场化发展，将终结土地的隐形流转现象，为农民被侵犯的土地权益提供法律救济途径，促进社会的和谐有序。

2. 发挥土地的商品属性

农村土地具有双重属性，即社会保障属性和商品属性。当前的制度禁止集体建设用地市场化，扼杀了农民土地的商品属性，未充分尊重农民权益。集体建设用地市场化之后，土地将可以在市场上自由交易，其商品属性将得到充分凸显。集体建设用地在市场上自由流通不仅可以改变土地供应的紧张局面，降低房价，还可以使农民充分享受土地在市场上自由流动所产生的利润。①

3. 改变国家垄断土地的现状

集体建设用地市场化使得农民可以将集体建设用地以出让、转让、出租和抵押等方式流转进入市场，意味着土地使用者不仅可以从国有土地市场获取土地，也可以与农民集体协商，获得土地。集体建设用地市场化无疑将改变国家垄断土地市场的格局，对土地市场的重组和运行产生重大影响。②

4 重塑私权的法律地位

集体土地与国有土地二元结构是一项具有中国特色的制度。集体土地权利不是民事法律制度演变发展的产物，而是一种政治的产物，以致集体土地的物权法律属性没有得到充分的凸显，更多的是扮演一种政治使命。经济、社会变革的核心是要从传统的政治权利和经济权利不分的体制中剥离出可流转财产权利，重塑私权，确立私权的法律地位。③ 集体所有在集体成员看来是一种公权，而在全社会看来，是一种私权。④ 集体建设用地市场化，将使得集体土地的私权属性进一步凸显，集体建设用地的用益物权权能将得到充分发挥。

5. 保障农民权益

集体建设用地使用权市场化流转可以保障失地农民的生产生活。随着经济的发展，城市化进程的推进，单位或个人对土地的占用、使用不可避免。推行集体建设用地市场化可以为经济发展提供土地保障，而合理的土地利益的分配能有效维护广大农民的根本利益。采取集体土地使用权市场化流转的方式，对于农民来说，比土地被国家征收更能保障生产生活。首先，产权未变，农民有安身立命之本。土地是农民赖以生存和发展的最基本生产资料，集体建设用地市场化不同于土地征收，农民集体仍然享有所有权，生产资料不会发生根本变化。⑤ 其次，农民的收益稳定。集体建设用地出租后，每年集体成员都有相对固定的租金；土地使用权出让后，农民集体成员不仅有使用费，到期后，仍然可以收回土地，使其继续流转，创造更多的效益；土地作价入股后，集体成员每年可以参与分配，获得比较稳定的收入。⑥

6. 优化资源配置

集体建设用地市场化是市场经济条件下优化资源配置的选择。随着经济的发展，城市建设用地需求量加大，而国有土地可供建设使用的数量有限，再加上耕地资源的相对稀缺，亟须开辟新的土地供应市场。集体建设用地面广量大，通过市场化流转，将大大提高利用率，使土地资源得

---

① 王淑华. 城乡建设用地流转法律制度研究——以集体土地权利自由与限制为视角［D］. 上海：复旦大学，2011：33.

② 王淑华. 城乡建设用地流转法律制度研究——以集体土地权利自由与限制为视角［D］. 上海：复旦大学，2011：33.

③ 王淑华. 城乡建设用地流转法律制度研究——以集体土地权利自由与限制为视角［D］. 上海：复旦大学，2011：21.

④ 王淑华. 城乡建设用地流转法律制度研究——以集体土地权利自由与限制为视角［D］. 上海：复旦大学，2011：21.

⑤ 职青云. 对规范集体建设用地流转的思考［J］. 安徽农业科学，2007（15）：4642.

⑥ 职青云. 对规范集体建设用地流转的思考［J］. 安徽农业科学，2007（15）：4642.

到有效配置，大大减缓建设用地需求对农用地的压力。当前，建设用地的潜力未得到充分挖掘，建设用地的市场化配置将充分地实现物尽其用。①

（四）农村集体建设用地市场化发展现状

1. 典型的探索模式

（1）乡镇企业改制型的湖州模式。乡镇企业占湖州市企业的80%以上。为了改制乡镇企业，湖州对建设用地使用权进行探索。其根据企业改制方式的不同进行不同的处理：对于企业转让的，土地使用权随之转让，由受让者办理土地征收、出让手续，补交土地出让金、造地专项基金等国家税费，企业取得的土地可以转让、出租和抵押；企业租赁建设用地的，地上建筑物、附着物随同租赁，集体建设用地的所有权性质不变，土地主管部门向出租方颁发“集体土地租赁许可证”，承租企业向出租方支付租金，企业取得的建设用地使用权不得擅自转让、转租和抵押；集体建设用地使用权作价入股的，集体建设用地所有权性质不变，作价入股的建设用地使用权可以抵押；以划拨方式取得建设用地使用权的，在补办土地出让手续、补交出让金后，方可转让、出租。②

在湖州集体建设用地市场化需要符合下列条件：其一，其是已经依法取得的镇（村）集体建设用地使用权的土地。其二，符合土地利用总体规划、村镇建设规划和相关流转条件。其三，以作价入股、出资、出租、抵押等形式流转。其四，土地收益归集体建设用地所有权人，土地主管部门收取5%的手续费。其五，建设用地的使用范围一是工业园区；二是城市重大基础设施。③

（2）政府推动型的芜湖模式。安徽省芜湖市是第一个经过国土资源部批准，并在其直接领导下进行集体建设用地流转试点的城市。该模式主要体现为以下内容：集体建设用地的用途主要是举办乡（镇）村企业、公共设施、公益事业、个体工商户、私营或者联户办企业等。

集体建设用地的开发权由乡镇人民政府统一行使。投放市场的土地须符合土地利用总体规划、城镇体系规划、国民经济和社会发展规划。集体建设用地采用转让、租赁、作价入股、联营联建、抵押等多种方式实现市场化。土地出让时，要征得土地所有者同意，并签订书面协议。流转分首次流转和再次流转。首次流转，须经当地市、县人民政府土地行政主管部门批准，取得“农民集体所有建设用地使用权流转许可证”；再次流转，须向市、县人民政府土地主管部门申请办理土地变更登记、租赁、抵押登记等手续。集体建设用地的土地收益，须在土地所有权人、市、县、镇人民政府之间分配。④

（3）经济发展驱动型的广东模式。广东的集体建设用地市场化模式具有明显的自下而上性。它首先在南海、中山、东莞等地由农民集体自发进行。它们的方式主要是：其一，对土地资源进行整合，科学规划。把土地按照功能划为农田保护区、经济发展区和商住区。在符合村镇建设规划和土地利用规划的前提下，将集体建设用地使用权进行市场化流转。⑤ 其二，集体建设用地使用权流转的决策权属于村民大会，任何集体建设用地使用权的交易行为需要得到村民大会的授权。⑥ 其三，集体建设用地使用权主要以出让、出租、转让和抵押四种方式进行市场化流转。⑦ 其四，村集体成立专业公司，负责土地、厂房、商铺等不动产的日常运营工作，保证集体土地、资产保值、增值。⑧ 其五，村集体负责村内道路、水、电等基础设施的建设、维护，将开发好的土地、厂房和商铺进行出租，获取租金。但为了降低土地运营风险，村集体不直接参与企业投资、经营活动。其六，集体建设用地使用权向市场开放，任何性质和类型的工商企业都可以通过

① 职青云. 对规范集体建设用地流转的思考［J］. 安徽农业科学，2007（15）：4642.
② 茆荣华. 我国农村集体土地流转制度研究［M］. 北京：北京大学出版社，2010：138-142.
③ 茆荣华. 我国农村集体土地流转制度研究［M］. 北京：北京大学出版社，2010：138-142.
④ 茆荣华. 我国农村集体土地流转制度研究［M］. 北京：北京大学出版社，2010：138-142.
⑤ 茆荣华. 我国农村集体土地流转制度研究［M］. 北京：北京大学出版社，2010：138-142.
⑥ 张娟锋，等. 集体建设用地使用权市场发育模式对比研究［J］. 经济体制改革，2009（6）：77.
⑦ 张娟锋，等. 集体建设用地使用权市场发育模式对比研究［J］. 经济体制改革，2009（6）：77.
⑧ 张娟锋，等. 集体建设用地使用权市场发育模式对比研究［J］. 经济体制改革，2009（6）：77.

市场交易获取集体建设用地使用权。[①] 其七，集体建设用地市场化流转收益主要留在村集体，专款用于本集体经济组织成员的社会保障。[②]

2. 立法状况

计划经济时期，国有土地和集体土地均由国家无偿划拨使用，无土地市场可言。1988 年《宪法》修正案第十条第四款废除了土地不得流转的规定，增加了“土地的使用权可以依照法律的规定转让”的规定，在立法上第一次明确了土地流转的合法性。1988 年 12 月《土地管理法》第二条规定，国家依法实行土地有偿使用制度，国有土地和集体所有的土地的使用权可以依法转让。土地使用权转让的具体办法，由国务院另行规定。[③] 但是 1998 年修订的《土地管理法》第六十三条则又指出，在国有土地出让制度初步形成以后，国家原则上禁止集体建设用地流转。[④] 这使得集体建设用地市场化受到严重障碍。21 世纪以来，一些地方政府积极探索集体建设用地市场化流转模式，进行立法，试图为集体建设用地市场化提供机遇。

安徽芜湖市制定了《农民集体所有建设用地使用权流转实施细则》，对集体建设用地市场化进行细化、延伸：集镇建设依法使用农民集体所有的土地，按农用地的土地使用权基准地价对农用地的承包经营者和建设用地的土地使用者进行补偿。集体建设用地市场化的程序为：首次流转的，依次由土地所有者与流转方签订同意流转协议，流转双方签订流转合同，土地所有者和流转双方向土地所在地市、县人民政府土地行政主管部门提出书面申请并填写“流转申请表”，由市、县土地行政主管部门进行审核，经批准后，颁发“流转许可证”，流转双方按合同约定支付转让费等。再次流转的，流转双方直接向土地所在地市、县人民政府土地行政主管部门申请办理土地变更登记或租赁、抵押登记手续。该细则规定农民集体所有建设用地使用权流转的土地可用于居住用地（70 年），商业、旅游、娱乐用地（40 年），工业、教育、科技、文化、卫生、体育、综合或者其他用地（50 年）。对于土地流转收益和土地增值收益，土地所有者、镇、县（区）、市按 2∶5∶2∶1 的比例分配。[⑤]

2005 年 6 月广东省颁布了《广东省集体建设用地使用权流转管理办法》，开宗明义地指出，立法的目的是规范集体建设用地使用权流转。该办法规定集体建设用地可用于兴办各类工商企业（国有、集体、私营企业、个体工商户），外商投资企业（中外合资、中外合作、外商独资、三来一补企业），联营企业，兴办公共设施和公益事业，兴建农村村民住宅。该办法还对集体建设用地使用权的出让、出租、转让、转租给予了明确界定。该办法要求集体建设用地使用权出让、出租时出租方要签订出让、出租合同，并持合同向市、县人民政府土地行政主管部门申请办理土地登记和领取相关权证。集体建设用地使用权可以转让、转租，但须到市、县人民政府土地行政主管部门办理变更登记。该办法允许在土地利用总体规划中确定并经批准为建设用地的集体土地，经过本集体经济组织成员的村民会议三分之二以上成员或者三分之二以上村民代表同意后进入市场交易。另外，该办法还要求将土地流转收益纳入农村集体财产统一管理，其中 50%以上存入银行专户，专款用于农民社会保障安排，不得挪作他用。[⑥]

2008 年 11 月《河北省集体建设用地使用权流转管理办法（试行）》施行。该办法规定，集体建设用地出租的最高年限不得超过 20 年，通过集体建设用地使用权流转取得的集体建设用地不得用于商品住宅开发。集体建设用地使用权出让、出租取得的土地收益属于所有权人所有，其他单位和个人不得截留或者挪用。集体经济组织出让、出租和抵押村民集体所有的集体建设用地

---

① 张娟锋，等. 集体建设用地使用权市场发育模式对比研究［J］. 经济体制改革，2009（6）：77.

② 茆荣华. 我国农村集体土地流转制度研究［M］. 北京：北京大学出版社，2010：138-142.

③ 王淑华. 城乡建设用地流转法律制度研究——以集体土地权利自由与限制为视角［D］. 上海：复旦大学，2011：25.

④ 王淑华. 城乡建设用地流转法律制度研究——以集体土地权利自由与限制为视角［D］. 上海：复旦大学，2011：26.

⑤ 茆荣华. 我国农村集体土地流转制度研究［M］. 北京：北京大学出版社，2010：138-142.

⑥ 茆荣华. 我国农村集体土地流转制度研究［M］. 北京：北京大学出版社，2010：138-142.

使用权的，必须经本集体经济组织村民会议三分之二以上成员或者三分之二以上村民代表同意。出让、出租和抵押乡（镇）农民集体所有的集体建设用地使用权的，必须经乡（镇）集体经济组织或者乡（镇）人民政府同意。集体建设用地使用权流转应当依法签订合同；集体建设用地使用权的出让年限不得超过同类用途国有土地使用权出让的最高年限。使用权人应当按照设区的市、县（市）人民政府批准的用途和集体建设用地使用权出让或者出租合同的约定使用土地。确需改变用途的，必须经所有权人和设区的市、县（市）土地行政主管部门、城乡规划主管部门同意，报原批准用地的人民政府批准，并由双方当事人变更或者重新签订集体建设用地使用权出让或者出租合同……①

（五）农村集体建设用地市场化法律制度创新的阻碍

1. 集体建设用地所有权主体虚位

《宪法》《物权法》以所有制区分土地所有权主体，规定农民集体享有集体土地所有权。根据规定，农村土地属于本集体成员共有，集体成员代表不能擅自占有和支配土地。但是农民集体无法行使所有权，须由某一具体集体经济组织代表农民集体行使所有权，负责土地的经营管理。然而，集体经济组织仅是农民集体的代表机关，并非农民集体本身，导致集体建设用地所有权主体出现虚位。况且现行法律并未对集体进行民事主体的制度构建，没有对集体土地所有权代表人——村集体经济组织、村委会、村民小组等进行民事权利主体的法律定位和行使集体土地所有权的具体规范。② 集体建设用地所有权看似属于乡、村、组三级所有，但是到底属于哪一级却含混不清。多元化、多层次、分散性，使得真正的所有权主体不明确，在实际市场化过程中集体建设用地的流转主体难以确定。集体建设用地所有权主体的虚位，影响土地的市场化发展，产生了很多的问题。③ 集体建设用地所有权主体虚位，使得农民的集体建设用地权益得不到有效保障。所有权主体虚位致使行政权代行土地资产经营权，直接侵害土地所有权。在集体建设用地市场化的过程中，一般是由乡（镇）政府，特别是村委会来具体操作，而不是由作为土地所有权人的村内集体经济组织施行。由于村内集体经济组织和村、乡（镇）两级集体经济组织是不同的利益主体，在利益关系不一致时，处于劣势的集体经济组织，在他人代为行使土地权利的情况下，利益难以得到保障。④

一些基层政府、农村集体经济组织为了解决土地产权主体不明确、权属不清、界限不明的问题，以及为了方便组织管理和登记发证，将下级集体经济组织所有土地上收为本级所有，之后把土地性质转化为国有土地，再投放市场。集体建设用地所有权主体的虚位，导致农民的土地权益屡遭侵犯。⑤

2. 集体建设用地欠缺市场化交易权能

《物权法》对集体建设用地使用权的民事权利予以确认，但是《物权法》以及《土地管理法》对其市场化做出限制，表现出不完全使用权的特征。它的权利内容模糊，处分权能、收益权能严重受限，致使集体建设用地使用权不能作为一种完整的用益物权与市场接轨。集体建设用地市场交易权的缺乏导致集体建设用地财产权功能丧失。它不仅妨碍农民通过集体建设用地入市流转，获得土地增值的收益，还制约了集体建设用地的合理配置与有效开发利用。这种状况造成建设用地结构性短缺，影响经济社会的发展，制约城市化进程。⑥

---

① 张铭贤，刘巍. 集体建设用地不得用于商品住宅开发［N］. 河北经济日报，2008-09-24（2）.

② 王淑华. 城乡建设用地流转法律制度研究——以集体土地权利自由与限制为视角［D］. 上海：复旦大学，2011：35.

③ 刘双良，马安胜，姜志法. 集体建设用地流转的困境及其破解路径［J］. 现代财经，2009（10）：87.

④ 职青云. 对对规范集体建设用地流转的思考［J］. 安徽农业科学，2007（15）：4643.

⑤ 职青云. 对对规范集体建设用地流转的思考［J］. 安徽农业科学，2007（15）：4643.

⑥ 刘双良，马安胜，姜志法. 集体建设用地流转的困境及其破解路径［J］. 现代财经，2009（10）：89.

3. 集体建设用地交易市场不完善

《土地管理法》第四十三条规定，任何单位和个人进行建设，需要使用土地的，必须依法申请使用国有土地。该法第四十四条规定，建设占用土地，涉及农用地转为建设用地的，应当办理农用地转用审批手续。在国家层面上，当前集体建设用地流转仅存在于国家市场。国家以垄断者身份处置农村土地，几乎不准建设用地进行市场化配置。集体建设用地的市场化限制使得土地资源难以进行有效配置，集体建设用地市场被割裂、扭曲，与市场经济的发展相背离，二元经济结构难以打破。①

4. 土地登记制度不健全

土地确权是集体建设用地市场化改革的基础，是集体建设用地有效流转的前提。土地登记制度对于确定土地权属、加强地籍管理、保障土地交易以及收缴土地税费等都具有重要意义。但是集体建设用地登记制度不健全，导致土地登记机构不健全、登记程序不明确、登记人员缺乏、登记公示制度缺乏公开性等。集体建设用地登记制度的不健全，致使产权不明确，土地市场化程序不清晰，影响集体建设用地的市场化进程。② 城乡建设用地统一流转的法律体系及配套制度不健全。

5. 缺乏国家立法保障

目前集体建设用地的市场化流转缺乏国家法律层面的制度保障。农村集体建设用地市场化制度仅停留在地方立法、政策、试点层面；集体建设用地市场化缺乏国家稳定的制度支持；土地纠纷缺乏有效的权利救济手段；土地所有者的合法权益得不到有效保障。现行土地立法不健全。从一些地方的探索来看，集体建设用地市场化从理论和实践上都是可行的。它对于发展农村经济、增加农民收入、提高农民生活水平具有巨大作用。但是，法律对其限制较多，基本上采取不支持的态度。《土地管理法》第四十三条规定，任何单位和个人进行建设，需要使用土地的，必须依法申请使用国有土地，但是，举办乡镇企业和村民建设住宅经依法批准使用本集体经济组织农民集体所有的土地的，或者乡（镇）村公共设施和公益事业建设经依法批准使用农民集体所有的土地除外。该法第六十三条规定，农民集体所有的土地使用权不得出让、转让或者出租用于非农业建设，但是，符合土地利用总体规划并依法取得建设用地的企业，因破产、兼并等情形致使土地使用权依法发生转移的除外。该法第六十条规定，农村集体经济组织使用乡（镇）土地利用总体规划确定的建设用地兴办企业或者与其他单位、个人以土地使用权入股、联营等形式共同举办企业的，应当持有关批准文件，向县级以上地方人民政府土地行政主管部门提出申请，按照省、自治区、直辖市规定的批准权限，由县级以上地方人民政府批准……由于国家法律禁止集体建设用地对外交易，土地权能不能充分发挥，损害农民的基本财产利益。③

6. 集体建设用地规划不健全

当前制度下，下级规划必须以上级规划为依据，致使规划编制体制表现出明显的自上而下的特点。当前的集体建设用地规划存在以下问题：第一，在规划的编制中，每个层级都会自然地挤压下一层级建设用地的指标来实现本级利益的最大化。这使得处于规划层级最低层的农村集体建设用地的空间被挤占，农民的建设用地权益严重受限。第二，当前的土地利用总体规划偏重于集体建设用地指标的控制管理，对规划布局上的弹性缺乏考虑，致使规划僵硬，缺乏操作性。再加上行政审批程序的冗长等原因，集体建设用地规划与现实严重脱节，未充分考虑农民的利益。第三，集体建设用地规划重编制轻实施。许多地区的规划确实在布局上考虑了结构优化、用地集约等政策，但缺乏有效的实施保障机制。集体建设用地规划仅停留在纸面上，未得到有效实施。第四，农村集体建设用地规划严重滞后于城镇建设区域，不同规划体系间的协调性以及土地利用规

---

① 刘双良，马安胜，姜志法．集体建设用地流转的困境及其破解路径［J］．现代财经，2009（10）：89.

② 王淑华．城乡建设用地流转法律制度研究——以集体土地权利自由与限制为视角［D］．上海：复旦大学，2011：36.

③ 王淑华．城乡建设用地流转法律制度研究——以集体土地权利自由与限制为视角［D］．上海：复旦大学，2011：36.

划中的弹性对农村经济发展的兼顾性明显不足。①

7. 隐形土地市场广泛，发展无序

目前农村集体建设用地市场化处于自发和无序状态。集体建设用地市场化流转不被国家法律所认可。但事实上，在相对发达地区，各类中小企业对低成本用地的偏好，进城务工人员对低廉的居住成本的要求与农民集体和农户参与分享城市化、工业化收益的强烈动机一拍即合，各类隐性集体建设用地市场大量出现。② 一些地方出现企业经营用地少批多用、先上车后补票、擅自转变农地用途等现象。③ 大量农村集体建设用地自发、盲目进入土地市场，造成违规项目不断出现，规划指标屡遭突破，建设用地供应总量难以有效控制，正常的土地市场秩序受到干扰，使得集体和农户的土地流转收益得不到法律的有效保障，影响农民权益的充分实现。④

8. 部分地方探索集体建设用地市场化暴露出来的问题

（1）收益分配不公平。从目前的情况看，参与集体建设用地市场化收益分配的主体包括市县、乡镇、村民小组、村民等。国家利益在集体建设用地市场化过程中没有得到体现。集体建设用地的价值在很大程度上依赖国家长期基础设施的建设，因此其流转中所得收益的一部分应该是国家基础建设的投资带来的，但实际情况是国家所应得的收益，基本没有得到体现。⑤ 尽管很多地方对集体建设用地流转的收益分配进行了探索，但仍然缺少理论依据，缺乏统一规范，标准极其不统一。⑥ 集体建设用地市场化收益分配管理中，欠缺公开透明且行之有效的监督机制。乡镇政府与乡镇集体资产管理代表混为一体，导致集体建设用地流转收益成为乡镇财政收入的补充来源，乡镇财政部门无法提取相当部分用于农民的社会保障。一些村干部滥用权力，暗箱操作，侵吞、挪用集体建设用地市场化收益。⑦

（2）集体建设用地流转的用途狭窄。广东省是最早在全国推行集体建设用地市场化的省份。2003 年、2005 年广东相继出台《关于试行农村集体建设用地使用权流转的通知》和《广东省集体建设用地使用权流转管理办法》，对集体建设用地市场化提供全面的制度保障。虽然其允许集体建设用地使用权出让、转让、出租和抵押，并享有与国有土地使用权同等的权益，但是在具体的规定中，还是存在若干差异。《广东省集体建设用地使用权流转管理办法》规定，通过出让、转让和出租方式取得的集体建设用地不得用于商品房地产开发建设和住宅建设。这一规定使集体建设用地市场化的范围狭窄，不利于全面实现市场化。⑧

（3）外部环境不健全。相对国有土地使用权市场而言，集体建设用地使用权市场缺乏相应的制度保障。集体建设用地使用权市场化的中介服务组织不健全，缺乏土地评估机构、土地融资服务机构、土地保险服务机构等。“现有的集体建设用地使用权交易服务工作主要由村集体包办，因而失去了中介机构应有的效率和公正。目前农村土地尚未开展定级估价工作，缺乏科学合理的土地价格体系，难以为交易者提供完善的价格信息。因此土地价格的形成和确定就有很大的主观性和随意性。”⑨

（4）地方立法粗糙，不细致。地方政府对公益建设用地的特殊性认识不足，未能做出针对性规定。公益建设用地由于其关系集体的公共利益，因此无论是取得方式、程序还是流转都应该有

---

① 刘向南，许丹艳. 城乡统筹发展背景下的集体建设用地规划管理研究［J］. 城乡发展研究，2010（9）：85-86.

② 刘向南，许丹艳. 城乡统筹发展背景下的集体建设用地规划管理研究［J］. 城乡发展研究，2010（9）：85-86.

③ 刘向南，许丹艳. 城乡统筹发展背景下的集体建设用地规划管理研究［D］. 城乡发展研究，2010（9）：85-86.

④ 刘双良，马安胜，姜志法. 集体建设用地流转的困境及其破解路径［J］. 城乡发展研究，2010（9）：88.

⑤ 职青云. 对对规范集体建设用地流转的思考［J］. 安徽农业科学，2007（15）：4643.

⑥ 职青云. 对对规范集体建设用地流转的思考［J］. 安徽农业科学，2007（15）：4643.

⑦ 揭明. 集体建设用地使用权流转的法律思考［J］. 学术交流，2008（9）：58.

⑧ 吕萍，支晓娟. 集体建设用地流转影响效应及障碍因素分析［J］. 农业经济问题，2008（2）：15.

⑨ 杨子蛟. 集体建设用地使用权流转的法律思考［J］. 甘肃社会科学，2006（1）：159.

更严格的规定，而地方立法对此基本没有涉及。① “没有对建设用地使用权市场化程序做出明确而详细的规定，仅仅要求出让、出租和抵押建设用地使用权必须经村民会议三分之二以上成员或三分之二以上村民代表的同意，并办理登记。这容易导致现实操作的混乱，也不利于对建设用地使用权流转的监管和农民权益的保护。”② 实行基准地价制度，但是基准地价缺乏强制性，因此保护力度有限。③

（六）创新农村集体建设用地市场化法律制度的具体路径

1. 正确处理好政府与市场、自由与限制的关系

随着城市化的推进，集体建设用地市场化是一种社会发展趋势。对土地出让市场国家垄断性的重新认识，以及政府与市场关系的深刻反思，关系到集体建设用地市场化的问题，影响国家土地政策、方针的制定。政府对土地的控制、监管可以平抑土地价格，促进土地市场建设，利用土地参与宏观经济调控。但是，土地市场有其自身运行规律。随着土地市场的不断完善和发展，土地交易应该逐步遵守和按照土地市场既有的规律运行。目前，国家、政府垄断土地市场，操纵土地市场的局面应该被打破，应该有序地将农村集体建设用地纳入土地市场，真正形成竞争性土地市场。逐步改政府直接干预土地市场为间接干预市场；逐步改政府直接买卖土地为通过土地利用规划、供地计划和市场机制影响土地的供给。④

土地权利自由是指权利人可依法自由地占有、使用、收益和处分其所有的土地或土地权利，并排除第三人对其行使权利的干涉。⑤ 其中处分权是土地权利自由行使的重要内容，而通过市场化流转土地是行使处分权的重要方式。土地权利的市场化交易可以使土地所有权主体获得相应的经济收益，可使所有权人尽其所能地利用其财产，使资源不至于被浪费闲置，凭借契约自由、交易自由，使财产自由流动，使资源达到最高的使用效率，生产出尽可能多的产品和服务，以满足国民之所需。集体建设用地市场化配置是权利自由精神之体现，是权利主体的正义要求。但是，基于社会本位思想，以及土地资源的公共性和稀缺性要求对土地权利的自由行使施加限制，需要兼顾社会整体利益，即在符合公共利益的前提下享有和行使土地权利的自由。这既是权利人的社会义务，也是市场机制正常运转的前提。同时，权利限制既要有正当性的法律依据，又必须具有合理性的限度，不得超出权利本身应承担的社会义务范围，以维护整个社会的共同利益。有限的自由与适度的限制，才能达到社会各利益主体间利益的平衡，最终实现公平与和谐。国家垄断土地市场，禁止集体建设用地市场化配置，剥夺了土地所有权主体的土地自由权利，极为不正义，但是过分的、无限制的自由、市场化也不合理，缺乏对公共利益的考量，因此在集体建设用地市场化的同时需要做出必要的限制。⑥

2. 加强集体建设用地规划

集体建设用地市场化的推进需要科学、合理规划的支撑。第一，加强城乡统筹规划，以建设用地“增减挂钩”方式，在不增加耕地保护压力的前提下，通过农村建设用地的结构优化以及具有弹性的可建设区的划定，为集体建设用地流转解决规划空间和指标的双重需求。⑦ 第二，集体建设用地规划应统筹考虑农民安置、产业发展、公共配套设施的建设等因素，为农民的生存、集体产业的发展、公益设施的建设留足空间。第三，积极吸收农民参与规划，提升规划的科学性、

---

① 杨子蛟. 集体建设用地使用权流转的法律思考［J］. 甘肃社会科学，2006（1）：159.

② 杨子蛟. 集体建设用地使用权流转的法律思考［J］. 甘肃社会科学，2006（1）：159.

③ 杨子蛟. 集体建设用地使用权流转的法律思考［J］. 甘肃社会科学，2006（1）：159.

④ 吕萍，支晓娟. 集体建设用地流转影响效应及障碍因素分析［J］. 农业经济问题，2008（2）：17.

⑤ 王淑华. 城乡建设用地流转法律制度研究——以集体土地权利自由与限制为视角［D］. 上海：复旦大学，2011：15-16.

⑥ 王淑华. 城乡建设用地流转法律制度研究——以集体土地权利自由与限制为视角［D］. 上海：复旦大学，2011：15-16.

⑦ 刘向南，许丹艳. 城乡统筹发展背景下的集体建设用地规划管理研究［J］. 城市发展研究，2010（9）：85-86.

可实施性。第四，严格控制农用地转为建设用地的数量和速度，切实保护耕地，保障粮食生产的安全。①

3. 完善土地登记制度

明确集体建设用地使用权，需要建立完善的土地登记制度，对土地用途严格管理。第一，针对一些乡、镇、村干部擅自把耕地转变为建设用地的情况，土地管理部门需要严格做好土地登记制度，将土地的归属、性质等各方面备案入册。② 第二，完善"土地使用证"和"房屋产权证"的发放工作，明确土地权属。第三，加强工作检查，确保建设用地使用权在用途范围内流转。第四，加强集体建设用地使用权登记的信息公开建设，保证土地信息透明、公开和交流的畅通，减少纠纷的发生，防止贪污腐败行为。③

4. 完善相关的法律规范

市场经济是法治经济，没有相应的法律制度作保障，便不能从根本上维护财产所有者的利益。集体建设用地市场化的推进，需要健全法律制度，保障市场化有序推进，所有权人的利益得到满足。第一，尽快修改《土地管理法》中禁止集体建设用地出租、转让的条款，制定规范集体建设用地进入市场的条文，为集体建设用地市场化扫除法律障碍，使得集体建设用地能够充分市场化。解决地方立法涉嫌违反上位法的尴尬局面。第二，适时出台《农村集体建设用地使用权流转管理办法》，明确集体建设用地的流转范围、流转形式以及流转程序等，为集体建设用地有效流转提供明细的法律制度。第三，完善财税法律制度，为集体建设用地市场化提供财税法律制度支持。第四，加强相关配套法律制度建设，为集体建设用地市场化护航。完善权利救济措施，畅通权利救济渠道。加强失地农民的社会保障，降低集体建设用地市场化风险等。④

5. 明晰土地产权

产权明晰是交易的前提。集体建设用地使用权要进入市场，首先必须明确产权。第一，需要明确产权的内涵。政府要运用法律、法规，明确集体建设用地流转主体、权利、规则、利益分配等关键问题，建立起完善的集体建设用地市场化制度，增强农民权益保障。⑤ 第二，增强农民对集体建设用地的控制、流转以及收益的行为能力。第三，加强产权确认的透明性，以及产权运用的透明性，以此巩固产权，促进集体建设用地公开、公平、公正流转。第四，构建城乡统一的集体建设用地产权制度，按照产权明晰、用途管制、节约集约、严格管理原则，促进农村集体建设用地有效流转。

6. 完善价格体系

价格的确定是集体建设用地作为特殊商品进入市场的核心问题。但是，目前我国的基准地价体系是不完整的，集体建设用地市场化一直被禁止，以致在价格体系上几乎是空白的。因此，需要细化各种权利，建立相应的地价体系及地价评估体系。第一，有必要在土地价格上对国有土地与集体土地加以区别，拉开档次，实行两种土地、两种价格，提高集体建设用地的吸引力，鼓励企事业使用集体建设用地。⑥ 第二，完善资产价值评估机制，为集体建设用地市场的建立提供低价标准和宏观导向。第三，完善估价体系。建立与当前国有建设用地定级估价技术规范与规程相适应的估价规则体系，为建立城乡统一的土地市场构建基础。⑦

7. 完善收益分配机制

坚持公平与效率的原则，完善集体建设用地市场化收益分配体系。集体建设用地使用权流转中涉及政府、集体和个人三者的利益，分配应该坚持公平与效率兼顾的原则。国家在基础设施建

① 张传新，李世平. 关于农村集体建设用地流转的思考［J］. 商业时代，2009（3）：49.

② 卞晓霞，汪霄. 城乡统筹规划中我国集体建设用地管理及流转研究［J］. 乡镇经济，2008（8）：35.

③ 杨子蛟. 集体建设用地使用权流转的法律思考［J］. 甘肃社会科学，2006（1）：159.

④ 高圣平，刘守英. 集体建设用地进入市场：现实与法律困境［J］. 管理世界，2007（3）：71-72.

⑤ 张新桥，张海涛. 集体建设用地使用权流转存在的问题及对策［J］. 特区经济，2007（2）：236.

⑥ 杨子蛟. 集体建设用地使用权流转的法律思考［J］. 甘肃社会科学，2006（1）：159.

⑦ 杨子蛟. 集体建设用地使用权流转的法律思考［J］. 甘肃社会科学，2006（1）：159.

设中有一定的投入，使得集体建设用地价值提升，同时国家也为集体建设用地的市场化制度提供法律保障，为权利纠纷提供救济，因此应该参与分配。但国家的作用有限，不应该多分。国家可以通过收取一定的管理费用，收取土地流转增值税来参与分配。① 集体组织是集体建设用地的所有权人，其参与收益分配是所有权在经济上的体现。集体组织应该得到收益的大部分，但是这些收益应该大部分用于集体组织的社会保障事业，使得全体成员共享土地福利。② “集体建设用地进入市场的立法宗旨就是让农民分享土地级差收益的成果。农村集体建设用地市场之所以普遍存在，反映了农民分享工业化和城市化中土地级差收益的要求。”③ “因此，集体建设用地的立法应该充分保障农民集体获得土地级差收益的权利。其包括让农民集体土地直接进入工业用地市场；在完善税制的同时，尝试让农民集体建设用地进入经营性开发；突破农民宅基地‘一户一宅’的限制，推进宅基地商品化，让农民分享城市化进程的房租收入。”④

二、农村违法建筑治理的法律制度创新

近些年来，各地围绕着违法建筑的纠纷、冲突和争议不断出现，违法建筑问题的彻底解决存在诸多困难。城市违法建筑这一与城市化进程相悖的事实存在，使得城乡规划、土地管理等陷入了前所未有的困境。农村违法建筑不仅承载着频繁的经济纠纷，还会带来巨大的、难以用具体数字计算的经济损失和负面影响，甚至还会给社会留下许多不稳定的因素。其深层次原因即为对违法建筑的规制不足，无法达成违法建筑治理的统一标准，难免出现尖锐对抗、全面对立的窘态。

我国正处于社会转型时期，社会变迁带来的矛盾纠纷逐渐增多，社会高风险日益凸显。违法建筑纠纷愈演愈烈的现状，加大了经济社会的治理难度。其深层次原因在于政府对其规制不足。应加强立法，明确具体治理违法建筑的法律制度的创新路径。

（一）农村违法建筑的基本界定

1. 农村违法建筑的内涵

违法建筑是当前使用频率极高、普遍皆知的词语。但严格来说，违法建筑并不是一个法律概念，学界对违法建筑也未做出明确统一的界定。我国现行法律规范没有明确规定违法建筑的概念。《中华人民共和国城乡规划法》仅明确了建筑行为应符合具体的要求和标准，未在法律层面上对违法建筑进行直接界定。学者对违法建筑也有不同理解，对其内涵尚未达成统一的标准，存在不同的解释。总的来看，违法建筑有广义和狭义之分。狭义的违法建筑是指违反规范性文件的禁止性规定或义务性规定，未经行政主管部门审批许可，或超越审批许可范围进行建筑活动，形成具有违法性和社会危害性的建筑物或其他建造设施。广义的违法建筑是指不符合土地总体利用规划、城乡整体规划，违反国家相关法律、法规，未办理建设用地规划许可证、建筑工程规划许可证，或超越其权限进行建筑行为，以及依法认定不符合要求的建筑物或构筑物。违法建筑的界定应包括明确具体的要素内容，但因各地经济、文化、环境或地域等因素存有显著差异，不宜以“一刀切”的方式界定违法建筑，而应采取广义标准来解释。

违法建筑是违法实施建筑行为的后果，其物权属性具有天然瑕疵，但其作为不动产还具有财产价值，因此，对其进行探讨和规制显得尤为必要。根据违法程度，违法建筑可分为相对违法建筑和绝对违法建筑。相对违法建筑是指建筑行为在程序上存有瑕疵，可在一定程度上进行补救的建筑；绝对违法建筑是指在任何情况下都不受法律保护的建筑，其在程序和实体上均不可补救。简言之，相对违法建筑之所以违法是因其没有办理合法的审批手续，但其客观上并没有违背城乡规划，一般是可通过补办手续来使其转成合法建筑的；而绝对违法建筑是指在实质上违背了城乡

---

① 张传新，李世平. 关于农村集体建设用地流转的思考［J］. 特区经济，2007（2）：48.
② 职青云. 对规范集体建设用地流转的思考［J］. 安徽农业科学，2007（15）：4652.
③ 高圣平，刘守英. 集体建设用地进入市场：现实与法律困境［J］. 管理世界，2007（3）：71-72.
④ 高圣平，刘守英. 集体建设用地进入市场：现实与法律困境［J］. 管理世界，2007（3）：71-72.

规划和土地管理的规定，并无法通过补办手续等方式来使其转成合法建筑。违法建筑的含义界定不应采取“一刀切”的标准。其不仅包括违反国家法律、行政法规、规章等规范性文件，还包括违反地方政府行政行为的具体规定和相关条例。具体而言，违法建筑是违反《城市规划条例》《中华人民共和国城市规划法》《拆迁条例》《村庄和集镇规划建设管理条例》《中华人民共和国公路法》等法律、法规所建造的建筑物、构筑物。

2. 农村违法建筑的特征

违法建筑因其违反法律、法规等规范性文件的相关规定，阻却其具有物权属性，但并不影响其作为不动产所具有的一般特征。对于违法建筑的权属问题目前存在争议，但其作为一种事实状态，应当充分衡量和维护相关当事人的合法权益。① 在对违法建筑进行治理的过程中，有必要对其特征进行理解。违法建筑具有以下特征：

（1）物权缺失。对于违法建筑物权属性的认定，现行法学界还存有争议，主要有以下几种观点：第一，否定说。此观点认为违法建筑因违法而应受否定性评价，从而不能取得所有权，而只能依据占有的事实进行保护。② 其根据是 2007 年 10 月 1 日起实施的《物权法》第七条规定：“物权的取得和行使，应当遵守法律，尊重社会公德，不得损害公共利益和他人合法权益。”且《物权法》第三十条规定：“因合法建造、拆除房屋等事实行为设立或者消灭物权的，自事实行为成就时发生效力。”从我国立法可看出，物权的取得应符合法律的规定，而违法建筑是由违法建筑行为而产生的实物，所以建筑者或建筑单位也不能获得违法建筑的物权。第二，肯定说。此观点认为违法建筑由建造人原始取得其所有权。③ 此说也是现在中国台湾地区的通说。其认为违法建筑物是符合不动产定着物的条件，是属于土地之外的不动产，应由原始建筑人取得其所有权。还有学者从其他视角论证违法建筑上存在着不动产所有权，认为在讨论违法建筑的权利归属上，建筑材料与其所构成的建筑物在本质上是没有区别的。我们可以将违法建筑看作放错了地方的建筑材料，在没有被拆除或者迁移之前，建造者对建筑材料以及由其构成的空间拥有所有权（这两者构成建筑物本身）。④ 该说只表面分析了违法建筑的不可移动性符合不动产的物理属性，但并没有考虑到其是否符合我国现行法律体系制度的规定。第三，动产所有权说。该观点在一定程度上是符合否定说的，只是其在分析违法建筑上不存在不动产所有权的结论下，进一步分析了违法建筑上存在的权利体系。该观点考虑到违法建筑客观存在这一事实，且认为该违法建筑是有价值的，若该有价值的物不存在所有权不利于社会经济的发展，也会造成对社会资源的浪费。故应将违法建筑看成建筑材料，建造者对于该违法建筑的原材料是属于合法取得的，即主张建筑人享有的是建筑材料作为动产的所有权。该观点意识到了违法建筑上不存在权利的弊端，赋予建筑者具有建筑材料的动产所有权。这种认识虽然在表面上符合现行法律规定，但实际上却是错误的，仍不能解决违法建筑的归属问题。因建筑材料一旦通过人的行为被建造成为建筑物，只要此种建筑物有覆盖墙垣，足以蔽风雨，供出入而可达经济上的使用，即成为与建筑材料相区别的物。⑤ 所以作为违法建筑的建筑材料已经失去了其独立性，已成为违法建筑的组成部分。根据物权法的相关理论，物权客体必须是独立物，作为违法建筑组成部分的建筑材料是不能成为物权客体的。因此，违法建筑上物权缺失是毋庸置疑的，但这并不表明违法建筑的利益全部不受法律保护。这也表明在对违法建筑进行治理的过程中应注重厘清其权利关系，平衡法律与当事人之间的权益。

（2）先天违法。正因为违法建筑的先天违法性，在行政法规等公法领域中其一直处于被管制和被否定的对象中。在类似的法律、法规中，违法建筑也被认为是非法物，应予以及时处理。处

① 苏国华. 中国处理违章建筑的法律制度研究［D］. 重庆：西南政法大学，2008：46.

② 史以贤. 违法建筑利用中的若干法律问题分析［J］. 法制与经济（下旬版），2009（12）：21.

③ 王泽鉴. 民法物权（一）通则·所有权［M］. 北京：中国政法大学出版社，2001：116-118.

④ 杨才然，范杰商. 占有人对违法建筑有无合法权利［OL］.［2016-12-06］. http：//www. 90591. com/smallclass1. asp? id=5248.

⑤ 谢在权. 民法物权论（上册）［M］. 北京：中国政法大学出版社，1999：22.

理方式主要是消灭其存在或者没收归国有。在现行法律环境下，意图通过合法化的途径将违法建筑转为合法是非常艰难的。如对于房屋所有权的初始登记，2008 年施行的《房屋登记办法》虽然没有明确规定违法建筑不能进行登记，但该法第三十条规定："因合法建造房屋申请房屋所有权初始登记的，应当提交下列材料：（一）登记申请书；（二）申请人身份证明；（三）建设用地使用权证明；（四）建设工程符合规划的证明；（五）房屋已竣工的证明；（六）房屋测绘报告；（七）其他必要材料。"此条款规定已排除了违法建筑进行登记的可能性，无法获得权属证书，因此在行政法规等公法领域，其就成为被管制甚至是被否定的对象。在私法领域，正如前面所述，根据《物权法》的相关规定，违法建筑并不能成为物权的客体。再者，根据最高人民法院《关于适用<中华人民共和国担保法>若干问题的解释》第四十八条规定，以法定程序确认违法、违章的建筑物进行抵押的，抵押无效。在合同法领域，现行对于此类合同的效力也是趋向于无效，对当事人之间的利益是采取另类方式保护。在继承法领域，违法的建筑是不能被继承的。从以上可看出，在司法实践中，不论是公法或是私法都将违法建筑者对违法建筑的利益认定为是非法的，不受法律保护。这是我国现行法律对违法建筑先天违法性的规定，但由于此种单一的因其属于违法建筑而对所有因此产生的利益均不予保护的方式并不适合现代社会的发展。此种在法律上不给予违法建筑以任何法律地位的管制方式并不适合社会发展实情。这是一种回避问题的方式，是未考虑社会实践的做法，不是有效治理违法建筑的良策。

（3）保护理论众多。对于违法建筑上是否在理论上存有物权还存有争议，但违法建筑上不存有物权是毋庸置疑的。但这并不表明对违法建筑上的利益都不予以保护。有必要在符合现行法律框架及法学理论的基础上，对违法建筑实施保护。现有理论主要包括所有权说、使用权说、占有权说。所有权说认为建筑行为的违法不会阻却建筑人对违法建筑物享有所有权，只是此种权利因为欠缺某些要素，所以是有瑕疵的所有权或者说不完全的所有权。① 对于违法建筑上存在所有权是不符合现行法律规定的，已在前文中予以阐述。使用权说认为违法建筑的实际控制者虽然不享有所有权，但应享有使用权。此说进一步认为，在一般情况下，违法建筑人在建造违法建筑后都是自己使用，其他人不得侵犯其对违法建筑的占有权利。此说将现实生活中实际使用与法律层面上的使用权混为一谈。在法律上，使用权是作为所有权的一个重要组成部分，是无法独立存在的。即便所有权与使用权发生不一致的情形（例如使用权作为用益物权），使用权在本质上仍然是所有权的一个重要组成部分。② 违法建筑的所有权都不存在，称其具有使用权是不合理的。占有说认为违法建筑人对违法建筑的占有是作为一种事实状态存在的占有利益，其利益应受法律保护，除执法机关依法处理之外，其他人无权侵犯违法建筑者对违法建筑施行占有。如此多的保护理论证明，当今社会已认识到虽然法律规定了违法建筑的违法性，但对其进行保护仍有必要。总的来看，占有说比较合理，在社会实情中，占有说能保护违法建筑的利益，符合违法建筑的实际情况。从理论上看，占有是占有人对物的一种事实状态下的控制，占有的事实是法律对占有人利益保护的依据。在现实生活中，违法建筑的情况很复杂，不能采用一刀切的标准将其全部予以否定，对其实施保护应兼顾各方利益。占有说在符合现行法律规定和理论前提下能够更好地保护当事人的合法利益。

（二）农村违法建筑治理法律制度创新的不足

1. 违法建筑治理主体的缺位

违法建筑的认定应当遵循一定程序，毕竟违法建筑作为不动产的一种形式，涉及诸多利害关系人的利益。我国对违法建筑的认定，主要由行政主管部门行使，各级地方政府都有权对违法建筑予以认定，对其认定的标准也仅仅依靠政府机关对公共利益的认定标准以及城市规划与土地利用管理标准。此种不统一的标准也使得违法建筑的认定程序缺乏严谨性和客观性。应考虑到违法建筑形成的原因多种多样，且涉及面广，影响程度深。在我国，行政机关执法存有较大的不足之

① 李海军. 执行程序中违章建筑物的认定及处理［J］. 山东司法，2009（10）：19.

② 巫肇胜. 定性与治理：违章建筑在拆迁中补偿问题研究［J］. 广东广播电视大学学报，2010（8）：28.

处，主要表现为行政执法权的行使缺乏应有的监督或监督不到位，仅仅依靠行政机关很难形成违法建筑有效治理的局面。行政机关的治理缺乏事前预见性，加之现行权力寻租现象极其严重，当许多违法建筑从开建直到完工，相关行政管理部门并未采取任何的查处措施，会使违法建筑造成更大程度的利益损害。在现实中，对只规定行政机关是认定违法建筑的唯一合法主体的做法也存有不合理之处。例如，在社会生活中出现的相邻权纠纷中，法院在做出裁决的时候往往还需要对违法建筑加以认定。然而，在现行法律体制下，法院并无权力对此做出认定。这也会使得许多民事案件因存有违法建筑的认定问题而无法使当事人正常行使诉权。此类案件往往以不属于法院管辖而予以驳回。此类情况会使本该属于法院受理范围的纠纷难以得到受理和解决，当事人之间的矛盾纠纷难以得到根本性的化解，更不利于对违法建筑的合法治理。

在引入新的违法建筑的认定主体的同时，应完善现有的认定主体。政府部门在治理违法建筑中发挥着非常重要的作用，但其在执法过程中的权力行使往往不到位，主要表现在不履行法定职责即“不作为”和滥用监管职权。违法建筑在建设过程中，会涉及诸多行政主管部门，如建设、土地、规划等政府部门；违法建筑在生产经营或出租过程中，还会涉及工商、消防等行政部门。违法建筑的建筑主体会利用违法建筑实现其利益，但可能在建设该建筑的前期，行政部门难以有效对其施加干预，甚至在利用该违法建筑实现其利益时还会不可避免地与其他行政部门打交道。正是行政部门之间的“不作为”或不配合使得违法建筑越来越多。从现行法律的规定来看，有权处理违法建筑的行政部门很多，包括规划、房产、建设、土地、交通、电力、园林等主管部门，如此多部门的监管反而会加剧多头监管、执法不到位的矛盾。当然，此处的“不作为”也有“难作为”的原因。比如，一个建筑物的主体部分有审批手续，但建设单位擅自增加其宽度和高度，使得该建筑物成了违法建筑。此时，该违法建筑应由哪个部门来管理？假如该建筑物是建设在国有土地上的，则应由规划部门负责对该不符合审批手续的建筑物实施管理。但在实际执法过程中，规划部门往往会提出，该建筑物的违法部分没有审批手续，应由城市管理部门对其进行查处。而城市管理部门往往又会提出建筑的合法部分和违法部分是连接在一起的，强拆违法部分很可能会损害到合法部分的权益。此种现实情况的存在会使得各部门之间相互推诿，不能有效地发挥行政部门在治理违法建筑中的核心主导作用。

行政部门滥用职权的最主要原因是违法建筑与其有直接的经济利益关系，特别体现在拆除违法建筑的补偿问题上。我国《城市房屋拆迁管理条例》第二十二条规定：“拆除违章建筑和超过批准期限的临时建筑，不予补偿。”但在实际操作中会出现诸多问题。在复杂多样的社会实情条件下，政府可能迫于各方的压力及利益关系对该类违法建筑做出补偿，甚至此种让步往往是无原则的。在违法建筑的治理过程中，行政执法部门还可通过罚款、强制拆除等行政处罚方式来治理。行政机关的行政裁量权空间很大，且违法建筑涉及的利益关系复杂、利益巨大。在此执法过程中难免会存有较大利益空间，行政机关很可能会通过其“滥作为”来实现其不合法的利益。

2. 立法技术上存在的不足

“违法建筑”这一概念虽然在日常生活中经常会听到，但它没有上升成为一个明确的法律概念。1989 年的《中华人民共和国城市规划法》首次在法律层面上使用了“违法建筑”这一概念，但现在该法律已失效，所以违法建筑在国家层面上的权威定义也不存在了。在治理违法建筑的过程中，应当先对“违法建筑”概念的内涵和外延做一个准确的界定。此种界定应主要通过立法层面加以明确，才能有效避免行政机关权力过大而出现的种种负面影响。

现在对违法建筑的治理主要采用了强制拆除的手段，这也是实践过程中执法人员最常用的一种方式。但此种对违法建筑一拆了之的方式无论是从管理层面还是从经济层面上来说都是不合理的。当然，其深层次的原因在于现行法律对处理违法建筑的方式并未做出合理的规定，对各种不同处理方式的程序问题及其他相关问题也未做出合理规定。因此，有必要制定专门法律、法规对违法建筑的治理方式做出明确规定，对各种不同治理手段做出程序性的具体规定，才能增强该治理方式的可操作性。

目前法律、法规对于违法建筑治理的程序问题也未做出明确规定。这会使行政机关在具体执法过程中的程序难以达到统一。其最主要的可分为两种典型的执法程序。一种是采用即时强制的手段，即遇到违法建筑就上去推或者砸。此种执法方式易引发诟病，但此种质疑在法律视角上又是合理的。另一种是套用现行查处违法建设的一般程序，即立案、调查取证、影响城市规划程度的认定、审批、拆除通知、拆除决定、强制执行。这一系列的执法程序给予了违法建筑足够的时间，将其可能尚未完成的违法建筑建成；但在强制执行阶段会给拆除工作带来巨大的阻力和麻烦，也增加了执法成本。这也与现行社会时代潮流不相符合。因此，有必要对各种违法建筑的治理程序做出明确具体的规定，使其更具可操作性。

3. 未重视违法建筑价值的利用

在治理违法建筑过程中，违法建筑可能存在转让、出租或者抵押的情况。虽然对其效力的认定并不是行政机关治理违法建筑的职权所在，但对这些关系加以合理有效的处理，对违法建筑治理也是大有裨益的；否则只顾执法便利却抛开对这些法律行为效力的认定，对社会秩序的稳定是不利的。违法建筑转让在实践中广泛存在，特别是“小产权房”的买卖最为典型。在对待此类合同效力问题上，还存有较大争议，主要表现为把此类合同的效力论述为无效、有效及效力待定。理论上对违法建筑买卖合同的效力争议很大，在司法实践中对此类合同的效力及处理方式也是存有争议的。有些法院将此类合同认定为无效，将其法律后果直接认定为违法建筑与购买款之间的返还，而不考虑双方的过错程度。以违法建筑为客体的各种法律行为的价值不应因违法建筑的违法性就全部予以否定。

（三）农村违法建筑法律制度的创新路径

“中国社会是一个越来越分化的风险社会……在这样的情况下，如何为利益的表达和诉求做出制度化的安排，如何将利益矛盾和冲突规范在一个有序的框架之中，就成为必须解决的问题。”① 治理违法建筑是破除风险社会条件下各相关市场主体的利益诉求和不同层次社会冲突的前提。重视违法建筑的治理，可通过以下具体路径来完善：

1. 重点保障民众的基本生存权

在治理违法建筑中，存在的核心难题是过分重视经济效率和发展速度而忽视对公民私有财产的保护力度，漠视公民的基本生活权。人权是人人平等、自由发展及生存的权利，是每个人基于生存和发展所必需的平等性及自由性的权利。依法尊重和保障人权是我国“以人为本”执政理念的本质要求，也是我国《宪法》赋予广大民众的最基本权利。在违法建筑治理过程中，对人权的保障主要体现在对公民基本生存权的保障。居住权又是基本生存权在违法治理过程中的重中之重。居住权是人为生存而享有的居住权利，是人享有的满足其最低层次生活需要的居住及收益的权利。居住权作为人权，从应然角度来说，是每个人的权利；从实然角度来说，此权利对于穷人及弱势群体更重要，因为居住权主要是为弱势群体及社会低收入阶层所主张的权利。在建筑主体建设违法建筑过程中，虽然某些人是为了获得一些收益，但仍不能否认某些人是为了满足其基本的生存即居住的需要。对于民众居住权的保障，世界上许多国家都通过比较权威的、高位阶的法律确定该权利保障的内容，如新加坡的《建屋局法》《特别物产法》《新加坡建屋与发展法令》等；美国的《住房法》《住房再贷款法》等。然而，我国对民众住宅和居住权的有关法律规定仍然处于空缺状态。这对普通民众居住权的保护是不利的。我国应建立完善的住房保障机制，特别应对弱势群体的居住问题施加必要的道德关怀，应加大力度构建真正适合且服务于弱势群体的廉租房机制。只有从基础上解决居住权问题，保障人权中的居住权，才能从源头上减少一定程度的违法建筑的产生。这对违法建筑的治理仍有较大帮助。

2. 明确规定违法建筑的治理主体

个体建造违法建筑的违建成本比较低，然而现有政府的治理资源是极其有限的。这就有必要在完善政府治理违法建筑的同时，加强其他主体的治理。应该发挥市场个体及其他单位的治理作用。对于个人参与治理违法建筑的方式，可以通过设立违章建筑举报电话，对举报属实的个体给

---

① 孙立平. 降低社会冲突的烈度［OL］.［2016-12-06］. http：//www. chinareform. org. cn/cirdbbs/dispbbs. asp？boardid=2&id=29169.

予一定奖励的方式。此种方式能增强民众参与的积极性。对于其他单位参与治理的方式，在实行物业管理的区域内，可以通过物业管理相关的规范性文件，规定物业公司、业主大会、业主委员会维护其区域环境的职责；在不实行物业管理的居民区域内，可发挥街道办事处、居民委员会，甚至是违法建造人所属单位的治理监督作用。另外，应赋予法院认定违法建筑的权限，才能根本有效地治理违法建筑。

应不断完善政府部门查处违法建筑行政职权的规定。首先，应明确违法建筑在不同情形下的行政监管机关。作为违法建筑治理过程中的主导力量，各政府部门之间应明确分工；不同领域范围内出现的违法建筑由不同的行政部门治理。例如在河道管理范围内出现的违法建筑由水电部门负责查处，在绿化用地范围内出现的违法建筑由园林部门负责查处等。当然，对特定范围内出现的违法建筑应明确行政监督机关，对不属于特定范围内出现的违法建筑也应明确规定有权处理的行政机关。其次，应加强各行政部门之间的协作。例如，对利用违法建筑从事经营活动的，工商行政部门应对其不予办理相关执照。同样，对涉及卫生、消防等部门的，也应根据其各自的规定，对利用违法建筑从事经营活动的，不予办理相关执照。最后，在明确规定行政机关治理违法建筑的权力的同时，也应对其责任制度内容进行完善，应规定行政问责制度。行政问责制度的实施，有利于约束执法主体。在事前，可以有效预防违法建筑治理过程中行政执法不到位的情形；在事后，对行政机关违法行使其职权应承担法律责任的规定有利于对此类事件进行及时有效的处理。当然，此处的责任不应当将重点放在责任追究层面上，而应把重点放在预防不履行职权或滥用职权上面。这就要求采用制度性、常态性的问责，即行政主体应按照法律制度的规定，依照法定程序接受问责主体经常性的质询，对问责主体的质询应及时做出答复。

3. 创设和完善违法建筑的法律、法规

违法建筑的治理应适用适度干预原则。国家对违法建筑进行管制和治理，明显具有政府利用公权对私权进行干预和限制的特殊性质，是从整体上对国家经济和社会利益进行协调，重新组合城乡建筑秩序的过程。在对违法建筑进行立法规制、制定处罚措施时，要充分考虑对私人违法建筑行为的干预程度和处罚力度。坚持“比例原则”，在查处违法建筑行为时应给予建筑主体的私权足够尊重，使建筑主体能按市场规律来安排其经济活动，实现经济民主。适度干预原则要求执法主体在治理违法建筑行为时，既要尊重私权，即充分尊重建筑主体的自主性，又应全面把握国家行使权力的适当性、必要性和平衡性的要求。

现行认定违法建筑的法律众多，出自不同的目的，对违法建筑的定义各不相同。当前法律层面上对违法建筑的定义采取了回避态度。但是“违法建筑”作为法律概念及法律问题，有必要对其进行明确界定。对法律层面上的“违法建筑”概念，应在立法中予以明确，应规定在城市规划、城乡规划、乡村规划等不同层面上对违法建筑的判断标准应当清晰明了，如此才能为行政执法工作带来便利。“违法”并不是指建筑物本身违法。马克思曾经指出，对于法律来说，除了我的行为之外，我是根本不存在的，我根本不是法律的对象。① 法律是以人的行为作为调整对象的社会规范，并不调整除此之外的对象。违法建筑是因人的违法行为而产生的建筑物，此处的“法”只是“公法”；对违反私法的违法建筑，比如越界建筑，并不是此处所说的违法建筑。违法建筑应是指违反国家有关建筑行为的管制规定而建造的建筑物，并且此违法程度没有严重与否之分，都应认定为处于违法建筑范围之内。

应对违法建筑的治理内容做出明确合理的规定。可以借鉴 2009 年深圳市人大常委会出台的《关于农村城市化历史遗留违法建筑的处理决定》。该规定将违法建筑按照违法程度，并结合土地利用总体规划、城市规划及土地利用计划分别做出不同的处理方案。该规定明确了以确认产权、依法拆除、没收、临时使用等方式来治理违法建筑的不同方式。其在确认产权中，采用了有条件的确认产权方式，即对符合确认产权条件的违法建筑对其产权加以确认，但还应根据违法建筑和当事人的不同情形，对当事人予以处罚或者让其补交地价款。这是深圳立法实践中值得借鉴的。

① 张文显. 法理学 [M]. 2 版. 北京：高等教育出版社，2003：62.

但还应注意其效力问题，对涉及多方利益的违法建筑的处理还应依据法律规定对其进行治理。然而，深圳的规定并没有对谁具有确认权、确认的程序等做出规定，因此在借鉴和完善相关法律的过程中，对其不完善的地方也应做出具体明确的规定。

4. 充分利用违法建筑的价值

当前，对违法建筑不给予权属登记是合理的。如果允许对其进行登记则意味着该违法建筑已获得了政府部门的认可。一旦其取得公权力的认可，与治理违法建筑的初衷相违背。但不给予其登记又不能绝对化，应采用另一种登记方式。此种登记效力不同于现行法律体系中的登记效力，即此种登记不是违法建筑合法化的必经途径，而是对现行违法建筑合法治理的一种手段。对现行违法建筑进行登记是为了准确把握违法建筑的总体状况。这对违法建筑的监管和治理是非常有利的。违法建筑的治理过程不是一蹴而就的过程，不可能在短时期内治理好任何的违法建筑，对其存续期内的监管和治理是至关重要的。此种登记还能促使违法建筑主体与违法建筑之间的法律关系明确化。这对因违法建筑产生的其他纠纷的良好解决能发挥根本性作用。应考虑违法建筑是否违反了社会公共利益，是否违反了城乡规划和农村土地利用规划，认定违法建筑应具有较高的技术含量。为了实现资源利用效益的最大化，在违法建筑的认定、处理和监管过程中应最大限度运用国际和国内先进技术，统一违法建筑的认定标准。违法建筑是违法行为的产物，在某些情况下，违法建筑的存续确实存在严重和紧迫的危险性。比如，对公共安全、公共卫生等造成危害的违法建筑应当立即予以拆除。但现在许多违法建筑并不具有严重且紧迫的危害性。例如，某些违法建筑是违法占用农用地建造的，若此行为符合未来的土地利用规划，可采用征收手段将农用地转化为建设用地，并无必要对此种类型的违法建筑一律采用强制拆除的措施。从违法建筑本身来看，违法建筑具有一定的价值。它作为建筑物是由建设主体投入资金并凝结人类劳动建设而成的。在农村，特别是一些发达地区的农村，由于村庄建设规划滞后于农民建房需要，农村建房指标安排存有不合理之处，现有住房不能满足生活需求，在此情形下的违法建筑主要是为了满足农村民众日益扩大的生活需求。在高速发展的城市，土地资源有限，资金投入有限，廉租房的有效供给出现了困难，会使“城中村”中违法私房建设有其市场需求。对于历史性违建和生存性违建，应在其强拆后给予补偿或者提供相应的保障；不需强拆的，可以有条件地进行合法化转化。类似措施在南京、深圳等地都已有所实践。这些实践也证明对违法建筑进行分类治理的措施，对保障民众的居住权和生存权也具有必要性。违法建筑在多数情况下已成为当事人获取经济利益的重要工具，对其治理应充分考虑其价值，尽量减少治理过程中的矛盾。

第十章　农村城镇化法律制度创新

一、农村城镇化法律制度创新的理论基础

（一）农村城镇化之内涵

城镇化是根据英文单词 urbanization 翻译过来的，指的是农村生产方式、生活方式、人口规模和数量向城镇集中的过程。在人口向城镇集中的过程当中会涉及社会、经济、人口、空间等诸多方面的内容，因此城镇化是一个复杂的社会过程。目前“城镇”这一概念有两种含义。第一，根据国家统计局 1999 年发表的《关于统计上划分城乡的规定（试行）》，城镇指的是在我国市政建制和行政区划的基础上，经本规定划定的城市和镇。其中，城市是指，经国务院批准设市建制的城市市区，包括设区市的市区和不设区市的市区。镇是指，经批准设立的建制镇的镇区，包括县（市）人民政府所在的建制镇的镇区。第二，城镇是指我国行政区划建制意义上的镇，介于城市与农村之间，是和乡平级的一种行政划分。我国许多学者也给出了多样的城镇化的概念。①如，城镇化包含了人口集聚、土地利用变化、产业升级、空间流动等过程，表现为人口城镇化、土地（空间）城镇化等多种形式。人口城镇化是从“人”的视角实现城镇化，内涵是人口由农村向城镇集中，以及与此相伴的生产、生活方式的转变；人口的空间集中是基础，生产方式、生活方式转变是内核和关键。近年来，在贯彻落实科学发展观、转变经济发展方式的背景下，许多地区开始给予农民工“市民化”待遇，但对人口城镇化的难点和风险却重视不足，而这恰恰是走好人口城镇化之路的重中之重。②

（二）农村城镇化的模式

农村城镇化的模式主要有四种：第一，扩散型城镇化。随着城镇的发展，城镇中的产业和生活方式不断向农村扩散，农村人口不断流向城镇，农村生产方式和农村经济社会结构不断向城市经济社会结构转化。这是一种最为传统的城镇化方式，世界范围内的城镇化过程大都采取了这种方式推进。第二，合并型城镇化。其通过村庄合并、撤乡并镇，将两个或多个村、乡镇的土地、人口和其他社会经济资源流转，实现生产要素的规模经营，同时也将使社区管理组织发生变化，其发生的动力在于合并后的组织能够取得比分散的小村庄、小乡镇更大的受益。第三，异地城镇化。受到市场力量的诱导，农村劳动力向城市迁移而实现城镇化。它是一种比较原始、简单的城镇化模式。第四，就地城镇化。由于充足的就业或好的社会生活环境，大量的非农人口在农村聚集，在生活方式、土地利用等方面出现和城市相同的特征。③

城镇化的强大动力来自于工业革命的推动。发达国家进行工业革命的时间较早，20 世纪 60 年代，英国、法国、德国、美国、日本等国家普遍完成了城镇化进程。纵观这些国家的城镇化进程，尽管在农民市民化，第二、三产业快速发展等核心问题上基本一致；但由于各国的国情、历史文化、治国理念存在差异，它们在城镇化过程中表现出较明显的个性化色彩，呈现不同的发展模式。借鉴这些模式将有助于我国农村城镇化的发展。第一，“政府主导”型。其最早在英国出现，后来德国、法国等西欧国家也相继开启了城镇化进程。由于工业革命的迅速发展，大量农村居民向城市聚集，逐步成为产业工人，实现了由农民向城市居民的转变。1851 年英国的城镇化水

① 文海漪. 城镇化进程中农村教育问题研究［D］. 南宁：广西师范大学，2014：7.

② 相伟. 我国人口城镇化的难点与对策［J］. 经济管理，2011（10）：31.

③ 李强，陈宇琳，刘精明. 中国城镇化“推进模式”研究［J］. 中国社会科学，2012（7）：82-100.

平已经超过了50%，而后的100年，德国、法国等发达国家的城镇化发展速度都非常快。20世纪中期，西欧发达国家的城镇化水平达到了70%。第二，“大城市圈”型。日本国土面积狭小，人口密度大，因此，其在城镇化发展中采用“大城市圈”型的发展模式。日本的城镇化发展起步晚于西方，但其发展速度明显快于西方发达国家。日本的城镇化起步于19世纪20年代，1920年其城镇化水平仅为18%，而后发展迅猛，1946年达到了53%。20世纪60年代，日本经济进入高速增长时期，人口向东京、大阪等大城市集中。20世纪70年代，日本的城镇化水平和西方发达国家的城镇化水平相当，达到了72%。日本大城市圈的理论依据是“新同心圆城市结构理论”，即在一定的地域空间内，围绕中心城市，在周围建立卫星城，依托现代化的交通网络和信息通信技术，形成一个有机结合的城市群体。大城市圈由三个部分组成，即中心城市、卫星城和现代的交通、信息网络。建立卫星城的途径主要有：一是将中心城市内的企业转移到大城市圈的周边地域或外缘地域，开发建设各类卫星城；二是有计划地实现近郊农村的城市化，在发展工业的同时大力发展城市农业；三是根据实际需要，有计划地建设新卫星城。第三，“市场主导”型。19世纪末至20世纪70年代，伴随着城市工业的迅猛发展和对西部地区的开发，美国城镇化的步伐加快，城镇化率在1920年突破50%。20世纪70年代以后，美国已进入高度城镇化阶段。与“政府主导型”的城镇化发展模式不同，美国崇尚自由的城镇化发展模式，充分利用市场资源的配置作用。其大规模的基础设施建设不是靠政府推动完成的，而是依靠市场经济的拉动作用。此外，美国的信息化发展非常迅速，在推动城镇化建设方面起到了重要作用。在城镇化建设过程中，美国通过信息化的发展推动了城镇化、产业化、工业化的协调发展，形成了独特的大都市城镇化模式。若依靠市场拉动，则往往是根据需求来制定规划；同时，城镇的发展往往和区域特色、规模经济等市场经济特色相联系，所以更容易建立起基于规模经济的城镇化发展路径。①

（三）农村城镇化的意义

美国经济学家斯蒂格利茨认为，21世纪人类社会进程中对世界影响最深刻的有两件事：第一件是以美国为首的新技术革命，第二件是中国的城镇化。费孝通先生认为：“要把小城镇建设成为农村的政治、经济和文化的中心；小城镇建设是发展农村、解决人口出路的一个大问题”。②城镇化是地区和国家现代化和社会进步的重要考量标准，同时也是促进经济增长的有效手段。建设中国特色的现代化、城镇化发展道路，城镇化更是不可或缺的重要方法。党的十六大报告明确指出：“要逐步提高城镇化水平，坚持大中小城市和小城镇协调发展，走中国特色的城镇化道路。”党的十七大报告进一步提出：“走中国特色城镇化道路，按照统筹城乡、布局合理、节约土地、功能完善、以大代小的原则，促进大中小城市和小城镇协调发展。”中共十七届三中全会通过的《中共中央关于推进农村改革发展若干重大问题的决定》再次强调：“坚持走中国特色城镇化道路，发挥好大中城市对农村的辐射带动作用，依法赋予经济发展快、人口吸纳能力强的小城镇相应行政管理权限，促进大中小城市和小城镇协调发展，形成城镇化和新农村建设互促共进机制。”2013年12月在北京召开的中央城镇化工作会议指出，城镇化是现代化的必由之路。推进城镇化是解决农业、农村、农民问题的重要途径，是推动区域协调发展的有力支撑，是扩大内需和促进产业升级的重要抓手，对全面建成小康社会、加快推进社会主义现代化具有重大现实意义和深远历史意义。该次会议认为，在我们这样一个拥有13亿人口的发展中大国若要实现城镇化，在人类发展史上是没有先例的。城镇化目标正确、方向对头，走出一条新路，将有利于释放内需的巨大潜力，有利于提高劳动生产率，有利于破解城乡二元结构，有利于促进社会公平和共同富裕，而且世界经济和生态环境也将从中受益。

第一，城镇化是符合中国国情的现实需要，是全面建设小康社会的一项重要任务。2012年9月，在省部级领导干部推进城镇化建设研讨班学员座谈会上李克强强调：“城镇化是中国现代化进程中的一个基本问题，是一个大战略、大问题。”2012年在党的十八大报告中，胡锦涛明确指

---

① 赖光宝. 国外城镇化发展模式对我国的启示［J］. 安徽农业科学，2015（10）：356-257.

② 费孝通. 小城镇 大问题——江苏省小城镇研究论文选（第一集）［M］. 南京：江苏人民出版社，1984：4.

出："推进经济结构战略性调整，必须以改善需求结构、优化产业结构、促进区域协调发展、推进城镇化为重点。" 2012 年 12 月 16 日，在中央经济工作会议闭幕式上，胡锦涛再次强调："城镇化是我国现代化建设的历史任务，也是扩大内需的最大潜力所在。" 这些论述都强调了城镇化对我国经济发展的重要性。

第二，城镇化战略是中国解决"三农"问题的重要途径。目前，中国现代化建设中的核心问题就是实现农业现代化、农村繁荣富强和农民富裕幸福。要解决中国的农业、农村和农民的问题，不但要在"三农"问题上下大力气，更要通过推进城镇化来"反弹琵琶"。农业问题专家杜润生先生曾说过："8 亿人给 2 亿人搞饭吃。这个局面不改变，农业就没有出路。" 显而易见，解决"三农"问题的根本出路就是减少农民的数量，实现农村富余人口向城镇广泛转移。通过城镇化改革，大量富余的农村劳动力向第二、第三产业和城镇转移，可以为仍旧选择留守在农村的人口提供更多可用的土地资源，促进农业产业经营的规模化、专业化、扩大化，有效提高农村人均生产率和人均收入。

第三，城镇化战略的实施，是我国经济健康发展的有力保证。它有利于促进结构调整升级和经济发展方式的转变，可以带来集聚、规模和分工协作效益，在更大范围内实现土地、劳动力、资金等的优化配置。从投资需求角度看，城镇化会增加人口居住、就业、医疗卫生、交通等各个方面的需求，推动城镇公共服务、基础设施建设和住房投资的扩大，并带动第二、第三产业如建筑、建材、机械加工制造、规划设计、批发零售、房地产、物流、家政服务以及其他相关产业的发展。从消费需求上看，城镇化发展会大量吸纳农村剩余劳动力，提高城乡农民收入水平和消费能力，同时随着农民转为城镇市民，还会进一步扩展消费需求，拓展新的消费领域。这样提高城镇化水平，增强大中小城市及城市群的整体实力，能够更好地发挥城市对社会经济发展的推动作用，提高我国经济发展的水平和竞争力。

第四，城镇化战略的实施，是我国统筹经济发展和对外开放的必然要求。中国是诸多发展中国家中人口最多的一个国家。当今世界各国，特别是发展中国家都很重视城镇化的发展问题。1996 年联合国"全球人类住区报告"称，"21 世纪是城市化的世界"。党召开的十五大、十六大、十七大提出的战略任务是，到 21 世纪中叶，我国将要有约 4 亿农民转化成为城市居民。李克强指出："我们要从现代化建设的全局出发，着眼于国际政治经济格局的变化，乃至站在保障国家安全的高度，统筹研究和实施城镇化战略。" 国外甚至有专家预言，中国的城镇化和美国的高科技发展将是深刻影响 21 世纪人类社会的两大课题。

当今世界是个开放的世界，要求我们在加快发展自身经济和现代化建设的同时，必须利用好国际国内这两种资源、两个市场，正确处理好两者的关系。改革开放至今，我国经济虽然持续快速地增长，但实际对外依存度始终居高不下，货物出口总额在 2011 年和 2012 年都位居世界第一位，贸易顺差多年来一直居高不下。这样的情况遭到了国际上一些"中国威胁论"者的批评，而且也会影响到中国社会经济的发展安全。城镇化战略的发展有利于拉动我国国内经济的发展，可以改变过去过分依赖外贸出口这样的经济增长方式。

由此可以看出，我国实行城镇化这一战略，不仅可以加快农村劳动力向城市的转移，增加农民的就业机会，扩展农村基础资源的占有量，促进新农村的建设与发展，还可以推动城市经济的繁荣发展，实现农业与工业，农村与城市的协调发展，同时更能提高我国的国际地位。

（四）农村城镇化的现状及发展

中国统计网公布的数据显示，2015 年中国的城镇人口占总人口的比重为 56.1%。预计到 2025 年，中国城镇化率将达到 65%。这意味着将有大批人口从农村转移到城镇。前国家统计局副局长贺铿教授认为，到 2013 年中国城镇化率不到 35%，而中等发达水平国家和地区的城镇化率不约而同地显现为 85%，西方发达国家的城镇化率都在 95%左右，美国是 97%。因为在 2012 年的人口普查中，我国有 2.63 亿城市流动人口，城市流动人口当然没有相对稳定的工作，也没有稳定的住处，更重要的是不能享受城市的医疗、教育、社会保障。这样的城市人口肯定不是真实的城市人口，除去这部分人口之外我们的实际城镇化率不到35%。[①] 在第十二届全国人民代表大会第四次会议上，李克强总理提到，缩小城乡区域差距，既是调整经济结构的重点，也是释放发展潜力的关键。要深入推进以人为核心的新型城镇化，实现1亿左右农业转移人口和其他常住人口在城镇落户，完成约1亿人居住的棚户区和城中村改造，引导约1亿人在中西部地区就近城镇化。到2020年，常住人口城镇化率达到60%、户籍人口城镇化率达到45%。[②] 加强重大基础设施建设，使高铁营运里程达到3万千米、覆盖80%以上的大城市，新建改建高速公路通车里程约3万千米，实现城乡宽带网络全覆盖。[③]

我国城镇化水平区域间差异明显。由于地理位置、历史文化、经济基础等各方面因素的影响，各地区城镇化发展水平存在很大的不同。我国在2011年的城镇化率平均为51.27%，上海、北京、天津、广东、浙江、辽宁、江苏、福建、内蒙古、黑龙江、重庆等省市均在平均线以上，北京、上海高达80%以上，云南、甘肃、西藏这些省（自治区）城市化率还不到40%。如图10-1所示。

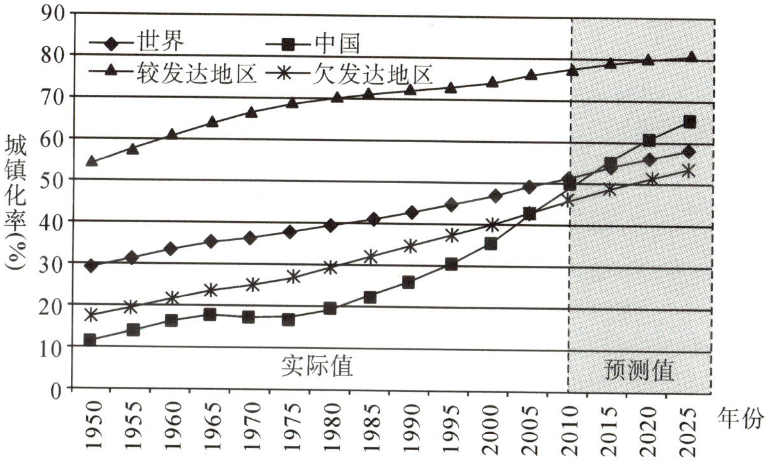

图10-1　各地区城镇化率水平

二、我国农村城镇化过程中法律创新面临的难题

（一）农村城镇化过程中的土地法律创新问题

农村集体土地所有权是构成中国城乡有别、农民与市民身份迥异的二元社会的制度基础。[④] 由于历史上存在城乡二元经济体制，在城镇化过程中，农民失去了祖辈赖以生存的土地，虽然能够享受到时代对于国民的极大帮助，但是在一系列的因素作用下，农民的权益受到了不公正的对待。第一，征地补偿标准低，且补偿不到位。目前，中国高房价造成了人地矛盾加剧并引发了一系列的社会矛盾。过高的房价是商业推动的结果，但是“公平正义”的法律进程却被排除在法治之外。某些地方政府利用职权将集体土地转为国有土地资源之后卖给开发商以获取高昂的缺乏行政监督的土地收益。城镇化建设将意味着越来越多的人因此而失去祖辈赖以生存的耕地资源。某些地方政府以极低的代价从农民那里征收土地资源，再以高出十倍甚至更高的价格向社会出卖土

① 贺铿. 中国城镇化率不到35% 中等发达国家为85% [OL]. [2016-10-12]. http://news.hexun.com/2013-01-19/150347653.html.

② 佚名. 国务院：2020年实现常住人口城镇化率达到60% [OL]. [2016-10-11]. http://money.163.com/14/0317/08/9NHA7U7300253B0H.html.

③ 宋芮. 新型城镇化中农民市民化困境及其对策探究 [D]. 成都：西南财经大学，2014：12.

④ 宓明君. 中国城镇化中政府行为之法律分析 [J]. 河北学刊，2014 (3)：120-123.

地使用权。地方官员为了增加财政收入和提升政绩进行了经济繁荣的虚假宣传。近期以来因为征地补偿问题而引起的上访事件时有发生，造成了恶劣的社会影响。现有征地补偿法律制度不完善致使土地补偿标准过低是引起此类冲突的原因。现行土地征收补偿的法律制度不健全、征地补偿标准太低是这类冲突的根源。为了避免未来的土地被大量地“低价格征收”，不仅要彻底改变现有的土地征收补偿的法律依据，同时也需要大大提高征地补偿标准。农民一旦失去土地也将失去赖以生存的基础，所以农民的土地补偿标准应该是参照当地的城镇居民平均收入，失地农民应得的相当于当地居民的平均收入。地方政府应该是只占有土地交易税，因为土地交易的好处应该归农村集体土地所有者。针对当前紧张的就业形势，一旦失地农民离开自己所擅长的农耕，可能会导致失地和失业相继出现。此外，就业质量不高、结构性失业等问题较为凸显。失地意味着失去养老保障。中国作为一个农业人口占总人口近70%的发展中国家，在当前经济形势下，尚未建立真正的可操作的农村社会保障制度。大部分农民的社会保障问题，主要依赖农民自行解决。毫不夸张地说，土地是农民生活的保障，没有土地，农民将失去生活保障。对此，社会应该给予充分的重视。此外，农民失去了土地，也就失去了劳动和工作场所。许多农民没有工作，将成为社会闲散人员。这将进一步拉大农村的贫富差距，不利于社会稳定和谐。对于以土地为生的农民来说，一旦失去耕地，心里总觉得不那么踏实，好像失去了归属感。虽然他们已经被安置在了企业，有的在第二、第三产业中，但仍然无法摆脱失去土地的失落感。对许多失地农民来说，土地是生命的保障，失去土地以后的生活将更加困难。① 孟勤国指出，城镇居民享受着相对完善、水平较高、主要依靠财政的生存保障，占我国人口主体的农民生存保障则主要依赖于家庭和土地。土地作为必不可少的生活生产资料，维系着农民的生、老、病、死，为农民提供了最基本的生存保障。生存保障包括生活保障、就业保障和养老保障。②

第二，新增建设用地低效粗放利用较为普遍。“重平面扩张、轻内部挖潜”是地方政府在城镇化、工业化过程中普遍采用的土地配置观。政府通过征收农村集体的土地来实现城镇在地域上的扩张和工业园区的建设。但由于缺乏相应的约束机制，大量土地“征而不用”，普遍存在着新增建设用地低效粗放利用的问题。地方政府之所以热衷于平面扩张，与中国征收农村集体土地的政策密切相关。在现行法律体系下，无论是经营性或是公益性的土地，都要使用国有土地，这与仅用于“公益性建设用地”的土地征收政策存在着明显冲突。当然，地方政府的土地财政现状也促使了征地行为的发生。《土地管理法》对新增建设用地闲置不用有着明确的处置规定，但现实情况非常复杂，真正能按规定处置的案例很少。这也是造成大量被征土地闲置的原因之一。城镇建设用地盲目扩张，直接导致了土地城镇化速度远远快于人口城镇化进程。

第三，农村建设用地闲置或低效利用问题突出。在理论上分析，城镇化进程是一个土地集约利用的过程，因为城镇人均建设用地要远远低于农村。现实却是随着城镇化的推进，中国农村人均宅基地总量不降反升。原因很简单，农民进城了或重新选址建房，原有的宅基地得不到盘活。虽然国家有“一户一宅”的政策规定，但对于如何实现“一户一宅”却没有配套措施，如农户在“一户一宅”上有什么法律责任和义务，旧宅基地如何处置等。农村宅基地是一种资源，也是一种资产。但现行的政策规定宅基地不能买卖，如果放弃，得不到补偿，不如保留，也就形成了“宁愿闲置，也不给别人利用”的局面。农村建设用地闲置或低效利用的另一个重要原因就是大量“两栖居民”的存在。这些“两栖居民”常年进城打工经商，在农忙季节或春节时间才回家住上几天。他们在外赚钱后，又不断在农村新建住房，形成新的低效建设用地。“两栖居民”的存在，根源是城乡对立的二元结构及其相应的社会管理制度：就业、住房、子女教育、社会保障等一系列差别化的城乡公民待遇，把大量的进城打工、经商的农民们拒之于市民化之外。

第四，农民的土地权益难以得到很好保障。土地是农民最重要的生产资源，也是农民维持生计的最根本保障。然而，在农民失去土地的同时，他们的土地权益并没有得到有效保障。特别是

---

① 任骏. 城镇化推进中农民土地法律问题研究［D］. 开封：河南大学，2014：9-11.

② 孟勤国. 中国农村土地流转问题研究［M］. 北京：法律出版社，2009：189.

因土地征收的补偿机制不够完善、补偿标准偏低，国家每年从农村征收几百万亩土地，而农民拿到的补偿款一般就够 3~5 年的生活成本。类似的农民土地权益受损现象，还有近几年一些地方在实施“增减挂钩”试点中盲目扩大试点规模，出现了部分农民“被上楼”的现象。土地权益难以得到保障的问题已逐渐成为社会不稳定的最大威胁因素，成为当前城乡发展一体化中最不和谐的音符之一。完善土地征收制度、确保农民土地权益的社会呼声多年来一直高涨，但其进展却比较缓慢，其原因是多方面的。

（二）我国城镇化过程中行政规划法律创新问题

加拿大道格·桑德斯曾指出，在一个社区建造完成之后才填补基础建设，必然付出昂贵的代价，但如果不这么做，那么犯罪猖獗与政治动荡的结果将会造成更高的代价。这是全球各国城镇化过程中面临的问题，也是我国城镇化过程中出现的问题。① 目前我国行政规划立法尚缺乏统一性和明确性，导致我国城镇化过程中行政规划的法律规制严重不足，行政机关的行政规划权滥用比较严重，出现了各种问题。第一，我国城镇化过程中行政规划的科学性不足。行政规划是门科学，具有很强的技术性和专业性，涉及大量专业知识的运用。因而，无论是行政规划的制定，还是行政规划的变更、废止，都必须遵循客观规律，从当地的实际情况出发，都必须经过严格、充分的考察和论证，都必须发挥专家学者的积极作用，以借助他们的专业知识来弥补行政工作人员知识和能力的不足，从而保证行政规划的科学性、合理性和可行性。但是，在我国城镇化过程中，行政规划立法的不健全，再加上行政权的专横，导致在一些行政规划的制定、变更和废止中，往往忽视了客观规律，既没有经过充分的考察和论证，也没有专家和民众的充分参与，而是由行政机关负责人的意志主导。这就使得行政规划内容的科学性、合理性和可行性大打折扣，其一旦实施，势必会造成人力、物力、财力的巨大浪费。

第二，我国城镇化过程中行政规划的民主性不足。行政规划是对某一区域未来发展蓝图的设计，大多涉及公共利益和不特定多数人的利益，其实质上“是行政机关运用行政权力打破现有的利益格局重新进行利益配置与协调的过程”。行政规划一旦制定、变更或废止，必然会对公共利益和不特定多数人的利益产生难以挽回的影响。因而，在行政规划的制定、变更或废止过程中，必须充分发扬民主，使公众参与进来，特别是要听取行政规划利害关系人的意见，并将其反映到行政规划的方案中去，以实现不同利益特别是公共利益与私人利益的兼顾与平衡。然而，在我国城镇化的过程中，行政机关往往以公共利益的代表自居或以公共利益为借口，在制定、变更或废止行政规划时，没有广泛听取公众的意见和建议，没有接受公众的监督，特别是在做出对公民利益不利或涉及不特定多数人利益的重大决定时，也没有通过听证会等形式认真听取行政规划利害关系人的意见、陈述，而往往由行政机关按照自身意志甚至是少数领导的意志做出决定。正如孟鸿志指出：“我国以往绝大部分行政规划在制定过程中缺少民主参与，规划程序基本上是在行政机关内部封闭运作。”这就会导致：一方面，城镇化过程中行政规划的科学性、合理性难以得到保证；另一方面，城镇化过程中行政规划难以被公众所理解和认同，实施过程中也难以得到公众支持，实施效果自然大打折扣。因为公众往往感觉到“被城镇化”，是“城镇化”的受害者，而不是“城镇化”的受益者。

第三，我国城镇化过程中行政规划的程序性不足。行政规划作为行政机关的一项依职权行政行为，必须遵循严格的法定程序，以程序控制行政规划的制定、变更或废止等全过程。只有这样，才能避免行政机关在行政规划中的恣意妄为，才能保证行政规划利害关系人的程序权益，才能保证行政规划的规范化、制度化运行。但是，在我国城镇化过程中，我国行政规划程序方面的法律体系不健全，特别是缺乏一部统一的、专门的行政程序法，再加上相关程序方面的法律、法规执行不严格，致使我国行政规划的程序性严重不足。首先，我国行政规划的程序性规定目前还很不健全、不成体系，很多行政规划尚缺乏程序方面的规定，致使我国行政规划在程序方面尚未完全实现“有法可依”。这就为行政机关滥用职权提供了可能，使其在制定、变更或废止行政规

① 道格·桑德斯. 落脚城市［M］. 陈信宏，译. 上海：上海译文出版社，2012：69.

划时比较随意、随性。其次，我国行政规划的程序性规定一般比较原则、抽象，缺乏“严丝合缝”的细致性、细节性规定，致使其在实践中的可操作性并不强，难以为行政机关制定、变更或废止行政规划提供明确的指引和依据。同时由于其可变性较大，为某些行政机关“钻空子”提供了可能，使其在制定、变更或废止行政规划时，可以虚化、规避对其不利的一些程序性规定。最后，我国长期存在“重实体、轻程序”的传统，再加上行政权力制约监督的乏力，使得行政机关在制定、变更或废止行政规划过程中，往往不愿意严格遵循行政规划程序性方面的规定，认为其“多余”或“烦琐”，要么“随意变通”，要么“走形式、走过场”，最终使行政规划程序性规定落了空。

第四，我国城镇化过程中行政规划的救济性不足。如上所述，由于行政规划涉及公共利益和不特定多数人的利益，其一旦变更或废止，必然会对公共利益和不特定多数人的利益产生重要影响，造成重大损失。因而，基于信赖保护原则的要求，行政规划一经制定，非有法定事由和经法定程序不得随意变更或废止，即行政规划应具有确定力和公定力。如果行政机关对行政规划进行非法变更和废止，给基于信赖保护的行政规划利害关系人造成损失时，应承担相应的赔偿责任，以使行政规划利害关系人的损失得到救济。当然，即使是基于公共利益的目的，通过法定程序对行政规划进行变更或废止，行政机关也得对行政规划利害关系人因此而受到的损失承担相应的补偿责任。但是在我国城镇化过程中，目前行政规划利害关系人因此而受到损害的权益却缺乏应有的救济渠道，特别是无法通过诉讼的途径维护其自身的合法权益。这是因为，虽然根据行政法的一般理论，行政规划属于具体的行政行为，但行政规划具有很强的抽象性和政策性特点，在实践中一般被视为抽象行政行为。而根据《中华人民共和国行政诉讼法》的规定，抽象行政行为目前尚不属于人民法院行政诉讼的受案范围，即行政规划实际上不受司法审查。根据《中华人民共和国行政复议法》的相关规定，部分行政规划行为可以纳入行政复议范围，但行政复议毕竟属于行政机关的内部救济，救济力度和范围均有限。因此，在我国城镇化过程中，既难以对行政机关违法变更或废止行政规划的行为进行有效的监督和问责，同时也难以对行政规划利害关系人因此而遭受损害的权益进行有效的救济，其基本上属于无救济状态。

（三）我国城镇化过程中教育不公平的法律问题

教育水平是衡量一个国家国民素质的重要指标，也是衡量城镇化建设中公共服务全面性的重要标准。然而，当前我国的城镇化建设中存在着严重的教育不公平的问题。[①]

第一，“撤点并校”引发诸多问题。新时期我国进城务工人员随迁子女增加、农村人口出生率持续降低，直接导致农村学龄人口不断下降。对农村义务学校进行布局调整和撤并（即“撤点并校”）以促进办学条件改善、教师队伍优化和办学质量提高成为迫切的现实需求。为此，国务院发布了《关于基础教育改革与发展的决定》，提出要“因地制宜调整农村义务教育学校布局”。有关资料的统计数据显示，从 2000 年到 2010 年我国农村小学从 55 万所减少到 26 万所。但是问题接踵而至，2011 年，部分地区出现的校车安全事故使“撤点并校”进入公众视野。“撤点并校”使学校向县、乡集中，带来的直接后果是城镇出现学生人数很多的巨型学校和巨型班级，尤其是县城的高中，学生人数达五六千、近万人的中学已不在少数。如此巨大的学校规模，给学校管理、学校文化营造、校风建设以及教育资源再分配等方面都带来新的问题。学校过于集中，也给居住分散的农村学生上学带来不便。农村学生上学不仅路途遥远，也存在安全隐患，加重了家长和学生的负担。家长付出的成本都远远超过了义务教育免学费、书本费带来的实惠，看不出家长和孩子们赢在哪里。经济负担加重又成为学生失学和辍学的重要原因之一。为了适应集中办学，解决上学路途遥远的问题，发展寄宿制学校是农村“撤点并校”后采取的普遍做法。寄宿制学校又会带来新的问题，因为大部分学校都不是按寄宿学校的标准设计的，不能满足学生寄宿的基本要求，如就餐、饮水、洗漱、卫生、住宿等条件都达不到要求。十多人甚至几十人，拥挤在大通铺上，而卫生间却远在校园的另一角。即使学校有这种住宿条件，也不能使所有学生都寄

① 陈晓凯. 我国城镇化中的基本公共服务均等化研究［D］. 济南：山东师范大学，2015：27.

宿，因而城镇里出现了大量的陪读者。陪读者大都是学生的爷爷奶奶。他们在学校附近租房做饭、陪孙子上学。最终演变成了孩子的父母外出打工，爷爷奶奶在县城陪孙子读书。“撤点并校”、集中办学迫使农村留守的老人和孩子也进入了城镇，农村则是房屋上锁、田地撂荒，一片凋敝景象。

城镇化引起人口流动，使农民工流动到城市，剩下的就是留守儿童了。留守儿童是无可奈何的选择，孩子们继续在农村上学。现在很多地方已开始推行小学生寄宿，六七岁的孩子就要远离家人，在学校里独立生活。即使学校的物质条件、管理水平很好，也不能替代孩子与父母的亲子关系。孩子从小学到高中度过 12 年的寄宿生活，对他们的心理发展会产生什么样的影响？学校和教育行政部门对这个问题似乎并没有进行长远的考虑。有专家建议，应该给集中办学后的学校配备校车，接送孩子上学。确实有部分学校这样做了，租用社会车辆接送孩子，但车辆的安全性、司机的资质没有保障。营运者为降低成本常常严重超载。也有家长们合租农用车接送孩子。挤满了孩子的敞篷农用车，颠簸在崎岖的山路上，谁又为他们的安全负责？

“撤点并校”还会带来更为深层次的乡村文化断裂和乡土认同的迷失等问题。在中国传统的乡村文化中，学校是文化传播的中心，具有至高无上的地位，教师是乡村的知识分子。学校和乡村不可分割，乡村会因为有学校变得更加完整，村民也会因为自己的学校而感到自豪。学校和村民和乡村文化构成了一个完整的文化群落。在“撤点并校”过程中，关于撤哪个村的学校，把学校并到哪里，邻近几个村常常为此发生冲突甚至械斗，说明村民对学校有深厚的感情。“撤点并校”对村民来说也很无奈，因为学生确实太少了。

第二，农村教育资源匮乏，师资力量薄弱。城乡教育差异不仅表现在学校的规模和数量上，更表现在城乡教育师资力量方面。虽然国家推行免费师范生回乡教学的政策，但是缺乏有效的福利待遇保障机制，使乡村根本无法留住优秀的教师。长期以来，国家的教育经费明显向城市倾斜，导致城市教育体系完善；而对乡村教育经费的投入不足，使得乡村在教育设施、教育资源和教师配置方面与城市存在较大的差距。城镇化的推进并未对教育资源的合理配置产生影响。地方政府过多地将经费投入经济建设与城镇规划当中，忽视了城镇教育的建设。学校合并在一定程度上促进了教育资源的集中，但是同时也导致了师资力量的流失和教育设备的过剩，造成了教育资源的浪费，从而出现了乡村教育资源与师资力量总体不足与部分过剩的矛盾局面。

第三，划片入学，教育不公平凸显。划片入学是县级教育部门根据学生的交通状况和学校位置等因素依照“就近入学”的原则推行的学校录取方式。此项工作主要针对初中、小学实行。但在大部分地区，划片入学成了教育不公平的最重要原因。多数地区的划片入学是对学生初中升高中的限制。城市居民有着天然的优势，无论是地理位置还是户口、学籍，使得城市学生进入市级高中学习成为理所当然；而片外的学生，也就是多数的农村学生往往要付出比城市学生更多的劳动，同时还需要更高的分数才能有机会进入县市级高中学习。这直接导致部分学习成绩差的学生放弃考高中的机会，转而进入职业学校，或者进入社会。这是教育不公平的最突出表现，也是我国城镇化建设中推进教育公平亟须解决的问题。①

第四，流动人口子女教育问题。随着我国工业化和城镇化的发展，农村大量劳动力从农村流入城市，而务工者的家人就成了农村留守人员或者跟随一起进入城市，造成农村留守儿童或者从农村流入城市的流动儿童数量巨大。流动儿童因为没有流入地的户口，在进入流入地后的受教育问题变得日益严峻；而留守在农村的儿童因为没有父母的陪伴，心理上和生活上的问题就更为严重。城市流动儿童在流入地受教育难的问题主要是由户籍制度和教育经费拨款制度引起的。《中华人民共和国义务教育法》规定，适龄儿童接受义务教育主要由户口所在地的政府负责，教育经费按照户籍学生数量下拨。当流动儿童进入流入地后，其户籍不在流入地，所以当地的财政教育经费不包括他们的教育费用，而原户籍所在地也不可能负责他们的教育。于是流动人口子女的教育问题成了我国教育管理系统中的一个“盲区”。在 20 世纪 90 年代，务工子女要想进入当地的

---

① 陈晓凯. 我国城镇化中的基本公共服务均等化研究［D］. 济南：山东师范大学，2015：6.

公立学校，接受同等的教育，就必须缴纳高额的“赞助费”和“借读费”。但是，绝大多数流动人口都处在社会底层，收入微薄，没有能力缴纳高额的费用。所以为了能够让自己的子女受到教育，只能进入当地一些非法的、办学条件和教学质量较差的民办学校；还有一些流动人口甚至不让子女读书，使其变成辍学或失学儿童。这些得不到很好教育，甚至没有受到文化教育的儿童反映出农村教育的不平等。如果流动儿童无法享受和当地儿童同等的受教育权利，会进一步导致流动人口在经济、政治、文化上和当地人口的差距，造成恶性循环，成为社会不稳定的因素。此外，外出务工人员因为经济等原因无法将子女带在身边，而形成的一个特殊群体——留守儿童的教育问题，也是城镇化进程中亟待解决的一个问题。据调查，中国农村“留守儿童”数量超过了2 200万人。57.2%的留守儿童是父母一方外出，42.8%的留守儿童是父母同时外出。留守儿童中的79.7%由爷爷、奶奶或外公、外婆抚养，13%的孩子被托付给亲戚、朋友，7.3%为不确定监护人或无人监护。心理问题是农村留守儿童最值得关注的问题。长期的单亲监护或隔代监护，甚至是他人监护、无人监护，使留守儿童无法像其他孩子那样得到父母的关爱，家长也不能随时了解、把握孩子的心理、思想变化。这种亲情的缺失使孩子变得孤僻、抑郁，甚至有一种被遗弃的感觉，严重地影响到了孩子心理的健康发展。这些心理方面的问题，直接影响到孩子的行为，使他们不论是在家里，还是在学校、社会都经常出现一些与其他孩子不一样的行为。这些行为常常超越道德、法律底线。在教育上，父母双方或一方不在身边，对留守儿童学习方面的帮助和监督大大减少，甚至完全减除了，使孩子在学习方面处于一种无人过问的状况，渐渐使孩子对学习产生一种无所谓的态度，导致相当数量的留守儿童产生厌学、逃学、辍学现象。孩子的精力不放在学习上，自然就要在其他方面加以消耗，于是其行为开始出现偏差，各种超越道德、规则的行为开始在孩子身上出现。加上监护人本身对孩子亲情缺失状况的同情，于是在孩子行为稍有出格的时候也不会加以管束，使孩子在偏离健康发展轨道的方向越走越远。中国人民大学人口与发展研究中心的研究显示，留守儿童学习成绩及初中教育的在学率都低于正常家庭儿童。进入初中阶段以后，留守儿童在校率大幅度下降，14周岁留守儿童的在校率仅为88%。

第五，职业教育与现实需求不平衡。首先，我国一直以来受到传统教育的影响，农村教育也按照城市教育的范本进行发展，采取相同的教材、教法、进度，在课程安排和教材编排上以升学为根本目的，通过升学率的高低来进行人才的甄选，导致人们普遍重视普通教育而忽略职业教育，许多家长不愿送自己的孩子去职业技术学校进行学习。其次，我国农村职业教育目标定位不准。在“以就业为导向”的观念引导下，我国农村职业教育把重心由培养农村人才变为了从农村向城市输送劳动力的教育方针。现在的职业教育多是面向城市用工的机械、电子等专业，以为城市输送劳动力作为农村职业教育的主要目标。职业学校的专业设置没有进行必要的调查，不能根据当地的实际需求来设置专业，往往设立一些热门专业，造成了各校专业设计雷同，没有自己的优势，特别是骨干专业和特色专业滞后。国家大力扶持职业教育，对学生实施学费减免等优惠政策。但由于专业设置的不适应，在开展职业教育的时候就缺乏足够吸引力，导致在市场经济条件下，职业学校不适应这个时代的发展，造成职业学校的不景气，处于维持的状态。最后，农村职业教育应该着重培养农业生产技术，例如种植业、养殖技术等，使学习者可以直接将其应用于农业生产实践当中。但实际的情况是农村职业学校的涉农专业纷纷停办，尤其缺乏城镇化进程中新型农民的培训，缺乏青年农民、种植大户、农村经纪人等新型农业科技培训，缺乏从事高附加值农产品的生产经营和深加工的培训，不能为农村学生带来很好的就业出路，因而大多数农村劳动力不会在职业学校接受教育。此外，对于农村的成人教育这一块，我国政府有关部门并不重视。目前，农村成人教育的主要形式是开办农民文化技术学校。但是教育没有针对性，内容老套，办学形式又比较单一，教学方法不够灵活，不符合农民群众对于种植、养殖等实际生产生活的需求，没能够和当前的社会发展相结合。在农村走访中可以发现，农民对于政府举办的种植、养殖讲座以及各种培训班的参与度不高，绝大多数农民认为自己种地、干养殖具有丰富的经验，根本不用去学习。很明显，农民对农村的技术培训不重视，不认为通过培训学习可以给自身生活带来更好的转变；再加上国家对农村成人教育经费投入不足，导致许多地区农村成人教育机构难以维持，以致最后不得不撤掉。

教育管理部门没能充分考虑到农村教育的实际需求，教学内容没有联系地方实际情况，使得当地生产和群众生活与实际农村教育脱节；忽略了回乡参加生产劳动的大批毕业生对于生产知识和技术的需求，使他们回乡后不懂得科学种田，也没有其他一技之长，缺乏谋生本领。这造成了农村基础教育一枝独秀，而推动农村经济和社会发展的职业教育、成人教育却十分薄弱的局面，使得农村基础教育、职业教育和成人教育发展不协调。

三、农村城镇化法律制度创新的具体措施

（一）创新和完善土地法律制度

农村城镇化过程中土地问题产生的法律原因主要表现在土地产权主体不清、权能残缺以及土地征收制度的僵化和土地法律制度的失效等。第一，产权制度的不完善。尽管中国的《宪法》《中华人民共和国民法通则》《土地管理法》等重要法律都已明确规定“农村土地归农民集体所有”，但是“集体”如何界定，集体与农民之间的关系如何，法律并未明确规定。加上中国相当多的地区农民集体经济组织已经名存实亡，缺乏行使集体所有权的组织形式和程序，农民也缺乏行使集体所有权的内在动机，因此，极易造成上级政府替代下级集体经济组织行使土地所有权的现象，致使农村集体经济组织的利益得不到应有的保障。特别是当各利益集团为争相“捕获”农地用途转变带来的价值，乃至原属农民的农地价值时，模糊的农地产权关系在一开始就决定了农地的快速非农化倾向不可避免。第二，土地权能残缺。也有学者将其形容为“权利束”中的权利软弱。中国的农村土地并不具备完整的产权性质。农民自由处分和转让土地的权利十分脆弱，不能对抗政府的征地行为，也不能自由转让。这无疑会造成征地行为的滥用，并在一定程度上阻碍集体土地市场的发育和城乡土地资源的协调、优化配置。不仅如此，虽然近些年来《农地承包法》的出台和相关政策的强化，使农民拥有了较为稳定的承包权。但由于农民的土地承包经营权必须与集体签订承包合同，由双方约定才可取得，就使得承包经营权也具有一定的约定性和不确定性，从而势必会影响到农民的土地利用行为，不利于农地资源的保护和可持续利用。第三，土地征收制度僵化。征地制度是土地由集体所有到国家所有过程的重要制度安排。一般情况下农地非农化过程也是借助土地征收征用制度的运行来完成的。然而，中国现行土地征收制度实质是延续了计划经济体制下土地资源在农业与非农部门之间的配置机制。随着市场经济体系的建立，过去简单的国家、集体和个人之间的利益关系由于私人利益的凸现、社会阶层的分化和利益集团的形成而变得十分复杂，突出表现为公众利益与个人利益、公众利益与政府利益、政府利益与官员利益之间的分化明显，公众利益与公益事业的区别也日趋明显。而现行的土地征收（征用）制度一方面几乎将所有的农地非农转用都纳入征收（征用）范围，而不管转用的用途，另一方面土地征收（征用）基本排斥了市场在农地产权转移中的作用和公众参与，“涨价”全部“归公”，导致农民无法获得本应该获得的农地价格。政府经济成本低，政府“征地效率”高，加速了农地非农化。第三，土地法律制度失效。农村土地法律所面临的土地承包经营权物权化保护、被征地农民补偿安置以及集体建设用地流转问题，集中体现了现行土地法律制度与工业化、城镇化进程的不相适应。这实质上是随着工业化、城镇化的发展，城乡二元经济结构的逐渐解体，农村要求与城市有平等的发展机会的一种反映。很显然，现行农村土地法律体系并没有提供这样的平等机会。随着工业化与城镇化进程的快速推进，农村土地法律制度的内容无法满足工业化与城镇化发展的需要。

为了有效解决农村城镇化进程中的土地法律问题，需要完善相关土地法律制度。第一，完善农村土地产权制度。首先，明确土地所有权主体和所有权的实现方式，将集体土地所有权归属具体落到实处。尤其是应在农地承包权物权化的基础上，探索农户农地使用权制度成为集体土地所有制实现形式的可能性，并保证农民土地产权能够在土地价格和收益分配中得到实现。这不仅有助于激励农户的农地保护行为，也能够为征地制度的完善奠定基础。其次，赋予农民自由转让土地的权利，特别要按照“权利平等”原则，公平对待国家土地所有权和集体土地所有权，有条件

地允许集体建设用地使用权进入市场流转，进而推动城乡土地市场体系的完善和土地配置效率的优化。第二，深化征地制度改革。一方面，要明确征地权的行使范围，规范政府行为。其中，对于非公益性用地需求要坚决避免采用征地方式，而是应积极借助日益完善的城乡土地市场体系，寻求市场供给途径解决；而对于公益性用地则应引入公众参与机制，按照公开、公正的程序征收（征用）土地。另一方面，严格按照市场经济规律进行征地补偿，充分体现并保障农民的土地权益。特别是应着眼于长远生计，建立被征地农民的就业促进机制和基本生活保障体系。第三，规范政府管理职能。应该严格限制政府的土地配置行为。除了必要的公益性建设需要动用征地权以外，政府的土地管理职能应限定在以下三个方面：一是制定并执行土地法律法规，保证农村的土地利用行为有法可依，违法必究；二是维护城乡土地市场的有序运行，通过建立相应的市场监管机制，及时纠正土地市场运行中的失灵现象，同时坚决避免行政手段介入土地市场；三是实施必要的农地规制措施，主要是借助完善的土地规划体系、严格的用途管制制度和基本农田保护制度等政策工具，在统筹安排和高效利用农村土地的基础上，实现对农地资源的有效保护并解决土地利用中的外部性问题。第四，完善土地市场体系，矫正农地价格。在快速工业化、城镇化进程阶段，抑制农地配置效率低下的一条有效途径就是不断建立和完善土地市场体系，修正扭曲的土地价格。首先，培养农村土地市场并使其与城市土地市场相对接，促进城乡统一市场体系的形成；其次，加大土地使用制度改革的力度，更广泛地引入招标和拍卖等土地出让方式，使农村土地的配置完全遵循市场的供求变化；最后，将农地的非市场价值逐步纳入农地价值核算体系，以真正体现生态、经济和社会价值相统一的农地价值。第五，逐步建立健全农村土地法律体系。市场经济与法治密不可分。法治的主旨在于规范市场运行和约束政府行为。因此，上述改革措施的重点内容原则上都应当在一个完善的土地法律体系中加以体现。当然，不可否认的是，农村土地法律体系的完善在中国不可能一蹴而就。就目前而言，随着工业化、城镇化进程的加快，农村土地法律体系的建设应遵循以下基本要求：在完善土地财产法的基础上，加快对集体建设用地流转和土地征收制度改革的立法工作，在此基础上逐步构建土地利用规划法、土地用途管制法及土地监察法等法律、法规，并最终形成一整套较为完善的农村土地法律体系。

（二）创新和完善行政规划法律制度

尽管根据传统的法律保留论，难以要求非拘束性行政规划必须有作用法范畴的法律根据，但是从行政规划在现实中所具有的重大功能来看，是不应该使其完全脱离法律规制的。对此，我们应借鉴德国的做法和经验，对我国新型城镇化过程中的行政规划进行法律规制创新。德国作为当今行政法治最发达的国家之一，在行政规划方面的立法不仅数量众多，而且体系非常严密，从实体和程序两方面对行政规划进行了有效的法律规制，积累了许多良好的经验，可以为我国新型城镇化过程中行政规划的法律规制提供借鉴。

第一，行政规划的实体法规制。行政规划的实体法规制主要解决的是行政规划的主体及其权限的合法性问题，以实现行政规划主体及其权限的法定化。目前，我国行政规划主体及其权限方面主要存在以下几个方面的问题。首先，部分行政规划的主体及其权限缺乏合法性。根据宪法学原理，任何行政规划主体的设立必须具有宪法和法律的授权，必须具有组织法上的依据。但是我国大量的行政规划主体却缺乏组织法上的授权和依据，比较混乱，一般是由行政机关依据其行政职权或职能推断出来的，致使制定这些行政规划的机关庞杂甚至有些混乱，横向不同部门和纵向上下层级都有制定规划的权力，甚至部分规划主体集编制和确定的权力于一身。这些都会造成所制定的规划交叉重叠，难以形成上下衔接、各方协调的规划体系。此外，尽管由行政规划的属性所决定，行政规划主体必须具有组织法上的依据，而不一定具有作用法上的依据。但是我国只有少数行政规划主体的权限来自法律的明确授权，具有作用法上的依据，而大部分行政规划主体的权限却是“默认式”的，即由行政机关其他相关职权推导而来，并不具有作用法上的依据。而这正是我国城镇化过程中行政规划制定、变更比较随意的主要原因所在。因为在缺乏作用法依据的情况下，一方面行政规划主体行使权力“于法无据”，往往比较随意；另一方面，公众对行政规划主体的权力监督也实难做到。其次，行政规划参与主体的单一性。目前，无论是我国各级行政规划的参与主体，还是我国行政规划各个阶段的参与主体，都是行政机关，主体非常单一；而与之相对应的利害相关人却缺乏主体地位。这既不利于加强对行政规划的监督制约，也不利于保护行政规划利害关系人的利益。最后，行政规划主体权限缺乏制约监督。根据权力分工与制约原理，行政规划的各个阶段应有不同的主体，由其分工合作，相互制约，以避免行政规划权力的滥用。但是目前在我国行政规划的各个阶段，并没有严格贯彻权力分工与制约原则。部分行政规划主体集几个阶段的权力于一身，既管确定，又管实施，必然会导致行政规划权力的滥用，出现种种问题。

对于上述问题，我们应借鉴德国的做法和经验，建立健全我国行政规划实体方面的法律制度。首先，要建立健全行政规划相关组织法，并尽量建立健全行政规划相关作用法，使我国行政规划主体及其权限具有合法性。与我国不同的是，德国通过《联邦住房管理法》《建设法典》《联邦道路法》《航空法》《循环经济和垃圾法》等法律对不同行政规划主体及其权限做出了明确规定，使得德国的不同行政规划主体及其权限既具有组织法上的依据，又基本上具有作用法上的依据。鉴于此，我们一要建立健全行政规划相关组织法，明确对各类行政规划的主体进行授权，使其具有组织法依据，将其纳入法定轨道；二要尽量建立健全行政规划相关作用法，使行政规划主体行使权力具有明确的法律依据，尽量减少“默认式”授权。正如日本学者室井力所指出：“为防止行政主体任意地制定行政规划，制约行政主体的规划裁量权，行政规划最起码要求有组织法上的根据；关于规划的具体内容，应该依照各个行政规划的内容和功能，尽量在作用法上设置有关规定。”① 其次，要扩大行政规划参与主体的范围，改变我国行政规划参与主体的单一性。根据《联邦德国行政程序法》的规定，德国的行政规划参与主体比较广泛，包括行政规划承担者、行政规划听证机关、行政规划确定机关以及行政规划利害关系人等。特别是《联邦德国行政程序法》对行政规划利害关系人的主体地位及其权益做出了明确规定，既有利于保护行政规划利害关系人的合法权益，也有利于对行政规划主体进行监督。对此，我们应健全《中华人民共和国城乡规划法》等的相关规定，明确行政规划利害关系人的主体地位及其权益，扩大我国行政规划参与主体的范围，使行政规划利害关系人能够依法参与到行政规划的全过程，并对行政规划主体进行相应的监督制约，以保证行政规划的科学性、民主性和合理性。最后，要对行政规划主体权限进行分工与制约，以避免行政规划权力的集中与滥用。与我国行政规划权力集中于单一行政机关不同的是，德国的行政规划权力分属于不同的主体，且各主体相互配合、相互制约。根据《联邦德国行政程序法》的规定，德国采取了“承担、听证、确定”相分离的模式，将行政规划权力予以合理分解，并赋予了不同的主体，包括行政规划承担机关、行政规划听证机关以及行政规划确定机关，使其相互配合、相互制约。有鉴于此，我们应改变我国行政规划权力比较集中的权力配置模式，将我国行政规划的权力进行德国式的类似分解，并赋予不同的主体，使其在不同阶段相互配合、相互制约，以避免行政规划权力的集中和滥用。

第二，行政规划的程序法规制创新。因为行政规划是根据具体情况架构的和作为行政目标的发展蓝图，所以，由实体法对行政规划内容加以完全的制约是不可能的。因而，除了要对行政规划进行实体法规制外，还必须进行程序法规制。在这一方面，德国也为我们提供了很好的借鉴。《联邦德国行政程序法》第五章第二节对行政规划的具体程序做出了非常明确、细致的规定，对行政规划进行了有效的程序规制。因而，我们应借鉴德国的做法和经验，建立健全我国行政规划程序方面的法律制度。首先要建立健全行政规划公开公示制度。阳光是最好的防腐剂，只有实现阳光公开，才能杜绝行政规划权力的滥用和腐败。《联邦德国行政程序法》第 72 条第 2 款规定：“依第 17 条第 2 款的通知，第 17 条第 4 款的要求，在确定规划程序中须以公告方式为之。该公布应由行政机关在其官方公报，以及预计规划将产生效力的地区的地方日报上公开其通知和要求的方式做出。”②《联邦德国行政程序法》第 73 条第 3 款规定：“听证机关可以决定将规划展示于

① 闫尔宝. 日本的行政指导：理论、规范与救济［J］. 清华法学，2011（2）：141-157.

② 周卫疆. 行政程序司法化问题研究——以正式行政听证为研究对象［D］. 武汉：武汉大学，2015：21.

预计受规划影响的乡镇1个月，以供人查阅。如当事人的范围明确，且在某一适当期限内已将规划供其查阅的，可拒绝展示规划。”该法第73条第4款规定：“任何人的利益受规划影响的，均有权在展示之后两星期内以书面或口头表达，由行政机关记录在案的方式，向听证机关或所在乡镇提出对规划的异议。在第3款第2项的情况下，听证机关定出异议期间。”这既有利于保障公众的知情权和异议权，也有利于公众对行政规划主体的活动进行监督。然而，目前我国行政规划公开公示做得还不够，“内部运作”和“暗箱操作”比较严重。这是导致我国城镇化过程中行政规划问题丛生的重要原因。解决这一问题，关键就是要建立健全我国的行政规划公开公示制度。这就要求我们借鉴德国的做法和经验，在《中华人民共和国城乡规划法》现有规定的基础上，一是要明确行政规划公开公示的具体内容，主要包括行政规划目标的公开、行政规划依据的公开、行政规划拟订草案的公开、行政规划信息的公开、行政规划变更或废止的公开、行政规划最终方案的公开等，以充分保障公众的知情权。二是要充分保障行政规划利害关系人的异议权，并建立健全行政规划利害关系人意见、建议的反馈和采纳机制，以保证行政规划最终方案的科学性和民主性。

第三，建立健全行政规划听证制度。行政听证是行政机关在做出影响行政相对人合法权益的决定之前，由行政机关告知决定理由和听证权利，行政相对人陈述意见、提供证据以及行政机关听取意见、接纳证据并做出相应决定等程序所构成的一种法律制度。[①] 行政规划听证制度是行政规划程序的核心，其目的在于保护行政规划利害关系人的合法权益。根据《联邦德国行政程序法》第73条、第74条等的规定，德国建立了比较完善的行政规划听证制度，特别是明确规定了听证程序机制，从而有效保障了行政规划利害关系人的听证权利。然而，《中华人民共和国城乡规划法》只是规定了制定城乡规划应召开听证会，但并没有明确规定召开听证会的具体程序。这就使得我国行政规划听证会的召开缺乏程序机制保障，出现了各种问题。有鉴于此，我们应建立健全我国的行政规划听证制度，主要包括：一是建立完善的通知制度，保证行政规划利害关系人的知情权。二是建立民主的听证参与人选择制度，使选取的听证参与人具有最广泛的代表性，能够最大范围地代表行政规划利害关系人的意志和利益。三是建立完善的听证主持人选择制度。如果需要由人大来决定是否需要制定、变更或废止行政规划的话，应由各级人大常委会选派人员来主持听证；而如果需要由政府或上级行政机关来决定是否批准行政规划的制定、变更或废止时，那么应当由行政主体的首长或指定的人员来担当此任。[②] 而且行政规划利害关系人认为，主持人与该行政规划有直接利害关系的，有权申请其回避。四是建立完善的质辩制度，保证听证当事人享有充分的质证权利。五是建立完善的听证笔录制度，并将听证笔录作为行政规划最终方案的重要参考依据。

第四，建立健全行政规划救济制度。无救济则无权利。根据《联邦德国行政程序法》第79条、第80条的规定以及《联邦德国行政法院法》第47条的规定，德国建立了比较完善的行政规划救济制度，不仅将行政规划纳入了行政诉讼受案范围，还建立了比较完善的行政规划赔偿制度，使行政规划利害关系人受损的权益得到了有效救济。然而，如前所述，我国行政规划救济制度非常不健全，难以对行政规划利害关系人提供有效救济。有鉴于此，我们应借鉴德国的“一般处分”概念，将行政规划纳入我国行政诉讼的受案范围，由法院对其进行司法审查，对行政规划利害关系人受损的权益进行救济。正如齐建东指出：“行政规划虽针对不特定对象，但从事实关系来讲，涉及的人与物也是有明确范围的。因此借鉴一般处分的概念，可以将其定位为一种特殊类型的行政行为，纳入行政诉讼的范围。”[③] 此外，我们还应借鉴德国的做法，建立健全行政规划赔偿制度，对行政规划赔偿的情形做出细致的规定，以对行政规划利害关系人受损的权益进行相应赔偿。

---

① 妥延鹏. 论我国的行政听证制度及其完善［J］. 青海民族大学学报（社会科学版），2010（4）：122-124.

② 伊士国. 新型城镇化过程中行政规划的法律规制［J］. 社会科学家，2015（5）：105-109.

③ 伊士国. 新型城镇化过程中行政规划的法律规制［J］. 社会科学家，2015（5）：105-109.

（三）促进我国农村受教育权公平发展

2013 年 12 月 12—13 日，在北京举行的中央城镇化工作会议中，提出了推进城镇化的六项任务，即要推进农业转移人口市民化，提高城镇建设用地利用效率，建立多元可持续的资金保障机制，优化城镇化布局和形态，提高城镇建设水平以及加强对城镇化的管理。特别强调要有序推进农村转移人口市民化，深入实施城镇棚户区改造，注重中西部地区城镇化。要实行差别化的落户政策，加强中西部地区重大基础设施建设和引导产业转移。要加强农民工职业培训和保障随迁子女义务教育。发达国家从城乡二元社会转变为工业化社会，一般都是依靠科技投入和以教育为动力的人力资本投入来提高农业化水平、提高农业生产效率、提高农村城市化水平，进而使得更多的农村人口转变为城市人口，缩小城乡间的差距。作为社会主义国家，我国当前农村教育在城镇化进程中存在着诸多问题，应该在借鉴国外有利经验的同时，采取适应国情的相应的对策。第一，完善教育经费投入体制。转变观念，将财政性教育经费占国民生产总值的比重逐步提高到5%以上。在这几年中，我国的财政性教育经费占国民生产总值的比重，已经逐步接近 3.5%的水平。这与过去相比已经有了很大的提高，但仅仅如此还不够。有的学者根据比较保守的测算，建议“到 2020 年，财政性教育经费占 GDP 的适当比例应该提高到 4.5%与 5%之间”①。政府财政应该解决农村公办基础教育、职业教育、成人教育以下一些基本的办学条件：各种基础设施，如校舍、课桌椅、教学与实验设备、实验实习基地等；教育工作者工资、教育工作者基本福利、教师进修费；日常教育教学管理费；公差费；义务教育阶段学校的学生课本费、学生住宿费、困难学生的生活补助等。如果适当地改革我国的财政体制，适当调节税率，加强税收的征管，加大惩治贪污腐败的力度，努力避免无效建设，实现财政性教育经费这一目标是没有困难的。

第二，保证师资力量。《国家中长期教育改革和发展规划纲要（2010—2020 年）》提出：“教育大计，教师为本。有好的教师，才有好的教育。提高教师地位，维护教师权益，改善教师待遇，使教师成为受人尊重的职业。严格教师资质，提升教师素质，努力造就一支师德高尚、业务精湛、结构合理、充满活力的高素质专业化教师队伍。”② 提高农村教师素质，需要不断改革和完善我国农村的中小学教师政策，以满足社会发展的需要。我国是穷国办大教育，每年增加的教育经费对于嗷嗷待哺的各级各类教育而言，无异于杯水车薪。农村教育师资力量不高是当前一个困扰农村教育发展的现实因素。由于农村地区师资水平不高，可以说农村孩子在起跑线上就落后于城市孩子。要实施素质教育，必须解决这个问题。否则只在城市实行素质教育，获益的必然是已经得到利益的人群。首先，建立健全教师准入制度，提高教师素质。目前，对小学教师和初中教师的学历要求已经不能满足教书育人、传播知识的发展要求。因此，应该把小学教师的法定最低学历提升为大专甚至更高；把初中教师的法定最低学历提升为本科甚至更高。其次，加大对农村教师的培训力度。任何一个行业的人才要想实现可持续发展就必须进行继续教育。对于我国农村学校的教师，实施在职继续教育有利于弥补其业务素质不足，也有利于满足新时代条件下对农村教师的新要求。在开展农村教师培训时，应考虑实际情况，按需施训地培训农村教师，凸显农村教学的特色。结合农村教师工作量大、农村学校交通不便等情况，把农村教师培训的主阵营放在农村学校。采取对口支教、送教上门等多种形式的培训，最大限度地调动农村教师参训的积极性。让农村教师学的知识有用，学的过程活跃，树立终身学习的理念，在不断地继续教育学习中汲取新的养分，更新专业知识，切实提高课堂教学能力。最后，保障、提高农村教师待遇。农村师资队伍的发展离不开国家的经济扶持，因此，必须加大对农村教育经费的投入。经过长时间的实践证明，发达国家的教师工资是由中央财政全面保障和直接投入的，而我国实行“以县为主”的义务教育教师管理体制，县市及以下基层地方政府负担教师的全部工资。要确保农村教师合理的工资及养老、医疗、住房等福利待遇，从根本上改变我国城乡教育不断加大的差距，促进

---

① 李新玲，樊未晨. 2020 年财政性教育经费占 GDP 比例至少应达到 4.5%［OL］.［2016-09-03］. http://www.qh.xinhuanet.com/2009-04/25/content_16353181.htm.

② 参见《中共中央、国务院关于印发<国家中长期教育改革和发展规划纲要（2010—2020 年）>的通知》。

城乡教育均衡发展，就必须加大对农村教育的投入力度及提高教师的工资、各项福利待遇。

第三，保障农村留守儿童和城市流动儿童的公平受教育权。首先，对于农村留守儿童的教育，党和政府要提供政策和经费等方面的保障条件，合理布局并加强农村寄宿制学校的建设。创办农村寄宿制学校是国家的要求，也是各地解决留守儿童教育问题的一项有效措施。各地应从教育改革和发展的需求出发，把教育资源的优化整合与校点布局调整结合起来，根据学校住宿条件、生活条件和交通条件等情况为农村留守儿童提供良好的成长环境，让留守儿童在老师、同学群体中成长，以弥补缺失的家庭教育。同时，建立学校联系制度，及时全面掌握农村留守儿童情况。与此同时，学校还应该注意保障留守儿童的安全，必须建立相关后勤管理的岗位责任制。其次，对于流动儿童教育，需要转变思想观念，正确对待流动儿童的教育，完善户籍制度，给流动儿童以合理的身份和待遇。根据流动人口包括流动儿童的不同情况，可以分别给予他们临时性户籍或正式户籍。给流动儿童与本地原住儿童完全同等的教育待遇。具体地说，不仅流动儿童在接受义务教育时应该享受本地原住儿童同等的待遇，而且流动儿童接受学前教育、高中教育、中等职业教育等非义务教育时也应该享受与本地原住儿童同等的待遇。完善经费体制，确保流动儿童教育的基本经费。原则上流动儿童教育所需的教育经费应该由流入地政府负责，上级政府包括中央政府可给予确有困难的地方必要的补助。加强流入地教育体系建设，确保流动儿童有可能接受较好的教育。完善流动儿童教育法规，使流动儿童教育步入法治的轨道。随着我国城镇化进程的不断加快，由农村进入城市的流动人口越来越多，流动人口的子女规模也会不断扩大。在城市公立学校饱和满足不了流动人口子女就学需求的时候，打工子弟学校的出现就是一种必然。以公立学校为主，打工子弟学校作为补充，是现今满足我国流动人口子女教育问题比较实际的办法。因此，要解决流动人口子女教育问题，一方面要充实公办学校的办学能力；另一方面要鼓励社会力量办学，接受流动儿童入学，并制定相关的法规政策和管理办法，依法办学，加强监督职能。我国出台了《社会力量办学条例》和《流动儿童少年就学暂行办法》等有关规定，对符合办学条件的打工子弟学校应该及时予以批准，发给办学许可证，并实施监督管理，引导社会力量支持其办学，使子弟学校质量不断提高，优化办学条件；对于不符合规定的民办学校则应该予以撤销，以保证流动子女受教育的权利。

第四，建立符合社会需求的农村职业教育和成人教育。在英国，农村职业教育主要是通过普通中等教育和职业中学来实施的。普通中等教育的文法中学、现代中学、综合中学都结合农村经济发展的需要实施职业教育。农村普通中学都开设有职业性学科，如农业、农机、畜牧、园艺、金工、木工、缝纫、职业指导等，为农村学生的就业做好准备工作。英国的农民职业教育与技术培训以农业培训网为主体力量，再辅以高校及科研与咨询机构，已基本形成高、中、初三级教育层次相互衔接，学位证、毕业证、技术证等各种教育目标相互配合，正规教育与业余培训相互补充，分工相对明确、层次较为分明的乡村教育培训体系，可以适应不同层次人员的需求。农村职业中学包括中等农业技术学校、农村职业技术学校和农场职业中学。农村职业技术学校的毕业生都接受“普通教育证书”考试。成绩合格获得该项证书者，可升入专科农业技术学校或农业技术学院继续深造。目前，英国农村职业技术教育已经开拓了朝综合化发展的新方向，即在教育内部结构上力求使专业知识、应用技术同生产操作相联系，在国有农场试行正规学校课程同各种短期培训相统一的弹性学制。由于越来越多的农村地方经济部门成了办学的主体，因此在职业教育管理方面已经出现了同国家办学相平行的基层分权管理的教育体制。各办学单位拥有实施职业技术教育的各项权利，如人、财、物、师资招聘、设备、实习场所、注册管理、学生质量考核标准的拟定、毕业生分配留用等。可以认为，这种职业教育日益地方化的做法符合英国从农业经济占优势的社会结构转变为工业经济日益占优势的社会经济结构的发展趋势。

我国可借鉴英国的农村教育经验，在农村的职业教育上是将农村教育与农村发展相结合。发展农村教育的目的就是发展经济、文化事业，就是提高农村人口自身的文化素质。以农村产业结构为依据，让农村教育适应农村产业结构的改革和调整，为农业生产效率、效益的提升做出新的贡献。

第十一章　农村金融体制改革法律制度创新

改革开放三十多年来，尽管我国农村经济发生了很大的变化，取得了前所未有的巨大成就，但是，城乡差距不仅没有缩小，反而呈现扩大的趋势。这固然有多方面的原因，但其中一个重要原因就是农村要素改革严重滞后于城市，出现城市金融过剩、农村金融不足的巨大反差。这就很有必要对我国农村金融体制改革与金融市场发育的历程，进行回顾与反思，找出问题的关键所在，以利于推进农村金融体制改革的深化，逐步建立完善的农村金融市场。

一、农村金融改革的基本分析

（一）农村金融改革的基本内涵

农村金融改革是指改变一切不适应农村金融发展的体制、机制等不利因素，从而使得农村金融的作用得到最大程度发挥，社会效果得到最大程度增强。① 农村金融改革需从农村金融供给主体、农村金融需求主体和农村金融外部环境三个维度推进，包括农村金融体制改革、农村金融机制改革、农村金融产权改革等内容。农村金融是农业银行、农业发展银行、国家开发银行、邮政储蓄银行、农村信用合作社以及各地涌现的民间资金互助社等金融机构在农村所进行的信贷结算、现金收支等业务活动的总称。当前我国城乡差别之所以悬殊，其中的一个重要原因就是农村金融市场发育严重滞后。金融市场是虚拟经济的重要组成部分。与发达国家相比，中国的虚拟经济发育程度很低；与城市相比，中国农村的虚拟经济的发育程度也很低。这是造成发达国家与发展中国家、我国城市与农村经济发展水平差距悬殊的重要原因。

（二）农村金融改革的现实意义

第一，有助于弥补农村金融服务的不足，缓解农村金融贫血症。农村金融改革的推进将促进农村地区形成投资多元、种类多样、覆盖全面、治理灵活、服务高效的农村金融服务新体系。

第二，有助于打破地方政府对农村金融的垄断，改变农村金融服务低效、品种单一、受惠面狭窄的格局，进而拓展农村贷款市场资源，解决农村金融市场竞争活力不强的问题。

第三，有助于从根本上改变农村金融全局，给予一切资金同等待遇，调动一切积极因素为农村经济注入新鲜血液，支持社会主义新农村建设，构建社会主义和谐社会。

第四，有助于用科学发展观找到深化农村金融改革的突破口，总结村镇银行在我国首次试点的经验教训，为金融监管部门和涉农部门在全国大面积推行新农村金融机构奠定基础。

第五，完善监管理念，对新农村金融机构的不同发展模式和特殊监管方式进行创新，探讨当前农村金融服务供给的均等化程度，以及村镇银行等新农村金融机构的服务补充性、地区普惠性与商业可持续性的程度。②

（三）农村金融改革的发展历程

1. 计划经济时期农村金融的改革与发展

计划经济体制下的中国农村金融体系基本上保持中国人民银行、农村信用社和中国农业银行三位一体的“大一统”的银行体制。从农村金融体系结构来看，其具有相对稳定的特征。但是，从效果来看，这一时期的农村金融体系处于没有数量上的增长和质量上的发展阶段。这给农村金

① 金运. 中国农村金融改革发展历程及改革思路［D］. 长春：吉林大学，2015：5.

② 石丹林，欧阳姝. 村镇银行农村金融体制改革的新突破［J］. 武汉金融，2007（4）：39.

融及农村经济社会发展带来了严重的困难。1950 年到 1957 年是中国农村金融体系建设最为完善的阶段。从 1958 年开始，中国农村金融体系逐渐遭到破坏。然而，需要指出的是，这种破坏并不是全面的倒退。文革期间的农村金融体系在国家农业机械化战略的推动下，取得了一定程度的发展，不过也仅限于农村金融服务于农业机械化。计划经济时期的农村金融服务体系涵盖了农村和农业的所有领域。从信贷对象主体上看，其辐射农民和国有农场两大类农村经营主体；从信贷对象行业上看，其基本实现了农业和手工业全覆盖。虽然农村金融服务体系整体上比较健全，但在服务结构上存在较严重的问题，主要表现在两个方面：一方面，农村金融服务体系轻国有农场而重农户，农村金融支持农户的信贷资金无论在数量上还是规模上要远远高于国有农场；另一方面，农村金融服务体系轻手工业而重农业。在农业方面，我国基本构建起了包括农田水利建设、农业防灾减灾、种植业、渔业、牧业、农机建设等全方位、多层次的农村金融服务体系网。但是，在手工业方面，存在农村金融服务体系不健全以及支持力度不够等一系列问题。而从当时的历史条件来看，农村金融服务体系结构性失衡有其合理性。

新成立的中国是个典型的农业大国，农业和农村是国家经济社会建设的重点。为了给农业和农村发展提供有效的农村金融支持和保障，中共中央在 1950 年的《关于建立国家金融体系的决定（草案）》中就勾勒了农村金融的整体框架。其中，农业银行和农村信用社是农村金融体系框架的两个核心支点。自此，我国基本形成了人民银行领导下的农村信用社和农业银行并存的农村金融格局。

新中国成立后的第二年，为了支持农业生产，打击高利贷，中央就决定试办农村信用社，并陆续出台了《农村信用合作社章程准则（草案）》《农村信用互助小组公约（草案）》《农村信用合作社试行——记账办法草案》《关于农村信用合作工作注意各点的联合指示》《关于开展农村信用合作工作的补充指示》《中国人民银行与农村信用合作社业务联系合同范本》《农村信用合作社试行甲、乙种记账办法（草案）》和《农村信用合作社业务规则范本（草案）》等文件。这些规范性文件为农村信用社的发展提供了制度保障。当然，这期间农村信用社的发展并不是一帆风顺的，也伴随着曲折和阵痛。在农村信用社发展的后期，由于农村信用社在全国推广的力度过猛，盲目地发展和强迫社员入社伤害了农民的利益。因此，1955 年到 1957 年，中央首次启动了对农村信用社的整顿治理工作。

计划经济时期的中国农业银行三起三落，始终没有得到长足的发展。早在 1950 年，为了保证农林水利基本建设工程的有序推进，中央就开始考虑和酝酿成立农业银行。1951 年，农业合作银行正式成立，在归口关系上接受人民银行总行的领导。然而，在 1952 年的“三反”及精简机构背景下，由于未在基层设立机构以及专业银行的作用没有发挥出来，刚成立的农业合作银行被撤销。1955 年，为了统一国家农贷和农村信用合作，支持农业合作运动，打击高利贷，中央决定再次建立中国农业银行。中国农业银行是中国人民银行总行的直辖行，设立分行和基层营业所。但是，由于中国农业银行与中国人民银行在行政与业务管理上的冲突、矛盾日益突显，1957 年，农业银行再次被撤消。直至 1963 年，中央决定恢复设立中国农业银行。为了杜绝农业银行与人民银行的矛盾，中央明确将其列为国务院的直属机构。农业银行与人民银行的机构实行代理、派驻和双轨的设置方式。然而，好景不长，随着信贷手续繁杂、资金浪费、挪用严重等问题的出现，1965 年，中央决定将中国农业银行与中国人民银行合并为中国人民银行，但保留中国农业银行名义，农业银行名存实亡。从 1951 年成立到 1965 年第三次被撤销，农业银行在农村金融市场上仅存在五年有余。究其原因，既有计划经济时期特殊环境的影响，也有人民银行的排斥因素，但根本上是当时特殊的银行体制的问题。虽然农业银行的寿命短暂，但在支持农村建设和农业发展上也做出了重要贡献。①

2. 改革开放后农村金融的改革与发展

改革开放后的农村金融改革是一场以更好地适应农村发展需要，更好地服务于农业发展和满

---

① 金运. 中国农村金融改革发展历程及改革思路 [D]. 长春：吉林大学，2015：42-64.

足农民的信贷需求为目标的，全方位的、多层次的改革。由于这一时期的农村金融改革本身就是一个重要的研究命题，不能面面俱到地进行全面而又系统的回溯，所以应从农村金融改革的主要矛盾进行考察。所谓的主要矛盾是指农民日益增长的农村金融信贷需要与落后的农村金融供给体制的矛盾。农村正规金融体制改革的核心目标是重拾农村金融供给主体并重构现代农村金融体系。这一阶段的改革主要有三个方面的成就。

第一，全面恢复农村金融体系。中国农村金融体系恢复是从农村信用社开始的。1977 年，中央出台了《关于整顿和加强银行工作的几项规定》，对农村信用社的整顿与改革正式在全国范围内开展起来。此次改革明确了农村信用社的性质，并将农村信用社与人民银行的营业所合二为一，使农村信用社接受人民银行的管理和领导。随着农村信用社恢复的深入，围绕农业银行的改革也逐渐提上了日程。1979 年，中央出台《关于恢复中国农业银行的通知》后，农业银行重新登上农村金融的历史舞台。为了避免农业银行与人民银行撞车的短命悲剧重演，国家在管理归口上明确农业银行是国务院的直属机构。

第二，探索农村信用社出路。从 1951 年发展农村信用社草案的出台到 1969 年把农村信用社管理权下放给贫下中农管理委员会，农村信用社经历了从合作性质到官办性质的转变。因此，无论是农村信用社恢复阶段隶属于人民银行还是农业银行，本质上走的仍旧是“官办”的道路；农村信用社的“三性”性质并没有得到恢复，仅仅是国家银行的农村基层金融组织而已。因此，如何恢复农村信用社的“三性”属性成为这一阶段的主要内容和核心目标。从 1982 年恢复农村信用社“三性”的管理体制改革试点启动到 1996 年《关于农村金融体制改革的决定》出台，是中国农村信用社探索去“官办”化，恢复合作金融组织性质，建立独立经济实体的重要阶段。具体来说，其主要从以下三个方面开展工作：①下放农村信用社的权限，主张信用社独立自主地开展存贷业务；②对农村信用社管理和运营体制进行改革，在农村信用社“独立性”方面进行探索，着力构建产权清晰、政企分开、自主经营、民主管理、自负盈亏的管理经营体制，开展农村信用合作社股份合作制改革试点等；③理顺农村信用社与人民银行、农业银行的关系，分别设立银行营业所与信用社，建设农村信用社县联社等。虽然农村信用社改革历时较长，但改革并没有取得突破性进展，基本上围绕农村信用社放权问题进行小修小补；加之这一时期中国经济体制由计划经济向市场经济过渡，国家外部环境的变化也直接传导到农村金融改革上来，使得这一时期的农村金融改革出现了反复和倒退。其中，1985 年和 1988 年是农村金融改革受阻的两个时点。由于 1984 年年末全国发生信贷失控、货币发行量过多等问题，1985 年的金融政策采取信贷紧缩的方针。加之行社脱钩舆论导致信用社系统发生混乱，农村信用社“放权”改革发生反弹，并强化了农业银行对农村信用社的领导和管理。1988 年，全国范围内发生通货膨胀，国家加大了对农村金融的管制，将农村信用社收归农行领导和管理，取消农村信用社的宽松政策，实行信贷收紧方针，收回了部分下放的权利。

从 1996 年《关于农村金融体制改革的决定》出台至 2003 年《深化农村信用社改革试点方案》出台，农村信用社进入了合作制改革阶段。上一阶段的改革仍然在“官办”的道路上徘徊，没有在恢复农村信用社性质上取得进展，导致改革后的农村信用社的“三性”原则也流于形式，逐年增加的信贷亏损使其面临经营上的困难。为此，国家从农村金融的宏观格局进行改革。一是理顺农村信用社的归口关系，实行农村信用社与农业银行脱钩，改由人民银行监督；对商业化经营的农村信用社进行整顿，将其改造成农村合作银行。二是开展农村信用社增资扩股建设，把农户吸纳到农村信用社中，真正恢复农村信用社合作制的性质。三是为了解决资金外流、支付危机等问题，探索县级农村信用社一级法人制建设，组建省联社试点工作。四是解决农村信用社历史包袱，发行央行专项票据用于置换农村信用社的不良资产，开展农村信用社小额信用贷款、农户联保贷款以及支农再贷款等业务。至此，农村信用社的性质再次回到了 1951 年时的起点。但是，中国市场化经济体制的建立以及农村金融市场的特殊国情，使得恢复农村信用社合作制性质已不能适应农村发展的现实需要，农村信用社改革进入新的历史发展阶段。

第三，构建现代化的农村金融体系。现代农村金融服务体系的提出是中国经济体制改革转轨的产物。1993 年，中央出台《关于建立社会主义市场经济体制若干问题的决定》后，中国经济体制改革开始步入市场经济体制阶段。金融作为市场经济的核心要素，必然也要随之进行市场化改革。因此，在十四届三中全会精神的指导下，中央出台的《关于金融体制改革的决定》是中国金融改革的总纲领，描绘了中国金融改革的宏伟蓝图。1996 年，《国务院关于农村金融体制改革的决定》正式出台，提出“建立和完善以合作金融为基础，商业性金融、政策性金融分工协作的农村金融体系”。至此，我国基本形成了以农村信用社、农业银行、开办个人储蓄业务的邮局、开展涉农信贷的国家开发银行和发展农业政策性金融服务的农业发展银行“五位一体”的现代农村金融组织体系。尽管从 1998 年开始，坚持商业化导向的中国农业银行等四大国有商业银行陆续退出农村金融市场，但这并没有动摇现代农村金融体系的根基。相反，今天中国的农村金融组织体系都是以这一时期的农村金融体系为范本发展起来的。

在国家的积极支持下，农村民间金融取得了快速发展，不论是贫困地区还是富裕地区、粮食产区还是沿海渔区、偏远山区还是城市郊区都普遍存在农村民间金融组织，呈现出“地广、面宽、金额大”等特征。农村民间借贷资金主要来源形式有社员的农业劳动收入，农民从事商业、服务业、运输业的劳务收入以及从银行、信用社低利贷款转手放债三种形式。这一时期民间借贷形式主要有社队向社员筹资、社队之间借贷（社队企业之间的相互借贷和资金占用，属于商业信用性质）、乡镇企业集资（以资代劳、以劳代资、入股分红、支付利息等形式）和个人间借贷（生产、生活借贷）等。伴随着农村民间金融的发展，摇会、标会、打会、私人钱庄以及扮演金融中介的“银中”或“银背”等农村民间金融组织也悄然兴起。由于农村民间金融的日渐壮大，1985 年中国调控信贷规模时，仅在农村信用社等农村正规金融组织范围内得以贯彻；相反，农村民间金融市场的调控不但没有取得应有的成效，反而进一步刺激了农村民间金融的发展。①

二、农村金融改革法律制度创新面临的难题

国家一直高度重视农村金融的发展，特别是近几年来，提出很多改革措施，积极扶持农村金融，有效弥补市场机制缺陷。比如通过完善金融体系，进行农村金融机制创新，提高农业生产效率，来解决农业、农村、农民问题；推行农村税费改革，彻底免除农业税，加大对农民的直接补贴；对农业生产中的申请贷款所付的利息也进行了财政贴息，减轻了农业生产者的利息负担；对政策性的农业保险给予支持。财政部还发布了《关于农村金融有关税收政策的通知》，对农村金融机构减免金融机构营业税、所得税等，鼓励农村金融机构积极服务当地经济的发展。对经营农户小额贷款业务的部分金融机构贷款利息收入减免营业税，进一步放宽政策，使农民融资难的问题得到一定的缓解。尽管国家高度重视，各类金融机构也积极配合，但是农村金融的发展过程中还存在以下问题：

（一）轻视农村民间金融法律保护

民间金融的出现弥补了农村正规金融对农户贷款的不足，减轻了商业银行的资金供给压力，活跃了农村金融市场，目前已经成为我国农村经济的一支重要力量。但是由于其法律地位长期不被肯定，缺少正面的法律规制和引导，一直处在地下经济的灰色状态。直到 2005 年中国人民银行发布的《2004 年中国区域金融运行报告》明确指出“要正确认识民间融资的补充作用”，我国才开始尝试将民间融资纳入正式的监管之下，不过相应的法律、制度仍不健全。一方面，相关农村民间金融的法律、法规零散且层级低，对合理的应予以肯定的民间金融形式不能给予法律保护，对非法的扰乱金融秩序的民间金融形式亦不能给予法律制裁。另一方面，我国民间金融监管主体缺位，在法律层面上并未确定如何监管和由谁监管。再者，从《关于严禁擅自批设金融机构、非法办理金融业务的紧急通知》《取缔非法金融机构和非法金融业务活动有关问题的通知》、中国人民银行《关于取缔地下钱庄及打击高利贷行为的通知》可以看出，这些都只能作为政府对民间金融出现问题后事后监管的依据。且农村民间金融依赖社会道德和债务追偿等非正式的机制

① 金运. 中国农村金融改革发展历程及改革思路［D］. 长春：吉林大学，2015：42-64.

约束交易双方，自我运行，缺少现代法律规定的担保、保证、抵押等信用制度，一旦发生风险，对社会稳定和金融市场的冲击力极大。国家的事后监管往往在产生社会代价和资金损失之后，始终是亡羊补牢而不能防患未然。

从我国农村金融法制建设的进程中看，国家对正规金融的发展与制度规范给予了高度重视，注重运用法律手段来保证其安全运行，并在出现相关问题时给予及时帮助。《中华人民共和国商业银行法》《中华人民共和国银行业监督管理法》《农村信用合作社管理规定》《农村信用合作社贷款管理办法》《村镇银行管理暂行规定》等法律保证了农村正规金融的运行。而对于农村非正规金融而言，虽然在早期得到过政府的肯定，受到过政策的支持，并且事实上对农村经济的发展起到了促进作用，同时从某些方面补充了正规金融。但是，从整个我国农村金融改革发展的历史来看，我国政府对其进行了长期的发展政策上的歧视以及民间资本市场准入的严格管制。1999年开始实施的《非法金融机构和非法金融业务活动取缔办法》说明我国政府对非正规金融的态度是一旦出现问题，就予以取缔。①

从我国金融法律可以看到民间金融所处的法律地位是尴尬的，甚至是相互矛盾的。整体来看，我国对于非正规金融机构的存在并无明确、具体和细致的法律规定，仅在一些相关法律中有一些粗糙的规定。如《中华人民共和国合同法》第一百九十六条规定，借款合同是贷款人向借款人提供借款，借款人到期返还借款，并向贷款人支付利息的合同。而在一些法律或司法解释中，又有相反的规定。如早在 1998 年 7 月，国务院颁布的《非法金融机构和非法金融业务活动取缔办法》等相关法律、法规中，曾提出了“未经依法批准，以任何名义向社会不特定对象进行的非法集资”的类似表述。这一条款实质上使得民间借贷仍旧处于非法或者半合法地位。到了 2002 年 1 月 31 日，《中国人民银行关于取缔地下钱庄及打击高利贷行为的通知》，更是明确提及要取缔地下钱庄及打击“高利贷”行为。到底何为借贷，何为集资，这两者之间的界限如何确定和区分，在法律上都比较模糊。一方面，《中华人民共和国合同法》明确规定了法律保护民间借贷行为；在相关司法解释中最高人民法院也确认保护利息率在同期银行利率四倍以内的民间借贷，确认了只要借贷双方意思表示真实，公民与非金融企业的借贷也是民间借贷。因此，只要利息在司法解释范围内的“高利贷”并不违法，一个企业向一个公民或多个公民借贷也属于合法民间借贷。另一方面，民间金融由于没有充分的法律保护，因而较之于正规金融受到现行立法保障来说，其在农村金融市场中处于相对供给不足或是半公开的状态。这种法律上地位的不平等，也导致了民间金融所处的地位只能是非法或者半合法地位。

实际上，如果没有政府的将非正规金融视为非法、围追堵截和取缔的行为，非正规金融业是可以向外扩展的。它本身具有从特殊主义向普遍主义演进的逻辑。金融中介从理论上看就是在节约交易费用和增进资源配置效率的方面进行取舍的制度。它的产生与演变既不是随意的，也不是按照某种意志与外来模式人为安排的。它并不仅仅是一种有形的机构，而且是一系列相互关联的交易行为演进的结晶。但在我国，政府一直不允许非正规金融正常存在，将其视为非法。因此在某种程度上政府从生存和发展上大大限制了非正规金融，致使其最终走向灭亡或地下化。政府的过度管制和干预，客观上造成了我国农村金融生态上的单一，缺少与国有金融有力的竞争者，形成国有金融机构在农村金融市场上的垄断，必然带来农村金融市场上金融产品供给不足，非正规部门和广大农户的有效融资需求在很大程度上得不到满足，从而产生我国农村金融市场的低效率状况。可见，政府在对待正规金融和非正规金融上不可厚此薄彼，应当给予非正规金融合法地位，鼓励并引导其规范化发展。②

以农村合作基金会的发展和整顿为例。农村合作基金会是建立在解决人民公社改制过程中集体资产流失，盘活乡社积累资本基础上，本着“清财收欠，以欠转贷”方针成立的新型农村金融组织。1984 年，随着中国第一家农村合作基金会正式诞生，农村合作基金会犹如雨后春笋般在全

① 阳晓红. 当前农村金融体制改革面临的主要问题及其推进策略［J］. 武汉金融，2011（11）：31-36.

② 阳晓红. 当前农村金融体制改革面临的主要问题及其推进策略［J］. 武汉金融，2011（11）：31-36.

国各地兴起。农村合作基金会的类型丰富、内容多元、形式多样，主要有“社区性农村合作基金会、专业性农村合作基金会、企业性农村股份合作基金会”三种类型，包括以救灾扶贫为主要目的的互助储金会、以发展生产为目的的生产发展基金会、以服务农民信贷交易为目的的农村资金拆借市场以及股份合作基金会、农村互助储金会等多种具体形式。伴随着农村合作基金会的快速发展，风险与问题也随之出现，并严重扰乱了金融市场秩序。国家开始对农村合作基金会进行整顿。对农村合作基金会的整顿最早可追溯到1994年。其后1996年通过的《关于农村金融体制改革的决定》明确提出要对社区性合作基金会进行整顿，把农村合作基金会纳入农村信用社管理体制，并于1997年开启全面整顿。1998年《非法金融机构和非法金融业务活动取缔办法》出台后，国家对农村合作基金会的整顿进一步深入。到1999年1月，农村合作基金会在全国范围内被统一取缔和撤销。至此，存续了16年的农村合作基金会正式告别历史舞台。特别是2002年，中央出台的《中国人民银行关于取缔地下钱庄及打击高利贷行为的通知》，更是使中国农村民间金融进入了低潮阶段，并被迫由“地上”转为“地下”发展。①

（二）担保法律制度滞后

与中国农村金融二元结构相匹配，农村信用担保体系包括正式制度安排下的信用担保和非正式制度安排下的信用担保两个部分，并呈现出信用资源丰富、担保物缺失等特点。而这与正规金融机构对担保物的信贷偏好和制度安排相矛盾，并直接影响农户信贷的可得性。作为一种依存于信贷市场环境的金融活动，信贷担保物的缺失与农村固有的经济社会环境是密不可分的。首先，农民可利用担保财产具有数量少、规模小、分布失衡等特点，与正常的信贷需求金额不相匹配。其次，农民有效性担保物面临法律约束的问题。农村土地、房产作为最重要的财产，一直徘徊在法律许可的范围之外。农村土地承包经营权可以流转，但不能抵押，只有依法承包并经发包方同意的荒山、荒沟、荒丘、荒滩等荒地的土地使用权才可以抵押。同时，宅基地和房屋作为生存资料，是农民生存条件的基础，缺乏作为信贷担保物的社会条件。再次，农民的生产性固定资产和耐用消费品等财产评估成本较高，产权交易市场空白，担保品变现困难，与农村金融机构担保要求错位。现行金融管制体制下，为了确保贷款的安全性，几乎所有的商业性金融机构的贷款都设置了相应的财产抵押。是否有财产抵押和财产抵押是否充足决定了银行是否提供贷款。然而，只有房屋、土地、农作物及生产工具是农民自己拥有的财产，而农民拥有的固定资产在法律上是不能被确认为有效担保物的。《中华人民共和国担保法》（以下简称《担保法》）和《物权法》中明确指出，宅基地、土地、房屋不是有效的抵押物，不得进行抵押。除此之外，普通农户基本没有可用于担保的大型财产。担保物的价值评估也是一个客观存在的问题。农作物价值的评估是一种新型的评估项目，由于评估机构的技术局限，可能造成评估失真。评估机构对抵押物评估收取的费用高，手续烦琐，也让农户望而却步。目前，我国产权交易市场发展缓慢，服务于农村的产权交易市场更是罕见；而且产权交易市场缺乏统一的规范和约束，导致担保品的处理和回购困难，抵押设定债权也不能有效实现。主要以农民和农村中小企业为交易对象的农村金融机构，很难通过这些产权交易市场迅速变现各种贷款担保品。农村担保中农户联保属于信用担保，其因申请手续复杂，申请时间长，贷款本息还清之前贷款购买的物资和财产不得随意转让，让很多急于投资农田的农户望而却步。相比之下，农民更愿意选择担保物贷款，程序简单直接、操作易行。而当前《物权法》《担保法》《土地承包法》的规定将农村担保物的范围囿于基本生活资料；加之土地流转中登记和产权制度不完善，使农民的金融贷款权利受阻，农村金融的服务功能得不到发挥。现行法律下，我国信贷担保物包括抵押财产和质押财产，其中质押财产包括动产和除所有权及不动产用益物权之外的其他财产权利。而大部分农村经济主体，如农民是没有多少动产可言的，也不会将农业生产资料和生产工具拿去质押，更谈不上拥有票据权利、股权份额之类。农户所剩的唯有田地附着物、房屋、宅基地使用权、农村土地承包经营权等。《物权法》第一百八十条规定了农村可供抵押的财产范围：建筑物和其他土地附着物；建设用地使用权；以招标、拍

① 郭德香. 法律视野下的农村金融机构研究［J］. 河北法学，2012（10）：118-120.

卖、公开协商等方式取得的荒地等土地承包经营权；生产设备、原材料、半成品、产品；正在建造的建筑物、船舶、航空器；交通运输工具；法律行政法规不禁止的其他财产。其中关于农村建设用地使用权又在《物权法》第一百八十三条做出了“乡镇、村企业的建设用地使用权不得单独抵押。以乡镇、村企业的厂房等建筑物抵押的，其占用范围内的建设用地使用权一并抵押”的限制性规定，明确农村的建设用地使用权是不得单独处分的。对于农户的不动产房屋，依据《土地管理法》的规定，农民一户只允许有一块宅基地和一处房产。为防止农户流离失所，《物权法》第一百八十四条规定了耕地、宅基地、自留地、自留山等集体所有的土地使用权不得抵押。如此一来，根据“房随地走”的原则，农民对宅基地上的房屋也不得行使交易、抵押等处分权能。而对于农民的土地承包经营权，《物权法》依其取得方式的不同设定了不同的规定。该法第一百八十三条规定以招标、拍卖、公开协商等方式取得的荒地等土地承包经营权可以抵押；而以家庭承包方式取得的农村土地承包经营权却属于《物权法》第一百八十四条第二项规定的不得抵押财产。其与《农村土地承包法》第三十二条、第四十九条的区别立法相同，禁止了农民家庭承包经营权作为担保物进行抵押。这些对农民财产和权利的限制，缩小了农户担保物的范围，客观上构成农民从正规渠道获得贷款担保资金的障碍。①

（三）法制环境落后影响农村金融市场治理

在立法方面，农村金融法制建设滞后，相关法律、法规不健全。第一，缺乏专业的农村合作金融立法。随着国家对农村金融市场增量改革的大力推进，形式多样、规模不等的农村合作金融快速兴起。截至 2010 年年末，全国共组建新型农村金融机构 509 家，其中开业 395 家，筹建 114 家。全国新设立“只贷不存”的小额贷款公司 2 451 家。但金融政策不能成为指导农村合作金融机构发展的制度规范；相关的专门性法规缺位导致合作金融行为缺乏法律约束边界，不利于其健康、可持续发展。第二，农村金融机构信贷业务法规不健全且相对模糊，执行起来短板效应明显。目前，《中华人民共和国中国人民银行法》《中华人民共和国商业银行法》《贷款通则》等普适性法规是农村金融机构开展信贷业务的主要法律依据。但这些法规缺乏针对性，并未对农村金融市场做出具体的技术性规定，也没有给出发生信贷纠纷时的法律解释。第三，规范农村金融工作人员的相关法规短缺，缺乏有效的监督、约束和惩罚机制，以权谋私、营私舞弊等违规操作现象普遍存在。第四，农户信贷抵押担保物缺乏法规的保护和支持。现代的农村金融运行机制和管理体制需要有现代的抵押担保与之相匹配。当前，农户可利用的土地、房产等硬性担保物没有纳入法规范围内，而单一的抵押担保增加了信贷机构的市场风险，阻碍了农村信贷业务的发展。

在执法方面，农村金融法制生态欠佳。首先，基层政府对新型农村金融机构市场准入的不当干预以及金融监管部门对非正规金融的打压，造成农村金融市场竞争环境恶化。其次，农村金融市场个别流程无法可依、有些流程有法不依、执法不严现象长期存在。基层干部套贷、骗贷现象“合情”“合理”又“合法”。这种示范效应传导给乡镇企业、农村个体工商户和农户等借款人，致使农村金融市场欠债不还、恶意抵赖行为盛行。与此同时，农村信用社部分工作人员腐化堕落行为严重，个别地区理事长职位买卖盛行，为了收回买官的成本，通过雇佣乡镇恶霸威胁农户、借助法院名义私自下发传票以及冻结农户国家粮农补贴账户等违法方式强迫农户旧贷新还、重复收贷现象在落后农村地区广泛存在。目前，农村金融市场法制生态不良，农户的信贷权利缺少法制保障，农村金融机构利益得不到有效的保护，急需系统性的治理和完善。

（四）农村金融市场准入、退出法律机制不完善

2003 年银监会的《关于调整银行市场 准入管理方式和程序的决定》和 2006 年的《关于调整放宽农村地区银行业金融机构准入政策　更好支持社会主义新农村建设的若干意见》放宽了新型农村金融机构准入的条件限制，其中最直接的措施为放开资本准入范围和调低注册资本额。现行的农村金融市场准入法律制度，先不说其层级和权威性，也不说其完备系统性，单就目前对这

① 金运．中国农村金融改革发展历程及改革思路［D］．长春：吉林大学，2015：138-1445.

两项措施的内容规定来看，已然存在不科学之处。一是缺乏完善的市场准入机制。在经济学领域，市场准入就是指进入壁垒。从金融市场的本源来看，金融的市场性、逐利性和风险性与生俱来，农村金融市场也不例外。然而，这一点有悖于发展农村金融的初衷。由于农村金融的独特性，如何保持农村金融发展同整个社会的协调发展是一个值得思考的问题。显然，如果没有农村经济社会的充分发展，金融逐利性的特点决定了资金不大可能流向农村，也就不大可能有农村金融的实质性发展。在农村金融新政的背景下，法律对新型农村金融机构的注册资本额要求相比原农村金融机构而言都有所降低。如《农村资金互助社管理暂行规定》明确指出，农村资金互助社在乡（镇）设立的，注册资本不低于30万元，在行政村设立的，注册资本不低于10万元；《村镇银行管理暂行规定》指出，村镇银行在县（市）设立的，注册资本不得低于300万元，在乡（镇）设立的注册资本不得低于100万元；《贷款公司管理暂行规定》指出，贷款公司注册资本不低于50万元。但这些却没有考虑到新型农村金融机构的性质、农村差异性的地区经济环境等因素对注册资本要求的影响。如村镇银行是吸储性机构，规定其注册资本远远高于公司法的规定，是出于储户利益的考虑；而只贷不存的贷款机构，没有储户，一旦发生亏损，损失的是自己的钱，规定其注册资本高于公司法的标准是没有必要的。又如全国实行统一的新型农村金融机构注册资本额制度，可能对于发达地区新型农村金融机构来说标准偏低而对于落后地区则偏高，不利于发达地区新型农村金融机构规模效益发挥。二是缺乏完善的市场退出机制。改革开放30多年来，我国农村金融得到一定程度的发展。这种发展是与农村金融机构的改革和完善、建立新型农村金融机构和投融资体制改革等联系在一起的。但是，农村经济社会发展的滞后，一定程度上也影响和阻碍了农村金融的发展。金融是现代经济的核心，金融活动涉及经济社会生活的方方面面，因此，包括农村金融运行的秩序与效率及稳定与安全同样成为金融改革与转型最重要的问题之一。同时市场退出的导向性也不强。目前我国合法存在的小额信贷司主要是有限责任公司。显然，这种形式更偏向于保护金融机构的利益。这既是金融运行中的内在问题，又是保持整体经济运行稳定与协调发展的关键。①

（五）农村金融市场监管法律制度创新不足

金融监管在规避农村金融风险和市场失灵带来的负面影响以及保持农村金融服务的可持续性方面发挥着重要的作用。当前，我国农村金融监管面临诸多困难。首先，农村民间金融游离于现有金融监管之外。根据国际农业发展基金的研究报告，中国农民来自非正式金融机构的贷款大约为来自正式信贷机构的4倍。对于农民来说，非正式金融市场的重要性超过了正式金融市场。然而，非正规金融游离于国家金融监管当局有效监管范围之外，由市场主体自发形成，服务于正规金融难以有效满足的金融需求的金融活动。包括民间借贷、民间集资、合会、私人钱庄等在内的活动形式构成了非正规金融活动。以上几种形式中，只有民间借贷在一定条件下受到法律认可，而其他的金融活动在中国现行法律制度下都是被严格禁止的，但在“地下”这些金融活动仍然活跃。非正规金融组织总体缺乏规范，存在较大风险。我国现有法律、法规对农村民间金融机构实行的是“隔离”政策，使得大量资金从暗中注入农村金融市场，更加大了金融监管的难度，对农村金融安全是一个潜在的威胁。虽然目前我国金融监管体系在宏观上已经形成了“一行三会”的金融监管格局，但是在微观上还难以做到深入监管。在农村金融监管中具有监管资源不足，难以贴近农村、不了解农村金融现实需求，极易造成“一管就死、一放就乱”的监管局面。其次，农村金融监管的实际操作与现在农村金融的发展不相适应。农村金融只是单纯地延用和效仿城市金融监管方式，并没有与农村经济、金融发展的实际情况相结合，存在着许多不适应的地方。新农村的建设使得农村金融产品和金融业务增多，带动着农村金融业的发展。但偏于运动式、整顿式的落后监管使得农村金融监管在内容与形式上墨守成规。对于业务的合理性、利率的执行上没有明确的监管，也只是将新型农村金融机构和组织监管局限在准入监管。再次，监管法规滞后，配套法规不完善，内容过粗、过于简单。我国目前存在的《中华人民共和国人民银行法》《中华人

① 李晓楠，徐嘉奇．我国农村金融问题及法律规制［J］．行政与法，2012（2）：18-22.

民共和国保险法》《担保法》等关于金融监管的法律，只囊括了商业银行，对各种新型的政策性银行几乎没有涉及。同时，有关银行、证券、保险业监督的法律、法规比较陈旧，普遍缺乏科学定量。监管法规标准、监管方式和技术手段不适应市场监管要求。工作人员在实际执行中，不易把握尺度，可操作性不强。①

（六）农村金融创新法律保障机制不足

从法律视角，金融创新就是释放农村金融主体的金融自由，创设金融权利和金融组织的法律行为，其法律行为的后果受到法律的保障。日本在二战后，为了恢复国民经济，充分重视农村金融体系建设。1947 年，日本颁布了《农业协同组合法》。这一法律详细规定了农村合作金融机构的经营范围、监管事项和权限等，对日本农村合作金融起了很好的规范和促进作用。日本在全国范围建立了“农业协同组织”，并依附农协，成立了数量众多的农村合作金融机构——信用农业协同组合。日本的农林中央金库是 1923 年根据《农业中央金库法》，由政府及农林渔业方面的团体共同组建的，是日本农村合作金融中心。一般而言，西方国家并不限制农村商业性金融。而对商业性金融不能承担的项目，比如农业保险，美国、加拿大、日本以及菲律宾等发展农业保险较早的国家，都以专门的法律对农业保险的地位和运作规则进行了规定。如美国的《联邦作物保险法》、加拿大的《农作物保险法》、日本的《农业灾害补偿法》，以及菲律宾的《农作物保险法》等法规在促进农业保险发展中起到了重要作用。今天的西方发达国家已经没有真正意义上的农村金融创新了。而我国目前农村与城市社会还存在较为明显的二元经济结构。在我国农村城镇化、农民市民化的过程中，金融创新的作用不可忽视。我国农村金融创新的动力不足有“三农”问题的自然特点：①农业的生产经营特点。农业生产受到天气等自然环境的影响很大，因而其金融业务的风险常常难以预测。由于农作物和牲畜经营风险和市场风险较大，农户可用作抵押的资产范围有限。金融机构一般不愿意为农户提供信贷服务。农业保险难以真正开展，一是因为农业风险在时间和空间上的分散不够充分，容易形成巨灾损失；二是因为农作物和动物的生命形态随时变化，其损失风险难以确定和计算。②我国农村经营模式特点。西方国家的农业实行规模化和集约化生产经营。而我国农村的经营方式目前仍然主要以家庭为单位，承包经营土地和其他生产资源。其规模较小，分散经营，与其相适应的是小额金融业务。而一般商业性金融机构不愿意涉足此类业务。我国农村社会仍然属于乡土熟人社会，与市民社会仍有较大的差距，使现代金融业务很难充分展开。我国已建立了以《中华人民共和国中国人民银行法》为核心，以《中华人民共和国商业银行法》《中华人民共和国证券法》《中华人民共和国保险法》《中华人民共和国票据法》《中华人民共和国银行业监督管理法》等金融法律、行政法规、政府规章、司法解释为主体，多层次、全方位的金融法律体系框架，形成了一套既适应中国国情又逐步与国际惯例接轨的金融法律制度。这些制度对农村金融创新具有普遍适用性。由于农村金融创新具有自身的特殊性，需要更加具体的、有针对性的制度安排。农村金融法律制度建设要适应农村城镇化和农民市民化的大趋势，应体现体制改革和创新的精神。除立法机关制定的金融法律之外，国务院制定的行政法规具有重要的现实意义。例如，为了规范农业保险活动，保护农业保险活动当事人的合法权益，国务院于 2012 年 11 月 22 日制定和颁布了《农业保险条例》。针对农村金融的现状和新农村建设的迫切需要，中国人民银行和银监会等金融监管部门近年来推出了一系列涉及新型农村金融机构的政策法规。总体而言，我国涉及农村金融创新的法律和政策正在广泛和深入推进，但对农村金融主体的金融行为的激励力度还远远不能满足农村金融市场的需求。②

① 张红展. 城乡统筹背景下农村金融市场监管法律问题研究［D］. 武汉：华中农业大学，2013：60-78.

② 张宇润，江玉荣. 农村金融创新的法律激励机制探析［J］. 学术界，2013（10）：95-101.

三、农村金融改革法律制度创新路径分析

（一）破除城乡二元体制结构

农村金融是我国金融系统中不可或缺的有机组成部分，长期以来农村金融滞后于城市金融，使得我国金融发展和金融市场监管都呈现出一定的二元性结构特征。我国农村金融市场监管制度的二元性、我国农村金融制度变迁相对独立，决定了我国农村金融市场监管自身的特点。无论是从时间上还是从程度上，农村金融的改革发展都严重滞后于我国城市金融的发展，使得农村金融作为技术性比较强的金融行业远远落后于城市金融。在管理层次上农村金融的落后性更为明显。我国政府对农村金融以垂直管理为主、对农村经济以水平管理为主的特征，也使得农村金融滞后于整个农村经济的制度变迁。一个在整体制度上呈现出二元性特征的金融，其监管自然也依附于这种二元性结构本身。简言之，上述因素共同决定了我国农村金融市场监管也必是二元性的结构。我国农村金融市场监管呈现出的二元性特征是由我国农村金融的发展水平所决定的。促进农村社会的发展就要深化二元经济体制的改革。从静态上看，大多数发展中国家城乡经济社会的二元性结构和“三农”的发展滞后都是客观存在的。从动态上考察，如果发展中国家一味强调城市现代经济的发展，落后的“三农”不进而退，乡村经济的落后不可避免。这是由资源的流动性规律来决定的。二元经济体制改革中，要改变悬殊的利益格局，使同样的生产要素在城乡的边际生产率和报酬率差不多。这可以避免农村必要劳动力和资本土地等资源持续地流向城市和非农业。首先是保留农村劳动力。农业的弱质性决定了其在市场竞争中处于不利地位，造成单位劳动力投入农业中的边际效率低于投入城市和非农业。只要城市非农产业劳动投入的预期收益大于农业中劳动力投入的边际效益和转移成本，农民就会离开农村。城乡要素供给要适应现代经济发展的需要。而现在农业剩余劳动力的供给质量不能适应非农产业、城市化和现代经济发展的需要。我国现代经济发展中，劳动力的供给无限，即供给数量不成问题。然而，供给质量方面的问题则很大。由于农村尤其是边远的农村，交通通信都不便利，农民接受的外部信息少，当地教育、文化水平落后，进城的农民在家乡所受的教育基本上都在初级阶段。进城的农民除了按传统技术从事土地劳作外，没有其他技术，思想观念保守，固守着农村传统的生活习惯和习俗。所以要加强农村居民观念的改变，进行技能培训，使他们适应在城市的生存需求，懂得基本的信息技术和现代化经济知识。我国进城农民要解决就业问题，关键是要加强城乡二元经济体制的不断深入改革。①

（二）完善农村金融市场准入与退出法律制度

近年来我国新型农村金融机构取得了快速发展，截至 2012 年 9 月末，全国已组建村镇银行、贷款公司和农村资金互助社三类农村新型金融机构 858 家，其中村镇银行有 799 家。截至 2012 年 6 月末，全国已经开业的村镇银行的资产总额为 3 190 亿元，资本充足率为 28.6%；贷款余额为 1 782 亿元，农户和小企业贷款余额分别为 600 亿元和 841 亿元。然而，与我国广大的农村地区和庞大的农民人群相比，这些金融机构数量微不足道，其资产规模总和甚至不及一家中等规模的商业银行。我国新型农村金融机构发展受到我国现行法律制度的限制。我国《村镇银行管理暂行规定》《贷款公司管理暂行规定》《农村资金互助社管理暂行规定》要求，农村金融机构设立的筹建、开业申请，由银行业监督管理机构审查和颁发经营许可证，并到工商行政管理机关办理注册登记和领取营业执照。《关于小额贷款公司试点的指导意见》规定，申请设立小额贷款公司，应向省级政府主管部门即金融办提出申请，经批准后，到当地工商行政管理机关申请办理注册登记手续并领取营业执照。可见，我国新型农村金融机构的设立原则是核准主义，主观上是为了维护农村金融秩序的稳定，但在客观上却抑制了农村金融机构的发展。实际上，除村镇银行比较正规

① 金运. 中国农村金融改革发展历程及改革思路［D］. 长春：吉林大学，2015：145-152.

可以实行审核制，小额贷款公司和农村资金互助社可实行登记备案制。地方银监局可保留事后实质审查的权力，不需要事前进行实质审查。《村镇银行管理暂行规定》第二十五条规定，村镇银行最大股东或唯一股东必须是银行业金融机构。最大银行业金融机构股东持股比例不得低于村镇银行股本总额的20%，单个自然人股东及关联方持股比例不得超过村镇银行股本总额的10%，单一非银行金融机构或单一非金融机构企业法人及其关联方持股比例不得超过村镇银行股本总额的10%。任何单位或个人持有村镇银行股本总额5%以上的，应当事前报经银监分局或所在城市银监局审批。可以看出，该暂行规定限制了民间资本进入村镇银行领域。按照2009年6月《小额贷款公司改制设立村镇银行暂行规定》的规定，小额贷款公司改制为村镇银行必须有银行业金融机构作为主要发起人。这也在某种程度上限制了民间资本进入村镇银行领域。2012年5月《关于鼓励和引导民间资本进入银行业的实施意见》指出，支持民营企业参与村镇银行发起设立或增资扩股，将村镇银行主发起行最低持股比例由20%降低为15%，并明确在村镇银行进入可持续发展阶段之后，主发起行可以与其他股东按照有关原则调整各自的持股比例。其放松了此方面的准入条件。然而，银监会仍要求“银行业金融机构作为村镇银行主发起人”。《村镇资金互助社管理暂行规定》第九条规定了设立农村资金互助社的条件，包括企业章程、发起人人数（10名以上）、注册资本（在乡和镇设立的，注册资本不低于30万元，在行政村设立的，注册资本不低于10万元）、实缴资本、高级管理人员和从业人员素质、营业场所和安全防范措施、组织机构和管理制度等。其中，有些条件过于苛刻，比如注册资本最低10万元对贫困地区农村而言就相当困难。任职资格、营业场所等规定也是过于严格。其实，农村资金互助社主要是从事小额贷款业务的，简单易行，不需要多么高深的金融专业知识。其主要功能在于为社员提供小额信贷服务。本着“实质重于形式”原则，它不需要华丽的办公场所，也不需要复杂的机构设置，更不需要繁多的行政审批与检查。现代政府的行为导向是“小政府大社会”，政府的行政审批范围应该是越来越小，政府的主要责任应该是实行服务型监管。减少政府行政审批可以有效减少权力寻租。同时政府会在金融监管方面给予更多的关注，包括合规性监管和风险性监管。相对于城市金融而言，法律应给予农村金融更宽松的进入通道。我国富裕地区有大量的民间资本。这些资金需要出路，如果不在法律上给予合法通道，其就会转入地下，比如地下钱庄或地下高利贷市场。因此，在出资人、注册资本、公司治理、营业场所、高级管理人员准入资格、收购和兼并、内部控制等方面，应该根据农村新型金融机构的性质和所在区域的实际需要程度适度放宽新型农村金融机构的准入条件。

在农村金融机构市场退出机制方面，可以依据《中华人民共和国企业破产法》关于商业机构退市的条件和程序，规定必要的行政救助制度和存款保险制度等相关的配套退市制度，减轻农村金融机构因经营不善退出金融市场给农村经济带来的巨大动荡，保护债权人的利益。在金融机构市场退出的制度安排上，要把市场激励机制与政府按规则干预的原则妥善结合，要积极引导我国农村金融机构开展以并购为主的主动性市场退出机制，实现行政干预和农村金融机构主动性良性结合。国外在救援有问题的金融机构时，资金来源一般比较广泛。所以在我国农村金融市场的风险预警制度构建时，要逐渐开辟多样化的援助资金筹措渠道，通过各种途径来分担损失。发达国家的金融机构市场退出更加注重以并购为主的主动性市场退出机制。并且并购需要控制权市场的形成和完备的产权交易机制，而我国还未建立相应的市场和机制。因此，我国农村金融机构的退出大多是“拉郎配”式的行政性重组。对于这种存在弊端的行政性干预，我国要慎用。同时，放宽持股资格限制，允许实力民营机构参与股权多元化，推行招标制的市场化重组模式，由专门机构接管问题金融机构，在清算及适当注资后，支持优秀金融机构参与问题机构的兼并重组，从而引导市场资源的优化配置。完备的退出制度能够促使农村金融机构的市场退出依法、有序、规范进行。人大及其常委会以及政府各部门要将此项立法计划提上日程，使得该项事务能够规范化法制化进展，确保市场退出的程序和原则。首先要转变机构理念。农村金融机构应当从事后的、注重审批和准入控制的监管向事前的、以风险为导向的、强调持续控制的监管转变。传统的、城市化的机构模式在日益复杂化的风险面前已经越发不适应。所以要转变监管理念。其次，要完善托管制度，遵循基本的意思自治原则，明确相应的权力与法律责任。通过法律规定使得农村金融机构的撤销破产清算程序化、法制化、规范化，使各项信息具体透明，防止徇私舞弊。另外要构建农村金融机构破产法律制度，要将破产中的诸多事项以法律形式加以确定。将维护农村金融体系的安全和稳定以及平衡债权人之间的利益作为农村金融机构破产的立法目标，规范合理的破产启动条件和个人债权清偿制度。①

（三）健全农村金融创新的法律保障机制

法律除了放宽农村金融机构的准入条件之外，还应给予农村金融机构更多的经营自主权。扩大农村金融机构金融自主权实际上就是扩大农村金融机构的融资能力、投资能力、放贷能力和运用金融工具的能力范围。在制度设计方面，在风险控制规则的前提下，给予农村金融机构根据自身特点灵活经营的权利，使农村金融机构根据农村市场不同层次的资金需求、资金用途、需求量大小以及客户的资信情况等，有针对性地调整信贷结构，开发新的适应农村市场的金融产品，实行更灵活的利率政策，以满足农村不同层次市场主体对于金融服务的需要。放开农村小额信贷的利率限制，给予新型农村金融机构更多的利率运作空间。应从法律上明确界定非法吸收公众存款、非法集资和正常的民间融资的界限，允许农村中小企业和其他类型的经济组织以吸收股本金、职工内部集资等方式融资。美国纽约州通过对放债人发放牌照进行监管，以保证放债人行为的合理性。我国香港地区制定了《高利贷豁免法》，规定不管是金融组织还是个人，只要借出的款项在 5 000 美元以下，不管利率水平多高，只要到小额贷款管理机构登记并交付一定的登记费就视为合法。这样，通过规定相应条款或制定专门法规，要求合约双方必须签订规范的借款契约并到相关管理部门登记，既可以把民间融资纳入规范化管理，准确地把握民间金融交易的规模和动向，也可以防止借贷纠纷。在农村生产和消费信贷品种开发方面，建立有效的激励性制度安排。鼓励金融机构办理农业生产所需贷款；鼓励农民购买小型农机具和交通运输工具，支持农业产业化经营和专业户的发展；支持农民购买家用电器等中高档耐用消费品信贷；通过助学贷款支持农民子女接受高等教育；鼓励发放农村建房贷款，支持农民改善居住条件。突破传统担保方式的限制，接受农民用自身的有价资产提供担保。完善土地金融制度。土地承包经营权的流转和抵押、入股等处置权的实现，有利于农民实现其融资能力和投资能力。《农村土地承包法》第十条规定："国家保护承包方依法、自愿、有偿地进行土地承包经营权流转。"但目前我国农村土地使用权流转状况并不好，阻碍着农业资本的流入。农业产业化进程中所必需的资本积累难以形成，拥有土地使用权的人缺乏资本和技术，拥有资本或技术的人无法顺利将资本、技术与土地相结合。土地承包经营权信托制度是我国土地承包经营权流转方式的金融创新。我国浙江省有些农村地区对该制度已经有所实践。这项制度有利于实现土地的良性增值，有效保障承包方的利益和防止土地的抛荒。建立和完善农产品衍生金融产品制度。金融衍生品制度可以化解农产品的生产和经营风险。我国已经建立了比较完善的商品期货制度，包括农产品期货制度，还应当积极推出农产品期权制度，化解和转移期货价格风险，满足粮商农民避险需求。胡俞越先生认为，我国很多农产品采用最低保护价收购就是部分利用了期权的原理，相当于一个看涨期权。因此，期货期权有市场心理基础。推出期货期权，把选择权交给农民，可以增强农民应对现代市场波动风险的能力。②

（四）促进民间金融的发展完善

我国的非正规金融又被称为民间金融，主要包括个人借贷、合会、标会等形式。非正规金融古已有之，存在即有它的合理性。中国金融史表明，汉代就有民间借贷了，所以其不是当前发展出来的新事物。非正规金融作为金融主渠道的一个补充，能满足不同层次的金融需求。金融界跟自然界的生态一样，应该是多样化的，如果全是清一色的官办银行，没有民间的借贷机构，那金融生态是失衡的。特别是对于金融需求旺盛的农村地区，农村经济主体对资金需求多具有规模

---

① 王鹏宇. 我国新型农村金融机构市场准入法律问题研究［D］. 太原：山西财经大学，2014：11-15.

② 张宇润，江玉荣. 农村金融创新的法律激励机制探析［J］. 学术界，2013（10）：95-101.

小、时间短、频率高的特点，正规金融很难满足这类资金需要，从而为具有设立方便、资金使用灵活特点的非正规金融的发展提供了空间。所以非正规金融并不是一种可有可无的制度安排，而是与正规金融并行的一种重要制度安排。非正规金融在我国有其存在的必要性。一味地强调风险，强行管制，将会造成农村金融市场效率的缺失。放宽非正规金融管制，授予其合法地位，创造条件让其自发地向规范化、正规化方向发展是最为明确的选择。因此，有必要对非正规金融立法，加强监督和引导。放宽农村金融市场准入法律制度，允许非银行金融机构资本平等进入农村金融市场。现行有关非银行金融机构资本准入的法律规定抑制了“解决服务空白问题”目标的全面实现，延缓了农村金融机构经营机制的改善，不利于农村金融秩序长久稳定，应对其进行重新改革。首先就村镇银行而言，可以根据2005年国务院颁布的《关于鼓励支持和引导个体私营等非公有制经济发展的若干意见》，赋予非银行机构资本和银行机构资本的平等入股权，允许非银行机构作为设立村镇银行的主发起人，取消对非银行机构的股权限制。其次就小额贷款公司而言，现有法律已明文规定其“只贷不存、自我承担亏损”，所以只需通过法律强化其风险防范和内部管理就可避免贷款风险，无须规定强大的注册资金作保障，对其的注册资本要求可以降低。我国现行法律对农村金融实行条件有别于城市金融的准入门槛，但是对于经济发展水平不同的农村地区未能体现出合理差别。以设立农村商业银行的注册资本为例，《中华人民共和国商业银行法》规定其注册资本最低限额为5 000万元。这一标准对于东部沿海农村地区明显过低，而对于西部农村地区则又略为偏高。我国银监会对村镇银行、小额贷款公司等新兴农村金融机构注册资本准入条件的规定也存在同样的问题。全国统一执行农村金融机构注册资本的准入条件，自然不利于农村金融的发展和风险防范。因此，在农村金融市场准入法律制度方面应当实行适合农村金融实际的有差别的弹性注册资本制度，规定有差别的农村金融机构资本充足率。我国银行的资本充足率采用了《巴塞尔协议》不低于8%的标准。这一标准系数是西方发达国家对银行业经营数据进行分析研究得出的，在某种意义上具有科学性。而我国农村地区银行业经营与西方发达国家差别巨大，统一实行8%的标准不符合我国农村金融发展的现状。应当在农村金融监管法中重新规定，并做出相应调整。且我国农村金融机构复杂多元，不同性质的农村金融机构应当在资本充足率规定上有所差别。原则上资本充足率的高低和资金运营的风险成正比、与支农地位的亲疏成反比。如小额贷款公司只贷不存，其资本充足率规定应该比农村资金互助社、村镇银行的要高；农村合作类银行金融机构多为服务农村和农业经济的基础，为保证农民各种金融权利的实现，农村合作银行类金融机构的资本充足率规定应该较农业银行等农村商业类金融机构要低。我国保险机构的资本充足率采用了核心资本偿付能力充足率不低于150%的规定。而我国农业天然的“弱质性”决定了农村保险类金融机构出现承包风险的概率较城市保险机构要大得多，按照150%的资本充足率标准远远不足以抵御风险。因此有必要对农村保险类金融机构资本充足率的标准进行提高，并制定有差别的风险管理制度。农村金融监管法应根据农村金融自身特点规定区别于城市金融的风险管理原则和评价考核体系。不能以城市金融的风险管理措施来管理农村金融，应当根据农村金融业务特点实行差别化的监管指标体系和风险监测预警体系；不能单纯地以经济效益、盈利多少为考核绩效的标准，而应该以对农贷款是否增长、农民是否增收等特定标准进行价值评判。并且对不同类别、不同风险的农村金融机构予以不同要求，应在法律中予以明确。①

（五）完善农村金融担保法律制度

农村经济主体贷款难的一个主要障碍是缺乏担保品。如何创新法律制度，为农村金融机构贷款风险控制提供支持，是新农村建设中要解决的一个重要问题。结合我国农村金融市场的实际情况来解决农村金融担保问题，有必要修订《物权法》《担保法》《土地管理法》等相关法律，扩大农村金融贷款担保物的范围，提高包括农村宅基地在内的不动产的流动性，扩大农村贷款的受众群体。

其一，法律上应对农村土地抵押进一步放宽条件。《物权法》将农民的土地权利定义为物权，

① 阳晓红. 当前农村金融体制改革面临的主要问题及其推进策略［J］. 武汉金融，2011（11）：31-36.

但限制农民将土地承包经营权进行抵押，并禁止农民对宅基地设定抵押。然而，获得银行贷款是增加农民资金实力、扩大生产经营以增加家庭收入的关键。当前农民工进城、举家搬迁已成为一个大趋势。大量的农村土地闲置，无法自由流转，造成了巨大的浪费。在国民经济已整体进入市场经济轨道，农村城镇化速度日益加快，农村金融需求日益增长的现实情况下，农村土地必然要进入土地交易市场。允许农民把土地承包经营权作为抵押，使土地由原来的保障属性向资本属性转化，将极大地提高农村土地价值，并起到鼓励土地投资和交易的作用。

其二，要通过法律增加农村金融担保客体范围。在我国，荒地的使用权和承包经营权、林木所有权、乡村企业的土地使用权及建筑物所有权，以及一些农村车辆、农用大型设备的所有权等在法律上允许被抵押。应该进一步通过法律和规章制度对其充分保障，进一步通过立法加强抵押物的登记和办证制度，使其权能能被充分利用。应当在法律上推动农村金融担保客体范围的扩大，比如农机具、大型农用设备抵押担保、存货质押、商铺经营权质押等。要制定专门的法律条款或办法来规范对上述抵押品的估价评价，并对可设立的条件做出明确的界定。允许宅基地使用权、农民房屋作为附条件担保物。农民房屋不允许抵押是因法律规定宅基地等建设用地使用权不得抵押。基于“地随房走”“房随地走”的土地与房屋同时抵押机制的逻辑推论，农民房屋作为担保物存在瑕疵。宅基地使用权不得抵押的逻辑起点又在于《物权法》只规定宅基地使用权人对集体所有土地的占有权、使用权，没有赋予其收益权。宅基地使用权不得转让。其目的是防止宅基地使用权参与流转后，开发商利用农民宅基地搞房地产开发等侵犯农民宅基地用益物权问题的发生。如果在允许宅基地使用权转让的情况下，宅基地使用权自然可以作为抵押财产，在农村信贷中充当担保物。但这种转让是要设条件的，如规定宅基地使用权只能让与同一农村集体经济组织内的其他成员，并将宅基地使用权已经附条件处分给权利人的事实，告知所在集体经济组织，避免出现所有权已经转让但权利人仍不知的情形等。宅基地使用权允许抵押，宅基地上农民的房屋也可作为担保物进入融资市场，且无须特别规定抵押权人的选择范围。如果房屋的抵押权人是本村村民，则在抵押权实现时将设定抵押权的房屋连同其占有范围内的宅基地使用权一起拍卖或变卖给本村村民即可，并就抵押的房屋部分的变价款优先受偿。如果房屋的抵押权人是农村集体经济组织以外的人，则在抵押权实现时无权优先受偿变价款中属于宅基地使用权的部分。这将防止农村宅基地转为非集体建设用地。

其三，应当通过法律健全农村担保登记制度。目前，我国没有明确的法律保障不动产的登记。不动产进行登记的依据囊括在各个法律、法规中，杂乱无章。例如《担保法》里的登记制度在法律属性上，属于民法性质，《土地管理法》《土地登记规则》的登记制度则为行政法性质。全国人大常委会和国务院及其下属部委均颁布了相应的法律、法规。这些登记法规在农村市场经济发展的大背景下，即不能满足不动产物权进入市场交易的需要，也不能保障物权交易的顺利进行。《物权法》第十条规定：“不动产登记，由不动产所在地的登记机构办理，国家对不动产实行统一登记制度。统一登记的范围、登记机构和登记办法，由法律、行政法规规定。”但是，由于没有及时出台具体实施措施，现实中难以实现该条规定。所以，要建立统一的担保登记法律制度，并且对农地担保应有专门的登记机关和规范的登记程序。

其四，完善农户和规模经营业主的征信管理体系。贷款机构对农村贷款业务风险的把握，依赖于对借款人信用状况的充分了解。这就要求完善农户和规模经营业主的征信管理。另外，在立法上予以立法规制，进行规范并防范信用风险。因此，应当将农户和规模经营业主的信用信息纳入中国人民银行征信系统，加强银政合作，推动信用社区、信用村（镇）和信用专合组织建设。①

（六）健全农村金融监管法律制度

农村金融与城市金融既有共性也有较大的差异性，在运行的规模、风险的控制和服务对象上差距较大。因此，在监管规则制定上应当有所区别，对农村民间金融的监管不能完全照搬城市金

① 徐嘉奇. 我国农村金融问题及法律规制的研究［D］. 长春：吉林财经大学，2012：24-29.

融的监管方式，而应该根据农村金融发展的特殊规律创新监管方式。

首先，应当合理设置农村金融监管目标。金融监管的本质是为了保证金融的安全和金融效率。安全和效率都是我国农村金融发展的重要价值和目标。安全是基础，效率是目标；只有以金融安全为基础的金融效率，才可以为金融的可持续发展营造稳定的环境，才可以更好地进行优化配置。因此，要充分重视金融安全与金融效率，并且要协调好两者之间的关系。在安全基础上追求效率，在效率目标下以更完善的手段保障安全，才能实现农村金融的本质目标，促进农村经济和金融的稳健、快速发展。我国在农村金融监管方面，往往存在"一放就乱，一收就死"的情况。历史的经验告诉我们，"一刀切"的做法并不能实现金融的监管目标，而是要做到金融安全与效率的融合。在我国农村金融市场发展缺失、严重缺少农村资金背景下讨论农村金融监管，其目标应该是建立健全农村金融市场和提高农村金融效率。法律当给予农村金融保护和扶持。在法律上要规定农村贷款实行优惠利率；央行对农村金融组织机构的再贷款和再贴现利率应低于城市金融机构，以调整其差级收益。同时，要降低准入门槛，健全和规范退出机制。

其次，监管模式上应使内外部监管相结合。对金融业的日常监管主要由行业协会等组织来进行的监管属内部监管；对金融监管主体的监管属外部监管。金融创新具有复杂性和危机隐蔽性强的特点。金融监管机构对金融创新的弊端的反应往往较迟钝，而金融行业协会则反应灵敏。因此对金融创新的有效监管要更多地依赖于内部监管，适时调整金融监管以适应金融创新的不断发展成为金融监管的迫切任务。

最后，要注重对事前的风险预警。农村金融具有抵抗力弱、风险性高和易受自然灾害的影响等特点。农村民间金融的监管不仅应关注风险的事后化解，还应当注重对事前的风险预警。要注意引导民间资本避开国家区域政策、产业政策、行业政策、信贷政策不允许的一些项目，帮助其了解哪些应支持、哪些要压缩。现在有些地方搞一些高污染或产能过剩的企业，在银行贷不到款，就搞民间借贷，大大增加了民间借贷的风险。同时，对于金融机构的风险要予以持续的跟踪、控制和防范，以便能及时应对和化解风险。①

（七）创新农村金融改革与发展的法律体系

农村金融的现行法律依据大多偏宏观性和商业性，重在安排各金融机构基本的行为准则和业务规定，在支持"三农"方面几乎处于空白地带。如农业银行依据的《中华人民共和国商业银行法》对商业银行支持农村经济未作任何鼓励性的规定。农村商业性保险机构参照的《中华人民共和国保险法》对如何向农村经济倾斜同样过于原则。《关于从事融资租赁业务有关问题的通知》《信托投资公司管理办法》以及《信托投资公司资金信托管理暂行办法》对涉农融资租赁公司、信托投资公司也只作了一般性规定，并没有明确在农村领域面向农村经济群体时如何进行服务。农村银行类金融机构依靠的《中华人民共和国中国人民银行法》这一银行基本法则更是不具有前瞻性和全面性。在我国农村金融体系中，合作性金融是基础、政策性金融是导向，两者与商业性金融一起，共同为建设农村经济事业发挥效用并形成合力。但在法律规制方面，我国既没有统一的合作性金融立法，又没有针对性的政策性金融立法，大大削弱了发展农村经济的前进步伐。众所周知，以农村信用合作社为代表的合作性金融机构作为我国农村金融组织体系的主体，队伍庞大，点多面广，立足农村，在金融业有着不可忽视的重要地位。但却只有宪法修正案中附带提及了信用合作社且仅对其所有制性质作了规定。除此之外，没有法律对信用合作社的性质予以明确，也没有专门的统一立法对信用社的管理体制、业务范围、政策扶持等做出严格的规范。对农村合作性金融机构的行为规制文件体现为一些零散的行政法规和部门规章，缺乏稳定性和权威性，更无系统性可言。这最终导致农村合作金融发展宗旨背离、产权不清晰、农民金融自主权不得体现等一系列问题，限制了合作金融的发展。而从发挥主要作用的农业发展银行组建近 20 年以来，国家颁布的针对性法律文件就甚少。《中国农业发展银行章程》《中国农业发展银行增设分支机构实施方案》等法规依据都是 20 世纪末组建农业发展银行时出台的，不仅位阶低、不

① 郭德香. 法律视野下的农村金融机构研究［J］. 河北法学，2012（10）：118-120.

全面，更不具操作性，已完全不能适应数十年来国家宏观经济发展和农村金融改革的需要。政策性金融银行法律基础欠缺，可能导致其业务操作中政策使命的人为淡化，不利于农村金融诉求的满足。且农业发展银行的资金主要来源于政府的无偿财政支持和有偿贷款利息。当政府资金不到位、流向粮棉购销企业的贷款又欠缺还贷激励时，如何向商业银行或央行借款调剂余缺、如何防范和处置不良贷款等问题都需要法律、法规的强制性明确规定。①

① 李晓楠，徐嘉奇. 我国农村金融问题及法律规制［J］. 行政与法，2012（2）：18-22.

第十二章　农村社会保障法律制度创新

农村养老保险法律制度、新型农村合作医疗制度和农村最低生活保障制度是整个社会保障制度体系中最重要的组成部分。目前，我国还没有制定专门法律来调整农村养老保险、新型农村合作医疗和农村最低生活保障等对象内容，尚未创新保障农村弱势群体的法律、法规体系。现阶段农村养老保险制度、新型农村合作医疗制度和农村最低生活保障制度等规章和政策实施过程中也面临诸多漏洞，严重影响着农村居民的生活质量。我们应从解决农村养老保险法律制度、新型农村合作医疗法律制度和农村最低生活保障法律制度的漏洞入手，不断创新和完善农村保障法律制度。

一、我国农村养老保险法律制度创新

土地是农民生存的血液。从国家获得物质帮助是我国《宪法》赋予老年农民的一项权利，又是国家建立社会保障制度的基本义务，也是个人人权保障的具体表现。我国自20世纪90年代开始探索农村养老保险制度，并先后在一些地区进行试点。但当前农村养老保险法律制度建设滞后，存在较大困境。构建与完善我国农村养老保险法律制度是推进城乡社会和谐、促进农村经济发展的根本保障，对其进行探讨具有重要的现实意义。

（一）我国农村养老保险制度的现状及制度创新困境

1. 农村养老保险的现状

我国农村养老保险制度的变迁经历了“旧农保”和“新农保”两个阶段。旧农保自1992年试点以来，其筹资方式主要依靠农民自己缴费，实质上是“个人养老”而非“社会养老”。由于政府和集体对养老资金的支持非常有限，农民参保积极性不高；“旧农保”自1998年以后进入衰退期，其覆盖率从1999年的9.75%降到2006年的7.31%。① 在工业化、市场化进程中，城乡二元差距日益扩大，原来家庭保障、土地保障的体制已不能满足现实需求并逐渐解体，农村养老保险逐渐升温为难点和热点问题。农村养老保险制度是保障社会经济健康发展的首要任务。国务院于2009年9月颁布了《关于开展新型农村社会养老保险试点的指导意见》（以下简称“指导意见”），决定从2009年起开展新型农村养老保险的试点工作，规定“试点覆盖面为全国10%的县（市、区、旗）……2020年之前基本实现对农村适龄居民的全覆盖”。该指导意见标志着我国农村社会养老保险制度进入了新时期，为农村养老保险法律制度的基本内容与框架的制定指明了方向。指导意见对加快城乡居民社会保障体系建设、缩小城乡差距、推进基本公共服务均等化、实现广大农民增收与老有所养等方面都具有重要的积极作用，真可谓是“重大惠民政策”。

2. 农村养老保险法律制度的困境

（1）立法严重滞后。农村养老保险制度的实施缺乏法律保障。从严格意义上讲，到目前为止，我国没有一部从整体上专门规范农村养老保险制度的法律。农村养老保险制度经常会随着国家政策的改变而改变，不具有稳定性；经常性的变化和调整影响着工作的正常进行和发展。近年来，党和政府一直号召开展正式农村养老保险工作，但目前相关立法工作始终未落到实处，立法极度欠缺，严重滞后，无法满足现实需要。例如，早在1994年，我国就将《中华人民共和国社会保险法》列入全国人大立法规范。直到2010年10月，《中华人民共和国社会保险法》才正式通过，2011年7月1日开始实施，但其在实施过程中存在一些问题。不仅如此，现有的法律规范

① 张运刚，陈志国. 非纳费型养老保险制度国际比较及其在我国农村的实用性［J］. 改革，2007（8）：99.

已经过时或者实际可操作性不强也是一大突出问题。此外，我国的农村养老保险工作一直是依靠象征力量推动的。在国家大力提倡依法执政的今天，其工作的依据、力度都明显不足。这种仅凭行政领导的主观意志主导工作开展情况的现状非常有必要改善。在立法缺失情况下，各地为实现发展，只能制定本地区的制度和政策。因缺少国家立法指导，各地的制度和政策效力层级模糊，难以形成统一的法律体系。①

（2）农村养老保险法律制度的覆盖面窄，不能完全解决农民的养老问题。我国现行的农村养老保险制度依然采取的是农民自愿原则，鼓励具备投保条件的农户参加养老保险。事实上，我国农民的参保率很低，而且分布也极不均衡，大多数集中在经济较发达的地区，参加养老保险的人几乎是农村的富裕者。这与实行养老保险的终极目标——解决未来农民养老难的问题基本上是背道而驰的。另外，我国现有的养老保险制度的参保对象为20周岁到60周岁的农村居民，60岁以上的居民是被排除在外的。然而我国农村老龄化现象严重，在2000年我国60岁以上的人口已达到1.34亿，其中农村居民占到绝大部分。第五次人口普查结果显示，我国农村60岁以上的老人已达到5 631万，是城镇的1.7倍。随着现代社会生活条件和医疗条件的进步，人口平均寿命也延长了。我国农村60周岁以上的老人，平均剩余寿命为男性16.24岁，女性19.22岁。在这些老人剩余的生命中生活由谁来负担和保障显然是个大问题。由此可以看出，现在农村养老保险的参保农民并不是未来养老的目标人群，即使这些人不参加养老保险，日后的养老也不会是太大的问题。反而是那些养老保险工作未覆盖的农村贫困地区和没有经济能力投保的贫困者在未来面临巨大的生活困难。同时，养老金主要由农民自愿缴纳，没有明确规定政府和集体的责任，也导致了农民的参保率很低。

（3）农村养老保险法律制度设计不科学，可操作性不强。在我国的农村养老保险制度中，因为缺乏专业的人才和严格的管理，制度设计缺乏科学的设计和思路；加之机构设置不够健全，实际操作中存在着很多管理上的漏洞。所有投资对于审慎的养老保险基金管理显得十分重要，也是大势所趋。我国现阶段实行的是社会统筹和个人账户相结合的模式，客观上存在着要对资金进行投资增值来抵消通货膨胀的影响，也需要通过投资等方式使其实现保值增值。这样才有利于缓解养老保险基金的危机。农村养老保险基金管理本身就存在着风险高、收益低的特点。随着银行利率多次下调，再加上通货膨胀等因素的影响，国家在解决农保基金支付风险上采取单纯依靠降低个人账户给付利率的消极做法，造成投保人实际收益明显低于按过去高利率计算出的养老金给付标准。这使得农民对农村社会养老保险的信心大打折扣，部分人中途断保、停保，有的地方甚至发生群体性要求退保事件。这都是由于农村养老保险制度缺乏专业人才和严格的管理制度，加上机构设置不健全，使基金管理中出现了很多漏洞，甚至造成部分基金血本无归。

（4）保障水平过低，无法保障参保人的基本生活水平。现行的农村养老保险的缴费有不同的标准，农民可根据自己的经济情况自主选择投保金额。但由于我国农民经济实力偏低，根本没有更多的剩余资金来购买养老保险，所以绝大多数农民会选择保费较低的档次投保。有关资料表明，1999年年底全国有8 000万农村居民参加了农村社会养老保险，累积缴纳保险基金184亿元。1998年国家向59.8万参保人发放养老金，人均每年42元，月均养老金仅3.5元，根本无法保证参保人的基本生活。即使按最高档次标准每月20元和最大缴费年限40年计算，届时每月可得养老金也只有700元。时至今日这个数目也还是无法满足参保人基本生活。事实上，经过40年的岁月，按5%的物价指数来计算，这笔养老金将变成不足100元，② 也无法满足参保人的基本生活。

（5）参保缺乏强制性。强制性是社会养老保险的一个重要突出特点，即通过国家立法，要求凡是符合一定条件的劳动者必须参加养老保险。③ 法律从形式上规定了社会保障的对象、内容、方式、方法，规定了国家、单位和个人的权利和义务。只有通过国家立法的强制执行，才有可能

① 王伟. 中国社会保障法律制度研究［M］. 北京：中央民族大学出版社，2008：48-74.

② 黄慧青，何巧白. 现行农村社会养老保险制度评析［J］. 乡镇企业，2003（10）：31.

③ 章晓懿. 社会保障制度比较［M］. 上海：上海交通大学出版社，2004：145.

使特殊困难的劳动者及其家属获得基本的社会保障。这是实现社会稳定发展、达到社会保障的基本目的。强制性也是社会保障与其他商业保险及民间慈善事业的显著区别。

（6）筹资方式单一。农村养老保险多年的实践显示：资金来源是养老保险的关键问题，缺乏政府的财政支持是农村养老保险发展缓慢的根本原因。我国现行的农村养老保险制度坚持“以个人缴纳为主，以集体补助为辅，国家给予政策支持”的原则。从中可以看出这一原则主要还是强调以个人缴纳为主，对集体补助并未作强制性规定，由企业根据自己的经济状况的好坏，自行决定。另外，国家也只是给予政策上的支持，经费上则不予投入。由于对集体补助比例未作具体、详细的规定，这样没有强制力的约束必然会导致大多数地区的农村参保者承担的缴费负担加重，保障资金低且参保人数不断下滑。现实生活中，农村养老筹资原则也由“以个人缴费为主”变为实际上的“全部由个人缴费”，国家对农村养老费的“政策扶持”也失去了现实作用。

（二）国外养老保险制度创新的经验和做法

许多发达国家和部分发展中国家建立了养老保险制度。我们有必要对这些已有的做法进行分析和研究，为构建我国科学合理的农村养老保险法律制度提供经验借鉴。

1. 德国

世界上最早建立养老保险制度的国家是德国。1911 年由《疾病保险法》《工伤保险法》和《伤残及养老保险法》三部法律编纂而成的《帝国保险法》奠定了德国养老保险制度的基础；同年德国政府还通过了《职员养老保险法》。随着经济的发展，德国在 1957 年以及随后的几十年中不断地通过立法扩大养老保险的适用范围，1989 年、1993 年又颁布了《养老金改革法》和《补充养老保险法》。目前，德国将养老保险分为三类：第一类是为退休人员提供的养老金；第二类是为就业能力降低者在退休后提供的养老金；第三类是为投保人死亡后提供的遗嘱养老金。

养老保险费总体按统一比例缴纳，每年由国家统一规定缴费比例，具体为雇主和雇员各承担 50%；国家财政要支付入不敷出的部分。法律还规定了养老金计算要以保障基本生活为标准，并与工资、缴费挂钩；同时养老金要定期分享社会经济带来的成果，标准依每年雇员收入的变化而变化。

2. 英国

英国的养老保险立法模式在筹集方式上实行完全的“现收现付”制，养老保险费全部来源于政府税收，个人不需要缴费，享受养老金的对象为全体社会成员。① 1908 年，美国通过《养老金法》，确立了养老保险制度。该法规定，凡年满 70 周岁且经调查证实生活确有困难者，可以得到国家税收提供的养老金，养老金额对所有的人数目相等。1946 年英国政府颁布了《国民保险法》，实行强制性全民保险制度。均一费率的国家养老金制度从此建立起来了。雇员不论其收入多少，均按统一的标准缴纳保险费，并按统一标准享受保险待遇。随后在 1958 年又做了相应调整，政府通过法令实行了与工资挂钩的累进缴费制，并对标准较低的均一费率的国家养老金制作了补充。1999 年的《福利改革和养老金法》大幅度提高了收益水平，对与收入相关的养老金计划进行进一步调整。

3. 新加坡

新加坡于 1955 年颁布《中央公积金法》，开始建立中央公积金制度。该法规定，凡工薪收入者，无论是公务员还是职员，都要参加中央公积金计划，按时足额缴纳公积金；公积金由雇主和雇员共同缴纳。中央公积金计划完全是个人账户形式的，没有任何形式的统筹，不具备社会再分配功能，强调激励机制；政府主要起引导作用。随着形势的不断变化，新加坡政府对公积金的内容不断加以补充和完善。个人还可以动用公积金储蓄来买房、看病和养老。公积金使新加坡居民在不长的时间里，初步实现了老有所养、病有所医、居有其屋。

4. 加拿大

加拿大的农场主社会养老计划又被称为收入稳定账户，是专门为农场主及其家属设立的老年保障计划。其依据是加拿大联邦政府 1990 年颁布的《农民收入保护法》。其目标有两个：一是保

① 代山. 国外养老保险法律制度［J］. 人民政坛，2013（11）：43.

证最低水平的农民收入稳定；二是建立农民年金基金。这是一个不同于一般社会养老保险的农民养老保险制度。其设立不仅要解决农场主退休后的养老保障问题，还要解决农场主退休前农场经营期间的收入稳定问题。

其中养老保险基金来源有两个：一是为投保人自己存入的款项及保险费；二是联邦政府和省政府匹配的款项，具体包括政府的保险补贴和两个基金存款的利息收入。为了便于该养老计划的实施，加拿大政府依法成立了全国专门管理委员会，对该计划进行管理和监督。

5. 日本

日本的农村社会保险起源于医疗保险。1938 年 7 月制定的主要面向农村居民的《国民健康保险法》，标志着农村居民的公共医疗保险正式起步。1959 年首次颁布的《国民健康保险法》，开始将原来未纳入公共养老保险制度的广大农民、个体经营户依法强制纳入社会养老保险体系中。该法于 1961 年 4 月开始全面实施。从此日本进入了“全体国民均享有养老金”的时代。日本的国民养老保险具体由多层次构成。

日本于 1970 年制定《农民养老金基金法》，并于 1971 年 1 月开始实施。该制度是农民参加国民养老保险的重要补充。申请参加者必须具备以下资格条件：年龄未满 60 岁，属于国民养老金的第一类被保险者；每年从事农业生产经营时间达 60 天以上。凡个人自愿缴纳一定的普通保险费、年满 65 岁后，每月除了领取“基础养老金”外，还可以领取一定数额的“农民老龄养老金”；凡满足投保 20 年、年农业所得在 900 万日元以下等条件的，还可以享受投保费的国家补助。凡符合条件缴纳特殊保险费者，其年满 65 岁后，除可获得“农民老龄养老金”外，还可以获得特别附加养老金。

（三）创新和完善我国农村养老保险制度的必要性和可行性

1. 创新我国农村养老保险制度的必要性

我国农村养老保险主要采取以土地经济为基础的家庭保险与集体保险模式。家庭保险是依靠家庭成员并以家庭经济收入来承担养老费用的保障方式，其主要以血缘和姻亲关系为纽带而展开。集体保险则是以农村集体经济组织对无依无靠、体弱多病的老年农民进行赡养的集体保障方式，其主要方式为对“三无”人员（无法定抚养义务人，无劳动能力、无生活来源的老年人，残疾人和未成年人）实行“五保”政策（保吃、保住、保穿、保医、保葬）。其以养老院制度为核心形式。在农村集体组织养老缺位、农村集体养老保险金难以充分筹措时，土地在承担农民基本生活保障功能方面发挥着重要作用。随着经济全球化和市场化改革的深入发展、工业化进程的加快，农村剩余劳动力日益增多，农村青年劳动力大量外出，然而“中国人口年龄结构已开始进入老龄化阶段”①，约占全国总人口 60% 的农民群体老龄化正在加速，加之少子化计划生育政策的普遍执行，使农村家庭养老面临巨大压力与挑战。

随着农业生产成本与费用的不断攀升，土地养老功能正在弱化，可借鉴西方先进国家“土地换保障”的有益尝试。但政府不应在农村集体土地流转中获益。农民作为法定的土地承包经营者应公平分享土地流转的收益。确保农民在土地流转过程中的主体地位，充分保障农民的土地流转收益权。这也为农村养老保险资金的筹措提供了一条稳定可靠的资金来源。② 同时，我国《宪法》规定：“劳动者在年老、疾病或者丧失劳动能力的时候，有获得物质帮助的权利。”这为我国农村社会着手建立以社会救助、社会优抚安置及社会福利为核心内容的社会保障制度提供了首要法律依据。农村集体养老的传承、农村老龄社会的来临是农村社会化养老的现实需求和必然选择。

2. 创新和完善我国农村养老保险制度的可行性

我国第一部专门的社会保障法即《中华人民共和国社会保险法》的出台，为社会成员的失

---

① 周梁云. 试论中国农民获得物质帮助的宪法权利——以农村社会养老保险为例［J］. 西南政法大学学报，2008（1）：19.

② 王平达. 农村集体土地使用权反向抵押：我国新型农村养老保险新视角［J］. 河北法学，2011（1）：152-153.

业、医疗、工伤、生育、养老等基本保险项目提供了重要法律依据，其也标志着我国社会保障制度从长期的试点试验性阶段转入定型的持续发展阶段。特别是农村劳动者的后顾之忧和保障权益得以切实解决和维护，极大促进了城乡社会的和谐发展、公平发展。伴随着全面建设小康社会的时代进程，公平、正义、共享正在成为新时代的主流价值取向。人们不仅更加关注自身权益，也更加关注社会公平。这给社会的发展与繁荣提供了良好的外部条件。

（四）创新我国农村养老保险制度的具体路径

1. 创新和完善农村养老保险法律体系

农村养老保险制度的完善应以设置规范的法律体系作为前提保障，其具体实施也应遵循法制的基本原则。世界上多数国家的农村社会养老保险制度的实施都采取法律的形式，如瑞典公民养老金是根据瑞典全国退休金法案来实施的，德国农村养老保险制度则以1957年颁布的《农民老年救济法》为实施依据。通过合理规范的立法程序将农村养老保险纳入法律框架中，增强法律监督的有效性和法律制约的权威性，以确保农村养老保险制度运行的统一性、规范性和稳定性，避免农村社会养老保险工作的开展无章可循、无法可依，同时也防止农村养老保险的随意性及基金管理混乱的状况。

（1）应根据农村社会保险的实际需要和相关因素，由全国人大尽快制定符合我国农村当前发展现状的《农村社会养老保险法》，明确规定农村养老保险的对象范围为一般农业劳动者、失地的农民及进城的农民工等多个层次。

（2）通过法律形式对农村养老保险的基本原则、组织结构进行创设和配置，明确规定养老保险基金的筹措、管理和运营的具体办法，合理划分中央和地方政府支持农村养老保险的具体比例和配额。

（3）应围绕农村社会养老保险的具体问题制定详细、明确的养老保险法规和规章以及相应实施细则，确定政府、集体和被保险农民等主体的各自法律责任，从根本上保障农村养老保险基金筹措的稳定性、操作的科学性及保值、增值的可靠性，以促进农村社会养老保险的规范化和法制化。

2. 增强农村养老保险法律规范制度设计的科学性和可操作性

（1）确定合理的基金筹集方式和档次，扩大基金发放覆盖面，提高保障能力。农村养老保险基金的筹集方式应顺应世界各国的发展趋势，坚持国家、集体和个人共同分担的原则，以立法形式明确国家在农村社会养老保险资金筹集中应当承担的责任。国家可以根据各地农村经济情况的不同来确定各地养老保险基金中国家、集体和个人的具体承担比例。同时，根据不同地区的经济发展状况设计不同档次的筹集资金的数量，让投保人根据自身的经济能力和意愿进行选择。除此之外，建议可以根据农民收入的季节性和农民丰收的差异性来安排筹集方式。简单来说就是农民经济条件好时可以多缴费，遇到自然灾害，收成不好时可以少缴或者停缴。如此，有利于改变农村社会养老保险仅限于发达地区和中等发达地区农民的现状，逐步扩大到不发达地区，从而扩大农村社会养老保险覆盖面。

（2）降低基金管理风险，拓宽基金保值增值渠道。农村养老保险基金是农村保险事业顺利发展的基础，其管理和运营的好坏将直接影响到这一伟大事业的成败。一方面，要保障农村养老保险基金的安全性，应由专门机构实行分级专户存储和专项管理，也可将保障基金交由专业投资公司进行投资，以提高基金收益，但该专业投资公司须定期报告基金运营情况。另一方面，由于农村社会养老保险基金大多集中在县级保障部门，受人才、信息和投资能力等方面因素的限制，可以考虑让那些不能保证适当增值率的投资主体，要在一定期限内放弃投资权，逐级将大部分养老保险基金上缴。

（3）完善养老保险基金的监管制度。养老保险基金的监管制度是社会保险基金的“免疫系统”。[①] 政府监督、国家权力机关的监督、法律监督和社会监督是农村养老保险中必不可少的。

---

① 李腊云. 新农村建设中我国农村社会养老保险的立法司考［J］. 湖南商学院学报，2008（13）：31.

政府监督是指政府有关部门对农村社会养老保险基金的征缴、涨幅和投资运营等全过程进行的监管和管理；国家权力机关是指人大常委会内部设立的专门的农村社会养老保险工作委员会，其应承担相应的监督职能；法律监督是指相关部门依据有关法律、法规，对农村社会养老保险基金运行过程实施全面的监督，依法查处各类违法、违规行为，保证基金安全有效运行；社会监督是指由与农村社会养老保险基金有直接利害关系的主体、社会中介机构和其他群众组织，借助社会舆论和其他相应方式，对社会养老保险基金的运行状态进行监督。

农村养老保险法律制度的完善是一个巨大的、系统的工程，应在立足我国国情基础上，改革和完善现行农村养老保险模式，建立科学合理的法律制度，切实保障农民养老亟待解决的重大民生问题。

二、我国新型农村合作医疗法律制度创新

新型农村合作医疗制度是由政府组织、引导、支持，农民自愿参加，个人、集体和政府多方筹资，以大病统筹为主的农民医疗互助共济的制度。我们通过与国外的农村医疗保障制度进行比较，明确探讨我国新农合制度创新存在的困境，以求获得如何进行改进的具体措施。

（一）我国现阶段新型农村合作医疗制度的内涵及其实施现状

1. 我国新型农村合作医疗制度的内涵

2002 年 10 月 19 日，中共中央、国务院《关于进一步加强农村卫生工作的决定》中明确提出“逐步建立新型农村合作医疗制度”这一新概念。2003 年 1 月 16 日国务院办公厅转发卫生部、财政部、农业部《关于建立新型农村合作医疗制度的意见》对此做出了解释：“新型农村合作医疗制度是指，由政府组织、引导、支持，农民自愿参加，个人、集体和政府多方筹资，以大病统筹为主的农民医疗互助共济制度。”①

新型农村合作医疗的原理类似于保险中的风险分担机制，其通过参与者缴纳确定的、少量的保险费对高额的医疗费用进行分散，减轻农民看病的负担。然而，其与商业保险不同的地方在于，新型农村合作医疗具有非营利性。与传统合作医疗的不同点是其由政府、集体、个人三方共同筹集基金，农民自愿参加。

2. 我国新型农村合作医疗制度的实施现状

（1）农民参加新型农村合作医疗的情况。农民参加新型农村合作医疗完全根据自愿原则，国家并未采取强制措施。但该制度所具有的制度优势促使农民尽量参加新型农村合作医疗，通过该制度保障身体健康，不断保障生命安全和改进身体状况质量。农民参加新型农村合作医疗的具体情况参见表 12-1。

表 12-1　2006—2010 年中国新型农村合作医疗参合率及参合人数

年份	2006	2007	2008	2009	2010
参合率（%）	80.7	86.2	91.5	94.0	96.0
参合人数（万）	41 000	73 000	81 500	83 300	83 600

资料来源：根据卫生部发布的《我国卫生事业发展统计公报》编制。2010 年数据的发布时间为 2011 年 4 月 29 日，其余年份的参合率是指年末参合率。

（2）新型农村合作医疗费用报销情况。医药费用的报销情况呈现明显的“三高三低”特征，即总费用高、检查材料费用高、报销起付线高、报销比例低、用药目录低、最高报销封顶线低。农民因病致贫的现象仍然十分严重。②

---

① 参见《国务院办公厅转发卫生部等部门关于建立新型农村合作医疗制度意见的通知》。

② 赵小剑. 医改六年　回到原点［J］. 党政干部文摘，2006（11）：34-35.

（3）新型农村合作医疗基金的筹集和使用情况。新型农村合作医疗以“大病统筹”为主，不保小病，大病保障水平不足30%，而全国的总体水平约为85%。农村的水平远远低于全国的平均水平。2008年，农村人均筹资水平为96.3元，但人均卫生支出达到854.4元，依然是杯水车薪。① 再加上医疗机构套取、损害新农合资金，基金运作、管理不规范，监督不到位造成基金出现严重漏洞，使得基金的使用效率大大降低。

（4）医疗救助制度的情况。为了照顾患大病、重病的特困农户，新型农村合作医疗建立了医疗救助制度，对其在新型农村合作医疗补助限度之外再给予一定的医疗费用补贴。但由于缺乏专门机构、人员实施该制度，资金来源单一，程序过于复杂等，该制度实施的效果并不乐观。

（二）国外农村医疗保险制度与我国新农合的比较

1. 日本农村医疗保险制度与我国新农合制度的比较

（1）相同点。第一，都具有社会性。实施的背景都是：农村经济发展滞后，农民患病无钱可医，导致患病率更高，造成恶性循环。为了解决这一问题，政府实行农村医疗保障制度救助农民和农村，保证农民的健康，增强农民的体质，具有非营利性。

第二，基金来源主体相似。在日本，农民健康保险基金的筹集，由政府、健康保险组合和农民个人三方负担。政府倡导农民组成互助保险组合用以缓解医疗保险的财政负担。该组合由所有成员缴纳会费及保险费建立，具有非营利性。在我国，政府、集体、个人共同承担医疗合作的费用，政府在新型农村合作医疗中承担自助和组织、监督、管理等责任。

（2）不同点。第一，国家的要求不同。日本的《国民健康保险法》规定所有的国民必须参加国民健康保险，具有强制性。对于国民健康保险，政府加大了支持力度，建立专门的财政支付基金，用于医疗费用的补贴，支付的比例提高到50%，而且管理费用也由补贴基金转为负担基金。我国新型农村合作医疗推行“自愿参加、互助共济”，尊重农民的意愿，使农民能自由选择，具有很大的随意性。其被定性为“农民医疗互助共济制度”，没有相关法律规定对其责任进行强化，使得政府的责任将大打折扣。

第二，管理体制不同。日本的厚生省保险局和社会保险厅负责医疗保险管理的立法、指导、组织和监督工作，是医疗保险管理的最高机构。各类医疗保险机构实行各自独立的管理。国民健康保险覆盖的农业劳动者由市、町、村政府管理。而我国的新农合，并没有一个统一的管理体制，以县为统筹单位，有的地方由卫生部门主管，有的地方由人力资源与社会保障局主管或者设立一个专门的机构来管理，还有的地方由商业保险公司组织管理，管理混乱，没有统一的规范，容易滋生更多的问题。

第三，承保的范围不同。日本的互助保险范围比较宽，规定得比较详细具体，具体包含各种疾病、因伤住院、手术、门诊、特定疾病住院、死亡、伤残等内容，使广大农民的利益得到切实的保护。我国的新农合只是对大病进行补助，而对真正影响农民健康的常见病和多发病，却不管不顾。1998年全国卫生服务总调查表明，农村约有37.7%的病人发病后未及时就医，很多农民的大病正是由于对小病的耽误而形成的。②

2. 德国农民医疗保险制度与我国新农合制度的比较

（1）相同点。都有政府参与费用的缴纳，目的都是减轻农民负担。

（2）不同点。第一，缴费制度不同。德国规定了详尽的缴费制度：农民医疗保险费用的缴纳和其收入挂钩，按照其农业生产能力即收入征税单来计算应缴纳的保险费。医疗保险机构依据各地经济发展水平和农民承受能力的不同，确定了20个保险费等级来解决确定农民收入困难的问题。而中国关于农民如何缴费没有全国统一的规定，更没有对不同情况的农民进行具体的规定，造成一些困难的农民因为费用过高而没有参保。

---

① 卫生部统计信息中心. 2008年我国卫生事业发展统计公报［OL］.［2016-09-11］. http://www.nhfpc.gov.cn/mohwsbwstjxxzx/s7967/200904/40250.shtml.

② 彭说龙，黄桂勇. 农村医疗保障制度思考［J］. 改革与战略，2007（11）：81-84.

第二，管理机构不同。在德国，农民的医疗保险主要是由农业保险联合总会在国家的监督下实行自主管理，履行法律赋予的公共权力。其是专门的、相对独立的社会保险机构，其下管辖九个地方农业社会保险联合会。农业社会保险联合总会下辖联邦农业医疗暨护理保险联合会、农业养老保险联合总会和联邦农业同业工伤事故保险联合会三个联合会。我国的管理机构则比较混乱，在前面与日本的对比中已经提到。

第三，保险范围不同。和我国的大病补助不同，德国农民医疗保险服务的范畴要大得多，体现了更多的人文关怀，包括疾病的早期诊断和预防、疾病救助、母亲帮助、家庭帮助和死亡抚恤金等。农民也能够享受护理保险。农民医疗保险机构下设一个农民护理保险机构，在农民医疗保险机构参加保险的农民、共同劳动的家庭成员等都是农民护理保险机构的成员，有的家庭成员还可以免缴护理保险费。

第四，设立联邦农业同业工伤事故表现联合会，目的是应对工伤事故、职业病和事故保险。农业从业人员必须参保同业工伤事故保险。联邦农业同业工伤事故保险联合会下辖 8 个地方农业同业工伤事故保险联合会和 1 个联邦园艺同业工伤事故保险协会，通过专业技术督查官员监督事故预防条例的执行情况，并对工伤事故展开调查和对农民进行救护培训。①

3. 墨西哥农村医疗保险制度与我国新农合制度的比较

（1）缴费的主体不同。墨西哥农业采用雇佣制，工人是雇员，其经济收入得到了保障。全国职工社会保险协会医疗保险基金来自雇主和农业工人缴纳的保险费和政府的补贴。

（2）明确了各个主体的缴费比例，规定农民每月缴纳工资的 2.25%，雇主按农业工人工资的 6.3%缴纳，政府补贴部分相当于农业工人工资的 0.45%。

（3）为一些贫困农民提供免费医疗救济。政府和全国职工社会保险协会签订协议，由政府买单，使用协会的医疗卫生设施为没有能力支付医疗费用的贫困农民免费进行医疗救济。这一切都由全国职工社会保险协会的农村事务部总协调员进行管理。

（4）医疗机构的设立更为合理。墨西哥各级社会保险协会下设医疗机构 1 500 多所，为参与保险协会的农业从业者提供免费医疗服务。这些医疗机构分为三级：一级为诊所，只看门诊，设少量床位；二级为综合医院；三级为医疗中心，是最高水平的医疗机构。对协会成员的医疗实行划区逐级转诊的方法；约 85%的病人都能在门诊得到医治。贫困农民可到政府开办的医院就医，也可到政府与协会签订合同的医院就医。②

4. 英国农村医疗保险与我国新农合制度的比较

（1）英国没有特定的农村医疗保险制度。英国是一个工业起步较早的发达国家，农业人口较少，农业生产总值在国民生产总值中所占比例不高。经济收入方面，城市中从事工业生产的人数和从事农业生产的人数相差不大。所以对于从事农业者，没有设立专门的医疗保险制度。

（2）医疗保险筹资方式不同。在英国，国家发挥着主要作用，经费主要来源于国家财政收入，大概占全国国民保健费用的八成以上。有职业工作的国民，每人每月缴纳工资的 0.75%，雇主缴纳工资总额的 0.6%，独立劳动者和农民缴纳收入的 1.35%作为医疗保险费即可。而在我国，国家的缴纳只占一部分，个人负担还是较重。

（3）支付方式不同。英国国民就医的医疗费用是由社会保障主管机构支付给提供医疗服务的医疗机构的。参保的患者与医院之间不发生直接的财务关系。政府或医疗保险主管机构与医疗机构分别订立契约，依据服务项目、类别、诊治人数等标准，规定相应的报酬和发给固定薪金，对于医药费用则按照规定实报实销。这种支付方式较我国的更加公平。

（4）医疗保险的管理较我国完善。国民保健法的实施由政府卫生部负责管理。英国全国各地分设 100 多个地区卫生管理局和委员会，负责具体操作国民健康保险。每个区设有一个总医院，

---

① 佚名. 综述：解读德国农民社会保险体系［OL］.［2016-02-13］. http：//news. xinhuanet. com/world/2006-02/28/content_ 4237184. htm.

② 杨惠芳，陈才庚. 墨西哥和巴西的农村医疗保险制度及其对中国建立农村新型合作医疗制度的几点启示［J］. 拉丁美洲研究，2004（5）：50-58.

并设有普通医院、诊疗所、卫生中心、精神病院、传染病院、妇产医院、结核病医院等专科医院。

（三）我国新型农村合作医疗制度创新存在的问题

1. 创新新型农村合作医疗筹资机制存在的问题

农民个人参与农村合作医疗缺乏积极性和可持续性。农民对基层政府的不信任，过去合作医疗被某些干部滥用权力，挪用、侵占合作医疗资金，都导致合作医疗难以发挥对患病农民的救助作用。其医疗政策一直是不稳定的、补偿范围小，补偿水平低等一系列原因导致农民不热衷于参与合作医疗。

公共投资方面，政府投入少，没有尽到应有的责任。通过对国外农村医疗保险制度的研究可以发现，世界上大多数国家，医疗卫生都属于公益事业，费用主要来自于国家。我国的相关资料显示，从1991年到2000年，中央政府拨给农村的医疗卫生经费是每年500万元，各级政府配套资金总计是500万元，平均每人每年仅有1.6分钱。① 从20世纪90年代起，在相当长一段时间内，中国的财政投入只占医疗费用总比重的15%~18%，占GDP的比例也长期徘徊在0.4%和0.5%之间。② 而且，这些投入绝大部分拨到了城市和企事业单位，拨到农村的微乎其微。

2. 农村卫生资源极度匮乏

目前，中国人口占世界人口的五分之一，但医疗卫生资源仅占世界的2%。而这有限的2%的医疗资源，只有20%集中在农村，使社区卫生服务和农村医疗卫生资源严重不足。据统计，2008年全国城镇医院总床位数为403.6万张，其中社区卫生服务中心（站）的床位数为9.8万张，占比2.4%；全国农村乡镇卫生院床位数为84.7万张，占全国总床位数的17%。在农村，每千人平均使用还不足1张的病床，而城市的平均数为3张；农村每千人只有1名卫生技术人员，城市则在5名以上。该年度，全国城镇卫生人员总数为616.9万人，乡村医生和卫生人员总数为93.8万人，前者为后者的6.6倍。③

3. 管理体制混乱，没有统一的创新机制

目前存在两种管理模式：由卫生部门直接管理或社会保障部门管理。我国较多地方采取的是卫生部门直接管理。卫生行政部门具备着卫生服务的提供者和合作医疗的管理者两重身份。经办机构是合作医疗管理机构，负责对医院和医疗机构进行监督和管理；卫生部门要通过定点机构为农民提供医疗服务。两者都隶属于卫生行政部门，存在主体不清、“官办不分”的现象，使新型农村合作医疗的管理能力大打折扣。卫生部身兼两职：一方面要建立农村合作医疗管理制度；另一方面又要规范医疗服务行为，提高服务质量，维护广大农民的利益。这样很难协调卫生服务提供者和保障者之间的利益冲突，容易导致各参与主体的相互牵制、推诿甚至冲突的现象。④

社会保障部门的管理，具体业务由社会保障部门所属的社保中心经办，是按照城镇职工医疗保险管理模式进行的。社保中心作为第三方付费机构，难以对医疗行为直接进行约束和控制。

4. 承保的范围过窄，农民无法得到切实利益

我国新型农村合作医疗采用大病统筹补偿模式，即“补大”模式，是指仅设立大病统筹基金，仅仅补偿住院和部分特殊病种的大额门诊费。这种模式使农民受益面窄。大多数农民生大病和住院的概率很小，受益于大病风险补偿的农民也很少。这会导致农民逆向选择的心理加重。有关调查结果显示，单纯的大病住院补偿只能覆盖3%~5%的患者。大病统筹补偿模式还会影响农民的就医行为：低收入者可能会为了节省门诊费而不看小病，最后小病拖成大病导致住院费用增

① 赵宏津. 对当前农民医疗保障情况的反思［J］. 理论界，2007（9）：108-109.

② 胡雪琴. 学者谈新医改：政府对公共医疗的财政投入应提高到GDP3%［J］. 中国经济周刊，2008（47）：46.

③ 卫生部统计信息中心. 2008年我国卫生事业发展统计公报［OL］.［2016-09-11］. http：//www.nhfpc.gov.cn/mohwsbwstjxxzx/s7967/200904/40250.shtml.

④ 赵慧珠. 新型农村合作医疗制度的难题及其破解［J］. 中共中央党校学报，2007（4）：93-98.

加，加重农村合作医疗基金的支出风险，不利于新型农村合作医疗的可持续发展。

（四）创新和完善我国新型农村合作医疗制度的具体对策

1. 筹资方面，建立科学合理的筹资制度

根据对不同县经济发展水平、医疗卫生机构服务现状、农民疾病发生状况、就医用药及费用情况、农民参加新农合的意愿等方面的调查，确定合理的筹资水平和补偿水平，使筹资制度更具有科学性和可持续性。

对于不同情况的农民，可以采用不同的筹资方式。例如，滚动式筹资：参合农民在报销医药费用时，本着自愿原则，用报销所得的费用，向所在乡镇合作医疗管理办公室预缴自己家庭成员下一年度参加合作医疗的资金。签约式筹资：与愿意接受指定机构（如农村信用社等金融机构）为其代扣代缴的农户签订长期有效的委托协议书，每年由该机构代扣代缴参合费用。

中央政府对地方政府以及地方各级政府之间对补助金的发放，或者说所承担的新农合筹资责任，应当根据被补助地区的人均收入、人口规模、当地政府的财政收入状况、农业人口所占比重等一系列相关指标，建立科学的公式来计算各级政府应该承担的筹资额。

2. 创新规范的管理体制，合理划分部门权责

国外发达国家的医疗保险涉及的部门间关系分为两种，一种是垂直领导——部门协调制衡管理方式，另一种是相对自主的管理方式。在我国，新农合经办机构短期内是很难实现相对独立自主的，因此，各部门之间的协调制衡才是克服部门主义的途径。目前新农合政策的执行归卫生部管理。其负责新农合的开展；卫生部下设的农村卫生管理司承担着综合管理农村基本卫生保健和新型农村合作医疗工作，监督指导农村卫生政策的落实的责任。由此可见，新农合的基金监管应由卫生部进行管理。然而，在我国，长期以来，人保部专门负责管理各种社会保险。在医疗保险方面，人保部主要负责城镇医疗保险，专管农村社会保险的部门的职责也只是局限在对于农村养老保险的管理。在基金管理方面，人保部专门设有社会保险基金监督司，综合管理各项社会保险基金监督工作。因此，与卫生部相比，人保部具有充足的资源进行农村医疗保险的管理。这有助于城乡统筹的实现。另外，卫生部等部门应作为专门的监督主体负责医疗保险的全方位的监管。同时，应建立各部门联席会议制度，定期召开各监管部门的联席会议，及时发现基金运行中的问题。

3. 创新规范的信息公开制度

为了提高参保农民的监管意识和热情，降低监管的成本，增加基金运行和使用的透明度，新农合基金监管中的信息公开应包括参保人员、参保比例、新农合基金预算、适用情况、结语甚至每个参合人员的报销费用，让每个参合者都能心中有数，使基金在阳光下运行。政府部门应将信息公开制度以行政规章的形式确定下来，规定统一的公示时间、地点，但应注意保护患者隐私。

4. 开展社区预防保健

新型农村合作医疗以大病统筹为主，忽略了对疾病的预防和对小病的治疗。对于小病，利用社区化的健康服务方式效果比较好，以预防保健和对小病的及时治疗来减少大病发生的概率。预防比治疗的社会成本低，社会效益好。我国政府目前缺少为所有农民提供最好的医疗服务的能力，资源比较紧缺，所以开展社区预防保健应在优先考虑之列。发展农村社区卫生服务，建立农村社区服务站，使其成为新型农村合作医疗改革与发展的重要支柱，是一项更适宜政府推动和执行的制度。世界各国的实践也证明，开展社区卫生服务对扩大医疗保障覆盖率、提供卫生服务效率起着重要的作用。农村社区服务站的建设资金可由乡镇政府和乡镇卫生院共同投入。农村社会各卫生服务站实行六位一体（预防、保健、医疗、康复、健康教育及计划生育）的基本服务，建立健全各项规章制度，以多种形式进行疾病预防的宣传教育，并建立健康档案，定期为参保人员进行健康体检，减少其患大病的概率，保证新型农村合作医疗基金的安全。

5. 医疗资源更多倾向农村建立城乡一体化的医疗保险制度

先统一管理运行机制和制度体系设计，将制度差别保留在费率水平和保障水平的参数差异

上，从而为制度的不断整合奠定坚实的基础。① 具体步骤上，可以新农合为契机，打破过去按行政区划设置医疗网点的做法，根据农村地理环境、人口分布、病人流向重新配置医疗卫生资源。同时，打破部门体制的限制，克服以往县乡卫生机构重叠现象，将县乡医院、卫生防疫站、妇幼保健站以及传染病、地方病防治机构进行有效整合，提高卫生资源利用效率。在此基础上，进行新农合的运行体制改革，如：不论是公立医院还是私立医院，只要有医疗许可证，都可以报销；只要是参合人，不分户籍和地域，都可享受相应的待遇，实现一证在手、全国同行；评定医院等级，相同等级的医院报销比例相同；等等。通过一系列运行机制上的改革，逐步将新农合过渡到城镇医疗保险体系。

6. 加强信息网络平台建设

为了保证新型农村合作医疗改革和统筹城乡医疗保险制度的顺利运作，有必要实现参保人员信息的互相沟通和共享。因为参与城乡居民医疗保障的人群庞大且复杂，有必要建立完善高效的信息化管理系统。因此需要整合和完善当前的城镇医疗保险与新农合的医疗信息系统。参照居民身份证的管理方式，首先开通全国通用的社会保障个人账号，随后根据社会保障个人账户号码，设立与之配套的医疗保障全国覆盖的技术支持系统。其中存有参保人在各地的保险基金缴纳、支付等信息。并逐步实现全国范围内各地区之间的信息互联互通，使参保人的资金在全国范围内实现转移和续存，使得转移、衔接、持续、流动等程序更加简化，从根本上破除城乡劳动力流动的制度和体制障碍，使城乡居民在医疗保障机会面前有平等的待遇，最终实现城乡居民基本医疗保障的一体化。

相信随着对新型农村合作医疗的不断改革与完善，农民可以公平地享受到国家的医疗保障待遇，看病难的问题也能实实在在得到解决。从长远看来，通过深化户籍改革，对农村经济进行大力扶持，城乡差别将逐渐缩小。在不久的将来，中国所有居民将纳入统一的全民医疗保险体系，实现各种医疗保障制度的有机结合，最终实现城乡协调、经济和社会协调发展。

三、日本最低生活保障制度对创新我国农村低保制度的启示②

日本最低生活保障制度的立法经验主要表现为具有完善的立法体系、基本原则和法律特征。我国建立农村低保具有必要性和可行性。构建我国农村低保的法律对策应包括：加强农村低保法律制度建设，明确被保障者的权利与义务，增进农村低保实施程序规范化，落实农村低保相关责任制度。

（一）日本最低生活保障制度的立法体系

日本的社会救助包括生活、医疗、教育、住宅、分娩、谋生、安葬七项救助。社会救助的目的是满足居民日常生活的基本需要。救助标准由厚生大臣按地区、年龄、性别、家庭人口收入等因素来确定，同时还要考虑救助者的资产、本人独立生活的能力以及抚养义务等因素。③ 日本最低生活保障制度又称公共扶助制度或国家扶助制度，主要是指国家或公共团体对无法维持生活或陷入生活贫困状态者，按照其贫困的程度，提供为维护最低限度生活所需要的必要给付制度。④ 日本依据《生活保护法》建立了覆盖全体国民的“最低生活费”保障体系，规定凡是家庭过去所得扣除国家规定的各项最低支出标准收不抵支者，根据大概生活保障者的年龄、性别、家庭成员的构成及所在地区等相关因素，核定被资助者的最低生活标准。⑤

---

① 宋明山，潘迎冰，罗力，等. 浙江新型农村合作医疗改善农村居民收入分布公平能力的评价研究［J］. 中国卫生经济，2006（2）：34-36.

② 张云书，丁国峰. 日本最低生活保障制度对我国农村低保建设的启示［J］. 农业经济问题，2011（1）：106-109.

③ 张静. 借鉴国外社会救助制度：构建我国农村最低生活保障法律制度［J］. 特区经济，2008（9）：253.

④ 韩君玲. 日本最低生活保障法研究［M］. 北京：商务印书馆，2007：2.

⑤ 王琼，沈道权. 中外农村社会保障制度的项目比较研究［J］. 广西社会科学，2006（1）：67.

1929年日本政府制定了《救护法》并于1932年开始正式实施，救护对象均为从事劳动有困难者，但有劳动意愿且劳动能力并无任何妨碍的失业者不得包括在内。日本最低生活保障法主要表现为1946年制定的旧《生活保护法》和1950年制定的新《生活保护法》。旧《生活保护法》首次明确承认保障国民生活是国民权利的表达，公民有申请公共扶助的权利，同时被扶助者具有一定义务即“必须良心地提供关于资产表及包括对将来雇佣展望的现状之真实报告”。① 旧《生活保护法》明确规定了国家责任原则和无差别平等原则，但从非军事化的视角出发强调无差别平等原则，排除了福利制度中对旧军人及其家属的特殊待遇。旧《生活保护法》不承认生活保护的请求权，对于保护申请被驳回者以及对正在接受的生活保护不服的被保护者的不服申诉没有规定。② 旧《生活保护法》虽未规定被救助者的保护请求权和争诉权，但对保护行为规定了相应的行政救济措施。日本新生活保护法具有重要意义。它建立了日本的公共扶助法制度，深刻体现了民主主义理念。该法迄今已施行60余年，仍在当今日本最低生活保障领域发挥着重要作用。新《生活保护法》的内容主要基于日本宪法第25条最低限度生活的生存权保障理念，集中规定了生活保护的请求权、争讼权、最低生活的基准等，体现和确立了被保护者的权利内容，进一步明确了国民、被保护者的法律地位。

（二）日本最低生活保障制度的基本原则

民主国家最大和最重要的目标是尊重基本人权，最低生活保障应成为其关注的焦点。政府积极寻求经济安定之方法，谋求民众就业之对策，开展贫困者紧急生活救济之事业，增进国民之福祉，都是建立在政府责任和国家责任之上法治理念的体现。日本政府确立了国家责任的无差别平等的最低生活保障制度理念，如就《生活保护法》第1条规定：“此法律的目的在于，国家对于陷入要保护状态者的生活进行无差别优先的、平等的保护，增进社会福祉。”③ 由此，日本《生活保护法》应该属于经济法与社会法的范畴，具有明显的公法性质。国家责任原则和无差别平等原则是其最低生活保障制度的精髓。国家责任不仅表现为对人权保障和民主主义遵循的责任，还强调了对因资本主义制度缺陷而产生的牺牲者和贫困者进行公共扶助的义务。日本政府对生活贫困者进行基本生活救助的法律和制度，并非基于友爱或仁爱理念制定并靠社会力量去实现社会正义，而是国家基于宪法规定而自觉地履行职责而实现社会正义。生活保护制度中的最低生活保障是以日本宪法第25条所规定的“健康的、具有文化意义的最低限度的生活”为法律依据的，也表明了保障国民最低生活是国家的义务。日本《生活保护法》中无差别平等原则的主旨为：对于保护或救助的对象，应排除一切限制，防止救济用物资分配的差别待遇，强调救助贫困的普遍性和广泛性以及贫困者之间的无差别平等。无论是国家单一性政府机关还是民间救济团体都应排除恩惠性的救助性质，而应建立制度性的、人道主义的生活保障制度。日本政府对救助资金总额给予了强制性的优先支付权，对救济财政的预算总额不加限制，根据实际需要进行无限制的财政支出。这样有利于在救济总额偏少的情况下，进行宽泛范围内的最大限度救济。同时无差别平等保护原则还有适用除外的规定，亦称为“欠格条款”。旧《生活保护法》第2、第3条规定：“对符合以下各项之一规定者，依据本法不受保护。一、虽有劳动能力，但无劳动意愿者、懒惰者及其他不努力维持生计者；二、素性不良者。”“对扶养义务者有能力抚养的被抚养者，除了紧急的情况外，依据本法不实行保护。”④ 日本的法律规定没有把素性不良者和懒惰者纳入救助的范围。可见，《生活保护法》不仅为生活贫困者提供物质帮助，而且为国民树立独立自主的精神进行了立法指导。

日本最低生活保障制度与宪法生存权保障之间具有重大紧密联系。日本宪法第25条明确规定了维持健康的、具有文化意义的最低生活权利。这是《生活保护法》中国民请求保护权的宪法

① 韩君玲. 日本最低生活保障法研究［M］. 北京：商务印书馆，2007：28.
② 韩君玲. 日本最低生活保障法研究［M］. 北京：商务印书馆，2007：71.
③ 韩君玲. 日本最低生活保障法研究［M］. 北京：商务印书馆，2007：32.
④ 韩君玲. 日本最低生活保障法研究［M］. 北京：商务印书馆，2007：34.

依据。但日本旧《生活保护法》对最低生活权利的认识只限于国家政治责任范围之内，强调其必须履行的政治责任，并非对国民之生存权进行具体保障，将生存权视为自由权范畴的基本权利组成部分。日本新《生活保护法》是在承认国民生存权的基础上进行修改完善的，同时强调了国家的生活保障义务。这表明国家已意识到生存权是该法的关键核心要素，生存权作为社会权的重要组成部分，可以通过司法程序进行相应救济，同时也为国民请求保护权的行使开辟了新路径。

（三）日本最低生活保障制度的法律特征

日本旧《生活保护法》的特征主要表现为：首先，旧《生活保护法》的制定在日本公共救助法制史上具有划时代的意义，具有国家责任的现代社会保障法性质。其次，其总体表现为欠完备和欠充分。其无论是内容形式还是立法技术，都是仿照救护法与无差别平等原则相嫁接而制定的，是公共扶助原则和救贫传统“调和”的产物。其法律条文过于简略，法律解释富有弹性。最后，其具有临时措施性质和治安对策性质，不单是对一般贫困者，而且对失业者、从海外撤退归国者也进行保护。其是作为临时性措施而制定的，是一种过渡性法律。①

日本新《生活保护法》主要表现出以下几个特征：其一，具有帮助国民自立的特征。新《生活保护法》主要有两个目的，即保障民众最低限度生活与帮助最低生活保障的民众的生活独立。这种独立不仅是经济上的独立，还是精神上的独立，即人格的独立。② 从其立法目的可知，新《生活保障法》不仅维持国民的最低限度生活，而且保障其生存权，发挥人之所以为人而具有的独立自主可能性，防治养懒民现象发生。公共扶助制度在资本主义社会的保障体系中发挥着重要作用，帮助自立是对其他社会保障制度之不足进行重大补充所做的规定。③ 帮助自立与生存保障权的实现是密不可分的，因为在保障其最低生活的同时，积极地帮助其独立也是实现生存权所要达到的目的。④ 其二，以生存权为基础，确立了国民请求保护权。新《生活保护法》的立法宗旨与宪法所规定的生存权理念相一致。新《生活保护法》第 2 条明确规定了国民请求保护权的无差别保护原则。当国民最低生活保障权遭到侵害时，可以提出申请进行保护，对政府行政行为不符时可以提起行政复议或者行政诉讼，明确承认了国民请求保护权。国民依据新《生活保护法》行使请求保护权时，需要满足一定要件，如：生存权保障的对象只限于日本本国国民，外国人不能成为新《生活保护法》的对象；必须是生活陷入贫困状态，救助范围有限、法定。其三，保护范围的补足性。新《生活保护法》第 4 条规定：“为维持最低限度的生活，保护应以生活贫困者可以利用的资产、能力及其他所有物的活用为要件进行。民法（1896 年法律第 89 号）上规定的扶养义务者的扶养及其他法律规定的扶助应优先于本法的保护进行。前两款的规定，于有急迫事由之情形，不得妨碍必要保护的进行。”⑤ 该条废除了欠格条款而代以保护范围的补足性，即在活用了贫困者的自有资产、能力及其他所有物等自救手段后，仍无法维持最低限度的生活时才可行使请求保护权而适用新《生活保护法》。保护范围的补足性不仅强调了自救责任，而且从权利义务一致性出发，强调了被救助者在行使请求保护权的同时亦应承担活用资产、能力及其他所有物的义务。家庭是社会构成的最基本细胞，法定的一定范围内亲族扶养有其存在的必然性。⑥ 亲族扶养优先及他法扶助优先的规定承担着重要的补足作用。⑦ 日本最低生活保障法律制度为我国农村低保提供了重要借鉴与重大启示。农村最低生活保障法理念是生存权保障法理念的主要表现，农村低保法理念的确立是建立农村低保的关键因素。

---

① 韩君玲. 日本最低生活保障法研究［M］. 北京：商务印书馆，2007：63-65.

② 仲村优一. 关于公共扶助的待遇论［M］//日本社会事业大学. 社会福祉的现代展开. 东京：劲草书房，1986：251-252.

③ 小山进次郎. 改订增补生活保护法的解释和运用［M］. 东京：中央社会福祉协议会，1951：86.

④ 古贺昭典. 现代公共扶助法论［M］. 北京：法律文化社，1990：118.

⑤ 韩君玲. 日本最低生活保障法研究［M］. 北京：商务印书馆，2007：190.

⑥ 西原道雄. 关于生活保护法的亲族扶养义务［M］//日本私法学会. 私法（第 16 号）. 1956：98.

⑦ 小山进次郎. 改订增补生活保护法的解释和运用［M］. 东京：中央社会福祉协议会，1951：118.

四、我国建立农村低保制度的必要性与可行性

（一）建立农村低保制度的必要性

随着市场体制的进一步完善，传统以“五保”供养和“灾民”临时救济为主体的农村社会救济制度日益显露其固有的弊端和缺陷，难以适应新经济形势的发展，急需制度创新。我国传统农村社会救助制度的缺陷主要表现为：其一，救济对象的人数有限，应得到救济而实际并未得到救济的人数居多。其二，救济标准偏低。由于地方财政救济经费不足，出现“僧多粥少”的救济局面，导致农村社会救济标准偏低。20 世纪 80 年代初农村月救济标准仅为 3~9 元，到 90 年代才得到逐渐提高。我国 2008 年全国农村平均低保标准为每人每月 82.3 元，月人均补助为 49 元。① 其三，救济工作缺乏规范化。救济工作的计划经济模式并未得到改变，随意性大、缺乏科学性；救济对象的认定缺乏明确标准；救济金的发放除定期、定量外，没有严格规范的程序。这些都难以满足农村贫困者的基本生活需求。必须通过制度创新，建立规范化、科学化和法制化的农村居民最低生活保障制度来丰富和完善农村社会救助体系，实现传统农村社会救济制度的现代化。② 因此，创新原有农村社会救助制度迫切需要建立农村低保制度。

建立农村低保制度是维护农村贫困者的基本生存权，保障农村社会稳定和长治久安的重要机制。农村贫困群众生活困难的问题是农村社会不稳定的重要根源。“穷则思变”“不平则鸣”，建立农村低保制度和保障特困群众的生存权是关系国家政局稳定和长治久安的根本战略目标。如果人的生存权得不到保障，其他一切人权都是空中楼阁。贫困，尤其是绝对贫困危及的就是人的生存权。最低生活保障制度实质就是保障农村贫困者最低生活限度的“生命线”。如果缺失该条“生命线”，贫困者就失去了生存保障，也就可能丧失社会发展的前提和基础，丧失稳定的社会环境和安定的社会秩序，不利于社会和谐与健康发展。

（二）建立农村低保制度的可行性

建立农村低保制度完全符合我国经济发展现状，也与我国现阶段基本国情相吻合。当代中国社会经济结构呈现明显二元化，城乡经济、政治和文化区别显著，传统乡村的经济落后局面与现代城镇的经济繁荣局面将长期并存，在短时期内建立全国城乡一体化的社会保障体系是不现实和不可能的。现代社会保障体系包括社会救助、社会保险和社会福利三大支柱，但三者之间的地位和比重并非一成不变，不同的国家和同一国家不同经济发展时期，三者之间的比例是不同的。中国农村社会保障体系应该由农村社会救助制度、农村社会养老保险制度、农村合作医疗制度、农村优抚安置制度、农村社会福利制度和农村社会互助制度六部分构成。其中重中之重应该属于社会救助制度，尤其是农村最低生活保障制度。它是社会安全的最后屏障，也是最低生活水平的保障。农村低保制度是农村社会救助制度的主体，也是农村社会保障体系的“基石”。健全农村低保制度是完善农村社会保障体系的最低纲领和基础工程。

目前我国已建立的城市低保制度运行良好，且在立法方面渐趋规范化。这为农村低保的广泛化、普遍化建设提供了实践依据。“1997 年城市低保制度建立后，城市居民低保覆盖面逐步提高。至 2008 年年末，全国纳入城市低保范围的人数为 2 334.8 万人，基本实现了‘应保尽保’。”③ 目前，我国许多地区已开始实施农村低保制度，尤其是浙江省在全国率先将全省农民纳入农村低保范畴，并于 2001 年 10 月 1 日开始正式实施《浙江省最低生活保障办法》。这标志着农村低保进入法制化和规范化时期。④ 浙江省农村低保变迁过程实质上是以政府推行的强制性制

---

① 郝悦，吕学静. 探析最低生活保障制度的城乡差异［J］. 人口与经济，2009（4）：93.

② 毕天云. 建立农村居民最低生活保障制度的重要性［J］. 云南师范大学学报发，2003（2）：53.

③ 于洪，钟和卿. 城乡二元结构下最低生活保障制度的经济学分析［J］. 上海财经大学学报，2009（5）：84.

④ 邓大松，吴小武. 完善农村居民最低生活保障制度的若干思考［J］. 武汉大学学报（哲学社会科学版），2006（5）：644.

度变迁为主，以民众倡导的诱致性制度变迁为辅的过程。2007 年 7 月 11 日国务院出台了《关于在全国农村建立最低生活保障制度的通知》，该年年底全国 31 个省市区的 2 777 个涉农县（市、区、旗）全部建立了农村低保制度。截至 2009 年第一季度末，全国农村低保人数为 4 310.1 万人、1 993.7 万户。① 可知，农村低保制度已在我国大力发展并取得显著功效，社会实践证明其具有可行性。当前对农村低保应从量的增长逐渐转变为质的提高，逐步实现农村低保工作的法律化、高效化。

五、构建我国农村低保制度的法律对策

（一）加强农村低保法律制度建设

农村低保立法迄今仍属空白，除 1996 年民政部颁发《关于加快农村社会保障体系建设的意见》以及《农村社会保障体系建设指导方案》对农村低保提出原则性指导意见外，尚无专门规范农村低保工作的全国性文件，更没有专门的法律和法规。② 非规范性的农村低保运作模式会降低农村低保工作的效率。农村低保制度的完善需要制定《农村最低生活保障法》。只有通过加强立法，才能基上保证该制度在全国各地实施的稳定性、权威性和连续性，才能使农村低保工作纳入有法可依的法制化轨道，确保农村居民的生存权不受侵害。首先，应加快中国社会保障立法进程。在社会保障基本法中应对社会保障的对象、范围、程序，以及社会保障基金的筹集和管理，社会保障机构的设置及工作人员的经费安排，公民享受社会保障的程序，侵害社会保障权的处理等具体事项做出明确规定。其次，应制定和完善合适的农村低保的基本法律、行政法规、地方性法规和地方规章，如制定适用于全国范围内的《农村居民最低生活保障基本法》，或制定与我国《城市居民最低生活保障条例》相并列的《农村居民最低生活保障条例》等。最后，应实现各省、市、区或县的农村低保立法的衔接和融合，尽量减少各地农村低保规章制度的冲突与矛盾，保证农村低保工作正常运行，促进社会主义新农村建设，推动农村社会和谐。

（二）明确被保障者的权利与义务

应该大力对被保障者进行法律政策宣传，增强被保障者的法律意识，提高低保农民的维权意识。现行享受最低生活保障的农民大多年龄比较大或疾病伤残较多。这些低保享受对象的文化水平总体偏低，法律维权意识和自我保护能力较弱，对农村低保实质内容了解甚少，大多表现为政府给多少就拿多少。这是政府恩赐意识直接排斥生存权利意识的结果。“最低生活保障的实施不能停留在表面上，而应让领取人知道他们应领多少以及让他们明白领取‘低保’是他们的权利，不是想给多少就给多少，从而增强他们对‘低保’的维权意识。”③ 应通过相关立法对被保障者的权利和义务做出明确规定。被保障者的基本权利应包括：保障管理机构不得随意对农民最低限度的生活保障进行变更，保证被保障者法律地位的安定性；对被保障者获得最低限度救助而取得的金钱和物品不应征收任何税负；对被保障者所给予的最低限度资金或实物不得作为强制偿还债务的执行而进行查封，否则侵犯了被保障者最低限度生活权利；对被保障者最低限度的生活保障不得用于法定范围之外的其他目的，如被保障者死亡之前所获得的救助，其死亡后不得作为继承的对象。被保障者的基本义务应该包括：获得最低保障的农民应该根据自身能力辛勤劳动、节约支出；被保障者的收入、支出或其他生计状况发生变化时应及时向保障管理机构进行报告；保障者或保障管理机构对被保障者所做出的指导或指示，被保障者必须服从，否则应遭到保障管理机构的惩处；对于保障者或保障管理机构因错误而多计算了救助资金或实物，或因调查不力而给予

---

① 张晓楠，赵宝爱. 论社会工作在农村最低生活保障漏洞治理中的作用［J］. 社会工作下半月（理论），2010（1）：23.

② 焦克源，谢瑞. 城乡统筹战略指导下的农村最低生活保障制度建设［J］. 西北人口，2009（3）：128.

③ 李琼. 构建民族地区农村最低生活保障制度的路径选择［J］. 吉首大学学报（社会科学版），2008（6）：50.

了不应该给予的救助等，被保障者应将多给予的部分或不应该给予的部分进行返还。

（三）增进农村低保实施程序规范化

对农村低保的申请、审批程序应进行规范化、法律化。在低保管理方面，实行对象审批和动态管理制度，规定个人申请—村委会评议—乡镇审核—县级民政部门审批的程序。① 在申请时，应以家庭为单位，由户主填写低保申请书，同时提交相关证明材料。在受理时，村民委员会应对申请人进行调查、核实、评议，对符合农村低保要求的应予以公示，对无异议或有异议经复审确认符合条件的，申请人在申请书上签署意见，并将证明材料报乡镇政府。对不符合低保条件的，应在申请书上签署意见备案，并返还相关证明材料。在审核时，乡镇农村低保评审小组应通过入户调查、邻里走访及家庭收入计算等办法，在法定工作日内完成相关材料的审核和报批工作。对符合条件的，在填写相关报表后，将相关证明材料报县或区民政部门审批。对经评审不符合低保条件的，应退回相关证明材料，并在申请书上签署意见。在审批时，县或区民政局应在法定工作日内完成乡镇政府报批材料的审核工作，对符合低保条件的，应核定其享受的低保待遇标准，并进行相应公示。

同时应允许申请人、被保障者对保障管理机构的审批决定不服、农村低保运行过程中所获得的处分不服进行申诉。如对申请人的申请不在法定申请日内审批，或对符合低保条件的申请人不予以农村低保待遇等，应允许申请人、被保障者提起行政复议或行政诉讼，通过最终司法程序维护申请人、被保障者的农村低保的救济权。这种申诉权的设定主要是为了更加迅速、便捷地为农民的请求最低生活保障权给予救济。因此在立法方面，既要建立确保权利救济的实效性制度体系，又要重视迅速审理，不断重视与完善行政程序和行政诉讼的协调。

（四）落实农村低保相关责任制度

农村低保设置相关责任制度有利于封堵农村低保工作运行过程中的机会主义行为，对农村低保工作的违规行为强加惩罚性措施将提高农村低保工作的运行效率。农村低保工作的责任主体主要包括农村低保对象即被保障者、农村低保工作人员即保障者或救助者以及农村低保管理机构即保障管理机构。针对被保障者采取虚报、伪造等手段进行的“福利诈骗”行为，保障管理机构应及时采取批评教育、追回救助资金或实物、罚款的方式，对情节严重者应依法追究其刑事责任。其中罚款数额设置应限定在合理范围之内，既不能设置得太低，否则将减低福利欺诈的威慑力和惩处力；也不能设置得太高，否则将使农村居民因重罚而陷入贫困者行列。要完善农村低保对象的监督反馈机制，严格农村低保的责任追究机制。应成立由纪检委、审计局、财政局、民政局、法院、检察院等多家单位组成的农村低保督察组，及时处理社会各界反馈的农村低保意见和建议，对农村低保对象确认中的违法、乱纪行为，一经查实，立即取消其救助资格，严肃追究当事人责任，杜绝“人情低保”“骗保”现象的发生，真正做到“公开、公平、公正”，实现农村低保建设的“阳光工程”。②

为了防范社会救助过程中保障者和保障管理机构的违规操作、背离职业道德等行为，应设置严格的惩处制度，确保农村低保工作运行过程中保障工作人员和保障管理机构的权力行使被严格地限制在法定范围内。如《浙江省最低生活保障办法》第二十四条明确规定：“从事最低生活保障管理工作的人员，有下列行为之一的，由其所在部门、单位或上级机关给予批评教育并依法给予行政处分；构成犯罪的，依法追究刑事责任：（一）在本办法规定的核查、审批工作中，有意隐瞒或歪曲事实，或者违反公开原则，不接受群众监督的；（二）擅自改变最低生活保障金的发放数额的；（三）贪污、挪用最低生活保障金的；（四）有其他侵害居民、村民最低生活保障权利或国家利益的行为的。”③

---

① 许建苏. 河北省农村最低生活保障制度现状分析［J］. 河北法学，2009（3）：105.

② 凌文豪，梁金刚. 农村最低生活保障对象瞄准机制研究——基于对河南省安阳市某村的实证研究［J］. 西华大学学报（哲学社会科学版），2009（5）：99.

③ 汪华丽. 浙江省农村居民最低生活保障制度研究［D］. 武汉：华中科技大学，2008（5）：36-37.

第十三章　农村环境保护法律制度创新

十一届三中全会以来，我国开始实施改革开放，全国广泛开展经济建设，社会发展迅速，人民的生活水平开始得到逐步提高和不断改善。基于这样一个大的经济形势，因“二元社会结构”所致的农村问题和农村发展过程中产生的环境问题越来越显著。作为农业大国，我国农村不论是土地面积还是人口数量，都占有十分高的比例。随着经济的快速发展，农村的经济也遇到一个非常大的挑战。要解决好发展的问题，就要特别注意农村的环境问题。党的十八大继续提出要坚持资源节约型、环境友好型相结合的“两型”社会的构建，将生态文明建设作为政府工作重心。农村是生态文明建设大系统中不可忽视的重要组成部分，要加快建立和健全生态文明制度，健全国土空间开发、资源节约、生态环境保护的体制和机制，推动形成人与自然和谐发展的现代化建设新格局。然而在现实社会生活中所反映的农村环境保护问题依然非常滞后，环保设施的发展处于薄弱环节，农民多年欠缺环保意识，因而在发展的过程中造成的环境问题较之于城市将更加突出，农村环境保护势在必行。随着农村经济的飞速发展，农村的生态环境也持续遭到严重的破坏。近年来，我国农村的环境问题更加严重。为了解决农村环境破坏的问题，我国积极倡导农村环境保护法律体系的政策，实现农村环境保护和经济发展齐头并进的目标。因此本章主要就创新和完善我国农村环境保护法律体系的相关问题进行探讨。

一、创新和健全农村环境保护法律制度的必要性分析

李克强总理在第七次全国环境保护大会上，针对目前影响科学发展和损害群众健康的突出环境问题提出，要坚持城乡统筹、梯次推进，加强面源污染防治和农村环境整治的解决措施和具体方案。纵览全国农村环境保护工作，我国的农村环境污染存在着点源污染和面源污染，农村的生活垃圾和生产垃圾相互叠加，农民的生活受到威胁，城市化的建设带给农村的或许是更大的麻烦，农村的环境承载力大大降低。目前加大力度保护农村环境，提升农村环境保护的水平，保障农民生存安全，为农村环境保护提供法律保障，通过法律手段对各种污染行为进行控制，对农村环境问题的及时解决有十分重要的意义和作用。环境问题关乎经济的持续发展，可持续发展理论要求经济和环境都要达到稳定、可持续的一种状态。所以农村环境作为该地区的一个根本性因素，它的好坏直接映射出该地区农民生存条件的好坏。农民和城市居民一样都应该有生存的质量，这是农民最基本的权利。纵观全国，农村问题的解决对全民族也具有同样的意义，是党长期以来实现民生问题的一个重要环节。与此同时，农村的环境问题是全国环境问题的一个缩影和难点所在。该地区的环境问题解决对于实现国家的环境安全具有重大意义。应该重点解决农村环境问题，将其建设成为一个可持续发展的典范。所以应该运用多种手段进行解决，交叉运用政策和科学技术，才能更加彻底地改变农村环境问题恶化的趋势。①

（一）农村环境保护有助于保障农村居民的环境权

人权是人的最起码的最基本的权利，而生存权是指一个人所享有的维持其身体必需的生活保障的权利。环境权作为一项基本的人权，源自于生存权，是一项新型的权利。农民的生存权和人权的集中体现便是我国长期实行的“可持续发展”环境政策。可持续发展是指，社会发展、经济增长和环境资源保护三者协调发展，也是指既满足当代人对自然资源的需求，又不会影响后代人满足其需要的发展方式。可持续发展是指，对自然资源和环境的开发、利用要适度。我国许多地

① 冯亮．中国农村环境治理问题研究［D］．北京：中共中央党校，2016：22.

方政府机关眼中只有经济发展这一种单独目标和方向，追求经济效益而忽视农村的环境保护，导致农村环境遭遇“严寒”，损害巨大；另一些地方政府，为了本地经济的发展与繁荣，在招商引资方面引入了一些高耗能高危险的工业项目；还有的为了增加地方的税收和财政收入，放任造纸厂、化工厂排放浓浓黑烟、有毒气体和有害污水；也有一些地方存在着滥采、滥砍滥伐等破坏生态环境的现象，造成我国植被遭受破坏、土地沙化和水土流失。凡此种种，无不对我国农村、农民的生存构成威胁或者造成实际损害。

环境是人类生存发展的必要条件，能满足人类基本物质和空间需要，对农民而言更是如此，更具有特殊的意义。对农民来说，自然资源是维持生活所必需的，如果没有了环境权这一项基本的权利，就会发生严重的生存危机。而农民获得这一种权利，才能够拥有维持生存的前提条件，在这样的前提下，才能享有一个作为人类的最起码最基本的人权。所以说，农村环境保护有助于保障农村农民的环境权和生存权。

（二）农村环境保护有助于实现城市和农村的环境公平

环境法主要有两项核心任务，一个是保护环境，另一个则是实现环境公平。农村环境保护的工作实际上就是要尽量实现这两项任务。实现了这两项任务，也就意味着工作的圆满与完美结束。长久以来，农村在环境保护方面就被隔离开来，城市单独享有几乎所有的优势资源和有利条件。我国把污染防治资金几乎全部投入了城市；而农村的环境设施少之又少，全国农村差不多有3亿多人喝不上干净的水，1.5亿亩耕地遭受到了环境污染，垃圾露天堆放、垃圾围村的现象十分严重。我们国家长期施行的城乡二元体制导致了农村环境问题的产生，以及在此基础上加剧了日益严峻的环境形势。在传统的二元分割体制下，以城市为中心的环境保护政策长期占据了主流位置。例如，城市环境的整顿过程中伴随着大量传统的、污染落后的工业和生产设备设施一体转移到了农村。还有，城市的垃圾和生活废弃物也不断向广大的农村地区倾倒和排放。也可以这么说，城市环境的变好是以牺牲农村环境为代价而取得的。此外，城市与乡村实行不同的环境保护政策就是城乡环境不公平的体现和具体反映。大城市及其工业拥有一整套的环保技术、标准和法规；而农村则没有相应的配套设施。环境宣传培训教育、环境保护基础设施方面的建设、环境污染治理的投入和环境监督等诸多方面都体现着“重城市轻农村”的倾向；农村农民为城市的日新月异的发展发挥着重要作用的同时，却没有获得相应的回报，相反更加扩大了两者的差距。所以，城市与农村的环境差异就是如此的明显。具体表现为城市环境的逐步好转和农村环境的日益恶化。还有，城市污染转移到农村使得农民承受了城市污染的不利后果，导致两者环境权益实现方面的不公平。因此，保护好农村环境迫在眉睫。要尽力缩小城市与农村两者环境保护方面的显著差距，保护好农村环境就显得尤为重要，保护好农村环境有助于实现城市和农村的环境公平。

（三）农村环境保护是农村经济社会全面发展的有力保证

农村环境保护对于新农村建设的意义在社会经济建设中凸显出来，成为焦点、难点和热点。要建设好社会主义和谐社会和小康社会，要最终实现经济社会的全面的、可持续的发展，加强农村环境保护建设是一个必须坦然面对且无法回避的关键环节。保护好农村的生态环境，是促进农业可持续发展的重要手段，是提高农村经济社会发展质量的强有力的保证，是改善农村农民生活的必由之路，是建设社会主义新农村这一宏伟目标的重要保障。人类文明的发展和传承与自然环境两者之间息息相关，并密切联系着。农村环境状况良好，农民有良好的生产和生活环境，农业就能得到长足的、健康的发展；做好农村环境保护能有效地促进农村生产的发展。农业是整个国民经济的基础产业，承担着肉类、禽蛋、粮食等生活必需品的供给。农村的环境保护工作关系着这个基础的稳固和长远发展。但是，目前，由于农业生产受自然条件的限制和影响，农村环境的形势比较严峻，农村的土壤状况和水质也令人担忧。这直接导致了农业生产的环境质量下降，降低了农用产品的质量，影响了农业生产的可持续发展。一句话，保护和改善农村环境有助于农村生产的稳定发展，也有助于全社会的经济的快速发展。与此同时，加强农村环境保护工作关系着农村人民群众的生命安全和健康生活。而人民群众是历史的创造者，是财富的创造者，是社会不断进步的推动力量。因此，加强农村环境保护工作就能够最大限度地保障农民群众的身心健康，使得个体获得满足和发展，同时也就会对社会做出积极的贡献，就能够促进农村经济社会各项事业的发展与进步，就能加强和扩大农业的综合生产能力，就能巩固农业的国民经济的基础地位，为城市输送更多的、放心的、可靠的物质资源。农业是国民经济的基础，是整个社会经济不断发展的保障和前提。而在整个农业体系之中，农村环境的保护对农业的发展又有着不可估量的影响。因此，农村环境保护是农村经济社会乃至整个社会全面发展的强有力保证。

（四）农村环境保护关系着整个农村和谐稳定的大局

这些年来，农村许多地方空气质量下降得非常厉害，水源也受到了严重污染。这些影响到了广大农民的生产生活。由此，诸多相关农村环境问题的投诉和纠纷与日俱增。某些地方的环境事故和重大环境污染事件频频发生，农民反映强烈，农村愤怒。农村环境的恶化严重损害了农村居民的利益，影响着整个农村的和谐稳定。社会主义和谐社会应当是人和自然和谐共处的社会。农村环境保护能促进人与自然的和谐，有利于农村社会和谐稳定的大局。我们必须加快建设资源节约型、环境友好型社会，并把它确定为国民经济与社会发展的一项长期的奋斗目标。这就充分地表明，农村和谐社会的内涵不但要求做到人和人之间的和谐，还要求做到人与自然的和谐相处。如果农村环境保护流于形式，生态环境遭受到严重的破坏，农民的生产和生活环境急剧恶化，那么人与人之间的和谐，还有人与自然之间的和谐是得不到保证的，是难以实现的。和谐意味着安定、宁静、有序、美好。这么美好的境界总不可能自然而然地自我实现的。美好的东西是必须借助于外在力量才能够最终得以实现的。这种力量便是法律，具体而言就是农村环境保护的种种法律制度。只有运用法律手段，才能充分而有效地保护农村环境，才能维护农村和谐稳定的社会环境。农村环境的改善，总的说来，离不开法律的支撑和维系。由此可见，我们应该清醒地认识到，农村环境的保护对农村和谐社会的形成与促进有着重大的积极的意义。实现人与自然的和谐共存是建设和谐社会的一项重大的内容和任务。农村环境保护正是实现人与自然和谐的一种有效实用的方法；农村环境保护能促进人与自然的和谐。环境保护实为一项功在当代、利在千秋的造福子孙后代的大事业。农村环境保护有利于农村和谐社会的稳定，而农村和谐社会也是整个社会主义和谐社会的一个重要的组成部分。

二、国内外农村环境保护制度创新的研究现状

长期以来，城市环境问题得到了社会各界的广泛关注，学术界也对此展开了深入的讨论与研究。而农村环境问题，主要是伴随着我国“统筹城乡发展”“科学发展观”“可持续发展战略”以及“建设社会主义新农村”等一系列政策、战略规划的提出而逐渐开始被人们意识到并展开相关研究的。因此，农村环境问题是一个较新的研究领域。

（一）国内农村环境保护制度创新的研究现状

我国农村环境问题的研究历史虽然不长，但也取得了相当丰硕的理论研究成果。目前我国学者的研究主要是围绕我国农村环境现状以及农村环境污染来源的研究；大多数学者通过对环境污染原因的分析，来探究农村的环境问题不仅是政府的问题，而且与当地农民的环境保护意识密切相关。随着可持续发展理论的深入发展，有些学者建议采取宏观手段实现发展的可持续性，进而实现农民对环境的充分保护。这些宏观手段的实施离不开国家在环境法制建设中的作用，所以大多数环境法学家提出加强对农村环境法制建设的相关建议。

在《生态文明与环境立法》一书中，刘爱军选择了环境立法作为探讨生态文明的切入点。作者从我国环境立法的这一视角进行探讨，着重从体现自然界生态公正、产业生态公正和社会生态公正的角度，提出完善环境立法的实体内容的构想。但中国环境立法还有一段很长的路要走，正可谓“生态尚未文明，立法仍需努力”。我国环境立法体系的完善和创新构想主要包括以下几个方面：第一，生态文明应被提高到与物质文明、政治文明与精神文明并列的高度；作为根本法的宪法应将这一具有划时代意义的战略理念予以固定。第二，调整环境法的基本原则。第三，制定科学的立法规划。第四，制定一部符合生态文明发展理念的环境基本法。第五，加快环境立法步

伐。第六，加强地方环境保护立法。由常纪文和陈明剑著作的《环境法总论》提出，在社会主义中国，人民是国家的主人，任何单位和个人在环境的开发、利用、保护与改善活动中都享有平等的参与权。环境公众参与的理论基础在于当代人和后代人的环境权。1970 年 4 月 22 日，美国首次地球日纪念活动以出乎意料的规模和持续时间席卷全国。这次活动标志着美国人民在严重的环境危机中的觉醒，推动了环保意识的发展。在各国环境保护浪潮与公众舆论压力下，各国开始不断反思和调整自己的经济发展模式与目标，并通过立法来确认环境权的方式以缓解经济发展与环境保护之间的矛盾。而公众的环境权益则在这些斗争中得到了不同程度的保护和改善。

在《生态文明与环境立法》中，刘爱军又认为在我国构建生态税收制度是十分必要的，有着深远的现实意义。其主要表现为以下四个方面：首先，实施生态税有利于实现资源利用的社会生态公正。其次，生态税收有行政管理手段不可比拟的优越性。再次，生态税收有助于促进民众消费观念的转变。最后，生态税收可以解决生态保护的资金问题。做好农村环境保护实际上就是保障好人民的环境权，也就是保障人权的体现。在《环境法价值论》一书中，作者（北京大学博士研究生刘建辉）认为，环境权是人权的一项内容，环境权这一新型权利的提出，引起了人们的争议。其大体上认为，环境权是一种基本人权，是以人类生存的自然属性为基础的。人权是人类的权利，反映的是人类的利益，体现的是人类的正义观。在法律走向权利的时代，法律被认为是围绕着权利的保护而存在的，正义也是以权利为载体的。在环境法中，法学家们也在试图寻找一种权利，以此权利为基础建构环境法的完善体系，即环境权。因此，环境法价值的一项基本内容就是人类正义。在《中国环境纠纷司法救济途径研究》一文中，法学博士罗丽以为，在当下环境形势日益严峻的中国，系统分析中国环境纠纷司法救济途径，探寻完善我国环境司法救济途径的新途径，势在必行。其中还引入了公益诉讼的概念，引进集团诉讼制度，代为诉讼制度和诉讼费用的片面败诉方负担制度。在《完善我国农村环境保护立法的构想》一文中，作者表示农村环境的日趋恶化会对国家的经济和社会的可持续发展造成巨大的危害。为了推进我国农村环境建设的进程，本书根据我国农村环境问题的现状和产生的原因，分析当前我国农村环境保护法律的不足和缺陷，提出农村环境保护法律对策，提出建立农村环境保护法律体系、创新和完善农村环境保护法律制度的构想，以期有效保护和改善农村环境，逐步控制和治理污染，维护生态平衡，实现农村经济的可持续发展。在《解决农村生态环境问题的法制对策》一文中，作者从农田、水体、植被、生物多样性、大气等方面分析了我国农村环境的现状，以及引起农村环境问题的原因，提出和分析了我国现行农村环境保护法律体系中存在的问题，并从公共环境意识、经济手段、所有权、行政领导责任制、立法和执法等多方面、宽领域，提出了建立我国农村环境保护法律体系的对策。其中主要包括以下几点：严禁城市低级污染企业向村镇转移，以立法形式从源头上杜绝企业对农业环境的永久性损害。①

综上所述，学者们分别从立法、执法和司法的视角对环境保护进行阐述和分析，对我国农村环境保护发挥着巨大的理论指导作用，更好地推动了环境保护实践向着更美好的方向发展，实现良性循环。尽管国内学者对农村环境问题的研究成果很多，但是由于宪法这一根本法没有将环境权写入其中，并没有将环境权当成一种实体权利来研究，在程序上存在着许多漏洞，因此农村环境保护急需制度创新。

（二）国外农村环境保护制度创新的研究现状

发达国家的城镇化水平很高，约达 70%，农业人口比例相对较低。民众的环境保护意识普遍很强；政府农村环境保护工作起步早、发展快，制定了专门的农村环境保护法律或者相关联的政策，建立了相关的组织机构、具体制度和投入机制等。世界上诸多国家在农村环境保护这项浩大“工程”中取得显著成就、颇具代表性的是美国和日本。

美国等诸多发达国家，都把可持续发展理念作为农业发展与环境保护的基本准则，并且在法律中得以体现。譬如美国，在 1990 年颁布的《污染预防法》中对可持续农业做出了明确规定：

① 蔡燕燕，蒋培，赵苹苹. 农村环境保护的法律问题综述［J］. 农业环境与发展，2012（4）：19-23.

可持续农业是指运用生态学、生态技术与经济学的原理及规律作为指导，通过建立农业经济增长与生态系统环境质量改善的动态均衡机制，以绿色 GDP 核算体系和可持续协调发展评估体系为导向，将农业经济的各种资源要素视为一个密不可分的整体加以统筹协调的新型农业发展模式。此项法律充分体现了农业可持续发展是当今农业发展的一大趋势。在农村环境保护的整个发展进程中，美国针对农村环境保护做了大量细致的工作，进行了诸多有益的探索，形成了以政府为主导的农村环境保护投入机制，成立了兼具决策和协调控制能力的环境管理机构，制定了较为完善的补贴、税收费用等政策。此外，其还有一整套的法规标准、监管执法的措施和办法。首先，美国为保护农村环境而设置了一系列的机构。例如，美国特设了统一的管理机构，其主要负责制定农村环境标准、进行环境立法和执法、开展环境监测、发布环境信息公告等。此外，美国还建立了覆盖全国的农村环境监测体系，对环境执法的重要性给予充分的重视。还有，美国国家环保局是一个独立的执法机构，拥有较好的警务人员配置，而且具有一定的调查取证权和处罚权。这就在实践中给农村环境保护提供了有力的法律保障。其次，美国针对农村的环境保护实际工作的需要，设立了专门的环境保护的专项资金。欧美发达国家通过直接投入、补贴、优惠贷款、税收减免等一系列的措施大力支持农村的环境基础设施建设。例如，美国政府每年拨出几十亿美元，主要用于农业面源污染治理和生态资源保护工作。最后，美国还从法律层面以法律的形式保障农村环境。美国在工业革命开始后不久，因为开垦土地，进行西部运动，造成了农业环境破坏。之后，其立马就对农业着手立法，从法律上对农村环境予以保护。例如，其实施了最大日负荷计划、农村清洁水实施计划等。

日本是中国的邻国，一水之隔。日本与中国的国情比较类似，发展历程也相差不大，同样经历了工业化和城市化所引发的城乡不均衡发展的问题；之后国家也调整了发展战略，增加了对农村环境保护的投入力度，实行工业反哺农业的方针策略。最后，其自然而然地使得整个农村环境获得了明显的改善和提升。

首先，在环境保护过程中充分发挥基层农民组织的作用。例如，日本政府十分重视农民组织建设；农业协会是其最重要的基层组织。而农业协会代表农民利益，有自己的技术开发和培训基地。实践证明，农协在贯彻政府农业政策、保护农业环境、促进农业现代化和可持续发展方面，有着至关重要的作用。其次，日本将农村环境保护作为重点投资领域之一，推动了农村环境保护事业的向前发展，也有利于城乡均衡发展。日本在 20 世纪 70 年代末期，斥巨资对农村环境污染进行投入，其中 30%都是由政府出资。经过一番整顿和完善，日本农村的垃圾处理设施设备、农村生活污水设施设备也逐渐齐全、日益完备。现在，日本的自来水和污水处理基本上都是全国覆盖。再次，构建农村环境保护法律体系，制定和完善农村相关的环境标准。环境立法是环境法制建设的基础性的工作，是环境保护和经济发展的必然要求。日本政府十分重视农村环境污染防治的立法和环境标准的制定。日本自 20 世纪 70 年代以来开始制定了一系列的农业环境保护法律、法规，如《土壤污染防止法》《农药取缔法》等。实践表明，只有建立健全农村环境保护法律体系，才能从根本上解决农村环境保护面临的种种问题。最后，日本一直以来都坚决实施农业可持续发展战略。在强调农村农业发展的同时，也给予自然资源的开发利用和环境保护足够的重视；在增加农民收入和提高农民生活质量的同时，科学而有效地保护农村环境。农村的一个重大的污染来源就是农业生产活动所产生的废弃物。我国对农业生产活动废弃物的处理也一直是一个难题，而日本的农业可持续发展战略可以为我国所参考和借鉴。这样一方面实现了农村环境的改善，另一方面提高了农村的经济实力，最终有助于我国实现农村环境改善和经济效益提高这两者的完美结合。

三、我国农村环境保护的现状及制度创新之困境

（一）我国农村现存环境保护的现状

第一，农村本身的弱势地位决定了环境问题发生后，农民作为农村主人翁，并不能及时制止

环境问题的发生，面临日趋严重的环境问题，难以进行治理。农村环境呈现出的弱势特点主要表现为两个方面，即当地落后的环保观念和农村落后的环保设施。谈及农民的环境保护意识，就不得不提“环境”这一概念的特点。环境问题存在一定的隐蔽性和潜伏性，导致大部分的环境问题发生后都不易被人察觉，而它对人的伤害有时并不是很明显，所以环境问题治理时存在滞后的特点。加之农村经济的落后，农民往往只关注自身的生存而忽视隐蔽的环境问题，所以环境保护意识较为淡薄。这种漠视的态度阻碍了环境问题的解决，甚至加剧了当地环境的恶化程度。同样基于环境问题的潜伏性这一特点，人们在预防和治理环境破坏的时候，需要利用先进的监测设备才能发现问题，有时要通过前沿技术治理环境污染。农村的监测设施并不能及时监测到环境问题，致使环境危害加剧。同时，依靠农民传统的生产生活习惯，对环境的保护手段始终是落后和传统的。这无形中给当地农民的生产和生活造成了巨大的压力。

第二，农村环境问题具有复合特点。这种复合特点表现为农村环境遭到污染和破坏通常会呈现出多种不良反应，因为污染可能来自于农民传统的生产方式。例如农民耕作、生产过程中化肥、农药、农膜和畜禽粪便产生的农业面源污染；化肥、农药残留物渗入土壤中，使土壤质量变差；还有农民生活中的垃圾污染。污染也可能来源于交通运输所导致的废气污染。这些污染物质中包含多种有害成分。还有就是农村的空气污染，主要来自于秸秆燃烧。传统农业耕作中，秸秆燃烧后的灰渣是很好的有机肥，所以秸秆燃烧一直比较严重。但这种行为会导致大气污染。有人认为空气污染只影响城市居民的生活与健康，很显然这种认识是片面的。因为空气中的大气污染物如二氧化硫、氟化物、烟尘等对农作物伤害极大。农作物受到这些污染导致减产或绝收或受到污染后影响人们的食用，造成的经济损失难以估计，所以说农村的环境问题存在一定的复合特点。

第三，农村环境问题的持久性。农村环境问题的持久性主要表现在自然资源遭到破坏后难以快速修复，导致农村环境的依托源受到威胁。例如有毒有害物质污染农田后，要改善农田的生态属性，至少要花费 5~8 年甚至更长的时间。又如农用地膜残留在农田土壤中，需要 20 年以上的时间才能被消解。农民生产受到阻碍，生活水平低下，是一种恶性循环的现象，形成环境问题—经济发展—生活水平这样的链条式发展。

第四，农村废弃物综合利用率低，面源污染问题突出。农民耕作时，在耕地或果园中施用化肥、农药，导致土壤中氮、磷等成分增高。这些化学物质通过地表水渗透到农田中，经过挥发，大规模地以低浓度的形式缓慢在土壤圈中运动，并从中向水、大气中扩散。这种看似缓慢的运动造成的污染是一种面源污染。随着经济的发展，农业的生产活动也在扩大，农民使用的大量农药和化肥残留物流入土壤中。与此同时，农户家中所饲养的家禽、牲畜的粪便，如果得不到及时处理，也会对土壤、水质造成污染。这种面源污染不容忽视。

（二）我国农村现行环境保护法律制度创新的现状

我国在 1989 年通过了《中华人民共和国环境保护法》（以下简称《环境保护法》），在环境保护立法层面，形成了以该法律为主体的法律、法规体系。同时国家颁布和制定的地方法规有 700 余件，颁布的环境保护标准有 300 多项。法律、法规的颁布以及环境保护标准的制定都对我国的农村环境保护事业有一定的推动作用。2006 年，国家环保总局为了有效控制农村环境污染现象，改善农村的生产生活环境，编制了《国家农村小康环保行动计划》。农村环境保护立法中包含了宪法、法律和行政法规。我国现行《宪法》第二十六条规定：“国家保护和改善生活环境和生态环境，防治污染和其他公害。国家组织和鼓励植树造林，保护林木。”《宪法》第九条第二款规定：“国家保障自然资源的合理利用，保护珍贵的动物和植物。禁止任何组织或者个人用任何手段侵占或者破坏自然资源。”《宪法》第十条规定：“农村和城市郊区的土地，除由法律规定属于国家所有的以外，属于集体所有；宅基地和自留地、自留山，也属于集体所有。国家为了公共利益的需要，可以依照法律规定对土地实行征收或者征用并给予补偿。任何组织或者个人不得侵占、买卖或者以其他形式非法转让土地。土地的使用权可以依照法律的规定转让。一切使用土地的组织和个人必须合理地利用土地。”我国在农村环境保护方面的法律主要包括《中华人民共和国环境保护法》《中华人民共和国固体废物污染防治法》《中华人民共和国大气污染防治法》《中华人民共和国矿产资源法》等。保护农村环境的行政法规主要包括《基本农田保护条例》《土地复垦规定》《中华人民共和国自然保护区条例》《退耕还林条例》《中华人民共和国环境保护标准管理办法》等。另外还有行政法规如《环境信访办法》《饮用水水源保护区污染防治管理规定》《秸秆禁烧和综合利用管理办法》《畜禽养殖污染防治管理办法》《中华人民共和国环境影响评价法》等以及全国各地依照地方发展和环境特点制定的地方性法规等。这些共同构成了我国农村环境保护的法律规范体系。

（三）我国农村环境保护制度创新不足的主要表现

1. 农村环境保护的立法创新不够

（1）农村没有系统完善的农村环境保护法律、法规体系。我国广大农村近些年来发展日新月异，农民生活水平日益提高，但与此极不相适应的是农村的环境法律、法规没能建立起来。诚然，农村环境保护工作是这几年来才被广大群众认识到的，党中央国务院也是前几年才把农村环境保护提上议事日程并加以重视。这样就形成了我们农村环境保护工作的起点低、起步晚和基础弱的局面，没能建立符合农村环境保护实际状况的法律体系，农村环境保护法规或条例亟须加以完善并系统化。应从全局的角度以高屋建瓴的气势注重农村环境保护工作。不可否认，相对于城市，这些问题是存在的。农村环境保护的状况堪忧，许多领域还面临无法可依的局面。

我国现有的环境法律、法规制度是以城市为中心而建立起来的；国家在制定环境保护政策法规的过程中，长期存在着“重城市、轻农村”的立法倾向；很多法律、法规是在围绕城市环境污染的基础上而建立起来的，主要是反映城市的环境实际情况，着重体现了大中城市的环境保护需要，而缺乏对农村环境保护方面的相关规定。再加上，城市与农村环境状况有许多不同，农村有着其独特的特殊性，因而这些立法不适合农村的环境实际状况。这主要表现在农村经济社会文化与自然条件、地理位置的特殊性，致使其环境污染与生态破坏也有其特殊性。农村环境问题与城市环境问题有着很大的不同，比较适宜根据农村的实际情况，具体问题具体分析，深入实践，进行调研摸索，努力建立和完善农村环境保护法律制度，加快现行环境保护的法律创新和调整，增加农村环境保护的规定或者单独制定农村环境保护相关的法律、法规，将农村环保工作纳入法制化轨道，以实现城乡环境保护法制方面的公正。①

中央一号文件已经连续九年关注农村的工作，希望在法律完善，以及国家对农村环境保护方面的投入力度加大的基础上，我国农村的环境质量将会得到极大的改善，农民的环境权益能得到维护和保障，农村环境恶化的趋势能得以遏制，最终实现城乡协调发展，实现全面小康社会的宏伟目标。

（2）现行的环保法律、法规对农村只作原则性规定。我国地方农村环境的立法过于原则化，缺乏应有的规范性和可操作性，甚至有些宽泛的规定根本无法执行。这样就严重影响了法律在实际中的效果和权威。如《环境保护法》只是对涉及农村环境问题和污染治理做了原则性、概括性的规定。这样必然缺乏可操作性。我国的环境保护法体系大多是在计划经济的体制下形成的，尽管对农村环境保护的法律条文规定得比较多，但基本上规定得都很原则化，可操作性差，不能够适应市场经济条件下对农村环境的保护。

在具体实践中，环保执法非常重视法律、法规的可操作性，因而，环保立法也不宜太过原则化，否则，会导致法律规定的相关程序性权利在农村的适应性不够、操作性不强。由于环境保护具有较强的技术性，普通公民很多情况下无法清楚地认识某些活动的环境影响。为了充分实现公民的环境权，法律应当规定公民的环境知情权，完善信息公开制度，赋予公民通过法定途径获得相关环境信息的权利。如在上文谈到的城市向农村进行工业污染搬迁的过程中，环保部门有责任通过一定的方式，使被迁入地的农民了解该企业会对环境造成什么样的污染，村民受到污染后应当如何救济等，从而更好地保护弱势群体环境权的实现。

---

① 朱明鹏. 我国农村环境保护中乡规民约的可行性证成研究［J］. 公民与法，2015（8）：25-28.

"法律、法规虽然效力较高，但是其内容一般规定得比较原则化或者措辞比较含糊；而国务院以及各部委制定或发布的其他规范性文件较为具体，但是在具体执行措施方面又缺乏相应的法律和行政机关的支持"。[①] 除此之外，各种涉及农村环境保护的规范性文件的相关条款的原则性、宽泛性规范占了很大比例，而且政出多门，相互之间的矛盾冲突甚是严重。

（3）一些重要的农村环境领域存在着法律制度真空。农村中的环境问题与城市的环境问题有着许多的共性，但同时也有其自身的特点。目前的环境立法和制度设计主要是城市环境立法，主要是关于城市的环境状况，以防治工业污染和城市生活污染为中心；部分制度和法规对农村环境问题的针对性不强，甚至还有诸多法律政策空白和制度缺失。而一些农村所特有的环境问题，譬如农村土壤污染的防治、农村养殖废弃物污染防治、农村生活垃圾的处理等，与此相关的立法几乎为零。为了更好地开展环境保护工作，改善整个农村环境状况，政府必须进行相关环境立法，譬如建立农村生活垃圾的处理、农村养殖废弃物污染防治、土壤污染防治等方面的法律。这些相关立法几乎仍是一片空白。为此，应尽快完善农村环境保护法制，将农村水环境、土壤环境质量的保护，防治农村农药和化肥污染、工业废弃物污染、农业废弃物污染、农村生活废弃物污染立法逐步提上议事日程和最终列入立法日程。面源污染的防治是一个世界性的普遍面临的难题，困扰着世界上许多国家。不论是发达国家抑或是发展中国家，大多数国家都在积极寻求一种美好的、理想的治理方案。但也有些国家已经率先树立了很好的榜样，其通过有效的法律、法规达到了比较完满的结果，取得了相当不错的效果。它们的成功给我们提供了一个个活生生的榜样和标杆，给我们以信心和勇气面对农村环境问题，最终使我们经过艰苦卓绝的努力和奋斗，圆满地解决农村环境保护问题。

当前我国农村环境保护已经到了形势极其严峻的时刻。我们更应该多多进行实际调查研究，学习和借鉴外国成熟的立法经验和教训，通过不断的学习和不停的摸索，争取完善我国农村环境保护法律、法规，给农村环境保护提供可靠的法律保障，鼓励先进单位和个人，抓典型，严厉处罚破坏环境等违法行为，争取在我国广大的农村实现党的十六届五中全会提出的"生产发展、生活宽裕、乡风文明、村容整洁、管理民主"的社会主义新农村建设目标，最终建立起资源节约型和环境友好型的社会主义和谐新农村。

（4）有关环境保护相关法律程序的立法进程较慢。在保护农村环境这点上，诉讼法律制度存在诸多的不足之处。譬如我国的诉讼法上没有环境公益诉讼制度的规定。环境污染与破坏意味着公共利益的损害。虽然宪法、森林法、环境资源保护法等实体法中均包含有关于国家利益、公共利益的条文规定，但是在刑事、行政和民事诉讼法中都无一例外地没有对国家利益、公共利益因环境污染破坏而给予司法救济的具体的详细的规定，仅仅有些松散的不成体系的规定。我国的环境保护法律制度要求保证每一个公民和群体均有主张民主参与、公开听证、信息公开等的程序性权利。而要保证每个公民的环境实体权利得到落实，从理论上的应然状态到实践中的实然状态，就需要我们有完美的环境保护相关法律程序制度。要通过程序上的正义最终实现实践中的正义，即通过程序正义保障实体权利的取得和实现。[②]

诉讼权是一项公民的基本权利。保护环境的诉讼权利应当得到环境基本法的肯定。通过法律形式赋予一切单位和个人以诉讼权，使环境受害人可以向司法机关主张权利，能通过法院司法程序使自己的环境权利得到保护。通过法律规定的程序法在司法实践中的运用，从而使农民的环境权等实体权利得到保障和实现。因此，我们必须高度清醒地认识到，对农村农民这样的弱势群体，我们不仅要给予更多的关怀和关注，更要避免制度性因素给弱势群体带来更多的人为损害。

2. 农村环境保护执法不规范

（1）执法人员素质不高。在这短短的几年时间里，农村环境的污染状况呈加剧态势，对整个农村生态系统造成了严重威胁和损害。在我国广大的农村地区，农村环境事故频发的一个重要原

① 孙彦彦. 城乡环境正义实现的法律路径选择［D］. 重庆：重庆大学，2012：17.

② 彭小霞. 我国农民参与农村生态保护的法律困境与出路［J］. 生态经济，2015（11）：160-166.

因是环境管理队伍建设相对比较滞后。其中的一个重要的表现就是执法人员的素质不高。国家环保总局的数据显示，担任农村环境执法的人员虽然人数比较多，但其中的大多数执法人员学历较低。许多环境执法人员不具有环境保护专业技术知识和法律常识，缺乏环境管理的实际经验；基层环境执法人员的执法水平一直停留在一个较低的层次。

环境执法人员不仅需要熟悉环保业务知识，还要具备全面的相关的法律知识。但一些农村的环保机构在选人任人的关键问题上把关不严，让一些业务文化水平和思想素质不高的人充斥其中，如此一来，很难为农村的环境这个“浩瀚工程”保驾护航。相关调查结果显示，县一级环保机构执法人员文化素质普遍不高，很少具有大学本科学历；一些镇设立的专门机构的执法人员甚至包括社会上的闲杂人员，根本谈不上具有专业素质和相关水准，自然而然地，其在实践中的业务执行能力也不敢恭维，其最终效果必定是不令人满意的。基层环保机构执法人员素质低下使得“执法必严、违法必究”无从谈起。比如执法人员综合素质低劣，导致了权钱交易等腐败现象等问题。这种状况严重影响了农村环境保护执法的质量和效果，不利于整个农村环境保护工作的开展和解决。

（2）农村环境执法机构设置不合理，执法力量薄弱。在我国的农村环境保护实际工作中，环境执法机构的设置不合理，基层环境管理机构或者没有或者其设置不怎么合理。到目前为止，乡镇一级的基层环境保护执法机构设置仍不科学、不合理，有诸多值得改进和完善的地方。造成这种困境的主要原因是财政的束缚。资料显示，全国上下总共还有 300 多个县竟然没有执法机构，200 多个县的机构设备缺乏。这给环境执法工作带来了很大的困难。

农村环境管理的相关环节主要是在县一级环境主管部门。但到目前为止，有不少地方的环保是与城建合设的，而且实际操作中往往以城建工作为主，以环保工作为辅。国家环保机构最基层是在相关的县设置环境行政主管部门。相当多数的乡镇基本没有专业的环境监管机构；县级环保部门很少在其所管辖的乡镇设立环境保护派出机构；整个广大的农村，其环境监测和环境监管几乎是处于一种空白的状态。并且，在环保资金方面，其本身不健全的机构还存在着经费不足的问题。国家财政在确保工资的前提下，未拨给业务费；而县一级的环保机构本来就少的预算外资金还要统筹给财政，没有足够的资金来建立完善的四级监测站，无法配备先进的监测设备和专业人员。农村环境保护的相关职能和治理资金分散于环保、农业、畜牧、林业、国土、水利、建设等多个职能部门中；各个部门针对农村环境保护工作的职责不明确，不利于农村环境的综合管理。再加上广大农村交通不便、通信手段落后等外部条件的制约，使得县级环保部门对广大农村的环保监管力不从心。①

（3）地方保护主义的不利影响。由于急于发展经济，一些地方政府在引进产业转移时忽视了农村的环境保护。一些地方政府对国家的环保法律阳奉阴违，要了许多名目繁多的花招，有的降低环保门槛招商引资；有的甚至为企业挂免检保护牌，挡住环境监督执法人员进入现场检查，为污染企业打开绿灯，不惜充当污染企业的保护伞，对于触犯环保法律、法规的责任人百般庇护。由于地方政府的阻挠与部门利益的存在，地方环境监管部门的执法主动性不高。譬如有的地方政府应企业的请求，勒令环境行政执法部门收回已经下达的处罚决定，使执法决定成为一纸空文。很多基层环保局执行环境监察执法任务时，在地方政府的压力下，不是理直气壮，反而是低人一等；更有甚者，有的基层环保局不是加强执法而是挖空心思与上级部门的执法检查周旋，甚至为企业通风报信。另外，一些企业家在各级人大、政协中兼任职务，从而形成新的执法阻力。这些企业家拥有双重身份，很容易以上级的身份对环境行政执法进行粗暴干涉。种种状况严重地影响了环保法律在农村的执行力度，最终使得环境法律、法规在执法过程中无法得到有效实施。

（4）农村环境执法监督缺失。根据《环境保护法》的规定，由环境保护行政主管部门对全国环境保护工作实施统一监督管理，地方各级环境保护行政主管部门对其辖区内的环境保护工作实施统一监督管理。由此看来，我国农村环境监管并不缺乏监管主体。但是，实际上呢，目前我

① 期海明，杨冬香. 浅析我国农民环境权益的法律保护［J］. 昆明学院学报，2011（5）：50-52.

国农村基层环保机构很不健全，绝大部分乡镇还没有建立起专门的环保机构和队伍，环境监测、环境监察和统计工作基本都处于空白状态，污染事故没人管和环保咨询无处问的现象已经是屡见不鲜了。我国农村的环境问题与环境保护机构及其人员设置的矛盾冲突，导致了许多农村地区的环境无人监管，也造成了环保法律的实际执行常常流于形式的局面。因此，农民活动缺乏约束，各种废弃物任意处置，生活垃圾随意倾倒，农村环境管理基本处于无序状态。对于一些农村环境污染问题，政府缺乏有效的监管措施。

我国农村环境保护的监督机制远远不能满足农村环境保护的实际需要。监督的机构和监督人员严重不足。在现阶段，农村的大部分城镇都没有专门的专业的环境监督管理机构；另外，社会公众监督的渠道也被堵死；又由于在农村受各种条件的制约，媒体监督的作用和力度也是十分有限的。

国家制定的各种环境保护制度在农村贯彻执行得不够理想，偏离了立法和政策制定时的初衷和目标。这其中包括环境影响评价制度，“三同时”制度，排污申报、收费制度在农村地区执行率低，存在“软执法”现象。总的来说，农村环境保护基本上是由县级环保部门监管。对于严峻的农村环境形势，这种监管力度是十分微弱的。①

3. 农村环境的司法保护作用有限

（1）环境司法以环境行政处理为前置条件限制了司法的功能。环境保护不单单是公民、企业和环境保护部门的事务，也涉及司法机关的职责。尽管环境保护强调的是“预防为主”，但司法机关的事后救济或者制裁也是至关重要的。尤其是对于环境污染的受害者农民来说，可以说，在环境保护的实践中，司法机制可以发挥很强大的作用。

然而根据目前我国法律的规定，大多数环境案件必须首先经过环境部门的处理，法院方可受理。如此规定行政处理的前置程序不准许当事人径直通过法律途径救济自己的权利，剥夺了当事人的选择自由权，不符合现代社会日益进步的法治精神，与司法的程序正义相违背，与我们国家的法律精髓不相称，不利于保护当事人的实体权利，不利于农村环境法制的健全，更不利于农村环境整个庞大“工程”的保护和改进。如此这般立法规定降低了环境司法的功能和效用，也极大地影响了环境司法的权威和地位。

大量环境纠纷案例表明，环境司法在现实生活中为环境保护确实立下了汗马功劳。同样不能忽视的是，司法本来可以做得更好，但却没能做到。

（2）农村环境保护的司法力量不均衡。按照我国现行的行政管理体制，各级林业部门设立林业公安机关，实行由公安、林业两个部门的双重领导，专门行使森林资源、野生动植物的违法犯罪的立案查处和刑事侦查职权，从而为司法有效地追究相关主体的责任提供强有力的实体和程序保障。与此形成鲜明对比的是，土地、水源、草原等其他农村环境资源的保护，由于缺乏专门的司法力量保护，其实际效果显得不是很理想。

司法途径是保护权利的最后一道屏障。因此，环境司法对于保护农民的环境权益显得尤为重要。我们国家应该完善各种包括司法机制在内的法律机制。譬如司法机构的设置要合理科学；包括土地、水资源、草原、固体废弃物等环保领域都要有相当的司法力量来维护；其运作要公开透明，接受公众的监督；还有其司法诉讼程序中的各种行为都要依法办事，力求做到高效、廉洁、守法奉公。同时，由于司法机关代表着国家机关的权威和形象，势必做到维护国家机关的形象和履行为人民服务的宗旨。具体到工作实际中，就是要求司法机关在审理侵害环境权案件的过程中，应该保证受害农民的程序性权利，通过程序公正最后实现结果的公正，实现法律正义，依法认定侵犯农民环境权的各类行为，严格追究侵权者的法律责任，以保护农民的环境权益。

（3）农民实现环境权存在着诸多障碍。法院的审判权还没有真正独立。根据我国《宪法》的相关规定，司法机关独立行使司法权，不受行政机关、社会团体、个人的干涉。然而实际的情况是，在我国的司法实践中，法院的独立审判权依然受到行政机关的干涉，尤其是在涉及政府利

① 谭柏平. 促进我国农村地区能源与环境保护协调发展的法律对策［J］. 法学杂志，2009（4）：15-18.

益及自身过错的案件中，以及涉及国有企业的特大案件中。最后的结果往往是以行政命令代替司法判决。

环境权利等法律权利对农民来说是虚幻的。在中国广大的农村中，大多数农民对自己的法律上的权利不怎么了解，当然也就不怎么关心。在他们的潜意识里，法律上的权利是虚的。为自己看不到、摸不着的权利去打官司，维护自己虚幻的权利是不划算的。农民对法律权利的不信任直接导致了权利被侵犯后反应的迟钝以及漠不关心。

农民的环境权益遭受损失之后，农民寻求司法救济存在着困难大的问题。这主要是由于农民在寻求司法救济中缺少对环境信息资源的掌握决定的。农民在环境权益受到侵害后，必须要取得相关的诉讼证据，首先要向政府索取证据；而政府是否会满足其请求则要打上一个大大的问号。《政府信息公开条例》规定："农民可以根据自身生产、生活、科研等特殊需要，向政府部门申请获取相关政府信息。"因此，可以想象，农民在向环保部门申请索取其诉讼所需要的环境信息资料时，很可能由于其不属于生产、生活、科研等"特殊需要"遭到拒绝。情况更糟的是，如果环保部门本身是被告，农民得到其所需要的证据的可能性就愈发的小了。最后农民败诉的概率也就实在太大了。①

（4）我国环境诉讼制度不完善。目前，我国现有的法律对环境诉讼制度的规定总的来说是不够的，并不能对公民的环境权益提供有效的保护和救济。

众所周知，环境诉讼难度很大。与一般侵权不相同，环境侵权具有间接性、潜伏性、复杂性和长期性等特点。这就导致环境诉讼中的原告在整个司法过程中难以收集和保全证据，难以判定因果关系，不容易确定致害的主体，最终造成受害者在寻求诉讼解决纠纷时面临起诉难、举证难等问题。此外，诉讼费、律师费、鉴定费等费用对受害者来说是难以承担的，加重了起诉的困难。根据我国诉讼费用收取的规定，提起环境诉讼的成本是比较高的。诉讼费用过高困扰着许多人；尤其是农村居民维护环境的成本太大，导致他们不敢提起诉讼。总之，对于农民这一特殊群体来说，这种不完善的环境诉讼制度使其环境维权的道路更加艰难、更加曲折。更为关键和致命的是，我国目前还没有针对环境侵权的专门立法，在《中华人民共和国民法通则》、行政民事刑事三大诉讼法、《环境保护法》以及《最高人民法院关于民事诉讼证据的若干规定》等中有些零散的不成体系的规定。立法对无过错原则、因果关系推定和环境费用的承担等问题均没有完善的规定。种种障碍摆在农民维权的道路上。

4. 农村环境宣传教育缺位，环境法律意识淡薄

（1）传统农业生产观念根深蒂固，造成诸多环境问题。农民受长期生活习惯的影响，随意处置垃圾、随意排放污水的现象非常普遍。一方面，中国有着五千年悠久的文化、灿烂的文明，取得了了不起的辉煌成就；但另一方面，在我国历史上沿袭下来的小农文化对生态环境保护消极影响很大。小农文化重视私有，缺乏共享合作意识；小农文化重视现实，缺乏未来忧患意识。而环境保护是一项着眼于共享合作与未来发展二合一的浩大"工程"，因此传承了几千年的小农文化与环境保护显得格格不入、矛盾重重。不改变落后的小农文化，我国农村环境保护就无法真正开展起来，无法真正深入人心，无法渗透到每个人的日常行为之中，无法成为每个人的日常行为指导准则，最终环境保护的成果也就不会十分牢固。

传统的农业生产观念时时刻刻都在潜移默化地影响着包括农民在内的社会成员的行为模式。这种思想观念上的东西是法律、法规所无法予以规范的。要在短时间内扭转这种状况并非易事，因而传统的农业生产观念在相当长的时间内仍会继续存在。

（2）文化水平低造成公众对农村环境问题的重要性认识不够。据调查，52%的农民不知道灌溉用水过多等同于浪费，42%的农民不了解施肥过量会造成环境污染，42%的农民不了解国家的环保政策，56%的农民不知道如何保护自己的生存环境，农民参与环保的热情也不是很高。农民

---

① 韩晶晶. 我国农村环境保护的法律制度研究——以陕西渭南农村为例［D］. 西安：西安建筑科技大学，2013：32.

环境意识的淡薄是造成农村环境恶化的重要原因。国民素质的普遍提高，不仅是每一个国民自身发展的要求，而且是经济社会发展的需要，更应该是当代政府的职责。政府在提高国民素质的进程中应发挥积极的作用。但是由于中国人多资源少，大部分农民的受教育程度相当低，大多数都是初中以下或小学以下文化程度。高中以上文化程度的农民相对较少。大学文化程度的农民更是凤毛麟角。这样，农民群体的法律意识也相对淡薄了许多，在对自己利益无太大影响时，不会选择法律救济途径。

农民的环保意识不强，农村关于环境保护知识的宣传教育也不够，农民参与农村环境保护的积极性和主动性不高，全社会也不怎么重视农村环境的保护问题。

（3）公众缺乏环境事务方面的知情权和参与权。在现在这个高速发展的信息时代，公众参与环境管理的基础，就是及时准确而全面地获取环境信息。我国 2008 年 5 月 1 日施行的《环境信息公开办法（试行）》具备以下几个特点：把企业环境信息纳入公开的范围内；对环境信息公开的方式和程序作了具体的规定；规定了对环境信息公开进行监督的各项制度。该办法规定“公民、法人和其他组织认为环保部门不依法履行政府环境信息公开义务的，可以向上级环保部门举报。收到举报的环保部门应当督促下级环保部门依法履行政府环境信息公开义务”。同时规定公民、法人和其他组织“可以依法申请行政复议或者提起行政诉讼”。对违反办法相关规定情节严重的将给予行政处分。虽然办法完善了我国的环境知情机制；但从整体上来看，这样的知情机制毕竟还不健全，在信息公开方面存在明显缺陷，使公众无法获得足够的环境信息；这极大影响了公众的环境知情权与参与权的实现。①

首先，制度方面的因素。其包括两点不足：第一，环境信息披露责任主体的范围过于狭窄。《环境保护法》第十一条第二款规定：“国务院和省、自治区、直辖市人民政府的环境保护行政主管部门，应当定期发布环境状况公告。”此外，《环境信息公开办法》第三条第二款规定：“县级以上地方人民政府环保部门负责组织、协调、监督本行政区域内的环境信息公开工作。”这样的规定将环境信息公布的义务主体扩大到县一级的环境保护主管部门，而没有将镇、乡的行政部门作为公众披露环境信息的义务主体，从而导致公布的环境信息大都是关于整个大范围内的环境总体状况，缺乏对小范围的环境状况的详细资料，然而后者对促进公众参与环境保护显得更为重要。第二，企业公开环境信息的程度不够。企业公开环境信息，有利于加强公众对企业的监督。在国外，由企业公开环境信息已经成为国外环境保护的新趋势。在我国，企业公布环境信息并不充分。相关法律、法规只是强制规定污染物排放超过国家或者地方排放标准，或者污染物排放总量超过地方人民政府核定的排放总量控制指标的污染严重的企业要公布污染物排放总量、环保设施的建设和运行情况；而对于其他企业，国家只是鼓励其自愿公布企业环境信息。此外，《环境信息公开办法》规定了要对“《中华人民共和国保守国家秘密法》以及其他法律、法规和国家有关规定进行审查”，但因为目前尚未对国家秘密和商业秘密做出严格的界定，所以其很容易成为不公开环境信息的借口。如果公众在知道一个企业的生产工艺和流程之后，才能了解在哪些环节会产生哪种污染，是否存在环境威胁；但企业如果说这是商业秘密不能公开时，公众则无法有效地获取此信息。

其次，农民主观因素——农民法律意识淡薄，缺乏环保参与的热情。在广大的农村地区，农民的生活水平不断提高，物质条件的不断改善，农民的环境保护意识却没有与时俱进，环保观念依旧比较落后。农村的道路两旁、小溪旁边、自家门前，随处可见生活生产垃圾；小河边不时有被村民扔掉的病死的猪、狗等动物；每当双抢收割时节，由于农民大量焚烧秸秆，天空中弥漫着一层层浓烟，绵延几千米，将人呛得难受。

（4）市场经济环境下的利益至上的价值观对环境造成损害。在我国对外开放和国内改革的浪潮中，市场经济已经成为一种主流的价值追求，市场经济的观念也深入人心。但同时随之而来的

---

① 边孟丽，王育才. 我国农村环境污染的成因及防治的法律对策［J］. 边疆经济与文化，2011（5）：165-167.

也有些许糟粕和垃圾，如拜金主义、唯利是图和贪婪等。在市场经济急速发展的过程中，市场经济也席卷了农村广大地区，其副作用也十分的明显。在农村，市场经济这种不可避免的缺陷和天生弱点，往往会在环境领域中凸显出来。一言以蔽之，不讲原则、法律和道德的利益至上的价值观非常容易导致环境问题，造成对环境的威胁和损害。

自20世纪70年代以来，我国坚持“以经济建设为中心”这一宏观政策而忽视了自然环境的保护，从而导致中国出现世界大范围的环境破坏，让国人也陷入了深深的反思。

在贫困山区，贫困地区的农民世世代代生活在这一特殊环境中，受环境条件的限制，经济很难发展。出于对粮食等生活资料的需求，农民们对土地实施原始的、落后的开发，对土地进行掠夺式经营，盲目开发利用资源，最终必然会导致对环境的破坏。在我国一些矿产资源丰富的农村地区，由于农民对土地开发利用不合理，贪婪地追求经济利益，重视开发轻视保护，致使环境遭受破坏。少数农村地区小矿遍地开发，乱采乱挖，植被被毁，水土流失，整个环境遭到严重破坏。

在渴望提高经济收入的驱动下，农民为了提高农产品产量，就会大批量地使用农药、化肥、地膜等。至于这些会对环境造成多大的危害，他们缺乏正确的认识。面对农村工业经济的飞速发展，农民更多地把精力投入与自身收入相关联的事情上来，而对于自身周围的生存环境的问题，不怎么关注，甚至置若罔闻。在他们看来，只要生活水平提高了，一切问题也都迎刃而解了。农民的环保意识不强，责任感不够，环境保护的价值观扭曲；广大农民的日常生产、生活行为缺乏必要的环境知识作为指引。

四、创新和完善我国农村环境保护法律制度的对策和建议

（一）完善立法，建立健全农村环境保护法律体系

1. 建立适应农村环境保护要求的农村环境法律制度

目前我国农村的发展和成就的取得是靠消耗大量资源和损害环境为代价的，而这种缺乏可持续理念的发展模式在破坏了自身生存环境基础的同时，也会使我们的子孙后代在良好的环境中生存的权利面临被剥夺的风险。我们的子孙后代在自然资源利用、环境权利与生态利益分配、享有与保护等方面都处于相对不利的地位。法律应该将环境资源利益和环境负担以法律权利和义务的形式予以分配，即法律应当明确保护环境权。在环境保护法中，应当对环境知情权、公众参与等相关环境权利加以明确，也应该明确农民保护环境的具体义务内容。务必加强完善和贯彻执行包括农业生态补偿制度、农业清洁生产促进制度、绿色农产品检验检测和认证制度、农产品市场准入制度以及建立农村环境管理体制等在内的农业生态环境保护法律制度。

在环境保护体系日趋完善的今天，农民不能再次被摒弃于制度之外。农民作为与城市居民平等的法律主体，必须平等地享有各项法律权利。环境权是一项基本的人权，农民是这一权利的当然主体。我们必须重视农民环境权保护问题，完善相关法律和制度。具体来说，就是将农民的环境权法定化，使农民可以以其法定权利对抗侵害，并通过完善环境保护执法、监督和农民环境权的救济，创设出生态环境保护的一整套农村法律体系。

2. 创新和构建农村环境保护法律制度

环境保护法赋予包括农村居民在内的公民人文环境权益。环保法不仅要提倡公众参与，而且要最大限度地为各种社会主体的参与提供便利。但是公众参与环境保护的参与方式、参与范围、参与力度等几个相关问题需要得到解决。这些都需要新的环境保护法做出规定。建议修改现行的《环境保护法》，增加综合性的农村环境保护法律；制定《农村环境保护法》，作为国家农村环境保护的基本法，其涵盖的内容包括污染防治、自然环境保护和自然资源保护等。

鉴于目前农村人居环境污染的严重性和事态的紧迫性，可在《环境保护法》第四章“防治环境污染和其他公害”中增加“防治农村人居环境污染”条款，对农村生活垃圾、生活污水等污染农村环境的因素做出详细规定。所以，对环保法加以修改，一是增加环境民主即环境权的相

关内容，通过环境保护法将环境权的主体、内容、参与方式、参与范围、参与力度等具体事项加以规定；二是增加关于农村人居环境治理的条款。由于农村环境和城市环境的彼此特点以及导致环境问题的要素不同，必须要清醒认识两者的特殊性。为了更好地保护农村的环境，需要建立一个完备的农村环境保护法律体系。根据可持续发展理念，再加上农村环境的独有特点，不断修改和完善目前的农村环境保护法，为农村的环境保护提供法律保障。

3. 建立完善的农村环境保护程序法律制度

建立和完善环境诉讼法律制度，根据环境纠纷的特点，放宽环境诉讼的诉讼资格，构建诉讼程序与非诉讼程序相互协调、自力救济与公力救济相互补充的环境纠纷解决程序法制。随着我国法制化进程的脚步加快，司法很有可能作为社会正义的最后一道防线走进人们的视野。对于在我国推进环境诉讼的制度障碍和困难，我国许多学者和专家已经有所认识并在试图努力和积极改变。目前各项立法和修改活动正在酝酿中。从整体来看，环境受害村民由于受环境污染和破坏而使得自己的财产和生命被侵害或者有被侵害之虞时，其财产和生命健康的救济，可以以私益之诉来实现，通过法律援助和对弱势群体的诉讼费用减免等来推动类似团体诉讼的开展。而对于土地、河流、山川等生态利益的救济，由于在我国它们尚属于国家或集体所有，农民只是使用权人，可考虑采用“公益诉讼”的方式，由国家检察机关代表政府起诉污染者，或者在特定条件下由公众提起环境公益诉讼。对于公益诉讼等程序法律制度，理论界已有广泛探讨的基础和氛围。民事诉讼法草案的修订对此给予了极大的关注，未来它是可以期待的。与此同时，对于推进环境诉讼完善程序法律制度建设方面，其他方面的因素也不能忽略。比如现实中法官、立法者对环境知识和环境问题上认识的欠缺，客观阻碍了司法和立法的革新；而农民对“厌诉”心理的克服还有待于司法形象的重塑、农民法律意识和权利意识的提高等。

4. 促成农村环境法制与国际环境立法接轨

环境问题不仅是社会问题，也是一个政治、经济问题；同样环境问题也不仅仅是某个或者某几个国家的问题，由于全球气候、天气具有全局性的特点以及种种人为的因素，环境问题还具有广泛性、全球性的特点。世界上各个国家对农村环境进行立法规制用以保护农村环境，已经成为国际社会的普遍共识。

在我国农村环境法制建设的进程中，务必要向发达国家虚心请教，认真学习其在几十年乃至上百年总结出来的法制经验和教训，为我们农村环境法制建设提供参考和借鉴。我们还要致力于研究国际环境保护条约、公约和协定，争取为我国农村环境保护事业营造一个良好的外部发展环境。国外环境保护的行动比我们早进行了许多年；我国的环境保护才刚刚起步，各项事业和项目的开展都远远落后于其他国家。为了缩短差距和努力加快农村环境保护进程，应当引进一些高端的管理设备、尖端的管理资源和环保科技，务必运用各种先进的方式方法加速我国农村的环境保护进程，让我们的农村环境法制与国际的环境标准、环境制度接轨。①

（二）整合和创新农村环境执法力量，提高农村环境执法人员的素质

在整个环境保护法律保障体制中，执法是整个体系中至关重要的一环；执法的公正和严明是保障环境保护法律制度顺利实施的基础。

1. 建设服务型政府

环保部门强化服务意识，为农村农民提供相关法律信息，提供一些高效的有用的有关环保的服务。积极创新管理手段，采取守法激励政策，通过利益诱导机制，提高排污者守法的自觉性和积极性。为农民创造参与执法的渠道，增强农民参与环保、监督违法行为的主动性和积极性，提高执法的效能。对于农村环境治理，政府应该以公平为追求和目标，发挥引导作用，做好组织和监督工作。在农村环境保护的进程中，相关环境管理和服务机构及有关部门应当充分发挥中坚核心作用，积极推进有利于资源节约和环境保护的生产方式和消费方式，努力倡导居民树立合理的

① 魏琼，闫静静. 城镇化背景下我国劳动争议非诉解决机制的优化［J］. 四川理工大学学报（社会科学版），2016（5）：40-48.

生活习惯和生活环保理念，加快建设资源节约型和环境友好型社会。首先，在农村以工业节能为重点，限制工业耗能“大户”，发展有利于生态环境保护的循环经济，推广节能新技术应用和清洁生产。其次，做好防污减排工作，加强巡逻和管理力度，加大对河流流域和沼泽等重要生态区的污染防治和保护力度。最后，加强农业污染防护和治理，防微杜渐，力争把已出现的隐患消失于萌芽之中；对于已经出现的污染问题要坚决进行彻底治理，不仅要治标，更要治本，从根本上解决问题，避免此类恶性事件的再次发生。在社会主义市场经济和全球化的大背景之下，我国的农村环境保护工作应当转变观念。政府应努力建设成为服务型的政府，通过增加公共产品和提高公共服务，建立一个公平公正的农村社会，把农村环保工作完好地、妥善地加以解决。

2. 建设农村环境执法机构

三十多年以来，我国的环保部门经历了从无到有、从非正式到正式、从临时到常设等一系列的演变过程，其级别也正在逐步地得以提升。根据我国环境保护的相关法律规定，县级以上地方各级人民政府环保部门对本辖区的环境保护工作实施统一的监督和管理。

国家应当加强对县一级环境保护部门的建设，使全国各市县、城镇农村都建立具有完备的环保监管职能的部门和机构。建立统一、权力集中的环境管理执法体系，在全国建立一个自上而下的、统一垂直管理的专门环保机构体系。各地环保局为执法的主体，受上级环保机构管辖、监督，不隶属当地政府，但各地政府都必须参与辅助本地环保机构的日常工作。在此基础上，农村的环保机构创建农村环境保护资金也很必要。资金投入是改善和创新农村环境保护的重要保障。环保部门应多渠道筹集资金，为新农村环境建设提供强有力的物质基础。

农村环境执法机构是进行环境监管和环境执法的组织条件和基础。不健全的农村环境执法机构所面临的困境，不但会造成环境状况的急剧恶化，而且会使得公众在饱受环境污染之余，再一次次地受到行政敷衍、搪塞的二次创伤。因此，为了适应农村环境保护的需要，为了充分有效地利用现有的人力和物力，应当建立健全农村环境执法机构。

3. 强化执法队伍，提高执法人员的素质

一方面，环保机构应在充实队伍的过程中设立严标准门槛，另一方面，应加强基层环保队伍建设，定期组织培训，进一步提高执法人员的素质和品质，培养政治素质好、专业知识丰富、环境执法水平高的高端人才。加强执法队伍建设，提高执法质量，更要做好以下几个方面的工作：

首先，提高执法人员的思想道德素质。法律是依靠法定程序制定的，由国家强制力为后盾保障实施的，代表了最广大人民群众的根本利益。执法机构及其执法人员积极履行职责，对自己的执法行为负责、对法律负责，就是对党和人民负责。

其次，提高行政执法人员的业务素质。第一要提高农村环境执法队伍的准入标准，同时通过考核把不合格的人员淘汰。第二要对执法人员进行岗前教育培训，使其掌握环境执法的业务知识和环境保护的法律、法规，提高基层环境保护执法人员的执法水平。第三要不断更新执法人员的知识结构，务必做到高效执法。

另外，我国农村的执法资源、物资设备等条件都是非常有限的，满足不了广大农村的实际需求。资源的稀缺性与实践中的这种需求性是极不相符合的，是相互矛盾的。不解决这种矛盾，农村的环保工作就算没做到位，没做到家，同时也容易影响整个农村环境保护的效果。而强化执法队伍、提高执法人员的素质是解决这一矛盾的有效方案。假如环保执法人员的能力较强、素质较高，则可以在很大的程度上弥补人员短缺所带来的消极负面影响。①

4. 强化农村环境执法监督，建立和创新农村环保执法的监督机制

政府的环保机构不能仅仅为城市环境保护服务，其职能也必须扩展到我国广大的农村。在我国，法律应当赋予环保部门强制执行权，以加强环境执法的权威性和严肃性。农村缺乏专业环保人员和环保监督机构，因此应该增加农村的环保人员，加强环保机构的力量，从而使其执法范围可以覆盖整个农村。环境监督机构应该在农村逐步成长壮大，为农村环境保护做出贡献。此外，

---

① 张海娜. 新农村视角下农业生产环境保护法律问题研究［D］. 兰州：兰州大学，2010：43.

在镇政府一级建立相关的环保机构，配备相应的人员和资源。某种程度上我们甚至可以大胆地考虑吸纳农村居民使其成为环保监督队伍中的一员，监督企业和政府，切实以自己的实际行动维护自身的合法权益。随着环境保护的执法逐步开展起来和向纵深方向发展迈进，执法监督机制的重要性便愈发凸显。某种程度上可以说，环境执法监督机制是达到环保执法理想效果的最重要保障。因此，务必加强执法监督机制的建设，也必须进一步完善监督机制和增强监督效果。公众监督是环境监管的最重要也是最有效的力量。社会舆论和公众监督，可以对污染环境和破坏生态的违法行为人或组织施加压力。正因为公众的监督力量如此惊人，因此建议政府对个人监管者提供物质奖励和精神鼓励，降低个人监管企业破坏环境的成本，激发公众的监督潜力，譬如制定一些有奖举报措施，如此才能最大限度地发挥公众的有效监督作用。而这其中，要让舆论监督发挥作用，信息的公开是关键。媒体和政府偶尔会发生冲突，集中体现在信息的公开上。比如在环保工作中，一些地方政府会本能地欺上瞒下，而媒体和公众需要了解和公开环境事实的真相。信息一旦公开了，保证了公众的知情权，同时也便于舆论监督。①

此外，完善农村环境监管体制要充分利用现有的监管资源，加强环境资源能力建设，对农村特有的环境问题进行调查研究，对农村的环境质量进行跟踪和监测，熟悉和掌握农村环境情况，探索出有效解决农村环境问题的途径和方法。对于政府在农村环境保护中的一些不作为的现象，应该依照法律、法规的规定进行责任的认定与追究。中央和地方已经先后出台了不少追究政府部门及其工作人员环境行政违法行为法律责任的规定；但光有政策规定不行，得让它在实际中发挥其应有的作用。②

（三）创新和完善我国农村环境的司法保护机制

1. 对农村环境机构和政府相关机构及其运行机制进行改革

我国农村农民的特殊性直接导致了其在维护其正当权益时的被动和先天不足。因此，对农村环境服务机构进行改革并提高其服务管理水平就显得尤为必要。

首先，政府应该设立一些专门机构，派专人负责处理有关侵犯农民环境权的投诉、纠纷以及上访的事项，切实维护农民的合法权益。农民十分信赖政府，政府在农民心目中的影响力是十分巨大的。他们期望政府能替他们主持公道、伸张正义。政府及其工作人员应该积极面对，努力解决问题。政府的冷漠可能直接导致他们放弃维权的决定，如此便不利于农村环境的保护。

其次，政府应该全面支持农民的司法维权行动。当农民决定诉诸司法以维护其合法权益时，政府应该通过各种渠道支持农民的诉讼活动。在证据的收集上，政府可以给农民提供便利，以使他们顺利获得他们所需的证据；在司法程序上，政府可以指派专人对农民进行帮助，提供参考意见；在法律援助方面，政府司法局要为农民指派有经验的法律援助律师，维护农民合法权利。

最后，政府应建立奖励制度，对敢于勇于维权的农民进行奖励。政府应当建立机制，对勇于维权并取得成功的农民进行奖励，保障他们的行为。这样，一方面有利于增进干群关系，使官民更加和谐；另一方面，可以激发更多的受害农民拿起法律的武器维护自己的正当权益，为中国的法制化进程起到推进的作用。③

2. 确立农村环境案件的缓、减、免诉讼和仲裁费用制度

农民是我国的弱势群体，考虑到农民的经济状况（他们的经济实力有限），必须先去除掉诉讼费用的障碍，农民进行环境诉讼才可能实现。我国以前有过司法救助的法律规定，但救助范围过小、开展得不够规范等导致实施效果不佳。最近国务院新出台了《诉讼费用交纳办法》，明确了缓交、减交和免交的国家司法救助情形，将对诉讼费用整体大幅下调，并根据当事人的申请和经当地村民委员会的证明，对经济确实困难的当事人，决定让其缓交、少交或者免交诉讼费用或

---

① 李长健，王君健，陈志科．城镇化进程中农村环境法律保护问题探讨［J］．岭南学刊，2009（2）：72-77.

② 裴敬伟．论农村环境法治实现的路径——来自日本里山里地环境保护机制的启示［J］．华中农业大学学报（社会科学版），2016（4）：17-23.

③ 郇玉璞．新型城镇化进程中农村生态环境保护问题研究［D］．大连：东北财经大学，2016：18.

者仲裁费用，确保农民能够打得起环保官司。《诉讼费用交纳办法》已经施行，是可以期待的对农民的一大利好消息。诉讼费用解决的另一个途径是民间法律援助。这在我国是一个不常见却不容忽视的力量。在有了外界法律援助的情况下，相信许多农民会酝酿实施诉讼救济，农民的环境权就会得到维护。另外，我们不妨规定，如果当事人提起的是公益诉讼，则法院可以适当考虑不收取原告方的任何诉讼费用。

3. 创建环境公益诉讼制度

环境公益诉讼是指行政机关或其他公共权力机构、公司、企业或其他公民或团体为维护环境公益直接向法院提起诉讼。欧美各国的环境法中，都普遍采用了环境公益诉讼制度。在我国现行的环境诉讼法律规定中，唯有直接受害人才有权提起民事诉讼。此外，在我国从事环保公益诉讼既没有法律上的保障，更没有明确的法律支持。因此，为保护农村环境和保障农民环境权，我国应该建立环境公益诉讼制度。

首先，我们应该在环境保护法中进一步明确有关主体对侵犯公益的行为提起诉讼的权利。因为诉讼权是一项公民的基本权利，保护环境公益的诉讼权利应当得到环境基本法的肯定。

其次，提起公益诉讼不需要有一定的损害事实发生，可以保证广大农民在环境侵权行为已经出现，但损害结果尚未发生的情况下提起诉讼。这种在诉讼制度上贯彻“防范胜于救济”的理念，能更好地实现对农村环境的保护。

再次，放宽对环境诉讼当事人资格的规定。现行法律规定起诉条件之一是“原告与案件有直接利害关系”。这极大地限制了环境利益相关主体的起诉资格。此外，还应当鼓励成立农村民间环保组织或环保社团，并允许其以当事人的身份参加环境诉讼。在西方发达国家，从事环境保护的社团的发展壮大促使公民环境权得到了较充分的保障。我国也应当允许并鼓励公民成立环保社团，在农村环境保护方面发挥应有的作用。①

最后，参照国外的做法，由检察机关提起环境公益诉讼已成为一种惯例，而且收到了很好的效果。从我国的具体国情来看，检察机关是国家的法律监督机关，负有法律监督职能，其人力和财力的优势使之具有较强的诉讼对抗能力。借鉴此种做法建立环境公益诉讼制度，对受害农民进行救济，是完全可行的。

4. 构建和创新涉农法律援助制度

法律援助是指政府设立的法律援助机构组织法律援助人员和社会志愿人员，为某些经济困难的公民或特殊案件的当事人提供免费的法律帮助，以保障其合法权益得以实现的一项法律保障制度。目前，从总体上说，我国的法律援助制度尚处于初级阶段。其中我国的环境法律援助工作是法律援助工作中发展最为缓慢的，远远未跟上法律和环保发展的步伐。因此建立涉农法律援助制度是非常急迫和必要的。②

第一，建立专门的农村法律援助机构，设立与“农民法律援助中心”类似的机构。其援助的范围应该扩大到农民环境权益的保护方面。譬如为农民提供法律咨询服务、代写法律文书、宣传法律知识，为经济贫困的农民进行辩护和代理，进行诉讼。

第二，农村法律援助机构的建立要靠国家财政支持与社会捐赠相结合，以缓解援助机构的压力，同时减轻农民的负担。法律援助固然是政府的责任，但也应该提高到整个社会的高度来。应以政府财政支出为主，设立援助基金，接受社会捐赠，相关受益人分担部分费用等多种渠道筹措法律援助资金。

第三，农村法律援助中心要加强与其他组织，如工会、律师事务所、公证处、基层法律服务所等其他法律服务机构组织的联系和配合，以减轻自身的工作压力，扩大法律援助工作的覆盖面和社会影响面，使法律援助工作落到实处。

第四，农村环境法律援助机构的工作人员应该恪守职业道德，不断提高业务水平和工作能

① 刘飞. 我国农村环境的法律保护［D］. 长沙：湖南大学，2012：27.

② 李迅. 推进新型城镇化建设重在做好顶层设计［J］. 环境保护，2013（2）：17-20.

力。积极热情，认真对待案件，赢得农民对法律援助的信任。法律援助只有获得了信任，才能让更多的人去了解、关注，才能发挥出更大的作用。

第五，为受到环境污染危害的群众提供免费法律援助，包括组织人员进行调查、收集有关证据、以主办单位的名义委托律师对污染单位提起法律诉讼；组织法律专家、环保社团到有关单位进行环保宣传教育，并提供法律咨询、服务。制度的关键在于落实。我们必须将法律援助制度在农村发扬光大，最大限度地保护农村农民的环境权益。①

（四）积极开展宣传教育，提高农村农民环境保护法律意识

1. 打破城乡二元格局，破除体制障碍

城乡关系始终是关系我国现代化建设全局的重大问题。农村环境问题是中国社会长期存在的二元社会结构的必然产物。由于长期存在的城乡分割的户籍制度以及迥然不同的经济发展战略，包括农村环保政策、环保机构、环保人员以及环保基础设施、管理体系等在内的农村环保公共服务均供给不足。城乡环境的差距拉大是整个城乡二元社会结构长期作用的恶果。现行的环境保护立法使城市的环境法律、法规逐渐趋于完善。城市居民的环境保护意识日益提高，污染行为得到了有效的控制，居民的生活生态环境有了明显改善。这都是国家的环境立法和政策倾向于城市的结果。与此相反，农村的环境问题层出不穷，不尽如人意，各种各样的环境问题没能得到有效的控制，环境违法行为没有受到应有的惩处，责任人逃脱法律责任追究而逍遥法外，农村生活生产环境遭受到了严重的威胁。

我们要打破城乡二元的局面。当下，应该加大对农村的环保支持力度和政府财政的支持力度；应该努力革除城乡之间存在的一些制度性体制方面的障碍；也应该增加对农村的环境保护资金的投入，加大政府的财政转移支付力度和其他方面优惠政策的倾斜；要加强对资金的运行状况的监督，确保资金未落入贪腐者的腰包，保证农村居民的环境利益；要依法行政，依法惩处破坏环境的行为，保障农民的各种环境权益。广大农民也应该提高环保意识和法律意识，积极同违法环境行为做斗争，对破坏环境资源的行为予以谴责并加以抵制。

2. 加大法律和环境知识的普及力度，让农村居民自主维权

我国农村环境污染问题愈发严重了，农村环境污染和生态破坏日益加剧，严重地影响了我国经济和社会的可持续发展和民族的伟大复兴事业的顺利完成。同时，农民的环境意识和法律意识不强。有鉴于此，国家应充分利用电视、广播、网络、微博等社会媒介广泛而深入地对环境保护的意义和当前的环境状况进行宣传，普及并推广农村环境保护法律知识，使农民能够认识到农村环境存在的问题、未来的发展趋势以及危害，激发农民的生态环保意识和法律意识，规范人们的环境行为，树立自觉保护环境的责任感，推动农村环境保护不断向前发展。其中，宣传教育的内容和形式可以是丰富多样的，不拘泥于一种或几种形式，可以运用电视、广播、网络、微博等手段，也可以举行现场咨询会，还可以上门为农民解答疑难问题。通过一系列的宣传教育活动，我们要让农民充分接受教育，使其思想潜移默化地受到熏陶和无形中受到感染和教化，为农村环境污染的顺利解决和农村环境的美化创造主体条件。

3. 提高农民环境保护意识与参与环境保护的积极性

现如今的环境问题早已经不仅仅局限于传统的工业污染，农村的整个环境状况也是令人颇为头疼的，逐渐成了环境保护的薄弱环节。环境问题具有全局性、整体性的特点。这就要求我们的环保工作要统筹兼顾，全盘考虑，不能一手软一手硬，从整体上搞好城市的环境保护的同时也要注重农村环境的保护。农村环境保护的弱势状况不单单是政策倾斜方面的问题，也是农村居民的环境和法律意识缺乏的问题。增强农村居民的环境保护和法律意识，从而实现法制化。例如保护农民环境权的举措，本身是一种在实践中推广环保和法律知识的有效的途径，对于改变当前农村居民环保思想和法律意识可以起到十分积极的作用，同时对于农村的整个环保法制化进程的意义也颇为重大。农村环境保护工作的确是一项十分复杂的系统工程。在许多方面上，我们国家应效

① 刘尊梅，韩学平. 论我国农民环境权利保护的法律援助［J］. 学术交流，2011（8）：66-68.

仿邻国日本。日本的民众具有很强的环境保护意识，公众参与环境保护的程度和积极性非常高，其中公众参与原则已经成为日本公民的环境准则。在参与农村环境政策的制定过程中，为了提高农民参与环境保护的积极性和主动性，可以面向农民征求和询问详细的决策信息，有助于农村环境问题决策的科学化和民主化；同时，基于此出台的政策在实践中也更容易为农民接受和贯彻落实。在项目规划、工程建设重大问题上，特别是遇到重点污染项目或者移民等影响较大的问题时，相关单位要事先开展充分的调查和研究，仔细认真听取农民的意见和合理建议。这对于工作的顺利开展和取得理想的效果是很有裨益的。还有，农村民众可以尝试参与监督行政部门的执法行为，纠正其工作中的过失，有助于提高政府工作的透明度，也有益于提高农民环境保护法律意识和参与环境保护的积极性；农村政府机构和环保机构定期及时向广大农民传递周遭的环境状况，公布身边的违法环境行为，奖励环境先进组织和个人，号召大家一起行动起来，群策群力，团结一致，共同捍卫我们的生存环境，保卫我们共同的生态家园。

第三编　新农村建设视域下农民权益保护法律制度创新探究

第十四章　农民户籍改革法律制度创新

户籍制度改革是关系经济社会稳定发展和我国区域经济一体化目标实现的一项基本问题。但是当前我国城乡居民户籍异化现象较严重，城乡居民权利不平等，区域内的迁徙自由受到限制。为了实现城乡经济社会的协调发展，应通过区域立法确保本区域内户籍制度改革的法治化。应明确户籍制度改革的价值和原则，制定区域户籍改革基本法，完善户籍改革的其他配套措施，保障户籍改革中的公民权利平等。

户籍制度改革是关系社会和谐的重大问题之一，也是实现城乡二元区域经济一体化目标的关键性问题。户籍制度改革是革除城乡居民二元分治的重要步骤，可视作我国现代化改革的决定性环节。它能引发和推动城乡区域经济、政治、文化、教育等各领域改革向纵深方向发展。户籍制度改革是推进城乡二元区域经济协调的一项基础性、根本性改革，因此探讨农民户籍制度改革的法律完善路径具有重要的现实意义。

一、农民户籍改革制度创新的必要性

"户籍制度是指与户口登记和管理相联系的行为规则、组织体制和政治经济法律制度以及相关政策的总和。"① 简言之，户籍制度是与户口登记相关的人口管理制度。它具体包括与户口登记、迁徙等相关的管理和限制措施，并与户籍所在地、户口性质相挂钩的涉及居民权利界定、利益分配等内容的一系列法律制度。它是以户籍管理为核心的一系列人口控制制度、人事管理制度、劳动就业制度、医疗保险制度、住房分配制度和教育制度等具体社会制度的总称。我国现行户籍制度是在 1949 年后逐渐发展起来的，其演变经历了自由迁徙期、严格控制迁徙期和半开放改革回归自由迁徙期的发展过程。与此同时，居民权利和身份地位经历了从平等到不平等再逐渐改革回归平等的演进历程。在特定条件下，户籍制度在合理配置劳动力资源、为国民经济发展规划提供数据、维护社会秩序、证明公民身份等方面发挥着积极作用。但随着市场经济体制的建立和完善，以及改革开放的纵向深入，现行户籍制度将严重阻碍我国整体经济实力的提升，最终会导致城乡差距的进一步扩大，不利于农村区域的合作和经济协调发展，更不利于我国区域经济协调发展战略的实现。唯有破除户籍制度中的身份地位不平等，才能发挥农村区域的整体优势，实现整体联动发展。

《中共中央关于推进农村改革发展若干重大问题的决定》指出："推进户籍制度改革，基本建立城乡经济社会发展一体化体制。"破解户籍制度改革的难题是实现农村区域经济协调发展的基本前提，为构建城乡结合的城市群和大都市带扫清制度障碍。泛珠三角区域是指云南、贵州、广西、海南、四川、广东、湖南、江西、福建九省区和香港、澳门两个特别行政区。"9+2"的泛珠三角区域合作模式跨越了省级行政区。泛珠三角区域的城市群和大都市带的形成是以合作博弈、开放性为基础的。然而现行户籍制度在城市和农村之间、非农业人口和农业人口之间划分了社会身份的鸿沟，即市民阶层和农民阶层享受不同地位、不同待遇。这无疑会严重阻碍公民平等权的贯彻落实，严重影响该区域内城乡协调发展以及市民和农民之间的利益分配和资源配置。户籍制度会阻碍城乡区域内大的城市群的形成，难以发挥城乡区域中心城市的综合实力，难以促进城乡区域统一大市场的构建以及由此带来的批量生产和规模经济效益，不利于城乡区域经济一体化的快速发展，也不利于城乡居民权益的平等保护。只有通过户籍制度改革，才能实现公民的迁

① 陆益龙. 户籍制度——控制与社会差别［M］. 北京：商务印书馆，2003：54-55.

徙自由和身份平等，使城乡区域公民能从各种束缚中解脱出来，以增强整个区域经济发展的信心，有利于实现区域经贸合作和人、财、物的自由流通，更有利于发挥城乡区域的市场开阔、资源丰富等优势，使城乡区域内优势服务业和资本流向落后的腹地区域，实现城乡区域的产业结构调整，实现城乡区域的综合全面发展。打破城乡区域内户籍制度的阻力，将有力促进人才、技术、资金和信息等在该区域内合理流动，实现资源互补、互利互惠。城乡区域经济发展需协调不同的体制。该区域户籍制度的差异性将会导致发展的不均衡性和不平等性。户籍制度将阻碍该跨境层面的合作与协作。改革城乡区域的农民户籍制度势在必行。

国外户籍制度基本不影响公民的居住自由和迁徙自由；而我国现行户籍制度则严格控制农村居民向城市迁移，是限制公民身份转换的重要手段，阻碍了该区域内公民平等权的实现和经济民主的推进。城乡区域经济协调发展离不开区域内外公民的参与和互动。只有实现公平使城乡区域内的农民自由流动和迁徙，才能达致城乡区域之间的优势互补以及实现该区域的长远发展战略和规划。特别应该改革城乡区域的农民户籍制度，使公民平等权得以顺利实现，使城乡区域合作与发展稳步推进，有利于整合生产要素，发挥公民在城乡区域经济一体化进程中的主导作用。改革城乡区域户籍制度是保障该区域公民的生存权、平等权、受教育权、自由迁徙权和其他权利的重要条件，能实现该区域内公民的政治权利平等、经济权利平等和人格权利平等。

二、城乡农民户籍制度改革现状及制度创新的困境

（一）城乡农民户籍制度改革的现状

随着社会主义市场经济体制的完善，城市化进程的推进，我国城乡户口的差别藩篱逐渐被打破。国家先后出台了一系列政策来改变和消除城乡二元分治的现状，逐渐缩小农村公民和城市市民之间的待遇差距。例如，1994 年，国家取消了以商品粮为标准对户籍进行的分类，而采取职业和居住地标准对其进行划分，建立常住、暂住和寄住这三种形式的户口登记制度，逐渐完善证件化管理。① 1998 年，国务院转批的《关于解决当前户口管理工作中几个突出问题的意见》明确了子女落户问题，放宽了直系血亲和姻亲投靠落户的条件限制，对人才落户、投资落户和购房落户给予宽松政策，探索居住证制度。2001 年，《国民经济和社会发展第十个五年计划纲要》提出要改革户籍制度，消除城镇化的体制障碍，实现人口有序流动。同年，公安部的《关于推进小城镇户籍管理制度改革的意见》实施，一定条件的外来人口可在小城镇办理户口登记。2008 年，我国为形成城乡经济一体化格局，推进户籍制度改革，切实放宽中小城市落户条件。属于泛珠三角区域的湖南、福建、广东、四川等省区的户籍制度改革陆续启动。湖南省制定的《关于大力推进新型城市化的意见》明确规定，强化户籍改革力度，在省域范围内建立户籍一元化制度，取消户籍的社会管理功能，促进城乡人口流动自由。属于泛珠三角地区的云南、江西等省正式取消农业人口和非农业人口相区别的二元制户籍登记模式，实施一元制户籍管理模式，将各基层人口称为居民户。

城乡区域的户籍制度改革同样是一项复杂的系统工程。它涉及城乡区域内各省区的财政制度、社会保障制度和就业制度等多种问题，需要跨省区的多部门协调合作，规范管理，避免地方保护主义和各自为政，实现区域立法，真正提升城乡区域农民户籍制度改革的综合能力。

（二）城乡区域农民户籍制度改革之法律创新难题

1. 城乡农民户籍制度改革的非规范性

总体而言，城乡区域的农民户籍制度改革欠缺区域立法予以保障。关于户籍制度改革的国家立法方面，大多数户籍制度改革的规范性文件以“通知”“意见”形式发布，改革二元结构户籍

---

① 郑敏. 户籍制度改革要切实保障公民权利——剥离户口附带的社会利益［J］. 高等函授学报（哲学社会科学版），2008（12）：56.

管理体制的政策性强，从本质上讲不具有法律效力。到目前为止，国家尚未出台一部权威性的户籍管理法，户籍登记难以实现城乡统一的管理模式。关于泛珠三角地区户籍制度改革的区域立法方面，目前尚未形成“9+2”模式的户籍制度改革的规范性文件。现行泛珠三角区域的户籍制度改革的规范性文件是以省区为单位颁布的，其法律效力仅限于本省区范围内，对本区域外的城乡区域公民不能产生规制的效果。在泛珠三角区域内的四川省成都市采取了城乡统筹模式的户籍改革措施。2003 年至今，成都市取消了入城指标限制和农业户口与非农业户口的性质区别，采取了准入条件标准。成都市政府发布的《关于全域成都城乡统一户籍实现居民自由迁徙的意见》指出：“到 2012 年年底，成都将建立户口登记地与实际居住地统一的户籍管理制度，城乡居民凭合法固定住所证明进行户口登记，户口随居住地变动而变动；建立以身份证号码为标识，集居住、婚育、就业、纳税、信用、社会保险等信息于一体的公民信息管理系统。”① 2010 年，广东省全面实施积分入户的管理模式，推行流动人口入户与积分制的量化标准相结合，为户籍制度改革提供了一条新的路径选择。城乡区域内各省区的户籍制度改革具有一定的积极性，但对城乡区域农民的户籍制度改革措施的制定并未提供全面的参考依据。城乡区域农民中各省区的户籍制度改革具有较大的局限性，户籍制度改革的区域范围有限，仅涉及个别省区而不能触及城乡区域内的事权，不是真正意义的城乡区域户籍制度改革的立法措施。

2. 城乡农民户籍制度改革的非系统性

在我国长达 20 余年的户籍制度改革进程中，国家一直没有对户籍管理制度采取全方位的、系统的、彻底的改革。城乡农民户籍制度改革主要是以该区域内的各省区为主导、分散进行的户籍制度改革，尚未在城乡区域农民群体内部进行系统的户籍制度改革。现行宪法、法律对户籍制度改革并未提供明确可行的完善路径，城乡户籍之间的平等自由诉求仍难以实现，城乡区域农民户籍制度的系统改革尚未推进，欠缺城乡区域的基本法的支撑。城乡区域户籍制度的改革之所以尚未顺利推进，在于该区域城乡户籍制度和城乡区域社会经济之间的矛盾尚未升级。只有在城乡区域的农民的发展压力、潜在人口的迁移意向以及城乡居民承受能力过大时，才能加快户籍制度改革的步伐，才有可能激发对户籍改革配套措施的研究。户籍制度改革的目标就是实现城乡户籍权益均等化，在理论上有两种途径可以有效破除户籍制度：其一，调整城市偏向的城乡利益分配格局，逐步实现城乡居民权益均等化，使得户籍制度虽存在，但户籍权益平等；其二，放开户籍迁移限制，最终实现自由迁移，达到社会福利全民共享的目标。实践中，城乡区域农民户籍制度改革主要是以省区为单位进行的，缺乏区域性、整体性；改革的方式主要是减少户籍迁移限制，未从区域利益的高度，统筹规划，调整区域内城乡利益分配格局，改革缺乏系统性。城乡区域农民户籍制度如何改革，尚缺乏成熟的法律意见，因此改革缺乏整体性以致区域性、系统性的户籍法律制度缺失。

3. 城乡农民户籍制度改革的价值不明确

我国户籍制度被人为地赋予了过多“附加值”，户籍常与经济、教育、文化等权利相挂钩。在户籍制度改革过程中，社会民众总希望改革能带来更多的利益。推进户籍制度改革的同时必然会带来城市化的发展，城乡区域的城市群或大都市的进程必然会加快，原来城市户籍所附带的特殊利益将逐渐消失，城乡区域的城乡差距将进一步缩小。城乡区域的城市户籍的吸引力将弱化，该区域户籍制度改革的价值取向不再只局限于城市化。虽然城市化是其改革的一个重要方面，但并不是其全部预期。此方向的户籍制度改革价值尚未体现人口自由迁徙的内容，也不能真正反映城乡区域农民的平等自由权利。城乡农民户籍制度改革以城市化为价值取向。这种价值取向不仅单一，而且畸形。片面推进城市化，用城市化的大潮掩盖城乡之间的差异，消灭乡村，消灭户籍的价值理念是错误的，不利于经济社会的发展。把改革的中心放在推进城市化上，明显地体现出当前城乡农民户籍改革的价值目标不够明确。

---

① 冯奎，钟笃粮. 完善基本公共服务体系促进户籍制度改革［J］. 中共中央党校学报，2013（1）：95.

4. 城乡户籍制度改革的配套措施不全

户籍的基本功能应该仅仅是人口信息的登记和管理，在发展过程中附加的各种资源性利益都是不正义的，都应该努力破除。“户籍制度改革的中心任务应该是剥离附加在户籍制度之上的劳动就业、教育培训、住房待遇、生活福利以及社会保障等制度，消除城乡户口划分和户口迁移的行政限制；最终目标是实行城乡统一的、开放性的新型户籍管理制度，并将户口功能回归到个人身份登记、信息统计以及民事管理等原始功能，使户口登记成为信息化管理的重要手段和基础。”① 因此进行户籍制度改革应该配套进行劳动力就业改革、教育培训改革、住房改革、生活福利改革、社会福利改革等。实践中，城乡区域农民户籍制度改革思路、方式较为单一，改革的配套措施不健全，致使改革的效果不佳。

三、城乡农民户籍制度改革法律创新之具体措施

（一）明确城乡区域农民户籍改革的价值和原则

户籍制度设计之初，基本价值追求是实现人口信息的有效登记和管理，但发展中产生了一系列衍生利益，使得户籍制度扭曲，限制了人的发展。“户籍制度改革应该逐步剥离户籍制度上所粘连的各种利益分配和资源配置功能，不断消除户口的物质化因素；改革户籍制度对人口流动和迁移的行政性限制和控制，逐步拆除户籍屏障，最终回归户籍制度人口信息登记与管理的基本价值。”② 城市化的推进仅仅是户籍改革的一种重要途径，不是户籍制度改革的唯一方式，更谈不上成为户籍改革的价值。简言之，户籍改革的价值就是要回归户籍制度的本原。

还应明确城乡区域农民户籍改革的整体性、系统性原则。调整城市偏向的城乡利益分配格局和放开户籍迁移限制是进行户籍制度改革的两种思路。在改革中需要站在区域经济整体协调发展的高度，系统推进，不断深化。在城乡广大区域，城乡利益分配不均与户籍限制同时客观存在，户籍改革过程中单纯地调整城乡利益分配格局或放开户籍迁移限制最终都可以实现户籍权益均等化；但改革的成效不明显，无法有效解决各类社会矛盾。只有在不断调整城乡利益分配格局的同时，努力放开户籍迁移限制，才能有效实现改革目的。城乡区域是一个区域体，户籍制度改革的目的是促进区域经济更好更快发展，因此户籍制度改革应该在整个区域进行有效统筹，加强各省区之间的合作、交流，增强户籍制度改革的整体性。

（二）制定城乡区域农民的户籍基本法

制定城乡区域农民的户籍基本法，首先应明确城乡区域农民户籍基本法的立法宗旨，重点突出保障城乡区域城乡居民的平等权和自由迁徙权。还应制定城乡区域城乡一体化的户口登记制度，完善身份证制度。③ 城乡区域经济的发展需要区域经济法的规范与支持，而城乡区域农民户籍基本法是区域经济法的重要组成部分，因此为了区域经济的发展，应该努力制定城乡区域农民户籍基本法。从法律渊源上看，区域协调发展法律、法规体系可以分为中央层面立法、区域层面立法、地方层面立法。④ 制定城乡区域农民户籍基本法，在中央层面，应该在宪法中明确规定公民的迁徙自由权利，并且规定各省区有逐步破除户籍障碍的义务。在区域层面可以制定一些各省区之间共同调整城乡利益分配格局的规范性文件，或者是统一降低各省区之间户籍迁移的条件。在地方立法层面，各省区有立法权的主体应该为破除户籍限制积极立法，建立城乡区域农民户籍基础法律。制定城乡区域农民户籍基本法，应该努力处理好国家与公民社会之间的关系、国家与

---

① 张炜．城市户籍制度改革的地方实践［D］．上海：华东师范大学，2009：23-24.

② 张炜．城市户籍制度改革的地方实践［D］．上海：华东师范大学，2009：23.

③ 刘翠竹，丁立杰．中国户籍制度改革之研究——以《户籍法》的颁布为研究视角［J］．黑龙江省政法管理干部学院学报，2012（3）：20.

④ 贾焕银．区域协调发展法律法规体系性质与构建分析［J］．云南财经大学学报（社会科学版），2012（5）：115.

区域之间的关系、平等区域主体之间的关系，使得泛珠三角区域、长三角区域等户籍基本法的作用得到充分发挥。

（三）完善城乡区域农民户籍改革的创新配套措施

在城乡区域农民户籍制度改革过程中，应把户籍转移和社保、教育、住房、就业、卫生等保障机制结合起来，通过区域立法明确各环节的权利、义务和责任，明确农村土地自愿有偿退出机制，提升城乡区域城市户籍的含金量；应在就业方面、教育方面、社会保障方面给予农村户籍人口更多的利益和资源，有利于城乡区域城乡户籍一体化，更有利于强化该区域的综合发展规划。[①]"户籍制度改革的中心任务应该是剥离附加在户籍制度之上的劳动就业、教育培训、住房待遇、生活福利以及社会保障等制度，消除城乡户口划分和户口迁移的行政限制……"[②] 户籍制度改革涉及劳动就业改革、教育培训改革、住房改革、生活福利改革、社会保障改革等问题。进行城乡区域农民户籍制度改革需要统筹户籍与就业、教育、住房、社会保障等一系列民生改革，完善各类配套措施，使得户籍改革的效果凸显。在劳动力就业方面，不仅要实行人才居住证制度，满足地方对高端人才的需求，还需要努力破除就业中的各种歧视，以及地域、城乡户籍限制，有效实现就业的公平、自由。在教育方面，在努力发展乡村、边沿山区教育的同时，还需要破除户籍对招生录取的限制；解决弱势群体，特别是农民工子女上学难的问题，实现教育资源全民共享的目标。在住房方面，在加强商品房的有效调控，打击违法购房行为的同时，为农民、非本地户籍人买房提供更多便利条件。在社会保障方面，改变城乡、地区之间社会保障福利分配不均的局面，实行社会保障费用整个城乡区域统筹，公民公平享受社会福利……

（四）加快城乡区域城乡服务均等化供给

我国城乡生活差距巨大的根本原因在于国家公共服务供给实施向城市倾斜的政策以及二元化的户籍制度。城乡区域农民户籍制度改革的基本路径不排除把已入城工作、生活的农民户籍转为城镇户籍，并赋予其与城市居民同等的权利。这是解决城乡区域城市化的必由之路，但不能从根本上消除城乡居民户籍制度之间的实质不平等和明显差异。因此，在城乡区域农民户籍制度改革的同时，应加大城乡区域的农村建设的投入力度，在公共服务供给方面应统筹兼顾，通过区域立法改善农村居民生活条件，实现城乡均等化，真正做到城乡区域"城乡生活不同但等值目标"[③]，使该区域城乡统一登记的户籍管理制度最终得以落实。

（五）保障城乡区域农民户籍改革的农民合法权益

为了保障公民权利，实现社会正义，需要对城乡区域农民户籍制度进行改革。首先，应破除城乡异籍，实行城乡户籍一体化。城乡户籍制度的存在，使得社会中的每个个体又多了一重身份——农村人、城里人。以身份的高低来评价一个人，是一种已经被我们摒弃了的思想。但是可悲的是文明发展到今天，我们又重新把这种观念根植于我们的社会之中。我国《宪法》第三十三条规定，中华人民共和国公民在法律面前一律平等。但是现行城乡异籍制度却违背这一基本法律原则，在社会中制造不平等。城乡异籍弊端重重，不仅违反《宪法》，还侵蚀社会文明根基。应努力废除此制度，实现城乡户籍一体化，保障城乡区域农民的合法权益。

其次，应消除户籍制度的附加功能。现代户籍制度衍生出许多附加功能。例如，获取高考加分、享受特殊医疗服务、参加特殊招聘、从事特殊工作、攫取特殊利益等。户籍制度发展中的特殊功能异化了户籍制度，成为社会不平等的重要根源，挑战社会正义的底线。要实现城乡区域的经济协调发展，需努力剥离户籍制度上附加的各种利益分配和资源配置功能，消除户籍的物质化因素，使其回归到户籍制度应有的人口信息登记与管理的基本功能。

最后，应保障城乡区域农民的迁徙自由，实现区域内人口自由流动。迁徙自由是公民权利的

① 孟兆敏. 我国户籍制度改革研究的回顾与展望［J］. 西北人口，2008（1）：96.

② 张炜. 城市户籍制度改革的地方实践［D］. 上海：华东师范大学，2009：23-24.

③ 陈跃，欧书阳. 重庆市"统筹城乡户籍制度改革"调查报告［J］. 农村经济，2011（9）：19.

重要内容。1949 年通过的《中华人民共和国共同纲领》和 1954 年通过的《宪法》曾肯定并保障公民的迁徙自由。但现在迁徙自由的权利已从《宪法》中剔除，特别是现代城乡户籍制度、区域户籍制度的发展为公民的自由迁徙设置了多重障碍，限制公民人身自由与其经济、社会、文化等权利。城乡区域农民户籍制度改革应该努力破除城乡户籍限制、区域户籍限制，为公民的生存发展提供同等的机会和条件。

第十五章　新生代农民工维权法律制度创新

新生代农民工是国家公民的重要组成部分，其存在的核心问题是权利问题。能否真正维护新生代农民工的平等权利是实现社会和谐、推进城市化建设和改善弱势群体基本生存权的重要力量。新生代农民工不同于老一辈农民工，具有独自含义和显著特征。我们可通过对其维权意识、维权方式和维权能力的探究，为其合法权利的实现提供重要途径，为维护城乡和谐发展赋予权利保障。

新生代农民工期待由“亦工亦农”向“全职非农”转变，由“城乡双向流动”向“融入城市”转变，由“寻求谋生”到“追求平等”转变。[①] 但城乡社会人为的二元化经济结构，以及现实存在的权利不平等直接冲击着现行制度安排和政策实施，是影响我国工业化、城市化和现代化进程的关键因素。新生代农民工权利问题的关键是其权利贫困问题。新生代农民工权利贫困主要包括参与权利的贫困、教育权利的贫困、医疗权利的贫困、社会保障权利的贫困以及迁徙权利的贫困等。提高新生代农民工的权利维护意识、规范其权利维护行为和促进其权利维护能力是实现新生代农民工合法权利的重要途径，是维护城乡和谐发展的动力，更是构建和谐社会的保障。

一、新生代农民工的含义及其特征

（一）新生代农民工的含义

2001 年有学者首次提出“新生代农村流动人口”[②]，随后对其含义做出具体解释：新生代农村流动人口是指“年龄在 25 岁以下、于 20 世纪 90 年代外出务工经商的农村流动人口，他们与第一代农村流动人口在社会阅历上有着明显的差别；另外他们不是第二代农村流动人口，因为他们毕竟不是第一代农村流动人口在外出过程中出生和长大起来的，而是介于第一代与第二代之间过渡性的农村流动人口”。[③] 2010 年 1 月 31 日，中央发布的一号文件《关于加大统筹城乡发展力度进一步夯实农业农村发展基础的若干意见》中，首次提出“着力解决新生代农民工问题”，具有划时代战略意义。“新生代农民工”并没有明确统一的界定，主要是指 80 后、90 后这批外出的农民工，其占总体农民工比例大约为 60%，大约有 1 亿人口。目前新生代农民工主要是指“1980 年以后出生、16 周岁以上的青年农民工；他们一部分是 20 世纪 90 年代后期进入城市务工的新生代农民，一部分是从出生到成为新生代农民工之前一直随父母留在城市的老一代农民工子女”。[④]

（二）新生代农民工的特征

新生代农民工与上代农民工相比，有着自身群体的特征：其一，体现了“新”的面貌。其年龄小、有文化、想法新、有活力；同时新生代农民工群体的生态和生活质量更新快，权力欲望更新、更强，对制度性身份认同和乡土认同正在减弱。其二，反映了“三高一低”的特点，即受教育程度高，职业期望值高，物质和精神享受要求高，工作耐受力低。[⑤] 其三，绝大部分新生代农民工男女比例相当，未婚比例偏高，跨省流动趋势明显，地区内流动比例小。其四，消费观念比较开放。其不再仅局限于简单的衣食住行，而是大量花费金钱在电器等高档商品或服务型消费等方面。

---

① 丁志宏. 我国新生代农民工的特征分析［J］. 兰州学刊，2009（7）：71.

② 王春光. 新生代农村流动人口的社会认同与城乡融合的关系［J］. 社会学研究，2001（3）：63.

③ 罗霞，王春光. 新生代农村流动人口的外出动因与行动选择［J］. 浙江社会科学，2003（1）：110.

④ 陈文龙. 中国新生代群体内潜在冲突的现状与对策探讨——以“80 后”农民工和“80 后”大学生为例［J］. 山西青年管理干部学院学报，2009（1）：12.

⑤ 韩振方. 论新生代民工的特点与作用［J］. 山东行政学院山东省经济管理干部学院学报，2006（4）：32.

他们渴望享受，用于娱乐和改善生活质量上的消费比例偏高。其四，生活方式上日益与城市生活趋同，生活目标明显具有脱离乡土社会的倾向，乡土情结淡化，对城市依赖感和归属感明显增强。有统计数据显示，近87%的新生代农民工不再愿意从事农业生产，不再愿意以农业生产方式作为职业，而67.24%的上代农民工大多仍愿意选择农业生产作为主要的生产方式。[①] 新生代农民工是农民工发展的主流群体和主体力量。他们既期待完全融入城市而成为全职非农务工者，又想追求各种权利平等，但他们处于身份认同的混乱状态[②]，真正成为既融不进城市又不愿回乡的“边缘人”。

二、新生代农民工维权意识现状考察

（一）维权意识的法理

权利是人们对其所应享有的自由和利益的一种合理期待或可能性，为实现自身利益而要求他人为或不为一定行为的能力。它可分为应然权利、法定权利和已然权利三种类型。权利意识是权利主体的一种主观心理活动，是指人们对自我利益和自由的认知、主张和要求，以及对他人认知、主张、要求的社会评价。[③] 权利意识不仅是权利主体对自身所应享有权利的认识、理解和诉求，而且表达了如何合理实现自身所期待的各项权益的愿望，也就是如何将民众的应然权利转变为法定权利和已然权利的过程。新生代农民工维权意识是一种群体维权意识，主要是指新生代农民工对自身应享有的、法定享有的和实际享有的权利及维护权利方式的认识与理解，以及对如何实现自身权利的渴求心理倾向。新生代农民工维权意识主要涉及以下层次内容：其一，新生代农民工对自身权利的认知和态度，尤其是对在劳动就业过程中所涉及的各项权利的认知和态度；[④] 其二，认识和理解依法维权的内容，以及维权的价值与意义，在法律范围内做到自觉维权和理性维权，以免妨碍其他主体的合法权益；其三，新生代农民工“掌握如何有效行使与捍卫这些权利的方式”。[⑤]

新生代农民工维权意识来源于宪政下的人权保障，其法理基础是社会正义和社会平等。在权利体系中，人权居于最高层次，也是法律追求的终极目标。新生代农民工的基本生存权和发展保障权应优于其他任何权利。从最低限度来讲，人之幸福要求有足够的秩序以确保诸如粮食生产、住房以及孩子抚养等基本需求得到满足。[⑥] 新生代农民工维权意识中，生存权的保障具有至上性和优先性。在社会分层体制中，由城乡二元体制所决定的社会经济结构是不公平的。新生代农民工的就业机会均等被剥夺。经济结构的非正义性决定具体制度的非正义性。新生代农民工的基本生活条件和基本人权得不到基本保障，容易滋生各种社会不满和怨恨，不利于社会和谐、城乡和谐。机会均等是社会资源配置方式合乎正义的首要标准。应对现存新生代农民工的就业、获得劳动报酬、安全生产等经济权利中的不平等现象进行纠正和排除。对新生代农民工机会均等的最低限度维护和供给，也有利于提高其对由竞争产生的社会不平等和社会分层强弱不等的接受程度。新生代农民工所要实现的公平正义，不仅是抽象的、形式上的公平正义，而且应是实质意义上的公平正义。贯彻社会平等理念，应从法律上承认新生代农民工的社会平等权，还应保障其权利得以实现。构建城乡和谐、实现社会平等，必须从制度层面对新生代农民工予以倾斜保护，防止和纠正社会强势群体与其之间出现对立与分化，创造社会平等的生存环境、缓解社会矛盾、减少社会不稳定因素。历史的经验已经证明，没有国家权力的保护，法律和权利都是软弱无力的。[⑦] 因

① 吴漾. 论新生代农民工的特点［J］. 东岳论丛，2009（8）：58.

② 许传新. 新生代农民工的身份认同及影响因素分析［J］. 学术探索，2007（3）：60.

③ 杨莉. 转型期青年工人权利意识与维权现状研究［J］. 青年研究，2006（11）：38.

④ 林燕玲. 论农民工权利意识的发展轨迹及其社会意义［J］. 中国劳动关系学院学报，2008（4）：54.

⑤ 唐连凤，吴新团. 对农民工权利意识现状的理性思考［J］. 通化师范学院学报，2009（9）：24.

⑥ E 博登海默. 法理学——法律哲学和法律方法［M］. 邓正来，译. 北京：中国政法大学出版社，2004：318.

⑦ 程燎原，王人博. 权利及其救济［M］. 济南：山东人民出版社，1998：156.

此，应构建新生代农民工的权利保护法律体系，真正实现同工同酬、同工同时、同工同权、同命同价的社会平等理念。

（二）维权意识的现状

经济发展、社会进步和法治完善逐渐催醒新生代农民工的维权意识。新生代农民工对自身权利与义务的不对等、身份和处境的差异表达了强烈的权利诉求，但由于体制障碍与法律缺失，其权利保障无形之中受到压制和剥夺。新生代农民工的权利保障是关系新生代农民工顺利融入城市的核心问题。新生代农民工权利保障应该是全方位的，主要包括生命健康权、政治经济权、文化教育权、社会发展权、劳动就业权以及表达权等。具有独特利益诉求的新生代农民工群体维权意识不断增强，权利认知水平不断提升，逐渐对法律、法规有了具体认识，对政治参与权利怀有极大热情，对生存需求、身心健康、平等发展等具体权利高度关注。这些不仅反映了其权利意识的提升，以及对自身权益的期待和对法治社会的期待，也反映了强烈希望政府和国家对其权利给予保障。新生代农民工对于在劳动就业过程中遇到的不公平问题，能够运用法律知识进行合理处理。沿海地区的“民工荒”和“用脚投票”正是新生代农民工维权意识提高的写照。面对不公正的待遇，对法律知识有一定了解的他们也会运用合法的手段讨说法。但当前新生代农民工还是整体相对缺乏法律意识和权利意识的群体。这与我国法律现状不理想、制度不健全有着重大关系。“对法律期望高则必有失望，法治社会也不例外”。① 新生代农民工的权利意识和权利诉求虽然有所增强，但对其权利及价值认识还是混淆不清，一定程度上处于权利意识不明确、模糊化阶段。新生代农民工“大多对权利概念界定不清，对自身应享有的权利缺乏客观系统认识；缺乏全面理性追求自身权利的积极性和主动性；不能正确运用行政的、法律的手段维护自己的合法权利”②。新生代农民工权利缺失还很严重，存在突出的权利贫困问题，主要是其公平就业权、劳动保障权、社会保障权、政治参与权、子女受教育与自身受培训权、权益诉求表达权和自由流动迁徙权等受到不同程度的歧视、排斥和剥夺。他们在经济、政治和文化资源的占有方面都处于社会分层体系的底层，其整体社会权利配置被边缘化而处于弱势地位，进而影响新生代农民工权利的实质享有程度。甚至他们只注重眼前利益，不愿意为权益保障而牺牲工作机会，往往很难对维权之后所带来的长远利益做出合理的认识和评估，从而消极地屈从社会不公的潜规则，以及形成对受损权益救济的漠视。

（三）维权意识的改善

新生代农民工维权意识有所提高，但现实中的维权行动、权利诉求与现有制度设计之间存在严重差异，改善其维权意识是当务之急。应对新生代农民工维权进行正确指引，使其能够理性维权、合法维权，减少维权过程中的暴力倾向、对抗性情绪和非理性状态。新生代农民工维权意识需要理性表达。利益保障与诉求表达之间是一种唯物辩证的关系。改善新生代农民工权利意识还需正确引导，增强其理性精神，促使其维权意识趋向于理性成熟，使之在法律权威下理性思考、理性表达。新生代农民工维权意识的增强意味着其全新思维方式的养成。传统农民文化土壤、文化传统的改良，促使新生代农民工文化意识的形成。需要建立和完善新生代农民工权益维护的应急机制和长效制度，通过民主化管理和制度性安排，以开放性姿态和包容性精神化解新生代农民工所存在的问题，阻止其非理性的蔓延。理性维权意识的促进，既需要新生代农民工多渠道、全方位进行维权理念和维权能力的培养，又要全面启动法律、科技与文化的培训系统工程，在实践中反复应用，使理性维权意识成为其思维方式的主导力量，使其自身权益保障与利益诉求表达趋于理性化，缓和阶层之间的对立与界线划分。③ 首先，应加大政府的积极引导力量，培育新生代农民工的基本道德意识，强调其对社会生活的民主意识、公德意识和责任意识，使其成为勇于维护自身与他人的自由权利、实现尊严和价值的公民。其次，应建立一系列制度来维护新生代农民

---

① N霍恩. 法律科学与哲学导论［M］. 罗莉，译. 北京：法律出版社，2005：156.

② 徐小霞，钟涨宝. 新生代农民工权利缺失现象的理性思考［J］. 中国青年研究，2006（4）：17.

③ 苗连营，李永超. 公民维权之运动模式的宪法学分析［J］. 浙江学刊，2009（6）：136.

工的合法权益，具体应包括平等的就业制度、劳动制度、社会保障制度、子女受教育制度、政治参与制度、维权表达制度等。国家颁布的保护新生代农民工的法律、法规应通过行政权力强制实施，同时应逐渐壮大新生代农民工自助组织的力量，为保障其合法权益而主动与资方、国家劳动行政主管部门进行交涉、谈判与协商。“渴望提高生存质量，拥有健康，追求平等，注重发展，不仅是青年农民工的需求，而且是他们作为平等公民的权利。”① 国家应赋予新生代农民工刚性权利，重视其应有的权利和地位，通过至上权威的法律完善去确定和保护他们权利需求的现实。

三、新生代农民工维权方式之创新

（一）维权方式的多样化创新

新生代农民工文化意识的多元化决定了维权方式的多样化，既有程序复杂、耗时漫长、费事巨大的维权方式，又有程序简单、耗时短暂、见效迅速的维权方式；既有制度化、理性化的维权方式，又有极端化、非理性的维权方式；既存在“自力救济”的维权方式，也存在“公力救济”的维权方式。随着人治色彩的消退和法治生机的渐起，我国由制度变迁阶段逐渐走向社会变迁阶段。此阶段所追求的社会全面发展不断催生公民权利意识的觉醒与提升。新生代农民工维权方式是他们为权利而奋斗的精神反映，也是他们追求应当权益或正当权利的本能意识反映。从法律视角来看，主要有合法途径、非法途径和中间途径的维权方式。② 合法途径是通过上访、诉讼、仲裁等维权方式实现的，如新生代农民工凭借制度化的正式渠道，寻求司法程序救济和保障他们受损的权益。非法途径主要是通过违反法律规范的行为方式，如破坏财物、非法游行、暴力胁迫或报复等实现的。中间途径是指既非法律规范之范围内，又非明显违反法律框架的行为手段，如新生代农民工通过工会或协会维权、寻求新闻媒体维权等。

维护新生代农民工合法权益的方式虽然各异，但都是对不符合权利逻辑和社会逻辑的侵权行为的抗争方式，具有传统纠纷解决方式与现代法律纠纷解决模式融合的特点。新生代农民工维权方式，反映了权利救济机制的重要类型，即“公力救济、社会型救济和私力救济三类”。③ 自上而下的政策、文件、制度和法律对其权益的维护提供了书面依据，同时自杀、上访、诉讼等多种自下而上的维权方式也推动着国家政策与法律加倍努力执行的呼声。新生代农民工维权方式还存有理性与非理性冲突的特点。当理性的维权方式被拒绝而达不到效果时，以暴力相威胁或跳楼自杀的冲动维权方式自发形成，反而增长了维权行动之路的徘徊往复与艰难曲折。

（二）维权方式的实现途径创新

维权方式的多元化并未改变新生代农民工维权追求的核心目标，即保障个体权利与实现社会公平。为权利而斗争不仅是新生代农民工的权利而且是其道义上的义务。④ 新生代农民工权益的保障是其不断斗争和维权的结果。把民主宪政的基本精神和气质广泛扩散到转型社会的新生代农民工阶层上，有利于培养新生代农民工的自尊性格及其对法治的信仰和期待。新生代农民工应积极面对生存危机和权利贫困，敢于主动寻求权利保障，理性倾向于“以事实为根据，以法律为准绳”的维权态度。最大可能地实现自身利益诉求和基本人权保障的途径主要有以下几个方面：首先，应通过大众传播媒介宣传新生代农民工的基本权利需求，构建合理的社会舆论与道德评价体系，将新生代农民工自发、零碎和不成体系的社会心理融入历史惯性的思维方式和心理特征中，使其伴随着社会发展而不断演变为稳固的社会情感、态度和信念。这有利于为褒扬、贬损、鞭笞

---

① 谭利. 需求凸显权利：青年农民工的权利意识觉醒［J］. 广东青年干部学院学报，2007（68）：16.

② 王亮. 当前农民工维权行为的方式、特征与原因分析［J］. 湖南公安高等专科学校学报，2009（5）：31-32.

③ 徐昕. 为权利而自杀——转型中国农民工的“以死抗争”［M］//张曙光. 中国制度变迁的案例研究（第六集）. 北京：中国财政经济出版社，2008：257.

④ 川岛武宜. 现代化与法［M］. 王志安，等译. 北京：中国政法大学出版社，1994：19.

他们的维权方式提供道德评价或社会舆论。其次，应强调政府对新生代农民工的重视。政府是具体制度的供给者，必须认识到维护新生代农民工权利的重要性，认识到他们的权利缺失是社会不公、发展受阻的重要原因。强调政府在维权方式中处于首要地位。再次，新生代农民工自身应积极发展多元化的维权手段，组建维权行动的工会组织。建立专门的新生代农民工协会和工会；修订现行《中华人民共和国工会法》，使工会成为他们真正的代言人。新生代农民工工会组织能增强他们群体内的凝聚力和向心力，畅通其权利表达机制，能运用维权法规切实维护其合法权益。最后，应优化新生代农民工的制度环境。应消除立法歧视，彻底打破城乡分割的法律"潜规则"，赋予他们与城市居民平等的主体资格；应加快新生代农民工维权立法步伐，把他们的"应然"权转变为"法定"权；还应建立新生代农民工权利维护的法律援助体系，广泛运用司法程序保障新生代农民工的合法权益。①

四、拓展和创新新生代农民工之维权能力和维权措施

（一）加快户籍等相关制度的建设和创新

新生代农民工群体维权意识愈强，对权利追求的欲望愈大，其维权行为愈彻底，则实际享有的权利内容就愈丰富、权利价值就愈高，其维权能力就愈强。维权能力主要是指"公民以个人或组织的方式，采取行动有效维护、追讨、争取自身合法权益的各种行为能力的综合表现，既包括对受损权益的追讨，也包括使非制度化的权益制度化"。② 提高新生代农民工的维权能力既要提高其科技素质和法律素质，不断增强其在城市的生存能力；又要使他们学会运用法律武器来防卫他们的合法权益遭受侵害。

从解决途径和机制来看，要把政策调整、组织重构与制度改革三者有机地结合起来，分步骤、分阶段地实现以上的国民待遇目标。③ 应加快改革城乡分立的户籍阻隔制度，统一城乡户口，消除新生代农民工进城务工的户籍障碍，逐步解决他们在城市长期就业和居住的问题，赋予他们市民待遇和权利，实行城乡统一的居民户口，彻底解决新生代农民工的"名分"问题。④ 劳动执法部门应加强对拖欠和克扣新生代农民工工资问题的监督检查和惩处力度，建立严密的支付监控制度和健全的劳动合同管理制度，定期对他们签订的劳动合同进行指导与检查，对工资报酬、劳动条件、社会保障、休息休假等权利严格按照强制性标准实施。劳动执法部门应切实履行职业安全卫生和劳动保护监管职责，更好地保障新生代农民工的合法劳动权益。应建立和健全适应新生代农民工特质的社会保障制度，应在就业较集中的工伤风险较高的行业实行强制参加工伤保险的政策，为新生代农民工提供工伤保障；同时应加强立法，强制企业和新生代农民工参加基本医疗保险，积极探索使保险关系能顺畅在城乡和其他地区之间进行转移接续的机制。

（二）培养新生代农民工的法律素质

增强新生代农民工的维权能力，不仅需要提升其自身权利意识，而且需要国家积极宣传引导，采取必要措施，切实增强其法律素质，改变其行为方式，使其自觉遵守城乡秩序和法律制度。应不断加强对新生代农民工的科学文化培训，促进其职业技能的提升，全面提升其素质水平，使其成为现代社会生产的高素质人才；应积极加强对新生代农民工的宣传引导，促使其能够运用相关政策保护自身权利，引导和鼓励其回乡创业，同时引导他们从熟人逻辑向契约逻辑转变，强调签订劳动合同和收集劳动侵权证据的重要性；不断增强对新生代农民工的民主法制教育，提高其权利意识，以及广泛运用法律方式维护权利的能力，增强其法律素质，使其懂得如何通过正当途径获得社会的尊重以及平等合理的权利。新生代农民工就业能力和法律素质的提高，

---

① 徐小霞，钟涨宝. 新生代农民工权利缺失现象的理性思考［J］. 中国青年研究，2006（4）：18.

② 贺青，李强彬. 当前我国农民维权能力发展态势分析［J］. 湖北社会科学，2007（2）：143.

③ 王春光. 农民工的国民待遇与社会公正问题［J］. 郑州大学学报（哲学社会科学版），2004（1）：79.

④ 张志胜. 新生代农民工劳动权益保障研究［J］. 求实，2007（1）：92.

需要进行法律素质培训和专项技能培训。这是提高其维权能力的首要环节。新生代农民工应积极发掘自身潜能，加强职业技能学习，提升就业的市场竞争力，消除不平等的就业歧视。他们还要加强法律知识学习，提高辨别是非的能力，增强自我调控和调整能力，避免采取违法犯罪的手段实现自身诉求目标。通过法律宣传和学习，向新生代农民工普及基本法律知识，使其了解维权机关和部门，有利于其去政府机关、社团组织甚至法院主张合法权益。应重点普及《中华人民共和国劳动法》《中华人民共和国劳动合同法》《中华人民共和国劳动争议调解仲裁法》《中华人民共和国民事诉讼法》《工伤保险条例》和劳动工资、劳动福利、劳动安全等法律、法规，使他们学会通过法律途径来表达诉求。同时，要培养他们的维权证据意识，使他们学会收集证据。同时应确立新生代农民工在工伤、工资认定中的“举证责任倒置”规则，确保维权的司法程序或行政程序的顺利与畅通。增强新生代农民工维权的信心，提高法律在他们维权意识和维权能力中的重要性。采取法制讲座、法律培训等形式，使其改变传统的向政府部门申诉的方式或其他非正常的方式（如自杀、自残、爆炸等），而采取法律方式寻求公力救济，最终把被动维权改为主动争权。因此，进行法律素质教育可以改变不敢维权、不善维权和维权能力不强的局面，还可以增强新生代农民工适应市场经济和城市法制社会的能力，使其面对各种劳资纠纷能进行利益表达与抗争，切实提高其相应的维权能力。

（三）创新和完善司法程序的救助渠道

维权能力的提高首先需要解决新生代农民工的发展能力问题，还应提高他们保护自身劳动权益的能力，彻底实现其融入城市化的进程。因此，应完善“以强化政府责任为支撑，以社会组织保护为辅助，以司法救济为后盾，构建包括立法、执法和司法在内的多环节的”新生代农民工司法救济渠道。① 新生代农民工不仅追求经济平等，还不断追求社会平等和政治平等。建立和完善维权能力的重点是建立和强化政府的相关社会管理责任，改变不平等的条例与政策，合理处理新生代农民工与本地居民的社会分配进路。应合理构建地方政府的制度责任、经济责任、政治责任和社会导向责任，通过政府行政权力来确保新生代农民工的劳动就业权、分配合理权、成果享有权、社会发展权、文化教育权等方面的权利平等和社会公平，对政府不积极作为导致其权益受损的行为应严厉给予惩处，创造公平、公正的社会制度环境。② 应明确政府、劳动执法保障部门、企业和新生代农民工各自的职责和权限，努力构建相关部门之间，以及地区之间的维权合作组织与工作协调机制，实现政府与工会之间维权联动合作。“参与维权联动的各城际总工会，应签订较为规范、翔实的协议，明确彼此的责、权、利”③，不断扩大维权联动的深度与广度。权力型政府应向责任型政府和服务型政府转变。政府部门应设立专门的举报或申诉服务网络，建立和完善受理举报、行政执法、公民监督等一体化的程序处理机制，确保其维权更加直接、有效。“建立民工档案，规范民工流转”④。健全新生代农民工档案管理机制，建立新生代农民工的进入与退出机制，有利于政府实行追踪监管和统一劳务输出。创新和完善司法救助制度，加强司法倾斜保护力度。应当建立起对新生代农民工的法律援助制度和诉讼仲裁费用减免制度。⑤ 在审判过程中应尽量减少新生代农民工的维权成本，赋予特困新生代农民工缓交、减交或免交诉讼费用的权利救济措施，确保其能正常参加诉讼而维护其合法权益；同时还应为新生代农民工建立和完善法律援助制度，切实帮助新生代农民工弱势群体实现其权利要求。⑥

---

① 黄进才. 试论农民工权利法律保护体系之构建［J］. 法学杂志，2010（1）：98.

② 杨聪敏. 外来务工者的权利平等与政府的责任——宁波外来农民工权利平等实证考察［J］. 浙江社会科学，2008（6）：87.

③ 胡敏，郝勇. 农民工权利缺失与维权困境［N］. 四川日报，2005-06-09（2）.

④ 闫翠娟，高峰. 苏州市外来农民工维权意识调查［J］. 苏州科技学院学报（社会科学版），2007（1）：24.

⑤ 陈慧. 农民工劳动权益的法律保护［J］. 黑龙江社会科学，2007（1）：192.

⑥ 邵华. 司法的有限性与弱势群体的权利救济［J］. 新疆大学学报（哲学·人文社会科学版），2006（4）：51.

第十六章　农民政治权益保护法律制度创新

一、农民政治权益的基本界定

（一）农民政治权益的释义①

在城乡一体化的体制下讨论农民政治权益保障的法律问题，首先必须清楚政治权益的概念。这是分析和研讨的前提。运用后现代法学的结构方法，采用语义分析的基本研究路线，会发现农民政治权益是一个可拆分的词汇。它是由“政治”与“权益”这两个词语构成的。如果能够理解这两个词语的含义，那么政治权益的概念也就得到解决了。进一步分析词源结构之后得出的结论是政治一词是权益的分化与修饰，破解农民政治权益概念界定的核心是对权益概念的理解。

根据现代汉语词典的解释，权益一词意指“应该享受的不容侵犯的权利”②。由此可见，权益也属于权利，是权利的一种。深入分析权益的概念，首先必须界定权利的概念。在现代汉语词典中权利一词被解释为“公民或法人依法行使的权力和享受的利益”。遵循上述分析思路，应该对利益与权力的概念进行深入的分析与界定，才能更加清楚明了地阐释和澄清权益概念的内涵。由于界定权力、权利与权益的角度是多维度的，学者们去分析阐释一个概念，通常会从法学、政治学、经济学、社会学的多重视角来看待问题，因此会得出不同的概念内涵。在分析和审视权益概念所涉及的要素（权力、权利与利益）的过程中，由于政治权益的概念是本节讨论的重点，应当在政治学的领域下进行探讨，立足于政治学的角度，才能揭示政治权益的意域范围。毋庸置疑，国家政权问题是政治的核心问题，权力与权利的对立与统一是政治的基本矛盾。因此，在政治学的框架下，政治主要表现为人们围绕着特定利益的实现，凭借权力来规定和实现特定主体权利的一种社会关系；而在互动的政治关系中，利益、权力与权利实现了有机融合。③

对于利益的概念而言，政治学的观点认为：“当人们的社会关系形成之后，其不仅在特定的社会范围让人们生产和生活，而且管理着社会成员之间如何分配生产成果，因而在本质上制约着人们需求的满足。这也使得人与需求对象之间的关系逐渐转化为人与人之间的关系，需求因个人的生理和心理形式获得了社会内容和社会特性而产生。利益就是这种获得了社会内容和特性的需要。”换言之，“利益是基于一定生产基础上获得了社会内容和特性的需要。”它是政治权力和权利形成的基础，是人们结成政治关系的出发点。一言以蔽之，利益的本质是一种具有社会内容与特性的需要，是权力与权利形成的根本动因，是推动政治发展的根本动力。揭示利益对于权利与权力的这一属性，套用美国著名法学家庞德的评价，就是“通过使人们注意权利背后的利益，而改变整个的权利理论”④。

从语义来源分析的角度不难得出：中文中的权力与英文中的“power”意思相一致。power 这一词源自法语，其法语又源于拉丁文，意指“能力”。而政治学揭示能力是权力这一概念的基本演化，分析和诠释能力的强制性与支配性。美国的彼德·布劳认为：“权力是个人或群体将其意志强加于其他人的能力；尽管有反抗，这些个人或群体也可以通过威慑这样做。”⑤ 结构功能主义者认为：“权力是系统中的一个单位在其他单位的对立面上实现其目的的能力，是用于实现集

① 付恒. 城乡一体化中的农民政治权益界说［J］. 成都理工大学学报（社会科学版），2012（1）：5-7.

② 中国社会科学院语言研究所词典编辑室. 现代汉语词典（编印本）［M］. 北京：商务印书馆，1980：1048.

③ 付恒. 城乡一体化中的农民政治权益界说［J］. 成都理工大学学报（社会科学版），2012（1）：6.

④ 罗·庞德. 通过法律的社会控制 法律的任务［M］. 沈宗灵，董世忠，译. 北京：商务印书馆，1984：46.

⑤ 彼德·布劳. 社会生活中的交换与权力［M］. 孙非，张黎勤，译. 北京：华夏出版社，1988：138.

体目标利益的社会系统的一般化能力，是为了实现系统目标的利益，使资源流通的一般能力。”①我国学者林喆将权力定义为：“权力是特定主体将他的意志强加于他物，使之产生压力继而服从的能力。”② 从政治学的方面来看，虽然各大学派是从不同的视角对权力的解读进行相应的界定，但实际上这些定义相差不大，即都认为权力具有一定的强制性，并体现着对一定主体的强制支配能力。综上所述，权力是为了实现和维护自身的利益，一定社会的政治权力主体凭借其掌控的社会资源，拥有制约其他社会主体的能力。

自从在私法中罗马人首次使用权利一词，在不同的角度与立场，古今中外的学者试图揭示权利一词的真正内涵，真可谓层出不穷、颇为壮观，就国外学者对权利的概念解释就有数十种之多。比如，从自由的角度来看，康德认为，权利就是“意志的自由行使”，当然，一个人的意志的自由行使不应阻碍所有其他人的意志的自由行使。黑格尔也说：“每一个真正的权利就是一种自由。”③ 从利益的角度进行考量，边沁认为：“权利本质上是一种好处。如果人们能够从一项义务中获得好处，他们便具有了一项权利。”④ 从资格的角度审视，琼斯认为：“权利必然要有拥有者，如果没有拥有者，权利就不成其为权利。正是这一点，将包含权利的法律或道德与不包含权利的法律或道德区别开来。因此，可以将拥有一项权利视为拥有一种资格。”⑤ 葛洪义教授则给出了一个综合性的定义：“法律权利是国家对个体根据自己的意志谋求自身利益的自由活动的认可与限制，目的是确保一定社会政治经济条件下的个体自主地位的实现。”⑥

然而，上述所有揭示权利的含义均未获得普遍的共识，反之，每一种权利的定义都受到反驳与怀疑。这是因为从不同的角度透视往往会呈现不同的特征。权利概念本身也具有多维性与丰富性，导致我们所获得的仅仅是对权利的含义的部分理解。没有一个完整的关于其内涵的诠释，学者们的观点不过是针对权利的本质性、局部性的叙述。从法学方法论的角度来分析，确定权利定义的角度与方法可以根据研究的需要。因此我们仍应当在政治的角度下来研究政治权益，从而对权利进行诠释。在政治学的视野下，特定的经济基础决定着权利的产生；表面上看来权利是权力在其主体成员政治身份资格上的具体体现，权利的获得的首要条件是政治权力的确定；在本质上，社会成员获取利益的资格是由政治权力确定的，由权力决定的一种利益分配关系是这种资格的实质，是权利和义务的统一。因此可以这样认为：政治权利就是由特定的经济基础产生的，由国家公权力确立的政治权力，决定着主体与其他社会成员的利益分配关系；其在本质上表现为公民直接参与或影响国家权力运作并获取利益的特定资格，是与义务相统一的概念。

关于政治视角下的权益概念，目前政治学界的相关论述甚少。赵子良认为：“政治权益是指特定社会成员依照正义原则和法律规定享有的利益。”⑦ 李守琴认为：“农民权益是指农民作为社会成员和国家公民应该享有的权利和应该得到的利益，包括经济权益、政治权益、社会权益等。”⑧ 诚然，政治权益的部分属性由上述观点揭示出来，只是运用分析比较的方法揭示其科学内涵，并没有从政治学的研究视角来阐述。若要合理地界定政治权益的内涵，必须站在政治学的角度，在比较与辨析权力、权利这对相关概念的基础上，总结政治权益概念的内涵。

通过前文对政治权力、政治权利的内涵的揭示，我们可以得出如下结论：

第一，强调强制力与支配力是政治权力概念的着重点。其以国家法律为后盾，对权利客体的“他控”是其表现形式。根据相关法律规定，国家机关、社会组织或接受权力机关委托赋予职责

---

① 塔尔科特·帕森斯. 现代社会的结构与过程［M］. 梁向阳，译. 北京：光明日报出版社，1988：34.

② 林喆. 权力腐败与权力制约［M］. 北京：法律出版社，1997：1.

③ 周辅成. 从文艺复兴到十九世纪资产阶级哲学家政治思想家有关人道主义人性论言论选辑［M］. 北京：商务印书馆，1966：681.

④ HART H L A. Essays On Bentham［M］. Oxford：Clarinda on Press，1982：189.

⑤ JONES. Peter，Rights［M］. Oxford：The Macmillan Press Ltd，1994：27.

⑥ 范进学. 权利概念论［J］. 中国法学，2003（2）：15-22.

⑦ 赵子良. 农民政治权益的缺失根源及对策［J］. 武警学院学报，2005（1）：62-64.

⑧ 李守琴. 村民自治与农民权益保护［J］. 重庆工学院学报，2005（10）：74-76.

的个人或者组织是其行使主体，权力主体不能是公民。在行使方式上权力只能根据法律的规定，不能根据自己的意愿自由处置，否则执行机关应承担相应的法律责任。第二，政治权利概念着重强调社会成员依法享有实施某种行为以实现特定政治利益为目的的资格。其重点在于社会成员享有实施行为并实现利益分配的特定资格，其表现形式为有权做出一定行为或不做出一定行为，以及要求他人做出相应行为，即既有“自控”，也有“他控”。这些行为和资格是以国家法律保护为后盾的。政治权利的主体与政治权力的主体不同。政治权利是属于公民具体个人所享有的待遇；在行使方式上权利表现也与权力的表现方式相反，其表现为社会成员可以自由地根据自己的意愿选择放弃或转让。第三，权益一词从语义分析来看，由权和益两个词组成。权既可指权利，又可指权力，益指的是利益。其应当是指由权利或权力而带来的利益。由此可见，权利和权力的外延小于权益的外延，因为权利与权力是权益的主要内容，规定得都比较具体。而在具体的语境下权益一词具有两种不同的含义：在国家权益的语境下权益意指由行使公共权力而带来的利益；在公民个体的语境下则意指社会成员行使权利而带来的利益。① 按照现代汉语词典的解释，权益是指“应该享受的不容侵犯的权利”。可见这一概念是适用于个体语境下的，其强调的重点在于捍卫和保护，而非享有和控制。从政治学的角度来考量，政治权益则是指，按照法律规定公民应该享有的不可侵犯的政治权利和因行使该项权利而带来的相关利益。

（二）教育对促进农民政治权益实现的重要作用②

列宁曾多次谈到，世界上没有脱离政治的教育，教育总是服务于一定的政治目标的。③ 列宁的这一推论是符合教育发展的客观规律的。影响到社会政治目标实现的最主要的原因是教育，具备一定的素质的实施主体是实现社会政治目标的首要前提。这些素质起码包括两个方面：一是社会政治目标意识及与之相应的政治热情；二是实现社会政治目标所必需的各种行为能力。④ 无疑，个人只有经过教育才能具备这两方面的素质。对于农民来说，其只有在了解了国家关于参政和自治的相关政策和知识之后，具备了相应的能力，才能参与到政权和自治权的实践中，更好地维护自身权益。

第一，教育通过赋予农民文化资本可以提高其政治地位。政治地位需要用各种资本进行充实，并不是空洞之物。农民作为一个社会阶层，提高政治地位的重要条件是通过教育获取一定的文化资本。列宁一直强调教育在帮助无产阶级巩固其政治地位所起的重要作用。他曾说：“十分之九的劳动群众已经懂得：知识是他们争取解放的武器；他们受挫折就是因为缺少教育；要胜利结束他们的斗争，是多么需要教育。”⑤ 在新中国成立之后，我国把劳动群众的文化知识教育摆到了首要的位置，其目的是在形式上和实质上使劳动群众拥有作为国家主人的新的政治地位。

第二，教育能够使农民政治社会化。在农民就学期间，学校通过各种方式和路径对他们进行全方位的知识灌输工作，通过直接传授和潜在的影响，力图使现代社会的政治规范和政治行为扎根于农民心中，使其形成正确的政治态度和政治信仰，并以此来指导和制约他们的政治行为。学校有目的、有计划、有组织地向农民灌输社会中的主流政治文化，使农民受政治文化的影响能够更加深入地认可并自觉地维护社会中的种种关系，包括政治关系。由于学校所灌输的政治文化更为系统化、理论化，因此对农民的思想更具影响力和说服力，使农民容易形成比较完整的、稳定的政治思想体系。一种完整的政治思想体系对于政治主体农民的政治行为更具影响力和约束力。

---

① 付恒. 城乡一体化中的农民政治权益界说［J］. 成都理工大学学报（社会科学版），2012（1）：7.

② 袁新涛. 农民教育：农民权益实现的重要途径［J］. 山东科技大学学报（社会科学版），2010（1）：69-70.

③ 列宁. 列宁全集：第28卷［M］. 北京：人民出版社，1956：51.

④ 袁新涛. 农民教育：农民权益实现的重要途径［J］. 山东科技大学学报（社会科学版），2010（1）：69.

⑤ 列宁. 列宁全集：第28卷［M］. 北京：人民出版社，1956：64.

二、保护农民政治权益的现状及制度创新困境

(一) 农民政治权益保护的现状[①]

政治权益是社会权利体系中必不可少的组成部分。如果政治权益缺失，容易造成文化、经济、社会权益等无法得以保障。依据正义原则和法律规定，农民理应与其他社会成员一致，平等地享有各项政治权利。但在实际的政治生活中，农民的政治利益表达权、政治参与权等政治权益存在着明显的缺失。十一届三中全会以来，我们党在领导亿万农民建设社会主义新农村的过程中得出了一条重要的经验：在政治上尊重农民的民主权利，保护农民的政治权益不受损害。但从全国范围来看，农民行使政治权益的现实状况令人担忧。

1. 农民在国家政治生活重大问题方面缺乏指引性和影响力

在现代民主政治下，特别是实行代议制民主的国家，直接决定该阶层在国家政治生活重大问题上拥有话语权的是代表的数量。新中国成立以来，农民代表在国家最高权力机关里的人数屈指可数。第七届全国政协的人员仅有 2 名是农民。2008 年的十一届全国人大代表中终于产生了农民工代表，但只有 3 人真正具有农民工身份，相比 1.6 亿多农民工这个庞大的群体而言，显然是不够的。自 1983 年以来，农民代表在省、市人民代表大会中的比例从来没有超过 20%。农民代表在县、乡人大代表中的比例较高，但也远远没有达到法定比例。由此可见，在各级国家权力机关中农民没有足够的代表来表达他们的利益诉求，对于国家政治生活中的重大问题没有足够的话语权；屈指可数的农民代表在重大问题的决策上能有多大的影响力显而易见。[②]

2. 农民缺乏对国家政治生活重大问题的知情权

“农民知情权是指农民通过新闻媒介、各级政府、村民委员会获取与自身利益密切相关的各类法律、法规、政策、决定以及其他各类相关信息的权利。”[③] 从上述定义可知，知情权涉及信息接受者和信息提供者。从两者的关系来看，接受者一方处于不利地位，提供者一方处于有利地位。由于受到自身文化素质、信息传播载体、地域等诸多因素的影响，虽然法律规定农民享有知情权，但是对于国家的各类法律、法规、政策和政府做出的决策，农民是不可能及时全面了解的。农民碍于身处弱势地位，得知信息的渠道较窄，无法系统地保障自身的知情权，进而无法维护自身的合法权益。从当前我国村民委员会组织法来看，农民所拥有的知情权的范围还是比较广泛的，具体来说，农民拥有对党在农村的各项方针政策、经济发展指标、干部任期责任目标、集体财务、农民负担、计划生育落实方案、土地使用情况、服务收费、项目建设等方面的知情权。[④] 但从当前农村实际来看，情况不容乐观。对党在农村的方针政策方面，许多农民似懂非懂，有的对自己应该享受哪些福利待遇都毫不知情，有的对村里的财务状况一无所知。此类现象说明，有些基层政府和村民委员会不主动提供这方面信息，甚至有的拒绝公开信息，严重损害了农民的知情权。

3. 农民政治参与的积极性不高

我国公民的一项重要政治权利是参与权。政治参与权和政治参与是不同的概念。政治的实践经验表明，能被法律确定的部分的政治参与活动为公民的参与权，不经过法律认可的参政活动就不能成为公民的参与权。政治参与权指的是由法律赋予的一种资格和能力。但该群体在社会组织系统中所处的地位决定能力的大小。从当前农民政治参与活动实践来看，虽然法律上给予了农民一定的参与权，但农民的参与权并没有得到完全实施。具体来说，表现在以下几个方面：其一，农民能够行使政治参与权的层级较低，目前绝大多数的政治参与都集中在村这一级，很少有乡镇

---

① 李成实. 维护农民权益应着眼于四大目标［J］. 理论研究，2012（6）：57-58.

② 李成实. 维护农民权益应着眼于四大目标［J］. 理论研究，2012（6）：57.

③ 莫贻甫. 浅谈农村民主政治权利的落实［J］. 科学社会主义，2011（4）：87-88.

④ 李成实. 维护农民权益应着眼于四大目标［J］. 理论研究，2012（6）：57.

和县（市、区）级政府中的政治参与，所以对他们的决策几乎不产生直接的影响。其二，农民政治参与权范围具有局限性。按照我国《宪法》规定，国家的一切权利属于人民。但是现实的状况是，农民只有在参与集体经济组织的民主管理、选举县乡两级人民代表大会代表、参与村民委员会的选举和向国家机关和工作人员提出批评、建议、申诉、控告、检举等方面才能行使参与权，且常常得不到保障。① 其三，由于户籍制度的存在，中国农民俨然成了二等公民，以致农民的政治参与权受到一定限制。

4. 农民的监督权保障不足

民主管理的核心要素是农民监督，没有农民的监督，民主管理就无从下手。近年来，为了解决“三农”问题和推动社会主义新农村建设，党中央出台了许多增加农民收入、促进农村发展的政策；可是在现实生活中，往往有些政策没有得到有效实施。有的基层政府对有关政策进行选择性地执行，只执行有利于自己利益的政策；有的把政策放在一边置之不理，以致老百姓连了解这些政策的机会都没有，更不用说监督了。也许很多人都见过这种场景，有的老百姓到政府部门去维护自己的合法权益时，有些官员用“你政策都不懂”这样一句话来反驳老百姓。试想，如果政府部门和村委会对政策的宣传做得很好的话，老百姓还是懂政策的。实践是检验真理的唯一标准。群众是政策的检验员和实践人。任何一项政策都不会是完美无缺的，需要群众去发现。只有通过群众检验才能知道政策是否适当和是否值得推广；也只有通过群众检验和实践，发现政策的不足，才能使政策更加完善。由此可见，保障好农民的监督权，让群众行使自己的监督权力来监督我们的党和政府，才能使他们的工作做得更好、更出色。

（二）农民政治权益缺失与保障不力的主要原因②

造成农民政治权益缺失的原因既有主观的对自身利益保障意识的缺失，也有客观的历史原因。因此，综合来看，在现代化社会中农民政治权益的实现是不可忽视的重要环节。只有建立健全的、公平的保障机制，才能维护和提高农民的参政积极性，为国家的国泰民安奠定良好的社会基础。但从目前来看，农民政治权益缺失与得不到保障的主要原因可概括为如下几点：

1. 农民的经济、文化水平有待提高，参政意识薄弱

据统计，在我国农村，大多数农民是文盲或半文盲，其平均受教育年限只有不到 8 年的时间，比城市少了 3 年。在农村，拥有高中、中专文化程度的农民占 12.4%，大专及以上文化程度的农民仅占 1.3%。如此落后的文化素质水平也就意味着极度匮乏的政治文化素养。而参政的水平和层次是由政治文化水平素质的高低所决定的。农民对政治参与的意识淡薄的主要原因是民主法治观念、政治理论获取渠道少，但是最根本的原因还是农村的普遍较低的经济水平。美国政治学家亨廷顿也有论述：“高水平的政治参与总是与更高水平的发展相伴随的，而且社会和经济更发达的社会，也趋向于赋予政治参与更高的价值。”③ 马克思主义理论认为：“经济基础与上层建筑是对立统一的辩证关系，经济基础决定上层建筑的同时，上层建筑对经济基础起着能动的反作用。”④ 农民的生活水平较低是因为我国农村的经济发展一直受到很多的束缚；农民一直都在解决温饱问题，所以农民更关心的是自身的经济收入，没有精力与时间来关注政治参与。然而农民没想到政治权益与未来经济水平的增长关系密切，政治权益的缺失会给未来经济水平带来负面影响，由此形成恶性循环。另外，我国文化悠久，即使国家不停地加强社会主义精神文明建设，但封建传统思想、小农思想对农村造成的影响根深蒂固，使农民自主参与政治的意识薄弱，始终停留在自力更生、封闭保守的思想层面上。这些因素都影响了农民参与政治的热情。

2. 农村基层民主制度实施不到位

我国农村基层政治制度的一次重大变革是由集权体制转向民主自治体制。然而在各方因素的

① 李成实. 维护农民权益应着眼于四大目标［J］. 理论研究，2012（6）：58.

② 高飞. 当前形势下农民政治权益的保护探讨［J］. 农业经济，2012（6）：71.

③ 高飞. 当前形势下农民政治权益的保护探讨［J］. 农业经济，2012（6）：71.

④ 高飞. 当前形势下农民政治权益的保护探讨［J］. 农业经济，2012（6）：71.

影响下，例如某些地区的基层政府和村干部仍然没有转变思想，沿袭着在以前就形成的集权意识和粗暴作风，我国农村基层民主制度不能发挥应有的作用。在一些农村的民主选举中，一些农民为了保证当选，不惜采取不道德、不正当的手段来进入选举，干预民主选举，造成民主选举的结果不公平。这样会严重打压农民参政的积极性。此外，农民政治权益还不时遭受到侵害，例如有些基层政治权力部门对不停上访、想要反映真实问题的农民群众态度冷淡、恶语相向，更严重的还会出现使用暴力、限制人身自由等不正当手段来逼迫农民放弃政治权益。

这些行为都深深损害了农民的政治权益，给农民的心里留下疤痕，也使基层政权与农民背道而驰。同时，在公开农村政务的会议上，农民真正关心的问题并没有具体、详细地传达出来，所存在的问题也没有得到及时的解决。在民主管理方面，很多村都没有制定适合本村的规章制度和村民自治章程，即使有章程，但其内容广泛、不够具体，规定的内容与现实差距很大，很难使村民按章程办事。这也给了一些村干部逃脱责任的理由。农村基层民主制度的缺乏、民主制度实施中的不具体，让农民很难进行民主自治、民主监督，政治权益的享有就更加困难了。

3. 农民权益与政府职能之间的博弈处于弱势地位

在政府方面，政府并没有阻止利益集团对农民民主选举进行侵害，而是任其发展。政府应该发挥相关职能去维护农民的合法权益。这些现象说明了一些政府并没有为农民办实事，而是与当地的恶势力相勾结，不断纵容其损害农民权益。如此恶性循环造成基层政府和农民形成一种对立的关系，造成农民对政府的不信任。

政府缺少针对保障农民权益的制度，直接导致农民合法权益实施困难。我国农民没有一个聚集在一起代表其利益的公共组织，在人民代表中所占比例也很低，在政府的决策中就很难建立一个群体为代表来争取利益。农民作为弱势群体，社会地位低、拥有的社会资源少，对公共政策制定的影响力甚微。① 政府应该发挥其职能的动态性，积极采取措施听取农民内心的声音，制定保障农民合法权益的政策，修改陈旧、不合时宜的法律，才能反映我国的政治意志，体现我国的政治价值取向和治国理念。②

三、创新农民政治权益保护法律制度的具体对策

（一）优化基层政权建设，保障农民政治权益③

基层政权配置及其在农村的运行，是深入乡土社会的执政力量，是决定农民对执政党价值评判和心理倾向的关键因素。从土地改革到社会主义新农村建设，农村基层政权经历了不同形态的变迁，影响着中国共产党和农民之间政治信任关系的消长。新中国成立之初，党在农村开展了清匪反霸斗争，发动贫农和中农，废除保甲制，实施接管建政，肃清了旧有乡村权威机构的负面影响，保障了乡村基本社会秩序的安定。在此基础上，党积极开展民主建乡工作，有序推进新型基层政权建设。第一步，对广大农民群众开展深入广泛的建乡主题教育。第二步，选举乡代表，召开乡人民代表会议，逐步推行普选产生乡政委员会和乡政府班子。第三步，民主选举产生的乡级基层政权逐步建立办公、会议、民主生活等各项民主制度，完善自身基本框架和运作机制，保障了基层政权的制度化行政行为。同时，加强基层党组织建设，纯洁和更新农村基层干部成分，发挥党建在农村基层政权建设中的核心作用。党在乡村逐步建立乡党支部和村分支部，将党的组织扩展和深入到每个村庄，为动员和整合乡村社会资源奠定了基础。在农民群众中慎重发展党员，并通过整党、整风运动，查评党员成分、思想和行为，对于其中阶级身份不纯和思想行为不端的党员干部予以撤换，并严格教育督查基层党组织及其成员，建立了一支忠诚和服从于执政党和国

① 高飞. 当前形势下农民政治权益的保护探讨［J］. 农业经济，2012（6）：71.

② 高飞. 当前形势下农民政治权益的保护探讨［J］. 农业经济，2012（6）：71.

③ 严卿. 新中国成立以来中国共产党与农民政治信任关系演进的历史经验［J］. 湖南师范大学社会科学学报，2016（1）：35-36.

家政权的乡村党员干部群体。基层党组织及其成员在处理土改繁杂公务中的良好行政行为，实现了国家利益和农民需求的结合，推动了党的政策和国家意志贯彻落实到乡村社会，维护了绝大多数农民的各项权益，增强了基层政权在广大农民群众中的政治威望。

总之，土改期间中国共产党通过划乡建镇，将基层政权由县、区下移到乡，实现了国家权力下沉到乡村社会，更为广泛深入而方便有效地联系和发动农民群众，推动了国家权威对农村社会的动员力和整合力，在乡村基层政权更新和乡村社会结构重构的进程中兑现了中国共产党对农民土地的承诺。农村基层政权在各项建设过程中严格遵循和执行了人民民主建政思想，夯实了农村基层政权在权力来源和权力运行等层面的民意基础，充分赋予和保障了广大农民群众当家做主的主体地位和平等参与基层治理的权利，建构了乡村新型政治权力格局，密切了执政党及其基层政权和农民的关系，巩固了彼此的政治信任。

在农业合作化运动中，贫下中农积极拥护和服膺党的政策；而上中农对合作化政策的心态较为矛盾，甚至存有怀疑和担忧。面对各阶层农民的不同反应，中共中央和地方党政制定了扶助入社农民的政策，增强了入社农民对党的信任和感激，同时也增大了单干农民的压力。合作化运动前期，基层政权较好地贯彻了党中央提出的自愿入社原则，没有侵害单干农民的权利。随着合作化运动迈入高潮，基层政权以隐性的阶级站队政策给上中农施加了强大的政治压力。上中农由于害怕被列为地主、富农而被政治斗争，转而掩饰或消退怀疑与不满，纷纷选择入社。对于富农和地主，在合作化运动前期，基层政权一方面加大对雇工、借贷、生产资料租佃和买卖等行为的抑制，一方面禁止其参加合作社，并且通过各环节的部门合作以及统购统销政策，压缩他们的私有经济发展空间，增强其入社的迫切性；在合作化运动后期，有条件分类别地允许他们入社，并继续对其加以改造。此外，各地还积极开展农村整党工作，对于单干不愿入社的农村党员干部给予思想训诫和组织处理。事实上，农业合作化运动进程中基层党政部门采取的对于农村不同阶层不同群体的政治激励和惩戒，显示了基层政权的政治威望以及农民对国家力量的顺应和服从。但当一些地区合作社出现较大的困境时，退社现象的出现表征了部分农民对合作化的怀疑和不满。针对农业合作化高潮之后一些地方发生的农民退社现象，各地较好地落实了中央和省市精神，总结了办社的经验教训，发扬民主精神，调动社员群策群力，制定实施增产措施，开展多种生产经营；改进社员耕畜、农具和其他生产资料入社报酬不合理的情况，尝试"三包一奖"农业生产责任制，增加社员自留地，允许社员适当发展家庭副业，对减收户和困难户实施照顾政策，满足农民的合理要求；由上级领导部门派遣工作组和干部下乡，对退社户进行说服教育，调节社内干部和普通社员的矛盾，重新赢得了农民的信任。

人民公社实行政社合一的体制。政社合一的组织基础是党政合一。公社内党委、党支部和党小组构成的基层党组织，强化了对社队经济和政治资源及其分配的控制，确保了执政党在乡村社会的领导权和管控力。公社既是基层行政机构，又是集体经济组织，下辖大队和小队。公社对生产队有较强的控制能力。人民公社垂直管理、层层控制和高度集权的行政体制，可以强有力地贯彻党和国家的意志和政策，干预生产队和社员的活动，划定他们的活动边界，自下而上汲取农村公共资源，强化了国家对农民的约束。人民公社建立的垂直管理、层层控制和高度集权的体制，极大提升了国家控制农村基层社会的能力。然而，公社行政体制在实际运转中存在着权力过大与功能不足的矛盾。权力的强制施行和主观主义、命令主义工作作风，导致违背生产规律和社员意愿乃至弄虚作假的现象时有发生。另外，膨胀的行政权力对社队经济领域的干预也为干部贪腐提供了可能空间。在一些地区，有的公社基层干部利用手中的权力，侵吞社队公共财产，损害社员经济利益，加剧了农村党群干群关系的紧张。此外，在公社运转状况不够高效的地区，出于自身生存需要，普通社员包产到户、瞒产私分、借地、买工分、经商等"反行为"时有发生。社队党员干部在其中扮演了"合谋"或"默许"的角色，选择性、修正式地变通地执行上级政策，隐瞒社队和社员的非制度化行为。

总体而言，人民公社制度强化了执政党和国家对乡村社会的管理和控制，避免了乡村社会的动荡。然而，从社会规律和现代化长期发展来看，人民公社时期党政全面强制管控乡村社会的模式，逐渐显现出阻碍生产力发展的一面，并且压制了农民作为行为主体的多项权利和生产积极性。因此，人民公社时期基于行政关系建立起来的国家与农民的紧密联结实质上是刚性而脆弱的，较大意义上损害了广大农民群众的权益，因而并未能取信于民。

人民公社制度的解体和村民自治制度的确立，标志着中国农村政治体制进入“乡政村治”时期。乡镇政权的重建和村民自治的运行，赋予了农民参与乡村基层事务的民主权利。从制度层面看，“乡政”是农村的基层政权，代表国家权力依法行政；“村治”是农民以村民委员会这一“群众性自治”组织形式依法自治，保障农民行使参与管理国家事务的权利，体现了国家政权的工农联盟性质。广大农民群众对党和国家的政治信任得以迅速恢复。然而，农村政治中乡政对村民自治的干预，以及村治中违法选举、村务管理混乱、村民民主决策和监督的缺失，侵害了农民的基本政治权利，削弱了农村基层政权的政治合法性。面对这种情况，执政党健全和优化乡村基层政权的权力授予和运行机制，尝试让农民参与监督基层党政的组织事务、决策运作和人事变更，增强了基层党政部门的执政和行政能力。“草根民主”与“基层民主”的良性互动，并未削弱农村基层党组织的领导权威，反而为农民与执政党的互动提供了联结机制，增强了农村基层党组织的民意基础，缓减了基层党组织合法性的压力，优化了执政党与农民的信任关系。税费改革缓解了压力型体制下紧张的农村党群干群关系。但配套体制改革的滞后，致使基层党政组织和农民的关系有转为疏离的迹象。在建设社会主义新农村战略出台后，农民群众得到诸多政策实惠，增进了对执政党的信任和认同。如何规避社会主义新农村建设进程中的基层党政单方决策，增加农民在决策中的话语权和政策执行中的参与度，防范支农资金的截留和挪用，扩大整合乡村集体财力和公共资源，确保农村基层政权有意愿、有能力、制度化地维护农民权益，增长自身社会性，实现真正意义上的“政党下乡”，直接关系着中国共产党和农民政治信任关系的走向。

（二）保护农民政治权益的具体路径选择①

目前，学界从利益、社会公正、社会管理、政治传播、党建等方面对增强农民政治认同做了不少探讨，但从国家与农民互动的视角研究增强农民政治认同的成果还比较少。这一研究视角有助于拓宽农民政治认同研究的内容和视野。从国家与农民互动的视角来看，提升农民的政治认同主要包括以下几个方面的路径内容：

1. 改善农民生存状态，切实保障农民权益

增强农民政治认同必须着力改善民生、满足农民对民生福利的需求。第一，国家不仅要加大对农业的补贴力度，而且要在国家的公共财政中保持农业投资的稳定增长，以应对农业生产资料不断上涨的趋势；对于粮食主产区的农民，在农业补贴方面要予以特殊的政策倾斜。第二，粮食价格应该大幅度提高，要杜绝谷贱伤农现象的发生；国家粮食安全的成本应该由全体国民来承担，而不是单单压在农民头上。第三，健全农村基础设施，推进农村养老、教育等公共事业发展。第四，制定和实施严格的法律、法规，使政府的征地行为程序化、合法化，避免农民土地权利遭受侵害。第五，破除土地市场的二元结构，尽快建立城乡统一的土地流转市场，从而实现“同地、同价、同权”。第六，打破城乡二元结构布局，解除劳动力自由流动的制度性障碍，积极推进农民市民化，以实现农民的公平待遇。

2. 规范基层政权的政治权力运作

规范基层政权的政治权力运作，提升基层政权运作的制度化水平，是国家民生政策真正惠农的保障，也是提升农民政治认同的有效路径。第一，加强基层政权的法治化。要通过依法治理，逐步改变乡村治理中的行政色彩和人治色彩浓厚的问题，克服和防止基层政权中强势集团和人物的权力滥用，实现行政的制度化、程序化、规则化。第二，消除裙带关系对政策执行的消极影响，避免国家投入的资金被挪用、克扣。第三，逐步完善村民自治制度，强化群众参与，扩大群体间的相互监督与鼓励，重塑村民与基层政权间的相互信任，实现基层政权的顺畅运作。第四，推进农村社会组织的发展。农村社会组织是连接基层政权与农民的纽带。它不仅能聚合农民的利益与要求，而且能够有效地控制农村家族势力的膨胀和宗教组织的蔓延，使农民、政府能够通过

① 秦燕，万海玲. 农民政治认同的影响因素与提升路径［J］. 中州学刊，2015（3）：11-12.

沟通与协商的方式共同讨论村务，形成充满活力的治理氛围。

3. 保证农民制度化的政治参与

政治参与是国家民主政治的重要内容和显著标志，是国家民主政治的精髓。政治参与是指公民通过一定途径，积极主动地参与国家社会政治生活，从而影响政府决策的一种政治行为。在我国，农民是国家的主体，农民的政治参与对推进中国的民主政治进程起着决定性作用。从宏观上讲，尽管农民政治参与的制度体系基本框架已初步形成，但在具体的运作中对农民用政治手段争取和满足自己的利益需求还缺乏程序化、法治化的规定，缺乏顺畅的利益表达渠道，以至于当农民利益受到侵犯时，往往激发农民无序的政治参与，从而恶化了政府与农民的关系，弱化了农民的政治认同。要扩大农民的政治参与，不仅需要加强执政党、政府与农民之间的双向政治沟通，而且要拓宽原有政治参与渠道。例如，可以通过组织农会、扩大农民在人大代表中的比例等渠道使农民的意志得到顺畅表达，逐步引导农民有序、有效地参与政治生活。另外，引导农民参与国家重大问题的讨论、监督政府行为也是推动农民有序政治参与的渠道。

4. 推动农民政治心理的现代性变迁

政治心理是政治认同的重要维度。要提升农民的政治认同，推动农民政治心理的现代性变迁是不容忽视的一项重要工程。新时期农民的政治心理随着社会经济环境的变迁处在不断变化之中。诸多学者就市场经济实行以来农民政治心理的积极变化作了详细的阐述。大多数学者都认为农民的公民意识在逐步增强，自由、平等、竞争、法治等现代民主制度中的概念逐步在农民的政治理念中形成。然而，在中国长达两千多年的封建思想的影响下，中国农村社会中依然存在着深厚的“臣民”意识与“草民”文化。农民在政治心理上经常表现出的依附、顺从、盲从心理，是与农民作为现代化建设的主体地位格格不入的，也影响着农民政治认同的合理取向。要推动农民政治心理的现代性变迁，关键是要培育农民的主体意识。这可以从三个方面努力：一是要进一步完善农村市场经济体制，为农民主体意识的培育奠定物质基础；二是要完善村民自治制度，培育农民的政治参与意识；三是要通过法治教育培育农村的法治文化，提高农民的法治意识。

（三）乡村治理法治化切实保障农民权益①

1. 进一步提升民主选举的法治化水平，使村庄选举真正代表村民利益

在村民委员会选举过程中，还存在各式各样的违法违纪现象和多种不利影响因素。对此，为了提高村民民主选举的质量和水平，必须采取相应的对策，选举出真正代表村民意愿的村民委员会成员。为此，应该主要做好以下几方面的工作：第一，进一步规范村委会民主选举。要从国家层面考虑，用相应的程序法作为法律引导，着手制定关于村委会选举的专门性法律，做到有法可依、有法必依；各级地方政府根据相关的法律，加强行政立法工作，制定出地方可实施的、操作性强的条例，为村民委员会选举创造出更好的法治条件；各村也可以在有关政策法规指导下，制定各具地方特色的村规，规范选举程序，要做到村民委员会选举公平、公正、公开，只要经过村民会议或村民代表会议通过，就不得随意变更。第二，要加强法制宣传和教育，努力让村民自治成为广大村民耳濡目染的东西，特别是关于村委会民主选举的相关法律、法规和办法，做到知法、懂法、用法。第三，要自觉守法和严格执法，把法律精神贯彻到实处。选举中产生的不公、无序等现象与有法不依关系密切，因此，自觉守法和严格执法问题至关重要。尤其是基层干部应严格守法，在工作中做自觉守法的模范。对于违反法律和制度规范的农民，我们应坚决给予处罚，让违法行为得到相应的惩罚。总之，只有健全法制，提高选举的规范性建设，才能为民主选举和村民自治的顺利开展打下扎实的基础。第四，加强对村委会选举工作人员的培训，使他们意识到村委会民主选举原则和精神的重要性，让他们掌握更多的选举知识和操作方法，促进和开展选举工作。第五，通过发展市场经济和法制建设，培育村民的主体意识、权利意识、自由精神和平等观念等，使村民增强法律意识，渐渐提高身为“政治人”的觉悟，提高参与意识，通过多方途径加强训练和提高村民民主素质；通过宣传和教育民主选举的知识，让其逐步熟悉民主的原

① 马宝成. 切实推进乡村治理法治化 依法保障农民权益［J］. 人民论坛，2015（14）：22-23.

则、规范和程序，充实他们的法律知识；通过民主选举，使他们积累大量的实践经验，提高他们的参与能力。

2. 进一步推进民主决策的法治化，使村级决策真正符合村民利益

要依法充分发挥村民代表会议的民主决策功能，建立明确的民主决策议事规则。要做好以下几个方面：第一，要依法明确在民主决策中村民代表会议和村民会议所起到的不同作用，明确村民会议做什么决策，村民代表会议又做哪方面的决策。第二，明确村民代表的权利和义务。公民除了享有应有的权利外，还享有参与决策、管理和监督村务大事的权利。村民代表除履行公民应履行的各项义务外，还要通过积极参与民主决策，维护全体村民的根本利益，团结、教育村民，关心、支持、配合村委会抓好村务大事，反映村民意见、要求，并提出建议，积极参政议政，发表个人意见，参与民主决策。第三，明确村民代表会议议事的内容范围，主要包括：财务收支、“一事一议”款项收取、生产经营、农田水利建设、计划生育、宅基地安排、社会保障和其他关系到村民重大利益的事项等。第四，明确村民代表会议可根据村级管理的需要，制定有关民主决策的村规民约相关制度。

3. 推进民主管理法治化，使村级管理有效保障村民权益

要严格按照《中华人民共和国村民委员会组织法》关于民主管理的规定，保障好农民的政治权利，真正落实村民会议对村委会成员的撤换、罢免和补选；村民会议或村民代表会议听取、审议村委会工作报告；村民会议或者村民代表会议讨论涉及村民利益的重大问题；严格落实关于村务公开、村务监督等工作，在村庄真正实施民主管理。同时，要严格按照有关法律、法规，切实保障好农民的经济权利。2015 年中央一号文件《关于加大改革创新力度加快农业现代化建设的若干意见》明确指出，要健全农村产权保护法律制度，完善相关法律、法规，加强对农村集体资产所有权、农户土地承包经营权和农民财产权的保护。完善农村土地承包经营制度，延长土地承包经营权期限，明确期满之后的续约规则和土地承包经营权的继承权，赋予农民承包土地以抵押权；改革政府土地征收制度，对政府土地征收的“公益性”做出明确的限定，明确政府土地征收的市价补偿原则；建立城乡统一的建设用地市场，修改相关法律、法规关于建设用地市场城乡分割的条文，建立农村集体建设用地的有偿使用制度；建立农村集体资产的现代产权制度，做好农村集体经济组织成员资格的认定工作，认真完成农村集体土地及其他集体资产的确权工作，建立权责明确、运行规范的集体资产经营管理制度。

4. 进一步推进民主监督法治化，使村务监督真正能够维护好农民的各项权益

推进民主监督法治化主要应做好以下几个方面的工作：加强民主监督基本法律、法规的制度建设。应该从制度上明确村民代表会议是村民民主监督的基本制度、基本形式。这是村民代表会议建设的基本要求。在村民代表会议制度建设中，首先应以村民自治的相关法律、法规为依据，根据本村的实际情况，通过制定村规民约的形式，明确规定村民代表会议的代表的条件、村民代表的权利和义务、村民代表的产生办法、村民会议对村民代表会议的授权范围、村民代表会议的议事内容和职能、村民代表会议的召集等保证村民代表会议正常运转的基本制度，使村民代表会议的工作有法可依。

5. 依法规范民主监督主体

合法公正的民主监督主体的产生程序、合理的民主监督结构，直接关系到民主监督机构的质量和水平。首先，要规范民主监督主体的产生程序。是否选好村民代表和村务监督委员，直接影响民主监督的质量。因此，要对村民代表和村务监督委员的产生认真加以规范。一是掌握好比例。村民代表和村务监督委员由村民小组民主推荐产生，一般以每 10~15 户推荐 1 名为宜，一个村民小组应不少于 3 名，一个村的村民代表和村务监督委员一般宜为 40~60 人。二是坚持条件。选举产生的村民代表和村务监督委员应具有一定的政治觉悟和参政议政能力，能够坚持原则，秉公办事，热爱集体，关心群众，在群众中具有一定的影响力，威信较高。三是严格程序。各村在选举村民代表和村务监督委员时，要广泛发扬民主，经充分酝酿、民主协商，由村民直接选举；得票数过半者方能当选。其次，要完善民主监督主体结构。对村民代表和村务监督委员的年龄、性别、文化、职业、宗教信仰、政治面貌等方面提出适当要求，能代表不同群众的利益，尽量做

到人员结构合理。针对目前村民代表年龄老化、性别比例失调等情况，要做出刚性规定。代表中35岁以下年轻人应不少于30%，女性代表应不少于20%。最后，要经常对村民代表和村务监督委员进行培训教育，提高他们的科学文化素养，为他们参政议政提供必要的条件。

6. 依法健全民主监督程序

首先，要规范民主监督的运作程序。其次，完善村民代表会议和村务监督委员会的民主监督程序。在具体运作上，对如何运作要提出统一要求和操作步骤。一是开好预备会。村委会根据党支部的意见，研究确定村民代表会议和村务监督委员会的议事内容、议程、时间和地点等事项。二是下发会议通知。一般应在3天前预告会议主题、内容，提出相应的要求，为村民代表和村务监督委员联系村民、征求意见留有余地。三是正式召开会议时，会议的主持、讨论、表决等环节都要按规定安排和进行。四是公开会议有关事项。通过村务公开栏、有线广播等形式向全体村民公开有关事项。

7. 依法处理好民主监督机构外部关系

所谓外部关系主要是指民主监督机构与其他村级组织的关系，主要包括与村民会议、村委会以及村党支部的关系。第一，处理好民主监督机构与村民会议的关系。村民代表会议与村民会议之间的关系只是委托关系，村民代表会议行使的职责必须经过村民会议授权，对村民会议负责。对关乎村民切身利益的重大问题，村规民约的修改和订立，村委成员、村民小组长、村民代表的选举和罢免等，只有村民会议才有决策和选举权。第二，处理好民主监督机构与村委会的关系。村委会与村民代表会议的关系相当于村委会与村民会议的关系。村委会要向村民代表会议负责并报告工作，村民代表会议由村委会召集并主持。对村民代表会议议事范围内的关乎村民利益的问题，村委会要提请村民代表会议讨论决定；村民代表会议做出的决定，则由村委会组织实施。它们之间一个是决策权力机关，一个是执行机关，应处理好它们之间的关系。第三，处理好村民代表会议与村党支部的关系。在处理村民代表会议与村党支部的关系时应注意村民代表会议决定的事，村党支部不能更改，如需变动，村党支部需提请村民代表会议重新议定；在执行村民代表会议的决定时，村党支部和全体党员应发挥模范带头作用，带领村民认真实施。同时，在村民代表会议制度建设中必须坚持党的领导，搞好各项工作。第四，处理好村务监督委员会与村党支部、村委会的关系。新修订的《中华人民共和国村民委员会组织法》没有对这个关键问题做出明确规定。对此，建议出台相关司法解释，明确村务监督委员会与村党支部、村委会的关系，使村务监督委员会在开展民主监督工作时能够有法可依，真正发挥民主监督的功能。第五，切实保障村务监督委员会的独立性。在这个问题上必须做好以下几项工作：一是必须由村民大会选举产生，无真正的民选则无真正的民主；二是必须抓住村务公开这个重点，无真正的公开则无真正的监督；三是必须坚持不兼任“两委会”成员原则，无真正的异体监督则无真正的有效监督。

第十七章　农民经济权益保护法律制度创新

农民权益保护问题是农民问题的核心内容之一，而农民权益的核心和基础是农民的经济权益。加强农民经济权益的保护关系到党和国家的前途命运。受多种因素的影响，农民的经济权益处于非常不利的地位，还存在着诸多亟待解决的问题，如土地权益问题、农民工权益保护问题、农民教育落后问题等。农民群体依然难以保障其自身的合法权益。农民经济权益地位的重要性、影响的深远性、功效的联动性、现状的紧迫性、解决的复杂性，决定着农民经济权益保护问题的系统性。社会主义市场经济体制的建立，既是改革开放 30 多年来取得的重要成就，也是广大农民群体实现其经济权益的前提。在社会主义市场经济体制的框架内，实现农民群体的经济权益的途径有许多种：强化法律对农民土地产权的保护，增强农民在市场竞争中的话语权，完善国家对农业和农民的支持，增强国家对农民经济利益的保护力度，积极发展农民新型合作经济组织，提高农民进入市场的组织化程度等。此部分主要探讨的内容如下：如何更好地保护农民的经济权益呢？第一，要系统地分析农民经济权益的基础理论是什么；第二，要看清农民经济权益保护的现状；第三，要分析农民经济权益问题形成的原因；第四，要寻找出一些治理路径和法律创新制度来解决存在着的问题；第五，逐步缩小城乡社会水平的差距，全面建成社会主义和谐社会。

一、农民经济权益保护的基础理论

（一）农民经济权益法律问题的由来

“农民的经济权益就是农民在参与经济活动过程中，应享受的法律规定的各项权利，以及由此而产生的各种权益。农民经济权益主要是由土地产生的经济权益和农村各项政策保障，包括土地经营权承包、流转的经济利益，减少农业受灾的风险的经济利益，集体经济产生的收益的分红，行使民主管理权后所得的经济利益分配，国家的医疗保障，社会保险服务以及受灾受害或特殊情况时国家的直接经济补助。”① 农民经济权益法律问题，主要是指应用法律途径维护和实现好农民的各项经济权益的保障体系，其主要包括国家的政策保障、村委会的组织保障以及宪法、经济法、劳动与社会保障法等各部门法律规章制度保障。国家政策保障，主要包括土地经营权、承包地流转过程中农民经济权益的保障等各项政策，新型农村社会养老保险制度等政策性农业保险，新型农村合作医疗保险制度，农村居民最低生活保障制度如对低保户、特别困难户的帮助。村委会的组织保障，是指通过村委会的组织工作而产生一系列的经济利益，如统一收割经济作物，对经济作物进行一定的科学技术指导，使得经济作物更加有保障。国家的法律主要是指，在农民的经济利益受损时的一种救济途径，主要包括仲裁、调节、诉讼等手段。

在上述各种政策性经济利益当中，最基础且农民最重视的是新型农村合作医疗保险制度、农村社会养老保险制度。新型农村合作医疗制度，简称为“新农合”，主要是指由政府组织、引导和支持，农民自愿参加，个人、集体和政府多方筹资，以大病统筹为主的农民医疗互助共济的制度，主要采取个人缴费、集体扶持和政府资助的方式筹集资金。2002 年 10 月，中央明确提出，各级政府要积极引导农民建立以大病统筹为主的新型农村合作医疗制度。2009 年，中央做出深化医药卫生体制改革的重要战略部署，确立新农合作为农村基本医疗保障制度的基础地位。新型农村社会养老保险制度（简称新农保），是以保障农村居民年老时的基本生活为目的，个人缴费、集体补助、政府补贴相结合筹资，养老待遇由社会统筹与个人账户相结合，与家庭养老、土地保

① 张军．社会主义和谐视野下农民经济权益保障研究［D］．成都：四川师范大学，2011：8.

障、社会救助等其他社会保障制度和相关政策措施相配套，由政府组织实施的一项社会养老保险制度，是国家社会保险制度体系的重要组成部分。这两项基本制度是农民经济权益保障体系中的重要内容。

（二）农民经济权益的内涵分析

1. 农民的经济权益是一种正当经济利益

农民的经济权益是其生存必须依赖的基础，是一种正当的经济利益。正当利益必须依靠法律规定的、正当的经济权利的法律形式才能得以合法地实现和保障。权利是正当利益的基本前提，权利比义务更能直接地体现法律的基本价值。因为法律追求的最终目标是人民自由且有秩序地生活，权利的行使正是人民自由的体现。人们可以选择行使也可以选择放弃。这也更直接地体现了经济社会利益关系。权利也是社会利益的调整机制。农民之所以是社会弱势群体，其主要原因就是农民所拥有、占有的社会性资源与城市居民的社会性资源存有较大的差异性。对农民群体实施特别保护就是对社会性资源进行再分配，实质上就是对社会利益的再调整。在法律上这种调整以权利方式得以实现。权利还是正当利益的确认机制，复杂的利益关系只有借助于法律符号才能简化和固化成为一种关系模式。

2. 农民经济权益是一种主体自由的权利

人身权利和财产权利是人们的基本权利，而财产权利是市场主体参与市场活动的第一要件，但有效的市场经济还必须要求市场主体必须具有参与市场经济的自由。随着经济体制改革逐步深入，我国的最高立法机关逐渐对市场主体的经济自由权做出部分规定，但是该部分的权利内容并不完善。当前宪法条文中仍然缺少适用于所有市场主体的一般性经济自由的规定，以及一些市场经济发展所必需的基本经济权利。宪法对农民经济权益的配置没有到位，尤其对于农民的居住自由、迁徙自由、职业自由等，仍处于半管制状态。而且政府仍然垄断着过多资源，经济自由自然无从谈起。农民经济自由的不足不仅来源于法律设计的缺陷和可支配资源的不足，也来自自由意志表达渠道的堵塞，尤其是缺乏能够代表农民意志和利益的相关经济组织。

3. 农民经济权益是一种实质平等的权利

传统的公有制实现形式实现了人与人之间的财产权利平等，但人们因为所有权缺乏排他性而不能获得相应的权益。“在计划经济体制下，农民对其最主要的生产资料——土地都拥有同等的所有权，但是劳动力所有权却得不到保障。市场经济在发挥与保护个人财产（消极权利）和能力时，由于分配制度的缺陷，同样可能损害大多数人的积极权利。在由计划经济向市场经济转型的国家里，结合经济全球化的背景，体现经济公平的宪法经济权利的重要性实际上正在降低。虽然这一点是可以理解的，但是，经济自由不是绝对的和排他的价值选择，特别是从中国特色社会主义理论的内涵来看，我国没有放弃也不能放弃社会主义对平等特别是对经济平等的诉求。中国已走过了以牺牲农民利益换取城市化与工业化发展的初期积累阶段，经济平等与经济自由没有自由主义者理解的那么对立，两者都值得追求。我国现行《宪法》第三十三条规定，国家在理论上不仅有义务保证农民获得形式意义上的公平对待，而且有义务通过差别对待以满足农民社会经济关系之事实上的均等。”① 实质平等并不是一种绝对的平等，而有差别的对待才是实质的平等。

（三）保护农民经济权益的重要意义

1. 保护农民经济权益是构建社会主义和谐社会的必然要求

十一届三中全会以来，尤其是改革开放以后，党中央树立了以经济建设为中心的目标，大力发展生产力坚持 100 年不动摇。在此激励下，人民的生活水平发生了翻天覆地的变化。但是由于实行的是先富带动后富，城市带动农村，沿海带动内地的不平衡经济政策，城乡居民收入差距越来越大。虽然人均 GDP 得到大幅度提高，但是农村居民在享有发展成果方面显然机会较少。据相关统计，农民的人均收入还达不到城镇居民的零头。这与我们构建社会主义和谐社会，走中国

---

① 黄善明. 农民经济权益的理论内涵与现实分析［J］. 农村经济，2011（11）：20.

特色社会主义道路，实现共产主义的目标不相符。共产主义社会的目标是实现人人平等而享有一切社会成果，人人自由而富足。这个目标要求我们在构建社会主义和谐社会的道路上必须保护农民的经济权益。在目前的情况下，还要加大保护力度才能达到最终共同富裕的目标。

2. 保护农民经济权益是实现农村和谐稳定的必然要求

近年来发生的一系列群体性事件、极端维权事件等与农民的经济利益无不息息相关，基本都是由农民的基本经济利益受到侵害而引起的。一些政策实际运行不足，导致农民的经济权益没有得到很好的维护，成了农村稳定的一大隐患。① 如 2010 年 6 月安徽马鞍山发生群体性事件；2011 年 6 月广东潮安县发生“古巷事件”；2012 年 4 月 10 日重庆万盛发生群众聚集事件；等等。这些事件对于社会的和谐、农村的稳定产生了巨大的副作用。农村稳定是社会稳定的基础，社会稳定则决定着构建和谐社会的成功。农业是安天下、稳民心的战略产业，没有农业的现代化就没有国家的现代化，没有农村的繁荣稳定就没有全国的繁荣稳定。②

3. 保护农民经济权益是国情的必然要求

“就我国国情而言，农业作为基础性的产业，对国民经济的增长起到了保障性的作用。因此，保护好农民的经济利益对社会主义的经济建设是极其必要的。经济体制的首要任务就是利益关系的改革。”③ 利益关系不是永远不变的，利益关系的变化和革新，主要是变革那些不适于人类经济发展的利益关系。利益关系也是一种社会关系，而且是重要的社会关系。我国正在不断向社会正义和社会民主的经济改革方向进行深化发展，涉及各个领域的多个方面，以及不同人群之间的利益关系。农民是我国的一个庞大群体。改革势必会触及农民的核心经济利益。此时此刻，处理好改革中的农民经济权益问题就是一个非常大的难题。农民的经济权益作为农民生活的物质保障，在农民阶层的生存和发展中发挥着基础性的作用。农民经济利益的增长是农业经济稳定发展的生命线。农业所包含的种类繁多，种植业、林业、木业、渔业等在我国的经济发展中占据着较大的比例。所以，保护好农民的经济权益是国情的必然要求，也是最基本的要求。

二、农民经济权益保护现状及制度创新的不足

（一）农民经济权益保护取得的成绩

1. 免除农业税，对农民个人所得税有条件地给予减免或优惠

国家税务总局制定了一系列的涉农税收优惠政策措施，主要包括以下五个方面的内容：一是农民从事种植业、养殖业、饲养业、捕捞业取得的所得，已缴纳农业税、牧业税的，不缴纳个人所得税。二是取消农业特产税、减征或免征农业税或牧业税后，农民取得的农业特产所得和从事种植业、养殖业、饲养业、捕捞业取得的所得，仍暂不缴纳个人所得税。三是取消农业特产税，减征、免征农业税或牧业税后，农民销售自产农产品的所得，仍暂不缴纳个人所得税。四是农民销售水产品、畜牧产品、蔬菜、果品、粮食和其他农产品，月销售额不到 5 000 元或每次（日）销售额不到 200 元的，不缴纳增值税。如果农民在销售上述农产品的同时还销售其他非农产品，其中农产品销售额占整个销售额一半以上的，月销售额不到 5 000 元或每次（日）销售额不到 200 元的，也不缴纳增值税。五是无固定生产经营场所的流动性农村小商小贩，不必办理税务登记。以上的税收惠农政策，对于收入不高且不稳定的农民而言，大大减轻了其经济负担。这是农民经济权益保护的一项重大进步。免除农业税的农村新政具有划时代的历史意义。中国政府全面取消农业税及其他各种税费，标志着“以农养政”时代的终结，调动了农民的生产积极性，破除了对农民的不平等待遇，也改善了政府和农民的关系，完全保障了建设和谐社会的目标在农村社会顺利实现。

---

① 向朝忠. 关于维护农民经济利益的思考［J］. 新农村，2012（2）：48.

② 十七大以来重要文献选编（上）［M］. 北京：中央文献出版社，2009：671.

③ 张军. 社会主义和谐视野下农民经济权益保障研究［D］. 成都：四川师范大学，2011：8.

2. 对种田农民发放补贴

我国目前实施的农业补贴政策为粮食直补、良种补贴、农机具购置补贴及农资综合补贴四项具体的农业补贴政策。事实证明，农业补贴政策对于提高农户耕地种植的积极性具有重大的促进作用。“粮食直补对农户耕地保护行为的影响主要体现在农户加大了对现代化农业机械的应用，加大了对农家肥、农药及农田设施的维护与管理。并且粮食直补对现代农业机械的应用专业农户的影响程度大于兼业农户。良种补贴对农户耕地保护行为产生的影响主要体现在农户对先进农业技术的应用上，如选择优良的栽培技术、使用优良的农作物品种等。农机具购置补贴对农户耕地保护行为产生的影响主要体现在农户劳动力投入、现代化农业机械及先进农业技术的应用上。在其他情况不变的提前下，农业补贴政策中的农机具购置补贴有效地提高了农户的农业机械化及先进农业技术的应用程度；并且农户劳动力投入的时间随着现代农具及机械化的应用而不断减少。由于这种补贴极大地鼓励了农户机械化操作及规模化经营，在家庭联产承包的责任下，农户的生产效益得到更大的提高。”①

3. 公路改造村村通

“要想富，先修路”“公路通，百业兴”等谚语已经成为农村公路在农村经济社会发展和广大农民生活中重要作用的集中体现和经验总结。近几年实施的农村公路建设极大地改善了农村地区的生产生活条件，给人民群众带来了直接的经济效益；农村公路建设日益深入人心。“近年来，通过实施农村通畅通达工程建设，农村公路建设发生了翻天覆地的变化，农民的交通运输条件得到了很大改善。乡村公路的水平在某种程度上体现了一个区域的经济发展状况。近几年乡村公路以前所未有的速度发展。在经济发达地区，几乎村村通沥青公路。农村公路是公益性的公共基础设施，是农村生产生活、农村经济社会发展的基础。”② 农村公路的发展，不仅能够改善农村运输条件和投资环境，促进农村“生产发展”，还能增加农民收入，扩大农民就业，促进农民生活宽裕，加快农村信息传播和信息交流，激发农民自力更生、奋发图强；同时，对带动农村城镇化建设进程的加快，改善村容村貌，促进村容整洁，提高农民自身素质，提高农民参政意识也将起到重要作用。

（二）现行农民经济权益保护的不足之处

1. 农民的土地承包经营权不够完善

在农村地区，一部分农民靠土地承包经营来维持生活，赚取养家糊口的生活费用。但是，直到目前为止，仍然存在着许多问题，使得农民的土地承包经营权受到侵害。其主要表现为以下几类：第一类是，干涉承包方依法享有的生产经营自主权。如干涉农民自主安排的生产经营项目，强迫农民购买指定的生产资料或者按照指定的渠道销售农产品。第二类是，违法收回农户承包地。例如，强行收回外出务工就业的农民的承包地，收回承包地抵顶欠款，违法收回进入小城镇落户农民的承包地，以划分“口粮田”和“责任田”等为由收回承包地搞招标承包，用收回农民承包地的办法搞劳动力转移等。第三类是，违法调整农户承包地。如承包期内用行政命令的办法硬性规定在全村范围内几年重新调整一次承包地，借颁发农村土地承包经营权证书之机，重新承包土地等。第四类是，不落实二轮承包政策。对适合实行家庭承包的耕地，第一轮耕地承包合同到期后，如不执行延长土地承包期三十年政策，不与农户签订土地承包合同，不发放农村土地承包经营权证书，超额预留机动地等。第五类是，利用职权变更、解除土地承包合同。如因承办人或负责人的变动而变更或解除承包合同，因集体经济组织分立或者合并而变更或解除承包合同等。第六类是，强迫承包方流转土地承包经营权。如强制收回农民承包地搞土地流转，乡镇政府或村级组织出面租赁农户的承包地再进行转租或发包，假借少数服从多数强迫承包方放弃或者变更土地承包经营权而进行土地承包经营权流转等。第七类是，阻碍承包方依法流转土地承包经营权。如对承包方合法流转土地承包经营权做出限制等。第八类是，侵占承包方的土地收益。如小

① 谭春. 简析农业补贴政策对农户耕地保护行为的意义［J］. 农业与技术，2014（12）：224.

② 刘金鑫. 分析农村道路改造［J］. 科学导报，2015（4）：158.

调整时，随意提高承包费，截留、扣缴承包方土地流转收益，截留、挪用征地补偿费用等。第九类是，违法发包农村土地。如未经本集体经济组织成员的村民会议三分之二以上成员或者三分之二以上村民代表的同意将农村土地发包给本集体经济组织以外的单位或者个人，将机动地长期用于对外发包，侵吞土地发包收入，泄露土地招标承包标底秘密等。第十类是，侵害妇女依法享有的土地承包经营权。如承包时对妇女施行有别于男性的歧视性的土地承包政策，在承包期内违法收回出嫁女的承包地等。第十一类是，行政、司法机关和村级组织不作为。如基层法院不受理农村土地承包纠纷引发的相关诉讼，农村土地承包仲裁管理机关不受理农村土地承包纠纷的仲裁请求，乡（镇）人民政府不适时对农村土地承包纠纷进行调解，农业行政主管部门不受理农民群众的有关农村土地承包纠纷的来信、来访，村级组织不执行仲裁、司法裁决或名义上执行但实际上拖延不办等情形。

2. 农村金融法律体系不完善

法律上承认的农村有效担保物的范围比较狭窄。农民贷款难主要难在缺乏银行认可的抵押担保物。农民拥有的财产种类比较单一（大部分为集体性质的财产），可用于贷款的抵押物少，甚至没有。“我国《物权法》以及《担保法》又对农村土地的用途及流转作了非常严格的限制。《物权法》第一百八十四条规定，耕地、宅基地、自留地、自留山等集体所有的土地使用权不得抵押。农民可用来抵押的财产很有限。这是导致农民贷款难的主要原因。如果不对此进行制度性改革，赋予农村财产相应的担保物权，则不仅无法解决与金融机构贷款重抵押之间的矛盾，更无法有效促进农户贷款的增长。法治环境不完善，金融债权缺乏保护。我国目前金融监督的法律中存在着众多原则性规定，实际操作性差。农村金融法律比较薄弱，不能满足目前我国农村地区金融发展的需求。农村金融法制建设严重滞后，很难保护债权人的利益。在法律执行过程中，一些农民没有法治观念，将贷款等同于国家的扶贫款，经常逃避贷款债务，为执法活动增加了困难。农业经济本身同时存在的高风险性，相关配套法规的缺失，法律风险、经营成本的风险并存的情况，使商业银行从事农村信贷业务的热情不高。”① 农民整体文化知识水平不高，加之金融机构贷款制度所设置的诸多限制性条件和担保条款，促使农民贷款的成本和费用增加。实际上农民群体能顺利从银行等大型金融机构融资发展农业的非常少见，反而在广大农村地区农民之间的民间借贷或从民间金融机构进行融资发展农村经济的情况倒比较普遍。

3. 农民收入普遍较低

我国农民收入的基本情况主要是，家庭经营性收入比重仍然比较大，增幅非常缓慢。自改革开放以来，“我国农村实行家庭联产承包责任制，农民自己种地，除上交一部分粮食给国家，剩下的基本上自己享用，积极性因此被大幅度调动起来。家庭经营性收入成为农民收入的主要来源。但是随着20世纪90年代后期社会主义市场经济的快速发展，农产品供大于求，结构性过剩问题严重。此外，农产品价格持续走低也是农民收入低的原因之一。农业不仅面临自然灾害的风险，还面临市场风险。农业收益减少，生产成本却在不断提高，诸如地价、肥料、生产工具等成本均在增加。农村的农业用地自实施家庭联产承包责任制以来，基本是农民收入的主要来源。”② 随着社会主义市场经济的快速发展，农村的农业用地所得的收入和10年前相比，比重在逐年下降，特别是偏远落后地区。主要原因是农民大多数选择外出打工，其务工收入远远超过在家耕地的收入，导致许多自家耕地无人打理，甚至逐渐变成荒地，或者只留下孤寡老人种植着极少的余地，少数人以低价或是免费租给他人使用。农村不合理的征地也导致农民权益受到侵害，收入不断减少。外出务工的农民工主要是农村的青壮年劳动力，文化程度多为初中或者小学学历；留在农村的大多数是老人和留守儿童，经济来源主要依靠在城务工的农民；而城市中务工的农民大多数从事的是低端体力劳动，工资收入相应地非常低。导致农民收入偏低的因素还有许多种，上述仅是其主要原因之一。

---

① 尹军翰. 完善法律制度保障农村经济高速发展之我见［J］. 商，2013（17）：181.

② 孙彦辉. 谈农民收入低的原因及解决办法［J］. 农民致富之友，2013（21）：106.

4. 农民贫富分化严重

农民收入差距越来越大，也是我国近年来农村发展的一个趋势，同时也带来了不少负面影响。贫富差距扩大的原因有以下几个：首先，“由于贫富世袭延续，贫富悬殊，富者更容易在教育、科技上投资，以换取更大的经济效益，从而越来越富；而穷者的子女上学都上不起，素质难以提高，从而穷者更穷。由此可见，农村居民之间的这种收入差距的扩大，影响的不仅仅是一代人的生存与发展，还将涉及他们子孙后代的生存与发展。其次，农村高利贷日益增多。据调查，一般农户因子女上学、人情花费、生产开支等每年需资金 4 000～5 000 元，有的高达上万元或几万元。不少贫困的农户难以支撑，在非常难借到银行贷款的情况下，不得不向富裕的农户借高利贷以渡难关。高利贷利率一般为 5%～6%，有的高达 10%～15%；特别是随着银行利息的调高，农村的高利贷利率可能会更高，将给农村贫困农户带来巨大的经济压力。农民们忙活一年，所得的微薄收入，可能都拿去偿还高利贷的利息，年复一年都不得翻身。这就更进一步加大了贫富差距。”① 农村贫富差距的扩大化会直接影响到社会的稳定，会使得人们的心理天平难以平衡，使相当一部分人处于失衡、不安、疑惑之中，造成一些人滋生和蔓延不满情绪，而导致农村盗窃、抢劫等犯罪活动有所增多，成为农村社会的不稳定因素，带来了不容忽视的负面影响。

5. 农民工权益保障问题突出

近些年来，农民工的权益保障问题虽然得到了一定的缓解，但是仍然存在着诸多问题。农民工权益保护不足的问题主要体现在以下几个方面：首先，农民工在城市里多数从事的是城市人不愿从事的最苦、最累、最脏、最险的工作，拿到的却是最少的工资。他们与城镇的正式职工存在着“同工不同酬、同工不同时、同工不同权”等一系列不平等的问题。他们生活待遇的非市民化现象尤为突出。绝大多数农民工只能在生活水平低、劳动条件差的次属劳动力市场就业，不能享有城市居民所拥有的住房、医疗、义务教育、社会养老等方面的社会福利。普遍存在着劳动条件差、劳动时间长、劳动强度大的用工现状，其收入却并不高。其次，农民工的基本权益得不到保障，并且相当大一部分失地农民仍在存有严重安全隐患的行业就业。根据相关调查，在我国的城市中，农民工的用人单位几乎没有给他们购买任何社会保险或促使其参加社会保险；在用人单位中，为农民工缴纳工伤保险或给予工伤医疗补助的仅占 21.5%，而 74%的农民工却没有参加工伤保险，更有甚者，4.5%的农民工仍根本不知道何谓工伤保险；每年因劳动条件差而致伤、致残和致死的事故比率都比较高。再次，农民工缺乏失业保险。由于受到文化水平和综合素质的限制，在转移就业的过程中，大多数农民工就业于民营企业和个体私营企业之中，其工资报酬低尚且不论，然而其工作还不稳定，经常变换工作单位，存在着严重的失业风险，使得农民工失业之后承受着巨大的经济、社会和心理压力。其失业风险大大地高于一般的城镇就业者，但却没有哪一家用人单位为他们缴纳失业风险金或失业保险金。农民工仍缺乏基本的医疗保险和大病救助等重要的社会救济渠道。许多农民工常常是小病拖、大病扛，实在到了支持不住的时候才会去一些就诊方便快捷、价格便宜的个体诊所求治。由于缺乏基本的医疗保障，农民工普遍存在着看不起病、就医率低的现象。如果农民工患大病，那么因病返贫、因病致贫的现象就比较普遍了。还有，农民工基本养老保险的参保率低，享有基本养老保险的农民工大都在效益较好的外资或大型国企就业，且其工龄较长。流动性较强的农民工缴纳并享有养老保险的比例非常低。一方面，农民工严重缺乏缴纳社会养老保险的意识。大部分农民工对于用人单位和自身参保持无所谓的态度，其理由主要有：缴纳保险费减少了即期现金收入；对保险不信任，担心将来社会保险不能真正“保险”而存有疑虑；怕失去工作机会而不敢向用人单位争取社会保障的权利等。另一方面，由于企业急功近利，往往采取种种手段不为农民工办理养老保险。最后，农民工心理方面也存在着极大的伤害。城市职工对农民工的歧视和不公正的待遇，使得他们形成了一种“边缘人”的独特心态。这种“边缘人”的心态首先表现在自我认同上。多年来由于城乡分割的二元结构的存在，城市与农村成为社会身份定位的主要标准，因此，农民工在城市生活得愈久，失落感与压抑

① 侯桂华. 正确理解农民收入分配中的贫富差距现象［J］. 安徽农学通报，2008（21）：23.

感愈强，无所归属的感觉愈浓厚。然而，农民工问题造成的影响不能仅仅局限于农民工这一狭隘的范围之内，必须从整个社会的角度来审视。城乡二元体制的长期存在使农民工问题的彻底解决困难重重。工农差别、城乡差别日趋拉大，分配不公现象、贫富差距问题凸显，产生了种种矛盾，带来了诸多社会问题和经济问题，直接影响到经济的持续健康发展，影响到社会大局的稳定，影响到社会主义和谐社会的构建。因此，农民工权益保护问题的存在已成为影响构建社会主义和谐社会的重大问题。

6. 土地权益受损严重

近年来，在推进城乡统筹发展中出现了许多损害农民土地权益的现象，如 2011 年全国共查处和纠正土地流转、土地整治等项目中损害农民土地权益的问题共计 1.4 万件，查处违法违规强制征地拆迁问题 1 480 个。众所周知，城镇化的过程必然会伴随着征地、拆迁等行为，这是一条铁律。“随着我国城镇化规模的不断扩展，大量集体农田、农村宅基地被征收，同时涉及宅基地上农民自用的房屋及其附属物的拆迁。在这一过程中农民一方面丧失了赖以生存的家园和辛勤劳作的土地，另一方面由于征地行为尚未纳入完全法制化，自身权益受到极大侵害。土地征收过程中农民主体地位缺失、征收补偿标准过低、补偿款分配比例严重失衡、农村集体财富大量流失、土地被征收后生活水平下降等矛盾成为普遍性问题。许多农民成为‘无工作、无住房、无保障’的三无农民，仅依靠征地后获得的微薄补偿生存，逐渐沦为最大弱势群体。”① 当前我国农民土地权益受到侵害的状况主要表现为：知情权受到侵害、调查结果确认权受到侵害、听证权受到侵害、土地物权严重缩水以及社会保障权得不到有效保障、土地维权路径狭窄、维权非常困难等。“农户的生产经营权被干预。农户在自己土地上种植何种作物、如何种植，在哪里购买生产资料，将收获卖给哪个企业可以自主选择。国家在政策上规定地方政府有对农民生产进行指导的权力，但是这种指导是基于农民意愿的，而不能强制农民生产什么，在哪里买农业生产资料，将农产品卖给哪个商家。强制性干预行为是对农民土地权益的侵犯，是对农民生产经营自由的无理干涉。基层村组织扭曲农地承包政策主要表现为：一是私自收回农户承包地。随着工业化进程的加快，越来越多的农民离开农村进入城市工作，离开后承包地如何利用是农民的自由。但是某些地方官员为了谋求私利，凭借自己手中的权力，强行违法收回农民的承包地。二是私自调整农户承包地。国家有规定几年可以在全村范围内重新调整农户的承包地，但这种调整的首要前提是农民的意愿。某些基层领导者利用这项权力，为自己和亲戚调整到好的承包地，侵犯其他农民的土地权益。三是二轮承包政策不落实。对农户家庭承包的耕地，在第一轮土地承包期到期后，不执行延长土地承包年限的政策，不签订土地承包合同，不发放经营权证书，超额预留农村公有土地等。四是利用职权变更、解除土地承包合同。在农村土地开发的过程中，某些基层领导为了自己的私利，与社会上的不法商人勾结变更或解除农户的土地承包合同，将土地转移到自己户头上，自己开发，窃取农民的土地权益。五是强迫、阻碍农户流转土地经营权。某些离开农村的农户，把他的土地流转给其他农户。而某些基层官员不承认这种流转，强迫农户将土地流转给与自己有关系的农户。司法和行政机关以及村级党组织不作为。现实中普遍存在农村土地承包纠纷诉讼时基层法院不受理，农民请求农村土地纠纷时农村土地承包仲裁机关不受理，乡（镇）人民政府不为农村土地承包纠纷调解，农业行政主管部门不受理农民的来信来访，对于农村土地承包经营纠纷、村级党组织不仲裁、司法机关不定论或延迟执行等现象。这些都是由司法和行政机关以及村级党组织不作为造成的。”②

7. 农民群体社会保障制度不健全

农民群体的各项社会保障制度不健全、保障水平低，也是目前农民经济利益涉及的一项重要内容。其主要问题包括以下几个方面：一是社会保险的统筹层次太低。各地试行的社会保障措施大多仅停留在县级范围内。统筹层次过低，必然带来参与人数少、分散风险的能力弱、消化损失

---

① 王磊. 城镇化进程中失地农民利益保护研究［D］. 苏州：苏州大学，2011：1.

② 王荣菊，王俊生. 农民土地权益保障路径思考［J］. 人民论坛，2014（32）：120-121.

的功能差等弊端，从而大大降低了社会保障制度的安全运行。“二是缺乏统一、明确的监管机制和运行机制。由于社会保障制度起步较晚，我国目前尚无有关失地农民社会保障制度的明确的法律规定。相当多的失地农民的社会保障实践仍处于混乱、无依据的状态，根本无法实现失地农民社保基金的保值增值。三是社会保障制度的覆盖面偏低。尽管各地推行的失地农民的社会保障形式多种多样，且往往炒得轰轰烈烈，但其覆盖面却普遍偏低，绝大多数失地农民还处于无保障或低保障状态。而且各地的社保实践往往以解决眼前的困难和问题为重，具有明显的临时性和应急性，还没有作为一项重要的制度建设来抓，也缺乏相应的配套措施和长效保障机制。”①

三、农民经济权益保护法律制度创新不足的原因

（一）主观原因

1. 农民自身文化素质低且不重视相关知识的学习

自改革开放以来，我国政府大力普及九年义务教育，发展农村教育事业，使农民的科技文化素质水平有了较大的提高。但从目前来看，农民的受教育程度较低，大部分农民没有受过系统正规的农业技术教育和职业培训，对于农业科学技术的认知、接受能力较弱。而且，大部分农民对新知识、新技术存在疑虑，怕担风险，不敢应用。农民的科技文化素质低下，导致农业生产效率低下，生产成本过高，也导致大多数农民驾驭市场能力差。在种植作物的选择方面，农民往往随大流，其生产经营具有很大的盲目性。我国农民的科技文化素质水平，已经成为阻碍农村经济社会发展的“瓶颈”。因此，要提高农民科技文化素质，必须深入分析我国农民科技文化素质低下的原因。“从历史上看，我国封建社会重政轻技的传统观念阻碍了农民科技文化素质的提高。中国封建社会绵延数千年，历代统治者都重人伦轻自然，用人重德不重才。儒家的‘三纲五常’被统治阶级视为治国之大道，具体科学知识和生产技艺却被视为雕虫小技，难登大雅之堂。这导致知识分子将读经书、考科举、踏仕途作为人生的最佳选择，对于科学技术却漠不关心，导致许多重要的科学著作无人问津。这种思想一直到现代还束缚着中国人的头脑。中国的普通民众都希望自己的孩子学而优则仕，不愿意让孩子读职业技术学校，成为有技术的高素质工人和农民。农村的中小学校课程，几乎不涉及农业生产技术、农产品生产加工经营、市场营销等内容。所以，农民子女在中小学毕业后，依旧不懂农业生产的相关技术与知识，导致一代又一代的农民科技文化素质水平偏低。”②

2. 农民维权意识差，维权方式单一

当农民的经济利益遭受到侵害时，如果是稍微小一点的损失，很多人会选择自认倒霉。这一点在农民买到假冒伪劣产品时能很好地反映出来。有相当数量的农民消费者买到假冒伪劣商品后“自认倒霉，凑合着用”。就商品种类而言，对日常生活用品类、食物类、衣着类商品，消费者采取“自认倒霉，凑合着用”态度的占了大多数。这便是维权意识差的一面。就维权方式而言，在作为消费者时，农民对不论哪类商品的维权，都是要求退货或者更换，要求赔偿的少之又少，更不用说到工商行政管理部门反映情况。同时，他们在没有相关部门的支持，对产品质量法、消费者权益保障法、经济法等了解甚少的情况下，索赔的获胜概率不会很大。在关于土地维权等方面，大多数农民采取的做法是上访或者搞破坏活动，很少有农民能够运用法律途径来解决问题。主要原因是一部分农民认为运用法律途径维权成本太高，没这个必要；一部分农民不相信司法公正，心里对司法权威没有信心；一些农民则认为法律途径是富有农民群体的专利，自己没有这个权利。这也侧面反映出农民的维权意识和文化教育程度有着很大的关系。

① 崔涛. 从法治角度完善失地农民的社会保障［J］. 天津市经理学院学报，2012（1）：6.

② 李秀艳. 我国农民科技文化素质偏低的原因与对策［J］. 重庆文理学院学报（社会科学版），2012（31）：65-66.

（二）客观原因

1. 农村基础设施落后，文化教育落后

我国过去的城乡二元结构，导致农村教育相对落后，制约了农民科技文化素质水平的提高。由于历史原因，我国过去对城市和农村采取了不同的政策。国家政策不断向城市倾斜，导致农村交通、电力、水利、住宅、卫生等方面远远落后于城市。最为关键的是，城乡公共教育资源分配不公，全国有80%的人口集中于农村，只有20%的学校设在农村，而80%的学校，却分布在20%人口居住的城市。长期以来，农村教育在整个教育资源分配中所处的次要位置没有从根本上得到改善。农村教育经费紧张、师资短缺等问题依然突出。农村职业教育、科技推广、农民教育培训等无法获得充足的资金。农村教育的现状，导致了农民受教育程度远远低于市民，制约了农民科技文化素质水平的整体提高。

2. 农民经济水平处于弱势地位

贯彻公平正义的基本原则，实现社会的共同富裕，是社会主义的本质要求。当前农民群体在我国现阶段社会经济利益分配格局中处于十分不利的地位。农业的弱质性决定了农民增收的艰难性，决定了农民经济地位的弱势性。首先，农民经济收入与城镇居民经济收入的差距出现了进一步拉大的趋势。改革开放以来，虽然农村经济取得了相当大的进步，但是城市发展则快得多，城乡差别不但没有缩小，近些年来却有加大的趋势。其次，农民的经济负担出现了进一步加重的趋势。农民负担，指的是农民无偿向国家和社会提供的资金、产品、劳务等各种资源的总和。农民负担包括三个部分：一是农业税金；二是农民向乡村集体经济组织缴纳的提留、统筹、劳务和行政性收费、罚款以及集资摊派；三是农民承担的由工农产品价格剪刀差所带来的隐性负担。当前农民负担状况是，农民负担的增长幅度高于农民收入的增长幅度。最后，农民不仅在经济状况方面是弱势群体，而且在政治、法律等方面也是弱势群体。在整体利益格局中，最容易被忽视，最容易遭受伤害，最难以通过自身的努力扭转弱势地位。当前农民收入水平的下降问题、负担问题在很大程度上反映了农村作为“弱势社会”、农业作为“弱质产业”、农民作为“弱势群体”的现实状况。

3. 政府惠农政策不到位

一方面，基层干部在执政过程中难免存在着对政策理解不深、方法简单，宣传渠道单一，宣传不细致的问题；另一方面，受农村生活条件的限制，基层宣传工作本身存在着一定的难度，信息化建设相对滞后。“例如，李坪村和细辛村至今还有一些居住在偏远地方的农户家中没有接通电话和电视；且农村人员流动大，许多青壮年外出打工，留守的大多为理解力稍弱的老人和小孩；加之近年来政策种类较多、标准不断变动，更加导致一部分群众对政策动态了解不够，不清楚补贴内容和标准，存在着‘稀里糊涂拿钱’的现象。此外，资金分散发放且时间不固定，影响效果。各类补贴如小麦良种补贴、油菜良种补贴、退耕还林补贴均为独立发放，分批打入‘一卡通’内，具体发放时间不确定，因此农民并不知道什么时间会拿到相关补贴资金，更无法预先对其进行合理支配，影响他们扩大生产的积极性和能力。另外，虽然各项补贴集中起来数额不小，但零打碎敲式的发放方式对农民增收意义不大，降低了补贴资金的使用效益，难以调动生产积极性。加之近年来农资价格上涨，进一步弱化了惠农政策的效果。比如，退耕还林原政策为每亩补助230元（含管护费），此时只能发挥230元的资金效益；但如果将其他补贴整合起来一并发放，相比之下其更能帮助农民解决生产中的突出问题。”① 政出多门，资金多头分配，项目交叉重复，难以监管。惠农政策涉及农业、林业、扶贫、财政等多个部门，同一个项目往往需要多个部门参与协作，容易造成立项、管理、监督等流程难以协调的情况，难以发挥各部门的协调作用，同时增加了行政运行成本。“现在部分山区自然村出现空壳化，广大行政村出现老幼化。这既是政府主导的城市化和工业化巨大推动力所致，同时也是农民们的自觉选择和对幸福生活追求的效应。新农村规划中的绝大部分都属于准公共产品，需要政府、村集体和农民的共同投入，并且一旦投

---

① 孙成民．我国当前的财政惠农政策的现状及发展趋势［J］．才智，2012（4）：264.

入，短期内不可能考虑回收。如其未能实现装扮和提升农民幸福家园的目标，而建成一个人迹稀少的建筑群，是不可取的。”①

4. 农民权利救济得不到充分保障

农民没有一个像消费者协会那样在其遭遇不公平待遇时能够投诉的组织。目前，我国存在多种社会阶层，有着不同的利益矛盾和不同的社会要求。根据《宪法》规定，公民有结社的自由，因此我国有了工会、工商联（商会）、学联、妇联、青联，还有各种产业协会和个体劳动者协会，代表各自阶层的利益，来与政府及其他社会经济组织进行沟通、谈判，甚至博弈。但迄今为止，我国人口最庞大的农民却没有代表自身利益的群众组织即农民协会。在我国加入 WTO 和发展社会主义市场经济的条件下，建立起农民自己的组织有其独特的功能和作用。该组织是其他组织无法替代的。对农民而言，它是自己权益保护的重要组织。由于诸多原因，当前农民组织还缺乏相应的法律承认和明确的法律地位，也缺乏相应的法律体系支持。一般而言，农民在权利被侵害以后，大多数情况下宁愿选择息事宁人的方式。其一是相比城市居民，农民并没有充足的金钱和时间去诉诸法律途径；其二是受我国深厚的社会历史传统的影响，对比激烈的对簿公堂的诉讼程序，农民宁愿选择较为温和的私下解决方式，以求以后大家能够和睦相处；其三是由于诉讼毕竟是一门比较深奥的学科和复杂的实践过程，农民可能相对缺乏相关的法律知识和观念等，以至于其往往在权利受到损害以后不知道该通过何种方式来保护自己的合法权益。而相关的诉讼法律、法规及政策措施等，对于农民这一群体给予的保障尚不充分。例如，农民由于经济上的窘况而无钱诉讼，法律规定的却是不论经济状况如何均需缴纳同样的诉讼费用。又如，农民法律知识的欠缺情况改善也并不明显，普法知识的宣传力度尚且不够。此外，在地方政府强制征收、征用农民土地，或是强令农民种植特定粮食作物时，由于法律并没有详细规定农民该依据何种法律规定对抗地方政府的不当指令，维护自身的合法权益，农民只能眼睁睁地看着自己的财产受到损失而无力解救。②

四、农民经济权益保护法律制度创新的方式

（一）农民经济权益保护的法律治理方式

历史早已证明，坚持单纯的市场经济模式是农民的灾难。因此，农民经济权益保护中的倾斜性资源配置是重要的手段之一。正如中央一号文件所强调的那样，“多予、少取、放活”也是倾斜性配置政策在法律制度实践层面所应坚持的重要的基本原则。但令人遗憾的是，各种“善意”的政策和法律所安排的倾斜资源却被不同的食利阶层分割殆尽。为了追求实质公平，我们需要通过立法安排和制度设计，特别是各部门法的协同保护，对农民经济权益进行一种由表及里、多层次、多视角的系统的法律保护。

1. 我国农民经济权益的宪法保护

宪法是万法之源和权利之法。从宪法的视角探究农民经济权益保护，有助于最根本、最本源问题的解决，能够起到事半功倍的效果。然而现状是，相当多农民的选举权、受教育权、平等权、公平交易权和迁徙自由权等权利并未落到实处。长期存在的城乡二元体制之下的户籍管理制度和城乡隔阂是导致广大农民阶层在经济、社会等诸多方面遭受非公正待遇的重要原因。公民平等权显得苍白无力，农村剩余劳动力的流动也呈现出一种不自由的状态。这既不利于劳动力资源的优化配置，又阻碍了我国城市化进程和市场发育速度。因此，必须对我国农民经济权益进行宪法性保护。这不仅是实现农民平等权的需要，而且对农民经济权益的保护也有裨益，更是国家经济发展、社会进步和实现依法治国以及遵守国际条约、履行国际承诺和义务的需要。

---

① 周颖. 浅析惠农政策存在的问题及对策［J］. 西部财会，2015（1）：8.

② 汪琴. 农民权益保障的政府职责法律问题研究［D］. 重庆：西南政法大学，2007：10-11.

2. 我国农民经济权益的行政法保护

无论是从政府存在的合法性和正当性，还是从法律义务方面来说，政府对于保护农民经济权益等问题都具有义不容辞的责任。正如孟德斯鸠在《论法的精神》中所言："拥有权力的人使用权力直到遇到界限方才罢休。"权力本身伴随着一种强烈的扩张欲望，公权力尤为严重。为了社会所谓的整体利益的实现，政府公权力会极尽其所能调动一切社会资源，包括合法暴力。政府的公权力与公民个体权利的冲突将在所难免。然而，如果政府不尊重法律，就难以重建人们对法律的尊重。如果政府不认真对待权利，那么它也不能够认真对待法律。我国农民经济权益的保护问题，除了需要宪法这一最高母法的确认和保护之外，更需要我国行政法律制度的有力配合，对涉农行政主体、行政行为、行政程序、行政救济和行政责任加以明确和规范。合法行政、合理行政、诚信行政与高效行政也是对农民权益进行行政保护的基本原则。我国法治建设要实现法治政府与法治社会的有机结合，在我国农民权益的保护方面就必须尤其重视行政执法活动的规范化。

3. 我国农民经济权益的民商法保护

财产权是一项以财产为主要内容并体现特定物质利益的权利，是公民的基本权利之一，其一旦经过法律确定便不得被随意剥夺。公民缺乏明确具体的财产权利，就会失去其作为人的尊严。农村土地承包经营权是农民财产权利中最为核心和重要的组成部分。《农村土地承包法》对农村土地承包经营权的规定过于原则，导致其在司法实践中难以遵循而成为"软法"，往往需要借助司法解释等渠道来加以解决，因此应该完善土地承包经营权的具体规定，协调《农村土地承包法》与《土地管理法》的冲突。同时，随着农村土地流转日益增多，土地增值利益分配已成为一个亟须立法做出回应和解决的问题，应该改变《农村土地承包法》的"软法"特性，弥补其刚性不足，增强其威慑力。《农村土地承包法》应该对随意调整或收回承包地、强迫流转承包地等行为规定具体的惩治措施，特别是针对土地承包经营权提前终止后的权利人的权益保护，建议可以考虑制定或出台《土地承包保障金条例》《农用土地征收保障法》等，对基于不同原因发生的土地承包经营权提前终止的权利人的权益给予相应的法律保护。对于宅基地使用权，鉴于基层农民群体是其最直接的利益相关者，法律应该倾听他们的声音。实践中存在着农户通过继受的方式，如房屋买卖、行使抵押权、接受赠与或遗赠、继承等方式获得宅基地使用权的一户多宅的现象。我们不能只以法律上对错的方式对其直接加以规定，而应该在法律和现实发生冲突的时候立足农民群体本身的利益加以考量。宅基地使用权流转缺乏相应的立法规则。现行的法律规定背离了宅基地使用权流转的客观现实，导致了宅基地使用权流转秩序的混乱。因此对于这样的现象应该全面反思，做出符合实际的规定。立法应该明确规定农民专业合作社社员的社员权可以自由转让。这也有利于社员财产性权利的保障。但考虑到农民专业合作社本身所具有的"人合性"显著特征，法律对社员权的转让有必要进行一定的限制。《中华人民共和国农民专业合作社法》中应当建立自己的表决权委托代理制度。但该项制度的构建必须注意以下几个方面的问题：一是出于对表决权代理行使的质量以及合作社"人合性"的考量，代理人应为本社社员；二是对同一代理人所代理的社员人数进行限制以杜绝滥用表决权委托代理的现象；三是表决权的委托须采用书面形式。《中华人民共和国农民专业合作社法》在修订的时候还可以参照《中华人民共和国公司法》关于股东诉讼和股东派生诉讼的规定，以完善社员的诉讼救济渠道。

4. 我国农民经济权益的劳动与社会保障法保护

社会保障制度是资源的二次分配，是政府依据一定的法律规定，通过国民收入的再分配来保障全体公民平等地享有权利和义务的制度安排。我国长期坚持的社会保障双重标准决定了社会保障制度设计以大部分城镇人口为主体，而忽视了广大农民群体；并且对于即使是已经实现了农转非身份和职业转变的农民群体，社会保障也并没有因此将他们纳入其覆盖范围。为了保障当前我国农民的经济权益，我们有必要深入考察农村的基本"村情"，完善农村基本医疗保险和养老制度，并结合农村自身所特有的扶贫与补贴政策建立农民最低生活保障制度，并将其法律化。目前，政府已经针对我国广大农村地区出台了相关政策，正在大力推行新型农村合作医疗保险制度和农村九年义务教育全免费的政策措施。这对于减轻我国广大农民的医疗负担及其子女的教育负担无疑具有重要意义。但是从政策的稳定性、权威性和可执行性方面来考量，只有将相关政策上升成为法律并制定出保护农民权益的社会保障法，才能使农民经济权益的社会保障有法可依。例如，农民对于新型农村社会养老保险的稳定性抱有疑虑。消除这种疑虑的对策就是要实现新农保制度的法律化，减少政策随意性给农民带来的压力和负担，提高其投保的信心和热情。与此相类似，目前政府对农民工群体的劳动权保障大多还未从政策层面上升到法律制度层面，“头痛医头，脚痛医脚”的窠臼在所难免。实践中农民工就业权屡遭侵害，有效的法律救济措施难以实现；即使有一部分已经上升成为立法文本，但对农民工合法权益的保护也常常受制于现行法律内容滞后、缺乏操作性。同时增强农民工的法律意识和依法维权的能力也迫在眉睫。例如，农民工群体并没有被明确规定在现行的《中华人民共和国劳动法》调整范围之中；实践中农民工群体无法享受到许多城市劳动者按照《中华人民共和国劳动法》所享有的权利。这种立法漏洞极易成为少数地方政府机关和用人单位对农民工合法劳动权益进行差别对待的借口。类似的立法漏洞都应该得到一定的填补。

（二）法律制度创新

1. 把运用法律维护农民土地权益放在第一位

土地及其收益是农民最重要、最大的权益，是农民根本利益所在。维护农民的土地权益就是维护农民的根本利益。侵害农民的土地权益就是侵害农民的根本利益。原国务院总理温家宝在2011年12月27日召开的中央农村工作会议上提出：“土地承包经营权、宅基地使用权、集体收益分配权等，是法律赋予农民的合法财产权利，无论他们是否还需要以此来作基本保障，也无论他们是留在农村还是进入城镇，任何人都无权剥夺。”中共十八大报告中提出：“要改革征地制度，提高农民在土地增值收益中的分配比例。”因此，在我国城市化、工业化快速推进和土地制度改革创新中，始终要把维护农民土地权益放在第一位。一是要树立尊重和维护农民土地权益的思想。在推进城镇化、建设现代农业、发展地方经济等全面建设小康社会的具体实践中，始终尊重农民的土地权利，维护农民的土地权益。摒弃依靠圈占土地搞扩张、剥夺农民搞积累、牺牲农村搞建设的思想，树立城乡一体化的全面发展观。要把维护农民土地权益落实到制定和实施党的方针政策的工作中去，落实到各级领导干部的思想和行动中去，落实到关心群众生产生活的工作中去。在维护农民根本利益的前提下，加快新型工业化和农业现代化建设，实现经济社会的全面发展。二是要加快征地制度改革，维护农民的土地权益。要保证不违规违法征用农民土地；要尽可能缩小征地的规模，控制征地规模，让明显属于非公益性的用地退出征地范畴。要公开程序，保证农民的知情权、建议权和监督权，在改造方案、规划设计、评估测量、拆迁补偿、施工监管、房屋分配等环节，全部实行阳光化操作，让村民代表全程参与。要合理补偿，适时调整补偿标准，提高征地补偿水平，大幅度提高农民在土地增值收益中的分配比例。对失地农民要有妥善的安置，维护农民长远生计，提倡“先建新后拆旧、先安置后动迁”，最大限度地减少征地对农民群众日常生活的影响。三是要坚决查处侵害农民土地权益的行为和事件。对那些性质恶劣、影响较大、造成重大生命财产损失的事件，要纳入各级政府的年度考核指标体系，加大问责的力度；对一般的土地纠纷，要按照现有解决机制，尽快解决处理，维护农村的社会稳定。①

2. 加强农民经济权益在经济法和农业法中的保护措施

农民的市场主体地位及其组织化程度与农民经济权益保护之间存在着巨大的关联。在我国，农民经营的分散性使得其市场主体地位面临诸多限制。这种分散性和主体地位的受限制性极大地阻碍了农业产业化的发展和对农民经济权益的保护。农民最基本的经济权益就是应该拥有合理的收益，真正实现农民的经济权益就是应该在如何设法增加农民收入和提升农民福利等方面多做文章。然而，在“三农”的行业和领域，经济法在涉及农业补贴、农村公共产品供给等农业政策的落实等方面有着其得天独厚的优势。首先，应该明确规定农民的公平交易权及其主要内容，并制定相关的实施细则。同时应该限制公权力机关和行业垄断企业为了本部门和自身利益集团的利益对农民公平交易权的肆意践踏，推进对农副产品以及农业生产资料质量领域的立法工作，填补该

① 史卫民. 国外土地制度变迁中农民土地权益保护的比较与借鉴［J］. 现代经济探讨，2014（2）：90-91.

领域的立法空白。其次，农业法应该进一步完善和细化农业投入的具体内容，明确农业投入比例和补贴程序。政府对农业的投资责任，除了考虑农产品市场价值在国民经济中所占的份额之外，还应该将其延伸价值、社会稳定价值和生态效用价值都作为确定支农财政投入分配的依据，以法律文件的形式固定下来，并且明确政府的农业投资法律责任。同时，还应该运用法律的形式引导社会资金向基础地位的农业流动，增加和扩大利用资金的数量、范围，完善农业投入资金的分配、使用和管理方法；明确截留、挪用、挤占支农资金等违法行为的法律责任，确保支农资金及时足额到位。政府同时应该加快推进产业投资体制的改革，并运用法律的形式明确各级政府农业财政投资的最低比例，或者进一步修改农业法，或者制定更具有针对性、更加完善的农业投资法。再次，农村金融法律制度的修改，除了应该考虑政府经济发展战略的外部要求之外，更应该真正扎根于农村基层，以促进农村经济的繁荣发展为出发点。当前应该着重改变农村金融法律制度以政府为主导的、单一的、自上而下的强制性制度变迁。最后，应该制定农业保险领域的专门性法律，促使农业保险经营能够有法可依。农业保险作为一种农业发展和保护制度，对相关法律制度有着相当的依赖性。因此，政府应该主动承担起完善农业保险相关配套法规的重任，为农业保险提供具体的法律指引和法律保障，为农民分担风险，合理配置资源，调动农民的生产积极性。

3. 司法上实施农民经济权益保护的法律援助制度

法律谚语有云："无救济即无权利。"如果农民的经济权益保护离开了诉讼、仲裁等程序的救济措施，尤其是让弱势群体受益颇多的法律援助，农民的经济权益保护只会是一纸空文。目前，我国法律援助领域效力层级最高的法律、法规也仅仅是国务院 2003 年 9 月 1 日颁布施行的《法律援助条例》。全国人大及其常委会并未进行相应的专门立法。而且，由于该条例对有关问题缺失相应完善的规定，在实践中也凸显出许多问题。例如，现行《法律援助条例》第十条所规定的可申请法律援助的范围具有明显的非农化趋势，而且显著增多的涉农案件已经使得该条例远远无法满足农民经济权益保护的需求。鉴于我国农民经济权益保护问题凸显的现状，以及问题的重要性和复杂性，专家、学者和广大农民群体所呼吁的《中华人民共和国农民权益保护法》和《法律援助法》应尽快出台。同时我们可以考虑对农民权益保护的法律援助通过立法的形式做出专门性的规定，并将其归入前两部法的范围和体系之中。首先，应该明确基层司法所在农民经济权益保护法律援助领域的核心地位。虽然在司法实践中执业律师成了法律援助的主体，但其本身所具有的、强烈的营利性和精英色彩与农民群体的有限支付能力形成了巨大的反差。因此，在我国矛盾复杂且尚欠发达的广大农村地区，乡镇司法所是最适合承担农民经济权益保护工作的法律援助机构。我们有必要在农民权益保护的法律援助立法文件中明确其保护农民权益的立法宗旨，并以调解与法制宣讲工作为两翼，全面落实我国农民经济权益的法律援助制度保护。其次，法律援助中心应该切实加强对农民权益保护的法律援助工作。现阶段《法律援助条例》明确规定法律援助的对象主要是因经济困难、无能力或无完全能力支付法律服务费用的贫困者。其范围过于狭窄而削弱了法律援助的社会意义。应适当扩大援助的范围以及援助金额，并更多地关注农民的权益保护问题。①

（三）创建其他方面的完善措施

1. 加大对农村教育的不断投入和发展

农村基础教育是全面提升农村未来人口素质，增强其竞争力的最直接方式。之所以会出现农村农民收入低的现象，其根本原因还是农民的知识文化水平较低。通过对农民知识技能的培训，不仅可以提高农民的思想境界，开阔农民的视野，转变其思想观念，提高其创新能力，还可以增加他们的一技之长，增强其自身的本领。为此，国家应该加大对农村教育的投入力度，既要关注孩子的基础教育，也应该对成年人进行再教育。通过基础设施的建设，以网络、电视、舞台节目、专家讲座、农业技术培训班等多种形式传播知识和文化，同时充分发挥基层组织的模范带头

---

① 张长健. 农民经济权益的内涵、特殊性及其法律保护［J］. 西华大学学报，2012（6）：66-68.

作用，从整体上提高农村的教育水平，形成一大批农村科技人才。“加大对农村教育的投入，建立多元化的教育培训体系。提高农民的科技文化素质，必须破除城乡二元结构，统筹城乡发展，加大对农村的教育投入。首先，要加强农村基础教育，明确各级政府所应承担的责任、义务和经费投入的比例，改善办学条件，不断提高农村中小学教师待遇，切实保证每一个孩子都能接受高质量的义务教育。其次，要大力发展农村职业教育，建立和完善农村职业教育和成人教育网络体系，优化配置、合理使用各种农村职业教育、培训资源，为农民提供最实用、最有效的培训。最后，还应该发挥农业高等教育和科研单位的作用，鼓励大学教授、科研人员对农民进行培训，鼓励农业院校大学生利用寒暑假开展农业科技培训，并号召农业高等院校的大学生回农村就业。”①

2. 继续推进农业产业化经营，降低农产品的市场风险

农业是弱质产业；农民生产的农产品具有盲目性，风险性较大。必须通过农产品产业化经营模式，不断强化农产品深加工，将生产、加工、销售连接为一体，延长产业链。在“十三五”期间，“我们可以按照‘做大基地，做强龙头，做深加工，做活营销’的发展理念，坚持以项目建设为抓手，以培育有竞争优势和带动能力的龙头企业为重点，以提高农业生产的市场化和规模化程度为基础，以提高农民的组织化程度为纽带，加快提高农业产业化发展水平。首先，培育壮大龙头企业。应该认真贯彻和落实中央、省、市关于扶持农业产业化的各项优惠政策，重点扶持市场潜力大、科技含量高、经营机制活、带动能力强的企业，如农产品加工业、农产品酿造业等，以及建立青山绿水的绿色产业发展。在强化农业项目建设中，要充分利用本地资源优势，延长农业产业链，提高产品附加值和完善农产品市场流通体系建设，利用先进的生产技术和畅达的市场营销网络，带动农业产业化的结构升级。其次，应积极探索投资新机制，充分调动政府各部门的积极性，制定合理目标，向上争取国家扶持力度，加大现有政策性资金整合力度，提高资金使用效率，逐步建立健全政府补助、企业参与、农民自筹的涉农政策性保险体系。”② 鼓励一批重点、龙头乡镇企业，打造自己的品牌，拓宽销售渠道，为农产品的销售提供出路。乡镇企业要与农户形成一个整体，充分吸收农村人才，同时鼓励大学生回乡创业或到乡镇企业工作。农业的科技人才可以建立研究站继续研究作物种植培育。农村拥有销售管理才能的人才可以到乡镇企业去工作。这样既留住了农村的人才，又可以促进农村经济的发展，增加农民的收入。

3. 统筹好城乡协调发展

城乡统筹、协调发展是一个大课题、一篇大文章，涉及城乡全体人民的切身利益和平等关系，涉及工农关系、城乡关系以及影响工业化和农业现代化的进程，并最终影响全国现代化发展的顺利进行。从一些城市的发展经验来看，要真正搞好城乡统筹还应从全局出发，坚持正确的方针政策，处理好各种关系，切实解决一些难点问题；必须进行大胆的理论和实践探索，才能取得真正的突破，取得应有的成效。统筹好城乡发展，主要应该注意以下几个方面的问题：首先，要坚持以人为本的科学发展观，平等对待城乡全体公民，正确处理工农关系、城乡关系。科学发展观的实质是以人为本、协调发展。平等权是宪法规定的公民的基本权利。在城乡发展的过程中更应该重视平等的问题。其次，要坚持以就业、安居、社保一体化为中心环节的综合统筹。就业保障基本的生活来源，安居带来家的归属感，社保给农民的心里吃了一颗定心丸。最后，要坚持“三个集中”的发展战略，走新型的工农业发展道路。“所谓‘三个集中’，就是工业向工业集中发展区（园区）集中，农村居民向大城市周边和中小城镇集中，农用地向农业产业化、规模化经营集中。它有利于为工业发展提供更好的生产配套环境、聚集经济要素、做大做强工业、激发民间活力、发展民营经济、建立经济产业支撑、为提供更多的就业岗位创造机会，有利于推进农业产业化经营，有利于农村城镇化和进行农村社区的集中管理。继续探索并切实搞好承包地、宅居地的置换等工作，扩大农业规模经营，促进农业产业化经营，加快新农村建设步伐。鼓励和支持农民按照‘依法、自愿、有偿’的原则，采取出租、入股、质押、置换等各种方式，流转农村土

---

① 李秀艳．我国农民科技文化素质偏低的原因与对策［J］．重庆文理学院学报，2012（1）：67.

② 王慧芳．农业产业化发展现状及对策［J］．农民致富之友，2014（11）：19.

地承包经营权，发展农业适度的规模经营。引导农民以承包地入股方式将土地流转给龙头企业，调整和优化农业结构。要继续探索并搞好承包地、宅居地换社保工作，促进城乡社保工作的全面展开。目前，从我国的实际出发，应当推广农村社保；还要坚持‘低水平、广覆盖、适度保障’的原则，坚持政府引导、农民自愿的办法，实行社会统筹和个人账户相结合。要建立健全全国统一的城乡协调发展政策保障体系。要搞好宏观计划，对全国的城乡协调发展给予宏观性、战略性、政策性的指导。要建立健全城乡互动机制，形成合理的城乡人、财、物资源流动体系。”①在市场经济条件下，我国城乡关系的逐步协调及城乡走向融合是一个快速变化的但也是一个较长的发展过程。“这一过程不会自动实现，城乡不会自动走向融合；城市不会自动带动农村，农村也不会自动实现城镇化和市场化。必须建立有利于改变城乡二元经济结构的体制机制，通过转变政府的职能、深化行政服务体制改革充分发挥政策的调节和保障作用，从体制、制度、政策和机制上实现不同层次的创新，重点解决制约农业和农村发展的体制性矛盾和结构性障碍：一是改革户籍管理办法。对进城镇落户的农民，根据本人意愿，可以保留其承包土地的经营权，也允许其依法有偿转让土地。要在此基础上进一步放开各种流转限制，形成统一规范的户籍管理办法。二是建立市场与政府扶持相结合的区域金融资源配置体系。将资金引向农业，引向农村和中西部地区。要加强领导，稳步有序推进城乡统筹协调发展的工作。”②

4. 加大扶贫开发力度

《中国农村扶贫开发纲要（2011—2020 年）》对扶贫开发工作提出明确要求：要逐步提高扶贫标准，加大扶贫开发的投入和工作力度，启动集中连片特殊困难地区扶贫攻坚工程，显著减少贫困人口。这对于进一步加快贫困地区发展，促进共同富裕，实现到 2020 年全面建成小康社会的奋斗目标具有重要意义。要对农村低收入人口全面实施扶持政策。鼓励贫困县加快发展机制。通过适当调整贫困县、完善扶贫绩效考评办法等措施，通过激励机制，确保贫困县农民人均纯收入年均增幅高于全省平均水平。此外，纲要还提出要加大教育扶贫力度，扎实抓好劳动力转移培训和科技扶贫，深入推进干部下乡住村并组织开展领导干部包村增收活动，组织实施“千企联千村”扶贫工程等帮扶措施。要提高扶贫标准，加大投入力度，把集中连片特殊困难地区作为主战场，把稳定解决扶贫对象温饱、尽快实现脱贫致富作为首要任务，坚持政府主导，坚持统筹发展，更加注重转变经济发展方式，更加注重增强扶贫对象的自我发展能力，更加注重基本公共服务均等化，更加注重解决制约发展的突出问题，努力推动贫困地区经济社会更好更快发展。要深入调查研究，进一步摸清贫困地区和贫困群众状况，为科学制定扶贫政策措施奠定基础。特别是要着力抓好“一村一品”“一县一业”，抓好干部下乡住村包村增收活动，确保农民收入翻番；加大资金投入力度，引导信贷资金和社会资金投向扶贫开发，努力满足扶贫对象发展生产的资金需求；抓好“五个全覆盖”，不断改善农村特别是贫困地区的基础设施建设，以及不断提高农村公共服务水平；加强农村基层组织建设，为富有成效地推进扶贫开发提供坚强保证。要加强组织领导，把扶贫开发工作列入重要议事日程，摆在更加突出位置，纳入年度目标责任考核，转变作风，狠抓落实，形成全社会积极参与、合力推进扶贫开发工作的良好局面。

① 中共中央党校第 23 期一年制中青班课题组，张宝田. 城乡统筹协调发展的目标、难点和对策［J］. 理论视野，2007（11）：60.

② 中共中央党校第 23 期一年制中青班课题组，张宝田. 城乡统筹协调发展的目标、难点和对策［J］. 理论视野，2007（11）：61-63.

第十八章　农民生育权和健康权保障制度创新

一、农民健康权和生育权的基本阐述

（一）健康权和生育权的概念及其特征

健康权作为基本的人权有着不同的措辞，比如“保健权”“健康权”，以及更为广义的是“健康权利”。在联合国层面上，最常用的、较为广义的是“健康权”这一措辞，其最符合国际条约的相关规定。这些规定不仅宣誓了获得保健服务的权利，而且宣誓了获得诸如安全的饮用水、适当的卫生设备、环境卫生和职业卫生等许多健康的基本前提条件的权利。①

世界卫生组织在1946年7月22日签署的《世界卫生组织宣言》中将健康权设定为基本人权，宣布“享受可能获得的最高健康标准是每个人的基本权利之一，不因种族、宗教政治信仰、经济及社会条件而有所区别”。这是健康权首次被宣告为基本人权。之后，健康权在很多国际文书中得到了认可。《经济、社会和文化权利国际公约》第十二条将健康权定义为“人人享有达到的最高的体质和心理健康的标准”，其被广泛承认。健康权包含两个方面：一方面包括即时和适当的卫生保健；另一方面包括决定健康的基本因素，如使用安全和纯净的饮水、享有适当的卫生条件等。②

不健康的生活方式、家族遗传因素、环境影响都可能对个人的健康造成影响。“能达到的最高的健康标准”这一概念，既考虑到个人的身体条件，也考虑进了社会经济条件和国家所掌握的资源。

首先，健康权的实现及完善是一个有步骤有阶段的过程，短时间是无法得以充分实现的。在实现健康权的过程中，每个国家都会面临不同的困难和处境，但不能因为困难而免除国家“充分实现”健康权的义务。即使是在可得资源明显缺乏的情况下，国家仍有尽力争取有关权利的义务。

其次，健康权的发展受到医学科学技术水平和经济发展水平的制约。我们都说，人人享有平等的健康权，但健康权的享受并非无差别。其中，社会经济的发展水平对健康权有着重要的影响，因为生活环境的改善、医疗设备的提升、公共卫生条件的提高等都受到其制约。医学科学技术的发展是人类享受良好医疗治疗、服务与康复的重要基础，同时也制约着健康权的发展程度。

最后，国家是为人民提供健康保障的最佳主体，健康权的实现需要国家积极履行义务。疾病的防控、治疗的整个过程，如创设医保制度、新建医院、提供安全卫生的食品与饮用水，都必须由国家采取相应措施和步骤。当国家在履行义务时，必须规定隶属其管辖的公民应当尊重他人的权利并服务于共同福利，使国家得以按照有益于每个人的方式向公民提供支持和帮助。③

生育权这一概念，由妇女运动组织首次提出后，逐渐获得国际社会的普遍认可。学界普遍认为，1966年的《关于人口增长和经济发展的决议》指出：“每个家庭有权自由决定家庭规模。”明确权利主体是家庭，实为夫妻；生育权的内容是家庭自由决定家庭规模，即自由决定生育子女的数量。这被认为是联合国第一次涉及生育权利问题的决议。1968年5月，在联合国召开的第一

---

① 国际人权法教程项目组. 国际人权法教程：第1卷［M］. 北京：中国政法大学出版社，2002：339.

② 佚名. 经济、社会、文化权利委员会第二十二届会议（2000年）第14号一般性意见：享有能达到的最高健康标准的权利（第12条）［OL］.［2016-12-14］. http：//www1. umn. edu/humanrts/chinese/CHgencomm/CHgen-comment14. htm.

③ 艾德，等. 经济、社会和文化权利［M］. 黄列，译. 北京：中国社会科学出版社，2003：9.

次国际人权会议通过的《德黑兰宣言》宣称："每对夫妻都应享有自由负责地决定其子女人数和生育间隔的基本人权以及在这方面获得充分教育和信息的权利。"即明确生育权是基本人权；权利主体是夫妻；权利内容是自由负责地决定子女人数和生育间隔，以及获取教育信息的权利。直到1969年12月，联合国大会通过的《社会进步和发展宣言》再次宣称，父母享有自由负责地决定其子女的数目和生育间隔的专有权，第一次强调了生育权是父母专有权的概念。随着时间的继续推移，1974年，联合国在布加勒斯特召开了世界人口会议。会议通过的《世界人口行动计划》（以下简称《行动计划》）第一次系统地总结了国际人口活动的准则，被视为联合国开展国际人口活动和指导各国人口活动的宪章。《行动计划》中的许多认识和原则都被国际社会普遍接受，进而影响到许多国家的人口法律政策。《行动计划》进一步阐述了生育权的概念，其14（F）款规定："所有夫妇和个人享有自由负责地决定其生育子女的数量和间隔以及为此目的而获得的信息、教育与方法的基本权利。夫妇和个人在行使这种权利时的责任，应考虑他们现有子女和未来子女的需要以及他们对社会的责任。"① 这一表述实际上是联合国关于生育权的经典定义，其后的联合国文件对此定义不离此宗。这个定义对许多有争论的问题给予了明确回答：①生育权的权利主体从"父母"扩展到"夫妇和个人"，即承认生育权为自然人享有；②生育权的内容包括自由负责地决定生育子女的数量和间隔，获取信息、教育与方法的基本权利；③明确了"负责"的含义，即"负责"是指，生育者应考虑自己"现有子女和未来子女的需要以及他们对社会的责任"。1980年联合国制定的《消除对妇女一切形式歧视公约》（以下简称《消除歧视公约》）规定："男女有相同的权利，自由负责地决定子女人数和生育间隔。"1984年联合国国际人口与发展会议通过的《墨西哥城宣言》和1994年的《国际人口与发展大会行动纲领》规定："所有夫妻和个人都享有自由负责地决定其子女数量和间隔以及为此目的而获得信息、教育与方法的基本权利；夫妇和个人在行使这种权利时，应考虑到他们现在子女和未来子女的需要以及他们对社会的责任。"② 在这些法律文件中，《消除歧视公约》作为条约，对缔约国有法律效力；其他联合国文件虽缺乏这种约束力，但对各国的国内立法则具有引导作用。

（二）农民健康权和生育权保障的必要性

健康是人类发展的基础，是人类生存的基本条件，也是人类最重要的资本。党的十七大报告中指出："社会建设与人民幸福息息相关。必须在经济发展的基础上，更加注重社会建设，着力保障和改善民生，推进社会体制改革，扩大公共服务，完善社会管理，促进社会公平正义，努力使全体人民学有所教、劳有所得、病有所依、老有所居，推动建设和谐社会。"其中，对人民的健康保障则居于基础性地位。

加强对人民健康的保护能更好地促进社会经济发展和维护社会安定。健康权益的保障若得不到贯彻和落实，则会产生很多不稳定的因素，阻碍经济社会的发展。而健康对于经济欠发达地区尤为重要。世界卫生组织一再向国际社会阐述："沉重的疾病负担已经成为许多低收入国家经济发展的严重障碍，加剧了社会的不公平，对经济持续发展及社会稳定造成潜在威胁。"③

我国是一个农业大国，农业、农村、农民问题关系党和国家事业发展的全局。长期以来实行的城乡二元经济体制，使农民在许多方面的权益都得不到相应保障。随着经济社会的发展，发展农村经济的同时，国家和政府也越来越关注对于农民权益的保障及完善。"作为一项基本权利，人的健康权在某种程度上比人的教育权还重要，一个是明天发展的可能，一个是今天生存的必需。"④

健康是人类最宝贵的财富，保障健康权是社会发展的一种表现。健康是人类的基本需求，是

---

① 王之，强美英. 夫妻生育权平等的冲突及其法律思考［J］. 医学与哲学（人文社会医学版），2007（10）：37-39.

② 湛中乐. 公民生育权与社会抚养费制度研究［M］. 北京：法律出版社，2011：6-7.

③ 杨燕绥，阎中兴，等. 政府与社会保障［M］. 北京：中国劳动社会保障出版社，2007：324.

④ 余南平. 医改的方向：保障健康权［N］. 解放日报，2005-08-13（5）.

促进社会进步的重要标志及潜在动力。近年来，随着社会经济和科技的发展进步，健康这一概念的内涵和外延还会继续深化和延伸。提高人类的健康质量不仅可以延年益寿，而且可以有效提高人类生活质量及促进社会的经济发展。“健康与教育一样，是使人类生活体现价值的基本潜能之一，是人类智力、体力和情感发育能力的基础。我们进而认识到健康与经济的关系，即健康是劳动生产力的基础，是人力资本的两大基石之一。”①

人类的生育是一种社会行为，具有与其他动物根本不同的社会属性。人的生育行为是由基于生育需求而产生的生育动机直接支配。② 人类的生育行为不同于动物，不是简单的两性结合这一生物现象，而是有步骤、有计划、有目的的社会行为。

生育权是自然人依法享有的、自主决定生育行为的权利。随着社会的不断进步、法律制度的发展，国际社会已经将人类的生育行为认定为一种权利或自由，规定为一种基本人权。人类的生育行为不再只是出于天性的自然权利或道德权利，而是一种法律上的权利。随着公民法律意识的日益增强，生育权的保障这一现实问题摆在了人们面前。关于生育权保障的许多问题，逐渐引起了社会各界的关注。这既是一个现实的社会问题，也给我国的立法工作提出了迫切的要求。因此，不断创新和完善生育权的法律保护机制，对保护我国生育权主体的合法权益有着重要的现实意义。

二、农民健康权和生育权法律保障创新的现状

（一）农民健康权法律保障创新的现状

为了更多地了解农民健康权保障的法律创新状况，笔者在昆明市有选择性地进行了实地调查，先后进入建筑工地、农民聚居地等，以询问调查的形式，对农民的职业卫生现状、医疗服务需求等方面进行了比较详实的调查与了解。在此基础上，笔者也提出了一些建议，力图更好地保护农民的健康权益，以利于他们的身心健康及工作发展。

1. 农民的职业卫生现状调查

新中国成立六十多年以来，尽管我国职业卫生工作取得了明显的进步，但仍存在很多职业危害因素，对劳动者健康尤其是农民健康产生着极大的影响。目前，我国农民职业安全与健康形势依然十分严峻。据我国卫生部相关报告，目前全国有 1 600 多万家企业涉及有毒有害物品，接触职业危害因素的人数高达 2 亿多人，受职业病侵害者绝大多数是农民工。但我国职业卫生服务水平仍然较低，覆盖面不足 20%，有的地区甚至更低。作业场所的危害因素检测率和劳动者职业健康体检率呈逐年下降趋势。我国职业病发病数量最多的是尘肺病，尘肺病占所有报告中职业中毒发病的 70%左右。

尽管目前没有完整的与农民职业安全相关的统计资料，但有许多个案都证明了农民职业卫生权益和职业安全都得不到相应的保障。2004 年全国乡镇、农村个体工商户职业病危害专项整治通报资料显示：接触职业病危害作业的有 292 万余人，未申报职业病危害的企业占专项整治检查总数的 28. 43%，未开展职业健康检查的占 24. 20%，未配备个人防护用品的占 17. 63%，未开展职业卫生培训的占 20. 95%，作业场所没有警示标识的占 30. 32%，违反告知规定的占 24. 55%。③农民群体遭受职业病危害这一现象反映出我国仍存在不合理的用工制度及不健全的卫生防护设施。

2. 农民的医疗服务需求调查

（1）农民对医疗服务的利用不足。农民经济条件有限，又享受不到相应的医疗保障制度，同

---

① 杨燕绥，阎中兴. 政府与社会保障：关于政府社会保障责任的思考［M］. 北京：中国劳动社会保障出版社，2007：323.

② 焦少林. 试论生育权［J］. 现代法学，1999（6）：87.

③ 国务院研究室课题组. 中国农民工调研报告［M］. 北京：中国言实出版社，2006：239.

时对医疗服务费用的承担能力较低，导致其医疗服务需求低下及利用率不足。据各方面的调查和了解，农民工在患病后仅有约25%的人采取到医疗机构就诊的方式；73%的人采取自我医疗，主要是去药店自行买药；1%左右的则先后使用了自我医疗和医疗机构就诊两种方式。

（2）农民医疗服务质量难以保证。许多医院及医疗诊所主要分布在城市中心位置；而在农民主要聚居的农村和城郊地区，医疗卫生机构无法满足民众需求。同时，医院和医疗机构较高的医疗费用，又使得农民难以承担。这给私人诊所的存在提供了发展空间，甚至在不少地方出现了非法诊所，从而产生更多的医疗安全保障问题。

（3）农民医疗欠费问题较为严重。目前，昆明市几家医院都面临医疗欠费的问题，其中农民欠费占了医疗欠费的很大比例。虽然没有具体数据指出农民医疗欠费的总额，但农民拖欠费用的新闻在各地报道中时常出现。许多农民由于工伤入院，但雇主又不愿意承担相应的经济责任，其在治疗时无经济能力付清费用只好选择欠费或逃费。在有些地方甚至出现农民伤病还未被治愈就逃出医院的情况。这不仅加重了医疗机构的经济负担，也不利于农民的健康权保障。

（二）农民生育权保障法律制度创新的现状

纵观我国当前的法律体系，可以得知，虽然2001年通过的《中华人民共和国人口与计划生育法》第十七条、《中华人民共和国婚姻法》第十六条都有提到生育权这一问题，但我国具有最高法律效力的《宪法》却没有对生育权做出具体规定，仅是强调公民具有计划生育这一义务，且《中华人民共和国民法通则》也并未把生育权确立为一项基本的民事权利。由此可知，我国关于生育权的法律制度本身就不足，而且对于生育权的法律规定都不够详尽与深入；目前的法律根本无法适应高速发展的社会需求；这些滞后的法律制度只会给社会带来严重的影响。因此，及时地将生育权纳入到婚姻法、民法等部门法迫在眉睫，并制定详尽的规定是我国目前立法中的重中之重。

农民的生育保障没有系统性的体系，较为琐碎。农村生育保障水平较低，农村妇女没有相应的生育基金以保障其生育权。且只有参加新型农村合作医疗的农民可以依据当地医疗制度的相关规定报销部分医疗费用或得到补偿，而没有参加新型农村合作医疗的农村妇女的所有生育医疗费用必须自付，同时，也没有获得计划生育手术费的待遇。与之不同的是，城镇职工的生育保险体系较为完善。作为试点的城镇居民生育保险，虽然没有生育津贴和计划生育手术费等，但城镇居民生育保险为城镇居民解决生育医疗费用问题的同时也对生育妇女有一定数额的财政补助。职工、灵活就业人员和居民的生育保险与就业审核的流程基本一致，审核后在定点医疗机构实施的结算方式也大致相同。农村居民生育医疗费用的支付则是按照新型农村合作医疗制度的规定报销，没有相应的生育基金对生育医疗费用进行报销。在我国，三分之二的人口在农村，全国妇女的80%在农村和县属的乡镇，农村生育保险的发展对全国生育保险事业的发展影响极大。因此，必须加快农村居民生育保险制度的发展和完善。

三、农民健康权和生育权保障法律制度创新存在的问题

（一）我国农民健康权保障制度创新存在的问题

1. 政府投入不足

长期以来，健康问题一直是由个人或家庭承担，看病难、看病贵问题日益突出，特别是农民因病返贫、因病贫困的现象更为严重。从卫生费用的支出情况来看，据计算，2000年，全国的卫生总费用达45 860.6亿元，卫生总费用占GDP的5.13%，首次超过世界卫生组织规定的5%的标准。但是从卫生总费用构成来看，政府卫生支出明显偏低。从2000年到2004年五年间，政府卫生支出分别只占卫生总费用的15.5%、15.9%、15.7%、17%、17%，社会卫生支出分别占卫生总费用的25.6%、24.1%、26.6%、27.2%和29.3%，而个人卫生支出占卫生总费用的比例则分

别高达 59%、60%、57.7%、55.9%、53.6%。① 这样极高的个人支出比例，在其他国家是很少见的。目前我国政府所承担的卫生费用竟低于卫生总费用的 20%，而其他国家的平均水平都在 60% 以上。因此在政府投入偏低的情况下，农民的个人支出费用比例自然会高。

2. 城乡差距大，卫生保障缺失公平性

“不平等有损于国家的健康水平，无论其绝对的物质生活条件如何。”② 目前约占中国总人口 15%的城市人口享用着 2/3 的卫生保障服务，而约占 85%的农村人口却只能享用不到 1/3 的卫生保障服务。第三次全国卫生服务调查发现，城乡居民人均享受医疗卫生资源之比为 7.4∶1。③ 世界卫生组织通常用三个指标来衡量一个国家（或地区）居民的健康水平，即孕产妇女死亡率、婴儿死亡率和人均期望寿命。卫生部的相关统计数据表明，我国孕产妇女和儿童死亡率的城乡差距明显。农村孕产妇女的死亡率为 58.2/10 万，城镇为 55.6/10 万；农村婴儿死亡率是 33.1‰，而城市婴儿死亡率是 12.2‰。卫生部 2004 年第三次国家卫生服务调查主要结果显示，过去五年，城市居民年均收入水平增长 8.9%，农村增长了 2.4%；而年医疗卫生支出中，城市、农村分别增长了 13.5%和 11.8%。④

据统计，2006 年全国卫生总费用为 3 776.5 亿元，其中政府投入为 587.2 亿元，而用于农村的卫生费用为 92.5 亿元，仅占政府投入的 15.9%。当年，城镇人口约为 3.79 亿人，平均每人享受相当于 130 元的政府医疗卫生服务；农村人口为 8.66 亿，平均每人享受相当于 10.7 元的政府医疗卫生服务。前者是后者的 13 倍。农民缺医少药的问题严重。⑤ 根据统计数据和农村调查研究的结果，有 40%~60%的人，因为看不起病而因病致贫、因病返贫。在中国的中西部地区，因为看不起病、住不起医院，病在家里死亡的人数为 60%~80%。⑥

3. 农村公共卫生条件和农民生活环境较差

据卫生部 2005 年中国卫生事业发展情况统计公报，2005 年全国报告甲、乙种传染病总发病率为 268.31/10 万，死亡率为 0.76/10 万，病死率为 0.28%。与上年相比，传染病报告发病率上升 9.7%，死亡率上升 38.2%，病死率上升了 0.06 个百分点。曾经被消灭或被控制的传染病、性病重新流行起来。2005 年，全国血吸虫病流行县（市、区）有 435 个，年底实有病人为 79.9 万人；克山病病区县有 326 个，现症病人有 4 万人；大骨节病病区县有 254 个，现症病人有 80.9 万人；碘缺乏病监测县有 2 711 个；地方性氟中毒（饮水型）病区县有 1 114 个，氟骨症人数为 135.8 万人；地方性砷中毒（睡醒、燃煤污染型）病区县有 43 个，病区村人口有 55 万人，病人有 2.59 万人。⑦ 农村改水、改厕比率在中西部地区不高。⑧ 一些农村地区环境污染严重。河南修武县金铅公司建在该县万里源乡马坊村。2004 年开工以来，大部分儿童血铅超标，成年人记忆力明显减退。2005 年河南省卫生厅职业病防治所对村里 14 岁以下的 259 名儿童进行血铅监测，结果超过卫生标准的占到 87%。⑨

4. 农民基本医疗保障实现不充分

据 2004 年 12 月国家卫生部发布的第三次国家卫生服务调查结果，中国医疗保障覆盖面太

---

① 中华人民共和国卫生部统计信息中心. 2005 年中国卫生事业发展情况统计公报［OL］.［2016-09-10］. http://moh. gov. cn/sofpro/cms/previewjspfile/zwgkzl/cms _ 0000000000000000131 _ tpljsp? requestCode = 34853&C&tegoryID = 2744.

② 王绍光. 政策导向、汲取能力与卫生公平［J］. 中国社会科学，2005（6）：102-120.

③ 江合宁，谢拓. 论农民的医疗保障权——以西部为视角［J］. 西部法学评论，2008（1）：44-49.

④ 许淑芬. 我国农村医疗卫生存在的问题分析及财政对策构想［J］. 卫生软科学，2007（6）：469-471.

⑤ 黄厚生. 我国农村医疗卫生体制改革存在的问题与对策［J］. 党政干部论坛，2008（5）：11-17.

⑥ 张灿灿，等. 积极稳妥推进新型农村合作医疗［N］. 健康报，2004-11-08.

⑦ 中华人民共和国卫生部统计信息中心. 2005 年中国卫生事业发展情况统计公报［OL］.［2016-09-10］. http://moh. gov. cn/sofpro/cms/previewjspfile/zwgkzl/cms _ 0000000000000000131 _ tpljsp? requestCode = 34853&C&tegoryID = 2744.

⑧ 韩俊，罗丹. 中国农村卫生调查［M］. 上海：上海远东出版社，2007：16.

⑨ 严羽. 职业病——农民工的无情杀手［J］. 政府法制·半月刊，2006（5）：21-23.

窄。在城镇，享有城镇基本医疗保障的人口比例为30.2%，公费医疗的占4.0%，劳保医疗的为4.6%，购买商业保险的为5.6%；在农村，参加合作医疗的人口比例为9.5%，购买各种社会医疗保险的占3.1%，购买商业保险的占8.3%，没有任何医疗保险的占79.1%。① 当然，随着合作医疗工作的不断开展，参保人数不断增加。2008年政府工作报告指出：新型农村合作医疗已扩大到全国86%的县，参合农民达到7.3亿人。② 即使参加了合作医疗，农民的收益面还是过于狭窄。当前合作医疗主要是针对重大疾病，而有能力去医院治疗大病的主要是农民群体中相对富有的部分农民。这对农民参加合作医疗的积极性有着较大的影响。而且，只保重大疾病极不利于农民对疾病的预防。这不仅不利于农民的身体健康及健康权保障，反而容易使农民错过最佳治疗时机，同时也耗费了宝贵的医疗资源。

（二）我国农民生育保障制度创新中存在的问题

虽然农村生育保障制度在一定程度上减轻了农民群体的经济负担，保障了农村居民的生育权，但目前在许多方面仍存在着较突出的问题。

1. 农村计划生育奖金申请制度、程序较为烦琐，弄虚作假的问题日益突出

农村的计划生育家庭奖励扶助政策针对农业人口父母的奖励措施是在享受计划生育各项奖励优惠政策基础上，除了给予1 000元的一次性奖励之外，在其年满60周岁以后，每人每年给予720元的养老生活补助费。奖励扶助对象的确认必须经过乡（镇）、县、市三级审核，在村里经过三次张榜公布公示结果。按如下步骤进行：本人申请—村民委员会审议—乡（镇）人民政府初办—县一级的人口计划生育行政部门审查—市级人口计划生育部门审核。农村计划生育奖金的具体申请办理过程：首先由符合奖励条件的人员提出申请，村民委员会在接到申请后经过认真审议，在村民代表会讨论决定后在村里张榜公示；公示后上报乡（镇）一级人民政府，乡（镇）人民政府经过初次审核把结果在村级进行张榜公示；公示结束后紧接着再送到县级人口计划生育行政部门进行审查，县人口计划生育部门审查确认后再一次在村级张榜公示，公示期满后再由实际人口计划生育部门做最后一次审查，按照不少于30%的比例抽查。但农村的计划生育家庭奖励制度不是终生的，如果申请者情况有变化，就不再享有相应的奖励补助。虽然国家对奖励扶助费用加大了投入，但农村计划生育家庭奖励制度申请程序颇为烦琐复杂。而在这过程中，由于制度还未完善，国家也没有制定相应的监督程序，一些唯利是图的计生工作者为了得到利益便欺上瞒下，同时，复杂的申请程序也为他们提供了弄虚作假的便利。那些符合计生奖金条件的农民群体，得给这些计生工作者“好处”才能拿到奖励性的补助金；而既不符合计生奖金条件但又想谋取不当利益的人，只需“送礼”让计生工作者弄虚作假，为其谋利。

2. 生育医疗费用较高，生育费给农村家庭造成经济压力

国家对农村孕产妇住院分娩补助的政策实施以及新型农村合作医疗制度的施行，只是适当减轻一些农民的经济负担，但农村居民的生育费用问题并没有完全得到解决。

为了较客观、准确表达出生育医疗费用对农村居民经济生活的影响，笔者试图从生小孩是否选择住院、选择医院考虑的因素、医疗费用占家庭经济的比例、是否愿意参加生育保险的意愿等方面进行调查。对于生小孩是否选择住院这个问题，调查中全部的育龄妇女觉得生小孩都会选择住院分娩。在选择医院时超过一半的农村居民选择的是医疗费用偏低的，40%的农村居民会选择医疗条件好的。由此看出在选择住院分娩时，农村居民关心更多的是医疗费用的高低。

生育费用对家庭经济的影响。多于70%的农民认为生育费用的支出增加了家庭及个人的经济压力，仅30%的农民认为生育费用的支出没有带来经济压力。生一个孩子从产前一个月到产后一个月的平均费用约为3 000元，对农民而言已经是较高的经济支出了。以上涉及的医疗费用仅仅是农村孕妇在分娩期间所必需的手术费、检查费、床位费和住院费。这些数据可以说明，农村孕

---

① 张英洪. 农民权利论［M］. 北京：中国经济出版社，2007：321.

② 佚名. 全国86%的县建立起新型农村合作医疗制度 参合农民达7.3亿［OL］.［2016-07-23］. http://npc.people.com.cn/GB/28320/116286/116514/6958682.html.

产妇在生育方面对于医疗费用的考虑较多，生育医疗费用给现在的农村家庭造成了一定的经济压力。

3. 农村卫生院生育医疗条件差

农村卫生院医疗设施相对陈旧，普通的治疗还可以，但如果要进行孕产妇生育，卫生院的医疗设备不具备接生的条件。许多农村卫生所内的医疗设备较简陋，只有血压计、听诊器和温度计等简单的医疗仪器，产妇生产时极其重要的B超仪器也没有。在云南边远地区的农村，落后的医疗条件使得大多数农村孕产妇不得不到县级医院或者县妇幼保健站做产前检查。尽管现在农村实行了新型农村合作医疗制度，可以报销医疗费用，但有部分特殊药品仍然无法完全报销，有时候还是要农民自己承担部分医疗费用。另外，现在的新农合的筹集和补偿水平距离农民脱离因病致贫的目标还需要一段时间。再加上报销医疗费用的手续较为烦琐，不能够及时办理报销，特别是在办理转院手续时，由于没有开通城乡统筹，无法实现医疗信息资源共享，都增加了农民医治的困难。而且因为条件有限产妇不能在村卫生所进行分娩，使得农村孕产妇在生育检查、住院分娩时会面临许多麻烦。落后的农村卫生医疗条件成为制约农村生育保障制度发展的根本性客观因素。

然而，落后的医疗条件不仅是基础设施条件落后，还包括医疗人员的专业技术、文化素质也较为低下。有些村卫生所的工作人员甚至连医师资格证都没有，各方面素质普遍较低。这些因素都严重阻碍了农村生育保障制度的发展。

4. 农村社会生育保险制度缺失

与城市职工生育保险制度相比，农村妇女生育保障制度较为零散。在待遇方面，农村生育保障只有国家很少一部分的财政补贴，只有参加了新农合的农民才可以享受生育医疗费用的报销。农村妇女作为社会的弱势群体处于社会底层，没有固定的经济来源，缺乏基本卫生知识，有的还要从事超负荷的体力劳动，从一定程度上来说她们才是最需要生育保障的群体。但现在农村社会生育保险对保障农村妇女的生育权益方面严重缺位。在农村，生育孩子是一个家庭的问题，生育所带来的风险及经费必须由家庭独立承担。虽然农村也有生育方面的商业保险，但商业保险需要缴纳的保险费用对于大多数农民来说都显得过高。少部分条件优越的农民有购买能力，而家庭经济条件差、无能力购买商业保险的农民被排除在生育保障之外。

四、农民健康权和生育权保障法律制度创新不足的主要原因

（一）农民健康权保障法律制度创新不足的原因分析

我国政府一向重视农民群体健康权的保护，至今为止，我国已加入了25个国际人权公约。这表明我国政府十分重视国际人权公约对保障公民权利包括对保障农民工健康权利的作用。但健康权作为一种社会权，其实现受一国的现行经济发展水平、政治制度状况和公民法律文化等制约。我国目前还处于社会主义初级阶段，还属于发展中国家，农民工的收入不高，宪法对国际公约在我国如何适用，并未做出明确的规定，更为严重的是一些地方政府机关缺乏健康权的保护意识，都成为农民群体健康权实现的障碍。从法治层面归纳起来，其主要表现在以下几个方面：

1. 农民群体健康权在宪法规范上的缺失

虽然健康权已在国际社会得到普遍承认，且有些国家已将健康权写入宪法。如俄罗斯宪法第2章“人和公民的权利和自由”第41条规定：“人人享有健康保护权和医疗帮助权。”这一章的概括性条款第18条规定：“人和公民的这些权利和自由直接有效。它们决定着法律的精神、内容和适用，规范立法、行政和地方自治行为，并受到司法保障。”① 然而，我国现行宪法只对公民的健康做出了一些原则性的规定，并没有将健康权明确地提出来。它仅属于一项隐形的权利，是一种从其他权利如人身自由、生命权等中推导出来的权利。与外国宪法保障健康权的实践相比，

① 曲相霏. 外国宪法事例中的健康权保障［J］. 求是学刊，2009（4）：70-76.

我国宪法对健康权提供的保障还十分不足，到目前为止还没有出现一例健康权宪法事例。当然，这其中的一个重要的原因是我国目前尚未形成宪法诉讼制度。

2. 农民工健康权在普通法律规范上的缺乏

当前，我们面临这样一种境况：一方面，党和政府对“农民工健康”问题高度重视；另一方面，“农民工健康”问题仍十分突出。这种状况的形成，原因是多方面的，但其中一个重要原因，不能不归咎于社会变革与健康权立法未能完全同步。虽然从国家现行宪法的规定中，可以看出农民群体作为国家公民享有与城镇居民平等的健康权利。但在现实中，关系农民群体的最基本健康法律规范是缺失的，如农民群体最基本的卫生保健、农民群体公共卫生管理方面没有明确、具体的法律制度，从而导致农民群体的健康权没有得到足够的、及时的保障，出现因病致贫、因病返贫、就医难、就医贵等问题。这充分说明了当前需要建立相应的农民工健康权益法律制度才能有效解决问题。

3. 农民群体的健康维权意识有待提高

健康权在农民工中实现的程度，往往取决于农民群体这一生活在中国最底层的、最大群体能够在多大程度上了解、认同乃至接受法律的调整。在我国，整个法治进程尚处于初步发展阶段，农民群体健康法治更显得进展缓慢，农民群体的健康维权法律意识的普遍形成和提高尚需时日。我国现在所进行的普法活动对农民群体而言，仅仅是一个初步的教育，并未从根本上改变农民群体的法律知识结构。农民作为一家一户的小生产者，缺乏主动接近和接受现代法治的内在经济和社会动因，其法律意识的形成大多是被动灌输的，缺乏自身的驱动，从而其法治意识普遍淡薄。

（二）农村生育保障法律制度创新不足的原因分析

本书分析了农村生育保障制度的现状，寻找到农村生育保障面临的实际问题。农村生育保障存在问题的原因包括如下几个方面：

1. 国家生育政策导向倾向于控制人口数量

为了贯彻控制人口数量、提高人口素质的计划生育国策，国家在农村地区生育政策的工作重点一直是控制人口的数量。2009 年政府工作报告明确指出在全国农村实行住院分娩补助政策，为农村孕产妇定期做产前检查和产后回访。国家开始关注农村孕产妇及其生育质量问题。国家长期的关注人口政策使得农村生育保障制度出现缺位。政府决策部门忽略了农村生育保险制度的建设。

2. 农村经济相对落后

一个国家经济发展决定其上层建筑的发展。阻碍农村生育保障制度发展的根源在于农村经济的落后。在云南省楚雄市牟定县水桥村，农民的经济来源主要是粮食生产，再者就是开展养殖业。虽然国家取消了农业税的征收，农民的负担较以前减轻了，但是农民并没有改变原有的农业生产方式方法，还是采用传统的手工作业，增加了产量却没有增加经济收入。农业生产是所有产业结构中最简单的一种生产模式，如果能使用机械化生产，就能够大大提高农业生产的产量，促进农民增收。由于自然条件、地区特点的限制，在云南省这样的高山地区，大型的机器难以得到使用。经济发展的缓慢，制约着农民生活水平的提高，使得农村的村一级卫生院生育所需要的医疗设备也处于稀缺的状态。经济水平的相对落后在一定程度上约束了人们的意识。部分村级的计生人员法治素质相对低下，出现了一些违法的现象：由于村里没有钱，但又要贯彻实施国家的计生政策，为了达到自己的目的，不管你是否合法，只要想领取准生证或者申请计生奖励金，就要给一定的“手续费”。出现这种现象与当地经济发展息息相关。在城市，经济发展较快，各项制度较农村健全，人们的法治意识较农村居民强，法治观念深入人心，各项执法工作与农村相比就会做得相对合理。另外，由于经济方面的原因，当前农村妇女还没有充分地享受到孕期系列保健服务。

3. 缺乏监督管理机制

我国社会保障制度在不断地发展和完善，各类基金需要监督和管理。现阶段在农村，生育保障制度主要是农村计划生育奖励金。但是现阶段云南省农村地区经济发展不均衡，各项法规政策不够完善，违纪违规的现象依然存在，有的问题还比较严重，农村计生奖励金的监督管理制度不健全。这种情况下，就需要各级政府和有关部门高度重视，落实对农村计划生育奖励金的监督和管理，加大监督和检查的力度，严厉惩处挪用、违法动用、挤占农村计划生育奖励金的违法行为。

4. 农民参保信任不足，相关商业保险缺乏政府支持，影响生育保险的普及

商业生育保险先于生育保险存在于农村。正是由于一些商业生育保险存在着信任危机，使得一些农民对生育保险不信任，因此，他们会对生育保险有抵触情绪。他们会怀疑参加了生育保险是否能快速得到规定的赔偿数字，担心手续过于繁杂，造成时间和交通成本过高。另外，这些相关的商业生育保险没有得到政府的支持。这些因素都会降低农民参加生育保险的积极性，进而影响农村生育保险的普及。

五、创新和完善农民健康权和生育权保障法律制度的具体路径

（一）保障农民健康权与生育权应当遵循的原则

1. 公平性原则

实现社会公平是人类社会的理想追求，也是政治社会的最高目标。然而目前我国社会仍有诸多不公平现象存在，其中城乡差别这一现象最为明显。农民的权利与城市居民的权利存在着一定差距。在健康权与生育权保障方面，一直以来农民往往容易受到忽视，大多数情况下他们只能进行自我保护。这严重背离了公平性原则。“公平正义”是和谐社会的重要标志，而公平性的缺失是不正义的。农村居民占了我国总人口的很大一部分，和其他城市公民一样都应享有无差别、公平的公民权利。

2. 政府主导原则

为了国家公民的健康权与生育权能得到保障，国家和政府必须承担相应责任，起到主导作用。一个国家卫生系统的运行的责任在于国家，尽力保障好公民健康权与生育权是国家最本质的责任。健康权和生育权的保障需要由国家或政府的行动才能得以实现，如修建医院、建立生育保障制度、建立卫生保障制度等；提供能维持人类健康的基本条件，如安全饮用水、安全食品和医疗保健等。在农民健康权和生育权保障方面，若没有国家及政府的鼓励与支持，很多农民将会陷入因病致贫的困境。这是我们应该意识到的问题。

3. 倾斜性保护原则

法国《人权和公民权利宣言》宣布人类社会进入了契约时代，国家不再按身份分配社会权利。然而，在我国由于各种因素的介入，如制度性因素，农民被确认为是一个以从事农业劳动为主、具有农村户籍的人口群体。因此，农民在中国是一个身份群体而非职业群体。[①] 农民由于特殊的身份，很多权益得不到相应的保障。目前应给予农民权益更多保障。在人才培养、资金投入、基础建设等方面，应当对农村适当倾斜；在这过程中，又应对较贫困地区倾斜。

4. 普遍性原则

法律制定出来的权利，应为所有人造福，而不是只为少数人所有。而诸多权利中的健康权和生育权，是众多权利得以实现的前提。健康对于人类最为重要，健康权的权利主体是最普遍和最广泛的。我国在制定相关法律和政策时，应注重法定权利的覆盖面，让广大公民的权益得以保障。

5. 公平与效率原则

社会保障最基本的目标是社会公平。农村生育保障是社会保障制度的一个子系统，公平也是农村生育保障最基本的一个目标。在经济学上，市场机会的均等和自由是公平的两大基本内容。首先是横向公平，也就是通常所讲的机会均等。它主要强调的是起点和过程的均等。其次是纵向

① 刘云升，任广浩. 农民权利及其法律保障问题研究［M］. 北京：中国社会科学出版社，2004：1-4.

公平。它所强调的是要对同经济收入和地位的人实行不同的待遇，最终的目标是照顾低水平收入者、抑制高收入者。效率是指在技术水平和资源存量一定的条件下，通过资源的最优配置和使用，给社会带来最大福利。①

在实践中，公平和效率之间存在着互为代价的“替代关系”：强调公平，就要牺牲效率；为了强调效率，就要保持收入的差距。这一矛盾在经济学中被称为“公平与效率的交替”。② 在社会保障中，当公平和效率出现不一致时，我们应该协调公平与效率，优先考虑公平，以公平促进效率，才符合社会保障制度的最初目标。市场的自发运行会出现不公平，为了缓解和调节这种不公平，使市场机制运转得更加有效率，让公平和效率趋向一致，社会保障制度应运而生。社会保障的基本功能就是为社会提供一道安全网，以社会公平为目的，提高社会整合程度，使社会处于一种均衡的状态。每个人生来就是平等的，都应该公平地享受各项权利，包括社会保障权利。生育保险制度作为社会保障制度体系的一个子系统，同样应该遵循公平原则。公民应当公平享受生育保险权益。我国生育保险长期以来的保障对象仅是城镇企业女职工，没有将农村妇女覆盖在内。我国广大的农村妇女作为中国公民，为国家建设做出了巨大贡献，因此在生育保险方面同样应该享受和城镇企业职工一样的生育保障权益。国家应该规定公民有平等享受生育保险的权利，为广大农村居民建立生育保险，为他们提供一定的物质和精神保障。

（二）创新农民健康权与生育权法律制度的具体内容和措施

1. 保障健康权的法律制度创新

（1）保障健康权的法律创新。应将健康权载入宪法。“在法律上对人的权利的承认、尊重和保护的实质就是对人本身的承认、尊重、保护。”③ 我国宪法中有关于健康权保障的相关规定，但在基本权利一章中并没有明确的表述，只能从其他条款中进行推导。例如，《宪法》第二十一条规定：“国家发展医疗卫生事业，发展现代医药和我国传统医药，鼓励和支持农村集体经济组织、国家企业事业组织和街道组织举办各种医疗卫生设施，开展群众性的卫生活动，保护人民健康。国家发展体育事业，开展群众性的体育活动，增强人民体质。”其第四十五条规定：“中华人民共和国公民在年老、疾病或者丧失劳动能力的情况下，有从国家和社会获得物质帮助的权利。国家发展为公民享受这些权利所需要的社会保险、社会救济和医疗卫生事业。”另外，在2004年修改后的《宪法》中，增加了“国家尊重和保障人权”的内容。“公民基本权利的合法性象征着公民对于国家权力的分享，表明了公民与国家之间的关系。换言之，公民基本权利在宪法上的确定是国家权力与公民权利协调的结果，及国家权力向公民或组织权利分流的产物。这样，在每一项法律权利中，我们都能找到它与国家权力的某种内在的联系。从理论上讲，它总是受到国家权力的支持，故而具有改变某种法律关系的能力。”④

我国政府于1997年10月27日、1998年10月5日先后签署了《经济、社会和文化权利国际公约》和《公民权利和政治权利国际公约》。2001年2月28日第九届全国人民代表大会常务委员会第20次会议批准了《经济、社会和文化权利国际公约》；而《公民权利和政治权利国际公约》虽尚未批准，也只是一个时间问题。作为国际人权公约的缔约国，保障公约在我国的实施是我国政府的义务，宪法是我国实施两个国际人权公约的根本途径。将我国宪法中规定的公民基本权利与国际人权公约对比，会发现我国现行宪法没有规定或规定得不全面或不明确的公民基本权利多达30项，其中一项就是“达到最高的体质和心理健康标准权”。⑤

---

① 谭克检，丁润萍，额慧琳. 新型农村合作民疗理论与实践研究［M］. 北京：中国社会科学出版社，2007：5.

② 谭克检，丁润萍，额慧琳. 新型农村合作民疗理论与实践研究［M］. 北京：中国社会科学出版社，2007：4.

③ 齐延平. 人权与法治［M］. 济南：山东人民出版社，2003：222.

④ 林喆. 公民基本人权保障法制建设概述［M］//林喆. 公民基本人权法律制度研究. 北京：北京大学出版社，2006：104.

⑤ 杨海坤. 公民基本权利修宪应作精良设计［J］. 法学论坛，2003（4）：97-99.

我国应将健康权直接纳入宪法中，使其具有强行的、直接的效力。“人权是道德意义上的、应然层面的权利。它不考虑各国具体制度和现有的物质条件，仅以人性为依据，主张人所应该享有的权利。这在各国思想与现实层面均受到不同程度地限制，所以，几乎所有国家都只谨慎地选择其中的一部分将其规定在宪法中。基本权利只是获得法治国家认可的那部分人权。基本权利是那些神圣不可侵犯的必须无条件维护的权利与重要的特权与豁免权。所以，基本权利不同于纯粹人权，后者缺少那种作为基本权利所具有的实证的发效力。”① 虽然宪法中没有明确规定，但也不代表国家没有保障公民健康权的义务。但作为保障公民基本权利的根本法，“宪法对公民基本权利确认内容的多少，直接表明一国的民主与文明程度。在宪法中明文载入健康权，是健康权内涵的本质要求，是健康权得到有效尊重、保障与实现的选择，是人权保障的宪法原则的体现，是公民与国家关系和谐的反映，是道德权利到宪法权利再到实定权利的逐步实现的保障。”②

（2）创新法律体系，保障农民健康权。“在人权的历史上，法治意味着法律对人权的确认和保障；法律人权的不断发展，意味着法律对政府权力的限制和约束，使人权获得了相对的保障。”③ 健康权是宪法中的基本权利。农民的健康权需要有具体的法律、法规才能得以保障。然而，关于保护农民健康权的相关法律并不完善，且其立法层次仍相对较低。

目前，在《中华人民共和国社会保险法》中，医疗保险是极其重要的内容。长期以来，我国以政策为导向不断推行社会保险。这固然有其优势，能在短时间内达到推广的效益，但政策具有不稳定性，而法律更能起到调动人们参与到其中的积极性。《中华人民共和国社会保险法》第三章有关于医疗保险的规定。其第十九条规定，基本医疗保险包括了职工基本医疗保险、城镇居民基本医疗保险和新型农村合作医疗。其第二十四条规定，省、自治区、直辖市人民政府根据实际情况，可以将城镇居民基本医疗保险和新型农村合作医疗统一标准，合并实施。尽管城乡居民所使用的基本医疗保险不同，但也有许多相同之处；而且，在相应条件下，可以实现城乡统一标准，逐步缩小城乡差距。

曾有其他学者提出制定具有针对性的《农民权益保护法》，但笔者并不赞同这种观点。将农民权益保护统一到公民权益保护体系之中才是正确之举。在很多人眼中，农民是一种身份地位而不是一种职业，长期在立法上对其独立与分化反而不利于农民权益的保护。但笔者赞成加强对农民权益保护措施的立法，如制定有关新型农村合作医疗的法律，将合作医疗的实施过程法律化，明确权利与义务，规范实施过程。

2. 保障健康权的政策创新

（1）政策创新与健康权保障。目前，由于我国健康权的立法不够完善，现阶段主要依靠公共卫生政策的制定和执行以保障公民的健康权，并取得一定成效。如针对当前我国艾滋病这一严重问题，我国政府在 2003 年提出了“四免一关怀”政策：国家实施艾滋病资源免费血液初筛监测，对农民和城镇经济困难人群中的艾滋病患者实行免费抗病毒治疗；对艾滋病患者遗孤实行免费就学；对孕妇实施免费艾滋病咨询、筛查和抗病毒药物治疗；将生活困难的艾滋病患者及其家庭纳入政府救济范围。另外，政府还批准并实施了美沙酮社区维持治疗和清洁针具交换项目，使血液安全得到了进一步保障。④ 尽管这些要依赖于公共政策，但也体现了政府履行对病患者照顾的义务。由此可见，健康权保障的关键在于良好的卫生政策。

（2）深化医药卫生体制改革及其制度创新。“医疗卫生制度设计是社会政策的‘珠穆朗玛峰’。不同的国家有不同的模式，不同的模式有不同的利弊。但是，不管什么模式，能否让国民公平享有基本医疗卫生服务，是衡量一个制度好坏的重要标志。”⑤ 医药卫生体制改革关系到每个公民的权益，改革方案需要进行充分的调研、讨论才能保证民众的权益。在制订改革方案时应

---

① 郑贤君. 基本权利的宪法构成及其实证化［J］. 法学研究，2002（2）：44-45.

② 杜承铭，谢敏贤. 论健康权的宪法权利属性及实现［J］. 河北法学，2007（1）：64-67.

③ 肖金明. 法治行政的逻辑［M］. 北京：中国政法大学出版社，2004：21.

④ 夏立安. 经济和社会权利的可裁决性——从健康权展开［J］. 法制与社会发展，2008（2）：76-86.

⑤ 柯教平. 医改要咬定公益不放松［N］. 中华新闻报，2009-02-04.

听取利益相关民众的建议、意见，对拟订出的各个方案进行评估，从中选出最佳方案。这是确保政策能稳定实施和贯彻发展的前提。经过长期准备，《深化医药卫生体制改革的意见（征求意见稿）》在2008年10月14日公布，公开向社会征求意见。保持公立医疗机构的公益性质，注重农村医药卫生体制的改革及完善是这次改革的主要特征。

（3）贯彻和落实农村卫生政策。自2002年我国正式确定并提出试点与逐步恢复建设“新型农村合作医疗制度”以来，我国就把新型农村合作医疗制度的建设目标定位于“建设农村小康社会”，先后出台了《关于建立新型农村合作医疗制度的意见》《关于进一步做好新型农村合作医疗试点工作的指导意见》，提出到2010年，实现在全国建立基本覆盖农村居民的新型农村合作医疗的目标。2006年中央一号文件《中共中央、国务院关于推进社会主义新农农村建设的若干意见》将建设新型农村合作医疗制度提高到了“建设社会主义新农村”的高度，提出要“加强村庄规划和人居环境治理”“积极发展农村卫生事业”。

党的十七届三中全会通过的《中共中央关于推进农村改革发展若干重大问题的决定》指出：“农业、农村、农民问题关系党和国家事业发展全局。实现全面建设小康社会的宏伟目标，最艰巨最繁重的任务在农村，最广泛最深厚的基础也在农村。发展农村公共事业，使广大农民学有所教、劳有所得、病有所医、老有所养、住有所居。”① 在2009年的政府工作报告中，温家宝强调，要努力建成覆盖全国城乡的基本医疗卫生制度，初步实现人人享有基本医疗卫生服务。就农村而言，今后三年内中央财政再支持五千所中心乡镇卫生院、二千所县级医院和二千四百所城市社区卫生服务中心建设。支持边远地区村卫生室建设，实现全国每个行政村都有卫生室。②

这些政策的出台，体现了我国对于农民群体健康权保障的重视和倾斜，使得广大农民的健康权得以保障，是目前党和国家面临的艰巨任务，也体现了党“以人为本”的执政理念。国家和政府作为政策的制定者和执行者，应积极履行相应义务；对制定的政策认真执行，落实好每一个政策，并对政策的执行过程加强监督管理，对于执行情况进行及时了解。

3. 创新和完善农民健康权保障制度的具体措施

（1）改善农民生活环境和改善公共卫生条件。党的十七届三中全会提出：“坚持预防为主，扩大农村免费公共卫生服务和免费免疫范围，加大地方病、传染病及人畜共患病防治力度。广泛开展爱国卫生运动，重视健康教育。实施农村清洁工程，加快改水、改厕、改圈，开展垃圾集中处理，不断改善农村卫生条件和人居环境。”③ 这是需要尽快达到的目标。要实现这些目标，必须充分发挥各级政府、农村村委会及农民群体的积极作用。

第一，转变观念，重视疾病预防和监测。美国教授兰安生（J. B. Grant）有句名言：“一盎司的预防胜过一磅的治疗。”其意思是指疾病预防与治疗的花费差距很大。因此，要严格培训计划免疫工作人员，加强计划免疫工作，规范操作，保证接种的质量和安全。建立健全网络服务，加强对疾病尤其是传染性疾病的研究报告和信息交流。提高对突发公共卫生事件的应变能力，一旦出现公共卫生事件，能够高效率地妥善处理。

第二，改善农民生活环境和卫生条件。随着我国城市化进程不断加快，越来越多的工业企业将重心转向农村。工业企业的发展为广大农民提供了就业机会，充分利用农村剩余劳动力，有效地促进了农村经济的增长；但这些工业企业由于污染重、耗能高，严重破坏了农村生态环境。这就要求工业企业在转移发展的过程中，必须重视环境污染问题，要将环境保护和治理放在首位。各级政府、政府各部门要明确各自的职责，推行环境保护责任制。另外，农业生产污染也是造成农村环境污染的原因之一。政府应倡导、引导农民将传统生产方式转变为绿色生产方式，推行绿色食品、无公害食品，发展良好的农村生活环境。

---

① 佚名. 中共中央关于推进农村改革发展若干重大问题的决定［OL］.［2016-07-23］. http：//www. xj. xinhuanet. com/bt/2008-10/20/content_ 14681831. htm.

② 参见2009年政府工作报告。

③ 佚名. 中共中央关于推进农村改革发展若干重大问题的决定［OL］.［2016-07-23］. http：//www. xj. xinhuanet. com/bt/2008-10/20/content_ 14681831. htm.

要改善农村居民的卫生条件，首先要保证农民用水安全。但据了解，很多农村居民仍在使用非自来水。非自来水存在着较大的安全隐患。日常用水得不到安全保障，将严重危害农民的身体健康，容易导致水源性疾病的产生和传染。当前必须加强农村水源的卫生防护及净化，加快农村改水的步伐，尽快使农村居民能饮用、使用卫生、干净的水。同时需要引起重视的还有改厕、改圈等问题。在农村卫生厕所数量较少，非卫生厕所仍占较大比例，不符合卫生标准。对此，应加大农村卫生厕所的建设，加强对排泄物的处理，控制和防范疾病的传播。

第三，加强对农民的健康教育。世界卫生组织在《阿拉木图宣言》中强调，健康教育是初级卫生保健各项任务当中的首要任务。据卫生部对我国农村健康教育现状的调查，我国农村健康教育投入仅占预防保健支出的3.6%、卫生事业支出的0.2%；有14%的村没有开展过健康教育，大多数农民没有接受过健康教育专业培训，48%的村没有健康教育经费。① 长期以来政府没有足够重视农村的健康教育问题；同时农民健康的风险正在逐渐增加，农民预防及对抗疾病的能力相当脆弱。为了提升农民对于疾病的预防能力和认识，可以采取以健康教育的形式将疾病预防知识和信息传达给农民群体。为此，首先要培养专业的农村健康教育宣传人员，成立健康教育宣传机构，加强对相关人员的培训，进而实现高水平的农村健康教育。加强对医药卫生、健康知识的传播，促进公众注重健康问题，提高农民的健康意识、疾病预防意识及自我保健能力。

（2）创新和完善农村医疗卫生服务体系。第一，改善农村医疗市场环境。乡镇医院在我国农村三级卫生服务网络中居于中心位置，在各级定点中报销所占比例最高，与参合农民的联系最为密切。但目前乡镇医院医疗设备陈旧、医生医疗技术参差不齐，根本无法满足民众就医的需求。在我国农村地区，专业医生及医护人员数量明显低于全国的平均水平。单从数量上讲，农村地区尤其是乡镇卫生院的卫生专业人员极为缺乏。而且乡镇卫生院还存在许多设备老化、危楼多等问题。“9亿多中国农民仅有88.3万乡村医生在为他们服务，其中在农村乡镇卫生院工作的数十万医生中，具有大专以上学历的仅有10.4%。”②

一方面农民群体需要就近医治；另一方面，农村医院、卫生室患者却寥寥无几。要解决这一问题，当前的任务就是要增加乡村卫生医疗人员数量，提高乡村卫生技术人员的就医质量，还要努力改善农民就医环境。政府要加大对农村医疗机构医疗设备的投入，提高这些医疗机构的设备水平。在医疗人员配备上，应提高与改善农村卫生医疗人员的就业待遇，给予在乡村就医的优秀医务人员进修方面的优惠政策；使城市部门支援、支持乡村医疗成为一种固定制度，组织城市医护工作者定期支援农村地区；采取定向免费为农村地区培养培训卫生医疗人员，加强对乡村医务人员的补贴。

第二，建立健全农村三级医疗卫生服务网络。农村三级医疗卫生服务网络是农村医疗保健服务的主要提供者，也是新农合的配套保障。在卫生服务网络中，县级政府主要负责危急病重患者的抢救及以住院为主的医疗服务，乡镇卫生院主要负责对多发病、常见病的诊治和提供公共卫生服务等多项综合医疗服务，村卫生室主要承担一般疾病的治疗及行政村的公共卫生服务等一系列工作。

过于注重高层次的医疗卫生服务而无暇顾及初级卫生保健和卫生服务是许多国家医疗卫生体制的一大问题。要想提高效益、降低成本，应当优先发展基层医疗卫生服务。国内一项研究表明，64.8%的门诊病例可以在基层解决；住院的慢性病患者中，有76.8%可以在基层解决。如能实现病人的合理分流，可以节省医疗费用40%。③

政府对各级医疗卫生机构的投入不可能面面俱到，需要根据各级医疗机构的功能及服务范围来决定应优先支持哪一级的医疗卫生机构。在这过程中通常对县级医疗机构比较重视，认为县乡级医疗机构对大病的医疗负主要责任。但有研究表明，村级医疗诊所对常见病、伤在治疗方面发挥着极为重要的作用。近60%的门诊服务消费是由村卫生室或私人诊所提供的，仅有四分之一是

---

① 李华，王宛言．构建农村健康保障制度的财政政策选择［J］．财政研究，2004（7）：53-55.

② 张秋锦，等．农本论——当代中国农民问题思考［M］．北京：中国农业出版社，2008：274.

③ 章晓懿．社会保障：制度比较［M］．上海：上海交通大学出版社，2004：221.

由乡（镇）卫生院提供，而其他的14%由县级和市级医院提供；而村卫生室的每诊次服务费和每诊次药费均远低于县乡两级医院，在不同经济水平的地区均是如此。① 在农村的三级医疗服务网络中，在基本医疗服务方面村一级的医疗机构发挥着更大的作用。对此，我国政府应对村级卫生室在资金投入、设备引进和人员培训方面加大支持力度。还要根据具体情况适当调整各级医疗机构规模、总量和布局，积极引导良好医疗卫生资源向农村基层社区流动，满足广大农民群体对于医疗服务的需求。“重点办好县级医院并在每个乡镇办好一所卫生院，支持村卫生室建设，向农民提供安全价廉的基本医疗服务。在健全三级医疗卫生服务网络的过程中，要注意资源的合理配置、有效利用，使三级医疗机构均衡发展。”②

（3）创新和健全农村医疗保障法律制度体系。十七届三中全会提出：“贯彻广覆盖、保基本、多层次、可持续原则，加快健全农村社会保障体系。”我国的医疗保障主要包括了基本医疗保险、医疗救助和商业医疗保险。我国各地的经济发展水平、人口数量结构存在较大差异，无法在全国范围内实行统一的新农合模式。政府可以因地制宜，采取相应的补偿标准及方案。但无论制订何种方案制度，都要以新型农村合作医疗为主，尽快完善新农合以确保广大农民群体的基本医疗问题得以保障。下面，主要探讨对新型农村合作医疗制度及农村医疗救助制度的完善措施。

第一，实现普遍参保。对于新型农村合作医疗的参保，国家采取的是自愿原则。这也是政府多次强调提出的。但多数人的保险意识较低，容易造成对合作医疗的如下选择：身体状况较差的愿意参保，而身体状况良好的不愿参保。这样，保险基金就会出现入不敷出的情况，对抗风险能力降低，从而起不到保障的作用。其实，世界上许多国家为保证参保率都采取强制性原则，让每个公民都处于基本医疗保险范围内，既能保证保障基金，还能有效提高公民的抗风险能力。因此，我国也有必要对面向农民群体的新农合采取强制性参保原则。

政府应当加强引导，不能仅以参合率来衡量工作成果，而应动员基层机构积极宣传新型农村合作医疗。基层政府可以定期将农民从合作医疗收益的情况公布给群众，让农民群体多加认识和了解这项有益于民的农生工程。只有保证了农民群体会主动参与其中，才能保障新农合的长期发展。

第二，加强对定点医院的监管。据报道许多定点医院存在药价高、服务差等问题，民众满意度较低。而要改变这种状况，政府需要加强对定点医院的监督管理，若发现存在高收费、乱收费的情况，及时妥善处理，并予以行政处罚，对出事医院的相关负责人给予行政处分。对这一现象，还可以采取竞争机制，只有医疗质量能得以保证且收费较为规范合理的医院才可选定为定点医院，否则将予以撤销。这种竞争机制既能保证医院做到合理收费不损民益，还能使农民群体享有真正的实惠。

第三，保障基金的重组、安全和有效利用。新型农村合作医疗和以前的合作医疗有所不同，相较之前，其现在承担起了更大的责任，最重要的表现就是政府不断加大了对新农合的资金投入与支持。从2003年“中央政府补助10元地方政府不低于10元”的标准，到2008年政府工作报告中提出的“用两年时间将筹资标准由每人每年50元提高到100元，其中中央和地方财政参合农民的补助标准由40元提高到80元”，政府对其的补助力度不断加大。政府还可采取建立合作医疗基金、发行彩票、开征社会保障税等，建立多形式、多渠道的筹资机制，为新型农村合作医疗筹集重组资金。当然，农民群体将作为基金筹集的主要对象，因为要保障基金充足的关键在于保证农民的参合率。

政府监管的重要内容是新农合基金的安全。首先，要明确基金管理机构的责任、权利和义务，对于套取基金或挪用基金的行为依法严惩。其次，要确保让农民群众对基金使用情况和收支情况拥有监督权、知情权。逐步建立县、乡、村三级公示制度，将参合农民的收益情况予以公示，并把新农合公示纳入村务公开内容里，使公示制度化。

---

① 曹洪民，等. 村级医疗卫生服务机构现状及存在的问题［J］. 农村经济，2007（9）：3-5.

② 佚名. 中共中央关于推进农村改革发展若干重大问题的决定［OL］.［2016-07-23］. http：//www. xj. xinhuanet. com/bt/2008-10/20/content_ 14681831. htm.

提高基金利用率。要提高基金利用率，而不应把结余基金多作为目标。以往，合作医疗主要补助住院费用或较大数额的医疗费，但我国居民最主要的疾病多为慢性疾病，因此这种安排极不符合实际的医疗救治需求。新农合制度目标的公平性缺失，尤其在制度设计安排上对医疗服务利用公平性目标——每个有相同医疗服务需求的农民应机会均等地获得并利用医疗服务——的缺失才是导致制度的保障水平在运行过程中出现严重问题的根本原因。① 应扩大民众收益面，坚持大病以住院保障为主，逐步兼顾门诊医疗保障。大多数疾病都是因小病而发展为重病的，一旦小病能得到医保补偿，重病、大病自然会慢慢减少。

第四，对农民中弱势群体进行了医疗救助。由于历史和现实原因，农民群体在医疗方面仍处于弱势地位。要解决这一问题就需要完善对于农民群体的医疗救助。很多农村家庭原本经济状况还不错，但因病致贫又得不到及时救助，加上申请手续烦琐复杂，其医疗救助权无法及时实现。

首先，实施救助是政府的责任所在。政府应当转变救助理念，积极履行救助义务。其次，应适度扩大救助对象范围。农村家庭经济情况极不稳定，容易受到多方因素的影响。疾病对农民人身健康乃至整个家庭都有极大的影响，甚至会引发一系列的社会问题。

4. 创新和完善农民生育权保障法律制度的具体措施

（1）创新和完善农村居民生育保障制度。第一，明确生育保障的对象。享受农村居民生育保险必须符合相关的条件。一是农村妇女的生育行为必须符合国家的计划生育政策，违反计划生育政策的农村育龄妇女不纳入农村居民生育保险的范围。二是必须遵守国家婚姻法的规定，符合法定年龄结婚，按婚姻法规定合法登记结婚的农村居民可享受农村居民生育保险。对于未婚生育和非婚生育的农村居民不得享受生育保障的相关待遇。

第二，规定相应的生育待遇。首先，明确规定给予相应的生育津贴。农村居民生育保障的生育津贴是指国家和社会为农村妇女在怀孕、分娩中断劳动期间提供基本生活保障，在农村妇女法定生育休假期间，依法给予一定的经济补偿。按照国际劳工组织《保护生育公约（修订）》的规定，生育津贴标准为原工资额的2/3，但目前世界上大多数国家的生育津贴都高于这个水平，都是按产妇原工资额的100%发放生育津贴。云南省女职工的生育津贴标准则根据劳动部1994年12月颁布的《企业职工生育保险试行办法》规定，按照所在企业上年度月平均工资计发，具体以所在企业上年度月平均工资除以30再乘以产假天数计算；津贴低于产妇本人工资标准的，差额部分由企业补足。② 农村妇女生育津贴标准的确定，可参照女职工生育津贴标准确定，按照全省（全国）上年度农民人均纯收入除以360再乘以相应的产假天数来计算。假设农村妇女享受产假的上年度全省（全国）农民人均纯收入为3 600元，则生育津贴为每天10元，再对应产假天数；正常的生育产假为90天，其可领取900元的生育津贴。

第三，具体规定生育医疗费用的报销额度。现在的农村生育保障中生育医疗费用方面分两种情况：一是参加了新型农村合作医疗的居民可以按照新型农村合作医疗规定的范围报销；二是没有参加新农合的农村妇女必须全面负担生育医疗费用。为进一步完善农村生育保障，对于符合条件的农村居民生育保障医疗费用的待遇应该参照城镇职工生育保险和城镇居民生育保险的生育待遇的相关规定，加大对农村生育医疗费用的补偿力度。生育医疗费用包括：国家和社会为农村生育妇女承担与生育有关的医疗费用，应包括孕妇分娩期间最基本而且必需的检查费、接生费、手术费、住院床位费和药费；由生育引起的并发症以及治疗并发症需要的费用；新生儿在分娩期间需要进行常规诊疗的药费和医疗费；农村妇女生育后休假期间治疗生育所导致的疾病费用。当然，生育医疗费用的标准要有一个统一的规定，超出部分必须由个人负担。

（2）建立由政府、个人、集体三者共同出资的农村居民生育保障基金。要建立农村生育保障基金，能否筹集到农村生育保障所需要的基金是建立农村生育保障的关键。现今国际上通行的生育保险经费三方负担原则，确立了生育保险待遇享受者的投保和缴纳生育保险费的义务。在建立

---

① 申曙光，周坚. 新型农村合作医疗的制度性缺陷与改进［J］. 中山大学学报（社会科学版），2008（3）：198-203.

② 莫长松. 中国农村社会保障体系研究［M］. 长沙：中南大学出版社，2006：157.

了生育保险的亚欧国家中，有的享受生育保险待遇是以被保险人自己投保作为先决条件的；有的不需要投保，由国家财政开支，个人不需要负担保险费。如丹麦，受保人不用缴纳医疗待遇，雇主不用缴纳因生育引起的医疗待遇，地方政府负担雇员因生育引起的全部医疗待遇费用。瑞典的生育医疗保健费用由政府支付全部。有的是由单位投保，个人也不需要负担保险费。如在新加坡，雇主缴纳全部现金补助，医疗保健（公积金制）则由雇员、政府、雇主共同承担。而多数国家都是实行三方负担的原则，即国家、用人单位和个人分担保险费。法国、芬兰、希腊、葡萄牙、德国、比利时、奥地利等国的生育保险基金都是由受保人、雇主、政府共同承担。

生育行为具有社会属性。生育保险是对以妇女为主承担的人类再生产劳动的社会补偿，与其他险种相比，具有更加明显的社会性，更应该强化政府在生育保险中的责任。在欧亚各国中，生育保险基金的来源大多是国家、雇主、受保人，一些国家中政府承担更多的责任。

另外，生育保险法律关系实际上是一种权利义务关系，当妇女劳动者因生育子女而暂时丧失劳动能力时，其有权获得生育保险待遇；但必须履行特定的义务，其中，最主要的义务是先期投保，缴纳相应的保险费。在任何情况之下，权利和义务都是对等的。

由于农村人口较多，完全由政府缴纳生育保险费可能对政府具有一定的难度。因此，农村生育保险制度的完善可以借鉴国外的这一做法：农村妇女享受生育保险待遇是有一定的条件的，要承担相应的缴费义务。在农村生育保障基金的筹集方面由政府、参保人、集体共同缴费，政府承担更多一些的责任；有条件的乡村集体经济组织应按本地区上年度农村人均收入的一定比例缴纳相应的生育保险费；对于个人缴费的多少，我们可以参照新型农村合作医疗制度，即参保人自愿缴费，个人缴纳一定费用，但可以少缴一些，比如一年缴纳 5 元或 10 元。也就是说，农村生育保险基金由各级地方政府、乡村集体经济组织、个人按照一定的比例共同出资，所缴纳的农村生育保险基金应该组成农村生育保险基金专户。在农村妇女生育时，该基金支付其生育保险费。但如果农村生育保险基金费用不足以支付生育保险费时，地方财政应像城镇居民生育保险一样，按每人每年一定的费用标准补助农村居民生育保险基金。

（3）借鉴国外生育基金管理的方式，加强农村居民生育保障基金的管理。在生育基金管理方式上我们可以借鉴多方基金的管理模式。欧亚各国的生育基金筹资管理方式主要有以下几种方式：有的国家把生育基金与养老基金筹集结合起来；有的国家将疾病医疗或工伤基金与生育基金筹集结合起来；还有的国家把养老、工伤、医疗、失业补助基金与生育保险基金一起合并管理，如爱尔兰、英国、葡萄牙、西班牙等国。丹麦、比利时、德国、意大利、芬兰、卢森堡、瑞典等国则是把生育保险基金与疾病、医疗补助由一个基金共同管理，只是把生育补助进行单项列支。例如，比利时规定受保人对于医疗待遇项目，缴纳收入的 3. 55%，对于现金补助项目，缴纳收入的 1. 15%。雇主对于医疗待遇，缴纳工薪总额的 3. 8%，对于现金补助，缴纳工薪总额的 2. 2%，另附加 0. 15%用于资助生育补助。政府补贴医疗保健并向雇员、自我雇佣者提供补贴。①

生育保险和医疗保险密不可分，两种保险在性质以及标准上有一定的相似性。我们可以借鉴国外生育基金的管理方式将生育保险与医疗保险一起合并管理，对于生育补助单项列支。另外，我国的新型农村合作医疗制度试点实施了一段时间，在基金管理方面相对来说也较成熟。农村生育保险制度的基金管理也可以借鉴其他国家的管理经验，同时也可以借鉴我国城镇居民生育保险基金的管理。农村生育保险专项基金也应该实行收支两条线管理，单独建立自己的账户、单独进行核算、生育保障基金单独管理；以支定收，收支平衡。实行“收、管、支三分离”的管理方式：收钱的不管钱、管钱的不用钱、用钱的不见钱。明确基金征收应统一为乡镇农税部门；县级、市级财政、劳动保障部门负责对居民生育保险基金进行管理和监督；县级医疗保险管理机构（经办机构）负责生育保险基金的使用。可以参照新型农村合作医疗制度的基金管理模式：在银行建立唯一的生育保险基金账户，实行专户管理，并开通生育保险基金网上银行系统，加强各相

① 蔡凤梅. 欧亚国家生育保险制度安排及分析比较［D］. 北京：中国人民大学，2005：38.

关部门对合作医疗基金运行情况的实时监控；整个合作医疗基金的收支都在生育基金专户中进行。[①] 对基金用途进行监管：只要是基金支出款项，在付款凭证上必须表明款项用途，而且只能用于支付生育医疗费用，不能用于其他用途。

（4）加强农村生育监管制度的创新。农村生育监管制度是针对农村生育保障制度中农村生育奖励扶助金的发放情况建立的监督管理制度。在发放农村生育扶助奖励金时，一方面农村生育执法人员的法治素质不高，容易产生问题，监管可以起到监督和控制作用；另一方面，在农村生育保险基金方面是需要监督管理的，防止生育执法人员贪污、挪用资金。因此，在完善农村生育保险制度的同时，云南省各级政府必须加强农村生育监管制度的建设。加强农村生育监管制度的主要措施有：地方各级政府主管计划生育工作的部门或者管理生育保障基金的管理机构，内部实行监督管理，外部由政府建立一个生育监管机构或者将这一职能划到具有监察职能的部门，从内到外形成一个监察模式，定期公开，接受广大农民群众的监督，使农村生育保险制度的运行更加有效透明。[②]

（5）加强宣传，转变农村居民观念，培育农民的生育社会保险意识。由于受到传统生育观的影响，农民的生育保险意识淡薄，认为生小孩是家庭和自己的私人事情，不应由政府承担责任。另外，农村居民由于受到商业保险信任危机的影响，对于农村生育社会保险会有一定的抵触。这些思想都不利于农村生育保险制度的发展。在建立农村居民生育保险制度过程中，应该动员和依靠各种力量，加强农村生育保险政策的宣传教育力度，转变农村居民观念，帮助农村居民增强生育保险意识，让农民了解更多生育保险的知识。通过开展多层次的宣传教育，如可以在村卫生所进行农村居民生育保险知识的宣传，转变农村妇女对生育价值的认识，扩大农民参与的范围，促进农村生育保险制度的发展。

（6）因地制宜，在各个地区实施分级、分类管理。鉴于我国的具体情况，各个农村地区的经济发展水平差异较大，建立和完善农村居民生育保障的过程中，在发展步骤和速度上，要因地制宜，按照各地的实际出发，量力而行。新型农村合作医疗制度和新型农村养老保险制度都要从试点开始，然后再过渡到全省范围。农村居民生育保障也可以先在试点地区推行，再过渡到全国。例如，经济条件比较好的农村地区，可以先建立保障标准高一些的农村生育保障制度；同时也要发挥家庭保障在农村生育保障中的作用。由于各个地区的基本情况不一样，农村生育保险各要素在实施方式、资金来源、待遇标准和享受条件等方面有一定的差异。因此，对具体的项目要分类设计，明确各地方政府的职责分工，对市级、县级等要分级分类管理，经过长时间的磨合，最后再过渡到全省的统一。

（7）完善新型农村合作医疗制度，逐步实现城乡生育保险待遇的统一。城镇居民生育保险基金是由市、区两级财政在现行的居民基本医疗保险的补助标准的基础上，分别按每人每年 3 元或 5 元的标准增加补助，[③] 一并纳入居民医疗保险基金中；居民生育待遇从居民医疗保险基金中支出。对于农村居民生育保险制度的待遇，应该完善新型农村合作医疗制度，逐步实现城乡生育保险待遇。在参加了新型农村合作医疗后，农民应享受到与城镇居民的同等待遇，除了政府补贴的住院分娩津贴，还应得到更多方面的生育保险待遇，实现城乡居民生育保险待遇的统一。

---

① 马晓艳，严峻，严志芳，等. 新型农村合作医疗基金运行、管理的研究［J］. 中国工业煤炭医学杂志，2010（2）：296.

② 王磊. 论我国农村剩余保障制度［D］. 长春：长春理工大学，2010：33.

③ 钟华绣，杨苹. 生育保险进军城乡一体化——马鞍山的实践探索［J］. 中国医疗保险，2011（6）：17-18.

第十九章　农民文化权益保障法律制度创新

一、农民文化权益的基本阐述

（一）农民基本文化权益的内容

农民文化权益的保障是“三农”问题中的深层次问题，是新农村建设、全面建成小康社会目标的重要内容，是科学发展观的要求，是培育新型农民、实现城乡一体化的必要条件。文化权益与政治权益、经济权益、社会权益一样是公民的重要权益。农民的文化权利包含哪些基本内容呢？文化权利属于公民的基本权利，主要包括四个方面的内容：一是享受文化成果的权利；二是参与文化活动的权利；三是开展文化创造的权利；四是文化成果受到保护的权利。其中享受文化成果这一权利是最基本的、最低层次的权利。当最基本的文化权利得到充分的实现和尊重时，人们对文化活动的兴趣、文化创造的潜能和文化参与的热情，才会得以激发、创新和发展。因此，农民文化权益的实现不仅有利于提高整体的国民素质，也有利于促进社会的全面进步和发展，为创造更加美好的社会生活奠定一定的精神基础。如果农民文化权利无法得以保障和确认，农民文化利益问题将无从解决。在当前的中国农民文化利益领域，农民文化权利是最为核心和关键的。这一问题如若得不到妥善的解决，农民文化权益保障的方案，就只能停留在标语和口号层面中。要坚持社会主义先进文化的前进方向，不断满足广大农民群众多层次多方面的精神文化需求。公民特别是农民群体充分享有社会文化权益是现代社会文明进步的重要标志，是建设中国特色社会主义文化的重要目标。政府方面，要尽可能地保障农民文化权利的充分实现，并要积极创造条件，为广大农民群众提供优质、公平的文化服务。

（二）农民基本文化权益的特征

一是公益性。改革开放以来农村社会经济快速发展，使农民日益增长的文化需求和落后的社会生产力之间的矛盾日益突出。保障农民基本文化权益，成为党和政府处理生产力与生产关系矛盾的基本任务之一。政府的责任即是要在保障农民基本文化权益中发挥主导作用，以公共财政为支撑，不以营利为目的。二是基本性。每个公民消费和生产的文化的数量和质量有很大差别。文化权益没有最高标准，但有符合时代和农民需求的最低标准，比如看电视、听广播、读书看报、进行公共文化鉴赏、参与公共文化活动等。至于多样化多层次多方面的文化需求，比如欣赏高雅音乐、艺术品收藏等，要通过发展文化产业来满足。三是均等性。公共资源体现“均等性”，要求公共文化的服务和资源必须公平分配，对公共文化设施和公共文化资源要均衡布局。无论性别、年龄、职业、收入、地域，所有公民都可以平等地享受到服务，特别是在农村与贫困地区。四是便利性。文化权益的“便利性”，要求文化服务是近距离的、经常性的服务，是农民感到非常便利的服务。要从农民的需要出发，充分考虑生产实际和生活习惯，使农民便于参与、乐于参与。①

（三）农民文化权益保障的重要性

农民文化权益，是伴随着社会主义新农村建设而被提出来的。简言之，其就是中国农民在现代化建设过程中各种文化方面的诉求及利益实现的问题。农民的文化权益涉及农村文化事业的发

---

① 《<中共中央关于深化文化体制改革推动社会主义文化大发展大繁荣若干重大问题的决定>辅导读本》编写组.《中共中央关于深化文化体制改革推动社会主义文化大发展大繁荣若干重大问题的决定》辅导读本［M］.北京：人民出版社，2011：116-117.

展、农村文化产业的开发、农村义务教育的普及、农村民间民俗文化的保护与传承、应用适用型技能的培训等方面。公民的文化权益的保障水平是现代社会文明进步的重要指标，也是建设我国社会主义文化的重要目标、重要内容。事实上，农民文化利益问题不是一个只关乎文化方面的问题。尽管中国农业问题总体上得到很大改变，但以家庭联产承包责任制为主导的农村土地耕种制度，仍具有较强的小农经济色彩。农村地区的经济发展和农民群体经济收入的增加仍是主要问题，农民的发展问题仍是农村发展的首要任务之一。但是，经济发展问题从来就不仅具备纯经济性质，发展战略必须全盘贯通。特别是随着中国全面建设小康社会目标的整体推进，农民的文化诉求和文化利益问题日益成为发展问题的核心组成部分。谋求纯经济性质的发展既不现实，也不易实施。因此，农民文化权益的问题本身就应结合着经济、文化、社会等方方面面，互为照应；关注农民文化权益应当立意高远。①

要考虑农民文化权益的问题，还应意识到它是新农村建设中至关重要的一环。经济、社会、政治和文化问题，从来都是社会发展的基本组成部分，对其不可松懈。农民文化权益问题，与社会和谐、农民经济利益、政治稳定问题一样，绝不是可以忽视的次要问题。特别是随着历史的推进与社会经济发展，农民的文化权益问题更多地与经济、社会、政治等方面的问题联系在一起，形成我中有你、你中有我的新格局。因此，我们必须将农民文化权益问题上升为社会主义新农村建设中的重要主题，必须对此问题有清醒的认识和准确的把握。

农民文化权益问题，有其自身的特征。它是社会性与经济性的交融。社会性是指农民文化利益发展维护过程中产业的社会影响力的部分。至于农村义务教育的进一步普及、农民应用适用技术技能水平的提升、农村文化事业的发展、农村民俗民间文化的保护与传承本身就具有强烈的社会性。其经济性就是指农民文化利益中的可依赖的产业部分。如旅游业、文化产业及与之相伴的娱乐、餐饮、植物、运输等方面，都可以为农民带来可观的经济效益。它既保障了各地农民的文化权益，也促进了社会的整体进步与社会经济的发展。简言之，社会性与经济性的并存，是中国社会主义新农村建设中农民文化权益这一问题所具的特殊性。

加强对公民文化权益的保障，特别是对占中国大多数人口的农民的文化权益的保障，有着极其重要的意义。陈正良、何先光在讨论保障农民文化权益的重要性时提到，农民基本文化权益的保障，是体现以人为本的执政理念、贯彻落实科学发展观的客观要求和提高国民整体素质、推进社会全面现代化建设的需要，是社会主义的本质要求。② 郑容认为，从政治上看，保障农民文化权益是维护社会稳定和国家长治久安的重要保证；从经济上来看，保障农民文化权益是实现全面建设小康社会宏伟目标的关键所在。③ 此外，还有学者从建设法治国家的角度对保障农民文化权益的重要性作了论述。无论从哪个角度来看，保障农民文化权益的重要性都是不言而喻的。只有当农民的文化权益得到保障和落实、农民的思想文化素质得以提高，落后的农村生产力才会在此带动下加速发展，整个社会生产力才会得以提升。实现好、维护好、发展好农民的文化利益符合党的执政理念和政策方针，是综合国民素质提高和社会长治久安的重要保证。当前，切实关注农民文化利益的问题，具有十分重要的现实意义。

1. 加强农村文化建设，有助于增强农民对党和国家政策的认同感

文化具有认同功能。从一定意义上讲，农民群体是我国传统文化的固守者。在当今社会转型的重要时期，党和国家的部分农村政策处于多变的状态，农民对国家政策缺乏自觉的践行及认同。他们依然会固守当地乡土文化、封建传统文化。因此，加强农村地区文化建设，积极发挥文化宣传、教育的作用，并逐步实现在农村地区建立健全符合现代农村发展、现代农民需求的社会制度、经济制度、文化制度和政治制度，将这些要素渗透到农民思维和行为当中，逐步衍变成对党和国家农村方针政策的认同和践行。

---

① 周熙明，李文堂. 中国共产党的文化使命［M］. 南京：江苏人民出版社，2006：284.

② 陈正良，何先光. “保障人民基本文化权益”论析［J］. 中共成都市委党校学报，2009（3）：33-36.

③ 郑容. 试论我国农民权益保护问题［J］. 社会科学家，2005（3）：74-76.

2. 加强农村文化建设，有助于提升农民道德修养，和谐农民人际关系

自改革开放以来，农村传统道德体系遭遇瓦解，而新的道德体系尚未建立健全，继而出现了张扬个人主义、弱化集体主义、不讲社会公德和职业操守、义利关系处理失当、拜金主义等道德问题。在文化系统中，伦理道德是对社会生活秩序和个体生命秩序的深层设计。① 优秀的文化可以净化人的心灵，促使人们奋发并进；低级落后的文化则会腐蚀人的灵魂。文化以自身独有的特点和方式，可以影响和改造农民的内心世界。农村文化建设通过利用群众喜闻乐见的方式，寓教于乐、因势利导地传播社会主义核心价值，传播现代文化科技、法律知识、价值观念、家庭观念等，逐步培养现代社会公民意识，使农民道德修养在潜移默化中提升，人际关系更加和谐。

3. 加强农村文化建设，有助于缓解农民心理危机

社会转型的本质是对传统的改造。中国社会的快速转型，过多侵占了农民的利益。改革开放以来农民所获取的利益，难以掩盖与城市之间越拉越大的差距；加上“看病难、上学难”及失去土地等因素，致使农村社会矛盾激化、社会不安定因素增加，农民心理危机随之产生。加强农村文化建设，对于缓和农民心理危机有突出的作用。文化可以调节农村社会经济运行的效率与公平，缓解部分农民产生的相对剥夺感和边缘化；可以提供宣泄情绪的渠道，形成沟通表达的机制；可以粘合各种心理裂痕，给农民人文关怀和文化抚慰，使其舒缓压力、娱乐心身、化解危机。

4. 加强农村文化建设，有利于实现建设社会主义新农村目标的整体推进

社会主义新农村建设是全方位的、整体性的，涵盖了文化建设、政治建设、经济建设、社会建设和党的建设等许多方面。其中，文化建设是最为关键的环节。文化问题是许多国家在现代化建设中的重要问题，也是现代化建设各个方面的最高层面问题。文化建设问题不是单独、独立的问题，与其他问题之间是相互影响、相互联系的关系。在实践生活中文化问题的重要性还甚至可以超越其他方面的问题，包括经济差异、意识形态对立等。比如中国大陆与台湾地区间的差异是我们有目共睹的，但具有差异性的双方却又被文化这一重要纽带紧密地联系在一起。因此，要搞好社会主义新农村建设，首先要以文化建设为重要切入点，以文化促进经济的发展、社会的和谐。

5. 加强农村文化建设，有利于解决社会主义新农村建设中的核心问题

社会主义新农村建设所要解决的核心问题是农民个体的现代化问题。党的十六届五中全会提出要培育“有文化、懂技术、会经营”的新型农民凸显出文化问题在解决农民个人现代化素质提升方面的特殊重要性。所谓新型农民问题，实质上就是中国在全面建设小康社会过程中，形成或产生出来的现代化的中国农民的问题。按照马克思主义的观点，在一切社会中，人的因素始终是第一位的。因而，社会发展的根本问题就必须围绕解决人的问题来展开。文化问题对农民个体的现代化问题，其重要意义不言而喻。

6. 加强农村文化建设，有利于助推经济欠发达地区社会主义新农村建设的加速推进，实现跨越式发展

我国具有复杂而多样性的地理地貌、气候特征、区位变迁、历史文化等元素，导致了我国社会经济发展的极不平衡与各区域间经济发展及综合实力的巨大差异。差异的存在只是暂时性的，差异实际上隐含着比较优势。我国的东部与中部及广大西部地区在经济发展水平与综合实力方面存在着明显的差异，但中西部地区较东部地区的比较优势也是客观存在的。除资源优势这一比较优势外，其更多地体现在农村优势、文化优势上。事实上，近年来我国中西部一些地区促进文化产业、文化旅游业的大力发展，实现了当地农民群体收入水平的增加，从而推动了当地经济的跨越式发展。因此，农村文化问题不仅仅关系到农民个人的问题，还联系着广大中西部地区实现跨越式发展和社会经济发展的问题。

---

① 张岱年，方克立. 中国文化概论［M］. 北京：北京师范大学出版社，2004：210.

二、我国农民文化权益保障制度创新的现状及不足

（一）我国农民文化权益保障法律制度创新的现状

近年来，我国政府高度重视加强农村文化建设。为了切实保护农民的文化权益，政府相继出台了一系列政策、措施，建立健全较为完备的公共文化服务体系，不断增加对农村文化基础设施的投入，努力健全农村公共服务网络，并实施了电视进万家、农村电影放映、农家书屋、广播电视“村村通”等重大农村公共文化服务工程。这些工程的开展为广大农民群众解决了看电影难、看书难等问题，对农民文化权益保护起着极大的作用。但与此同时，农民文化权益与市民文化权益却无法相提并论。农村的文化发展与农民群体的收入不相适应。就公共文化服务而言，城市市民享受的公共文化服务如图书馆、公园、报纸杂志、游乐园、文化中心、博物馆、职业培训、影剧院、旅游景点、艺术展、书画展、音乐歌舞会等应有尽有，而农村公共文化服务活动就较为单一、乏味。由于长期缺乏公共文化服务建设的硬件及软件，农村文化娱乐多是电视和定期的文化、电影下乡；在条件稍好的乡镇才有互联网和网吧；在闲暇时间，许多农民玩棋、牌、麻将，偶尔有群众自编自创文艺活动。由于许多农村地区文化公共产品供给不足，大多数农民又无经济能力去购买文化消费品，因此农民群体文化精神生活贫乏和枯燥，进而催生了农村消极负面文化现象的产生、发展。在急剧的社会变迁中，城镇化和现代化的理念正极力用城市现代文化来取代农村传统文化。同时，各种消极低俗文化也防不胜防地侵蚀着农村的优秀传统文化，使大量农村传统习俗渐渐消亡；部分民歌也无法得到传承，使得农村文化处于日渐边缘化的地步。在现代价值尚未完全建立起来传统文化却不断消失的情况下，农民群体必然会被各种力量所吸引，其中一支强大的力量是各式邪教。在农村不少地方，“黄、赌、毒”卷土重来，封建迷信活动日趋猖獗。更重要的是，落后的农村文化，严重扭曲了农民的思想观念，损害了农民的文化权益，给农村的经济建设造成一定阻碍，影响了农村社会的环境稳定，令人担忧。保障农民文化权益仍存在诸多问题，比如政府对于农村优秀传统文化保护的重视不够，部分农村地区还缺乏自己的文化队伍，农村居民无法像城市居民一样普遍享受科技时代带来的便利，而许多农民对新媒体知之甚少等。要想推进农村文化权益的保护，加强农村文化建设，必须解决这些问题。

（二）我国农民文化权益保障法律制度创新不足的主要表现

1. 农村居民新媒体的拥有量远低于城市居民

《2007 年中国农村互联网调查报告》是我国首次发布的关于农村互联网宏观发展状况的调查报告。报告显示，农村网民规模达 3 741 万，互联网普及率仅为 5.1%。与此同时，同期我国城镇网民规模为 1.25 亿，互联网普及率已达 21.6%。城乡数字鸿沟差距达 4 倍。截至 2006 年年底，农村家庭拥有的电脑数量为每百户 2.7 台，远低于城镇电脑拥有量每百户 47.2 台。家庭电脑缺乏使农村网吧上网比例超过半数，远高于全国网吧 37.2%的上网比例。① 另据中国互联网络信息中心发布的第 31 次《中国互联网络发展状况统计报告》，截至 2012 年 12 月底，我国网民中农村人口占比为 27.6%，相比 2011 年略有提升，规模达到 1.56 亿。从 2011 年开始，互联网在中国农村常住人口中的普及速度开始小幅超越城镇，结束了城乡互联网普及差距持续扩大的趋势，反映出农村互联网普及工作的成效。但是不可否认的是，目前城乡互联网普及率仍存在较大差距。到 2012 年年底，城镇居民中的互联网普及率已经达到约六成，而农村地区目前只有 23.7%。②

---

① 中国互联网络信息中心. 2007 年中国农村互联网调查报告［OL］.［2016-07-05］. http：//wenku. baidu. com/link？url=D84yJ2HzaKVEOUJuVbYm9fcfJUSCKz8PG3F8yWqJZN0XjzODC6cMRZZByMXw8dFrXEqheWdo4LnZM9msic3wUEJENRMFtvaQjrBvQjlN-8a.

② 中国互联网络信息中心. 第 31 次中国互联网络发展状况统计报告［OL］.［2016-07-05］. http：//wenku. baidu. com/link？url=1Jo6oIezfm9jdCpeyMWEVxtP6lJBeJWy085ObxFvGldawQs_ YMla4J3LztUEkXB4DuVlpOjpmLNqhYvcmfd3Y-YMeo4hjPw8hBG3K3WNN2y.

2. 农民文化生活单调贫乏

随着社会经济的快速发展，农民的物质生活条件得到较大改善。但由于农村公共文化建设的长期滞后，农民的文化生活仍十分单调贫乏。大多数农民都有较多的闲暇时间，但农民的日常休闲娱乐方式却非常单一，经常参加的文化娱乐活动除了看电视、看电影、玩扑克或打麻将和聊天外，很少参加其他文化娱乐活动。农民文化生活单调的主要原因是公共文化服务和文化产品严重供给不足，与农民的精神需求存在较大差距。农村基层文化资源开发不够、活动形式单一的状况没有得到根本改变。且没有农民群众喜闻乐见、丰富多彩的文化活动形式；文化基地的娱乐、教育、宣传、辅导等功能没有得到充分发挥，对群众缺乏吸引力；文化服务和文化资源严重匮乏。农村文化没有很好地发挥其应有的功能作用。农村文化站为了生存发展，或为了应付上级交由的重任，功能在逐渐萎缩和降低；农村基层文化点缺少日常文化活动项目，有的甚至沦为了老年人打麻将、打牌的场所。

3. 农村公共文化服务与文化基础设施不能满足农民需要

各类"送文化下乡"活动无法满足农民需要。乡政府组织了各类综合文艺演出、"送图书下乡"、各类知识讲座、"送电影下乡"等"送文化下乡"服务。但这类活动一般缺乏可持续性，且活动开展的次数有限。绝大多数农民希望政府多开展此类服务，以便丰富其文化娱乐活动。农村文化基础设施较陈旧，总量投入不足。各级政府财力有限，农村地区的文化建设财政投入大量集中于市镇；现有的农村文化设施总量不足，且设备陈旧。当前农村基本文化形态建设的难题不是如何创建，而是如何确保农村文化设施的永续利用。由于观念落后、机制未健全、投入不配套、阵地萎缩严重、辐射能力差，文化设施的重要功能难以充分发挥。

4. 乡镇政府的文化、科技、信息服务不能满足农民需求

据了解，多数乡镇为农民提供过求职咨询、农业技术指导、市场信息等服务，以及就业技能、农业实用技术、电脑网络应用技术、经营管理、市场营销、文化素质、外语应用能力等免费培训。但是，仍有大部分农民未接受过当地政府的科技指导，主要原因是有的地方没有提供过科技指导或农民不知道、科技指导的内容不符合农民需要或不实用；甚至多数农民从未接受过政府提供的信息服务，或是对政府的信息服务不满意或不太满意，主要原因是信息总量少、信息渠道不畅、信息传递不及时、有用信息少等；多数农民从未接受过政府提供的免费培训，对政府的培训服务不满意或不太满意的主要原因是培训次数太少、不实用、内容不符合需要、没有得到能力提升等。农民的文化需求旺盛，但是文化建设发展缓慢。新时代的农民群众温饱问题得以解决之后，对于提高精神生活的渴望越来越强烈；农民群众文化需求日益增加。但由于国家财政投入不足，农村地区文化发展严重滞后的状况无法得到根本性改变，导致农村文化建设无法跟上经济社会发展的步伐。

5. 农民文化权益保障水平的地区差距较大

由于各地社会发展水平存在一定差距，以及当地政府和基层集体经济组织对农民文化权益的重视程度不同，都会形成农村文化建设不同程度的差异。在受当地政府重视、经济发展较好、农民整体文化素质较高的地方，一般农村文化建设的投入较多，文化基础设施较完备，文化生活也较丰富多彩；与之相反，在基层领导不够重视、经济发展较为落后、农民整体受教育程度较低的地方，农村文化建设的投入较少，文化设施建设严重落后，农民的日常文化生活也更加贫乏。

三、农民文化权益保障法律制度创新不足的原因

（一）农民文化水平较低

大多数农民受教育水平低。这极大地影响了他们的价值观、世界观，还影响着他们对思想文化（如法律、政治等）的认知，进而影响了他们对自己文化享受和文化发展权的维护。而且文化思想上的差距也给政府开发式扶贫造成一定障碍。经济基础决定上层建筑，上层建筑也反作用于经济基础；"治穷先治愚"；农民文化权益的保障是提高农民收入的催化剂。

1. 农民的普通教育先天不足

农村地区的教育环境及质量严重滞后于城市地区。农民群体的贫困从根本上来说是文化的贫困。由于城乡待遇差别，农村地区教育人力资源注入不足且不断流失；再加上农村地区教育基本设施严重落后，造成农村文盲和半文盲占农村人口的比重较大。另外，农村基础教育中音乐、美术、书法、品德课因无专职教师授课而形同虚设，无实际存在意义。

2. 农村成人教育营养不良

我国农村教育的发展的总方向是职业技术化型。但是，农村教育已严重滞后于社会经济发展的需求，其教育理念是以“考学”为导向的，与当前农村经济社会发展相脱节。农民接受系统职业培训的不到5%，低于全国平均水平近20个百分点。[①] 农民整体受教育程度低、知识水平低下，甚至无法阅读报纸、杂志、农业科技书等，也不能理解文化内涵。尽管农民在农业实践中有很多感性认识，但也不能上升为理性认识，导致农民的农业生产和生活没有突破点，缺乏创新，生产力低下，生产效率不高。

3. 农民与信息时代严重脱节

网络信息技术飞速发展，农民却成了新一代文盲。随着高新科技的快速发展，在城市地区，手机、计算机已成为人们生活的重要组成部分。但是，在我国很多农村地区，计算机、网络信息技术的普及程度极低。2013 年春节，一张小小的火车票绊住了多少农民工回家的步伐——在农民工“回家难”的路上又竖起了一座“技术大山”——网上订票，令多少人望“山”兴叹。

（二）农民自身条件限制

经济条件是制约农村居民运用新媒体的重要原因。经济因素表现最明显的是电脑在农村的普及。电脑的花费除了购置电脑和配件的支出外，还有网络费、软件更新费、维修费等。这相对于农民普遍较低的收入来讲，接受新媒体的成本太高。农民自身文化素质较低也是阻碍新媒体在农村推广和运用的重要因素。由于农民文化程度较低，能够有效利用新媒体的能力不强，也导致农民在选择媒介种类时会更多地强调媒介的“易受性”。他们更亲近声画并茂、易于直观接受的电视，而较少选择新媒体，使得新媒体在信息传播中处于弱势。新媒体的迅速发展给人们提供了无限便利和大量的发展机遇，但目前我国农民还无法像城市居民那样享受到新媒体时代的种种便利。新媒体发展的不平衡性已经越来越显现出来，并有可能进一步加深社会和经济发展中的不平等现象。我们必须对这种新媒体发展的不平衡高度关注，并积极采取措施努力消除这种新媒体发展的不平衡，更好地实现和保障农民文化权益。

（三）农村的社会保障体系滞后

目前，我国人均 GDP 超 4 000 美元，成为世界第二大经济体，但农村社会保险仍然滞后。城市居民享受“五险一金”，覆盖面几乎是100%；农村的养老保险、合作医疗、最低生活保障、五保供养，基数低、覆盖面小，各地又有很大差距，保障的资金来源与城市有差距。虽然 2005 年以来，国家取消了农业税，加大了农业、家电等补贴，开始工业反哺农业，但仍是杯水车薪。农民以家庭为单位分散经营，本来抗风险能力就差，又对商业保险的认识不足，以致在出现自然灾害和人祸时当即返贫。

（四）农村和农民的文化权益处于极端贫困状态

文化权益的贫困是全面实现小康社会的短板。改革开放以来，各级政府致力于提高地方的地区生产总值，而忽视了农村的文化建设；地方政府也未将农村文化建设纳入考核评价体系中。虽然中央政府一直强调“两手抓”，但在自上而下的过程中，在注重城市的文化建设时却忽视了农村的文化建设，忽视了对农民文化权益的保障。从国家对城乡文化投入资金来看，2006 年财政对

---

① 吕瑶. 农村教育远不搞一锤子买卖［OL］.［2016 - 07 - 19］. http：//www. doc88. com/p - 0012379593766. html.

城市文化投入占总财政投入的比重仍然高达 71.5%，超过对农村文化投入的比重 43 个百分点。①部分地方政府只注重地区生产总值的增长，导致文化部门出现职能缺位，或在位不尽责，建设多年的文化站、文化室现如今也沦为虚设；也导致硬件设施不达标，软件支撑力不足，文化建设队伍薄弱、年龄老化等。城市地区的教育经费有国家财政支持，但农村地区的教育经费基本靠县或乡镇财政来勉强维持；甚至有时候农村教师职工的工资都无法按时足额发放；还有一些地方拖欠多年的教育经费也未能补上。当然不能一味地责怪地方政府。这也与政绩考核定位不准、国家财政投入不足存在一定关联。

（五）农民思想保守，观念落后

仓廪实而知礼节，衣食足而知荣辱。根据马斯洛的需要层次理论，文化需求属高层次的精神需求。农民长期处于较为艰苦的生活条件下，造成了农民不舍得花钱的观念，其辛苦攒钱养老的传统思维难以改变。农民除了基本的物质必需品如吃穿住行和农业生产资料不得不消费外，高层次的消费是有弹性的，表现在尽管农民经济收入增加，但文化消费并没有相应增加，如文学、报纸、网络、科技、电影、文化娱乐、职业培训等。部分农民在吃穿养老都有经济压力的情况下，即使有个别人享受文化消费和进行文化创造，在邻里眼里也是“另类”、败家子、不务正业。

（六）农村文化基础设施建设滞后

农村文化基础设施既是农村文化建设的物质载体，又是宣传、教育、组织、发动群众不可或缺的物质条件。农村基础设施建设程度，反映了农村文化事业发展的进度。加强农村文化基础设施建设，让农民群众充分享有参与文化活动的空间。通过营造良好的文化环境，让农民群众共享文化繁荣发展的伟大成果。

尽管城乡一体化工作的推进取得了一定进展，但农村地区，由于面积大、难点多、难度大、资金缺乏，基础设施建设方面还有很大空缺。同时，很多地区较重视县级或乡镇基础设施建设，而忽视了对村一级的设施建设。文化基础设施发展极不平衡，如许多农村目前连图书馆、文化站都没有，农民也没有开展文化活动的场所等。

为农民提供的公共文化产品、文化服务总量偏少、质量不高。特别是全国各层次文化系统艺术表演团体深入农村演出的场次越来越少。很多地方的农民除能收看几套电视节目之外，基本上无健康的文化生活，导致各种赌博活动蔚然成风。不少乡村的农民几年乃至十多年未看到一场电影或演出。②

（七）政府方面的因素

政府相关人员认知不足导致农民文化权益缺失。农民文化权益保障不仅有利于提高农民的科学文化素质，为农村经济的发展提供智力支持，并且能为农村社会的可持续发展提供强大的精神动力和思想保证。③ 然而，我国改革开放浪潮所形成的以经济建设为中心的路径选择却限制了政府的发展思维定势。“经济决定论”思想的支持者认为，只要处理好社会经济问题，社会其他方面的问题就会迎刃而解。正是在这种固有思想的引导下，加强农村地区的文化建设往往只是口号，并没有真正落到实处。通常农村文化建设在一段时间内如火如荼地开展，但结果却不了了之。有的农村地区文化基础设施设备齐全，但因无法吸引农民群体，而最终被毁坏掉；有的农村地区对农民迫切需求的信息服务、文化教育培训、农业技术指导等问题毫不关注，只是一门心思抓经济，求稳定。尽管国家每年对文化事业费用投入的总量呈现不断增长的趋势，但文化事业费用占国家财政总支出的比重仍基本维持在 0.39%和 0.41%之间，而国家对于农村文化事业费用的投入则更低。经费投入严重不足。据有关方面的统计，近年来，全国文化事业费占国家财政总支出的比重偏低，并且文化投入偏重于城市。城乡差距日益拉大。尽管“十五”期间，国家共安排

---

① 邱丽莉. 农村文化发展存在的问题与措施［J］. 山东省农业管理干部学院学报，2008（2）：43-45.

② 吴贞英. 大力推进农村文化建设繁荣群众文化生活［J］. 群文天地，2012（19）：147-148.

③ 徐莉. 城乡一体化中农民文化权益保障问题探析［J］. 农村经济，2011（6）：49-53.

预算内专项资金 4.8 亿元用于支持县级图书馆、文化馆建设，安排项目 1 083 个，但仍有部分县无文化馆、图书馆，很多农村乡镇无文化站，村无文化室。现有的文化阵地面积日趋减少，文化设施“危”“陋”“差”。①

（八）文化体制方面的因素

我国农村文化体制的不健全导致农民文化权益保障的缺失。农村文化建设的机制不活、体制不顺，且现有的文化资源尚未得到充分利用，基层文化单位的作用也没有完全发挥出来。文化站、文化馆的活动经费和业务经费得不到有效保障，县级图书馆购书费用占经费总支出的比重逐年下降。大多数农村地区文化工作服务者素质普遍不高、待遇问题难解决、文化建设队伍不稳定。随着农村经济的快速发展和农民生活水平的日益提高，农民日常休闲时间不断增多，但是农民群体闲暇时间打麻将、打牌赌博、串门聊天等娱乐活动贫乏单调却未能有所改变。这在一定程度上反映出农民精神世界的无趣与局限。尽管电视广播、电脑网络、电影院、娱乐歌舞厅、音响音像店等典型城市消费型文化逐渐走进了农村，但是大多数农民对这些城市文化还是持否定态度的。在他们看来，还是怀念原先与农村生活较为贴近的文化文艺宣传、集体性文艺活动等。由于农村基层组织环节较为薄弱，不健全的农村文化体制导致了农民群体自身具有的文化传统与现代文化之间出现分歧；农民日常娱乐文化生活单一，一些落后腐朽的文化糟粕正在侵蚀着农民的思想理念，威胁着农村的和谐稳定。换言之，如果农村的文化体制跟不上农村经济的快速发展和农民日益增长的物质文化需求，不能从根本上及时改进与完善的话，农民的文化权益将无法得到有效保障。

四、国外农民文化权益保障法律制度创新的经验

法国某调查公司针对 958 名法国成年公民进行了一项相关民意调查，发现农民职业在法国人心中始终保持着良好形象。② 由调查结果可知，78%的受访民众认为农民是值得信任的人群，77%的受访民众认为农民谦逊诚实。对于农民的职业操守和生产态度，受访民众给予肯定的态度：65%的受访者相信法国农民很注重健康，55%的受访者认为农业生产者有较强的环保意识。法国作为世界农业强国，农业生产者受尊重程度很高。法国农产品出口量在世界上排名第二。

作为欧洲的人口大国，法国也拥有大量的农业人口，农民群体占法国人口总数的 0.5%，高达 30 余万。农业的研究与教育一直备受法国政府的重视。在法国，年满 18 岁的当地公民，都必须接受为期一年的农业知识培训。而对于 18 岁以下的未成年人，要求则更为严格，需要先参加为期 3 个月的培训，然后再到农场实习 3 年，最后经过考核合格以后，为其颁发“绿色教育证书”。这个证书是个人向政府申请农业贷款的资格凭证。法国的农民大多数是农场主。他们收入很高，每年都可以有一定的时间空闲出来休假，还可以享受劳动保险。法国的农村风光秀丽，被认为是最舒服的地方。这里有很多非农民子女投身到农业领域，缓解了法国就业难的问题。③

法国政府投入大量财政资金以支持农民的教育事业的发展，积极扶持农民接受系统的、免费的农业知识和技能培训；采用公私结合的方法，由公立和私立机构合作，一起开设农业教育培训机构。法国农业建设工作的重中之重就是农民的教育问题。法国有许多专门的农业学校。这些学校主要吸收农业生产者进校学习；这些学校普遍拥有较强的教学能力和较高的科研水平。在校学生在学校里不仅可以学习到最新的农业技术，还可以查阅到大量的实用资料。

在政策方面，政府对农业发展给予极大的扶持和优惠。比如政府在农民购买农田和农业机械时不仅提供免息或者低息贷款，还在税收上提供优惠，大力扶持农民从事农业劳务。法国还拥有较为完善的农民社会保障体系，使得农民能安心务农，无后顾之忧。

---

① 吴贞英．大力推进农村文化建设繁荣群众文化生活［J］．群文天地，2012（19）：147-148.

② 君杰．法国农民生活不发愁［J］．农村工作通讯，2008（10）：64.

③ 谢庆奎．当代中国政府与政治［M］．北京：高等教育出版社，2005：279.

五、创新农民文化权益保障法律制度的具体建议

(一) 创新农民文化权益保障法律制度的思路和措施

要保障农民文化权益必须突出这一问题解决的重点领域。农民文化权益的重大问题主要包括三个方面。第一是对于新型农民的培育。要以文化教育为先导培养新型农民。当前，这一方面的农民文化问题表现为农民群体文化素质的提升。这种提升具体来说，就进城务工农民而言，重点在专业技能技术的培训和健康卫生知识、自我维权意识的提高；就农村地区的留守农民而言，提升的重点在基础文化知识的普及、健康卫生知识的宣传、高新科技知识的灌输、文明乡风的改建与创新等方面。第二是农民文化阵地的建立。就进城务工农民而言，应建设适当场所让他们行使表达文化诉求的权利；不论是精神文明的陶冶，还是情感的抒发，都应有相应的场所。近年来，在北京的部分进城务工农民已自发成立了乐队组合、诗社、文工团等，并创作了大量反映其心路历程和生活境况的优秀文艺作品。就农村的留守农民而言，不仅是有电视、网络和广播的问题，还应积极设立村里的文化活动室、乡镇的文化中心站，使农民由满足于从电视、广播单向被动接受信息，转变成为能自我参与、自我创作、自我娱乐、自我陶冶，并同时注重传承、保护、创新农村的民间传统文化。第三是大力发展农村的文化事业与文化产业。农村的文化事业作为整个国家文化事业工作的重要方面，应得到足够的重视。我国有大量历史文化遗存分散于广袤的农村地区。这既是国家的文化利益所在，也是农民的文化利益所在，为此应积极调动农民对于文化事业的积极性，使其由客体变主体。同时，开启农村地区的文化市场，大力发展我国文化产业，在巩固城市的“文化三下乡”活动的同时，整合农村的人力资源和文化资源，让民俗民间文化在农村活跃起来。这既有利于更好地传承农村的优秀民俗民间文化，还可以解决相当部分农业人口的就业问题，也进而激发了农村的文化市场活力。在这一过程中，享受服务的农民可以获得精神的提升和身心的愉快，从事文化产业的农民可以从中获取相应的经济利益。从国家层面来看，其可以维持农村地区的长治久安、社会经济的稳步发展，从而使农村发展真正迈向良性循环的轨道。于此，农民文化权益问题的解决其战略意义远远超越了原有的境地。

农民文化权益保障不够，就不利于农民自身的发展，不利于新农村建设，影响城乡一体化发展，影响小康目标的实现。既然农民文化权益保障问题的根本原因在体制，那么建议政府在改革旧体制的基础上，针对文化权益的五个方面，发散思维，创新工作思路。除了增加农民收入保证其基本生理需要外，还要做好以下几个方面的工作：

1. 加大农村人力资源的资金投入，培育保障农民文化权益的软硬件

目前，农民发展文化权利的意识在觉醒，思想由保守走向开放。常言道：“先入为主。”既然农民有文化需求，如果政府不来引导并填补这个空白，那么不合理的文化消费习惯、封建迷信和赌博等不良风气会抢先占据农民的思想阵地，到时再向农民传播健康向上的文化产品，让农民改变行为就难了。因此，要加大普通教育、职业教育、法规政策和科技培训的广度和深度，力争使农民由单纯文化娱乐向兼具文化发展的方向转变。通过教育和培训，提高农民文化素养，改变农村信息和农民知情权的单向透明；让农民自己知道应有受教育的权利和享受文化服务的权利，懂得文化生产和消费的重要性。加强对农村劳动力进行文化产业知识的培训，提高农民对文化产业发展的认知能力，为农村文化产业培育人力资源和意见领袖。

(1) 重视农村的基础教育。一个人具有一定的文化水平，才能理解和接受文化，才能树立理想、目标和信念，才能选择自己的行为，才能具有良好的发展权。对农村学校加大硬件设施的投入，提高农村教师的待遇，在工资、职称上给予倾斜，鼓励美术、音乐、书法等人才到乡下学校去或建立城乡学校教师定期交流制度。

(2) 针对农村生产需要，开展成人教育、职业教育和转岗培训。目前，城市的成人教育和继续教育市场旺盛。但在农村其仍是稀缺，只临时开展了一些文化下乡活动，没有形成长效机制。建议成立农民夜校，以城市职业学校为依托，在政府支持下对农村夜校定期进行培训，以培育有

文化、有技术、能创新的新型农民为目标，并把农民的终身教育纳入政府发展目标。

（3）加强农村的计算机网络教育与培训。现在是网络化信息化时代，信息就是效率，信息就是生产力。世界已经网络化、数字化，网络无处不在，如网上购物、网上订票、网上交费、网上挂号、政府提供的网上服务等。农民只有掌握先进的信息网络技术，才能参与享受经济发展的成果，才能融入现代信息社会中，才能向城镇化迈进。加大政府在农村网络教育上的投入，将其纳入职业教育、成人教育和终身教育的必修课，并发挥大学生村干部的作用。农民会很快享受到网络带来的便利与乐趣。

（4）引导农民由文化消费向文化产业迈进。繁荣农村文化，不仅是要增加农民的文化享受，还要引导农民进行文化生产和文化创意，使农民在对文化进行生产的过程中体验文化的精神效益和经济效益，提升对文化的鉴赏力，为促进城镇化提供智力支持。先让农民尝到公共文化服务的乐趣和文化科技进步的甜头，激发农民的文化创意热情，使之既成为文化产品的享有者又是文化产品的生产者，以此繁荣和活跃农村文化市场，为城乡一体化提供必要的物质和文化支持。

2. 创新和完善农民社会保障制度，解决农民后顾之忧

社会保障是否完善是一国制度是否优越的重要体现。农民的文化生活需求是一种基于生理和安全需要之上的较高层次的需要，其文化消费受到生存消费的强烈制约。农民收入低，体力劳动量大，生存和安全保障都成问题，使得农民的文化生活问题难以从根本上得到解决。因此，必须逐步将农民纳入社会保障体系。

（1）建立科学合理的农村社会保障金筹集机制。由社会、国家、集体、农户分别按一定的比例出资，筹集社会保障金，建立科学合理的社会保障金筹集机制。四者筹集资金的比例可以按照地区经济发展的不同而不同。这种筹资方法的优势在于，既顾及到了农民的经济实力，又可以减轻国家和集体的经济负担。

（2）转变政府职能，规范农村社会保障的运作机制。农村基层政府要按照中央的部署，以“少取多予”为方针，建设服务型政府，加快实现农村政府职能转变。这就要求农村基层政府扎扎实实地做好各项社会服务工作，这就包括农村社会保障工作。另外，政府还必须通过立法、司法、监察、审计等手段，防范基金管理组织发生各种风险，以此规范农村社会保障机制的运作。政府机构还应让农民有充分的知情和管理、监督权，自主管理、自我约束和自我发展，保护农民自己的养命钱。

（3）丰富我国农村社会保障的种类。目前，与城市的多险种相比，我国农村地区的社保制度还非常单一，主要集中在养老和医疗保险方面。因此，应该根据我国经济发展的形势和所处的阶段，建立农村社会保障网。要在全国范围内建立起最低生活保障制度；以此为基础，省级及地方建立适合本地区经济发展的各种基本保障，如失业保险、生育保险和工伤保险等。逐步实现农村和城市在社会保障上的同步发展。

3. 大力培育农村文化市场

要大力发展农村文化，必须有一个平台来支持其发展。市场是文化发展和交流的重要场所，也是文化碰撞的平台。但我国农村文化市场发展落后，与农村经济市场的快速发展极不协调。尤其是目前农村民间文化的兴起，亟须建立和完善文化市场。文化交流是文化发展的重要途径，不上市场就不能显示文化的特有价值。因此，必须把发展农村文化市场作为战略重点和农村文化建设的突破口。①

（1）国家应建立相应的奖励机制，培育及完善文化市场主体。鼓励民间投资农村文化建设。要加大国家投入，将民间集资建设有机结合起来，比如民间博物馆、民间剧团、民间图书馆；尽快建立健全一套国家支持体系，引导文化专业户组建非公有制的文化企业；鼓励各种形式的民间自办文化，不断发展壮大新时代的农村文化。

（2）加大文化市场要素的培育。农村文化市场要素是市场发育的关键。市场要素包括文化人

① 陈文胜，陆福兴. 新农村文化建设的战略思考［J］. 中国发展观察，2006（12）：41-44.

才、文化资本、文化遗产等。积极促进农村文化资本的优化配置，必须充分发挥市场的基础配置作用，使文化资本按市场的要求运行。乡土特色文化人才是农村文化建设的重要条件，要加强对农村乡土特色文化人才的培育及保护，增强农村文化的吸引力和竞争力。农村文化建设的精华为文化遗产，要在保护文化遗产的同时挖掘农村文化遗产，促进文化遗产的开发与延续。

4. 改革教育制度，提高农民受教育水平

由于我国长期对城市和农村实行二元结构的治理模式，城乡被人为地分割开。政府对城市的资源配置远远高于农村地区，城乡差距不断拉大，农民成为弱势群体。在我国，农民不仅要遭受社会的歧视，而且在很多方面的权利也得不到保障，不断受到侵害。农民的受教育权长期得不到充分保障，在教育的很多领域都很难得到公正平等的对待。

受教育权是个人寻求发展的最基本权利之一，是公民行使其他权利的前提和基础，也是公民提高生存质量和自身素质所必需的最基本权利之一。而且，一个国家国民的整体素质和本国社会的人力资源状况与结构，都是与个人受教育权的实现以及实现程度如何密不可分的。当代中国，“三农”问题日益突出。要想把我国建设成为小康社会、保持经济的协调可持续发展，就要充分实现和保障农民的受教育权。

要保证农民的受教育权，提高农民受教育水平。首先，各级机关应该加强宣传力度，营造出良好的社会环境，保障农民的受教育权。这是全社会的责任。媒体要加大宣传力度，对农民受教育权遭到侵害的问题要大量曝光，以此来吸引整个社会对弱势群体的关注，增强社会舆论的监督功能。其次，各级政府应该通过强化权利主体观念的宣传，增强农民的维权意识。当前社会，各界普遍缺乏保护受教育权的观念。农民的法律意识还很欠缺，对自己作为权利主体的意识不够，缺乏一种要保护自己受教育权的观念，即使自己的受教育权利被侵犯了，也常常意识不到。因此，各级政府应该加大教育法制宣传力度，帮助农民树立正确的权利主体观；让农民明白，受教育权是宪法赋予自己的一项基本权利；鼓励农民积极追求自身受教育的权利。最后，要加大教育投入力度，完善教育法律保障体系。我国现有的教育法律、法规尚不健全，对于国家和社会分别应该承担的责任，规定得不够充分，各级政府机构和教育部门在职责上也不十分明确。立法上的滞后性和不完善性使得农民在维护受教育权时十分艰难。完善教育法律保障体系，制定出可操作性强的法律条款，使任何侵犯受教育权的行为都必须承担其相应的法律后果，是当前政府部门应该首要完成的任务。

目前，农民自身的经济条件决定了其受教育权的实现程度，而城乡差异以及在占有教育资源上的不均衡使农民的劣势进一步加剧。加大政府对农村教育的投入力度，制止教育乱收费现象，配置教育资源坚持合理有效，对贫困地区的农村加大扶持力度，是保障农民受教育权的有效措施。

5. 发挥大众传媒的职能作用

（1）文化产品要让农民喜闻乐见。文化产品创意人员多数对农村的生产生活实际不熟悉，使用的语言文字和艺术风格也往往偏离农民受众。因此，演艺团体、出版社、广播电视台、网站以及作家、演员、记者等各类承担文化产品服务的机构和个人就要坚持文艺的“双为”方向，坚持“三贴近”原则，生产出更多符合农民价值观和审美观的文化产品。文化产品经销商，要调查农民的喜好、消费热情、购买能力，有目的地、合理地进行文化产品的供给。

（2）搭建百姓参与文化活动的舞台。加大文化传播力度，营造文化氛围。优势大众传媒应多办一些“接地气”的娱乐节目、农业科技节目，最好是与农民互动的节目，以实现农民的参与权并激发文化消费热情。如中央电视台的《星光大道》、山东电视台的《快乐向前冲》和《我是大明星》，提供给了人们丰富的娱乐大餐，竞出了朱志文、刘大成、阿宝等众多草根歌星，拉近了农民与舞台的距离，掀起了百姓参与媒体互动的热潮。

6. 多渠道融资，扶持亮点，发挥示范引导作用，理顺文化管理体制

农村文化公共投入不足，农村创意文化人才匮乏，文化工作人员缺乏，都制约了农民的文化权益的发展。一些乡镇和农村没有设施和场所，有些地方连露天场地都没有，“三下乡”活动没法开展。为改变这种状况，政府可以模仿家电下乡、农机下乡，对商业文化下乡减税或补贴，积

极鼓励文化经营户和民营文艺团体的发展，培育大型文化企业，实施项目带动战略，鼓励商业文化资源向农村流动，加大文化需求供给。对农民实行文化消费直补，激发农民的文化消费热情，使之产生连锁效应，搞活农村文化市场。这既可以满足农民深层次的文化需求和现代服务的需求，还可以解决农村劳动力就业问题。

当前，落后的农村文化与我国农村文化管理体制的不科学有着必然的联系。要实现农村文化建设改革的局面，也必须对农村文化体制进行改革。从体制上讲，县乡两级政府应将农村文化单位分为公益性事业单位和经营性企业单位两类：以政府投资为主的公益性事业单位，以市场运作为主的经营性企业单位。要按照中央关于文化体制改革的总体部署，区别对待，分类指导，试点先行，逐步推开；坚持一手抓公共性文化事业，一手抓经济型文化产业，做到两手抓、两手强。进行县级文化馆、图书馆的人事、分配、劳动等方面的内部深化改革，建立健全激励、竞争、约束机制和岗位目标责任制，全面实行聘用制和劳动合同制。农村文化市场要遵循普遍服务原则，运用资格认定、市场准入、财税优惠、价格调节等政策，积极引导各类市场主体投资农村地区文艺活动表演、电影放映、区域网络服务等领域。县文化馆、图书馆、乡镇综合文化站等属于公益性事业单位，不得企业化或变相企业化。

7. 为农村文化产业筑巢引凤，培育农村文化传承人

鼓励农民文化创新产业，在贷款和税收方面给予适当优惠，扶持农村新的经济增长点，以此来活跃和繁荣农村文化市场，培养和锻炼文化服务和文化产业人才，为农村传统文化的可持续发展和不断增长的农村文化需求创造良好的文化土壤。文化企业是吸收和培养创新、研发人才的载体；文化娱乐活动、文化节是聚集人气和发散文化影响力的“领头羊”。对农村里的戏剧、杂技、秧歌、高跷、舞龙、舞蹈、乐器、魔术、书法、美术、雕刻、手工制作等非物质文化遗产要加以扶植。这些是农村的生产力、产业和资源，要加强保护，并培育农村文化传承人，制定对传承人的激励机制。要在农村传统民间文化的底色上，对农村文化产业进行开发，对已有的文化活动要“拔高”，对有影响力的要搞成节日纪念活动。如浙江“象山开渔节”就是借渔民开捕祭海的民俗，开创了中国独特的海洋庆典活动。当地政府将渔民的自发仪式上升为一个海洋文化的盛大典礼，集文化、旅游、商业活动于一体，吸引了来自全国的数十万游客。还有河南的“宝丰文化现象”、民权公庄村的画虎产业、山东高密的“红纸第一村”等都是在传统民间文化的底色上，对农村文化产业进行开发的典范。

8. 完善农村公共服务机制，保障农民文化权益

《中共中央办公厅、国务院办公厅关于进一步加强农村文化建设的意见》中指出：“加强农村文化建设，是全面建设小康社会的内在要求，是树立和落实科学发展观、构建社会主义和谐社会的重要内容，是建设社会主义新农村、满足广大农民群众多层次多方面精神文化需求的有效途径，对于提高党的执政能力和巩固党的执政基础，促进农村经济发展和社会进步，实现农村物质文明、政治文明和精神文明协调发展，具有重大意义。”加强农村公共文化服务体系建设，健全农村公共文化基础设施和服务内容，不但可以为新农村建设营造良好的文化氛围，提高农民文化素质，提升农村劳动力水平，还可以满足广大农民群众日益增长的文化需求，抵御低俗文化在农村发展蔓延，维护农村地区的稳定，加快农村地区经济发展。要完善我国农村公共服务机制，保障农民群众的文化权益，就需要有经常性、制度性的一系列安排。这种经常性、制度性的安排就是构建和建设农村公共文化服务体系。构建完善的农村公共文化服务体系有利于农民文化权利的实现。农村公共文化服务体系是由政府为主的公共部门提供的、以满足农民基本文化需求为目的的、向农民群体提供公共文化产品的系统和制度的体系。

农村公共文化服务体系是指由政府主导、社会民众参与形成、传播优秀先进文化、普及各方面的文化知识、提供文明精神食粮、提高农民群众文化水平、保障农民群众文化权益的各种公益性文化机构和服务站的总和。现阶段，其就是发展县、乡镇、村文化活动场所和公共文化设施，形成农村公共文化服务系统。一是要建设好各个层次的文化阵地，即县（市）区的图书馆、文化馆、乡镇文化站、剧团、村文化活动室。努力将乡镇文化站建成集广播影视、文艺演出、宣传教育、图书阅读、科技推广、科普培训、体育和青少年校外活动等于一体的综合性文化站。二是集

合管理用于农村、服务农民的各项公共文化资源，统一规划，综合利用。如科技、教育、党员电教、村级文化活动室建设等。三是要尽快落实广播电视“村村通”工程、农民图书文化工程、民间艺术继承保护工程、文化信息资源共享工程、农村电影数字化放映工程、农民健身体育工程等。四是要统筹科技、文化、体育、教育和青少年活动场所、老年活动场所的建设计划及充分利用，努力做到完善公共文化设施，竭力解决农村公共文化设施分散、利用率低的问题。鼓励采取多种方式对农民群众开放公共文化设施。

9. 加快市场整合，吸引外资投入农村文化建设

目前，我国国有文化事业单位正处于向企业转轨的特殊时期，自身生存能力很弱，主要依靠政府财政拨款，且经营范围主要集中在城市地区，在农村地区还处于基本空白阶段。因此，要想发展农村文化，使农村文化走上产业化道路，就必然要选择吸引民间资本和外资投入的现实之路。

2005 年 4 月 13 日，国务院颁布的《关于非公有资本进入文化产业的若干决定》明确指出，鼓励和支持非公有资本进入文化产业的具体行业领域包括文艺表演团体、演出场所、艺术教育与培训、文化艺术中介、旅游文化服务、艺术品经营、广播影视技术开发运用、博物馆和展览馆、互联网上网服务营业场所、文化娱乐、动漫和网络游戏、广告、电影电视剧制作发行、电影院和电影院线、农村电影放映、书报刊分销、音像制品分销、包装装潢印刷品印刷等。2009 年，国务院又通过了《文化产业振兴规划》。该规划指出，可通过独资、合资、合作等多种方式，积极吸收社会资本和外资进入政策允许的文化产业领域。

广大农村地区的非物质文化遗产十分丰富。民间资本和外资的注入，更有利于推动对非物质文化遗产的保护；同时，也会为投资者创造可观的经济收益。农村文化发展了，必将带动农村经济的发展，从而实现农村文化、农村经济和投资者三赢的局面。农村文化产业的发展，应该以市场为主导；地方政府只应充当管理者的角色，兼顾经济效益和社会效益，正确引导外资民间资本的投入，建立公平公正的市场准入机制，并着力于创造农村文化产业发展的生态环境，保障农村文化良好可持续发展，以此增加农民收入，加快农业产业化建设道路的步伐。

要解决农民文化权益的问题，还要有整体推进的战略思维。要实现全面小康社会，最艰巨的任务是在农村地区，而农民整体文化素质的提升又是关键。在解决这一关键问题中，农民文化权益问题绝对不容忽视。因此要正确解决农民文化权益问题，必须采取整体推进的战略手段。农民的问题从来就不是单方面的问题，而是政治、经济、社会、文化、历史、法治等方面问题的集合，牵一发而动全身。关于保障农民文化权益这一难题，千万不可夜郎自大，也不能为井底之蛙，须以广阔的思维、宏大的气度来丈量这一问题。随着我国科学发展观的树立与落实，这一问题更需以整体性、全局性来考量和正视。关于农民文化权益的保障是我国全面建设小康社会总目标中的一个目标，单兵独进是不行的，必须协调各方并整体推进，否则难以实现这一终极目标。农民文化利益问题也常常表现为政治利益问题、经济利益问题，而经济利益问题、政治利益问题又时常以文化利益的形式出现。所以，农民的文化利益问题虽然与我国社会建设富强、民主、文明、和谐的总体目标相比为局部问题，但局部与整体是有关联的、辩证的，相互联系、相互影响，不可偏颇。

解决和保障农民的文化权益问题，是中国社会主义新农村建设中的一个崭新的重要篇章。妥善且实质性地解决好这一问题，事关全局。

（二）确保新农村建设中农民文化权益保障制度创新的主要诉求

马克思指出：“不是人们的意识决定人们的存在，相反，是人们的社会存在决定人们的意识。”① 当代农民的文化诉求，源于农业生产方式、农村社会制度、文化艺术、价值观念的变迁。

1. 由农业生产方式变迁产生的文化诉求

从小农生产方式到大分工、大合作的生产方式，从世代相传的农业耕作技术和方法到现代农

① 马克思. 马克思恩格斯选集：第 2 卷［M］. 北京：人民出版社，2004：82.

业技术的广泛应用，改变了依靠人力、畜力和当地自然资源的传统农业。21世纪以来的粮食生产“八连增”、农民增收“八连快”，表明农业科技已成为改变农业生产方式的推动力。农业生产方式不仅改变了劳动效率，而且影响到了农民的组织形式和思维观念。在生产方式改变过程中，农民作为生产力中最活跃、最具创造力的因素，是使用农业科技的主体，是管理和运行现代农业的主体。他们深切感受到科学技术、现代管理方式、新的组织方式带来的变化和利益。因此，学习和掌握新的科技知识、新的管理知识，适应生产方式上的变化，成为农民必然的文化诉求。

2. 由农村社会制度变迁产生的文化诉求

农村社会制度主要由土地制度、组织制度和保障制度构成。我国从1979年开始实行家庭联产承包责任制。2003年实施的《农村土地承包法》以法律的形式确定了农民对土地的使用权、流转权和继承权。2008年，党的十七届三中全会通过的《中共中央关于推进农村改革发展若干重大问题决定》，以及2010年修订实施的《中华人民共和国村民委员会组织法》极大地推动了以村民自治为内容的社会主义民主政治建设的历史进程。作为农村社会制度重要一环的农村社会保障制度（合作医疗保障制度、社会养老保险制度、最低生活保障制度等）也逐步建立和健全。在此背景下，农民从相对封闭的思想意识中解放出来，参与到了农村管理、生产资料流转中，从传统农民向现代公民过渡，市场意识、法治意识、参政意识逐步增强。与之相伴，农民对包括农村管理制度、土地制度、法律和法规知识、村规民约条例等在内的制度文化也产生了强烈诉求。

3. 由农村文艺活动发展产生的文化诉求

农村文化是一个复杂的综合体，其中文艺活动是重要的载体。当代农村文艺活动从简单的、单一的活动，发展为具有较大规模的、内容丰富的展示活动。这些文艺活动把经济贸易、科技交流、改革开放的现代意识，以更新、更美的形式表现出来。农村文化逐渐演变成政府、文化企业、农民共同参与建设的文化体系，农村文化市场初显雏形。与此同时，一些内容低俗的娱乐活动轻而易举地侵入了农村：电影院被网吧、放映室、影碟出租点代替，容留未成年人，传播低俗文化；乡村庙会是民间长盛不衰的文化活动，却成为“不良文化”表演的舞台。在这种优劣并存且多元化的文化消费中，农民逐步培养出了文化辨识能力、文化赏析能力，对优秀文化有了更高层次的认识；他们希望农村青年一代在健康的文化环境中成长。

4. 由农民价值观念变迁产生的文化诉求

一个时期农民群体的价值观念，是农村文化最显著的特征；而个体价值观念经过积累，就会形成风俗习惯、社会心理等。改革开放以来，农民思维方式和价值观念发生了巨大变化。农民的家族主义意识有所改变，突破了狭隘的家族圈子，融入了社会。农民更加富于社会责任感。在传统小农经济生产方式下，“乐天知命”“小富即安”被进取精神取代。农民的利益观也在发生变化，既重视亲朋和乡邻关系，也注重利益关系；既重义，也重利。农民的价值观越来越多元化，导致出现了价值观混乱、理想信念迷失、伦理道德匮乏等问题。很多农民将空虚的思想寄托于迷信、赌博等，更从侧面反映出其对能够帮助重建价值体系的文化的渴求。这一空白领域需要先进的文化来占领。

（三）创新和保护农民传统文化持续发展的新举措

农民群体是中华五千年文明的主要创造者。他们一直在以自己的方式满足自己的文化需求。长期以来，有部分人一直认为只有城市的甚至西方的东西才是文化，才有真正的价值，一直在把一些外来的、迥异于本土的文化价值观灌输给农民，认为农民创造的文化是贫乏的，他们的文化是可疑的。实际上，这否定了农民长期以来满足自我文化需求的能力及其具创造性的精神文化的价值。农民文化活动的空洞和贫乏化是由于其价值遭受外界质疑，使其原有的精神文化活动被抑制。其实，我们应该转变这一观念。农民的文化需求有许多是和民俗活动结合在一起的，比如农村民间戏剧活动有许多是和寺庙祭祀活动、宗族活动结合在一起的。它们常常是农民文化活动的重要载体。现代文化应该向农村输送。但是我们不能从意识形态出发，认为传统文化活动中包含有各种不科学的、非进步的成分，想当然地、非理性地去改造农民的文化娱乐活动，以“提高”

他们；结果相反，我们给予农民的“好东西”却难以在农村扎根而成为农民“自己的”东西。送文化下乡，要重实效，千万莫扰民；要充分考虑保护传统文化的可持续性发展，避免新旧冲突，挤压传统文化的成长空间。社会的发展形成农民对文化内容的需求与以前不一样了。对于农民文化需求的研究，要有大文化观念，要从日常生活现象中发现他们文化观念、文化需求的变化。要保持多元文化的健康发展。要采取有效的形式让农村传统文化走出农村，进行文化进城运动。各种文化论坛要主动邀请农村基层文化代表参与，扩大农民传统文化的发展空间，促进持续发展。

第二十章　农村其他少数群体权益保护法律制度创新

一、农村残障者权益保护法律制度创新

（一）农村残障者权益保护法律制度创新的必要性

1. 农村残障者的基本界定

农村残障者这一概念包括两层含义，一层意思是农村残疾人，包括肢体残疾、语言听力残疾等。这一部分人群是因为身体机能先天或后天出现缺失，在参与到周围环境时产生了障碍或阻碍。另一层含义就是农村障碍者。障碍者的含义涵盖了残疾人群，比残疾人定义的范围要广。障碍者除了包括残疾人之外，还包括那些本身身体没有残疾，但由于生理或心理上的伤病、衰老，而导致的暂时性身体机能缺失的人群，例如，由于摔伤而暂时坐轮椅的人。这一部分人在某一段时期几乎与残疾人一样，在行为或交流上会出现障碍，需要借助其他辅助工具才能完成动作或交流，但只是暂时的，一旦治愈，又成了健康人群。

残障是一种符号，也是一种标签。它不仅影响到了残障人的身体，更影响到残障人的生活。残障是身体的残障；身体不是人的全部，却是人最基础、最根本的部分，具有不可替代性。对于谋生来说，身体无疑是最重要的本钱；不管是工作，还是社会交往，都与自己的身体状况是息息相关的。然而，残障却给身体赋予了另类的意义，并深深地影响了一个人的生活、工作、交往等活动。

2. 农村残障者的类型

（1）国际残障者的类型。世界各国对残障人的定残标准的划分有一定的区别，所以类型也不尽相同。日本根据本国残障者划分标准，把残障者分为8类，包括肢体伤残者、视觉障碍者、听觉障碍者、语言障碍者、智力低下者、病弱者、精神和情感障碍者、多重障碍者。美国根据残障人身体机能以及心智的缺陷，将本国残障人分为11类，即畸形损害、语言障碍、耳聋、重听、又盲又聋、聋哑、智力落后、其他健康损害、重度情感紊乱、多重障碍和特殊学习困难。

（2）我国残障者的类型。我国根据1987年进行的第一次全国残疾人抽样调查，确定将残疾人分为5类，即肢体残疾、视力残疾、听力和语言残疾、精神病残疾、智力残疾；对于有两种或多种残疾的人群，明确规定列为综合残疾。2006年4月我国开展了第二次全国残疾人抽样调查。这次调查调整了残疾类别，由以前的5类调整为6类，分别为：第一，视力残疾。视力残疾包括盲和低视力。盲或低视力均针对双眼而言，若双眼视力不同，则以视力较好的一眼为准。如仅有单眼为盲或低视力，而另一眼的视力达到或优于0.3，则不属于视力残疾范畴。第二，听力残疾。听力残疾，是指人由于各种原因导致双耳不同程度的永久性听力障碍，听不到或听不清周围环境声及言语声，以致影响日常生活和社会参与。第三，言语残疾。言语残疾，是指由于各种原因导致的不同程度的言语障碍（经治疗一年以上不愈或病程超过两年者），不能或难以进行正常的言语交往活动（3岁以下不定残）。第四，肢体残疾。肢体残疾，是指人体运动系统的结构、功能损伤造成四肢残缺或四肢、躯干麻痹（瘫痪）、畸形等而致人体运动功能不同程度地丧失以及活动受限或参与局限。第五，智力残疾。智力残疾，是指智力显著低于一般人水平，并伴有适应行为的障碍。此类残疾是神经系统结构、功能障碍，使个体活动和参与受到限制，需要环境提供全面、广泛、有限和间歇的支持。第六，精神残疾。精神残疾，是指各类精神障碍持续一年以上未痊愈，使人的认知、情感和行为出现障碍，影响其日常生活和社会参与。

在我国，对残疾人的划分有更严格的界定，病与残的界限很明确，所以残疾人种类比其他国

家来说相对要少。由于各国的国情与社会的差异，在确定残疾人的标准时，各个国家都不太一样。但从划分的主要类型来看，我国残疾人的分类正逐渐与国际社会接轨，在名称叫法上也趋于一致。

3. 农村残障者的基本特征

（1）农村残障者中肢体残疾所占比重较大。2006 年第二次全国残疾人抽样调查主要数据公报显示，全国残疾人口中，城镇残疾人口为 2 071 万人，占 24.96%；农村残疾人口为 6 225 万人，占 75.04%。① 在农村残疾类别中肢体残疾比率最大，占到 28.9%，其次是听力残疾，占 23.1%，再次是多重残疾，占 16.5%，比率最小的为言语残疾，占 1.7%。肢体残疾人占据了农村青壮年残疾人的 1/3。② 在以体力为主要谋生手段的农村中，肢体功能的丧失必然会影响到劳动力的缺失，从而使其丧失了创造财富的能力。

（2）社会保障力度小。农村残疾人口中，有 319 万人享受到当地农民最低生活保障，占农村残疾人口总数的 5.12%。11.68%的农村残疾人领取过定期或不定期的救济。③ 同时，受传统观念的影响，大多数老年残疾人主要靠子女或者亲属照料，未来生活堪忧。

（3）受教育机会小。接受教育是人们提高自身素质、平等参与社会活动的重要条件，残疾儿童同样有接受义务教育的权利。但全国农村残疾儿童的平均入学率仅为 61.66%，残疾儿童入学率仅为全国儿童的 60%左右。④ 残疾人教育主要包括普通教育、特殊教育、职业教育、成人教育等。在农村地区，普通学校教育不能满足残疾人的需求，而有针对性的特殊学校在许多农村地区基本上处于一片空白，即使是临时的培训也比较少有，且多流于形式。

（4）劳动就业困难。农村残疾人由于身体的缺陷，劳动力受到限制，就业意识比较薄弱。并且面对企业越来越高的用工要求，农村残疾人由于职业技能低下，大多数无一技之长，无法胜任岗位；大部分农村残疾人只能在村里从事传统的低收入职业，如看门、回收废品等。

（5）生存范围有限。农村残障者与城市残障者相比较，其本身是处于弱势的。农村残障者的基本生活质量和基本的生产条件均比较低下。农村残障者是农民与残障人的结合体。这类特殊的群体有多重弱势，在社会生活中所享有的社会资源相对缺乏，不仅生活在社会的最底层，而且医疗及康复水平也比较低下。此外，这类特殊群体因为自身的特殊性，心理上会产生难以抹去的弱势烙印。作为一名底层的农村残障者，其交往圈子是有限的。狭小的生活空间限制了其思维，也限制了其生存出路。由于残障的身体所带来的精神障碍，其生存模式不同于周围的人。农村残障者生活在周围人带有区别对待的目光里，因而形成了自己独特的生活方式。

4. 农村残障者权益保护制度创新的重要性和可行性

在我国 8 000 多万残疾人中，农村残疾人人数高达 6 000 多万。面对这样一个人数众多的社会群体，笔者认为，关注他们的需要和心声，使他们早日融入社会发展进程中来，共享社会发展的成果，促成真正的包括农村残疾人在内的和谐社会的实现是尤为重要的。

2012 年，《国务院办公厅印发关于农村残疾人扶贫开发纲要（2011—2020 年）的通知》中指出，改革开放以来，国家开展了有计划、有组织、大规模的扶贫开发，特别是进入 21 世纪以来，通过实施《中国农村扶贫开发纲要（2001—2010 年）》《农村残疾人扶贫开发计划（2001—2010 年）》，残疾人家庭收入水平稳步提高，生活状况明显改善。十年间，国家通过各种方式累计扶持农村残疾人 2 015.7 万人次。其中 1 318 万名残疾人摆脱贫困，54.6 万个农村贫困残疾人家庭通过实施中央彩票公益金农村危房改造项目改善了居住条件，868 万名贫困残疾人接受农村实用技术培训。农村残疾人扶贫工作取得显著成绩，有力促进了经济社会发展、减贫事业推进和民生改善，为我国农村贫困人口减少、农村居民生存和温饱问题解决做出了突出贡献，有力推动了贫

---

① 参见 2006 年第二次全国残疾人抽样调查主要数据公报（第二号）。

② 杜鹏，米红. 中国农村残疾人及其社会保障研究［M］. 北京：华夏出版社，2008：171.

③ 参见 2006 年第二次全国残疾人抽样调查主要数据公报（第一号）。

④ 杜鹏，米红. 中国农村残疾人及其社会保障研究［M］. 北京：华夏出版社，2008：171.

困地区经济发展与社会和谐。①

目前，我国农村仍有 2 000 万以上的贫困残疾人。由于残疾影响、受教育程度偏低、缺乏技能、机会不均等、扶贫资金投入不足等原因，残疾人仍是贫困人口中贫困程度最重、扶持难度最大、返贫率最高、所占比例较大的特困群体，是农村扶贫工作的重点人群。加大农村残疾人扶贫开发力度，缓解并逐步消除残疾人绝对贫困现象，缩小残疾人生活水平与社会平均水平的差距，是贯彻落实科学发展观的迫切需要，是全面建设小康社会、实现全体人民共同富裕的必然要求，是促进社会公平、构建社会主义和谐社会的重要内容。做好农村残疾人扶贫工作，帮助农村残疾人摆脱贫困、解决温饱，是社会主义新农村建设的重要任务。

各地方、各部门应当认真贯彻落实党中央国务院关于扶贫事业和促进残疾人事业发展的方针政策，以残疾人社会保障体系和服务体系建设为主线，以增加贫困残疾人家庭收入、提升贫困残疾人生活质量为目标，以提高农村残疾人基本素质和生存发展能力为重点，进一步采取有效措施，加大生产扶助和生活救助力度，全面改善农村残疾人生产生活状况，促进其全面发展，使其与全国人民一道共享国家改革发展成果。

（二）农村残障者权益保护现状及其制度创新的困境

1. 农村残障者权益保护的现状

新中国成立以来，特别是改革开放以来，通过发展残疾人事业和农村残疾人扶贫开发工作，农村残疾人社会保障工作取得了不小的成绩。特别是"十一五"期间，我国通过普惠加特惠、一般制度与专项制度安排相结合的保障措施，推动采取优先纳入、分类救助等方式，保障了部分农村贫困残疾人的基本生活。农村残疾人社会保障工作迈出了可喜的步伐。同时，我们也必须清醒地看到，我国残疾人事业基础还比较薄弱，残疾人社会保障措施还不够完善，残疾人在基本生活、医疗卫生、康复、教育、就业、社会参与等方面还存在很多困难，总体生活状况与社会平均水平存在较大差距。

目前，我国农村残疾者处于明显的弱势地位。根据国家统计局、第二次全国残疾人抽样调查领导小组发布的《第二次全国残疾人抽样调查主要数据公报》，2006 年我国农村有 6 225 万残疾人，占全国残疾人口的 75.04%。农村残疾人的收入水平低，全国残疾人的家庭户年人均收入中，城镇为 4 864 元，农村为 2 260 元，分别比全国城乡人口平均收入水平低 6 267 元和 2 371 元。有 12.95%的农村残疾人家庭户年人均收入低于 683 元的农村扶贫标准，有 7.96%的农村残疾人家庭户年人均收入在 684 元至 944 元之间（农村低收入标准）。农村残疾人生活、医疗康复及就业社会保障的水平明显低于其他社会群体。②

2. 农村残障者权益保护法律制度创新的难题

长期以来，我国对农村残疾人扶助工作主要着眼于物质形式的救助与救济等。农村残障者面临以下几个方面的问题：

（1）我国农村残障人参与社会经济活动的比重小，从事正式工作的比重更低，因此农村残疾人参加社会保险的比例很低。与城市相比，农村未工作的残疾人主要是依赖家庭及其他成员的供养，仅有少数的农村未工作残疾人不是依靠家庭成员的供养来维持生活的。而城市残疾人有一个十分重要的生活来源——退休金。相比之下，农村残疾人在老年能够领到退休金的可谓凤毛麟角。由此可见，农村残疾人的经济支持更加单一，社会保障支持系统更加脆弱。

（2）农村残障者贫困程度深，自身脱贫能力弱。贫困是困扰残疾人的突出问题。农村未工作的残疾人主要是依赖家庭及其成员的供养。一方面，其收入低，另一方面，医疗和康复方面的支出又高。因此其除因重度残疾失去劳动能力、生存条件极度恶劣、综合能力较差等因素致贫以外，还因灾、因病和子女就学等致贫。加上优惠扶持政策落实不到位，导致农村残疾人生活质量

---

① 参见 2012 年 1 月国务院办公厅印发：《国务院办公厅关于印发农村残疾人扶贫开发纲要（2011—2020 年）的通知》。

② 姜向群，胡立瑗，山娜. 农村残疾人的社会保障状况及社会保障需求［J］. 人口学刊，2011（3）：53-59.

明显低于其他农民，生存状况十分困难。因此，提高农村残疾人的收入水平与生活水平，缩小其与平均水平差距的任务仍十分迫切和艰巨。

（3）农村残障者扶贫开发手段有限。以往政府大扶贫中难以对残疾人实施针对性的有效扶贫，大扶贫主导实施的扶贫项目、扶贫资金难以使贫困残疾人直接参与和受益；而专项残疾人扶贫措施有限，资金投入和培训明显不足。有限的针对农村残疾人的扶贫政策缺乏刚性要求，绝大多数低于扶贫标准的有劳动能力的残疾人，亟待扶贫开发。目前，国家针对残疾人专项扶贫主要依靠康复扶贫贷款、危房改造项目和非常有限的培训经费，针对残疾人扶贫开发的“特惠”政策又很少。贫困残疾人期望发展生产、提高收入、实现自身发展，但帮助其实现上述愿望的措施和手段明显不足。项目少、资金不足、服务缺失是目前农村残疾人扶贫工作面临的突出困难。

（4）生存压力大，农村残障者社会保障覆盖面有限。在农村，受国家政策普照的残疾人很少。大部分残疾人的生活起居由自己家庭成员和亲戚承担。对于农村残疾人家庭来说，家里有残疾人，势必影响家庭收入。一方面是要有家人照顾残疾人士，另一方面是要花钱治疗。因此，残疾人家庭获取财富的机会就远远小于健全人家庭。由于家庭收入低，其生活水平必定低，对残疾人的照顾与支持也会有影响。农村残疾人生活状况的改善需要政府、社会、家庭和个人的共同努力。政府和社会在这个过程中起着主导作用，但目前政府对农村残疾人扶助的投入有限。社会慈善组织、爱心人士的捐赠基金很少惠及农村残疾人。

（5）医疗资源欠缺。由于近年来国家的重视和地方政府的投入，特别是新型农村合作医疗保险制度在农村地区的推广，农村地区的残疾人医疗保障得到了很大的发展。这在一定程度上缓解了他们因残致贫、因贫不医的困难，改善了“看病难、看病贵”的困境，对保障和改善农村残疾人的健康及生活起到了积极的推动作用。但是，对于基础设施薄弱的农村地区来说，康复医疗器械、无障碍设施、农村残疾人服务组织的建设依旧是个难题。医疗资源的稀缺，也就导致了农村残疾人难以恢复成为健康人群。

（6）农村社区环境建设力度较小，使得残疾人事业转向深入发展的今天，不得不面对一些不良社会习俗和歧视残疾人的社会环境的阻碍。政府部门独立承担残疾人工作的难度日益凸显。传统残疾人工作观念仅仅看到了政府部门的工作，即习惯性地认为政府部门是开展农村残疾人工作中的唯一力量，却忽视了蕴藏于社区及居民中的力量。

（三）农村残障者权益保护制度创新不足的原因解析

目前，我国的农村残疾人权益保护还存在着不少问题，包括社会方面与农村残疾人自身方面的问题。其主要表现在以下几个方面：

1. 法律、法规的创设不完善

虽然近年来政府越来越重视残疾人社会救助工作，制定了一些政策法规，但多只是散见于各类规章制度中，随意性较大。当对贫困残疾人没有进行及时救助时，不能追究任何人的责任。《中华人民共和国残疾人保障法》也只是一部指导性的法律，在实际操作过程中缺乏约束力、制裁力。另外，关于残疾人保障法的宣传力度不够。许多农村残疾人根本没意识到自身所拥有的权利。同时，尚未开展有关残疾人康复、教育、就业等方面的救助法规，对于农村残疾人的社会救助还不能做到有法可依。

2. 农村残疾人的医疗康复救助不完善

虽然我国医疗保障体系的框架初具雏形，但各个层次的运行没有纳入正轨，没有得到有效的落实。首先是医疗康复救助资金不足，政府财政拨款有限，社会捐赠渠道不畅通。其次是缺乏相应的法律、法规对医疗康复救助的约束，医疗康复救助规定不完善、不具体，事实上很难落实，没有真正走向法制化。最后是对医疗康复救助政策的宣传不到位。当国家有优惠的康复救助政策时，边远山区的残疾人不能及时得到消息。医疗康复不仅可以帮助残疾人减轻生理痛苦，还可以通过手术和训练让残疾人恢复正常，和正常人一样生活。每个残障人都渴望恢复健康。只有完善的医疗康复制度才能有效地保障残疾人事业的发展。

3. 农村残疾人习惯于政府救济而缺乏主动创收

农村残疾人习惯被动地等待政府的救济，没有主动创造收入，生活状况陷入困境。传统观点认为贫困是农村残疾人发展的主要障碍，且这种贫困指的是物质生活困难，不能维持基本生存需求。阿马蒂亚·森突破了传统的物质财富贫困的概念。他认为，尽管物质财富与贫困之间有密切的联系，但贫困的实质不是物质财富的匮乏，而是可行能力的贫困。能力指的是一个人实现某种价值的自由或机会。贫困可以看作能力水平低。其不再满足于把贫困看作单一的物质匮乏，而是获得收入的能力受到剥夺和机会的丧失。对残疾人而言，这表现为双重的贫困和双重的缺失，既有物质财富的不足，同时又是收入能力受到剥夺和机会的丧失。① 因此，单纯的物质救济只能缓解一时之需，不能解决根本问题。从负面角度看，这种做法难以让受助者更加独立地生活，缺乏能力规避风险与树立危机意识。能力贫困可以理解为能力缺失，不仅拓展了残疾人研究的范围，同时让问题的着眼点归于农村残疾人自身能力的构建。

4. 国家缺乏对农村残疾人的就业制度扶持

缺乏对农村残疾人及残疾人家庭成员的就业扶持。在农村，政府对残疾人的就业扶持有限，针对性不强。农村残疾人家庭，由于要照顾残疾人及进行医治，往往家庭经济收入低。目前的扶贫政策在落实时，主要考虑残疾人本人情况，而没有对家庭成员做出规定。在国家救助有限的情况下，农村残疾人生活主要依靠家庭。因此，在扶持残疾人就业时，可以考虑帮助残疾人家庭成员就业，通过扶持残疾人家庭成员就业而帮助残疾人。

5. 社会偏见和歧视并未完全消除

由于社会上人们的偏见，残疾人往往被贴上“不正常”或“没有用”的标签。在这种负面强化的影响下，残疾人逐渐失去了自我定义的机会，而默认周围人的观点，即残疾人是无用的人，失去改变的意识和动力，进而陷入物质或精神、心理等方面的困境，失去了接受教育培训、参与劳动甚至是婚姻嫁娶的机会。用人单位也常常将其拒之门外。

（四）创新和完善农村残障者权益保护法律制度的具体措施

随着我国法制框架的建构与完善，我国确认并保障了残障者在社会保险领域的合法权益。我国《宪法》第四十五条明确规定：“中华人民共和国公民在年老、疾病或者丧失劳动能力的情况下，有从国家和社会获得物质帮助的权利。国家发展为公民享受这些权利所需要的社会保险、社会救济和医疗卫生事业。”作为国家的根本大法，《宪法》从最高层次上确认了残疾人享受社会保险的权利。此外，1990 年颁布、1991 年实施的《中华人民共和国残疾人权益保障法》第六章第四十二条对残疾人参加社会保险作了如下规定：“残疾人所在单位、城乡基层组织、残疾人家庭，应当鼓励、帮助残疾人参加社会保险。”该法的颁布实施为残疾人社会保险事业的发展提供了法律依据。在其规范与制约下，各企事业单位依法为残疾职工办理基本养老、医疗、失业、工伤、生育等社会保险，从而确保残疾职工在上述特殊情况下的基本生活得到保障。在社会层面上，还需从以下几个方面落实农村残障者权益保护法律制度的创新：

1. 创设农村残疾人社会救助法律制度体系

完善社会救助体系，落实残疾人社会保险制度，提供物质帮助，推进农村残疾人的扶贫开发事业。按照《农村残疾人扶贫开发纲要（2011—2020 年）》的要求，各级组织应将残疾人扶贫工作纳入扶贫规划，针对农村贫困残疾人的特殊困难，制定专项扶贫政策和措施，建立以政府为主的多元化残疾人扶贫资金筹措与投入机制。帮助农村残疾人参加社会养老保险和新型农村合作医疗，逐步扩大农村残疾人享受社会福利的范围和标准。发展和完善残疾人的特殊教育，保障残疾人平等受教育的机会和权利。帮助残疾人解决生活、就学、就医等方面的问题。社会救助的完善离不开救助资金的保证；政府是残疾人社会救助最主要、最直接的责任主体；在残疾人社会救助资金的来源中，财政投入始终居于主体地位。因此，需要调整我国财政支出结构，增加对残疾

---

① 宋宪萍，张剑军. 基于能力贫困理论的反贫困对策构建［J］. 海南大学学报（人文社会科学版），2010（1）：69-72.

人救助资金的投入，覆盖更多的残疾人，让贫困农村残疾人能分享经济社会发展的成果。此外，政府财力毕竟有限，应该积极广泛地调动社会资源，大力发展慈善机构和社会志愿者的支持作用，逐步加强社会、个人对残疾人的救助和帮助，吸收更多的团体和个人捐赠资金。

2. 创新和推进农村新型合作医疗制度和医疗救助制度

完善农村新型合作医疗和医疗救助制度。农村新型合作医疗制度发挥的作用是不可忽视的。但目前农村新型合作医疗制度还不够完善，如存在报销医药费的“门槛”过高，一些治疗精神残疾者的药品不在医保范围之内等。因此，应不断完善农村新型合作医疗制度，将残疾人全部纳入其中，降低门槛费，扩大药品的报销范围，减少报销程序，对于参保困难的农村残疾人家庭一律由政府出资投保。医疗救助制度应充分考虑救助对象的实际情况，降低自费部分的比例；事先救助和事后救助相结合，让农村残疾人能及时获得必要的社会救助。

3. 加大对农村残疾人教育事业的投入

发展农村残疾人特殊教育需要资金。因为建立无障碍设施，免除残疾学生学杂费、住宿费，以解决其生活等负担，都需要花费比普通教育更多的资金。因此，政府应把这部分投入列入财政预算，可借鉴我国台湾地区的做法，规定义务教育阶段残疾学生在校期间每人每月补助伙食费3 528元，重度残疾学生在家接受教育者每月补助 3 500 元。应当注重农村特殊教育设施建设，使更多的农村残疾儿童能接受特殊教育。对于成年残疾人，可以发展残疾人高等教育和职业教育，大大提高农村残疾人的就业技能与就业机会。

4. 创新手段和途径推动和促进农村残疾人就业

就业是公民参与社会生活的基本途径，是谋生的重要手段。帮助残疾人就业是促进残疾人回归、参与社会生活的重要途径。社会就业服务机构要为残疾人提供有针对性的服务，将残疾人列入就业困难人员范围，提供就业援助，加强残疾人职业培训，增强就业能力和创业能力。首先，应充分发挥政府的主导作用，加强对农村残疾人的就业指导。其次，广泛开展职业培训，提高残疾人和残疾人家庭成员的就业技能。对于农村残疾人及其家庭成员来说，拥有一门技术是就业的关键。政府应该根据劳动力市场的需求，提供多形式、多层次的职业技术培训；也可根据农村残疾人对职业技术的需求提供培训，让他们学到自己想学的、实用的技术。培训应立足于农村残疾人多数文化水平较低的实际，注重残疾人生产技术的培训与生活学习的帮扶，提高残疾人自身素质与文化水平，解决他们生产、就业等困难，树立其自尊、自信、自强、自立的信念。扶助残疾人家庭成员就业，是为了通过家庭的经济状况来提高残疾人的生活水平。最后，可以鼓励残疾人自主创业并给予政策支持，如提供无息贷款、税费减免、提供技术帮助等。

5. 动员一切社会力量开展助残工作

一方面，有必要开展广泛的社会宣传，唤起全社会对农村残疾人的关注。另一方面，政府部门仍应扮演重要的角色，发挥不可替代的作用，并能主动寻求与日益发展中的非政府组织合作，共同推进契合农村残疾人福利诉求的社会福利政策的制定和服务质量的提升。募集社会资金，开展多种形式的志愿帮扶活动，扩大对农村贫困残疾人的生活、医疗、教育、就业、住房等多方面的扶助力度，使贫困残疾人生活状况得到比较明显的改善。

6. 给予心理支持，积极开展农村社区的宣传教育

通过宣传教育，在广大的农村社区中挖掘蕴含其中的优良文化传统，弘扬关注、关怀、帮助残障人和谐同行、平等共享的良好社会风气，发扬人道主义精神，树立法律面前人人平等的思想，努力消除针对残障人的歧视与偏见，为残疾人全面健康地发展创造一个适宜的区域环境。

同时，增强农村残疾人自主意识，促使其自身潜能的发挥。农村残疾人因生活不能自理或者功能丧失需要依赖他人时易产生自卑、愧疚心理，失去教育、劳动、婚姻等机会时会有绝望、孤独无助等情绪，同时不愿意与别人交往，自尊心较强，有时对于生活自暴自弃，浑浑噩噩地过日子，甚至有轻生的念头。帮助农村残疾人获得发展首先应打开他们的心结，让他们发掘自身的闪光点，形成自尊和自豪感。为此，应创造条件向农村残疾人提供各种信息与资讯，在条件成熟的情况下发挥自身潜能，实现自己的价值。同时鼓励他们走出封闭狭小的交流圈，多与人交往，融入其他群体，增加社会的适应性，促进他们回归主流社会。

《中华人民共和国残疾人保障法》是在总结了40多年来残疾人工作经验的基础上，吸收古今中外所长，顺应社会向更高文明发展的趋势制定出来的。这部法律贯彻了作为我国社会基础思想之一的社会主义的人道主义精神，充分反映了当代社会文明。当社会认真履行这部法律的条款时，人们接受的不单单是一部法律、一种责任、一种义务，同时是一种文明、一种道德、一种人道精神。由于多方面的原因，我国残疾人事业目前仍滞后于社会经济的发展，残疾人的生活质量仍然低于社会平均水平，侵犯残疾人合法权益的现象依旧存在。因此，要加强《中华人民共和国残疾人保障法》的宣传，使这部法律为更多的人所了解，为更多的人所接受，从而形成理解、尊重、关心、帮助残疾人的社会风尚。

维护农村残障者的合法权益。一是进一步规范建立残疾人法律援助工作站，逐步实现残疾人依法维权无障碍；二是加大、加强残疾人普法教育力度，增强残疾人法律意识和维权意识，使残疾人熟悉法律援助程序，敢于并善于用法律武器维护自身的合法权益。中国残疾人社会保障制度改革的最终目标应当是建立一个比较完善的现代社会保障法律制度体系，以充分满足农村残疾人这一特殊弱势群体的生存安全及社会发展的基本需求。推动残疾人社会保障制度在制度形式、待遇标准、项目设计等方面超越全国一般意义上的社会保障制度，以真正体现对残疾人的特殊保护与关爱。

农村残疾人作为双重社会弱势群体，需要得到的不仅是物质的扶持与经济的援助，更重要的是让他们能感受到自我价值的存在。《中国残疾人事业“十二五”发展纲要》指出，残疾人事业是中国特色社会主义事业的重要组成部分，残疾人工作是保障和改善民生的重点。[①] 帮助残疾人平等地参与社会生活、分享社会成果不仅是残疾人自身的要求，也是社会进步的要求。作为一种独特的专业研究视角，社会工作能够整合农村残疾人内部和外部资源，帮助他们发挥自身的内在潜能，构建有利于农村残疾人生存与发展的社会支持网络，对农村残疾人群体改善生活和生存状况及社会主义新农村建设具有重要的现实意义。

二、少数民族农村劳动者权益保护法律制度创新

（一）少数民族农村劳动者权益保护制度创新的必要性

1. 少数民族农村劳动者的基本界定

少数民族农村地区大多生产方式原始，生产手段落后，市场规模狭小，产业结构单一，基础设施薄弱，粮食自给不足；生产力水平低下，耕作粗糙，掠夺性经营问题突出。经济发展的滞后，导致财政十分困难，入不敷出。

少数民族农村劳动者劳动主要以体力为主，一般以种植粮食或打工作为收入，物质条件匮乏，文化科学技术落后，医疗设备简陋，受教育程度低，人口素质普遍偏低，自我维权意识不强。

2. 少数民族农村劳动者的类型

根据工作方式的不同，少数民族农村劳动者可以分为脑力劳动者和体力劳动者。

体力劳动者指从事以消耗体力为主的劳动人员。他们一般不担任管理工作，主要分布在农业、工业、建筑等以体力劳动付出为主的行业。体力劳动者主要包括：商业、服务业的基层工作人员；直接从事农、林、牧、副、渔业的劳动者；工业、建筑、交通运输等行业的生产工人等。脑力劳动者是指以脑力劳动为主的人们，如理论工作者、作家、教师、律师、编辑人员等。他们的工作性质决定了其必须经常性地使用脑力去分析、思维和记忆。脑力劳动者的工作特征是：思维劳动大于体力劳动。在少数民族农村劳动者中，从事体力劳动的人员远远高于从事脑力劳动的人员。这也是农村经济落后的原因之一。

3. 少数民族农村劳动者的基本特征

（1）人口质量低下，无法适应劳动力市场的竞争。少数民族农村地区科学文化落后，文盲和

① 参见《中国残疾人事业“十二五”发展纲要》。

半文盲偏多，高新技术人员匮乏。劳动者素质差，思想守旧，视野狭窄，不懂得也不可能去开拓其他产业、开辟新的生产门路。

（2）参与劳动的能力以体力为主，或辅以简单的脑力劳动。少数民族农村地区基本上从事的是单一的农业经济，生产方式落后，农具简陋，科学技术还没有成为粮食增产的主要因素，基本上还是依靠扩大耕地面积增加产量，甚至搞掠夺性生产，靠天吃饭。[①] 少数民族农村劳动者的生存是建立在他们的体能同自然资源有效结合的基础之上的，因此，多数是靠体力劳动为生。农民科技文化素质低，大多数农民未受过职业技能培训，就地转移就业劳动力少，大多数劳动力外出打工。由于打工者的劳动技能不能适应新型产业发展的需求，他们基本上也都是从事高危工种，挣体力钱。

（3）健康状况较为低下，部分人口便是因罹患疾病而致贫。少数民族农村劳动者缺乏卫生常识，医疗设备落后，缺乏医药，疾病流行，缺乏基本的医护工作人员。由于少数民族地区经济较为落后，农民患病后不能得到有效的救治，致使病情越来越严重，甚至丧失劳动能力。此外，少数民族地区早婚、近亲结婚现象较为普遍，增加了罹患某些疾病的风险。

（4）社会网络匮乏，人际关系简单，互助性弱。由于其固有的封闭性，人们对知识的需求往往受到时空的局限，被限定在他们本民族农村地区的狭小的范围内，即只要掌握一定的社会空间范围内长期形成和延续的乡土知识、农业社会运行的各种规范，便基本上得到满足。而他们对知识的获得是通过言传身教、社会实践等途径实现的。在这种环境中，人们交往的范围有限，技能和智能的作用对象也是十分有限的。

4. 少数民族农村劳动者权益保护制度创新的重要性和可行性

保护少数民族农村劳动者的权益对其自身和社会都具有重要意义。对其法律制度进行创新具有必要性和可行性，具体表现在以下几个方面：

（1）少数民族劳动者的权利，尤其是劳动报酬权得不到保障，将会严重影响劳动者的生活境况，甚至是威胁生命。由于经济下行压力加大等原因，拖欠农民工工资案件呈多发态势，案件数量和欠薪金额均大幅度上升，欠薪问题从工程建设领域向加工制造业、采掘业等领域扩展，因欠薪问题引发的突发事件明显增多。这不仅破坏了市场的诚实信用原则，也不利于构建和谐劳动关系，维护社会稳定。

（2）保护少数民族农村劳动者的权利，也就保护了他们的经济利益，从而使他们有能力来履行他们对家庭其他成员承担的责任，保证一个家庭的正常运行。所以，保护少数民族农村劳动者的权利，同样是在保护其家庭的利益。

（3）促进自身的发展和完善。马斯洛的需要层次论将人的需要划分成五个层次，由低到高分别为生理的需要、安全的需要、社交的需要、自尊的需要和自我实现的需要。对少数民族农村劳动者的权利进行保护，会使他们的需要不再仅仅局限于那些低层次的需要。改变少数民族农村劳动者的边缘地位，给他们的权利以有力的法律保障，会满足他们的安全需要；摒弃对他们的歧视，使他们真正融入城市生活，无疑会增强他们的自尊。在少数民族农村劳动者认知的生理、安全、社交和自尊的需要得到满足后，他们会产生自我实现的需要。将阻碍农民群体发展的种种限制清除，有利于他们实现自我价值，满足他们自我实现的需要。这样，保护少数民族农村劳动者的权利，使他们由低到高不同层次的需要得到满足，从而使少数民族农村劳动者的尊严和价值得以实现。

（4）少数民族农村劳动者与城市居民在权利分配方面的不对等会使农民群体产生一种相对剥夺感，从而对城市产生一种抵触的心理。而城市居民对他们的偏见与歧视则加重了这种抵触心理，使这种心理演化成敌视甚至是仇恨。当有不公事件成为导火线点燃他们心中的仇恨时，他们就有可能采取一些暴力手段来报复城市，伤及无辜的城市居民。只有摒弃歧视，使少数民族农村劳动者与城市居民享有同等的权利和待遇，才能消除他们对城市的敌视心理，避免他们对正常的

---

① 陈琪．提高少数民族贫困地区的农村劳动者素质［J］．云南民族学院学报，1988（2）：7-11.

社会秩序造成威胁。

（5）通常来讲，少数民族农村劳动者法律意识薄弱，冲动之下容易引发犯罪行为。少数民族农村劳动者受教育程度低，往往从事基础性工作，缺乏对合理维权途径的了解和认识。当合法权益受到侵害时，他们一般只会采取私力救济的方式以维护其个人权益，或因发泄不满而引发犯罪。因此，对少数民族农村劳动者的权利进行及时有效的救济，会使他们相信法律，在遇到问题时会用法律的武器来维权，有利于建立正常的社会秩序。

（6）避免贫富两极分化，维护正常的社会秩序。少数民族农村劳动者是弱势群体，若他们的权利得不到政策的倾斜性保护，则会拉大社会的贫富差距，造成两极分化。两极分化的社会是一个不公正的社会，必然会导致社会矛盾激化、社会的犯罪率攀升，从而对社会稳定形成巨大的威胁，破坏正常的社会秩序。因此，社会有必要通过政策平衡等手段，对少数民族农村劳动者进行倾斜性的保护，以避免两极分化，从而维护正常的社会秩序。吴忠民教授曾说："对于一个社会来说，最大的潜在动荡因素是来自社会内部各个阶层之间的隔阂、不信任、抵触和冲突。通过对社会成员基本权利和基本尊严的保证，通过必要的社会调剂，社会各个阶层之间的隔阂可以得以最大限度地消除，至少是缓解，进而可以减少社会潜在的动荡因素。"① 这就说明了权利保护是消除各阶层的隔阂、减少社会动荡的途径。因此，强调对少数民族农村劳动者的权利进行保护对于维护正常的社会秩序意义重大。我国目前正推进城乡一体化建设。城乡一体化建设是全面建设小康社会的基本要求和重要任务，是实现城乡经济良性循环、构建和谐社会的重要标志和关键所在，也是新农村建设中面临的一个重要课题。城乡一体化建设有利于缩小城乡贫富差距，使少数民族农村劳动者与城镇职工享有同等待遇。

（7）保障少数民族农村劳动者在市场竞争中的主体地位，可以促进公平竞争，调动劳动者的积极性，充分利用自身潜质，不断提高自身素质，实现人力资源的优化配置。

（二）少数民族农村劳动者权益保护现状及其制度创新的困境

1. 少数民族农村劳动者就业范围有限

在城镇职工与少数民族农村劳动者的关系上，政策法律的天平明显地倾向城镇职工。少数民族农村劳动者以农民的身份进入劳动市场，被人为地进行分割，只能进入收入低、工作环境差、福利待遇差的劳动力市场。在城市中流动的少数民族农村劳动者就业以非正规部门为主，岗位不稳定，使有些劳动者随时面临失业风险。

经济发展、生活水平的提高永远是解决少数民族问题的核心。而就业作为少数民族在城市生存的最基本条件，同他们的生活质量直接相关，是关系城市民族团结、社会安定的重要方面。因此，在发挥市场机制作用的前提下，政府如何扶持帮助少数民族人员解决就业问题，就显得尤为重要。

2. 少数民族农村劳动者社会保险制度未得到充分保障

我国《宪法》第四十五条规定："中华人民共和国公民在年老、疾病或者丧失劳动能力的情况下，有从国家和社会获得物质帮助的权利。国家发展为公民享受这些权利所需要的社会保险、社会救济和医疗卫生事业。"《中华人民共和国劳动法》第三条规定："劳动者有享受社会保险和福利的权利。"其第七十条又规定："国家发展社会保险事业，建立社会保险制度，设立社会保险基金，使劳动者在年老、患病、工伤、失业、生育等情况下获得帮助和补偿。"

近年来，尽管少数民族农村劳动者参加各类社会保障的数量在逐渐增多，但相对数量仍然较低。社会保险是一项社会保障制度，对普通劳动者有非常重要的作用，能让他们"病有所医""老有所养"。其中，医疗保险尤其重要。目前，少数民族农村地区存在的"因病致贫""因病返贫"现象较为突出。少数民族农村劳动者如果没有购买医疗保险，根本无法负担巨额的医疗费用。目前虽有新农合，但其只能报销极少部分的医疗费用。此外，部分少数民族农村劳动者外出从事的工作安全系数较低，如工地建设，时有工伤发生，如单位未给员工购买工伤保险，那么劳

① 吴忠民. 社会公正论［M］. 济南：山东人民出版社，2004：2.

动者受工伤时又将蒙受巨额损失。

3. 职业技能培训覆盖率低

少数民族农村劳动者由于出生于农村，教育相对受到限制，缺乏劳动技能，并且文化素质普遍偏低，科学文化知识稀缺，大多数只能从事原始的生产活动。用人单位往往会为了自身的利益需求，节省培训成本，从而不给劳动者安排职业技能培训。而劳动者本身就算有培训的欲望和要求，往往无力投入培训成本，使他们在就业竞争中不得不处于劣势地位。也正因为职业技能培训覆盖率低，农村劳动者不能依靠自身的能力脱贫，导致经济发展水平滞后，如此就容易陷入一个恶性循环的困境。

4. 民主政治生活参与度低

政治权利是公民依法参与国家的政治生活，表达自己的政治见解，直接或间接地影响政府的决策或公共政治生活的权利。我国是人民当家做主的国家，一切权利来源于人民。按照我国宪法和法律的规定，少数民族农村劳动者享有以下几个方面的政治权利：

（1）选举权与被选举权。选举权是指公民依法选出国家权力机关的代表或某一国家机关的公职人员的权利；被选举权是指公民有依法享有被选举为国家权力机关的代表或某一国家机关的公职人员的权利。我国《宪法》第三十四条规定：“中华人民共和国年满十八周岁的公民，不分民族、种族、性别、职业、家庭出身、宗教信仰、教育程度、财产状况、居住期限，都有选举权和被选举权；但是依照法律被剥夺政治权利的人除外。”选举权一般具有普选的性质。少数民族农村劳动者只要年满18周岁，未被剥夺政治权利，都具有选民资格，享有选举权和被选举权。

近些年，大量少数民族农村劳动者涌入城市。进入城市以后，他们的户籍仍然在农村。这极大地阻碍了他们的政治权利和自由的实现。加之农村劳动者的流动性强，致使他们的政治权利也无法正常实现。例如，少数民族农村劳动者很少参与村委会的选举。以户籍制度为基础的二元经济体制使他们也不能参与城市的选举，不能在用工单位行使民主权利。

（2）结社权。结社权是指公民为一定宗旨组织或参加具有持续性的社会组织的权利。我国《宪法》第三十五条规定：“中华人民共和国公民有言论、出版、集会、结社、游行、示威的自由。”《中华人民共和国劳动法》第七条规定：“劳动者有权依法参加和组织工会，工会代表应维护劳动者的合法权益，依法独立自主地开展活动。”少数民族农村劳动者作为处于社会结构底层的弱势群体，结社权对于他们而言，具有更为重要的特殊意义：一是通过组成社团可以有效地把这个群体的利益诉求表达出来；二是当他们的利益受到损害的时候，以群体的方式能更有效地维护其合法权益。

（3）获得赔偿权。我国《宪法》第四十一条第三款规定：“由于国家机关和国家工作人员侵犯公民权利而受到损失的人，有依照法律规定取得赔偿的权利。”公民的利益是不得随意侵害的，不论这种侵害是来自私权利还是公权力。在权力没有受到有效的制约时，权力往往会被滥用。少数民族农村劳动者的权利同样面临遭受公权力的侵害的危险。例如，有的城市执法人员以没有暂住证等原因对少数民族农村劳动者进行非法拘留，对此他们是有权得到国家赔偿的。

（三）少数民族农村劳动者权益保护制度创新难的原因解析

1. 二元经济结构下城乡劳动者之间存在着较大的差距

传统的二元制经济体制使城市劳动者和农村劳动者有着明显的差异。城乡二元体制主要包括以下三个特点：一是城乡之间的户籍壁垒。以户籍制度为基础的城乡壁垒，事实上将城乡两地居民人为地划成两种不同的社会身份。二是城乡不同的资源配置制度。在基础设施方面，城市的设施建设、交通、通信、水电、燃气都由国家财政投资，农村的基础设施建设、公益设施要以向农民摊派、集资、收费甚至罚款的方式来解决。三是城乡不同的社会待遇。以户籍制度为基础的城乡壁垒，使城乡两地居民具有两种不同的社会身份，享受着不同的社会待遇。

在工业化、城市化、市场化和全球化的今天，二元社会体制人为地控制了农村人口向城市的自由流动，遏制了城市化进程，更人为地将社会人口划分为“城市人”和“农村人”，导致占全国人口大多数的农村人无法与城市人同等享受经济和社会发展带来的福利成果，如教育、医疗保障、就业、现代工业与科技文明等，造成了城乡社会发展不平衡，从而加剧了贫富差别，容易引发社会矛盾和动荡。

改革开放以来，政府虽然在保护少数民族农村劳动者利益、帮助农民脱贫和致富、促进城乡同步发展等方面制定了不少政策，推出了许多措施，但因其间牵涉多种利益的重组，少数民族农村地区的改革并不深入。于是，农民可以进城打工，却无法在城市安家。这就导致了少数民族农村劳动者无论在城市居留多久，都难以改变城市流动人口的地位。他们无法与城市劳动者在政治、经济、文化、社会等方面享有平等的待遇。

2. 创设的法律、法规体系不完善

尽管《中华人民共和国就业促进法》对于平等就业问题做出了多项规定，并强调“用人单位招用人员，应当依法对少数民族劳动者给予适当照顾”。然而，诚如亚当·斯密所言：“每个人都力求运用他的资本，生产出最大的价值。一般而言，他既不打算促进公共利益，也不知道促进多少。他只考虑自己的安全，自己的所得。”①在市场竞争中，企业会综合考虑雇员所带来的收益和成本，从而做出有益于自己的选择。

《中华人民共和国劳动法》和《中华人民共和国劳动合同法》在保护劳动者权益方面起着重要的作用，但其对少数民族农村劳动者权益保护的诸多方面并没有直接加以规定，还仍然存在可操作性不强、对弱势群体保护力度不足的问题。

3. 行政执法力度不足

现有的监察力量远远不能满足目前形势的需要，监察队伍不仅有限，而且缺乏相应的设备和处罚措施，导致少数民族农村劳动者得到的往往是临时性或应急性的敷衍，其合法权益往往难以得到保护。

4. 少数民族农村劳动者自身素质和法律意识偏低

少数民族农村劳动者自身的问题，具体来讲包括两个方面。一是文化素质偏低。少数民族农村劳动者大部分受教育水平低，知识结构单一，文化程度和技术能力普遍较低，甚至有部分农民是文盲。群众缺乏科学文化，思想守旧，视野狭窄，不懂得也不可能去开拓其他产业、开辟新的生产门路。这就限制了他们工作的范围。他们只能在那些对知识技能和科学技术要求比较低的行业里工作，大部分只能从事体力活。二是少数民族农村劳动者法律观念淡薄，维权意识不足。当他们自己的权益受到侵害时，往往是逆来顺受。同时，少数民族农村劳动者缺乏自我保护意识，一旦发生纠纷，往往举证不力，使权益难以得到保障。

（四）创新和完善少数民族农村劳动者权益保护法律制度的具体措施

近年来，我国高度重视少数民族劳动者的就业问题，禁止歧视少数民族农村劳动者就业，并积极采取多种措施，帮助少数民族地区完善人力资源市场建设，提高公共就业服务能力，努力促进少数民族地区劳动者就业。

民族地区把扶贫战略转向人力资源开发是少数民族农村劳动者摆脱贫困的有效途径。人力资源是一种特殊资源，是民族地区拥有的资源中最宝贵、最重要、最有潜力的资源，是生产力中最为活跃的要素，是推动民族地区经济发展的第一要素。靠提高人的素质、开发人力资源来促进民族地区经济社会发展，具有无限的内在潜力，是保护少数民族农村劳动者权益的有效手段。

1. 创新经济结构和经济体制，改变传统的二元经济结构

二元制的户籍管理制度与我国目前的市场经济格格不入。它违背了市场经济的基本要求，影响了资源的有效配置，阻碍了我国城市化进程和农村现代化的进程。因此，改变该制度势在必行。平等权是公民的基本权利之一。孟德斯鸠认为：“平等是国家的灵魂。”他在《论法的精神》一书中写道：“在民主政治下，爱共和国就是爱民主政治；爱民主政治就是爱平等。”② 赋予每一个市场主体公平竞争的机会，这样，少数民族农村劳动者在教育、就业、医疗、培训、公共资源

---

① 亚当·斯密. 国民财富的性质和原因的研究［M］. 郭大力，王亚南，译. 北京：商务印书馆，1972：116.

② 孟德斯鸠. 论法的精神：上册［M］. 张雁深，译. 北京：商务印书馆，1978：41.

配置等方面的待遇才能得到改善，享受同城市劳动者同等的权益保障。

2. 创新和健全劳动法律、法规体系

由于目前我国的劳动立法并没有根据少数民族农村劳动者的特殊性制定保障性措施，因此，应根据现有需求，采取有效措施，制定保障少数民族农村劳动者权益的法律、法规，使少数民族农村劳动者权益有法律上的支撑。执法部门要加大执法力度。另外，还要通过完善法律援助机制、充分调动工会力量等多方面的力量和办法来加强对少数民族农村劳动者权利的法律保护。以上运用各种法律途径来保护少数民族农村劳动者权利的过程，一方面保护了少数民族农村劳动者的权利，另一方面也加强了我国法律体系的完善，促进了我国法律的发展，从而推动我国的法治化进程。

3. 加大少数民族农村地区教育的覆盖程度

切实把少数民族地区的义务教育落到实处，坚决执行适龄儿童九年义务教育制度。为边远山区的学龄儿童提供住宿条件和相应的生活补助；对于能够升学和继续深造的学生予以奖励和扶助，消除因贫失学状况的发生。有条件的地区可以推行成人教育，开发少数民族农村劳动者的潜力，提高他们掌握运用科学技术、适应市场经济变化和社会改革的能力。根据市场经济发展的需要，灵活地培养多层次、多方位的专业技术人才，造就一批具有经济发展意识和较强劳动技能的劳动者，使他们具备参与人力资源市场竞争的实力，提高少数民族农村劳动者的整体素质。

中央财政在安排财力性转移支付资金时，要将义务教育作为重要因素进行考虑。在人力资本投资中，教育投资是最重要的投资，是形成人力资本最基本的途径。在贫困地区大力发展职业教育，是帮助贫困群众增加收入、摆脱贫困的重要途径。发展国民教育是人力资本生成和发展的基础。社会生产的实践表明，劳动生产率的高低与劳动者文化程度的高低呈正相关关系。

4. 加强少数民族地区农村劳动者的职业技能培训

职业技能培训是提高农民就业能力、增强我国产业竞争力的一项重要的基础性工作。帮助他们提高综合素质，进行技能培训，学习技术，学习新的谋生方式、新的文化观念，增强自信心，增强承受挫折和压力的能力，从体力型逐步向技能、科技型转变，提高自我发展的能力，是经济发展的根本出路。为了让更多的贫困劳动力得到技能培训，扶贫部门要探索有效的培训机制，充分发挥劳务培训的作用，整合资源，多方配合，提高职业技能培训的力度，力争依据劳动力市场需求而有目的地进行技能水平培训，适岗定训，按需培训。注重于科技进步，强化智力开发，特别是狠抓那些要求不高、花钱不多、见效快、群众易于接受的适用技术，提高劳动者的素质，加快产业结构的调整，促进经济发展。同时，注重社会主义文化精神，鼓励和引导一切社会力量帮助少数民族农村劳动者提高素质和技能。

职业技能培训可以使劳动者提高工作效率，使他们有能力参与到更高技术和能力含量的劳动力市场竞聘中。为此，政府各有关部门所办的职业培训机构应将少数民族纳入培训计划，针对市场需要和少数民族的具体情况单独开设培训班，为在普通培训机构中难以接受培训的少数民族提供服务。对在各类职业培训机构中学习且生活困难的少数民族农村劳动者，应酌情给予适当补贴。培训经费应列入政府财政年度预算，设立专项资金，并安排配套经费。在培训的内容上，要加强对少数民族劳动者包含电脑操作技术、收发电子邮件等现代职员必须掌握的相关技能培训。①

5. 增强劳动保障监察执法力度

劳动保障执法部门应定期或不定期对用人单位进行劳动督查，积极保护包括城镇化进程中农村劳动力在内的少数民族农村劳动者的合法权益。有法必依，执法必严，违法必究，对于侵犯少数民族农村劳动者劳动权益的单位和个人加以严惩并在电视台、报刊等媒体曝光。积极引导转变观念，既要承认少数民族农村劳动者对城市建设做出的巨大贡献，也要对劳动者劳动权益的保护给予极大的关注，实行积极的少数民族农村劳动者管理政策，消除就业歧视。加强劳动监察部门

---

① 江曼琦，翁羽. 散杂居城市少数民族就业竞争力与对策研究［J］. 城市发展研究，2009（2）：41-45.

的职能，对少数民族农村劳动者相对集中的行业如建筑业、加工制造业等加强监督管理，切实保护少数民族农村劳动者的劳动权益。

6. 通过法律和政策的创新以鼓励开办民族特色企业，繁荣民族文化

鼓励开办民族特色企业，利用民族文化，发展文化创意产业。雇佣城市中具有鲜明民族特色的少数民族农村劳动者，使得少数民族劳动者在竞聘中具有天然的优势。一方面，可以节约企业的培训费用；另一方面，在本民族特色领域内工作，有利于彰显民族特色，提高少数民族农村劳动者的积极性。结合地方特色，科学谋划，合理引导，依据新一轮政策要求切实做好就业工作。充分落实国家促进就业政策措施。当前国家促进就业的政策措施已是一项普惠制度，不论是城镇还是农村劳动者，不论是汉族还是少数民族都可以获得政策帮助。各级人力资源部门在落实国家促进就业政策中，要切实把促进就业的各项政策落实到农村少数民族劳动者身上。各级就业服务机构要不断创新工作机制，努力把创业培训、创业小额担保贷款、职业技能培训、就业援助等优惠政策不折不扣地及时落实。优化创业服务，以创业培训、创业指导为基础，免费提供项目信息、开业指导、政策咨询、小额担保贷款等服务，帮助农村劳动力创业。开辟创业场所，统筹安排适合少数民族农村劳动者创业特点的生产经营场所，推进村级创业点建设，吸纳就业。充分发挥积极的就业政策对就业工作的促进作用。

7. 加大对民族地区的财政补贴，促进公共服务均等化

有的少数民族地区财政长期处于负增长局面，此时，中央财政的转移支付分配显得尤为重要。加强民族地区基础设施建设，以交通运输、电力、水利建设为重点，加快基础设施建设。加强民族地区电网建设，提高电力输送能力，解决民族地区生产生活用电问题。抓好大中型水利和农田基本建设，努力解决边远山区行政村通电话难和人畜饮水困难问题，改善农业和农村生产生活基础条件。加强城镇公用设施建设，推动民族地区城镇的基础设施建设迈上新台阶，努力提高民族地区的城镇化水平。少数民族地区基本公共服务均等化，是指为全体公民，不论区域、民族，提供大致均等的公共教育、就业服务、社会保障、医疗卫生、人口计生、住房保障、公共文化、基础设施、环境保护等基本公共服务。① 实现民族地区公共卫生服务均等化是促进民族地区经济发展、维护社会稳定的有机组成部分。它直接关系到民族地区广大人民群众的身体健康和生命财产安全，关系到劳动者本身的身体素质和健康状况，关系到民族地区社会稳定和经济发展的大局。劳动者良好的健康状况是社会人力资本的重要组成部分，也是人力资本实现保值和增值的重要保障。我们要把对少数民族农村劳动者的卫生健康投资作为一种生产性投入，纳入国家和地方政府的议事日程，不断提高劳动者的健康水平，降低地区间传染病、地方病的危害，不断改善医疗、卫生、保健服务体系，为全面提升人力资本的质量打下良好的基础，以增强综合国力和国际竞争能力。加强民族地区医疗卫生基础设施建设，建立民族地区基本医疗保障制度。针对民族地区群众看病贵、看病难的突出问题，大力发展民族地区医疗卫生事业，全面完成民族地区县、乡两级医疗机构改造建设任务，使新型农村合作医疗试点基本覆盖民族地区各县市。

8. 充分落实国家促进就业的相关政策，完善保障措施

当前国家促进就业的政策措施已是一项普惠制度，不论是城镇还是农村劳动者，不论是汉族还是少数民族都可以获得政策帮助。各级人力资源部门在落实国家促进就业政策中，要切实把促进就业的各项政策落实到农村少数民族劳动者身上。各级就业服务机构要不断创新工作机制，努力把创业培训、创业小额担保贷款、职业技能培训、就业援助等优惠政策不折不扣地及时落实。优化创业服务，以创业培训、创业指导为基础，免费提供项目信息、开业指导、政策咨询、小额担保贷款等服务，帮助农村劳动力创业。开辟创业场所，统筹安排适合农民创业特点的生产经营场所，推进村级创业点建设，吸纳就业。充分发挥积极的就业政策对就业工作的促进作用。

加强舆论引导，树立全社会关注和关心城镇化进程中少数民族农村劳动者就业问题的意识。

---

① 赵晓华. 推进少数民族地区基本公共服务均等化问题探析［J］. 贵州民族学院学报（哲学社会科学版），2011（5）：43-46.

政府首先应制定有效政策，加强对解决城镇化进程中少数民族农村劳动力就业问题重要性的宣传，加强宣传教育，转变观念，以此来引导少数民族农村劳动者进城创业、就业。其次，正确认识少数民族农村劳动者问题。政府要创造条件帮助少数民族农村劳动者融入城镇社会生产和生活。云南作为少数民族占绝大多数的省份，少数民族农村劳动力是农民工的主要组成部分。劳动者进城务工经商是转移农村富余劳动力的重要途径，是推进城镇化必然要经历的过程，也是工业反哺农业、城市文明辐射农村的重要途径。要从国民经济和社会发展全局的高度看问题，善待少数民族农村劳动者。

三、农村吸毒者权益保护法律制度创新

贩毒、吸毒是当今世界的重大问题。中国可谓是受毒害最深的国家。鸦片与洋人的枪炮，曾使中华民族蒙辱受毒百余年。新中国成立后，党和政府采取了断然措施，终于禁绝了“烟毒”，使我国在国际上享有“无毒国度”的美誉。① 从 20 世纪 80 年代起，毒品又从我国西南边陲渗入，使全国各地都不同程度地受到了毒品的侵害。毒品犯罪，从最初的走私、贩运，到制造、销售，毒品品种、数量增多，吸毒人员与日俱增。农村吸毒人员也死灰复燃，近年来吸毒人员的数量更是呈上升趋势。

农村人员吸毒的原因可归结为客观原因与主观原因两个方面。从客观原因来看，其主要表现为：第一，毒品犯罪高发的严峻形势，使毒品向农村基层蔓延成为必然。毒品的高利润，导致部分人铤而走险，以贩毒为牟利手段，并逐渐形成贩运毒品、销售毒品的网络。这个网络不断向下发展下线，使毒品犯罪逐渐向县城、城镇延伸，最终不可避免地延伸到农村。第二，农村外出务工人员中的少数染毒人员成为毒品向农村蔓延的始作俑者。近年来，农村外出务工人员群体不断扩大，其中少数外出务工人员在外打工挣钱后沾染上吸毒的不良嗜好，进而在返乡后走上毒品犯罪的道路。第三，农村吸毒群体的存在和发展，是毒品向农村蔓延的潜在因素。贩毒人员将目光转移向农村，是因为农村存在一定数量的吸毒人员；并且随着毒品的传播，这一群体不断扩大。

从主观原因来看，其主要表现为：农村吸毒者在亲身体验了毒品的危害后，主观上有悔改、脱瘾愿望的同时，还会夹裹着自卑心理，导致自暴自弃、性格变异、意志消沉，加上自我抑制力不强，只能徘徊、挣扎于戒与吸的痛苦抉择过程中，难以自拔。②

从法律角度看，吸毒行为是违法行为，并且在客观上诱发了许多违法犯罪行为，所以吸毒人员是违法者；从医学角度看，吸毒成瘾的人，大脑神经功能受到严重损伤，是一种顽固反复发作的脑部疾病，所以吸毒者又是脑疾病患者；从社会学角度看，吸毒成瘾者又是毒品的受害者，所以需要对他们在精神上、生活上给予更多关爱。③ 中国人民大学中国社会保障研究中心的姚建平教授明确指出，吸毒人员身份为病人、违法人员，同时也是我国公民，应该得到相应的社会救助。笔者认同这种观点：农村吸毒者作为为数不多的弱势群体，其权益保护应受到重视。

（一）农村吸毒者权益保护制度创新的必要性

1. 农村吸毒者的基本界定

近些年来，毒品向农村蔓延的趋势愈演愈烈，越来越多的农村人员染上吸毒的恶习。我们首先要认识什么是毒品。《中华人民共和国禁毒法》第二条规定：“本法所称毒品，是指鸦片、海洛因、甲基苯丙胺（冰毒）、吗啡、大麻、可卡因，以及国家规定管制的其他能够使人形成瘾癖的麻醉药品和精神药品。根据医疗、教学、科研的需要，依法可以生产、经营、使用、储存、运输麻醉药品和精神药品。”最早传入中国的毒品是鸦片。如今，不仅毒品的种类增加了，吸毒的方式也由吸食发展为口服、鼻吸与静脉注射等多种方式。

---

① 黄志春. 试论农村吸毒的现状与戒毒对策［J］. 广西社会科学，1998（6）：90-92.

② 黄志春. 试论农村吸毒的现状与戒毒对策［J］. 广西社会科学，1998（6）：90-92.

③ 莫关耀，李锐. 对我国戒毒立法的思考［J］. 云南警官学院学报，2009（3）：23-30.

农村人员由于对毒品的危害认识有限，法律意识淡薄，交友不慎等原因，在好奇心驱使下由初尝毒品到不能自拔，或者是为了追求刺激、赶时髦，从而染上毒品。

2. 农村吸毒者的特征

农村地域范围广，但控制力量却十分薄弱。随着城市禁毒力度的加大，毒品市场从城市向农村转移。毒品犯罪在城市的生存空间缩小，毒品犯罪组织开辟新的贩运、销售毒品的网络，毒品犯罪逐渐向小城镇及农村延伸。一些新型毒品的制造窝点大多选择在农村，因为在偏远的农村进行制毒和贩毒，很难被发觉，不容易被缉毒人员盯上，有利于发展贩毒网络。毒品交易一般在农户家中、网吧、饭店等地方进行，交易地点不固定，流动性大。纯度不高、掺杂质多的零包毒品消费在农村较为普遍。

3. 农村吸毒者的基本特征

农村吸毒者具有以下几个方面的基本特征：①吸毒人员低龄化。农村青少年吸毒的比例不断上升，毒品问题已成为我国青少年犯罪、农村犯罪和农民犯罪增多的重要因素。②农村吸毒人员普遍文化水平低。农村吸毒者的整体文化水平不高，对毒品的了解和认识较肤浅。往往他们大部分仅具有小学、初中学历，其绝大部分人员对毒品的危害性认识不充分、不全面。③群众性吸毒者增多。吸毒者常常三五成群聚在某个地点吸毒。吸毒人员以那些游手好闲、不务正业、品行不端、知识贫乏之徒为主，有向在职员工、个体工商业者以及私营企业主扩展的趋向。吸毒蔓延范围广，旧的吸毒分子没有戒断，新的吸毒人员又产生。因此，吸毒人员带来的一系列社会问题将增多，聚众吸毒的现象将更突出。④性别差距逐步缩小。20 世纪 80 年代中期以前，女性吸毒者较为少见；但 80 年代末尤其是进入 90 年代，各地均发现女性青少年吸毒者有增长之势。

随着农村涉毒人员的不断增多，毒品犯罪呈高发态势。一方面，对于贩毒者，毒品的高利润，导致部分人铤而走险，以贩毒为牟利手段，并逐渐形成贩运毒品、销售毒品的网络。这个网络不断向下发展下线，使毒品犯罪逐渐向县城、城镇延伸，最终不可避免地延伸到农村。另一方面，对于吸食者而言，大部分吸毒者没有稳定的工作和固定的生活来源，而毒品可谓是高消费的行为；为了获取毒资，有的吸食者走上盗窃、抢劫等违法犯罪的道路。

4. 农村吸毒者权益保护法律制度创新的重要性和可行性

农村吸毒人员复吸率居高不下，吸毒人员由于生理、心理和社会的原因在戒毒的路上重蹈覆辙，难以彻底戒除毒瘾，甚至被社会边缘化。当他们想融入普通人的生活，改过自新的时候，却往往被别人另眼相看。而且，农村吸毒者没有生存基础。这些吸毒者在风华正茂时便开始吸毒，没有什么工作技能，当他们想靠自己的双手获得酬劳的时候，往往因为进过戒毒所而被用人单位拒之门外。他们不得不继续过起无聊的生活，最终被空虚和落寞击垮，再次吸毒。

据记者报道，在戒毒所里，吸毒者每天都做工，但都是做一些琐碎的加工工作。其中一人说道："我们这群人基本都进过戒毒所，如果是在戒毒所里有供我们选择的技能培训，我们能一边工作，一边学习生存技能，那对于我们重回社会有非常大的促进作用。"同时，他也希望在自己的生活中能少一点麻烦，希望自己吸毒的经历能得到保密，不要在找工作的时候被工厂轻易知道，希望自己上网和住宾馆时少一点警察的突击检查，希望不要再被派出所的人赶来赶去。

可见，对农村吸毒者合法权益保护进行制度创新具有重要意义。其主要体现在以下几个方面：①保护农村吸毒者的权益，即是保护他们的生命健康权、人格尊严等。农村吸毒者被强制隔离戒毒，长期被限制人身自由。对他们权益的保护是我国法治进程中的需要，是保障人权的体现。②有利于构建戒毒体系的人性化。强制戒毒和劳教戒毒的制度虽早已过去，但如今的强制隔离戒毒仍然具有一定的惩罚色彩。强制隔离戒毒对农村吸毒人员的教育改造应注重改善吸毒者品格以及保护社会安全，而不是有意借着吸毒者的痛苦去达到其他的社会目的。《中华人民共和国禁毒法》（以下简称《禁毒法》）及《戒毒条例》规定，在强制隔离戒毒期间，戒毒人员将会受到生理、心理治疗和身体康复训练。同时，根据强制隔离戒毒的需要，戒毒场所也可以组织安排戒毒人员参加必要的生产劳动，对戒毒人员进行职业技能培训。③有利于农村吸毒者的再社会化，重新确定其对社会生活的价值观，戒断其对毒品的生理和心理依赖。同时，社会群众应给予他们足够的尊重，以保障其回归社会后能够正常生活。

（二）农村吸毒者权益保护法律制度创新的难题

《禁毒法》吸取了我国长期以来在禁毒工作中获得的经验和理念，坚持对吸毒者实行“教育、感化、挽救”的方针，实现了从重视强制隔离戒毒的行政强制性质到重视救治受害人与患病者的理念转变与管理思想换位。该法将强制隔离戒毒人员定位为病患者、受害者与违法者三重身份，对于强制隔离戒毒人员的权益予以充分的保障。

从大量贩毒、吸毒案例中不难发现，农村吸毒者之所以走上毒品犯罪的道路并不是偶然的，更不是孤立的，是与他们早期所处的社会环境、所受的教育有直接的关系的。农村吸毒者因为吸食毒品，无论是身体还是心理都或多或少地受到损伤；一些隐性疾病在这些戒毒人员中也屡见不鲜。他们普遍体质较弱，部分戒毒人员因吸食毒品过早地患上高血压、心脏病等疾病。国内学者的研究结果表明，近年来，农村毒品蔓延很快，现在农村的吸毒人数和城市吸毒人数比例逐渐上升，并且呈现低龄化趋势。而农村吸毒者权益保护的现状却不容乐观。在市场经济的新形势下，安置就业和社会帮教都面临极大的挑战。从社会层面和吸毒者自身两个方面来看，以下几个方面的问题尤其突出：

1. 农村吸毒者的人格权利难以得以保障

我国《宪法》第三十八条规定了人格尊严不受侵犯的内容，表明我国效力最高的法律对人的价值的尊重和保障。《禁毒法》总则第一条也明确规定，该法的立法目的是预防和惩治毒品违法犯罪行为，保护公民身心健康，维护社会秩序。但其未完全明确规定如何保护戒毒人员的人格尊严权。然而我们并不能因为法律没有规定就忽略对此权利的保护。农村吸毒人员大多是因为交友不慎、追求刺激而吸毒。但是他们作为自然人，同样应受到人格尊严保护的权利。而在现实社会中，公安机关无搜查证件便对吸毒人员强制搜身的情况时有发生。吸毒人员在社区戒毒的过程中遭遇排斥和抵触，受到他人歧视等现象屡见不鲜。这无一不是对农村吸毒人员人格尊严的践踏。

2. 《禁毒法》实施的不足

我国《禁毒法》于 2007 年 12 月 29 日颁布，并于 2008 年 6 月 1 日开始实施。《禁毒法》颁布实施以前的戒毒矫治模式包括自愿戒毒、强制戒毒及劳动教养戒毒，其中后者是惩罚程度最为严厉、限制人身自由最长的戒毒措施。而《禁毒法》对戒毒措施做了新的调整，取消了劳动教养戒毒，增设了社区康复、社区戒毒两种模式。实践中，大多采取的是强制隔离戒毒，虽取得了一定的戒毒效果，但仍存在一些问题。一是，一味地追求戒毒效果而忽略了对戒毒人员生命健康权益的保护。二是，以限制吸毒特殊人群的人身自由作为维护社会治安秩序的手段的做法，对被界定为病人、受害者、违法人员的吸毒特殊人群是显失公平性的。三是，将吸毒人群隔离于社会、隔离于家庭的措施不仅没有达到戒毒的良好效果，而且无形中将吸毒人员“边缘化”，易引起其对社会的仇视，不利于社会的和谐发展。强制隔离戒毒使得一些吸毒者在戒毒所能够暂时戒毒，但出了戒毒所之后又会陷入吸毒的泥潭。事实上，强制隔离戒毒只能够针对吸毒者的生理毒瘾，在心理毒瘾方面更加需要社会各界的监督和戒毒者的自我强制。

3. 农村吸毒者面临不公正待遇

一个人一旦染上毒品，就被贴上了一个社会标签——吸毒者。这个标签一旦贴上就如同犯罪人一样难以抹去，以至于戒毒者在回归社会后开始重新生活时处处碰壁。走出戒毒所的吸毒人员往往被视作有前科的人。在回归社会的道路上，其本身在戒毒所的强制戒毒已经使他们脱离了社会，而歧视又会使他们更加容易产生怨恨或是自暴自弃的态度，从而增加重新吸毒的概率。笔者认为，这是最根本的原因所在。因为这种歧视的心理是来自于思想上的根深蒂固的因素，认为吸毒者就是坏人。这种观念导致我们对吸毒者缺乏宽容和关怀。要改变目前存在的各种问题，解决思想上的问题才能治本。但这又是最难在短时间内改变的，需要循序渐进，创造一个关爱、善待吸毒者的良好氛围。

4. 管理和教育农村吸毒者的力度欠缺

目前，我国对强制隔离戒毒人员的管理工作水平较为落后，已无法适应新型毒品犯罪现象的管理要求。大多数的强制隔离戒毒人员都陷入了吸毒、戒毒、再吸毒的恶性循环。吸毒者回归社会后，基本上是靠自身去融入社会。政府应不断完善教育措施，掌握其去向和保护现状，落实保护措施，防止脱管失控现象的发生，预防和减少再吸毒现象的发生，稳定社会秩序。

5. 农村吸毒者的复吸现象较严重

一是，吸毒者外在压力比较大，缺乏心理应对技巧。每个人生活中都会有不顺心的事情，而戒毒者面临来自家庭、单位、社会的压力更大。其在吸毒时依赖毒品应对压力的需求较强，在戒毒后又会因缺乏有效的心理应对能力和技巧而出现抑郁、焦虑等不良情绪。这些，都是导致其复吸的一个主要原因。二是，缺乏自信，自卑感严重，情绪低落。戒毒者因吸毒造成经济拮据，无正当职业，无法正常工作；戒毒后也会非常自卑，自信心不足；回归社会后又希望立刻得到家人和社会的肯定与信任。如果其感到家庭、社会对自己不信任，就会产生严重的挫败感，觉得自己的努力与决心没有意义，那么其仅存的一点自信和自尊心会被一扫而光，从而陷入抑郁与消极的情绪之中，自暴自弃，再次以毒品来解除苦闷。三是，孤独、空虚的心理状态。吸毒者以往靠毒品来慰藉孤独、空虚的心灵，一旦脱离了毒品，这种负面情绪会占据他们生活中的大部分时间。其戒毒后原有的生活模式必须放弃，原有的“毒友”不能再交往，这时新的社交圈还未建立。但是他们需要进行基本的交流，却没有交流的对象；加上没有适当的工作、学习环境和兴趣爱好来填补这一空白，会感到非常孤独和无聊。因此，戒毒后如何应对孤独、空虚的心理状态，建立健康的生活方式是戒毒者回归社会的一个重要环节。①

（三）农村吸毒者权益保护法律制度创新难的原因解析

1. 戒毒救治的制度和机制不健全

戒毒治疗规模小，无法适应需要；许多吸毒者不能得到及时、有效的治疗。在我国，由于正规的康复治疗满足不了需要，因而有的地区成立了非正规性的戒毒所。另外，由于农村经济条件较为落后，这些戒毒所不仅不能提供国际禁毒署规定的一般标准，即提供令病人心旷神怡的环境和丰富多彩的文娱活动，以及一级全能营养标准膳食；而且连一般的戒毒药物都无法提供给戒毒者。戒毒办法只能采取强制隔离戒毒，没有系统的生理治疗和心理治疗。然而，这种戒毒办法很痛苦，令很多戒毒者难以忍受，极大地影响了治疗效果。

2. 毒品治疗措施具有局限性

缺乏有效的药物使吸毒者摆脱戒毒引起的生理反应，也不能有效地治疗吸毒者对毒品的依赖。毒品能使吸毒者产生一种无以言状的强烈快感。这种强烈的快感给吸毒者带来的感觉十分美妙，以至于他们不惜任何代价寻找新的毒品去重新体验它。一般来说，吸毒者对毒品的心理渴求往往超过戒断毒品给他们带来的生理上的痛苦。所以说，要使吸毒者获得有效的治疗，或者说要使吸毒者彻底去除他们的毒瘾，就要使他们摆脱对毒品的生理依赖，更重要的是使他们摆脱对毒品的心理依赖。

3. 我国法治建设与实践相脱节

我国法治建设与经济、社会发展不相协调，许多法律规定与基层实际相脱离。依靠政法机关乃至政府的力量对吸毒者进行机构化的惩治处罚，在戒毒者身上打上了很深的社会烙印，容易形成社会排斥现象，给他们回归社会、重新开始正常生活设置了许多社会障碍。《禁毒法》缔造了自愿戒毒、社区戒毒、强制隔离戒毒这样一个多层次的戒毒工作体系。强制隔离戒毒是唯一强制性的戒毒模式，也被认为是最直接、最成熟、最有效的戒毒措施。但是，在管理体制、经费保障等法律、法规没有明确规定的情况下，强制隔离戒毒模式的执行没有得到《禁毒法》所预期的显著效果。例如，我国《禁毒法》第四十七条规定，强制隔离戒毒的期限为两年，执行一年后经诊断和评估，对于戒毒情况良好的戒毒人员，强制隔离戒毒场所可以提出提前解除强制隔离戒毒的意见，报强制隔离戒毒的决定机关批准。强制隔离戒毒期满前，经诊断评估，对于需要延长戒毒期限的戒毒人员，由强制隔离戒毒场所提出延长戒毒期限的意见，报强制隔离戒毒的决定机关批准。强制隔离戒毒的期限最长可以延长一年。这一规定的初衷，是为整合戒毒资源，在一个长期

① 郭莲. 在家庭中开展毒品预防教育的必要性及可行性［J］. 云南警官学院学报，2012（3）：32-38.

封闭的状态下对戒毒人员进行生理脱毒，并能在生理脱毒后有一个较长的矫治期，以保持脱毒效果。但几年的实践证明，其稍有不慎便产生了明显的负面效应。

4. 传统观念导致的再吸毒现象

受传统观念的影响，我国社会大众把吸毒人员看作违犯法律、违反道德、存在心理障碍和人格障碍的人。这样一来，即使农村吸毒者成功戒毒之后，他们面临压抑、不平等的社会环境，无法真正回归社会，于是就很容易产生再吸毒的念头。

（四）创新和完善农村吸毒者权益保护的具体建议和措施

西方国家对出狱人所采取的援助和保护措施多种多样，如为无家可归者提供住宿场所、为身体有疾病者提供医疗保健、对心理负担过重者提供心理辅导、对经济困难者提供生活救济金、帮助进行职业训练和提供就业信息等。在德国，出狱人被纳入国家失业救济范围。

20 世纪 50 年代，强制性戒毒措施在美国被认为是失败的而逐步淡出戒毒实践。之后美国又开创了治疗社区模式。该模式由于其特殊的运行机制和戒毒康复的成效，不仅在美国得到推广，而且逐渐被国际社会普遍接受，产生了较大的国际影响力。我国香港的强制性戒毒主要针对吸毒成瘾的罪犯。我国澳门地区自 1990 年起终止了强制性的戒毒制度。两个特别行政区重视民间戒毒机构的发展，采取官助民办、多模式、多渠道的戒毒服务体系，将触角向社区延伸，推行集管理、教育、疏导、治疗、服务于一体的戒毒帮教工作模式。① 农村吸毒人员脱毒、戒毒成败的关键取决于其本人的戒毒意志。这就需要社会帮助他们树立戒毒的信心和重新生活的勇气。相关组织和部门应当积极帮助农村吸毒者，尽可能地为农村吸毒者提供工作机会，让他们感受到社会的关爱，并且有相应的生活来源，辅助他们走上社会正道。

1. 创设和完善戒毒法律、法规体系

我国法律规定，强制隔离戒毒最长期限可以是三年。但限制人身自由时间过长不仅会对戒毒人员心理造成伤害，使其家庭关系、社会关系难以维持，还会使其就业能力弱化，造成就业困难等。因此，笔者认为，缩短戒毒期限是一种有益的探索。可将戒毒期限规定为最长不超过一年。因为“脱毒”治疗仅需一周，大量的精力应放在“脱瘾”和再社会化进程，保持操守的治疗方式可以放到社区康复期。②

2. 改善戒毒环境，提高戒毒质量，促进戒毒执法

农村戒毒环境差主要是因为农村经济落后，政府财政难以承受相关配套措施的经费支出。发展农村经济任重而道远。国家、政府、社会以及农民群体都需要为新农村的建设而不断努力。只有农村经济发展了，农村吸毒者才能在适宜的环境中得到及时、有效的治疗，戒毒措施才能落到实处。

3. 完善和扩大社区戒毒和社区康复

《禁毒法》第三十三条规定，吸毒成瘾人员，公安机关可以责令其接受社区戒毒，同时通知吸毒人员户籍所在地或者现居住地的城市街道办事处、乡镇人民政府。社区戒毒期限为三年。也就是说，社区戒毒主要由公安机关、街道办、乡镇人民政府共同帮助完成。但现实情况是公安机关发现吸毒成瘾人员通知其户籍地派出所接管，但吸毒人员不按规定到户籍地派出所报到，在发现地城市又无固定居所的就处于漏管状态；社区帮教协议形同虚设。因此，对社区康复进行改革，改变管理模式，引入社工人员，走专业化路线，保障农村吸毒者的合法权益。

4. 重视农村吸毒者的戒毒康复过程

笔者认为，戒毒者的康复过程应该分为三个阶段，即生理康复、心理康复与社会康复。生理康复是指戒毒者身体和生理机能恢复正常，可以通过医疗机构来完成；心理康复是一个主观的概念，是指戒毒者的心理上能够抵御毒品的诱惑，生活态度趋向积极乐观；社会康复则是指戒毒者社会功能的恢复，包括能够正常地扮演各种社会角色，有充分的社会交往能力和技巧去适应不同

---

① 高朝霞. 对国外戒毒模式的借鉴与探索［J］. 中国司法，2009（3）：102-104.

② 龙昆平. 有尊严地戒毒——我国强制隔离戒毒的生命伦理学审视［D］. 昆明：昆明理工大学，2014：17.

的社会环境等。生理康复观念在我国日益受到重视，心理康复和社会康复被重视的程度还不够。因此，为了有效帮助农村戒毒者成功回归社会，应加强对吸毒者的心理康复和社会康复工作，帮助他们树立戒毒的信心和重新生活的勇气。

5. 重视强制戒毒人员的再社会化工作

所谓再社会化，根据美国著名社会学家戴维·波普诺的定义，是指“有意忘掉旧的价值观和行为模式，接受新的价值观与行为”。① 据此，吸毒者的再社会化就是重新确立其对社会生活的价值观，并戒断其对毒品的生理与心理依赖。为此，《禁毒法》和《戒毒条例》规定对强制戒毒人员进行卫生、道德与法治教育，促使强制戒毒人员悔过自新。目前，一般人在观念上仍然视吸毒者为“异类”；吸毒人员在入学、参军、就业等方面事实上都面临不公正的歧视待遇。对此，《禁毒法》第七十条规定，有关单位及其工作人员在入学、就业、享受社会保障等方面歧视戒毒人员的，由教育行政部门、劳动行政部门责令改正；给当事人造成损失的，依法承担赔偿责任。《戒毒条例》第七条也规定了戒毒人员在入学、就业、享受社会保障等方面不受歧视。对戒毒人员戒毒的个人信息应当依法予以保密。同时，强制戒毒场所组织对强制戒毒人员开展必要的劳动活动和职业技能培训，有利于戒毒人员的身体康复，为其回归社会创造了有利条件。

6. 相关机构要进行科学有效的控制

毒品之所以禁而不止，主要是由于毒品作用于人体神经系统后使人产生药物依赖。药物依赖又可分为两个方面：毒品的生理依赖和心理依赖。毒品的生理依赖是指吸毒者长期吸食毒品后，习惯了毒品作用于他们的感觉。他们必须补充新的毒品，一旦戒断毒品，他们将遭受到一系列难以承受的生理反应。毒品的心理依赖是指毒品作用于人体后，使人的精神和情绪发生改变，甚至能使吸毒者体验到一种异常的快感。这种快感使他们摆脱了现实的烦恼、低落的情绪等现实社会中面临的不快。由于多数毒品具有耐药性，吸毒者必须不断加大剂量才能重新体验到吸毒的快感。但大剂量使用毒品有可能导致严重后果甚至危及生命。然而，毒品给吸毒者带来的感觉太美妙，驱使他们不惜任何代价来重复毒品带给他们的美妙感觉。吸毒者对毒品的这种饥饿感即是医学上所说的心理依赖。虽然我国在禁毒工作中取得了一定的成就，但是迄今为止依然没有有效的办法可以帮助吸毒者从心理上脱离对毒品的依赖。只有对农村吸毒者回归社会后进行科学有效的管理与控制，才能从根本上杜绝农村吸毒者戒毒后再次吸毒的现象。

7. 加强对农民群体的宣传教育，创造和谐的回归环境

随着我国农村经济的发展、公民素质的提高以及社会民主化进程的加快，法律、法规不断健全，社会保障体系不断完善。每一个合法公民的个人价值以及人格尊严都应当得到有力保障。而社会文明进步的标志就是社会大众特别是农民群体能够具备民主意识，能够充分尊重他人的人格尊严。② 只有降低社会大众的歧视，充分保障农村吸毒者的利益，才是真正的民主社会。除此之外，社会大众能够给予农村吸毒者充分的尊重和认可，才能建立起和谐的环境，农村吸毒者的权益才能得以有效行使。

8. 实行激励化的劳动机制，使农村吸毒人员主动戒毒

劳动康复有利于戒毒者身心康复，即在完成药物脱毒治疗后，通过参加劳动锻炼，进一步巩固戒毒者心理康复过程，提高戒毒矫治质量、效果。③ 在戒毒的过程中，要促使戒毒者通过劳动来换取相应的报酬，不仅使他们学习了一定的生产劳动技能，还带来了经济效益，以保障戒毒者出戒毒所后，能有一定的生活来源。在具备了基本生存条件后，劳动康复让他们可以在温饱保障的情况下去找工作或者掌握一定的谋生技能，找到一份合适的工作以自食其力。劳动康复可以让他们重新回归社会，减少再吸毒的可能性。

9. 建立前科消灭制度也是一种有益的探索

所谓前科消灭制度，是指在法定条件下，对曾经受过处罚的人，经法定程序注销其被处罚的

---

① 戴维·波普诺. 社会学［M］. 李强，等译. 11 版. 北京：中国人民大学出版社，2007：104.

② 钟伟平. 我国强戒人员回归社会问题研究——以广东省为例［D］. 成都：西南交通大学，2014：15.

③ 聂莹. 吸毒人员戒毒矫治相关法律问题研究［D］. 保定：河北大学，2011：4.

记录，从而恢复其正常法律地位的一种制度。我国刑法规定了前科报告制度，但并未规定前科消灭制度。虽然前科报告制度的存在有一定的必要性，是国家制定刑事政策乃至调整刑事立法的重要根据之一，更是在刑罚执行完毕之后继续发挥刑罚的固有效应、防止犯罪人继续犯罪和保卫社会的重要手段之一。保留前科必然导致曾经吸毒者某些权益的丧失、资格的限制和名誉的损害，从而给吸毒者的就业、生活等带来诸多困难，影响他们重新开始生活的信心，延缓他们回归社会的进程。因此，笔者认为，有前科制度就应有与之对应的前科消灭制度，以便使有前科的人感到并非受到过刑罚的宣告，便印记在身，永无出头之日，使他们有信心也有希望面对以后的人生。

我国《禁毒法》规定，禁止歧视、虐待、侮辱吸毒人员，吸毒人员的合法权益受法律保护。应当正视吸毒人员往往处于社会的弱势地位，要充分体现对吸毒人员的关怀和救助。政府及社会各界应当在就学、就业、享受社会保障等方面给予吸毒人员必要的指导和帮助。在少数人权益越来越受到重视的今天，保护农村吸毒者的合法权益势在必行。农村吸毒者是多重弱势群体。而戒毒是一个复杂的进程，躯体的脱瘾只是戒毒的开始，而心理治疗、行为矫正直至吸毒者摆脱毒品诱惑，像正常人一样重返社会，则需要有一个较长的过程。社会大众对吸毒者的接纳和挽救程序是这一过程中不可缺少和至关重要的组成部分。因此，社会大众应当向农村吸毒者伸出援助之手，帮助他们告别毒品。

附　录

附录1　“民族地区农村最低生活保障法律制度研究”课题研究报告

摘　要

我国农村最低生活保障制度从建立到现在经历了探索、发展、整顿停滞以及新发展的曲折历程。

首先，本研究报告从民族地区特殊的区情出发，结合我国农村最低生活保障法律制度的现状和历史进程，指出其保障方式的内容和特征，论述了民族地区农村最低生活保障制度的基本内涵、民族地区农村最低生活保障制度的理论支撑、民族地区农村最低生活保障制度的特殊价值，分析了民族地区农村低保法律制度存在的必要性和可行性，在此基础上总结阐述民族地区农村低保法律制度的理论支撑基础。

其次，本研究报告采用实证考察的研究方法对云南省红河哈尼族彝族自治州河口瑶族自治县进行了实地调研，主要分析民族地区农村低保制度保障对象确定方面的现状及问题、民族地区农村低保制度保障标准设置方面的现状及问题、民族地区农村低保制度资金筹措机制方面的现状及问题、民族地区农村低保制度保障方式方面的现状及问题、民族地区农村低保制度监督机制方面的现状及不足、民族地区农村低保制度相关配套措施方面的现状及不足等具体内容。

再次，本研究报告通过实证调研得到的数据从低保资金来源渠道单一、低保保障标准偏低、科学设置保障标准、其实施缺乏法律保障四个方面分析了我国民族地区农村最低生活保障法律制度不畅局面的成因。

然后，本研究报告从明确民族地区农村低保制度的定位、加强民族地区农村低保制度的立法、设立合理的民族地区农村低保基准线、加强政府在低保制度中与民间团体的合作四个方面阐述了国外低保制度对我国民族地区农村低保制度的启示。

最后，本研究报告提出了我国民族地区农村最低生活保障法律制度的构建路径，要通过建立低保法律体系、合理确定保障对象、科学设置保障标准、拓宽资金筹措方式等措施来促使农村最低生活保障充分发挥作用。

关键词：民族地区　农村低保　法律制度

前　言

一、课题的提出及意义

当前贫富差距扩大的社会问题较突出，民族地区农村与其他地区之间的贫富差距更加严重。通过政策扶持、制度保障、扶贫开发、公益救济等手段推动民族农村地区经济社会发展势在必行。若不及时加以处理或者处理不当，将会激化社会矛盾，影响民族地区社会稳定。建立健全民族地区农村低保制度，加快民族地区经济社会全面发展已成为社会共识。因此，民族地区农村低保制度的建立和完善势在必行。

建立我国民族地区农村低保制度可以为构建和谐社会保驾护航。它能提升少数民族地区农村贫困居民收入水平，缩小贫富差距，实现社会公平，维护社会稳定，确保民族地区农村社会健康协调可持续发展。低保制度的最低限度生存保障功能和再分配功能，可以通过政府部门的补助和救济手段去预防和控制必要的风险，以保障民族地区农村贫困居民基本生活，规避基本生存危机风险。低保制度政策与法律的供给可以缩小贫富差距，给予那些游走在生存线之下的群体和居民提供基本生活保障，是维护社会公平的调节器。总之，健全民族地区农村低保制度有利于维护民族地区农村贫困居民的基本生存权，缓解民族地区与其他地区的矛盾以及缩减地区差异，更能促进民族地区农村社会和谐发展和稳定，建设社会主义新农村。

二、课题研究的目标与内容

（一）课题研究的目标

课题组通过实证考察研究云南省红河哈尼族彝族自治州河口瑶族自治县的农村最低生活保障制度的实施情况，分析民族地区农村低保实施的问题及其原因，进而提出完善民族地区农村低保法律制度的构建路径。

（二）课题研究的内容

1. 我国民族地区农村低保制度的基本界定和理论基础

（1）民族地区农村低保制度的含义。从法律本质上看，农村低保制度实质上规范的是一种行政给付行为。农村低保制度是指，地方政府为家庭纯收入低于当地最低生活保障标准的农村贫困群众，按最低生活保障标准，提供维持其最基本生活的物质帮助。该制度是在农村特困群众定期定量生活救济制度的基础上逐步发展和完善的一项规范化的社会救济制度。民族地区农村低保制度是国家对民族地区农村贫困居民按照最低生活保障标准进行金钱或者相当金钱数额的生活必需物品救助的一系列制度，是农村社会保障制度的重要内容之一，也是保障民生的重要制度。

（2）民族地区农村低保制度的理论基础。我国农村低保制度从建立到现在经历了探索、发展、整顿停滞以及新发展的曲折历程。课题论文从民族地区特殊的区情出发，结合我国农村最低生活保障法律制度的现状和历史进程，指出其保障方式的内容和特征，分析民族地区农村低保法律制度存在的必要性和可行性，在此基础上总结阐述民族地区农村低保法律制度的理论支撑基础：马克思主义相关经典理论、经济学理论、社会公平理论、生存权相关理论、党“以人为本”的科学发展观和和谐社会理论。

2. 我国民族地区农村低保制度的特殊价值

本课题研究独创性地提出了我国民族地区农村低保制度的特殊价值。明确其特殊价值的前提条件是现实作用与社会功能、基本价值、民主法治，其特殊价值表现为民族和谐价值、区域协调价值和社会效益价值。其特殊价值构建中存在的主要障碍是，三大差距的影响仍凸显民族地区低保基本价值指引不充分、农村低保制度及其实施存在着显著不足。进而提出了实现民族地区农村低保制度特殊价值的具体路径是为构建以人为本的价值内容，保障最低限度的生存条件，以及加强农村低保制度的实施，进而构建覆盖民族地区城乡统一的低保法律制度体系。

3. 我国民族地区农村低保制度的现状及问题

本课题研究全面分析了民族地区农村低保法律制度的现状及存在的问题，并且对其深层次的原因进行了探究。首先，当前我国民族农村地区低保资金来源渠道单一，后续资金来源缺乏保障，多元化的资金来源渠道有待开拓。其次，低保保障标准偏低，主要表现为发达地区低保保障标准高于欠发达民族地区低保保障标准，特别是西北部民族地区受政府财力限制，其保障标准相对更低，其数额甚至根本无法维持其最低限度的生活所需。另外，民族地区农村低保标准与城市低保标准之间存在着较大差异，未能实现城乡低保的一体化。再次，受保对象难以明确界定。农户收入的多少难以成为判定低保制度扶持对象的标准；民族地区农村收入起伏波动较大，且农业极易受到自然因素的影响。这些特殊情况决定准确界定受保对象具有相当的难度。另外，民族地区农村外出务工人员增多，他们收入的多少如何界定，也存有一定的困难。最后，民族地区农村低保制度的实施缺乏法律保障。由于缺乏权威性、强制性和专门性的民族地区农村低保法律制度，农村低保制度在实际执行中经常遇到诸多难题，缺乏法律层面上的保障措施，其执行亦将难以实现其预期目标。

本课题分析了我国民族地区农村低保法律制度不畅的原因。其原因主要体现在：低保法律制度体系不健全；低保工作者的法律监管不严；被保障对象的权利意识淡薄；民族地区农村经济法治不足等。

4. 国外低保制度对我国民族地区农村低保制度的启示

本课题梳理了发达国家农村低保制度的立法嬗变。美国、英国、德国、日本、意大利、瑞典等国家结合各自国情，制定各具特色的农村低保制度，取得长足进步，并发挥重要作用。本课题总结出这些发达国家低保制度的一些共性经验：构建强有力的低保法律制度体系；设置与各国实际情况相适应的低保制度内容；制定严格可操作的低保标准；低保资金由中央和地方合理分担；鼓励社会团体参与低保制度建设。这些低保制度的先进经验对我国民族地区农村低保制度建设具有重要的借鉴意义。具体表现如下：第一，明确民族地区农村低保制度的定位。明确其在整个农村低保法律制度体系中的位置和作用，兼顾农村低保制度与社会保险制度、社会福利制度之间的协调发展。第二，加强民族地区农村低保制度的立法，构建体系化的农村低保法律制度，制定一部全国统一适用的《农村最低生活保障法》，在民族地区得以强化与实施。第三，设立合理的民族地区农村低保基准线，根据各民族地区农村和农民收入水平的差异而制定不同的低保标准。带有一定弹性的标准既能发挥其在适用中的灵活性，又能最大限度体现“公平保护”的立法目的。

5. 完善我国民族地区农村低保制度的具体路径

本课题专门针对民族地区农村低保法律制度的构建和完善提出了科学化、合理化和规范化的建议，着重从保障对象的合理确定、保障标准的科学设置、保障资金的筹措等方面提出完善我国民族地区农村低保法律制度的具体措施。具体措施主要包括如下内容：第一，明确低保资金来源多样化，需从纵向和横向两个方面来考虑。在纵向层面，国家应该加快对欠发达民族地区农村低保制度的财政转移支付力度，在低保标准和受保对象范围上应适度提升和扩大，确保贫困农户能维持其最低限度生存保障。在横向层面，其主要是解决事实上的不平等。第二，提升保障数额标准。应该合理制定民族地区农村低保保障标准，既要保证农户最低限度的基本生活，又不能使保障标准过高以不当助长民族农村居民的惰性习惯。第三，合理界定受保对象范围。对民族地区农户采取信用考核方式进行评级，通过农户申报、家庭走访、村委推举、邻里访谈等方式；对低保制度的受保对象审核应该贯彻“能保皆保”的方针。同时，应强化对受保对象范围进行严格后期监管，对故意骗取低保的农户应做好记录并列入相关诚信档案，或者给予一定的处罚措施。第四，促进低保法律制度实施。推进民族地区农村低保创立的法制化、运行的规范化和解纷的程序化。被保障者对低保实施机构的违法行为有权提起行政诉讼，确保需救助者的司法救济权。良性司法权的运转有利于广大民众对该制度获得充分的认同感和正义性。

三、本课题的研究方法

本课题主要采用问卷调查法、实地考察法、文献资料法和比较分析法。其分为三部分：

①首先，通过图书资料、互联网等多种渠道收集农村低保制度的相关法律政策，特别针对民族地区农村低保制度的政策、地方性法规和规章进行了详细了解和深入分析；②其次，在昆明市和芒市等地市的个别民族地区的农村进行了实地考察；③最后，在红河哈尼族彝族自治州河口瑶族自治县进行了问卷调查。

研究报告正文

一、理论基础：民族地区农村最低生活保障制度的法理分析

（一）民族地区农村最低生活保障制度的内涵阐释

低保制度一直被认为是建立社会救助制度的重点。低保制度即指，国家根据公众维持最起码生活水平所需的物质保障，设立一个最低生活保障标准，凡低于这个标准的民众，国家将给予现金和实物补助，使其基本生活得以维系的法律、法规、规章和政策等基本规则。简而言之，即国家给予贫困民众予以社会救助，以帮助他们渡过贫困难关。我国实行的是二元化的低保制度，即城市最低生活保障制度和农村最低生活保障制度。从法律本质上看，农村低保制度在实质上规范的是一种行政给付行为。其内容主要包括以下几个方面：

第一，基本含义。农村低保制度是指，地方政府为家庭纯收入低于当地最低生活保障标准的农村贫困群众，按最低生活保障标准，提供维持其基本生活的物质帮助。该制度是在农村特困群众定期定量生活救济制度基础上逐步发展和完善的一项规范化的社会救济制度。

第二，制定标准。农村低保制度的保障标准由县级以上地方人民政府按照能够维持当地农村居民全年基本生活所必需的吃饭、穿衣、用水、用电等费用来确定，并报上一级地方人民政府备案后公布执行。农村低保的保障标准随着当地物价变化和生活水平的提高而适时进行调整。

第三，保障对象。农村低保制度的调整对象是家庭中人均纯收入低于当地最低生活保障标准的农村居民，主要是因病残、年老体弱、丧失劳动能力以及生存条件恶劣等原因造成生活常年困难的农村居民。

由于自然、历史、社会等原因，民族地区农村贫困问题一直未能得以有效解决，甚至相当严重。目前全国扶贫工作的攻坚主战场就在少数民族地区。少数民族地区之所以长期贫困，一是自然条件恶劣；二是少数民族地区社会发展不平衡所遗留下来的问题仍然比较显著，对群众生产、生活产生了不容忽视的阻碍作用；三是地理环境封闭，信息闭塞；四是经济基础薄弱，发展十分缓慢。为了打好少数民族地区农村扶贫的攻坚战，早日解决少数民族地区农村居民温饱问题，贯彻落实农村低保制度十分必要。民族地区农村低保制度是指，国家和社会对由于各种原因而陷入生存困境的少数民族地区农村民众给予财务救济和生活扶助，以保障其最低生活需要的各种政策、规定和规章的总和。

（二）民族地区农村最低生活保障制度的理论支撑

1. 马克思主义相关经典理论

（1）劳动力再生产理论

社会再生产是人类生存和发展的物质基础，由物质资料的再生产和劳动力的再生产两者构成。物质资料再生产依赖于劳动力再生产，因此劳动力再生产的作用不容忽视。

对于民族地区农村劳动者来说，家庭最低生存保障是劳动力再生产最原始的也是最直接有效的保障形式。低保可以直接以物质资料或金钱补助的形式给予农村劳动者最及时的生存救助。这是其他种类的保障形式，如养老保险、医疗保险、工伤保险等所不具备的功能。

因此，民族地区农村低保是现代社会中保障民族地区农村劳动力再生产的最重要的保障之一。它不仅能在短期内迅速改善民族地区农村劳动者的生活水平，而且也为其未来的生活质量提供了保障，从而源源不断地促进民族地区农村社会发展。马克思主义关于社会保障的理论为民族地区农村低保制度的建立提供了重要的理论支撑。

（2）社会总产品分配与再分配理论

在社会总产品理论中，马克思初步论述了社会保障资金扣除的重要性，为社会保障资金的筹集提供了理论依据和初步构想。他在《哥达纲领批判》中对应该扣除的部分进行了详细的论述。

我国有关初次分配和再次分配中体现效率和公平的讨论一直在继续。十一届三中全会公报明确指出，必须贯彻按劳分配的基本原则，克服平均主义；十四大明确提出，我国分配制度要兼顾公平与效率；十四届三中全会通过的《中共中央关于建立社会主义市场经济体制若干问题的决定》首次提出，个人收入分配要坚持按劳分配为主、多种分配方式并存的制度，体现效率优先、兼顾公平；十六大明确指出，初次分配注重效率，发挥市场作用，再次分配注重公平，加强政府对收入的调节。这一系列的政策体现了我国在资源分配过程中对公平和效率的选择和决策。农村低保制度是国家利用财政对社会总产品进行分配和再分配的过程。在这一过程中，用这只无形的手使得社会成员得到补偿和帮助，实现民族地区农村居民的生活安乐、生产发展。

2. 经济学理论

（1）庇古的福利经济学

庇古以经济福利为研究对象，从边际效用的角度出发，通过对国家干预调节生产资源和收入分配的讨论来论证提高国民福利的可能性。只有生产资料合理配置才能实现国民收入量的最大化，而国民收入量的增加又是促进经济福利的主要因素。民族地区农村贫困民众的特殊性更需要国家给予适度倾斜的生活救助，以保障其维系最低生存条件。

（2）新福利经济学

新福利经济学是借用帕累托最优对社会福利最大化、实现社会资源最优配置的问题进行探讨，认为实现福利最大化的手段就是增加国民收入，并在此基础上通过社会选择理论对其进行深入阐述。新福利经济学认为人文社会福利是全体劳动者所购买的商品和所提供的要素和其他有关变量的函数。这些因素可能有各种不同的组合。所以，在一定的收入分配条件下，对各种不同配合的选择就可能实现社会福利的最大化。

福利经济学中的各种理论，比如庇古的国家干预说、收入均等说，新福利经济学中的社会选择理论等都将国家财政收入与社会保障跟经济发展联系在一起。这就是具体的社会保障制度。它能为民族地区农村低保制度的建立提供最基本的经济理论支持。

3. 社会公平理论

公平和正义是人类社会的永恒价值追求。人类自产生之日起就没有停止过对公平和正义的追求。现代化市场的激烈竞争，必然会导致社会财富分配不均衡等问题的产生。这与公平和正义的永恒价值观是背道而驰的。

法的根本目的在于正义的实现，经济法领域也不例外。而正义有形式正义和实质正义之分。从根本上说，形式正义是和法律的普遍性相联系的，它要求同等的人应当受到同等的对待；实质正义在于实现全社会范围内的实质性的、社会性的正义和公平，其所要追求的是一种最大多数社会成员福祉的正义观。这种正义观强调，针对不同的情况和不同的人予以不同的法律调整和对待。在某种程度上民法所追求和体现的是一种形式上的正义。如《中华人民共和国民法通则》第三条规定“当事人在民事活动中的地位平等”，该规定是平等对待权的体现；其第四条规定“民事活动应当遵循自愿、公平、等价有偿、诚实信用的原则”。这四大基本原则也体现了平等的基本要求。经济法领域更多注重的是实质正义，以实现最大多数人的幸福、利益和发展为己任。农村最低生活保障制度就是这一实质正义的产物，集中国家财政和地方财政的力量，给予那些因疾病、残疾、体弱而达不到低保制度标准条件的农村居民提供必要的物质和金钱补助，得到了广大社会民众的普遍认同。国家提供的低保待遇水平不是绝对的均等，而是一种相对的公平。社会经济发展水平的差异会导致社会保障待遇水平的差异。这是因为某地区的社会保障水平是与此地经济发展水平相适应的，是与公民自身具体情况相一致的。基于这一理论，并结合我国的现实国情，我国农村低保的保障标准不能盲目地设定为统一标准，不能对全体公民实行一刀切；在民族地区农村实行低保制度，才能真正实现社会公平。由此，社会公平理论是民族地区农村低保制度强有力的理论基础。

4. 生存权相关理论

人权是随着人的出生而产生，随着人的死亡而消灭的一种自然权利。其中生存权也是人权中最基础、最重要的内容之一。这种基于人类生存本能而自然产生的权利不可转让。而它作为社会个体的人生存发展所不可或缺的权利，其权利主体是全体社会成员。

《中华人民共和国宪法》第四十五条规定："中华人民共和国公民在年老、疾病或者丧失劳动能力的情况下，有从国家和社会获得物质帮助的权利，国家发展为公民享受这些权利所需要的社会保险、社会救济和医疗卫生事业。"中国是一个多民族国家，56个民族共同生活在960万平方千米的华夏土地上，民族地区农村人口在总人口中占有相当大的比重。同时，民族地区农村又面临生态环境脆弱、自然资源匮乏、交通信息闭塞等区域性难题。为进一步确保民族地区农村居民的基本生活水平和生活质量，在民族地区农村建立和实施低保制度是国家应该履行的责任和义务。因此，生存权理论是农村低保制度建立的重要理论支撑。

5. 党"以人为本"的科学发展观和和谐社会理论

从20世纪70年代进入改革开放以来，我国的经济进入了飞速发展的轨道。随着改革的深入，社会利益关系结构也发生了变化，人民的利益矛盾日益凸现出来。胡锦涛在继承毛泽东、邓小平和江泽民同志的人民利益观的基础上，开创性地提出了"以人为本"的科学发展观。这一举措使得人民群众的利益从制度上得到了根本保障。

中国共产党一贯的政策和科学发展观、和谐社会的理论都是以群众的切身利益为出发点，以实现人民大众利益最大化为根本目的的。包括农村低保制度在内的社会保障制度正是以人民利益为价值导向的实践观的重大体现。建立以社会保险、社会救助、社会福利以及社会优抚为主要支撑的社会保障体系，将社会保障的触角延伸到包括民族地区贫困农村在内的各社会低收入群体和那些需要帮补的社会弱势群体中，不断完善我国的社会保障制度体系，不断缩小社会各阶层的收入差距，促进社会公平、公正、有效率地发展，是实现人民利益最大化、实现和谐社会的唯一途径。

（三）民族地区农村最低生活保障制度的特殊价值

1. 民族和谐价值

民族地区农村低保制度的特殊价值之一在于能有力推动民族地区的团结与和谐，缩减民族地区农村居民经济生活的差距，能有效缓解社会矛盾。各民族共同繁荣一直是党中央坚持的民族政策，也是各民族地区开展农村低保工作的实践基础和价值取向。农村低保制度为解决民族地区社会变革中出现的问题提供了一定路径，有利于实现各民族的和谐发展。

21世纪中央民族工作的重要内容是"共同团结奋斗，共同繁荣发展"。加强民族团结才能实现民族和谐。以农村低保制度为重要内容的社会保障工作在促进经济发展、社会稳定、民族团结和和谐等方面发挥着重大作用。农村低保制度是民族地区社保体系不可或缺的重要组成部分，是一项关系民族地区民生问题的重大制度。若该制度实施不力，将直接威胁到民族地区农民和游牧民的基本生存保障权。改革开放过程中的"马太效应"使得社会贫富更加悬殊，严重激化各种社会矛盾，难以实现社会秩序的和谐稳定，在民族地区贫困农村尤为明显。运用低保制度方式对弱势家庭和贫困居民给予一定的物质或金钱扶持，将使社会财富分配不公、贫富悬殊过大的局面得到有效调节和控制。该制度对救济和改善农村贫困人口的生活状况具有立竿见影的作用。他们的基本物质生活得以保障才能增强安全感和心理平衡性，有利于促进民族地区内部团结、维护各民族的繁荣稳定。

2. 区域协调价值

促进民族地区经济社会协调发展，实现区域经济发展的均衡化，是其特殊价值之一。民族地区与其他地区相比较，存在更严重的经济发展非均衡性。这些不平衡性主要是由民族地区的自然条件、地理位置、技术基础和文化背景等因素差异造成的。民族地区之间、民族地区与其他地区之间发展的诸多不平衡是历史上"非均衡"发展战略导致的。民族地区之间、民族地区城乡之间的居民收入差距及享受公共服务水平的差距仍在不断扩大，过度"非均衡"发展会直接威胁民族地区社会稳定和安全。区域协调的价值理念符合国家发展的正当性，也是国民经济高效、稳健和健康运行的前提。

农村低保制度通过规范化、制度化的行为规则，帮助贫困农民和居民摆脱生存困境，促进民族地区农村社会和谐发展。其实质在于通过对弱势群体的倾斜式救助和纠偏型照料，实现该弱势群体与其他普通民众群体生活的同质化。这也是区域协调的基础和条件。区域协调本身就包含借助多种手段进行平衡协调，实现民族地区的平衡发展、协调发展。农村低保制度仅仅是具体区域协调发展法律制度的一个典型展开的具体规定。农村低保制度体现的区域协调价值在于该制度能提供低保制度主体、客体和内容及其目标的公正平衡点，合理调节民族地区社会分配关系，促进社会和谐稳定，助推民族区域的生态、经济、环境的平衡协调，实现民族地区经济效益、社会效益和生态效益的协调和统一。

3. 社会效益价值

从国内外各国社会保障制度的嬗变历程和实践经验可知，适度性的社会保障和经济发展之间是相互促进、相互影响的。农村低保制度作为社会保障体系的最后一道防线，不仅在于救助民族地区贫困居民的基本生活，而且为该地农村市场经济发展提供了一个安定有序的社会生态环境。民族地区农村低保制度的社会效益价值主要体现在经济效益和人文效益两个方面。在经济效益方面，低保救助经费若能达到民族地区农民平均食物消费水平，则能基本解决其生存权问题；若救助经费低于平均食物消费水平，则难以保障低保救助者的基本生存需求。同时，若救助力度过大，该制度则可能产生社会福利依赖和“养懒汉”的现象。民族地区农村低保制度的覆盖率越高越好，则能保障将该区全部贫困农民和农户纳入基本生活保障范围，更好促进“应保尽保”的实现程度。

民族地区农村低保制度的主要目的是使全社会公民，无论何种身份、住于何处、因何原因，只要其基本生存权受到威胁，就有权从国家和社会获得最低限度的物质或金钱救助。帮助提高其收入水平而逐步消除贫困，促进农业健康发展和农村社会和谐，实现社会整体经济效益的提升，也是民族地区农村低保制度实施的最高战略和工作重点。在农村低保实践中，直接对农户实施经济救助可以减轻农户家庭开支和负担，使农民拥有更多资金来加大农业投入，甚至是救助医疗、教育的支出，逐步形成“低保补助—资金结余—加大农业投入—发展农业经济—增加农民收入—继续增加农业生产投入”的良性循环，不断促进民族地区经济持续健康发展。另外，农村低保制度的执行，不仅在农业生产方面产生效益，还会带来多方面的投资效益。目前农村低保救助金的稳定流转，有助于转变依靠投资和出口拉动的经济结构，加速促进民族地区转变经济发展方式，走上新型资源节约型、生态有保障的良性道路。

二、现状考察：我国民族地区农村最低生活保障制度的实践要素

通过课题组内部的合理分工，我们首先是对收集的资料进了整理和分析，然后在昆明市和芒市的个别民族地区的农村进行了实地考察，最后在红河哈尼族彝族自治州河口瑶族自治县进行了问卷调查。

（一）云南省农村低保的总体情况

通过资料的收集、整理和分析，我们整理了云南省历年的农村低保保障人数、云南省农村低保保障对象的定位及云南省农村低保实施的操作方法。

1. 云南省农村低保保障人数（见表1）

表1　2012—2016年云南省农村低保保障人数

年份	农村低保保障人数（人）
2012	4 376 628
2013	4 665 411
2014	4 589 414
2015	4 552 840
2016	4 539 893

由表1可以得出，除2012年到2013年云南省农村低保保障人数有所上升之外，2013年到2016年云南省农村低保保障人数逐年下降。2012年受到国家金融危机的影响，国内经济下行，农村居民收入减少，所以纳入农村低保保障的人数增多。但是从2013年开始，国内经济有所恢复，农村居民收入增加，所以从2013年开始，云南省农村低保保障的人数逐年下降。

2. 云南省农村低保保障对象的定位（见表2）

表2　　云南省农村低保保障对象的定位

准入条件	户口条件：持有当地常住户口的居民
	家庭收入条件：共同生活的家庭成员人均收入低于当地低保标准
	家庭财产：家庭财产状况符合当地人民政府规定的条件
主要包括人员	1. 因家庭成员患病导致家庭生活特别困难的 2. 家庭主要劳动力残疾或年老体弱导致丧失、缺乏劳动力或劳动力低下，致使家庭生活特别困难的 3. 因生存条件恶劣，自身无法维持基本生活，家庭生活特别困难的 4. 各级人民政府确定的其他特殊困难户
排除条件	1. 家庭实际生活水平高于当地农村最低生活保障标准的 2. 在法定劳动年龄内有劳动能力（在读学生除外）或自身有维持基本生活能力而不从事生产劳动的 3. 不按规定如实申报家庭收入的 4. 正在服刑、劳教的 5. 各级人民政府认定不能享受农村最低生活保障的其他人员

根据《云南省农村最低生活保障工作规程（试行）》整理而制定的表2，清楚地显示出，云南省农村低保保障对象的准入条件主要是户口条件、家庭收入条件、家庭财产等，并且纳入农村低保的主要是残疾、重大疾病、生存环境恶劣等条件限制的人员，同时还规定了一定的排除条件。

3. 云南省农村低保实施的操作方法

提出申请。首先符合条件的申请人应该以家庭为单位，由户主或者其代理人以户主的名义向户籍所在地乡镇人民政府提出书面申请。申请人也可以委托村民委员会代其向户籍所在地乡镇人民政府提交低保书面申请及相关材料。

↓

审查受理。乡镇人民政府对申请人或者其代理人提交的材料进行审查，材料齐备的，予以受理；材料不齐备的，应当一次性告知申请人或者其代理人补齐所有规定材料。

↓

调查核实。乡镇人民政府自受理低保申请之日起10个工作日内，在村民委员会协助下，组织驻村干部、社区低保专干等工作人员采取信息核对、入户调查、邻里访问、信函索证等方式对申请人家庭经济状况和实际生活情况逐一进行调查核实。每组调查人员不得少于2人。

↓

民主评议。调查结束后，乡镇人民政府在 5 个工作日内，在村民委员会的协助下，以村为单位进行民主评议。民主评议由乡镇人民政府工作人员、村（居）党组织和村委会成员、熟悉村民情况的党员代表、村民代表等参加。村民代表人数不得少于参加评议总人数的三分之二。

↓

初次公示。乡镇人民政府根据家庭经济状况信息核对、入户调查、民主评议等情况，对申请家庭是否给予低保提出建议意见，并及时在村民委员会设置的村务公开栏公示入户调查、民主评议和审核结果。公示期为 7 天。公示结束后，乡镇人民政府应当将申请材料、家庭经济状况调查结果、民主评议情况等相关材料报送县级人民政府民政部门审批。

↓

县级政府审核。县级人民政府民政部门应当自收到乡镇人民政府审核意见和相关材料 5 个工作日内提出审批意见。拟批准给予低保的，应当同时确定拟保障金额。不符合条件、不予批准的，应当在做出审批决定 3 日内，通过乡镇人民政府书面告知申请人或者其代理人并说明理由。提出审批意见前，县级人民政府应当全面审查乡镇人民政府上报的申请材料、调查材料和审核意见，并按照不低于 30% 的比例入户抽查。

↓

县级政府审批。公示期满无异议的，县级人民政府民政部门应当在 3 个工作日内做出审批决定，对批准给予低保的，发给低保证，并从批准之日下月起发放低保金。对公示有异议的，县级人民政府民政部门应当重新组织调查核实，在 20 个工作日内做出审批决定，并对拟批准的申请重新公示。

↓

再次公示。县级人民政府民政部门应当对拟批准的低保家庭通过乡镇人民政府、村民委员会固定的政务公开栏、村务公开栏以及政务大厅设置的电子屏等场所和地点进行公示。公示内容包括申请人姓名、家庭成员、拟保障金额等。公示期为 7 天。

↓

资金发放。低保金原则上实行社会化发放，通过银行、信用社等代理金融机构，直接支付到低保家庭的账户。低保金应当按月发放，每月 10 日前发放到户。金融服务不发达的农村地区，低保金可以按季发放，每季度初 10 日前发放到户。

根据云南省《最低生活保障审核审批办法（试行）》，课题组调查发现，云南省农村低保的操作方法明确，并且具有完整的程序性。

4. 云南省农村低保年标准

（1）云南省总体农村低保年标准（见表 3）

表 3　　2012—2016 年云南省与全国平均农村低保年标准

年份	云南省农村低保年标准（元）	全国平均农村低保年标准（元）	云南省占全国的比例
2012	1 676.2	2 067.8	81.06%
2013	1 953.46	2 433.9	80.26%
2014	2 141.93	2 776.6	77.14%
2015	2 342	3 182.3	73.59%
2016	2 373	3 322.1	71.43%

根据表 3 可知，云南省农村低保年标准从 2012 年开始逐年增长。但是从云南农村低保年标准占全国平均农村低保年标准的比例来看，云南省占全国平均比例数额越来越小，明显地说明云南省农村低保年标准虽然逐年提高，但是与全国平均的差距也越拉越大。

（2）云南省各民族自治州的农村低保年标准

根据民政部发布的 2016 年第一季度低保标准中的农村低保标准，楚雄彝族自治州年保障标准：楚雄市为 2 148 元，大姚县为 2 160 元，双柏县、元谋县为 1 716 元，其余县均为 1 920 元。红河哈尼族彝族自治州年保障标准为 2 400 元。文山壮族苗族自治州年保障标准为 2 136 元。大理白族自治州年保障标准：大理市为 1 860 元，云龙县为 2 436 元，祥云县、剑川县、鹤庆县为 2 220元，其余县均为 2 556 元。西双版纳傣族自治州年保障标准为 2 510 元。德宏傣族景颇族自治州年保障标准：陇川县为 2 248 元，瑞丽市为 1 716 元，其余县均为 1 955 元。怒江傈僳族自治州年保障标准：泸水县为 2 116 元，兰坪县为 1 918 元，其余县均为 1 716 元。迪庆藏族自治州年保障标准：香格里拉县为 2 133 元，维西县为 2 646 元，德钦县为 2 000 元。

与全国平均的农村低保年保障标准 3 322.1 元相比，云南省各民族自治州的农村低保保障标准均低于全国平均水平。经相关研究分析，云南省少数民族地区农村低保保障标准不仅低于全国农村低保保障标准，而且要远远低于非民族地区农村低保保障标准，特别要低于经济发达地区的农村低保保障标准。

5. 云南省农村低保资金筹措

《城乡最低生活保障资金管理办法》规定了城乡低保资金的筹集渠道包括各级财政预算安排的资金、社会捐赠收入等。各级财政部门应当将城乡低保资金纳入同级财政预算。同时，通过财税优惠政策，鼓励和引导社会力量提供捐赠和资助，多渠道筹集城乡低保资金。

一般而言，农村低保的资金筹集主要由地方政府承担，中央政府对财政困难的地区予以补助。但是云南省因为地区经济不发达，地方财政收入少，并且农村贫困人口数量居多，所以纳入农村低保的人数也多。按照 2015 年农村常住居民人均可支配收入 2 855 元的全国农村贫困标准，云南省农村贫困人口从 2014 年的 574 万人下降至 2015 年的 471 万人。同时根据民政部发布的 2016 年第一季度各省社会服务统计数据，云南省农村低保保障人数为 4 539 893 人。

（1）云南省农村低保资金筹款的各项来源（见表4）

表4　　云南省2012—2015年社会服务经费支出

年份	社会服务经费实际支出（万元）	农村低保支出（万元）	社会捐款（万元）	农村低保年增长率	农村低保占社会服务经费的比例
2015	2 071 008	777 866.9	4 011	17.85%	37.55%
2014	1 958 680	660 015.7	95 129	16.43%	33.69%
2013	1 727 132	566 859.1	4 714.7	16.23%	32.82%
2012	1 590 358	487 686.7	35 384.1	25.44%	30.66%

根据表4可以得出，云南省社会服务经费实际支出逐年增长，而且其农村低保支出占社会服务经费的比例正在逐年提升。课题组成员经过进一步计算，明显地发现云南省农村的低保经费年增长率也是在逐年提高的。但是除了政府财政资金之外，社会捐款的数额变动幅度较大而且不稳定，很难作为稳定的云南省农村低保的资金筹集来源。需要进一步发挥社会公众的力量。

（2）云南省各民族自治州省级补助与州县承担的情况（见表5）

表5　　2008年云南省各民族自治州农村低保省级补助情况表

州市	总需资金（万元）	省级补助（万元）	州县承担（万元）	省级补助比例
楚雄彝族自治州	6 294	4 216.8	2 077.2	67
文山壮族苗族自治州	12 918	11 107.76	1 810.55	85.98
红河哈尼族彝族自治州	16 629	11 567.76	5 061.24	69.56
大理白族自治州	10 461	7 007.7	3 453.3	66.99
西双版纳傣族自治州	2 952	2 753.82	198.18	93.29
德宏傣族景颇族自治州	4 734	4 397.85	336.15	92.9
怒江傈僳族自治州	6 213	6 213	0	100

因收集整理的资料有限，本研究仅以2008年云南省各民族自治州农村低保省级补助情况表为例。根据表5可以清晰地发现，2008年云南省各民族自治州所支出的农村低保经费，其中有60%是需要靠省级政府补贴的，而其中文山壮族苗族自治州高达85.98%靠省级政府补贴，西双版纳傣族自治州、德宏傣族景颇族自治州超过国民经济和社会发展统计公报所展示的农村低保实施标准。

（二）云南省河口瑶族自治县农村低保实施现状的调查与分析

1. 调查地概况及样本特征

（1）调查地概况

河口瑶族自治县位于红河哈尼族彝族自治州东南部，隔红河与越南老街市、谷柳市相望，是云南省唯一一个以瑶族为主体的自治县。

在河口瑶族自治县的人口中，居住在城镇的人口为31 132人，占总人口的29.76%；居住在乡村的人口为73 477人，占总人口的70.24%。同2000年第五次全国人口普查相比，城镇人口增加了11 886人，乡村人口减少了2 728人，城镇人口占总人口的比重上升了9.6个百分点。

河口瑶族自治县人口中，汉族人口为40 195人，占总人口的38.42%；各少数民族人口为64 414人，占总人口的61.58%。其中，哈尼族人口为1 575人，占总人口的1.51%；彝族人口为

5 062 人，占总人口的 4. 84%；壮族人口为 11 967 人，占总人口的 11. 44%；傣族人口为 2 315 人，占总人口的 2. 21%；苗族人口为 16 282 人，占总人口的 15. 56%；回族人口为 132 人，占总人口的 0. 13%；瑶族人口为 24 013 人，占总人口的 22. 96%；拉祜族人口为 14 人，占总人口的 0. 01%。

2009 年河口瑶族自治县地区生产总值完成 14. 87 亿元，按可比价同比增长 14. 5%；农业总产值为 62 258 万元，比 2008 年增长 6. 2%；县属农业总产值为 20 411 万元，比 2008 年增长 6. 5%；农村经济总收入为 10 527 万元，增长 11. 8%；县属工业总产值为 32 741. 1 万元，比 2008 年增长 85. 2%；县属工业企业增加值为 6 220. 6 万元，增长 53. 5%；完成对外贸易进出口总额达 46. 8 亿元，比 2008 年下降 8. 4%；进出口货物运量达 210. 1 万吨，比 2008 年增长 36. 4%。

河口瑶族自治县农村低保制度自 2007 年建立以来，有了长足的进步。根据表 6，不难看出，河口瑶族自治县农村低保人均支出水平不断提高，近几年农村低保保障人数维持在 12 788 人。但是除了 2012 年，其他年份河口瑶族自治县农村低保人均支出水平都低于全国平均的人均支出水平。

表 6　　河口瑶族自治县 2011—2016 年农村低保人数及人均支出

年份	农村低保保障人数（人）	农村低保人均支出水平（元）	农村低保全国平均人均支出（元）
2011	12 150	89. 53	96. 4
2012	12 859	111. 78	109. 19
2013	12 839	107. 99	111. 37
2014	12 788	123. 81	125. 29
2015	12 788	142. 57	144. 56
2016	12 788	143. 02	150. 37

（2）调查样本特征

本研究报告的调查样本选择的是云南省河口瑶族自治县，调查的内容是民族地区农村最低生活保障的实施现状。调查对象主要是与农村低保息息相关的农户。主要的对象来自于河口镇、南溪乡、桥头苗族壮族乡（云南省 506 个贫困乡之一、云南省 106 个边境少数民族贫困乡之一）。结合民族自治县、民族乡的实地调查对于研究民族地区农村低保制度更具有针对性和实用性。

（3）调查问卷的结构设计

调查问卷是根据总结以往研究农村低保制度的相关要素以及课题组所计划了解的民族地区农村低保制度的主要情况进行设计的。调查问卷主要针对的对象是被调查地的农户。但是课题组对农户做了进一步的具体区分。其可以分为普通的农户和享受农村低保的农户，后者所要回答的问题将更多。

调查问卷的结构主要包括三大部分：农户基本信息、农户对农村低保的知晓情况、享受农村低保农户的跟进问题。

2. 受调查农户基本情况及农村低保实现情况

本研究报告所获取的数据主要来源于河口瑶族自治县河口镇、南溪乡、桥头苗族壮族乡的部分农户。本次问卷调查共发放 200 份，回收 195 份，有效的为 191 份，问卷的有效率为 95. 5%。其中享受农村低保的农户为 60 人，占总数的 31. 4%。

（1）性别比例（见表 7）

表 7　　受调查农户性别比例

	频数	百分比	有效百分比
男	128	67	67
女	63	33	33
合计	191	100	100

本次调查中，男性比例为 67%，而女性比例为 33%。在民族地区农村农户的户主大多是男性，所以本次调查问卷的男性比例大于女性比例。

（2）年龄比例（见表 8）

表 8　　年龄比例

	频数	百分比	有效百分比
30 岁以下	39	20. 4	20. 4
30 岁至 50 岁	118	61. 8	61. 8
50 岁以上	34	17. 8	17. 8
合计	191	100	100

在本次调查中，30 岁以下的比例为 20. 4%，30 岁至 50 岁的为 61. 8%，而 50 岁以上的为 17. 8%。30 岁以下的年轻人大多在外地打工，而河口瑶族自治县的农村人口大多是中年及老年的村民。

（3）受教育程度（见表 9）

表 9　　受教育程度比例

	频数	百分比	有效百分比
小学以下	24	12. 6	12. 6
小学	80	41. 9	41. 9
初中	57	29. 8	29. 8
高中、中专、技校	28	14. 7	14. 7
大专及以上	2	1	1
合计	191	100	100

在本次调查有效回收的 191 份调查问卷中，被调查的农户的受教育程度的情况是：有 12. 6%的农户受教育程度是在小学以下，有 41. 9%的农户受教育程度是小学，有 29. 8%的农户受教育程度是初中，有 14. 7%的农户受教育程度是高中、中专、技校，只有 1%的农户受教育程度是大专及以上。经过相关询问和调查后，我们发现这个情况主要是由以下原因造成的：受教育程度是高中及以上的年轻人主要都在外地打工，使得留下的都是一些受教育程度较低的农户。这样会导致留下的农户因为受教育程度低而对农村低保的相关政策和要求了解不足、了解不透或者了解不明。

（4）收入状况（见表10）

表10　　人均年纯收入状况比例

	频数	百分比	有效百分比
1 000元以下	39	20.4	20.4
1 000~2 300元	52	27.2	27.2
2 300~3 000元	37	19.4	19.4
3 000~4 000元	23	12	12
4 000元以上	40	21	21
合计	191	100	100

在本次调查中，年纯收入在1 000元以下的占20.4%，1 000~2 300元的占27.2%，2 400~3 000元的占19.4%，3 000~4 000元的占12%，4 000元以上的占21%。根据我国当前的农村贫困标准为人均年纯收入为2 300元，可见在本次调查中，有47.6%的农户年纯收入低于2 300元。但是也应该考虑到在调查过程中，农村地区收入不稳定和收入无法估算，以及有农户没有真实选择自己的年均人收入的情况。同时河口瑶族自治县处于我国边疆地区，同时又是少数民族地区，经济不发达、自然灾害也造成了农户的经济贫困。

（5）主要收入来源（见表11）

表11　　主要收入来源比例

	频数	百分比	有效百分比
农业生产	166	86.9	86.9
个体经营	16	8.4	8.4
外出务工	8	4.2	4.2
其他	1	0.5	0.5
合计	191	100	100

本次调查中，在有效回收的191份调查问卷中，有高达86.9%的农户主要收入来源于农业生产，有8.4%的农户主要收入来源于个体经营，有4.2%的农户主要收入来源于外出务工，有1%的农户主要收入来源于其他。绝大多数的农户收入来源于农业生产。受制于自然条件和政府政策，此项收入很不稳定。而河口瑶族自治县地处云南省边疆区域，加之少数民族聚居，基础设施薄弱，交通不便和消费需求不高，因而个体经营发展落后，绝大多数外出务工的人员几乎都在外地生活。综上形成了河口瑶族自治县被调查农户的主要收入来源的比例。

（6）农户对农村低保的认知程度（见表12）

表12　　农户对农村低保的认知程度

	频数	百分比	有效百分比
知道	96	50.2	50.2
不知道	28	14.7	14.7
听说过，不太清楚	67	35.1	35.1
合计	191	100	100

在本次调查中，有高达 85. 3%的农户知道国家颁布和实施了农村低保的政策，但是其中有 35. 1%的农户对于农村低保并不完全了解，只有 14. 7 的农户不知道有农村低保制度的存在。究其原因，国家政策的宣传起到了很大的作用。但是由于农户自身文化程度低而对农村低保政策不了解，或者了解得不全、不透。

（7）农户对农村低保的获知途径（见表 13）

表 13　**农户获知农村低保的途径**

	频数	百分比	有效百分比
电视报纸	23	12	12
村干部或村内宣传公示	135	70. 7	70. 7
其他途径	25	13. 1	13. 1
不知道	8	4. 2	4. 2
合计	191	100	100

根据本次调查，课题组发现，高达 70. 7%的农户是通过村干部或村内宣传公示知道的；通过电视报纸知道的占 12%；有 13. 1%的农户是通过其他途径知道的。农户获知农村低保的途径主要是村民口口相传或者村民代表的宣传。这就要求村干部能够准确地理解农村低保政策，同时能将其准确及时地转达给村民。此外，课题组在调研时发现，农村低保的具体实施主要是通过政府文件下达或通知的，而村民通过电视或者报纸甚至网络都很难获知政府文件的内容。这对于农户的农村低保的公开实施均不利。

（8）农户对农村低保公开透明程度的看法（见表 14）

表 14　**农户对农村低保公开透明程度的看法**

	频数	百分比	有效百分比
公开透明	102	53. 4	53. 4
不公开透明	50	26. 2	26. 2
没有关注	39	20. 4	20. 4
合计	191	100	100

课题组通过本次调查发现，有 53. 4%的农户认为农村低保公开透明，有 26. 2%的农户认为农村低保不公开透明，还有 20. 4%的农户认为，没有关注过农村低保的申请或评议。同时，经过实地走访，课题组发现村委会公告栏内贴有农村低保的相关内容。结合调查结果，总体来说，河口县瑶族自治县农村低保制度的实施是比较公开透明的。然而，仍有 20. 4%的农户没有关注农村低保。这也说明民族地区农村村民权利意识比较淡薄。

（9）农村低保对象的致贫因素状况（见表 15）

表 15　**各致贫因素比例**

	频数	百分比	有效百分比
残疾	6	10	10
严重疾病	12	20	20
受教育程度低	7	11. 7	11. 7

表15(续)

	频数	百分比	有效百分比
无固定收入	7	11.7	11.7
突发意外事件	2	3.3	3.3
子女教育费用高	26	43.3	43.3
合计	60	100	100

本次调查中，在191份有效回收问卷中，共有60份的农户享受了农村低保政策，其中导致其家庭贫困的因素主要为：有10%的是因为残疾，有20%的是因为患严重疾病，有11.7%的是因为受教育程度低，有11.7%的是因为无固定收入，还有43.3%的是因为子女教育费用高。总体说来，河口瑶族自治县农户的主要致贫因素多种多样，但主要集中于残疾、严重疾病和子女教育费用高等方面。

（10）农村低保对象申请低保的途径（见表16）

表16　　农村低保对象申请低保的途径

	频数	百分比	有效百分比
自己申请	18	30	30
小组长或村委会代为申请	35	58.4	58.4
上级分配	5	8.3	8.3
不知道	2	3.3	3.3
合计	60	100	100

课题组从本次的调查结果中发现，有30%的农户是自己申请农村低保的，有58.4%的农户是由小组长或者村委会指派人员代为申请农村低保的，还有8.3%的农户是由上级分配的。

（11）农村低保对象参与低保实施程序的情况（见表17）

表17　　农村低保对象参与过的程序

	频数	百分比	有效百分比
没有	19	31.7	31.7
申请	27	45	45
民主评议	5	8.3	8.3
不知道	9	15	15
合计	60	100	100

根据本次调查结果可知，有31.7%的农户没有参与农村低保的任何程序，有45%的农户仅仅参与了农村低保的申请，仅有8.3%的农户参与了民主评议，还有15%的农户不知道自己参与了什么程序。总的来说，农户参与农村低保的自主性不高。这会使得村委会将担负起更大的责任。

（12）农村低保对象对其归类满意的情况（见表 18）

表 18　农村低保对象对其归类满意的情况

	频数	百分比	有效百分比
非常合理	4	6.7	6.7
基本合理	45	75	75
不合理	9	15	15
非常不合理	2	3.3	3.3
合计	60	100	1 000

在本次调查的农村低保对象中，有 6.7%的农户认为归类非常合理，有 75%的农户认为归类基本合理，有 9%的农户认为归类不合理，还有 3.3%的农户认为归类非常不合理。总体看来，被调查的绝大多数农户认为对其归类合理。

3. 小结

本研究报告通过调查河口瑶族自治县的部分农户的基本情况，农村低保的宣传、执行，还有享受农村低保的农户对于农村低保的认知感受情况等，通过调研的手段来全方位深入研究个别民族地区农村低保的实施现状，进而挖掘出我国民族地区农村低保制度实施中存在的一些问题。

三、成因分析：我国民族地区农村最低生活保障法律制度的不畅局面

（一）低保资金来源渠道单一

当前我国民族农村地区低保资金来源渠道单一，后续资金来源缺乏保障，多元化的资金来源渠道有待开拓。低保资金主要来源于地方政府，由省级以下各级人民政府财政负担，国家财政拨款相对较少且不具备法定性；低保资金来源的政策性较强，具有较大的随意性。这种资金来源模式对于落后民族地区而言更具有先天性不足的特征。由于我国各地区经济发展不平衡，各地低保保障水平必然存在着差异性。发达地区贫困人口少而财政投入能力强，落后民族地区的贫困人口多而其财政供给能力非常有限。民族地区政府财力紧张根本无法弥补大量的低保资金缺口，甚至出现欠发达民族地区政府因无法有效落实后续资金而导致农村低保工作进展缓慢或者停滞不前，无法供给农村贫困居民最低限度的生活必需品。资金来源单一、供需不平衡、资金缺口大成为民族地区农村低保制度健康发展的拦路虎。

（二）低保保障标准偏低

由于多种因素影响，我国各地经济发展水平不同，各地发展水平存在着较大的差异，特别是一些民族地区内部也存在着明显差异。如作为地级市、州政府所在地的县级市或区或市，与本地级市州所辖的其他县或市存在着较大的差异。各地经济发展不平衡造成了各地区低保保障标准存在着明显的不同。例如，中国东部地区地理环境优越、交通发达、人口集聚，造成大量财富聚集，地方财政收入偏高，具有更多的可支配资金；但中西部特别是西部地区环境恶劣、交通不便、人口散居，造成民族地区资金流通不畅，进而缺失经济活力，地方政府财政收入相对偏少。我国农村低保制度是以政府为主导的社会资源再分配过程。但由于各地政府间的财政收入状况不同，各地低保保障标准存在着巨大差异。现实的差异主要表现如下：发达地区低保的保障标准高于欠发达民族地区的保障标准，特别是西北部民族地区受到政府财力的限制，其保障标准相对更低，其数额甚至根本无法维持其最低限度的生活所需。另外，民族地区农村低保标准与城市低保标准之间存在着较大差异，未能真正实现城乡低保制度的一体化。2010 年 10 月，城市低保月人均支出为 241.3 元，而同期农村低保月人均支出为 106.4 元，仅为城市低保标准的 44%。虽然城

市与农村的消费水平差距较大，但维持最低限度生存保障的低保标准的差距不宜过大。

（三）受保对象难以明确界定

我国低保制度的受保对象主要是以当地的低保标准来确定的，即受保者的收入未能达到维持其最低限度生活水准。受保对象的认定条件需政府对农户收入加以界定，需考虑收入货币化、收入起伏波动性等因素。首先，广大农村居民由于没有稳定的收入，特别是极端贫困民族地区农户甚至没有余钱存入银行机构，因此农户收入的多少难以成为判定低保制度扶持对象的标准。其次，民族地区农村居民收入起伏波动较大，且农业极易受到自然因素的影响，突遇的自然灾害可能导致整个地区农村居民都难以维持其基本生活；灾害过后农村居民通过辛勤劳作，较快地脱离了贫困线。这些特殊情况决定了准确界定受保对象具有相当的难度。最后，民族地区农村外出务工人员增多，他们收入的多少如何界定也存有困难。上述问题导致民族地区农村低保制度的受保对象界定不明确。

（四）民族地区农村低保实施缺乏法律保障

2007年《关于在全国建立农村最低生活保障的通知》明确了农村低保制度构建范围的全国性。但是随着经济社会的发展，农村低保的制度内容仍需不断完善，否则其实施乏力。《关于在全国建立农村最低生活保障的通知》仅有2 943字。该规定过于简单、抽象、模糊，难以涵盖农村低保制度执行中所遇到的种种难题，缺乏法律层面上的保障措施。特别是民族地区农村低保法律制度体系仍未建立和完善，缺乏国家层面基本法律支撑，农村低保法律制度的相关立法处于低效率的层次。由于缺乏权威性、强制性、专门性的农村低保法律制度，农村低保制度的执行将难以实现其预期目标。

四、域外借鉴：国外低保制度对我国民族地区农村低保制度的启示

（一）明确民族地区农村低保制度的定位

应该明确我国民族地区农村低保制度在整个农村低保法律制度体系中的位置和作用。一些学者认为，农村低保制度的构建是社会再分配的过程。而未能实施农村低保制度不仅仅是经济上的再分配过程不通畅，也是一种未解的政治问题。农村低保制度还涉及维护社会稳定、缩减城乡贫富差距、缓解社会矛盾等诸多问题。民族地区农村低保制度是现代社会保障体系的重要组成部分，是社会救助的基础和核心。我国正积极推进城镇化建设。然而民族地区农村贫困问题仍是主要的社会问题之一。农村低保制度成为民族地区农村问题的“稳定器”和“减震器”，是社会的最后一道“安全网”，其目的在于通过国家财政支持和帮助处于当地贫困线以下的农村贫困人口维持其基本生活水平而逐步摆脱贫困。建立民族地区农村低保制度可以缓解社会矛盾、稳定民族社区秩序，并在一定程度上缩小城乡差距，促进民族地区的城乡融合。民族地区农村低保制度是社会保障制度不可或缺的重要内容之一。因此政府在建立健全社会保障制度体系的同时，应该明确民族地区农村低保制度的定位和功能，兼顾农村低保制度与社会保险制度、社会福利制度之间的协调发展。

（二）加强民族地区农村低保制度的立法

美国社会救助立法经过多年的修改和完善，才逐渐发展形成农村低保相关的法律体系。美国作为英美法系的典型国家，其社会保障的单行立法和各州的立法相当丰富和发达，特别是在社会救助制度方面的立法完善是美国社会救助制度的一大显著亮点。其他社会保障制度比较完善的国家诸如英国、德国、意大利、瑞典等，都制定了最低生活保障相关的法律规范。只有将社会保障事业法律化，才能使得该制度执行具有持续性和稳定性，才能从根本上明确民族地区农村低保制度中各主体的“责”“权”“利”，以保障民族地区农村贫困人口和农户的基本权益。目前我国关于农村低保制度的立法是较缺乏的，而且是不统一的，存在着城乡两条立法线路同时并进的状况。有关城市低保制度的立法主要体现为1999年国务院颁布的《城市居民最低生活保障条例》，

关于农村低保制度的立法仅有2007年国务院发布的《关于在全国建立农村最低生活保障制度的通知》。农村低保制度在立法层面尚未上升到国家法律这样的效力等级和层次。我国民族地区农村低保制度的完善需要制定一部全国统一适用的《农村最低生活保障法》，由其对农村低保制度的构建给予指导和强制实施。只有通过国家层面立法才能保障该制度在民族地区农村长久存续和有力实施。农村低保制度应该通过全国民族地区以强化其实施，以保障该法律制度的统一性、稳定性、权威性和连续性，促进民族地区农村低保工作纳入有法可依的法制化轨道，确保民族地区农村居民的生存权不受侵害、最低限度的物质生活有着法律上的强力救济而不至于落空。

（三）设立合理的民族地区农村低保基准线

民族地区农村低保制度基准线的设置不合理将会导致该制度的操作性存在严重不到位的问题，造成我国民族地区农村低保制度的施行将面临重大的社会挑战。因此，制定一条科学合理的民族地区农村低保基准线是有效贯彻和实施该地区农村低保制度的基础。制定一条明确合理的低保基准线，一方面可以强化监管标准和规则，进而杜绝在农村低保发放过程中出现执行主体的主观性和随意性；另一方面可以切实保障所需保护的弱势民族地区农村贫困群体的切实利益。当然，这条基准线的设定应该结合各民族地区实际情况进行具体详细地划定。例如，美国规定月收入的1/3用在食物方面的家庭就属于贫困人口家庭。又可以根据各民族地区农村和农民收入水平的差异，进而制定具体不同的低保标准。带有一定弹性的标准既能发挥在适用中的灵活性，又能最大限度地体现“公平保护”的立法目的。

（四）加强民族地区政府在农村低保制度中与民间团体的合作

政府应该积极拓宽民族地区农村救助资金的来源渠道，除了中央政府和地方政府的投入比例之外，还应当发挥民间力量在民族地区农村低保制度中扮演的积极角色。充分保障和发挥政府在民族地区农村低保制度中的主导作用，是社会对政府的必然要求。而民间团体的辅助力量亦不容轻视。目前我国慈善事业尚处于起步阶段，民间社会互助力量仍比较脆弱。如何更好地协调社会中各方面的资源，发挥民间社会团队和组织为民族地区农村低保制度贡献自己一份应有的力量，是未来完善民族地区农村低保制度的重要环节。例如，在美国，联邦或各州政府与民间慈善组织之间的合作就比较完善，而且在民间社会从事救助、慈善的福利机构众多，市民的慈善责任和服务意识非常强烈；救助行为不仅仅是政府的业务，也逐渐发展成为社会的义务。今后，我国应该大力推进民间慈善组织机构的建设和完善，并建立健全相关法律、法规，积极引导这些民间组织机构与民族地区农村低保管理机构之间的合作，并不断增强其在投入低保制度运作中的捐赠资金以及社会正能量，不断提高广大民众的公益意识，挖掘更多的社会资源，辅助政府施行民族地区农村低保制度，构建和谐有序的社会救助体系，为社会发展消除各类矛盾和冲突，缩减社会贫富差距。最终形成适合我国国情、具有中国特色的民族地区农村低保制度与扶贫开发、民间组织机构相合作等制度相协调、相统一的法律制度体系。

五、完善措施：我国民族地区农村最低生活保障法律制度的构建路径

（一）建立低保法律体系

民族地区农村低保制度的实施缺乏法律层面的保障，但其执行具有行政法规意义上的依据。为了促进民族地区农村低保制度的有效运行，不仅应构建和完善民族地区农村低保法律制度，还需尽快解决民族地区农村低保创立的法治化、运行的规范化和解纷的程序化；最终从法律层面制定一部《民族地区农村低保基本法》，明确其中的各种法律关系，实现各主体的权、责、利等均衡，从根本上保障民族地区农村低保法律制度体系的权威性和连续性，真实实现其保障标准和受保对象范围的法治化，确保民族地区农村贫困居民的基本人权，保障低保农户的基本生存权益，维护社会稳定、公平，促进民族地区经济社会健康、协调、可持续发展。还应该进一步创设专门针对民族地区农村特殊性的法律、法规，增强民族地区农村低保制度的特殊性条款并对其规定不

断予以细化，增强其科学性和可行性，明确其执法机构的权责和职能，监督地方政府依法履行低保制度的各项保障标准。被保障者对低保实施机构的违法行为有权提起行政诉讼，确保需救助者的公益司法救济权，促使司法权在民族地区农村低保领域得以建立和不断发展。良性司法权的运转有利于广大民众对该制度获得充分的认同感和正义性。

（二）合理确定保障对象

民族地区农村居民收入不稳定，易受自然环境因素的影响，难以用货币衡量其真正收入水平。可以对民族地区农户采取信用考核方式进行评级，通过农户申报、家庭走访、村委推举、邻里访谈等方式。对农村低保制度的受保对象审核应该贯彻“能保皆保”的方针。同时，应强化对受保对象范围进行严格的后期监管，对故意骗取农村低保的农户应当做好记录并列入相关的诚信档案，或者给予一定的处罚措施。另外，应当加强民族地区农户对低保制度等社会保障制度的宣传和学习，提升其法律政策意识，并使其真正意识到低保制度不是国家给的“铁饭碗”，而是专门为那些最低限度基本生存都的确存有困难的农户设置的保护性措施，是民族地区农村特殊贫困农户的最后一根救命稻草。

在农村低保制度施行过程中，民族地区的一些农村居民入保后在低保制度扶助下脱离了最低的生活贫困线，但仍然享受着农村低保的待遇。针对此种情况，既需要行政执法机构加强监督，对低保户收入、生活等状况进行“动态管理”，将那些切实需要扶助的农户应尽快纳入农村低保受保对象范围内，对那些已超过最低限度生活贫困线的农户则应及时或定期清理出农村低保扶持的对象范围，促使有限低保资金发挥其最大的效用。政府和社会应积极引导民族地区农户培养诚信理念，不骗低保、不吃空饷，强化农户之间的相互监督和自我约束机制。

（三）科学设置保障标准

民族地区农村低保制度保障标准的确定，既要发挥地方政府的积极能动性，又应将其纳入行政决策的法定化、程序化范畴，确保低保保障标准具有可行性、救助性。应合理制定民族地区农村低保保障标准，既要保证农户最低限度的基本生活，又不能使保障标准过高以不当助长民族农村居民的惰性习惯。政府部门应加强领导，确保农村低保制度保障标准不能忽高忽低；地方各级政府应统筹考虑建立农村低保制度的需要，科学整合县乡机构及人员，合理安排工作人员及经费，逐步实现低保保障标准及其相关内容的信息化管理，确保民族地区农村低保制度更加完善。

（四）拓宽资金筹措方式

《关于在全国建立农村最低生活保障的通知》规定，农村低保资金的筹集以地方为主，地方各级政府应将农村低保资金列入财政预算，省级政府应加大投入力度，中央财政应该对地方财政困难的地区给予适当的补助。这些规定在实践过程中仍然难以促进民族地区农村低保户实现“应保尽保”的局面，并且会在全国范围内造成事实上的不平等。要实现低保资金来源渠道的多元化，需要从纵向和横向这两个方面来考虑。

在纵向层面，国家应该加快对欠发达民族地区农村低保制度的财政转移支付力度，在低保标准和受保对象范围方面应该适度提升和扩大，确保民族地区农村贫困农户能维持其最低限度的生存保障。更重要的是，应该尽快促使民族地区农村低保制度与扶贫开发相结合，加大对民族地区农村基础设施建设的投入力度，切实改善农村生产生活环境，大力发展民族地区产业经济，实现全区脱贫与农村低保受保对象范围逐渐减少相结合。另外，国家应该对民族地区税收实施优惠政策，给予并增大特殊提留的力度；还应鼓励民间资金向民族地区农村流动，为民族地区农村经济的发展注入新的活力；应实现由“应保尽保”向“应保必保”转变，强化农村低保实施的财政保障力度。

在横向层面，民族地区农村低保制度主要是解决事实上的不平等。中国经过30余年的改革开放，在“两个大局”和“先富带后富”思想的指引下，东部沿海地区经济发展迅速，处于全国前列，贫困人口非常少；而中西部地区经济发展滞后，贫困人口数量多，且地区之间、个人之间的贫富差距越来越扩大化。东部沿海地区农村低保制度的保障标准高、受保对象少；而中西部民族地区农村低保制度的保障标准低、受保对象多，民族地区农村低保的资金筹集更加困难。民族地区农村低保资金的筹集仍然应当明确“先富带后富”的指导思想，强制东部沿海地区政府适当支持中西部民族地区农村低保资金的筹集工作，以实现“两个大局”思想和整体民族利益。另外，还应发动社会公益基金，特别应该鼓励东部发达地区规模大、效益好的企业更多地履行对口支持民族地区农村低保资金筹集工作。

附录2　关于农村最低生活保障实施情况的调查问卷

尊敬的先生/女士：

您好！

农村最低生活保障对我国农村的扶贫、脱贫有着极其重要的作用。为了解我国农村最低生活保障的实施情况，分析实施中的问题，特做此调查问卷。希望您积极配合，谢谢！

基本的信息：

1. 您的性别？（　　）

A. 男　　B. 女

2. 您的年龄？（　　）

A. 30岁以下　　B. 30~50岁

C. 50岁以上

3. 您的健康程度？（　　）

A. 身体健康　　B. 有疾病但不影响劳动

C. 有疾病并且对劳动有一定影响　　D. 有重大疾病或残疾，不能劳动

4. 您的受教育程度？（　　）

A. 小学以下　　B. 小学

C. 初中　　D. 高中、中专、技校

E. 大专及以上

5. 家庭成员为__________？主要劳动力为__________？

6. 您家庭年纯收入（收入减去开支）为？（　　）

A. 1 000元以下　　B. 1 000~2 000元

C. 2 000~3 000元　　D. 3 000~4 000元

E. 4 000元以上

7. 您家庭的主要收入来源为？（　　）

A. 农业生产　　B. 个体经营

C. 外出务工　　D. 其他

8. 您家庭最大的开支是？（　　）

A. 日常生活开支　　B. 教育开支

C. 医疗开支　　D. 其他

9. 您是否享受农村低保？

A. 是　　B. 否

农村低保基本实施情况问题：

10. 您知道怎样获得农村低保？（　　）

A. 知道　　B. 不知道

C. 听说过，但不太清楚

11. 您知道农村低保，是通过何种方式？（　　）

A. 电视或报纸　　B. 村干部或村内宣传公示

C. 其他途径　　D. 不知道

12. 您认为申请农村低保需要哪些材料？（　　）（可多选）

A. 户口本　　B. 身份证

C. 残疾证　　D. 疾病报告或病情证明

E. 在校学生证明、单亲证明　　F. "农村低保诚信承诺书"

13. 您认为申请农村低保应该有哪些程序？（　　）（可多选）

A. 申请　　B. 乡镇政府审核

C. 民主评议 D. 公示

E. 复核 F. 不知道

14. 您认为村委会对低保家庭的初审结果与实际情况相符合吗？（ ）

A. 非常符合 B. 符合

C. 不符合 D. 非常不符合

15. 您认为本村的低保审核和公示公开透明吗？（ ）

A. 公开透明 B. 不够公开透明

C. 没有关注

16. 您认为本村存在下面的情况吗？（ ）（只需答至 16 题）

A. 错保 B. 漏保

C. 人情保 D. 拼户保

E. 轮流保

17. 何种原因导致您家庭困难？（ ）（可多选）

A. 残疾 B. 严重疾病

C. 受教育程度低 D. 无固定收入

E. 突发意外事件 F. 子女教育费用高

18. 您是通过何种方式申请低保的？（ ）

A. 自己申请

B. 小组长或村委会指定人代为申请

C. 上级分配

D. 不知道

19. 在低保资格认定中，您参与了什么活动？（ ）

A. 提出申请 B. 民主评议

C. 没有参与 D. 不清楚

20. 您现在享受的低保属于第几档？（ ）

A. 第一档 B. 第二档

C. 第三档

21. 您认为您家庭的低保等级合理吗？（ ）

A. 非常合理 B. 基本合理

C. 不合理 D. 非常不合理

22. 您认为低保补助对您的生活是否有帮助？（ ）

A. 有帮助，但帮助不大 B. 数额合理，有较大的帮助

C. 额数太少，起不到帮扶作用

23. 如果家庭条件好转，您是否愿意放弃低保？（ ）

A. 愿意 B. 不愿意

C. 要由上面决定

24. 您对低保政策及实施有什么意见或建议？

参考文献

［1］李昌麒. 中国农村法治发展研究［M］. 北京：人民出版社，2006.

［2］吴长波. 农业产业现代化促进法律问题研究［M］. 武汉：华中科技大学出版社，2014.

［3］秦关召，绽自珍. 农业政策与法律法规［M］. 北京：中国农业科学技术出版社，2015.

［4］闫洪奎. 农业法规［M］. 北京：清华大学出版社，2011.

［5］王宏广. 中国粮食安全研究［M］. 北京：中国农业出版社，2005.

［6］李经谋. 中国粮食市场发展报告［M］. 北京：中国财政经济出版社，2005.

［7］甘培忠. 国家经济安全法律保障制度研究［M］. 北京：法律出版社，2012.

［8］周训芳. 林业法学［M］. 北京：中国林业出版社，2004.

［9］张美华. 中国林业管理体制研究［M］. 重庆：西南师范大学出版社，2003.

［10］张道卫，皮尔森. 林业经济学［M］. 北京：中国林业出版社，2013.

［11］张才琴. 中国森林资源保护法律制度研究［M］. 北京：现代教育出版社，2009.

［12］于游. 中国传统社会森林资源保护法律制度研究［M］. 北京：中国政法大学出版社，2015.

［13］张力. 林业政策与法规［M］. 北京：中国林业出版社，2003.

［14］王志新. 森林司法［M］. 北京：中国林业出版社，2002.

［15］宋洪远，赵长保. 中国农村经济分析和政策研究：2003—2006［M］. 北京：中国农业出版社，2006.

［16］李伟. 世界农业法鉴［M］. 北京：中国民主法制出版社，2004.

［17］刘小红. 农业保险法律制度研究［M］. 北京：中国法制出版社，2014.

［18］李友声，文章代. 中国保险问题报告［M］. 沈阳：沈阳出版社，1998.

［19］张克强，高怀友. 畜禽养殖业污染物处理与处理［M］. 北京：化学工业出版社，2004.

［20］许志鹏. 农业补贴法律制度研究［M］. 北京：中国政法大学出版社，2013.

［21］李长健. 中国农业补贴法律制度研究［M］. 北京：法律出版社，2009.

［22］吴喜梅. WTO框架下我国农业补贴法律体系的建构［M］. 北京：法律出版社，2013.

［23］李昌麒，吴越. 农业法教程［M］. 北京：法律出版社，2007.

［24］于华江. 农业法［M］. 北京：对外经济贸易大学出版社，2009.

［25］任大鹏. 农产品质量安全法律制度研究［M］. 北京：社会科学文献出版社，2009.

［26］钱永忠，王芳. 国外农产品质量安全监管及法律法规［M］. 北京：法律出版社，2010.

［27］李炳烁. 农村社会治理的法治转型与权利发展：基于村民自治的制度分析［M］. 杭州：浙江大学出版社，2013.

［28］唐晓腾. 基层民主选举与农村社会重构：转型期中国乡村治理的实证研究［M］. 北京：社会科学文献出版社，2007.

［29］蒋晓玲，李慧英，张建. 农村土地使用权流转法律问题研究［M］. 北京：法律出版社，2011.

［30］杨家学. 中国新农村法制建设研究［M］. 北京：法律出版社，2009.

［31］杨家栋，秦兴方，单宜虎. 农村城镇化与生态安全［M］. 北京：社会科学文献出版社，2005.

［32］于静. 农村城镇化发展中的产权制度研究［M］. 北京：中国商业出版社，2006.

［33］彭春凝. 我国农村金融法律制度研究［M］. 北京：法律出版社，2012.

［34］李洁. 农村合作金融组织法律问题研究［M］. 北京：法律出版社，2013.

[35] 董江爱. 中国农村基层民主与治理研究 [M]. 北京：中国社会科学出版社，2012.
[36] 刘友田. 村民自治——中国基层民主建设的实践与探索 [M]. 北京：人民出版社，2010.
[37] 唐鸣，等. 草根民主的法律规制——村民自治面临的新问题及法律制度建设 [M]. 北京：中国社会科学出版社，2013.
[38] 杨刚. 中国农村养老保障制度研究 [M]. 北京：北京师范大学出版社，2011.
[39] 张红梅. 中国农村社会养老保险商业化运作模式研究 [M]. 北京：科学出版社，2012.
[40] 曹信邦. 新型农村社会养老保障制度构建：基于政府责任的视角 [M]. 北京：北京经济科学出版社，2012.
[41] 曹普. 新中国农村合作医疗史 [M]. 福州：福建人民学出版社，2014.
[42] 程毅. 非均衡发展条件下新型农村合作医疗制度构建研究 [M]. 上海：华东理工大学出版社，2012.
[43] 肖诗顺. 农村合作医疗保险需求与制度创新 [M]. 成都：电子科技大学出版社，2013.
[44] 孟翠莲. 我国新型农村合作医疗制度可持续发展研究 [M]. 北京：中国财政经济出版社，2012.
[45] 段美枝. 中国城镇居民最低生活保障制度运行效果研究 [M]. 北京：经济科学出版社，2012.
[46] 谢东梅. 农村最低生活保障制度分配效果与瞄准效率研究 [M]. 北京：中国农业出版社，2010.
[47] 韩君玲. 日本最低生活保障法研究 [M]. 北京：商务印书馆，2007.
[48] 李挚萍，陈春生. 农村环境管制与农民环境权保护 [M]. 北京：北京大学出版社，2000.
[49] 杨朝霞，代杰. 送法下乡之农村环境维权 [M]. 北京：中国政法大学出版社，2010.
[50] 邹秀清. 中国农地产权制度与农民土地权益保护 [M]. 南昌：江西出版集团，2008.
[51] 周秋琴. 冲突与协调——我国农村土地制度变革中农民权益的保障 [M]. 南京：江苏大学出版社，2011.
[52] 高林远，黄善明，等. 制度变迁中的农民土地权益问题研究 [M]. 北京：科学出版社，2010.
[53] 姚秀兰. 户籍、身份与社会变迁——中国户籍法律史研究 [M]. 北京：法律出版社，2004.
[54] 张谦元. 城乡二元户籍制度改革研究 [M]. 北京：中国社会科学出版社，2012.
[55] 郭开元. 新生代农民工权益保障研究报告 [M]. 北京：中国人民公安大学出版社，2012.
[56] 佟丽华. 谁动了他们的权利：中国农民工权益保护研究报告（2）[M]. 北京：法律出版社，2010.
[57] 蒋月. 中国农民工劳动权利保护研究 [M]. 北京：法律出版社，2006.
[58] 匡和平. 中国农民政治社会化问题研究 [M]. 哈尔滨：黑龙江人民出版社，2009.
[59] 王浦劬，谢庆奎. 政治民主与群体心态 [M]. 北京：中信出版社，2006.
[60] 张英洪. 农民政治权利研究——农民权利论 [M]. 北京：中央编译出版社，2014.
[61] 王朝华. 土地征用过程中农民利益保护问题研究 [M]. 北京：北京燕山出版社，2009.
[62] 钱守云. 毛泽东保障农民利益思想研究 [M]. 北京：中共党史出版社，2009.
[63] 杜伟，黄善明，黄敏. 农民经济权益保障研究——基于成渝城乡一体化改革的思考 [M]. 北京：科学出版社，2011.
[64] 周伟. 宪法基本权利原理·规范·应用 [M]. 北京：法律出版社，2006.
[65] 蔡维生. 人权视角下的健康权 [M]. 济南：山东大学出版社，2007.
[66] 胡晓义. 医疗保险和生育保险 [M]. 北京：中国劳动社会保障出版社，2012.

[67] 邓大松，杨红燕. 医疗保险与生育保险 [M]. 北京：人民出版社，2013.

[68] 徐莉. 城乡一体化中农民文化权益保障研究 [M]. 成都：西南财经大学出版社，2011.

[69] 曹爱平，杨平. 公共文化服务的理论与实践 [M]. 北京：科学出版社，2011.

[70] 陈瑶. 公共文化服务：制度与模式 [M]. 杭州：浙江大学出版社，2012.

[71] 林莉红，孔繁华. 社会救助法研究 [M]. 北京：法律出版社，2008.

[72] 何建华. 分配正义论 [M]. 北京：人民出版社，2007.

[73] 吴美蓉. 论农村社会养老保险法律的现状与制度完善 [M]. 北京：对外经贸大学出版社，2007.

[74] 王丽民，栾玲玲. 浅议农业产业促进的法制保障——由农村土地荒芜现象引发的思考 [J]. 法制与社会，2008 (22)：280-281.

[75] 杜文骄. 农业产业安全综述 [J]. 安徽农业科学，2013 (23)：9791-9799.

[76] 王维新. 现代农业产业化的经济法思考 [J]. 科技经济市场，2015 (10)：59-61.

[77] 陈兵. 论农业产业政策与竞争政策的协调——以农业产业法规与反垄断法农业使用除外制度之关系补正为中心 [J]. 江汉论坛，2013 (1)：140-144.

[78] 卢代富，邵海. 产业化背景下我国农业可持续发展的困境与法律对策 [J]. 法律科学，2013 (3)：103-112.

[79] 陈兵. 优化我国农业产业发展与市场自由竞争协调论纲——由农产品不当高价引发的思考 [J]. 南京大学法律评论，2013 (2)：98-107.

[80] 孙翱翔，秦颖慧. 论我国耕地保护体制的改革和法律制度的完善 [J]. 江苏农业科学，2014 (7)：482-484.

[81] 丁培龙. 耕地管护法律制度存在的问题及完善策略 [J]. 法制与经济（下旬刊），2013 (7)：133-134.

[82] 余莹. 基于我国耕地保护体制的改革和法律制度完善的研究 [J]. 科技资讯，2015 (11)：123.

[83] 张明涛. 我国农村土地流转准入的法律制度建设 [J]. 中州学刊，2016 (1)：57-61.

[84] 史小艳. 论农地流转后用途异化倾向的法律完善 [J]. 华北水利水电大学学报（社会科学版），2015 (3)：84-87.

[85] 李玲. 完善耕地保护制度的法律对策 [J]. 吉林农业，2013 (1)：94-95.

[86] 康贞花. 韩国土地征收补偿法律制度及其对中国的启示 [J]. 延边大学学报（社会科学版），2011 (3)：85-89.

[87] 马红丽. 中央一号文件：全面深化农村改革 [J]. 经济，2014 (2)：14-16.

[88] 程国强，朱满德. 中国农业实施全球战略的路径选择与政策框架 [J]. 改革，2014 (1)：109-123.

[89] 马心宇，马琳. 建立三大机制，构筑粮食安全可持续发展战略 [J]. 粮食流通技术，2014 (6)：43-47.

[90] 赵增运，沈崇钰，柳菡. 粮食进出口环节存在的质量安全问题与对策 [J]. 食品科学技术学报，2014 (5)：10-14.

[91] 陈璐玭，林移刚. 粮食生产已成全球面临最大挑战 [J]. 生态经济，2016 (12)：6-9.

[92] 程国强. 中国粮食安全的真问题 [J]. 农经，2015 (3)：10.

[93] 龙方，彭澧丽. 中国粮食生产政策对粮食生产的作用机理分析 [J]. 河南工业大学学报（社会科学版），2014 (2)：21-25.

[94] 杨建利，靳文学. 粮食主产区利益补偿机制研究 [J]. 农村经济，2015 (5)：9-13.

[95] 汤俊珺. 粮食安全和我国农业企业国际化战略 [J]. 赤峰学院学报（自然科学版），2016 (22)：52-53.

[96] 王高德. 堤防林业体制改革的研究 [J]. 大科技，2014 (22)：76-79.

[97] 李立娜. 深化林业体制改革夯实林业生态基础——以荣县转变林业发展方式为例 [J].

吉林农业，2015（15）：114.

［98］李明和，曾浩. 浅谈堤防林业体制改革现状与思考［J］. 科技与企业，2013（15）：210-211.

［99］陈志刚. 深化林业体制改革促进林区发展［J］. 中国科技投资，2016（11）：45-52.

［100］刘今艳. 如何强化林业档案管理信息化在林业建设中的运用［J］. 决策与信息（下旬刊），2016（7）：292.

［101］谷中仁. 体制创新是发展林业之关键所在［J］. 科技展望，2015（7）：66.

［102］张立保. 建设法治林业的思考与建议［J］. 国家林业局管理干部学院学报，2015（4）：39-45.

［103］周荣森. 浅谈林业经济结构的改革［J］. 现代经济信息，2014（4）：362.

［104］刘君，彭喜杰，刘丽，杜春阳. 对我国林业计划体制改革问题的探讨［J］. 农业与技术，2014（7）：65-66.

［105］简晓洪. 城市林业执法体制改革初探［J］. 北京农业，2013（15）：302-303.

［106］缪晨熙. 我国林业行政执法体制的完善对策［J］. 佳木斯职业学院学报，2016（5）：91.

［107］郭新帅，武婷婷. 我国森林法律制度研究［J］. 决策与信息（下旬刊），2013（6）：28.

［108］裴丽萍，张启彬. 国外森林法立法经验及其对我国森林立法的启示［J］. 林业资源管理，2015（4）：172-178.

［109］赵杏一. 美国、德国、日本森林生态补偿法律制度研究［J］. 世界农业，2016（8）：90-94.

［110］于德仲. 生态文明视角下的森林保护法律制度创新研究［J］. 法制与社会，2014（30）：38-39.

［111］刘辉. 分析森林资源的培育与管护要点［J］. 农民致富之友，2016（9）：259.

［112］张莹莺. 浅谈森林采伐管理［J］. 农技服务，2015（3）：133.

［113］宋淑英，诸江. 完善我国森林增汇法律制度的思考——从《森林法》的修改谈起［J］. 企业导报，2014（17）：82-84.

［114］王艳华，魏志远，李娟. 实施森林采伐限额管理制度 有效保护国家森林资源［J］. 吉林农业，2015（23）：106.

［115］奉海春. 农田水利设施管理中的村民合作与政府介入——以桂北T村为例［J］. 广西社会科学，2013（1）：113-117.

［116］杜威漩. 政府视角下农田水利设施困境的静态博弈分析［J］. 水利发展研究，2014（8）：10-13.

［117］赵龙龙. 小型农田水利设施供给中的角色冲突及其管理［J］. 水利经济，2016（2）：64-67.

［118］唐芳. 农田水利设施维护的地方政府管理困境及对策［J］. 农业与技术，2015（24）：57.

［119］庞辉，周密，黄利. 财政支持小型农田水利建设的中外比较与分析［J］. 农业经济，2014（3）：47-49.

［120］胡德胜. 我国水科学知识教育的法律规制研究［J］. 贵州大学学报（社会科学版），2015（5）：129-133.

［121］郑桂平. 水利综合执法主要问题与对策分析［J］. 人民长江，2013（18）：66-69.

［122］李亮，王国聘. 中国水产养殖业水环境管理现状与应对——基于国际经验视角［J］. 南京林业大学学报（人文社会科学版），2013（2）：82-88.

［123］刘炼. 我国农村畜禽养殖污染现状分析及污染防治法律问题研究［J］. 科技展望，2016（6）：276.

［124］李莎，陈富民，王立峰. 浅谈农村非规模化畜禽养殖环境污染问题治理对策［J］. 环

球人文地理，2016（8）：111-115.

［125］马卫国，向兰峰，覃先皓，等. 浅谈养殖业的地方性培植与开发［J］. 基层农技推广，2016（3）：97-99.

［126］吴云波，田爱军，邢雅因，等. 江苏省畜禽养殖业污染状况分析及政策建议［J］. 江苏农业学报，2013（5）：1059-1064.

［127］杨世建. 发达国家农业补贴法律制度发展趋势［J］. 世界农业，2014（6）：104-107.

［128］岳海. 农地流转非粮化的法律问题研究［J］. 法制博览，2016（1）：78-79.

［129］谢秋菊. 美国2014年农业法案对中国农业补贴政策的启示［J］. 湖北函授大学学报，2014（21）：80-81.

［130］刘晓亮，殷向晖. 欧盟农业补贴政策的演进及其对我国的启示［J］. 对外经贸实务，2015（3）：25-28.

［131］吴杰，谢红燕. 中国农业补贴政策述评［J］. 中国市场，2015（38）：193-194.

［132］李舟. 我国农业补贴政策对农户耕地保护的影响研究［J］. 改革与战略，2016（8）：51-54.

［133］吕悦风，陈会广. 农业补贴政策及其对土地流转的影响研究［J］. 农业现代化研究，2015（3）：362-367.

［134］李凤梅. 发达国家农业立法补贴立法及其经验借鉴［J］. 人民论坛，2014（20）：238-240.

［135］宋士菁. 评析美国的农业补贴政策及其对中国的借鉴［J］. 世界经济研究，2003（2）：58-61.

［136］尹继元. WTO农业规则与我国的农业补贴［J］. 商场现代化，2009（12）：383-384.

［137］叶丹，黄庆华，刘晗. 供给侧改革背景下中国农产品结构优化路径与机制研究［J］. 世界农业，2016（6）：199-202.

［138］涂洪波. 中美日法农产品流通现代化关键指标之比较［J］. 中国流通经济，2013（1）：22-27.

［139］许军. 我国农产品流通面临的突出问题与应对思路［J］. 经济纵横，2013（3）：92-95.

［140］匡远配，詹祎蕊. 中美日3国农产品流通特征比较分析［J］. 世界农业，2016（1）：114-118.

［141］房建恩. 完善农产品质量安全法律责任制度的若干思考——以法律实施机制转型为视角［J］. 农村经济，2016（7）：106-111.

［142］叶苗. 加拿大农产品质量安全保障体系研究［J］. 世界农业，2013（4）：7-10.

［143］曲延春. 社会转型与农村社会治理体制创新［J］. 农村经济，2014（8）：12-16.

［144］衡霞，郑亮. 农地“三权分离”下农村社会治理新模式研究［J］. 云南社会科学，2016（1）：125-130.

［145］耿永志. 试析农村社会治理的整体性研究思路［J］. 农业经济，2015（9）：36-38.

［146］刘玮. 农村社会治理权力体制创新的三个关键问题［J］. 求索，2014（3）：114-117.

［147］刘同君. 新型城镇化进程中农村社会治理的法治转型——以农民权利为视角［J］. 法学，2013（9）：44-51.

［148］张文博. 现代化转型中法治秩序与乡村社会秩序的融合——基于两起土地纠纷案例的农村社会治理路径探讨［J］. 西部论坛，2016（3）：45-53.

［149］衡爱民. 城镇化进程中农村土地流转法律问题研究［J］. 重庆大学学报（社会科学版），2015（4）：148-154.

［150］孟令军. 农村土地流转法律制度的构建［J］. 商业时代，2013（14）：96-97.

［151］詹王镇，李文. 中西部农村土地流转问题与法律对策研究［J］. 甘肃理论学刊，2016（3）：100-104.

［152］吴丽丽. 农村土地流转背景下失地农民社会保障体系构建［J］. 农业经济，2016（2）：82-83.

[153] 李勇，杨卫忠. 农村土地流转制度创新参与主体行为研究 [J]. 农业经济问题，2014 (2)：75-80.

[154] 孙翱翔，刘远风. 当前农村土地流转热的理性思考 [J]. 农业现代化研究，2014 (1)：43-47.

[155] 曾睿，柳建闽. 农村城镇化生态风险法律规制的规范分析 [J]. 农业现代化研究，2016 (4)：777-784.

[156] 戴稳胜. 农村城镇化进程中解决农村养老问题研究 [J]. 管理世界，2015 (9)：174-175.

[157] 阎立珠，杨伟伟. 金融在农村城镇化发展中的推动作用 [J]. 农业经济，2015 (8)：114-115.

[158] 曾睿. 农村城镇化进程中的生态风险及其法治路径 [J]. 湖南农业大学学报（社会科学版），2015 (5)：97-102.

[159] 武宗志. 基于中国国情的农村城镇化发展策略 [J]. 河北学刊，2014 (1)：113-116.

[160] 房启明，罗剑朝. 中英农村金融制度比较研究及其经验借鉴 [J]. 经济体制改革，2016 (6)：168-174.

[161] 刘婷婷，周艳海，周淑芬. 美国农村金融发展模式对我国的启示 [J]. 改革与战略，2016 (8)：151-154.

[162] 黎娟. 政府干预下我国农村金融法治化问题研究 [J]. 学术交流，2014 (8)：103-107.

[163] 廖丹. 论农民金融发展权及其制度构建 [J]. 商业时代，2014 (20)：102-104.

[164] 耿平. 美德法日农村金融法律监管比较及启示 [J]. 世界农业，2013 (4)：58-60.

[165] 赵晓洁. 农村民间金融发展法制环境的完善探索 [J]. 农业经济，2013 (1)：94-96.

[166] 李静. 村民自治中少数人利益被侵害问题及对策研究 [J]. 社会工作与管理，2014 (5)：60-65.

[167] 陶玲，李敏. 完善村民自治制度，维护农村女性合法权益 [J]. 山西农业大学学报（社会科学版），2014 (5)：443-446.

[168] 陈弘峰. 我国大陆地区村民自治制度的改善——借鉴台湾地区经验 [J]. 内蒙古电大学刊，2014 (4)：23-26.

[169] 马金雪. 当前村民自治存在的突出问题及对策思考 [J]. 学理论，2016 (8)：62-63.

[170] 李乐平. 完善村民自治法律制度与创新农村社会管理研究 [J]. 农业经济，2012 (5)：26-28.

[171] 陈霞. 论村民自治权保障运行中存在的问题及对策 [J]. 企业文化（下旬刊），2015 (7)：38-48.

[172] 黄珊珊. 谈基层民主自治制度中的村民自治 [J]. 文科爱好者（教育教学版），2015 (1)：1.

[173] 赵讯蔷. 试议农村村民自治法律制度 [J]. 合作经济与科技，2014 (2)：128.

[174] 马敏. 完善法律制度 推进村民自治——以乡镇行政权与村民自治权关系为研究视角 [J]. 法制博览，2014 (1)：225.

[175] 姚伟. 新型城镇化与村居自治 [J]. 理论探讨，2014 (3)：145-149.

[176] 赵有声，刘柯妗，王正攀. 城镇化进程中的“村民自治” [J]. 理论视野，2014 (2)：51-53.

[177] 张琳，张栋. 新型农村社会养老保险制度运行难题及发展思路研究 [J]. 南方农村，2014 (4)：125-130.

[178] 夏秀梅. 我国新型农村社会养老保险制度优化设计研究 [J]. 农业经济，2014 (10)：61-63.

[179] 张国艳. 国外农村社会养老保险制度建设经验与启示 [J]. 人民论坛，2014 (20)：247-249.

[180] 谢光义. 我国农村社会养老保险制度发展问题探究 [J]. 中国商贸，2014 (7)：167-169.

[181] 李明权. 长株潭新型农村社会养老保险制度试行状况探析 [J]. 湖南农业科学，2014 (13)：81-84.

[182] 江晟. 我国农村社会养老保险制度的建设探讨 [J]. 现代商业，2014 (6)：115.

[183] 王志鹏，周卉，陈青鹤. 浅析德国农村社会养老保险制度对我国的启示 [J]. 社会科学家，2015 (3)：48-52.

[184] 黄玉君，鲁伟. 国外农村社会养老保险发展及对我国的启示 [J]. 求实，2016 (6)：87-96.

[185] 李立清，危薇. 新型农村合作医疗制度绩效评价的研究新进展 [J]. 理论探讨，2014 (1)：101-104.

[186] 段博俊，邓远. 中国新型农村合作医疗制度研究 [J]. 北方经贸，2016 (9)：16-17.

[187] 陈楠. 新型农村合作医疗制度的调查与思考 [J]. 安徽农业科学，2014 (26)：9201-9202.

[188] 林闽，梁誉. 新型农村合作医疗制度发展的取向和定位 [J]. 山东社会科学，2014 (4)：71-76.

[189] 徐晓兰，牛琪. 我国新型农村合作医疗制度属性探讨及完善 [J]. 河南社会科学，2014 (2)：118-122.

[190] 潘文曼. 辽宁省新型农村合作医疗制度存在问题及对策研究 [J]. 品牌，2015 (10)：104.

[191] 张恒慎. 新型农村合作医疗制度对农村居民消费的影响 [J]. 经营管理者，2015 (33)：303-304.

[192] 纪道荣. 分析新型农村合作医疗制度可持续发展研究 [J]. 时代金融，2015 (35)：281.

[193] 秦嵘. 新型农村合作医疗运行机理以及制度困境 [J]. 经营管理者，2014 (3)：319.

[194] 李琦，牛世鹏. 我国农村最低生活保障制度存在问题及对策 [J]. 山西农业大学学报 (社会科学版)，2016 (1)：16-20.

[195] 王耕塬，李宇轩. 浅谈农村最低生活保障制度 [J]. 西部皮革，2016 (20)：101.

[196] 李振刚. 我国农村最低生活保障制度目标定位机制的反思——从家计调查到类别身份 [J]. 广东社会科学，2016 (2)：194-205.

[197] 江秋霞，李潇潇，李浩. 浅析农村最低生活保障制度实施现状及其对策研究——基于对阜新蒙古族自治县的调查 [J]. 法制与经济，2016 (10)：160-162.

[198] 刘小珉. 民族地区农村最低生活保障制度的反贫困效应研究 [J]. 民族研究，2015 (2)：41-54.

[199] 徐婉心. 我国农村最低生活保障制度现状及改进对策 [J]. 陕西农业科学，2015 (6)：104-106.

[200] 裴坤鹏. 农村最低生活保障制度的法治困境 [J]. 未来与发展，2015 (6)：7-12.

[201] 董武全. 关于农村最低生活保障制度的几点思考 [J]. 西安财经学院学报，2015 (6)：58-62.

[202] 何植民，熊小刚，李彦娅. 农村最低生活保障政策优化研究 [J]. 云南行政学院学报，2015 (1)：136-140.

[203] 臧成. 论生态文明建设下我国农村环境保护法律制度 [J]. 黑龙江省政法管理干部学院学报，2015 (3)：109-111.

[204] 张霞. 城镇化建设与农村环境保护 [J]. 城市建设理论研究 (电子版)，2014 (20)：71-73.

[205] 张慧蓉，吴小林. 论生态文明建设下海南农村环境保护法律制度 [J]. 赤峰学院学报 (汉文哲学社会科学版)，2016 (10)：103-104.

[206] 秦晓庆. 可持续发展视角下的农村环境保护立法对策 [J]. 青年与社会，2014 (5)：137.

［207］赵辉. 城镇化进程中农村生态环境保护的法律制度缺陷与对策［J］. 河南财经政法大学，2015（4）：136-142.

［208］吴娟. 农村环境保护立法研究［J］. 科学与财富，2015（7）：206.

［209］张莉. 新型城镇化建设中的农村环境保护热点问题探析［J］. 科技展望，2016（4）：302-303.

［210］党慧娟. 我国农民环境权益保护的环境法思考［J］. 环境保护，2015（17）：35-37.

［211］张李儒. 农村土地权益保护法律制度［J］. 商情，2016（32）：83-86.

［212］闫欢. 论城镇化进程中失地农民的基本权益保护［J］. 经济师，2015（2）：90-93.

［213］黄璐瑶. 农村土地流转过程中农民权益保障机制的构建［J］. 中国集体经济，2014（12）：5-7.

［214］夏雨，任小敏. 农地征收与农民权益保护法治路径探索［J］. 人民论坛，2014（35）：118-121.

［215］周丽. 从宪法的维度研究土地股份合作模式下的农民权益保护［J］. 山东农业工程学院学报，2014（5）：25-26.

［216］张艳芳，曾静. 宅基地置换中农民权益的法律保护［J］. 中国国土资源经济，2014（10）：16-20.

［217］王峰. 建立与完善户籍改革配套保障制度探析［J］. 河南社会科学，2014（5）：44-47.

［218］李鹏. 农民工市民化过程中户籍政策设计的比较研究——以成都和嘉兴为例［J］. 中国经贸导刊，2014（26）：37-39.

［219］牟少华. 论我国户籍制度改革的原则及路径［J］. 法学杂志，2013（9）：83-89.

［220］冯奎，钟笃粮. 完善基本公共服务体系 促进户籍制度改革［J］. 中共中央党校学报，2013（2）：93-97.

［221］王茜. 城乡关系进程中现行户籍制度功能演化逻辑［J］. 广西社会科学，2014（9）：147-151.

［222］殷来宾. 农民工权益平等保障：制度检讨与路径完善［J］. 理论导刊，2015（12）：77-79.

［223］王鹏程，丁忠甫. 安徽新生代农民工维权保障与政治认同［J］. 安徽警官职业学院学报，2014（4）：126-128.

［224］李军刚，尚昱含. 我国农民工权益保障机制存在的问题及对策分析［J］. 经济师，2014（4）：41-43.

［225］曾书琴，贺岚. 农民工权益受损与抗争行为调查与建议——基于珠三角地区的实证研究［J］. 继续教育研究，2014（4）：28-31.

［226］李军刚，孔垂海. 社会和谐视阈下的新生代农民工权益保护［J］. 经济师，2013（10）：17-18.

［227］葛云霞，李增元. 试论城镇化进程中的农民工劳动权益及其保护［J］. 改革与开放，2014（9）：36-46.

［228］王一帆. 农民工劳动权益保护的诉讼困境［J］. 阜阳师范学院学报（社会科学版），2014（3）：23-26.

［229］夏静雷，张娟. 新生代农民工劳动就业权益保障问题探析［J］. 求实，2014（7）：60-66.

［230］汪金峰，李坤鹏，张克泽. 农民政治社会心态与权益维护间的关系研究［J］. 齐齐哈尔大学学报（哲学社会科学版），2015（9）：34-37.

［231］秦燕，万海玲. 农民政治认同的影响因素与提升路径［J］. 中州学刊，2015（3）：10-12.

［232］文琪，汪金峰. 我国农民政治社会心态下的权益维护研究［J］. 云南农业大学学报（社会科学版），2015（5）：23-27.

［233］严卿. 新中国成立以来中国共产党与农民政治信任关系演进的历史经验［J］. 湖南师范大学社会科学学报，2016（1）：33-39.

［234］文琪，汪金峰，张含梅. 新时期我国农民政治社会心态研究［J］. 华北电力大学学报

（社会科学版），2016（2）：89-94.

［235］马铁成. 城镇化视角下失地农民社会保障问题研究——兼评《中国现行征地制度下失地农民经济权益损失研究》［J］. 农业技术经济，2016（8）：126-128.

［236］孙倩. 农村土地流转中农民经济权益法律保障问题研究［J］. 长春师范大学学报，2016（11）：51-53.

［237］徐从辉. 农村土地流转中保障农民经济权益问题研究［J］. 合作经济与科技，2015（20）：22-23.

［238］饶家政，官斯亮. 论农产品交易体系中农民经济权益的保护——基于经济法视角的分析［J］. 改革与开放，2015（14）：64-66.

［239］王国友，孙月丹. 乡镇政府如何更好地维护农民经济权益［J］. 农民致富之友，2013（5）：146.

［240］杨丽华. 土地征用制度对我国农民非农用土地经济权益的影响分析［J］. 城市建设理论研究（电子版），2014（36）：343-346.

［241］张远索，仲济香. 新型城镇化背景下的农民利益保护［J］. 云南农业大学学报（社会科学版），2014（1）：7-10.

［242］舒德峰. 健康权的特征：法律和伦理视角［J］. 医学与哲学（A），2015（3）：1-4.

［243］刘欣. 浅析我国公民健康权的实现［J］. 法制与社会，2016（22）：165-167.

［244］邹艳晖. 国家对公民健康权的尊重义务［J］. 济南大学学报（社会科学版），2016（2）：63-67.

［245］伍瑾. 宪法权利视角下健康权的尊重、保护和实现［J］. 中国卫生法制，2016（3）：18-23.

［246］洪子通. 我国劳动者职业健康权的刑法保护探讨［J］. 中国城乡企业卫生，2016（1）：117-120.

［247］赵娜. 关于生育权的法律思考［J］. 法制博览，2016（25）：217-219.

［248］秦奥蕾. 生育权、"计划生育"的宪法规定与合宪性转型［J］. 政法论坛，2016（5）：37-46.

［249］孙少敏. 浅论我国生育权的法律保护［J］. 中共山西省委党校学报，2016（6）：95-96.

［250］李思瑶. 生育权保护的法律问题浅析［J］. 法制博览，2015（25）：62-63.

［251］邓娇. 论农村少数民族妇女生育权的保障［J］. 法制与社会，2015（25）：173-175.

［252］朱丽辰. 保障农民文化权益应明确三个关注点［J］. 知识经济，2013（14）：58-62.

［253］陈曦. 农民文化权益保护问题的几点思考［J］. 市场周刊（理论研究版），2014（1）：5-6.

［254］张象学. 农民基本文化权益现状及保障思路［J］. 山东农业工程学院学报，2014（2）：23-26.

［255］宫敏燕. 社会公平视野下农民文化权益保障问题探析［J］. 渭南师范学院学报，2013（3）：68-70.

［256］李新芝. 论新媒体时代农民文化权益的实现［J］. 农村经济，2013（5）：92-95.

［257］吴志刚. 农民土地文化权益及其保障机制研究［J］. 甘肃理论学刊，2014（1）：130-134.

［258］尹航，张宜帆. 推动和保障新型城镇化建设中农民的文化权益的几点建议［J］. 经济研究导刊，2014（24）：32-42.

［259］宁亚芳. 民族地区农村最低生活保障制度缓贫效应分析——来自云南的证据［J］. 中州学刊，2015（2）：71-81.

［260］丁晓攀，刘进军. 民族地区激励型扶贫与农村低保制度耦合探索——以甘南州为例［J］. 云南民族大学学报（哲学社会科学版），2015（2）：68-76.

［261］丁国峰，王浩. 我国民族地区农村低保制度的完善建议——基于国外最低生活保障制度的基本经验［J］. 中国商论，2015（13）：124-126.

[262] 丁国峰. 我国民族地区农村低保制度的特殊价值探讨 [J]. 云南民族大学学报（哲学社会科学版），2015（5）：143-147.

[263] 丁国峰. 我国民族地区农村低保制度的构建和完善 [J]. 三峡大学学报（人文社会科学版），2015（4）：102-105.

[264] 丁国峰，张桐. 论民族地区农村最低生活保障制度的理论基础 [J]. 阜阳党校学报，2015（2）：7-15.

[265] 周峰，卢燕. 云南农村最低生活保障法律体系研究 [J]. 曲靖师范学院学报，2012（4）：70-73.

[266] 刘苏荣. 云南边疆少数民族地区农村最低生活保障制度与边境社会稳定的关系 [J]. 经济研究导刊，2012（3）：59-60.

[267] 高宏伟. 完善农村低保制度的思考 [J]. 中国特色社会主义研究，2013（5）：105-108.

[268] 郭剑平. 我国农村最低生活保障制度的实施现状与路径选择 [J]. 河南社会科学，2013（2）：77-79.

[269] 朱启国，贺伟. 西部民族地区农村最低生活保障制度可持续发展研究 [J]. 理论观察，2013（10）：69-70.

[270] 谢冰. 西部民族地区农村最低生活保障问题研究——基于基本公共服务均等化的视角 [J]. 中南民族大学学报（人文社会科学版），2011（2）：128-131.

[271] 张运书，丁国峰. 日本最低生活保障制度对我国农村低保建设的启示 [J]. 农业经济问题，2011（1）：106-109.

[272] 毕红霞，薛兴利，李升. 论农村最低生活保障财政支持的适度性与政策优化 [J]. 农业经济问题，2012（1）：29-36.

[273] 刘峰. 国内外农村最低生活保障制度变迁及其启示 [J]. 中南林业科技大学学报（社会科学版），2011（6）：19-21.

[274] 熊瑛. 农业产业化市场主体规制法律问题研究——以湖北省为例 [D]. 武汉：华中农业大学，2011.

[275] 柳勇. 外商投资我国农业领域法律制度研究 [D]. 武汉：华中农业大学，2011.

[276] 范婧. 农业现代化进程中农民专业合作社法律制度的健全之策 [D]. 新乡：河南师范大学，2011.

[277] 黄小玲. 我国农民合作经济组织制度创新研究 [D]. 北京：中国人民大学，2006.

[278] 张士海. 农业产业化法律问题研究——以农地制度改革为视角 [D]. 重庆：西南政法大学，2007.

[279] 侯锐. 土地承包经营权流转的法律问题研究 [D]. 武汉：华中科技大学，2011.

[280] 邱凤普. 我国农村土地承包经营权流转法律问题研究 [D]. 沈阳：沈阳师范大学，2010.

[281] 李明有. 浅谈农村土地承包经营权的实现 [D]. 南昌：江西师范大学，2010.

[282] 叶林丽. 农村土地流转法律问题研究——以对杭州市滨江区的调研为基础 [D]. 杭州：浙江大学，2012.

[283] 周环环. 中国粮食进口与粮食安全问题研究 [D]. 北京：北京工商大学，2013.

[284] 张芳芳. 粮食安全法律保障研究 [D]. 长沙：湖南大学，2009.

[285] 尹洪博. 中国粮食安全法律问题研究 [D]. 杭州：浙江工商大学，2010.

[286] 刘洪波. 以保障粮食安全为目标加快粮食安全立法 [D]. 济南：山东大学，2009.

[287] 王瑛娜. 我国林业综合行政执法研究 [D]. 哈尔滨：东北林业大学，2010.

[288] 张帆. 我国林业综合行政执法改革存在问题及对策研究 [D]. 重庆：重庆大学，2013.

[289] 郝志一. 我国林业行政律法体制研究 [D]. 哈尔滨：黑龙江大学，2014.

[290] 谢丽. 论湖南林业管理体制改革 [D]. 长沙：湖南师范大学，2013.

[291] 吴靓. 论我国森林法的完善——以中外森林法律制度的对比为视角 [D]. 石家庄：石家庄经济学院，2013.

[292] 苏靖缘. 气候变化视角下森林灾害防治法律制度研究 [D]. 哈尔滨：东北林业大学，2014.

[293] 邢力文. 集体林权改革背景下森林采伐法律制度研究 [D]. 哈尔滨：东北林业大学，2013.

[294] 夏梦. 我国森林保险法律制度研究 [D]. 长沙：湖南大学，2013.

[295] 张跟朋. 新农村建设背景下小型农田水利建设的现状和对策 [D]. 泰安：山东农业大学，2013.

[296] 胡阔东. 我国农田水利设施建设和治理的政府责任研究 [D]. 郑州：郑州大学，2015.

[297] 王建华. 农田水利设施管理机制研究——基于制度创新的视角 [D]. 北京：中国社会科学院，2012.

[298] 刘燕. 我国农村畜禽养殖污染防止法律问题研究 [D]. 武汉：华中农业大学，2013.

[299] 马剑. 养殖业保险法律制度研究 [D]. 长沙：湖南大学，2009.

[300] 刘燕. 我国农村畜禽养殖污染防治法律问题研究 [D]. 武汉：华中农业大学，2013.

[301] 许志鹏. 农业补贴法律制度研究 [D]. 厦门：厦门大学，2012.

[302] 刘莎. WTO 农业协议下中国农业补贴法律制度研究 [D]. 北京：北京交通大学，2012.

[303] 汪凡凡. 我国农业补贴法律问题研究 [D]. 重庆：西南大学，2012.

[304] 李淑丽. WTO 框架下的农业补贴与反补贴法律制度 [D]. 开封：河南大学，2013.

[305] 李建. 我国农业财政补贴的完善及发展研究 [D]. 天津：天津商业大学，2011.

[306] 薛建强. 中国农产品流通模式比较与选择研究 [D]. 大连：东北财经大学，2014.

[307] 张雅君. 我国农产品加工企业税收政策研究 [D]. 呼和浩特：内蒙古财经大学，2015.

[308] 王亚楠. 论我国农产品质量安全法律制度的完善 [D]. 蚌埠：安徽财经大学，2015.

[309] 裴程苗. 我国农产品质量安全法律规制问题研究 [D]. 长春：吉林财经大学，2013.

[310] 卞辉. 农村社会治理中的现代乡规民约研究 [D]. 西安：西北农林科技大学，2014.

[311] 饶宇浩. 群众路线视域下的农村社会治理研究——基于丰城市 S 镇社会治理的调查 [D]. 南昌：江西师范大学，2015.

[312] 周航冰. 农村社会治理公众参与存在的问题及对策研究 [D]. 湘潭：湘潭大学，2014.

[313] 倪子晶. 当前我国农村土地流转法律制度研究 [D]. 北京：中国社会科学院，2014.

[314] 夏记香. 我国农村土地流转法律制度研究 [D]. 长沙：湖南大学，2013.

[315] 杨伟. 农村农地流转法律适用的问题研究——以江西省典型样本为例 [D]. 南昌：江西财经大学，2016.

[316] 刘广跃. 当代中国农村城镇化及其转型研究——基于马克思主义人本思想的分析 [D]. 镇江：江苏大学，2016.

[317] 鲁琴. 农村城镇化进程中生态环境建设存在的问题及对策研究 [D]. 临汾：山西师范大学，2015.

[318] 刘士鑫. 我国农村城镇化路径与模式研究 [D]. 舟山：浙江海洋学院，2014.

[319] 熊萍萍. 生态文明视野下的农村金融法律制度研究 [D]. 南昌：南昌大学，2014.

[320] 邹悦. 我国农村金融法律制度研究 [D]. 武汉：武汉工程大学，2012.

[321] 李宪. 我国农村金融组织法律制度创新研究 [D]. 武汉：武汉工程大学，2013.

[322] 高原. 我国村民自治法律制度实施中存在的问题与对策 [D]. 聊城：聊城大学，2014.

[323] 李鑫. 论我国村民自治制度的完善 [D]. 北京：对外经济贸易大学，2014.
[324] 肖坤彬. 法律经济学视野下的村民自治选举 [D]. 重庆：西南政法大学，2014.
[325] 刘琼. 城镇化进程中村民自治面临的问题研究 [D]. 呼和浩特：内蒙古大学，2015.
[326] 刘影春. 农村社会养老保险制度建设的国际经验及启示 [D]. 武汉：华中师范大学，2013.
[327] 刘佳. 中国农村社会养老保险制度改革与创新 [D]. 长春：吉林大学，2015.
[328] 王鹏. 中国城乡居民社会养老保险制度模式识别、目标优化和政策路径选择研究 [D]. 杭州：浙江大学，2013.
[329] 蔡鸿. 中国农村社会养老保险制度研究 [D]. 天津：天津财经大学，2015.
[330] 秦晓庆. 可持续发展视野下的农村环保法律制度探究 [D]. 济南：山东科技大学，2014.
[331] 郭晶晶. 我国农村环境保护的法律制度研究——以陕西渭南农村为例 [D]. 西安：西安建筑科技大学，2013.
[332] 张姣姣. 农民专业合作社参与农村环境保护的法律制度研究 [D]. 杭州：浙江农林大学，2014.
[333] 侯娟. 我国农村环境责任保险法律问题研究 [D]. 武汉：华中农业大学，2013.
[334] 罗希. 城市化进程中失地农民权益的法律保障探析 [D]. 成都：四川师范大学，2014.
[335] 熊盈淇. 宅基地置换中农民土地权益保护问题研究 [D]. 重庆：西南政法大学，2015.
[336] 蒋俊. 长沙市土地流转中农民权益保护问题研究 [D]. 长沙：湖南大学，2013.
[337] 陈鹏. 新型农村合作医疗制度实施法律问题研究 [D]. 太原：山西财经大学，2015.
[338] 羿翠倩. 我国新型农村合作医疗制度研究——以山东省单县为例 [D]. 天津：天津财经大学，2015.
[339] 易富英. 新型农村合作医疗制度运行的伦理反思 [D]. 长沙：湖南师范大学，2015.
[340] 韩俊江. 吉林省新型农村合作医疗制度存在的问题和对策研究 [D]. 哈尔滨：东北师范大学，2015.
[341] 杨丽明. 农村最低生活保障制度实施效果评估研究 [D]. 太原：山东大学，2016.
[342] 徐秋. 黑龙江省农村最低生活保障制度的问题及对策研究 [D]. 哈尔滨：东北农业大学，2015.
[343] 杨杰. 安徽省农村最低生活保障制度研究 [D]. 合肥：安徽大学，2015.
[344] 曹冠丽. 我国农民工劳动权益保护法律问题研究 [D]. 青岛：中国海洋大学，2015.
[345] 贾卓冉. 论农民工权益保障与和谐社会的关系 [D]. 太原：山西大学，2015.
[346] 苏燕平. 农民工权益保护研究 [D]. 西安：西北农林科技大学，2012.
[347] 汪金峰. 新时期我国农民政治社会心态下权益维护研究 [D]. 南充：西华师范大学，2015.
[348] 吴睿. 论农民的法定权利及其实现——以政治参与权为例 [D]. 苏州：苏州大学，2013.
[349] 韩国立. 和谐社会视角下农民政治参与权有序行使研究 [D]. 新乡：河南师范大学，2015.
[350] 王龙伟. 新形势下农民经济利益问题探究 [D]. 上海：上海师范大学，2015.
[351] 王利. 我国农民经济权利保障制度研究 [D]. 太原：山西大学，2013.
[352] 易小梅. 退耕还林农民权益保障问题研究 [D]. 武汉：华中师范大学，2014.
[353] 黄邵君. 论我国农民健康权的法律保障——以新型农村合作医疗为视角 [D]. 湘潭：湘潭大学，2013.
[354] 张彬. 农民健康权保障的制度实践及其绩效评估——以国家级贫困县甘肃省和政县开

展的新型农村合作医疗为例［D］. 兰州：西北师范大学，2015.

［355］史思源. 我国农民生育保险立法研究［D］. 重庆：西南政法大学，2015.

［356］魏伟. 我国公民生育权保障研究［D］. 呼和浩特：内蒙古大学，2016.

［357］周爽. 我国农民工公共文化服务问题研免——基于整体性治理理论的视角［D］. 武汉：华中师范大学，2013.

［358］刘亚磊. 中国农村公共文化服务供给问题研究——以H省S县三个乡为例［D］. 重庆：西南政法大学，2015.

［359］张锐. 长春市绿园区农民工文化权益保障研究［D］. 长春：长春工业大学，2014.

［360］赵文明. 户籍制度改革中政府与农户的成本与收益分析——以重庆市为例［D］. 重庆：西南大学，2013.

［361］张钰龙. 户籍改革的积分制研究——基于东莞积分制政策的实证研究［D］. 合肥：安徽大学，2013.

［362］郭娅琳. 农民工市民化的户籍制度改革问题研究——以浙江为例［D］. 杭州：浙江农林大学，2015.

［363］ZEESHAN AHMAD, MENG JUN, MUHAMMAD ABDULLAH, et al. Optimal Scheme Selection of Agricultural Production Structure Adjustment-Based on DEA Model, Punjab (Pakistan)［J］. Journal of Northeast Agricultural University (English edition), 2015, 22 (4).

［364］CHRISTORPHER. Political Joined-Up Government A Survey［J］. Political Studies Review, 2003 (1).

［365］LAVES R E, PUGEL T A. New Evidence on Competition in Grain Trade［J］. Food Research Institute Studies, 2003.

［366］LUTZ LEISTERING GINSENG, ANTHER HUSAIN. Peoples Republic of China Old-Age Pensions for the Rura1 Areas: From Land Reform to Globalization［R］. 2002.

［367］STEPHEN J FRESE. Aldo Leopold. An American Prophet［J］. History Teacher, 2003.

［368］ULRIKA WIDMAN. Shared Responsibility for Forest Protection?［J］. Forest Policy and Economics, 2015 (50).

［369］THOMAS K GOTTSCHALK. Impact of Agricultural Subsidies on Biodiversity at the Landscape Level［J］. Landscape Ecology, 2007 (5).

［370］XIN GANG WENG, JIUYI AN, YANGYANG HU. Research on the Market Access of Cold Chain Logistics Service Quality Safety for Agricultural Products［J］. Journal of Service Science and Management, 2015 (8).

［371］NARISONG HUHE, JIE CHEN, MIN TANG. Social Trust and Grassroots Governance in Rural China［J］. Social Science Research, 2015 (53).

［372］MARK R GOODWIN. The Governance of Rural Areas: Some Emerging Research Issues and Agendas［J］. Journal of Rural Studies, 1998 (1).

［373］HAI XIA ZHANG, YUE MING XU, MEI SHI DONG. Analysis on the Driving Force of China's Rural Land Circulation［J］. Advanced Materials Research, 2013, 77 (2).

［374］MARTIN RAVALLION, SHAOHUA CHEN. China's (Uneven) Progress Against Poverty［J］. Journal of Development Economics, 2004 (1).

［375］SUNILDRO L S AKOIJAM. Rural Credit: a Source of Sustainable Livelihood of Rural India［J］. International Journal of Social Economics, 2013 (1).

［376］CHEN YUY. Social Network and Rural Credit in China: Evidence from CFPS［J］. Journal of Financial Research, 2012.

［377］KIMMINICH, PIERREED. Challenges to Local Governmen［J］. Sage Publication, 1990.

［378］DOUG GUTHIRE. Dragon in a Three-Piece Suit: The Emergence of Capitalism in China［M］. Princeton University Press, 1999.

[379] AARON, HENRY J. The Social Insurance Paradox [J]. Canadian Journal of Economic and Political Science, 1966.

[380] AMY REHDER. Social Security Benefit Uncertainty under Individual Accounts [J]. Contemporary Economic Policy, 2005.

[381] DORIS WIESMANN. The Demand for Health Insurance in Rural Areas of Low-Income Countries [J]. ATheoretical Framework, 2009, 7 (20).

[382] XINGZHU LIU, ANNE MILLS. Financing Reforms of Public Health Services in China: Lessons for Other Nations [J]. Social Science & Medicine, 2012, 4 (14).

[383] KERSTIN KAMKE. The German Health Care System and Health Care Reform [J]. Health Policy, 2012, 9 (25).

[384] W BECKERMAN, S CLARK. Poverty and Social Security in Britainsince 1964 [M]. London Londan: Oxford University Press, 1982.

[385] BEHRENDT, ASHGATE. Social Security Programs Throughout the Word [M]. SSA, Pulication, 2002.

[386] K HOLSCH, M KRAUS. European Schemes of Social Assistance: an Empirical Analysis of Set-Ups and Distributive Impacts [J]. International Journal of Social Welfare, 2006.

[387] JAN HANCOCK. Environmental Human Rights [M]. Hants Publish Limited, 2003.

[388] GEORGET, HILARY, SAMUEL V. Integrated Soli Waste Management [J]. McGraw-Hill, 2000.

[389] KATE GREEN JOE CURSLEY. Land Law [M]. Law Press of China, 2003.

[390] JOHN TORPEY. Revolutions and Freedom of Movement: An Analysis of Passport Controls in the French Russian, and Chinese Revolutions [J]. Theory and Society, 1997.

[391] ELLEN M IMMERGUT, KAREN M ANDERSON, ISABELLE SCHULZE. The Handbook of West European Pension Politics [M]. New York: Oxford University Press, 2006.

[392] SCOTT, JAMES. The Moral Economy of the Peasant: Rebellion and Subsistence in Southeast Asia [M]. Yale University Press, 1979.

[393] JONES, PETER. Rights [M]. The Macmillian Press LTD., 1994

[394] WHITTLE J. The Development of Agrarian Capitalism, Land and Labour in Norfolk 1440-1580 [M]. Oxford Press, 2000.

[395] TONIA DANDRY AIKEN. Legal and Ethical Issues in Health Occupations [M]. 2nd edition. Saunders, 2009.

[396] HENRY J ARON. The Chinese Social Insurance Ire Form Personal Security and Economic Growth [J]. International Symposium On China Security, 1998.

后　记

出生于大别山区主脉天马寨山脚下农村、来自最底层“草根”家庭的我，从小就生活、学习和成长在这崇山峻岭间的农村村庄中。十几年的农村生活促使我更多地关注农业、农民和农村问题，激励我不断努力工作。在改革开放深入推进的今天，我仍无雄厚的经济实力向家乡新农村建设事业贡献远离家乡的游子应有的一份力量。然而，我内心深处对家乡乃至全国“三农”问题的热情、深情和亲情之火，永不熄灭。自从2002年大学毕业在高校任教以来，我对“三农”问题的持续关注并没有因为工作压力大、生活繁忙而减少，反而结合我当时的工作平台——安徽省凤阳县的安徽科技学院（原名为安徽农业技术师范学院），以及对中国家庭联产承包责任制的发源地凤阳县小岗村的发展问题的研究，不断思索我国农村问题的解决、农民收入的增加和农业现代化的实现问题。我真正从学术上对“三农”问题给予关注，也是从2002年开始的；有关“农村土地抛荒”论文的发表，以及在硕士生和博士生阶段参与的教育部、国家基金项目课题的研究都广泛涉及“三农”问题；也持续地发表了一些关于“三农”问题特别是农村低保制度问题的研究成果。

这本专著的出版，既是对前一阶段有关“三农”问题研究的总结、提炼和发展，又是在昆明理工大学工作以来面临持续性绩效考核压力的结果。我经过700多天的奋战，放弃了许多休息时间和节假日，才使得这本著作得以付梓发行。本著作对国内外学者已有学术成就进行了大量的参考、借鉴和引用，有的未能注明出处，希望能得到业内学者的理解和宽容。这本著作研究的范围广、内容多，难免会出现一些错漏和不足，请各位读者批评指正。在本著作的写作过程中，昆明理工大学本科生李英爽、字李文、吴俊繁、贺静和陈章秋等为我收集了大量资料，我所指导的硕士研究生王浩、张桐、符敏敏和曹霞在稿件校对方面做了大量工作，在此表示感谢。感谢昆明理工大学、昆明理工大学法学院的领导和同事给我这样的平台与和谐环境，使我能在此安心做学术研究和教书育人的工作。本专著作为昆明理工大学“地方经济立法和经济法适用研究创新团队”的成果，受到了相关课题经费的资助。

这本专著得以出版，要感谢我的家人。我放弃了几乎所有与他们共同欢度节假日的时间。我每天的绝大部分时间都在研究室里写作或者在书房熬夜读书。我的行为得到了他们的理解。在本专著付梓出版之际，我父亲驾鹤仙逝。我非常悲痛并思念他，愿他安息！这本著作得以出版，还要感谢我的父亲——一位近80岁高龄的老人一直默默为自己儿子的成长而祈祷。这本著作的出版，也是我对九泉之下母亲的深切缅怀。只有她在生时能真正读懂儿子的全部，希望母亲的在天之灵永远给儿子指引前进的方向。

这本专著的出版，还要感谢西南财经大学出版社的孙婧编辑。本专著题目的拟定以及资助申请等，都凝结着她辛勤的劳动，特别是在文稿的撰写过程中都有她一路的关切和问候，在此表示感谢！另外，也在此感谢西南财经大学出版社的其他工作人员，你们的辛勤工作让本专著更加完美！

最后我不得不提的是，本专著的出版，要感谢我的博士生导师、现任上海交通大学法学院常务副院长王先林教授。是他给予的提携、关照和帮助，激励着我在学术领域不断开拓进取。

丁国峰

于云南昆明呈贡大学城

2017年4月

图书在版编目(CIP)数据

新农村建设视域下"三农"法律制度创新探究/丁国峰等著.—成都:西南财经大学出版社,2017.7

ISBN 978-7-5504-3039-6

Ⅰ.①新… Ⅱ.①丁… Ⅲ.①农业法—研究—中国 Ⅳ.①D922.44

中国版本图书馆 CIP 数据核字(2017)第 137590 号

新农村建设视域下"三农"法律制度创新探究

XINNONGCUN JIANSHE SHIYUXIA SANNONG FALU ZHIDU CHUANGXIN TANJIU

丁国峰 等著

责任编辑:高玲

责任校对:张特丽 田园

封面设计:杨红鹰 墨创文化

责任印制:封俊川

出版发行	西南财经大学出版社(四川省成都市光华村街 55 号)
网　　址	http://www.bookcj.com
电子邮件	bookcj@foxmail.com
邮政编码	610074
电　　话	028-87353785 87352368
照　　排	四川胜翔数码印务设计有限公司
印　　刷	郫县犀浦印刷厂
成品尺寸	185mm×260mm
印　　张	22.25
插　　页	4
字　　数	720 千字
版　　次	2017 年 7 月第 1 版
印　　次	2017 年 7 月第 1 次印刷
书　　号	ISBN 978-7-5504-3039-6
定　　价	98.00 元